アメリカ 間違いが まかり通っている 時代

―公立学校の企業型改革への批判と解決法―

ダイアン・ラヴィッチ 著

末藤 美津子 訳

東信堂

*Reign of Error: The Hoax of the Privatization Movement and
the Danger to America's Public Schools* by Diane Ravitch
Copyright©2013 by Diane Ravitch
All rights reserved.
Rights inquiries c/o Writers' Representatives, LLC., New York, NY,
www.writersreps.com.
Japanese translation rights arranged
with Diane Ravitch c/o Glen Hartley of Writers' Representatives, INC., New York
through Tuttle-Mori Agency, Inc., Tokyo

Published by **TOSHINDO PUBLISHING CO., LTD.**
1-20-6, Mukougaoka, Bunkyo-ku, Tokyo, 113-0023, Japan

Diane Ravitch

日本語版への序文

　私は、この本が日本の読者のために日本語に翻訳されたことをとても嬉しく思っています。私は多くの本を書きましたが、さまざまな意味において、この本が最も大切な本です。この本の中で私は、45年以上にわたる研究と経験によって、教育に関して学んできたことを要約しています。教育は学校の中で行われなければならないのですが、それが今、学校の外で行われています。子どもたちは多くのことを必要としています。それらの中でも最も基本的なことは、世話をしてくれている両親や保護者の愛情、健康、そして家庭における安心感です。子どもたちが健康で学ぶ準備ができた状態で学校に来ることを保証するのは、社会の責任です。

　多くの年月の中で、私は重要な物事に関して私の考え方を変えてきました。私はかつて、テストとアカウンタビリティに基づく厳格な管理体制が、しっかりとした学習成果を生み出すであろうと考えていました。私はもはやそれを信じてはいません。私は今、テスト得点が、家庭の経済的地位と教育的背景を反映していることを理解しています。テスト得点は豊かさと貧しさの度合いを測ります。経済的に最も恵まれたところにいる人々と、最も恵まれない底辺にいる人々との間の経済的格差を減らすことは、社会の義務なのです。

　私はかつて教育とテスト得点を混同していました。私はもう二度とそのようなことはしません。テスト得点は、継続的に教え込むことによって人為的に上昇させることができますが、その結果が必ずしも優れた教育になるわけではありません。今、私は教育を、生徒が批判的にそして自主的に考えるこ

とのできる能力であるととらえています。私は教育を、創造的であること、生徒の想像力を使うこと、興味のある課題を探求すること、そしてほかの人々と一緒に仲良く仕事をすることに向かって、彼や彼女を後押ししていくような経験と考えています。

　私は優れた学校をどう表現すればいいのか考えてみました。優れた学校とは、生徒が興味のある課題に取り組み、生徒が自発的であることを学び、生徒が芸術と科学のあらゆる分野を学び、生涯にわたって学ぶことが好きになる機会を持つことができるような場所です。

　私は、学校がテスト得点によって評価され順位をつけられなければならない、という考え方を信じていません。それはあまりにもテストを重要視しすぎています。私は学校を、コミュニティにおける大切な機関であると見なしています。子どもたちと教員は、そこで彼らの活動と才能のゆえに尊敬されています。

　この本で私は、私が長期間にわたり教育に携わってきたことから、学んできたことを述べています。それはまた、テストに対してあまりにも大きな信頼を置くことの危険性に対する警告でもあります。というのも、それによって教育と学習の目的を歪めてしまうことになり得るからです。それは民営化の危険性に対する警告です。その運動は、アメリカ合衆国やそのほかのいくつかの国々の、権力を握っている少数のエリートたちによって支持されています。民営化運動の唱道者たちは、民間分野が教育問題に対する解決策を持っていると信じていますが、民間分野は解決策を持っていません。民間の運営者が学校の運営権を握ると、彼らは、テスト得点に関して最も悪い影響を与えている生徒たちを追い出すことによって、最も高いテスト得点を目指します。彼らは、事業経営が行うことを実行します。彼らは、自分たちの成功を自慢するために、危機管理の手法を取り入れます。しかし、私がこの本で示している通り、民間による運営は、社会の基礎となる民主的機関である公立学校の価値を損なうことになります。今、アメリカ合衆国は、公教育の未来に関する、つまり、より多くの公立学校が閉校されて起業家たちの手に渡されてしまうかどうかに関する、政治的な闘争の最中にあります。この本は、

公教育のために戦っている人々にとって大きな影響力を持ってきました。

　私は、日本の読者が、アメリカの教育が直面している深刻な問題を理解し、そこから示唆を得るために、この本が手助けになることを願っています。子どもたちは家族と教員の愛と支援を必要としています。家族は経済的に自立し、子どもたちに最もふさわしい経験を提供できるように、社会的に安定している必要があります。私たちは皆、私たちの子どもの将来の成功と、彼らが健康で十分な教育を受けて成長するよう保証することに、深く関わっていなければなりません。ジョン・デューイが何年も前に記したように、学校と社会はからみ合っているのです。そしてこの二つが一緒になって、私たちの子どもの人生を決めるのです。

2014 年 10 月
ダイアン・ラヴィッチ

最も優れたそして最も賢い保護者が我が子に望むことは、コミュニティがそこに暮らす子どもたち全員に望むことに違いない。我々の学校のそれ以外の理想は、偏狭で魅力がない。もしそれに従ったならば、それは我々の民主主義を破壊する。社会が自ら成し遂げてきたことのすべては、学校という機関を通して、将来の社会の構成員に委ねられている。社会が新たな可能性によって実現しようと期待しているより良い考えのすべては、こうして将来の社会そのものに開かれている。

ジョン・デューイ、1907 年

　すべての人々は、すべての人々の教育を引き受けるべきであり、その費用を進んで負担すべきである。1 マイル四方の地区に学校が 1 校もないような地区があってはならない。しかも、その学校は慈善家の寄付によって建てられているのではなく、人々自身の公的費用によって維持されていなければならない。

ジョン・アダムズ、1785 年

序　文

　この本を書いた目的は以下の四つの疑問に答えることである。
　第一に、アメリカの教育は危機に瀕しているのか。
　第二に、アメリカの教育は失敗しつつあり、また衰退しつつあるのか。
　第三に、連邦政府により推進され、多くの州で採択されている教育の改革運動がうまくいっていることを証明するものは何なのか。
　第四に、我々は学校と子どもたちの生活をより良いものとするために何をなすべきか。
　この本の中で私は、学校が執拗な組織だった攻撃を、学校そのものならびに教員や校長に対して受け続けており、しかも、その攻撃がまさに公教育にとって根本原理である公的責任を突くものであるために、学校は危機に瀕していることを明らかにしている。こうした攻撃は危機に関する誤った理解を生み出し、公立学校を民営化したいと考えている人々の狙いに利する役割を担っている。
　直近の著書〔訳注：*The Death and Life of the Great American School System: How Testing and Choice Are Undermining Education*（New York: Basic Books, 2010）（本図愛実監訳『偉大なるアメリカ公立学校の死と生―テストと学校選択がいかに教育をだめにしてきたのか―』協同出版、2013 年）〕の中で私は、ブッシュ政権、オバマ政権、およびアメリカ最大の財団が押し進めてきた多くの政策が、それを支持することができるほどの意味のある根拠を持っておらず、また中には全く根拠のない政策でしかなく、それらは学校をより良くする代わりに、むしろ公教育

を毀損する恐れがあることを証明しようとした。この本において私は、ブッシュ・オバマによる「改革」が失敗でしかないことの追加の証拠を読者の前に提示する。

　2011年の春に、私はデービッド・デンビーと語り合った結果、この本を書くことを決意した。彼は私に関する記事を書いていたのだが、それは最終的に『ニューヨーカー』という雑誌に掲載された。ちょうど私がニュージャージー州の教育法センターで講演を終えて、二人ともニューヨーク市に住んでいたので一緒の車に乗って帰宅の途についていた。デンビーは教育関係ではなく、アメリカの映画とアメリカの文化に関しての著作活動に従事しており、現代のアメリカが直面している教育をめぐる問題に関しては全く先入観を持っていなかった。私と長い時間をかけて意見交換をしたことに加え、私の講演を聴き、私の本を読み、私の仕事に対して批判的な人々の意見にも耳を傾けた。彼は私に、「あなたを批判する人たちは、あなたは批判ばかりしていて、それに対する答えを出してこないと言っている」と告げた。

　私はそれに対して、「あなたは私の講演を聴いたでしょう。だからそのような批判が当たっていないことが分かっているでしょう」と応じた。

　彼は私に対して、このような批判に答えるような本を書くことを勧めてくれた。

　そこで、私はその提案を受け入れ、その結果がこの本となった。

　私は学校が今のままで良いと主張するつもりはない。今のままで良いわけがない。アメリカの教育は、教職に就こうとしている学生に対してはより高い水準の教育を提供すべきである。校長や教育長になることを目指す人々には、より高い水準の教育が必要である。アメリカの教育には、すべての科目においてより強固でより深化したカリキュラムが必要である。学校は、教職の自律性を侵食してくるような、面倒で押し付けがましい統制からは自由である必要がある。学校は、入学してくる子どもたちの要望に十分応じることができるような、人的資源を持つ必要がある。だが、学校は欠陥のある方法で評価されたり、立法者によって制定され押し付けられてきた偽物の目標を

達成できないからといって、常に閉校の危機に晒されていたりすると、良くなることなどありえない。

　学校には持続性、適切な人的資源、十分に準備の整った経験豊富な教員、コミュニティからの支援、そして優れた教育とはどのようなものなのかという明確な洞察力が必要である。初等および中等教育の目的は、年少の子どもたちや青年たちの知性と人格を磨き、彼らが健全で豊かな知識を持つ有能な市民に育っていくよう手助けすることである。

　私は、公立学校を民営化することは一か八かの危険な賭けであると信じている。それは、子どもたちを傷つけ、コミュニティを損ない、我々の社会を危険に陥れることになると信じている。だから、私はこの本を書いたのである。

アメリカ 間違いがまかり通っている時代／目　次
―公立学校の企業型改革への批判と解決法―

日本語版への序文 i
序文 v
凡例 x
第 1 章　我々の学校は危機に瀕している 3
第 2 章　企業型教育改革の流れ 12
第 3 章　企業型教育改革を推進しているのは誰か 24
第 4 章　企業型教育改革で語られる言葉 41
第 5 章　テスト得点の真実 56
第 6 章　学力格差の真実 69
第 7 章　国際学力テストの得点の真実 79
第 8 章　ハイスクールの卒業率の真実 92
第 9 章　大学の卒業率の真実 102
第 10 章　貧困はどのように学力に影響を及ぼすか 113
第 11 章　教員とテスト得点の真実 124
第 12 章　メリット・ペイはなぜうまくいかないのか 145
第 13 章　教員には終身在職権と年功序列制が必要なのだろうか 156
第 14 章　ティーチ・フォー・アメリカの問題点 168
第 15 章　ミッシェル・リーの謎 185
第 16 章　チャーター・スクールの矛盾 199
第 17 章　E・ランドにおける問題 230
第 18 章　ペアレント・トリガーあるいはペアレント・トリッカー 254

第 19 章	バウチャーの失敗	265
第 20 章	学校の閉校は学校の改善に繋がらない	275
第 21 章	解決法―まずはここから	288
第 22 章	一番最初から始めよう	292
第 23 章	幼児期が重要である	295
第 24 章	優れた教育にとって必要不可欠なもの	300
第 25 章	教えることと学ぶことにとって学級規模が重要である	311
第 26 章	チャーター・スクールをすべての人に役立つものにしよう	318
第 27 章	包括的な支援活動が重要である	325
第 28 章	知識と技能について注意深く測定しよう	335
第 29 章	教職の専門性を強化しよう	352
第 30 章	公立学校の民主的運営を守ろう	356
第 31 章	有毒な混合物	370
第 32 章	公教育の民営化は間違いである	383
第 33 章	結論―絨毯の模様	401

補遺 419

図の出典 445

謝辞 447

注 449

解説 477

訳者あとがき 489

索引 495

凡例

1. 本書は、Diane Ravitch, *Reign of Error: The Hoax of the Privatization Movement and the Danger to America's Public Schools* (New York: Alfred A. Knopf, 2013) の全訳である。また、翻訳にあたり、著者に「日本語版への序文」の執筆を依頼したところ、快諾してもらえたので、それを訳出して巻頭に掲載した。
2. 原書においてイタリック体で表記されている箇所は、書名、映画名、テレビ番組名の場合は『　』で、それ以外は傍点で示した。ただし、判決名は本文と同じ字体とした。
3. 原書において"　"で括られている語句や文章は、「　」で括って表記した。また、"'　'"のように表記された引用文中の引用については、「『　』」で示した。
4. 原書においては、―（ダッシュ）や（　）がしばしば使用されているが、読みやすさを考慮して、訳出にあたっては極力、―（ダッシュ）や（　）を用いないようにした。
5. 原注は巻末にまとめて記し、訳注は本文中に〔　〕で括って表記した。
6. 原書の索引においては、人名と事項が一緒に掲載されているが、本書では「人名索引」と「事項索引」に分けて掲載した。なお、「人名索引」については、原書の索引にあるものをすべて網羅したが、「事項索引」については、訳者の判断で項目を整理した。
7. 人名・地名の表記のしかたは慣例に従った。
8. 原書において引用されている語句や文章のうち、邦訳があるものについては、本書の統一性を考慮して、従来の邦訳に従わずに訳者が改訳したものもある。

アメリカ　間違いがまかり通っている時代
―公立学校の企業型改革への批判と解決法―

第1章
我々の学校は危機に瀕している

　21世紀に入って間もない頃に、アメリカ合衆国の教育政策に関する超党派の合意が形成された。右派と左派、民主党員と共和党員、政治家の先頭に立って率いていく立場にある人々、さらに報道機関の精鋭が同じ考えであるように見受けられた。それは、公教育が破綻しているという合意であった。我が国の生徒は十分に学んでいない。公立学校は欠陥だらけで、ますます悪くなっている。我々は、より高いテスト得点をとっているほかの国々に打ち負かされている。我々の救いようのないほどひどい公立学校は、アメリカの経済の業績のみならず、アメリカの国家安全保障、すなわち国としての生き残りそのものも脅かしているのである。この危機はあまりにも深刻なものであり、その場しのぎの手段や小手先だけの微調整で解決できるようなものではない。学校は閉校されなければならず、多数の教員が解雇されなければならない。こうした事実を信じないのは、危機の重大さに気づいていない人々か、あるいは現状を擁護することによって既得権益を保持しようとしている人々である。

　その上、この論法によると、政策立案者や一般の人々の意見を形づくっていく人々の間で今日、広く共有されているのは、危機の責任は教員と校長に帰すべきであるということである。テスト得点が低いのは彼らの責任である。こうした教育の大破局を招いたことに対して、彼らは責任を負うべきである。低い目標設定と低い成果という現状に安住し、自分たちが教えている子どもたちのことよりも自分たちの年金の額により多くの関心を払ってきたことに

対して、彼らは責任をとるべきである。

　こうした危機に対応すべく、教育改革者はすでに問題解決のための道筋をつけている。教員が問題の根源なのだから、教員の身分保障を止めて、教員を解雇すべきである。教員組合の提案はことごとく反対されるべきである。教職への入り口を狭めるために存在する「障壁と障害」は除去されるべきである。教員は自分たちの教えている生徒のテスト得点に基づいて評価されるべきである。公立学校は「目標」が達成できたかどうかに基づいて評価されるべきであり、その「目標」を達成できない時は、閉校されるべきである。生徒は、伝統的な公立学校以外にも、チャーター・スクール、バウチャー、あるいはオンライン・スクールといった選択肢を与えられるべきである。

　ハリウッド映画やテレビのドキュメンタリーにおいても、どこが攻められるべきか明確に描かれている。伝統的な公立学校が悪い。それを支持しているのは組合の擁護者だ。チャーター・スクール、バーチャル・スクーリング、「学校選択」を唱道する人々は改革者である。彼らを支持する人々によると、彼らはマイノリティの権利のために戦っていると言う。彼らは、自分たちこそが現代の公民権運動の指導者であると言う。

　それは、反論の余地のないような語り口で、分かりやすい悪役と決まりきった解決策を我々に提示する。それは、選択、自由、楽観主義、政府に対する潜在的不信感といった、アメリカ人が伝統的に大切にしてきた価値観に訴えかけている。

　この語り口には一つだけ問題がある。

　それが間違いであることだ。

　公教育は破綻していない。それは失敗しつつあるのでもなければ、衰退しつつあるのでもない。そのように判断することが間違いであり、企業型教育改革者によって示される解決策が間違っているのだ。我が国の都市部の学校は、貧困と人種隔離の集中により困難な状況にある。だが、公教育自体は「破綻」してはいない。公教育が危機に陥るのは、社会そのものが危機に陥っている時か、あるいはこのような危機を言いつのる新たな語り口により、その存在を不安定にさせられた時だけである。自らを改革者と名乗る人々によっ

て提案された解決策は、約束された通りには機能しなかった。彼らが最も高く評価していた判断の手がかりである、テスト得点ですらも失敗であった。そして同時に、改革者が提案した解決策は教育全体に壊滅的な影響を与えた。

こうした変革は進歩主義とは全くの別物で、我が国の最も大切な公共機関の中心に打撃を与えた。リベラル派、進歩主義者、善意に満ちた人々が、リベラリズムや進歩主義とは全く正反対の計画に力を貸してしまった。市場原理に基づく「改革」を支援したことにより、彼らは公教育を破壊しようとする人々と肩を並べることになってしまった。彼らは、公的機関に対してむき出しの敵意を抱いている人々に利用されている。公的資金を私的経営に移動させ、何の統制も受けず、どこからも監督されず、何の説明責任もない学校を何千校も創出したことは、公共の財源を大小の起業家による利益追求、詐欺、搾取のために開放したことにほかならなかった。

アメリカの教育に関する歴史家として、私は今までに現れたり消えたりしてきた学校改革の波を見つめ、研究し、それについて書いてきた。だが、現在起こっていることは驚愕すべき展開である。それは、教育を改革しようと意図されたものではなく、公教育を私的に経営される市場原理に基づく学校制度に置き換えようと、意図的に企てられたものである。19世紀中頃に支援運動と奮闘努力の賜物として生み出され、アメリカの町や村に創設された公教育は、今、危険に晒されている。民主的な市民を生み出すことに責任を持ち、平等な教育の機会の提供が課されている、極めて重要な公的機関が危機に瀕している。「選択」と「自由」という口実のもと、我々は、すべての人々にドアが開かれている制度である公立学校制度という、我々の社会における最も偉大な資源の一つを失うかもしれない。

私は、テストに基づくアカウンタビリティと選択について常に批判してきたわけではない。長年にわたって、私も我が国の公立学校が危機に瀕していることには同意してきた。私は、それがさらにより良くなってほしいと願っていた。私は、カリキュラムの中身が気になっていた。私は、生徒と教員の水準が低いことが心配であった。ヒューストンの公立学校の卒業生として、私は学校の選択制に対して、好ましいと思う感情と好ましくないと思う感情

とを併せ持つ支持者であったが、公教育をバウチャーによって私的に経営される学校制度に置き換えることは全く望んでいなかった。1991年から1993年の間、ジョージ・H・W・ブッシュ大統領の政権の教育次官補として、私は連邦教育省教育調査改善局の責任者であった。私は、スタンダード、テスト、アカウンタビリティの熱烈な支持者であった。私が長いこと抱いていた信念を思い直したのは、NCLB法〔訳注：No Child Left Behind Act of 2001（ひとりもおちこぼれを出さない法）〕のすさまじい影響が分かった直後のことであった。2010年に私は、『偉大なアメリカ学校制度の死と再生─テストと学校選択がいかに教育をだめにしているのか─』という本を出版した。この本の中で私は、教育における「改革」の政策課題として今日よく知られているものに対する、私の以前からの支持を撤回した。それは、ハイステイクスなテスト、テストに基づくアカウンタビリティ、競争、学校選択（チャーターとバウチャー）であった。この本が出版されると、幅広く論評された。多くの経験豊富な教育者からは喝采を送られたが、こうした政策の唱道者からは案の定、軽蔑の声を投げかけられた。

　その中での最も典型的な不満は、私が批判をするのには長けているが、何の解決策も示していないというものであった。逆に、彼らは解決策を持っていた。

　私は、彼らの解決策は機能していないと反論した。その中のいくつかのものは明らかに間違いである。チャーター・スクールのようなものは、利益追求という動機が取り除かれ、起業家の計画に合わせるのではなく、貢献しようとするコミュニティの要望に合わせるように構想を作りかえられれば、将来良いものとなる可能性を持っている。効果がないばかりか間違っていることを行いながら、勢いよく前に突き進んでいくよりも、止まって考えた方がはるかに良い。我々はいつでも学校で新しい考え方を試すことができなければならないが、その新しい考え方を全米規模で適用し、実行に移させていく前に、まずは小さな規模で試してみて、その結果がどう機能しているかの証拠を集めなければならない。そのような証拠がないのであれば、焦りながら急いで前に進むべきではない。改革者は、全米の子どもたちを、断崖を目指

して走っている列車に乗せている。今がまさに、線路の上に立ち、ランタンを振りながら、「止まれ、これは正しくない。列車を止めろ。ほかの経路をとれ」と、言う時である。だが、改革者は、「それは解決策ではない。全速力で前進しろ」と言い、そしてまさに断崖を目指して進んでいる。

　テストとアカウンタビリティを求める運動が民営化の運動へと変わっていった時に、何が始まったのか。非現実的な目的を持つジョージ・W・ブッシュ大統領のNCLB法は、民営化に熱狂をもたらした。テストとデータの過信と誤用は、アメリカの公教育が失敗しつつありそして衰退しつつあるという主張に信憑性を与え、危機感をあおりたてた。その通り、我々は問題を抱えているが、そうした問題は貧困と人種隔離が集中している地域に集まっている。改革者は、貧困について関心があると述べてはいるが、都市部での学校の民営化を主張する以外、この問題に取り組む姿勢を見せることはなかった。改革者は人種隔離の問題を完全に無視し、どうやら仕方のないこととして容認していたようだ。だから、彼らは低い学業成績の根源的な原因に手を付けずにいたのである。学校を民営化することによって、「マイノリティの子どもが学校から落ちこぼれるのを防ぎ」、学力格差を縮小しようとする運動は、結局、成果を上げることはできなかったが、ひるむことはなかった。現在では、この運動を都市部だけではなく、市や郊外の中産階級の人々の暮らしている地域にまで広げていこうとしている。そして、それはすでに起こりつつある。

　この本の中で、私はなぜ改革の政策課題が機能しないのか、誰がその背後にいるのか、そしてその改革がどのようにして公教育の民営化を推進しているのかについて示すつもりである。それから、私の解決策を皆さんの前に提示するつもりである。その解決策は決して安上がりなものでも簡単なものでもないし、複雑にからみ合っている問題をすぐに解決してくれるようなものでもない。私は難問を即座に解決してくれるような特効薬を持ってはいない。というのも、そのような物はこの世に存在しないからだ。だが、私には証拠と経験に基づいた提案がある。

　我々は何が機能するかを知っている。恵まれた家庭が子どもたちのために準備する教育の機会こそが機能するのである。それなりの資産のある家庭で

育つ子どもたちは、健康で学びへの準備ができている状態で学校に通うことができるという有利さを持っている。見識のある裕福な保護者は、学校に対して完全なカリキュラム、経験豊富な教職員、芸術に関する充実したプログラム、図書館、手入れの行き届いたキャンパス、少人数学級を要求する。社会として、我々はこうした優れた家庭環境に暮らすことのできない子どもたちに対しても、同じような優位性を差し伸べるために必要なことは何でもしなければならない。そうすることによって、子どもたちの学習能力を高め、良い生活を送れるような機会を増やし、我々の社会をより強固なものとすることができるのである。

　読者の皆さんは、この本のこの後に続く章を読み終えるまで、私の結論を待つ必要はない。この章に学校と社会をより良いものとするための解決策の要約が書かれている。学校と社会は密接にからみ合っている。私を解決策に導いた調査研究がこの本の後半に記されている。こうした解決策はどれをとっても、若い人々の生活と学問的成果をより良くすることに役に立つ。

　妊娠した女性は妊娠の初期から医者にかかって、継続的に診察を受け、十分な栄養をとる必要がある。初期のそして継続的な医療措置を受けることのできない貧しい母親からは、身体発達および認知能力に問題のある子どもが生まれてくることが少なくない。

　子どもたちには、予備知識や語彙を増やすことに役立つ、年齢と発達に見合った遊びや学習に楽しく参加しながら、ほかの子どもとの付き合い方、話しの聞き方や学び方、上手なコミュニケーションのとり方、身の回りの整え方などを教えてくれるプリキンダーが必要である。

　エレメンタリースクールの低学年の子どもたちには、年齢に見合った目標を立ててくれる教員が必要である。彼らは、読むこと、書くこと、計算、自然探索を学ぶべきであり、かなりの時間を歌ったり、踊ったり、絵を描いたり、遊んだり、ケラケラと楽しく笑い合って過ごしたりすることに費やすべきである。こうした学年の生徒は個別の配慮を必要とすることから、学級の規模は小さくなければならない。それは、理想的には20人以下が望ましい。低学年におけるテストは生徒の順位をつけるのではなく、生徒が今、何を理

解していて、今後、何を学ぶべきかを決める判断材料として控えめに使用されるべきである。テスト得点は保護者と教員の間だけの私的な情報として取り扱われなければならず、あらゆる生徒のテスト得点は学区や州と共有してはならない。学区や州はすべての学校のテスト得点をまとめるかもしれないが、そうしたテスト得点によって教員や学校を評価してはならない。

　生徒がエレメンタリースクールの上級学年、ミドルスクール、ハイスクールへと進んでいくと、彼らは読解、作文、数学のみならず、科学、文学、歴史、地理、公民科、外国語を含む、バランスのとれたカリキュラムを与えられなければならない。彼らの学校は、生徒が歌ったり、踊ったり、楽器を演奏したり、オーケストラやバンドに参加したり、演劇を上演したり、彫刻をしたり、建築物を設計する技術を習得したり、調査研究を行ったり、芸術作品を創造したりすることを学べるような、豊富な芸術のプログラムを用意しなければならない。すべての生徒は毎日、体育の時間を持たなければならない。すべての学校は司書と報道機関の専門家のいる図書館を準備しなければならない。すべての学校はスクールナース、臨床心理士、ガイダンス・カウンセラー、ソーシャルワーカーを抱える必要がある。そしてすべての学校は、生徒が運動競技、チェス、ロボット工学、歴史クラブ、演劇，科学クラブ、自然研究、ボーイスカウト活動またはそのほかの活動において、興味のあることを探求できるような放課後プログラムを持つ必要がある。教員は自分でテスト問題を作る必要があり、あくまでも判断材料としてのみ標準テストを使用すべきである。学級は、すべての教員が自分の受け持つ生徒のことを理解し、書く力、無意識のうちに発揮する能力、批判的思考、数学的および科学的洞察力を高めるための評価ができるほどの少人数でなければならない。

　我々の社会は、力のある教育の専門職を作り上げることを約束しなければならない。国の政策は、教職に就くための水準を引き上げることを目指すべきである。教員は、職務を全うできるよう適切に養成され、十分に準備が整っていなければならない。校長や教育長は経験豊富な教育者でなければならない。

　学校は入学してくる生徒のために必要な資源を備えていなければならない。
　社会として、我々は貧困と人種隔離を減らすための目標、戦略、プログラ

ムを確立しなければならない。機会を均等に提供することができて初めて、学力格差をなくすことができるようになる。貧しい移民の子どもたちは、裕福な家庭で育てられた子どもたちと同じような学校を必要としている。というよりも、さらに必要としているのだ。恵まれたものをほとんど持たずに人生を始めなければならなかった子どもたちは、自分たちの創造性をかきたて、潜在能力を発揮させるために、より少人数の学級と、芸術、科学、音楽に費やすより多くの時間を必要としている。

　私の勧告はしっかりとした研究の成果に基づいている。もしあなたが、社会は最も有能な人の生き残りと最も恵まれた人の勝利を押し進めていくよう構成されるのが望ましいと思うならば、あなたは、子どもたちと教員と学校が「頂点への競争」を繰り広げている、今のような行動様式を好ましいと考えるだろう。だが、もしあなたが、我々の社会はすべての子どもたちに対する機会の平等を目標とすべきであり、現在、子どもたちが経験している切迫した不平等の軽減を目指すべきだと考えるのであれば、私の計画はあなたから支持されるであろう。

　私の前提条件は分かりやすい。つまり、間違ったことをするのを止めない限りは、正しいことをすることはできない。あなたがあの列車をまさに崖を越えてまで運転していくことを主張するならば、すべての者が卓越さを獲得できるという、あなたが望んでいた目的地には決して到着することはないだろう。その代わりに、何百万人もの子どもたちに危害を加え、彼らの教育の質を貶めてしまうことになるだろう。あなたは、我々の公立学校、我々の社会、ならびに子どもたちの生活を改善するため、現実的で根拠に基づいた方策に使われるべきであった何十億ドルもの資金を、機能しない計画の実行のために浪費することとなる。

　間違ったことをするのは止めなさい。まさに競争と学校選択によって作り上げられた不平等に対する答えとして、競争と学校選択を推進するのは止めなさい。教職に対する愚かな攻撃を止めなさい。良い社会は活気にあふれた民間部門と責任をしっかり担う公的部門の双方を必要とする。我々は公的部

門を民営化して骨抜きにすることを許してはならない。民主主義においては、重要な社会の目標には社会における協同作業が不可欠である。我々は、子どもたちと家族の生活を改善するためのプログラムを確立すべく働かなければならない。強固な教育制度を作り上げるため、我々はしっかりとした尊敬される教職を作り上げなければならない。連邦政府と州は、教室の中でも指導者としての立場でも専門職として働く教育者を採用し、支援し、雇い続けるための政策を進展させていかなければならない。我々が教育における不平等を克服することを願うのであれば、劣っている学業成績の根源的な原因が、不平等に資源を配分されている学校に加え、人種隔離と貧困であることを認めなければならない。我々は断固として不平等の原因を減らさなければならない。我々は、優れた学校がどのように見えるものなのか知っているし、優秀な教育がどのようなものから構成されているのかも知っている。我が国のすべての学区と近隣に優れた学校を持ってこなければならない。公教育は基本的な公的な責任である。つまり、我々は、公教育を民営化するという偽りの危機をあおる語り口に説得されてはならない。今こそ、保護者、教育者、教育に関心を持つ市民が皆で力を合わせ、公立学校をより強固なものとし、次の世代に伝えていくべき時である。我々の民主主義の未来はこれにかかっている。

第2章
企業型教育改革の流れ

　連邦の法律と政策が、21世紀の教育改革運動を、いかなる学校や学区もあえて無視することができないほど強大な力を持つものへと変化させた。
　1983年に『危機に立つ国家』という報告書が公刊されて以来、連邦と州の政策立案者は、学力向上のための政策の手がかりを探し求めた。その報告書は、ロナルド・レーガン大統領の政権下で教育長官であったテレル・H・ベルによって任命された、「卓越した教育に関する全米諮問委員会」と呼ばれる委員会により作成されたものであった。この委員会は、学校の中に広がる「凡庸さという潮流の高まり」によって国家は危険に晒されていると警告を発した。それは、1960年代中頃に最初の国際学力テストが実施されて以来、何度も繰り返されている現象である、アメリカの生徒の国際学力テストにおける低い順位を指摘していた。その基本的な主張は、自動車、工作機械、製鋼所といった主要な製造業がほかの国に遅れをとっていることにより、アメリカの生活水準が脅かされているというもので、委員会はそれがアメリカの公教育制度の凡庸さに起因すると考えた。この主張により、非難の矛先が近視眼的な企業経営者から公立学校へと変更された。委員会は、より高いカリキュラムの水準、より高い卒業要件、より良い教員養成、より高い教員給与、そして今までにも取り上げられてきたようないくつかの改善策を要求した。委員会はテスト、アカウンタビリティ、学校選択についてはほとんど触れていなかった。
　最初のブッシュ政権で私は仕事をしていたのだが、この政権は教育の分野

において連邦の役割を拡大する気持ちはほとんど持ち合わせていなかった。この政権が発表した「2000年のアメリカ」と呼ばれるプログラムは、主にボランタリズムを頼りにしていた。というのも、民主党が多数派を占めていた連邦議会においては、ジョージ・H・W・ブッシュ大統領により提案される教育法案が受け入れられるとは考えられなかったからである。1990年代初頭、連邦議会の民主党員は、公立学校におけるより多くの資源とより多くの公正さを求めていて、スタンダードやテストは求めていなかった。クリントン政権はナショナル・スタンダードとナショナル・テストの考え方を好ましく思っていたが、1995年に共和党が連邦議会の支配権を握ると、この考え方は姿を消してしまった。この政権は「2000年の目標」と呼ばれるプログラムで妥協した。これは州に対して、独自のスタンダードとテストを設定するための資金を提供するものであった。

　2001年にはジョージ・W・ブッシュ政権が誕生し、NCLB法と呼ばれる包括的な連邦法を提出した。ブッシュは遊説行脚をして、テストとアカウンタビリティが生徒の成績を驚くほどに改善したと主張する、「テキサスの奇跡」について演説した。彼によると、テキサスの教育改革のおかげで、テスト得点と卒業率が上昇し学力格差が縮んだという。我々は今日、そうした奇跡がなかったことを承知している。つまり、テキサス州が連邦によるテストでほかの多くの州と同様にいくらか得点を上げたことは事実だが、生徒の得点は全米の平均あたりに記載されており、上位にはほど遠かった。2001年になると、「テキサスの奇跡」は幻想であったと警告する人の話には、誰も耳を貸さなくなった[1]。連邦議会は速やかにこのNCLB法を承認したので、教育の分野における連邦の役割を劇的に変化させることになった。

　この法律はすべての州に対して、毎年、3学年から8学年までのすべての生徒に読解と数学のテストを実施し、そのテスト得点を人種、民族、低所得層、障害の状態、英語の能力が十分でない者、といった項目に分類して報告すべきことを課した。2014年までには、すべての生徒が州のテストにおいて習熟レベルに達することが想定されていた。州には、すべての学校において、すべての集団が習熟レベルに達する方向に進んでいるか監督することが求め

られた。年間目標を継続的に達成できなかった学校は、改善の必要のある学校と見なされ、報道機関からも一般大衆からもそう見られることから、そのような学校は必然的に「失敗している」学校となるのである。目標を達成できなかった学校に対する制裁措置は、時が経過するにつれ、ますます懲罰的色彩が濃くなっていった。結局、もし学校が失敗し続けていると、教職員を解雇されるか、学校を閉校されるか、州の管理下に置かれるか、民営化されるか、チャーター・スクールに転換されてしまうか、あるいは「そのほかの大々的な経営再建策」を実行される危険に晒されることになる。毎年、多くの学校が「失敗」していたが、2014年が近づいてくるにつれ、全米の大多数の公立学校が失敗を宣言された。その中には卓越した評価の高い学校も少なからず含まれていた。概して、すべての生徒が習熟レベルに達するという目標に対して十分な成果を上げることができなかったのは、障害のある生徒の集団であり、失敗していると見なされる可能性が最も高かったのは、貧しい生徒とマイノリティの生徒を多数入学させている学校であった。例えばマサチューセッツ州は、連邦のテストで全米最優秀と評価された生徒を有していたが、2012年のNCLB法の基準では、この州の80％の公立学校が「失敗していた」のであった。

　はっきりさせよう。すべての生徒が習熟レベルに達するというのは不可能な目標である。こうした目標を成し遂げた国など世界中でどこにもないし、それにもまして、達成できない目標に届かないからと言って、その学校を罰するような法律を成立させた国などどこにあるだろうか。それはあたかも連邦議会が、アメリカのすべての都市は犯罪のない都市にならなければならないという法律を成立させたようなものだ。誰もこのような称賛に値する目標を承認しないわけにはいかない。犯罪のない都市になることを望まない都市がどこにあるだろうか。だが、法律には12年後までに目標を達成するようにという期限が定められていて、期限までに目標を達成できない都市は処罰されると書かれてあるとすると、どうであろうか。その地区の警察署は閉鎖され、民営化される。警察官は警察バッジを取り上げられる。最初に閉鎖されるのは、犯罪発生率が一番高い、最も貧しい人々の住む地域にある警察署である。結局、

大鎌は裕福な地域においても振り回される。というのも、完全に犯罪のない都市など存在しないからだ。そうなるかもしれないと願っても、また法律を成立させてそうなることを求めても、そうはならないのである。

　NCLB 法は巨大な起業家の活躍する機会の扉を開いた。放課後の個別指導のために連邦資金が別にとっておかれていたので、一晩のうちに何千もの個別指導の会社がその分け前を求めて名乗りを上げた。多くの新しいベンチャー企業が、どのようにして NCLB 法のテストの到達目標を達成するのか、どのようにして NCLB 法のデータを分析するのか、どのようにして失敗している学校を「立て直す」のか、どのようにして法律の中に埋め込まれているほかの目標を実現するのかといったことに関して、学校に提言を行うために開業した。

　NCLB 法は、チャーター・スクールが失敗に瀕している公立学校に対する救済策であるとして、チャーター部門の成長を後押しした。NCLB 法が成立した時には、チャーター・スクールはまだ試されていない新しい考え方であった。チャーター・スクールの最初の考え方は 1988 年に初めて提案されたが、それは競争を促進するためではなく、教員が新しい考え方を試すことができるようにするためであった。創始者の一人であるマサチューセッツ大学教授のレイ・ブッデは、教員によって運営されるチャーター・スクールにおいて、教員が地方学区の官僚主義の影響を受けずに自由に教えることを夢に描いていた。もう一人の創始者であるアメリカ教員連盟会長のアルバート・シャンカーは、チャーター・スクールにおいて教員は、最も成績の悪い生徒や、中退者、学校に来ない生徒を探し出し、彼らの教育への関心をかきたてるような革新的な方法を見つけ出すことができるのではないかと考えていた。この二人はお互いに知り合いではなかったが、チャーター・スクールによって、革新的な教育方法を考案し、学んできたことを同僚や既存の学校と共有し、協同することができると考えていた。もちろん二人とも、チャーター部門のほぼ 90% が組合に属していない教員によって成り立ち、いくつかの州においては起業家に利益をもたらす存在になるとは思ってもいなかった。

　ミネソタ州は全米初のチャーター・スクール法を 1991 年に成立させ、最

初のチャーター・スクールが1992年に開校された。この僅か9年後、連邦議会はNCLB法を成立させ、成績の悪い学校をチャーター・スクールに変換していくことを救済策として推奨した。その時点では、地方学区の公立学校が失敗しているところで、チャーター・スクールが成功を収めるということを示す証拠は全くなかった。それにもかかわらず、連邦議会により推奨されたことはチャーター・スクールにとって極めて価値のある宣伝となり、その結果、チャーター・スクールは一般大衆の知るところとなり、さらなる発展を遂げ、近隣の公立学校より高いテスト得点を競い合うという新たな機会を手に入れた。その上、それはチャーター・スクール建設のための連邦の特別支出金と連邦税の優遇措置への道を開いた。

　2014年が近づいてくると、各州は毎年、何億ドルもの資金をテストとテスト準備のための教材に費やしていた。いくつかの学区や州の学校では、年間授業日数の20%を州のテストの準備に充てていた。こうした貴重な資源の間違った消費は決して驚くべきことではなかった。というのも、学校が生きるか死ぬかはそのテスト得点にかかっていたからである。教育者と保護者はこの絶え間ないテストに対して反対の声を上げたが、誰もこれを止める手立てを持ち合わせていなかった。いくつかの州は、NCLB法が求めている3学年から8学年の子どもたちにテストをするのみならず、それより低学年の子どもたちやプリキンダーの子どもたちにも、3学年から始まる試験に備えるためテストを始めた。また、習熟度判定と卒業要件としてハイスクールの生徒に課されるテストの数も、同様に増加した。テスト崇拝主義の震源地であるテキサス州は、ハイスクールの卒業証書を手に入れるには15のさまざまな試験に合格する必要があると主張した。

　データを求める声は抑えきれなくなってきた。ワシントンD.C.と州都の政策立案者が、テストをすればするほど子どもたちはより学ぶようになると考えているのは明らかだった。彼らは、責任の所在を把握することが必要であると確信し、テスト得点以外の方法で学校に「責任」を負わせることができるなどとは思ってもいなかった。こうしたテストに対する不自然な焦点の当て方は、ある意味では予想を超えた結果を、また、ある意味では予測可能

でもあった結果を生み出した。それはカリキュラムの範囲を狭めた。多くの学区において、芸術、歴史、公民科、体育、科学、外国語、およびテストが行われない科目はすべて、授業時間が減らされた。不正行為の醜聞がアトランタ、ワシントン D.C.、ならびにそのほかの学区で報告された。ニューヨーク州などは結果を実際よりも良く見せて、ワシントンの非現実的な目標に結果を近づけるために、州のテストの合格基準を不正に操作した。テスト準備教育は、かつては教職者にはふさわしくないとか倫理に反するとか考えられていたが、NCLB 法の時代にはありふれた行為と見なされるようになった。学区は、教員がテストの準備を首尾よくこなせるようにと、テスト準備の教材に何百万ドルもの資金をつぎ込んだ。自らの職と学校を守るためにはより高いテスト得点を獲得しなければならないという圧力のもと、教員は生徒にテストの受け方を訓練し、以前のテストで出題された問題や、出題されそうな問題のタイプを教え込んだ。

　NCLB 法は、改訂され、再度承認されなければならない時期をはるかに超え、2007 年には廃止されるはずであったにもかかわらず、長年にわたってその効力を持ち続けていた。連邦議会は何の解決策も見出せず、自ら考案した罠から逃れることができなかった。連邦の教育政策がテストに依存せず、数字で示すことのできる成果を上げられなくても学校の「責任」を問うような手立てを求めないことは、誰にも想像できなかった。NCLB 法が法律として成立した 2002 年以前には、こうしたことが連邦の役割ではなかったことを誰も覚えていないかのようであった。「テキサスの奇跡」ははるか昔に忘れ去られていたにもかかわらず、テキサス・モデルをまねた連邦法は効力を持ち続けていた。

　2008 年にバラク・オバマが大統領に選出されたことにより、多くの教育者は連邦の教育政策に変化が起こるのではないかと期待した。だが、彼らの期待はオバマ大統領の教育政策、中でもとりわけ「頂点への競争」の資金獲得競争により、粉々に打ち砕かれてしまった。新大統領としての任期が始まった最初の時期に、連邦議会は 2008 年の財政危機に対する経済刺激策として資金提供を承認した。連邦議会は 1,000 億ドルを教育のために取ってお

いた。この総額のうち950億ドルが州および地方の予算の減少を補い、教員の雇用を継続するために使われた。残りの50億ドルは、「頂点への競争」と呼ばれる州の間での競争に資金提供するために使われた。アーン・ダンカン教育長官がその実施要件を決定した。この競争に参加する要件として、各州は以下のことに同意することが求められた。州の新たな共通の基準とテストとなるコモン・コア・ステート・スタンダードを採用すること。チャーター・スクールの数を増やすこと。力のある教員であるかどうかを生徒のテスト得点によって相当程度評価し、それを妨げるいかなる法的障壁も取り除くこと。そして最も成績の悪い学校は、教職員を解雇したり学校を閉校したりといった劇的な方法によって、「立て直す」こと。

　11の州とコロンビア特別区が「頂点への競争」資金を獲得した。何十もの州がこの資金獲得競争に参加したが、深刻な財政危機に見舞われていた時であったため、何百万ドルにも上る連邦資金を勝ち取ることを可能とするために、この獲得競争に参加するための前提条件をすべての州が受け入れた。切羽詰っている州の前に何百万ドルもの資金を獲得できる機会をぶら下げて見せることにより、オバマ政権は、州の教育政策を「頂点への競争」への参加要件に合致させるという変化を全米に引き起こした。「頂点への競争」の根拠としては、以下のようなことが考えられていた。チャーター・スクールと学校選択は必要な改革であること。標準テストは、生徒の学習能力の向上、ならびに教員、校長、学校の質を測るのに最良の方法であること。学校間の競争は学校をより良いものに変えていくこと。そして、それはまた、成績の悪い学校は教職員を解雇し、学校を閉校し、新しい名前と新しい教職員でもう一度やり直すことで改善されるという考え方に、民主・共和両党提携の承認を与えることとなった。

　こうした考え方は激しい論争を呼んだ。こうした要件はどれ一つとして、それを支持したり、極めて多くの困難なそしていまだ試されたことのないような変革を同時に強いることを正当化したりできる、確固とした一連の証拠も調査研究も持ち合わせていなかった。だが、NCLB法と「頂点への競争」を民主・共和両党が共同で承認したことにより、標準テスト、学校選択、メリッ

ト・ペイ、閉校のような厳しいアカウンタビリティの唱道者は、こうした方策が「改革」の到来であると告げた。「頂点への競争」はNCLB法とほんの僅か異なっているだけであった。いやそれどころか、それはさらに悪かった。というのも、それは、テスト、アカウンタビリティ、学校選択という共和党の長年の政策課題に対して、民主党が大きな声で支持を与えたからであった。

「頂点への競争」は、連邦の資金援助の実施をめぐる原則である公正さを放棄してしまった。1965年に地方学区に対する連邦の資金援助が開始されて以来、民主党政権は定式配分補助金〔訳注：連邦補助金のフォーミュラ・グラントのことで、法律によって定められた定式に基づいて配分される。一方、連邦補助金のプロジェクト・グラント（裁量配分補助金）は所轄官庁の裁量によって配分される。〕の交付を主張していた。それは、学校や学区に対して、州の間での競争によってではなく、貧困層の生徒数の比率に応じて連邦資金を分配するものであった。オバマ政権はそのギアを入れ変えて、連邦の資金を与えるには競争させる方がより良い方法であるとの立場をとった。この変更は、連邦資金を獲得するために申請書を書く専門家を雇い入れることができる、裕福な州や学区に有利に働いた。多くの場合、ビル＆メリンダ・ゲイツ財団が、申請書を準備するための専門家を雇い入れるための援助金を特定の州に与えた。それによって、ゲイツに気に入られている申請者に、競争は有利に働いた。限られた勝利者を選ぶことで、「頂点への競争」による資金獲得競争は、平等な教育の機会という伝統的な考え方を放棄した。その考え方のもとでは、連邦の資金援助は、最も援助を必要とする生徒を入学させている学校と学区に便宜が図られていた。

新たな何十億ドルもの連邦資金は、起業家が教育市場に参入することを促した。ほとんど一晩のうちに、コンサルタントや業者が学区や州に対し、どのように教員評価制度を作り上げるか、どのように教員を養成するか、どのように校長を養成するか、失敗している学校をどのように立て直すか、どのように新しい科学技術を用いるか、どのようにデータに基づいた意思決定を行うかなどについて、提案を行う業務を提供すると申し出てきた。ほぼすべての州でコモン・コア・スタンダードが採択されたことにより、教育関連の

出版社は自分たちの出版物を急いで新しい基準に合わせようとし、起業家はコモン・コア・スタンダードを支援するための技術の開発を始め、今まで以上に多くのコンサルタントが、どのようにコモン・コア・スタンダードを実行に移していくのか、またどのようにデータ収集、データ管理、データ分析を実施していくのかについて、自分たちの仕事を学区や州に売り込もうと看板を掲げた。『デンバー・ポスト』は、市に配分された「学校改善資金」のうちの35%が、生徒や教員や学校のために使われることなく、コンサルタント料として使われたと断じた[2]。

　連邦教育省は、新しいナショナル・スタンダードの尺度となる全米規模の評価を開発するために、二つの企業連合に3億5,000万ドルを与えた。この新しい全米規模の評価の結果がオンラインで送られてくるので、州と学区は通信技術に関して巨額の投資をしなければならなかった。コモン・コア・スタンダードを実行に移すために、各州は160億ドルもの巨額な資金を支出する必要があるとの予測もあった。不幸なことに、オバマ政権もコモン・コア・スタンダードの開発者も、新しい基準の実地テストが必要であるとは考えていなかった。彼らは、新しい基準とテストを採用することで教育がより良いものとなるのかどうか、また新しい基準とテストが今、悪い成績しかとれていない生徒にどのような影響を与えるのかについては、全く何の考えも持っていなかった。州の教育局は、コモン・コアをあまりに厳格化すると、成功を収めている学区においてさえテスト得点は30%ほど急降下するであろうと警告していた。このような事態が起きると合格率も急落し、我が国の教育制度が「壊れている」と唱える教育改革者の主張を勢いづけることになってしまう。その結果、新しい教材と技術を追い求めて急成長する市場を生み出すことにもなる。新しいテストの結果が悪ければ、郊外に住む保護者ですら自分たちのコミュニティの学校に対する信頼をなくしてしまい、新しい教材のみならず、学校の閉校、チャーター・スクール、バウチャーといったことまで要求してくるのではないかと、期待する教育改革者もいた[3]。

　突然猛烈な勢いで繰り広げられることとなったこうした起業家の活動は、実は計画されたものであった。ダンカン教育長官の主席補佐官で、以前はダ

ンカンの「頂点への競争」の資金獲得競争の責任者でもあったジョアン・ワイスが、起業家と学校制度との調和が不可欠であるとする記事を書いた。ワイスは、新しいチャーター・スクールや新技術を持つベンチャー企業に投資する、ニュー・スクールズ・ベンチャー財団の最高執行役員であった。彼女によると、「頂点への競争」は起業家の活動の規模を拡大し、営利および非営利の投資家に新しい市場の創出を促すために計画されたという。新しい基準は、「ベンチャー企業への投資のための資本」を教育革新に結びつけるための楔であった。

　　共通の基準と共有された評価の進展が、カリキュラムの開発、専門職の発展、評価の構築などの革新を求める市場を激変させた。以前は、こうした市場は州ごとにもしくはしばしば学区ごとに運営されていた。だが、共通の基準と共有された評価を採用することは、教育起業家が、最も優れた商品を大規模に販売できる全米という市場を享受できるようになることを意味する[4]。

　そして実際にオバマ政権が「頂点への競争」に着手したのち、投資の機会は一気に増大した。連邦の新しい要求に応じることを手助けしてくれる、高額なコンサルタントや専門家に対する投資のみならず、新技術や成長産業であるチャーター・スクールへの投資の機会も出てきた。株式投資家が、公教育部門において利益を上げる機会が広がってきていることについて議論する会議を開催した[5]。テニスの花形選手のアンドレ・アガシは7億5,000万ドルの資本金を準備し、4万人あるいはそれ以上の生徒のために少なくとも75のチャーター・スクールを建設するために、株式投資企業と提携した。これは慈善活動ではなく、営利のベンチャー企業であった[6]。投資家は、チャーター・スクールのための土地や建物を買ったり、借りたり、貸したりする中で金儲けができることに即座に気づいたので、積極的な営利のチャーター部門が州法によって認可されているところにはどこにでも、そうした学校が出現した。営利のチャーター・スクールが認可されていない州においては、非

営利のチャーター・スクールが営利の経営者を雇い入れ、学校を運営させた。技術開発社は新しいコモン・コア・ステート・スタンダードに適用できるものを開発しようとしのぎを削り、新たに出現しつつある教育市場には、利益を生み出す刺激的な可能性が少なからずあるように見受けられた[7]。連邦教育省が、アメリカの教育において営利のベンチャー企業を創出するために、民間の投資家を刺激する意図をもってプログラムを作り上げたのは、歴史上初めてのことであった。

　NCLB法と「頂点への競争」の結びつきは教育改革の意味の見直しを迫った。この新しい環境のもとで、教育改革者はテスト、アカウンタビリティ、学校選択を支持している。教育改革者は標準テストから得られたデータを信頼している。すべての子どもたちは、NCLB法では習熟レベルに達していなければならず、「頂点への競争」ではテスト得点を毎年上げていかなければならず、さもなければ彼らの学校と教員は失敗とみなされると、教育改革者は強く主張している。教育改革者は「弁解」を受け入れない。教育改革者は、学校は競争を強いられると良くなると信じている。教育改革者は、教員がメリット・ペイによって「動機を与えられる」と、より高いテスト得点を生み出すと信じている。教育改革者は、校長や教員を解雇したり学校を閉校したりするのに、テストのデータを用いる。教育改革者は公立学校の民営化を褒め称える。教育改革者は、学校経営に営利組織が拡大していくことを支援する。教育改革者は教員の資格や経験を考慮しない。というのも、そうした資格や経験はテスト得点を上げることに繋がらないと述べる経済学者がいるからだ。21世紀初頭の教育改革者は、学校の質と教員の質はテスト得点によって最も良く測られると信じている。

　昔、教育改革者は学校と社会の関係について深く思いをめぐらせた。彼らは子どもの発達が教育の出発点であると考えた。そうした時代において、教育改革者は子どもたちの教育における家庭の役割の重要性を認識していた。何十年か前に、教育改革者は人種隔離廃止を要求した。彼らは、どのようにカリキュラムと教育方法を改善すべきか、そしてカリキュラムの中身がどうあるべきかについて議論した。

だが、それはもうはるか昔のことであった。こうした心配事はもはや現代のものではない。現在、教育改革に関する新しい定義をめぐって民主・共和両党による合意が存在する。連邦教育省、巨大財団、ウォールストリート、主要企業などで権力のレバーを握っている人々は、アメリカの教育をどのように改善すべきかについて合意している。民主主義社会における学校教育の役割、子どもたちと家族の生活、学校と社会との関係に関する議論は、アメリカ教育の再生のためのビジネスプランとはもはや何の関わりもないものとして、議論の枠外へと追いやられてしまった。

第3章
企業型教育改革を推進しているのは誰か

　教育改革運動は、そのイデオロギー、戦略、そして主要なメンバーが誰かという点において定義されなければならない。
　「教育改革者」はすべての生徒のために卓越した教育を望んでいるという。つまり、彼らは、優秀な教員、「学力格差の解消」、革新性と有効性、そしてすべての者にとってどのようなものであれ一番良いものを望んでいる。彼らは、このあまねく認められている称賛すべき目標を、教育を民営化し、将来、教員になろうとしている人々の資格要件を引き下げ、教員を科学技術で置き換え、学級規模を拡大し、営利の組織に学校を運営させることを認可し、教員に動機を与えるために飴と鞭を用い、教育の質を測る究極の物差しである標準テストの得点を上げることによって、追い求めている。
　「改革」とは本当に不適切な呼び方である。というのも、こうした主張を支持する人々は公教育をより良いものとすることを目指しているわけではなく、公教育を経済における起業家の活動の場へと転換することを目指しているからである。今日の改革運動を構成している組織や個人は、「改革」という言葉を勝手に使ってきた。というのも、この言葉がアメリカの政治演説ならびにアメリカの歴史において、極めて積極的な響きを持っていたからである。だが、この改革運動と呼ばれるものの起源は、公教育に対する根本的な不信感と、公共部門全般に対する敵対心を持った急進的なイデオロギーに見つけ出すことができるであろう。
　「改革」運動は実のところ、主要財団、ウォールストリートのヘッジ・ファ

ンド運用者、起業家、連邦教育省などから資金の大部分を提供されている「企業型教育改革」運動である。この改革運動は、経費を削減することと学校間ならびに教員間の競争を最大限に高めようとしている。それは、過去150年間にわたり我々が経験してきた、地理的な区域に根ざした公教育制度を排除し、競争的な市場原理に基づく学校選択制に変えることを目指している。そこには、伝統的な公立学校、民間によって運営されるチャーター・スクール、宗教系学校、バウチャー・スクール、営利の学校、バーチャル・スクール、営利の教育産業などが含まれる。地理的な境界線がないので、こうした学校は顧客を求めて競い合うしかない。顧客は、自分たちの好み、学校のテスト得点に関する情報、主にテスト得点に基づいて州から付与される学校の等級などによって、自分たちの子どもと子どもに与えられる公的資金をどこに送り込むかを選択することになる。

　この改革運動の中には、アメリカの教育はもはや時代遅れで失敗していると信じて、自分たちはこの国の病んでいる学校に対して、苦痛を伴うが必要な再構築を行っているのだと考える者もいる。また自分たちは、貧しい黒人や褐色の肌の子どもたちが失敗している公立学校から逃れるのを手助けしているのだと、本気で信じている人々もいる。中には、自分たちが近代化と革新を支持していると考える人々も存在する。だが、多くの人々は概して、大がかりな、危険のない、政府により資金援助されている分野における金儲けの機会、あるいは個人的な飛躍と権力を得るための機会ととらえている。そうした中で、さほど多くはないがそれなりの影響力を持つ人々が、公教育の分野を投資の機会として扱うことは合理的な行動なのだと信じている。

　企業型教育改革は、公教育と相容れないイデオロギーに起源を持っている。かつて極端な保守主義者は、公立学校を「政府の学校」と呼び、対立してきた。イデオロギーの問題として、彼らは、政府は正しいことは何一つできないと思っている。シカゴ大学の経済学者ミルトン・フリードマンが1955年にバウチャーの考え方を紹介した時から、彼を支持する者は、保護者が政府の資金を私立学校や宗教系学校も含めて自分たちの選択する学校に使うことができるようになるので、バウチャーこそがこれまでにない最も優れた学校

改革であると歓迎した。バウチャーの唱道者は、公立、私立、宗教系を問わず、家族が選択するどのような教育機関であっても、そこに通う子どものために資金は使われるべきであると長いこと主張し続けてきた。長年にわたり彼らは、フリードマンが述べていたように、保護者は「自由に選択」すべきで、政府はそれぞれの家族にその取り分の資金を与え、それで止めるべきであるとの魅力的な売り込み口上を唱えた。だが、1954年のブラウン対教育委員会判決が出てから長い年月が経つうちに、学校選択という考え方は汚れ果ててしまった。というのも、人種隔離主義者が、裁判所から人種隔離廃止を命じられた学区において人種隔離廃止を逃れるために、学校選択を用いたからであった。

　ロナルド・レーガン大統領はミルトン・フリードマンの崇拝者だったので、バウチャーを支持したが、それを受け入れるように連邦議会を説得することはできなかった。州の住民投票では、一般大衆は常にバウチャーに反対してきた。バウチャーが公的な票決の場に持ち出されると、いつでも大差で否決された。近年の2012年のフロリダでの投票においても、バウチャーを可能にする憲法修正案は圧倒的多数で否決された。バウチャーの支持者は、一般大衆は自分たちにとって何が一番利益になるか理解できずにいて、自分たちの職と権力を守ろうとするだけの教員組合によって誤った判断に導かれている、と不平を述べている。多くの州での投票の結果によると、一般大衆は自分たちの税金による資金が宗教系学校を支援することを望んでいない。一般大衆はいかなる宗教教育も行わずにすべての者に入り口を開いている地域の公立学校を好んで支援しているという考え方を、バウチャーの支持者は受け入れない。そこで、学校選択の支持者は、一般大衆の公立学校に対する信頼を揺さぶるために、公教育に関するひっきりなしに続く悪い知らせを絶え間なくおうむ返しに繰り返したり、新しく作り出したりする。しかしながら、人々がアメリカの教育に対して低い評価を下していることを世論調査が明らかにしても、人々は近隣の学校に対しては高い評価を下している。

　今日の改革者は「資金は子どもについていかなければならない」と断言し、そしてそれが大胆な新しい改革の考え方であると予告している。だが、それ

は新しい考え方ではない。それは、50年以上も前にバウチャーの背景にあった考え方とまさに同じである。今日、同じ議論がルイジアナ州知事ボビー・ジンダルによってなされている。彼は、どのような学校であっても、たとえそれが、万物が創造主なる神によって創造されたとする創造論を科学として教えるような学校であっても、オンラインの企業であっても、営利の教育業務を提供する業者であっても、そこに経験、それなりの資、資格があろうとなかろうとそれにかかわらず、資金が子どもについて行くことを望んでいる。公的資金が分配されるのであるから、その公的資金がどう使われるのかは、公的な監視と説明責任が求められる。ミシガン州知事リック・スナイダーは公教育を解体することに熱心で、「いつでも、どこでも、どんな方法でも、どんな速さでも」という原則に基づく、教育資金提供の定式を提案した。ほかの州の保守的な州知事も同様の意見を主張している[1]。だが、人々に愛されている伝統的なコミュニティの教育機関である公立学校を、民間によって運営される学校や営利業者の市場に転換することは、保守的とは言えない。これは急進的な企てであって、保守的どころではない。

「改革」を唱える組織は、以下のような人の目を惹き、一見無害に見える名前を持っている。「アメリカ子ども連盟」、「アメリカ立法交換協議会(ALEC)」、「子どものためのより良い教育(B4K)」、「教育選択のための黒人同盟」、「ブルッキングス研究所」の教育プログラム、「教育改革センター」、「改革を求める指導者たち」、「コン・キャン」、そしてそこから派生した「50キャン」、州毎の個別の組織である「ミネソタ・キャン」、「ニューヨーク・キャン」、「ロード・アイランド・キャン」、「教育改革を求める民主主義者(DFER)」、「教育の平等をめざすプロジェクト」、「今こそ教育改革を」、「教育者の四つの卓越性」、「エデュボイス」、「教育における卓越性のための財団」、「教員の質に関する全米会議」、「新しい学校の新しい指導者たち」、「ニュー・スクールズ・ベンチャー財団」、「ペアレント・レボリューション」、「子どもたちの味方」、「教育改革を求める生徒たち」、「スチューデンツファースト」、「ティーチ・フォー・アメリカ(TFA)」、「ティーチ・プラス」などの数多くの組織がある。こうした組織の多くは、理事会の役員が重複していて、同じ財団から資金提

供を受けている。彼らは巨大な反響室の中にいて、保護者や教員やコミュニティの関心事を退け、お互いの間でのみ耳を傾け、話を交わしている。

　改革者には共和党員も民主党員もいる。中には、共和党員の超保守的な州知事のみならず、民主党員の州知事も含まれている。バラク・オバマ大統領やアーン・ダンカン教育長官もそこに含まれており、ニューワーク、シカゴ、ロサンゼルスといった市の民主党の市長も含まれている。両政党から選出された担当者が、公教育の未来を脅かす政策課題に合意した。

　企業型教育改革運動の目的は、以下のような広範囲にわたるシンクタンク、自称リベラル派、中道穏健派、保守派、超保守派といった人々により支持されている。「アメリカ企業研究所」、「アメリカ進歩センター」、「公教育再生センター」、「エデュケーション・セクター」、「トーマス・B・フォーダム研究所」、「教育選択のためのフリードマン財団」、「ゴールドウォーター研究所」、「ハートランド研究所」、「ヘリテージ財団」、「フーバー研究所のコレット特別専門委員会」、「教育ネットワークにおける政策刷新者」、そして民営化を支援する州レベルの公共政策シンクタンクの一群などがその中に含まれている。リベラル派であれ保守派であれ、こうしたシンクタンクの多くは緊密に連携して、自分たちが共有する政策課題を前進させるための会議や出版物の発行に共同で出資している。主要財団は、企業による教育改革のイデオロギーを推進していくこれらのシンクタンクに対して、気前よく資金提供している。

　企業型教育改革運動は急進的な目的の実現のために、進歩主義的なテーマと言葉を採用してきた。公教育の民営化を主張することは極めて反動的である。教員組合を機能不全に陥れたり排除したりすることは、各州において公教育を擁護し、大打撃となる予算削減と戦うための最も強力な声を除外することとなる。どこの州においても、教室にいる教員は教育の専門家である。彼らは生徒が何を必要としているのかを熟知しているので、彼らの総意は学校改善に関する公的決定に取り入れられなければならない。教員から身分保障を剥奪すると、学問の自由に制限を加えることとなる。教員を生徒のテスト得点で評価することは専門家気質を損ない、テスト準備教育を促すこととなる。公民権運動の最前線に立っていると言いながら、一方で貧困と人

種隔離の存在を無視するのは反動的でありかつ偽善的である。改革運動に対する主要な資金提供者は以下の通りである。ビル＆メリンダ・ゲイツ財団は、チャーター・スクールとテストに基づく教員評価を支持している。エリ＆エディス・ブロード財団は、チャーター・スクールを支援し、自らの経営哲学に基づいて都市部の教育長を養成している。ウォルトン・ファミリー財団はバウチャーとチャーター・スクールに資金提供している。こうした強力な資金力のある財団は、お互いに関心が重なり合っている。彼らは、2年間低所得地域の学校で教えるために若い大学卒業生を採用している「ティーチ・フォー・アメリカ」、「キップ・チャーター・スクール」、保護者が引き金を引くという「ペアレント・トリガー」の考え方の一番の唱道者である「ペアレント・レボリューション」などの、共通の多くの組織に資金援助している。彼らは、前フロリダ州知事ジェブ・ブッシュと前ウェスト・バージニア州知事ボブ・ワイズが提出した、デジタル学習政策宣言に共同出資した。それは、質の悪いバーチャル・チャーター・スクールの蔓延を推し進めている。資金力のあるほかの多くの財団も、企業型教育改革の政策を支援している。それは、ローラ＆ジョン・アーノルド財団、マイケル＆スーザン・デル財団、ブラッドリー財団、ロバートソン財団、フィッシャー財団、アンシュッツ財団などであり、さらに、アマゾン・ドット・コムのベゾス・ファミリー、ネットフリックスのリード・ハスティングス、ニューズ・コーポレーションのルパート・マードックなどの莫大な富を持つ個人実業家もいる。

　ゲイツ財団は、合衆国においてまたおそらく世界においても圧倒的な規模を誇る最大の財団である。この財団は毎年、何億ドルもの教育資金を提供している。また、チャーター・スクールの拡大を承認するのみならず、テストに基づく教員評価とメリット・ペイにも巨額の投資を行っている。それは、最大の教員組合であるアメリカ教員連盟と全米教育協会にも援助を行うとともに、教員組合に対抗しようとする若い教員の萌芽的組織にも資金援助をしていた。教育関連の組織でゲイツ財団からの資金援助を受けていない組織を探すことは不可能である。この財団は、ワシントンD.C.の主要なほとんどのシンクタンクに資金援助することにより、「支持」を裏づけする役割も引

き受けている。それは、ほぼすべての州で採用されているコモン・コア・ステート・スタンダードの創設、評価、促進も支援した。それに加え、ゲイツ財団はイギリスの出版社ピアソンと手を組んで、コモン・コア・スタンダードを教えるためのオンライン・カリキュラムの開発にも加わっていた。ゲイツ財団は、ルパート・マードックのニューズ・コーポレーションの子会社であるワイアレス・ジェネレーションと組んで、生徒の秘密のデータを収集するために巨大なデータベース・プロジェクトの創設も引き受けた。こうした情報が、学校や生徒に新しい商品を売り込みたいと思っている業者に漏らされるのではないかと、危惧する人々もいる[2]。

　企業型教育改革運動は良く研ぎ澄まされたメッセージを持っている。我々は改革者だ。我々は解決策を持っている。公立学校は失敗している。公立学校は衰退の道をたどっている。公立学校はうまく機能していない。公立学校は時代遅れで破綻している。我々は刷新することを望んでいる。我々はどうやって学校を立て直すか知っている。我々は学力格差の解消のための方法を知っている。我々は現代における公民権運動を主導している。我々はあらゆる学級で優秀な教員を必要としている。学級規模はたいした問題ではない。生徒がより高い得点を得たならば、教員にはより多くの給料が支払われるべきである。生徒がより高い得点を得られなかった場合、教員は解雇されなければならない。教員は年功序列制と終身在職権とを剥奪されなければならない。というのも、こうしたものが劣った教員を保護しているからだ。劣った教員が学力格差の原因である。優秀な教員は学力格差を解消する。教員組合は貪欲で、子どもたちのことを案じていない。貧困に目を向けさせようとする人々は、劣った教員と失敗している公立学校の弁解をしているに過ぎない。我々の戦略に同意できない人々は現状の擁護者でしかない。彼らは解決策を持っていない。我々は解決策を持っている。我々は何が有効に作用するか知っている。テストが有効に作用する。アカウンタビリティが有効に作用する。民間が経営するチャーター・スクールが有効に作用する。低いテスト得点の学校を閉校することが有効に作用する。より高い得点をとる教員に特別手当を支払うことが有効に作用する。オンライン教育が有効に作用する。教

員をオンライン教育で置き換えることは有効に作用するのみならず、経費削減にもつながり、それはまた、さらなる革新を推進していく教育関連の起業家に利益をもたらすこととなる。

　それは魅力的なメッセージである。というのも、それは、難問を解決する方法を誰かが知っているという希望を与えてくれるからである。彼らは、それをどうやって実行すればよいかを知っているだけでなく、現在すでに実行しつつあると主張する。彼らは、自分たちのメッセージを明瞭にかつ確信を持って表明する。彼らのメッセージは、主要な報道機関と我々の社会で最も大きな力を持つ人々と共鳴している。それは、億万長者、企業の経営陣、主要財団の指導者、合衆国大統領、連邦教育長官、ウォールストリートのヘッジ・ファンド運用者、報道機関でおなじみの評論家、そしてシンクタンクのオピニオン・リーダーである。

　企業型教育改革者は地域の教育委員会を好まない。というのも、彼らは時折、教員の見解を尊重し、つまらない議論にあまりにも多くの時間を費やすからである。教育委員会は公聴会を開いて結論を出す速度を遅らせたり、時折、間違った決定を下したりすることがあると、彼らは言う。それは、民主主義において常に付きまとう危険である。審議会の審議の速度は遅く、しかも、時折、間違いを犯す。

　企業型教育改革者は、教育に関する決定権を世論に動じない強い力を持つ経営陣の手に委ねたいと望んでいる。彼らは、チャーター・スクールに反対する地方の教育委員会の決定を覆すために、州知事が委員会を任命するという考え方を好んでいる。彼らは、州レベルの教育長が自らの政策、とりわけ公立学校を閉校したり、チャーター・スクールを開校したりする政策を課すことができる、無制限の権限を持つという考え方を好んでいる。都市部の学区において彼らにとって望ましい統治の形態は、市長あるいは教育長が学校を掌握していて、誰の命令にも従う必要がないというものである。学校のレベルにおいては、彼らは、校長が適正な手続きを踏むことなしに、思いのままに教員を雇用したり解雇したりできることを望んでいる。企業型教育改革者は、抑制されることや釣り合いを取ることを好まない。彼らは、保護者、

生徒、教員、コミュニティの指導者の抗議について、どれだけ大きな声で不平を言われようと、またどれだけ多くの人々が公聴会や抗議集会に集まってこようとも、それを無視できるような経営陣を望んでいる。

　改革の仲間に属している方が、少なくとも公立学校の教員であるよりは、はるかに多くの給料を支払われることになる。シカゴの教員が 2012 年 9 月にストライキを行った時、全米の報道機関はシカゴの平均的教員が年間 7 万 5 千ドルの給料を支払われていることを衝撃的に受け止めた。彼らは、シカゴの教員が法律でシカゴに住むことを余儀なくされているという事実と、教養のある経験豊富な大都市在住の専門職の給与としては、これは著しく良識に反するような給与水準ではないという事実を無視していた。けれども報道機関は、チャーター・スクールの経営者が、一つの学校あるいは系列の小さな学校をいくつか管理する時に 30 万ドル、40 万ドル、50 万ドルといった給料を受け取っていることには関心がない。改革者は財団や企業からの資金を惜しげもなく使っている。ウォルトン・ファミリー財団だけで、2011 年に 1 億 5,900 万ドルの学校改革補助金を出した。改革者はしばしば教員組合の力と影響力について不平を漏らしているが、組合は、ゲイツ財団やウォルトン・ファミリー財団、さらにはそうした財団と全く同じ歩調で行動するほかの多くの財団、州や地域の教育委員会の選挙で候補者を支援する個人の億万長者や百万長者の資金力には抵抗できない。ゲイツ財団とウォルトン財団だけで年間 5 億ドル以上を教育プロジェクトに支出していて、これは組合が公民権団体やそのほかの協力者を支援するために使う資金の 10 倍以上である。こうした巨大な財団の資金力と連邦教育省の財政的および政治的影響力とが結びつくと、これは強大な権力となる [3]。「改革者」こそが現在の状況そのものである。

　野心的な人にとって見れば、企業型教育改革運動に参画することは、お金をたくさん稼ぐことを可能にするだけでなく、専門家としての成功への近道を提供してくれることとなる。エリ・ブロード流の企業型教育改革の運営法を教えるためにブロード財団により作られた、無認可のプログラムであるブロード・スーパーインテンデンツ・アカデミーを卒業することは、都市部の

学区の教育長になる近道であり、ブロード財団は彼らの給料を引き上げることもできる。この短期のプログラムの卒業生の中には、現在、州の教育長を務めている者もいる。卒業生の多くは都市部の学区の責任者となっている。

「ティーチ・フォー・アメリカ」や大きなチャーター・スクールの系列に加わった若者は、強力なネットワークの一部となる。こうした組織は、普通の教職の経歴ではとても太刀打ちできないほどの最上位までの栄達の道を提供する。こうした繋がりを持たない教員は、せいぜい教科主任あるいは副校長の候補として名前が挙がるまで、長いこと学級で教鞭をとり続けなければならない。企業型教育改革運動の中で昇進する人々は、しばらくすると自分のチャーター・スクールを経営するか、大都市の学区や州の教育局の指導者としての役割を果たすようになり、中には30歳にもなっていない若者もいる。

ウォールストリートのヘッジ・ファンド運用者は、「教育改革を求める民主主義者（DFER）」と呼ばれる自分たち自身の組織を持っている。DFERは、自分たちにとって好ましい候補者や選挙で選ばれた公職者のために資金を調達するが、企業型教育改革の政策課題に同意しない限りは、とりわけチャーター・スクールの拡大とテスト得点に基づく教員評価制度を課すことに同意しない限りは、たとえそれが支援するチャーター・スクールの教員であっても、その人を好ましい人物であるとは考えない。2005年のDFERの発会式における演説者は、イリノイ州選出の新進気鋭の上院議員バラク・オバマであった。オバマが2008年に大統領選に出馬した際、彼の教育政策をとりまとめたのは、スタンフォード大学のリンダ・ダーリング-ハモンドであった。だが、オバマが選出されると、彼は教育長官としてアーン・ダンカンを選んだ。ダンカンはオバマの友人であったのみならず、DFERからも推薦されていたのである[4]。

アーン・ダンカンは、シカゴの教育長であった時にさまざまな着想を実行に移したことから、企業型教育改革運動の評価の高い指導者の一人である。前フロリダ州知事のジェブ・ブッシュはもう一人の全米的な指導者である。彼は「教育における卓越性のための財団」という組織をつくった。この組織は、テストとテスト得点に結びつけられたアカウンタビリティと並んで、バ

ウチャー、チャーター・スクール、営利のチャーター・スクール、バーチャル学習、営利のオンライン企業などを積極的に後押ししている。共和党の州知事がいたり、議会で共和党が圧倒的多数を占めていたりする州においては、教育を民営化する法案は急速に進展した。ミシガン州においてはリック・スナイダー州知事が、財政が困難に陥っている学区で緊急事態担当者が業務を引き継ぐことを可能とする法制の整備を進めた。実際、二つの小さな学区において、緊急事態担当者が公立学校を閉校し、生徒に営利のチャーター・スクール・チェーンを提供した。2012年にミシガン州の有権者によりこの法律は無効とされたが、スナイダーは緊急事態担当者と彼らの決定はそのまま有効であるとした。ミッチ・ダニエルズ州知事とインディアナ州議会は、バウチャー、営利のチャーター・スクール、営利のサイバー・チャーター・スクール、テスト得点に基づく教員のアカウンタビリティ制度を承認した。ルイジアナ州知事ボビー・ジンダルは2012年に包括的な法制を推し進めた。それは、州の半分以上の生徒にバウチャーを提供し、多くの新しいチャーター・スクールの開校を承認した。加えて、教育事業の提供者であると自ら名乗っている場所であればどこででも、生徒は州の資金を使うことができるようになる。公教育の代わりとなるものを支える資金は、州の裁判所が憲法違反であると判断するまでは、公立学校に配分される予算の中から支出された。ルイジアナ州の改革法案は教員評価を生徒のテスト得点と結びつけていたが、チャーター・スクールやバウチャー・スクールの教員には教員資格が必要なく、同様の生徒のテスト得点と結びつけられた教員評価も求められていない。それはほかの多くの学区や州においても同様である。

　ルイジアナ州の法案があわただしく可決されると、その法律は「ルイジアナとその生徒を全く別物に作りかえる」「生徒中心の変革」であるとして、「改革を求める指導者たち（CC）」と呼ばれる州の教育長の組織から喝采を送られた[5]。「改革を求める指導者たち」は、ジェブ・ブッシュの「教育における卓越性のための財団」の関連団体であった。それは自らの組織のことを、「教育改革に対する熱意」を共有する州の指導者の連携であると称している。その構成員には、ロード・アイランド州、インディアナ州、ルイジアナ州、オ

クラホマ州、テネシー州、フロリダ州、メイン州、ニュージャージー州、ニューメキシコ州の教育長が含まれている。

　保守的な州知事や州議会によって支配されている州における教育改革のための法律の多くは、「アメリカ立法交換協議会（ALEC）」という謎めいた組織に由来する。ALEC は 2012 年までは一般大衆の目に触れることはなかったが、この年にフロリダ州で起きた発砲事件によって、望んでもいない全米の注目の的となってしまった。トレイボン・マーティンという 10 代の黒人青年が、フロリダ州の「正当防衛」法に基づいて自分の身を守ろうとしただけだと主張する、一人の男に殺された。この法律は ALEC によって書かれた法律の例文に基づいていた。ALEC は、1973 年に民営化と自由市場主義を促進するために設立された。会員には 2 千名ほどの州の法律制定者が含まれている。多数の主要企業や慈善家から資金提供を受けて、ALEC は典型的な法律の条文を書き上げ、会員はそれを自分たちの州議会に持ち帰る。少なからぬ州が、ALEC から提案された法律の文言にただ単に自分の州の名前を入れ込むだけで、ALEC の法律の例文を採用した。ALEC は公立学校や組合を好まない。ALEC はバウチャーとチャーター・スクールを好んでいる。それは、終身在職権と年功序列制をなくすことを望み、教員免許を取得することや教員養成教育を受けることをせずに教職に就く道筋を奨励している。ALEC は営利の学校を好み、とりわけサイバー・チャーター・スクールが気に入っている。ALEC は、民営化推進者が保護者を説得して、子どもが通う学校をチャーター・スクール運営者に任せるという請願書に署名させることが可能となる、「ペアレント・トリガー」法を後押ししている[6]。

　企業型教育改革の最も意外な支援者は、バラク・オバマ大統領であった。教育者は、ブッシュ大統領の有害な政策である NCLB 法を廃止してくれることを期待して、熱狂的にオバマを支援した。彼らは、コミュニティの組織者としての経験と社会で最も恵まれない人々に対する共感とを考慮すると、オバマ政権はテストとアカウンタビリティに専念するのではなくて、むしろ子どもの必要性に応える政策を採用するだろうと考えた。

教育者にとっての最初の大きな驚きは、オバマ大統領が教育長官としてリンダ・ダーリング‐ハモンドを見捨てて、シカゴの成績が悪い学校を運営していたアーン・ダンカンを抜擢したことであった。二つ目の大きな驚きは、それは実のところ衝撃であったのだが、オバマ政権が新しい重要企画として「頂点への競争」の詳細を発表したことであった。この政策は、ゲイツ財団とブロード財団のコンサルタント、ならびにハイステイクスなテストとチャーター・スクールの支持者の助けを借りて、ダンカン教育長官の執務室で作り上げられた。

　「頂点への競争」とNCLB法との間にはほとんど違いがなかった。オバマのプログラムは、テスト、アカウンタビリティ、選択を連邦の政策課題の中心に残していた。「頂点への競争」はNCLB法よりもさらに懲罰的であった。それは、州に対して、生徒のテスト得点と関連づけて教員を評価するよう強く求めた。そのため、NCLB法のもとにあった時よりも、標準テストの重要性がさらに増すこととなった。それは、州に対して、民間によって運営されるチャーター・スクールをより多く認可するよう推奨した。これは、ジョージ・W・ブッシュ大統領が、民主党に支配されていた連邦議会では決して実現させることができなかったはずの企画である。それは、共和党の伝統的テーマである競争と選択を支持した。「頂点への競争」という考え方そのものが、民主党が伝統的に大切にしてきた公平さへの取り組みを退けている。それは、敗者をずっと後ろに残したままで、勝者が「頂点への競争」に参加していくことを示唆している。公平さを大切にするということは、連邦の財源が、速いか遅いかの競争の結果に基づくのではなく、子どもの必要性に基づいて分配されるべきであることを意味している。

　「頂点への競争」に潤沢な予算がつけられていたために、各州はその50億ドルの配分に与ろうとして精力的に競争に参加した。オバマ大統領はこの目玉のプログラムに関して、相手によって話を変えていた。2011年の年頭教書で彼は、「頂点への競争」は上意下達方式の命令ではなくて、「地域の教員と校長の仕事であり、教育委員会とコミュニティの仕事である」と述べた。だが、結局、州はこの命令を自ら進んで受け入れたので、こうした言い方は

どう考えてみても正しくなかった。

　「頂点への競争」が標準テストを今まで以上に重視したにもかかわらず、オバマ大統領はテストに反対であると明言した。2011年に彼はテスト準備教育に強く反対し、次のように述べている。

　　私が、現実に起きていることで決して見たくないものの一つは、テスト準備教育のみの学校である。というのも、そういう時には皆さんは世界について学んでいない。皆さんは異なる文化について学んではいないし、科学について学んではいないし、数学について学んではいない。皆さんが学んでいるのは、答案用紙の小さな空欄をどうやって埋めるかであり、またテストを受けるために必要なちょっとしたこつでしかない。これでは教育は皆さんにとって興味のあるものにならない。若者は興味のあることはうまくやることができる。それが退屈であれば、同じようにうまくやることはできない。

　彼を批評する人々は彼と同じ考えであった。カリフォルニア州の教員でブログを書いているアンソニー・コーディは、大統領が以下のようなことを承知しているのかどうか怪訝に思った。第一に、「頂点への競争」が州に対して、教員評価をテスト得点と結びつけるよう求めていたこと。第二に、ダンカン長官は教員養成プログラムを生徒のテスト得点で評価したいと思っていたが、その生徒を教えているのはかつて自分たちが育て上げた教員であること。第三に、オバマの教育省が、「それぞれの教員が生徒に付け加えている『価値』を測ることができるように、テストの科目数とテストの頻度を大幅に増やすよう提案していること」。大統領は「テスト準備教育」を嘆き悲しんでいたが、その一方で、彼自身の政策がテストのために教えることを必要とし、そうしなければ教員は解雇されることにしてしまった[7]。

　2012年の年頭教書における大統領の演説は、より一層首尾一貫していなかった。彼は学校に対して、教員が「独創性と情熱を持って教え、テスト準備教育を止める」よう後押しして貰いたいと述べたが、その一方で彼は、学

校が「最も優れた教員に報酬を与え」、「子どもたちが学ぶことの助けにならないような教員を置き換える」ことを望むとも述べた。自ら是認していた教員の賞罰が、オバマ政権の強い主張によって、テスト得点に結びつけられていくであろうことを、彼は認識していなかった。

「頂点への競争」に対する反応として、チャーター・スクールの数が急増した。営利のチャーター・スクールが拡大し、バーチャル・チャーター・スクールも同様に拡大していった。オバマ大統領もダンカン長官も、公的資金が民間企業に流れていく規制緩和に何の危険も感じていなかったし、チャーター・スクールの市場に営利の起業家が参入してくることに反対もしなかった。公立学校よりも学校選択を支持することにより、「頂点への競争」は暗黙の裡に、チャーター・スクールのみならずそのほかの形態の学校を選択することも推奨した。それがバウチャーであった。

2010年の選挙は超保守派の州知事を次々と生み出し、こうした州知事はチャーター・スクールを喜んで温かく受け入れ、バウチャーも支持した。オバマ政権は沈黙を保っていた。ワシントンD.C.のバウチャー・プログラムから資金を引き揚げようと試みたものの、結局、政権側は共和党の抗議に屈してこの試みを諦め、バウチャーの存続を認めた。多くの州が次々にバウチャーを採択していったので、オバマ政権は民営化の進展に対して何ら抗議の声を上げなかった。そればかりか、共和党の州知事が公共部門の組合の団体交渉権を攻撃した時も、オバマ政権は強い反対の声を上げなかった。2011年の春、ウィスコンシン州の保守派の州知事スコット・ウォーカーが、教員を含むほとんどの公共部門の労働者から団体交渉権を取り上げることを提案したので、労働者側は州都であるマディソンで大規模な抗議活動を組織した。彼らは州議会議事堂を包囲し、連日、抗議活動を強めていった。オバマ大統領は労働者の味方であると言いながらも、自らの支援を明示するためにマディソンに姿を現すことはなかった。その代わりに、オバマ大統領とダンカン長官は、ウィスコンシン州での抗議活動の真最中にマイアミに飛んで行き、前フロリダ州知事のジェブ・ブッシュを「教育改革のチャンピオン」として褒め称え、マイアミ・セントラル・ハイスクールの「再生」が成功したこと

を称賛した。全米の報道機関は、オバマ大統領がジェブ・ブッシュのテスト、アカウンタビリティ、学校の格付けといった政策に対して、大きな支援を与えていると認識していた。しかしながら、オバマ大統領とブッシュ知事の会見の僅か4ヵ月後に、マイアミ・セントラル・ハイスクールは成績が悪いので閉校にするという計画をフロリダ州教育局が発表した時には、全米の報道機関は何の関心も払わなかった。州政府は学校に閉校を避ける特権を与えた。若干の改善は見られるものの、このハイスクールは依然としてフロリダで最も成績の悪い学校の一つであった[8]。

チャーター・スクール、ハイステイクスなテスト、メリット・ペイ、テスト得点に基づく教員評価への支援の中で、オバマ大統領は民主・共和両党の合意を形成した。だが、彼には、少なくとも民主党員としては、奇妙な仲間がいた。私が、ALECについてと、民営化を推進し教職に就くための資格要件の水準を下げようとしている保守派の政策課題についてブログを書いた時に、ALECの研究担当役員は、オバマ大統領はチャーター・スクールと「教職の改革」の推進に関してALECと立場を共有している、と反論してきた。2012年の大統領選のキャンペーンにおいて、K-12〔訳注：キンダー（幼稚園段階）から12学年（ハイスクール終了段階）までの学校教育〕政策に関するオバマとミット・ロムニーの間の唯一の違いは、ロムニーが「機会を提供するための奨学金」と呼ぶバウチャーを支持したのに対し、オバマが支持しなかったことである[9]。

2012年の大統領選の候補者はどちらも公教育を支持しなかった。両者とも、公教育が危機に瀕していて、そこには急激な変革が必要であると意見が一致していた。彼らの討論においては、貧困問題は取り上げられなかった。実際、教育問題は、「頂点への競争」が大成功であったという候補者同士の同意以外では、ほとんど触れられることがなかった。

一般大衆は、改革運動の民営化の政策課題に関しては、ぼんやりとしか気づいていない。公共の資金が公共の監視の目の届かないところに引き出され、民間によって運営されるチャーター・スクール、バウチャー・スクール、オンライン・スクール、営利の学校、そのほかの民間の業者への資金援助に使

われていく制度に、公教育を置き換えていくという隠れた目標が、民営化運動の見せかけの美辞麗句によって覆い隠されている。

　企業型教育改革者がどれほど多くのハリウッド映画を制作しようとも、どれほど多くのテレビの特集番組が民営化の素晴らしさを褒め称えようとも、改革者がどれほど頻繁に公立学校とその教員を貶したとしても、一般大衆は公立学校を、投機家、起業家、イデオロギー信奉者、ガマの油売り、利益を得るための商売人、ウォールストリートのヘッジ・ファンド運用者に譲り渡す準備はまだできていない。

第4章
企業型教育改革で語られる言葉

　誰もが覚えているようにずっと昔から、批判家は学校が衰退していると言ってきた。アメリカの学校は世界で一番優れていたのに、今ではもはやそうではないと、彼らは言う。アメリカの学校には本物のスタンダードというものがあったが、今はもう失われていると言う。また、そこには規律があったが、今ではそれも失われていると言う。批判家があまり認めないのは、我々の社会が変わったから、それに伴って我々の学校も変わってきたということである。過去の黄金時代にあこがれを持って目を向ける者は、学校がごく限られた少数の人々しか教育しなかった時代のことを思い出している。だが、50年前に大学進学を目指していた生徒は、現在、公立学校のアドバンスト・プレイスメント・コース〔訳注：優秀なハイスクール生徒のために大学1-2年次相当の発展的な科目を開講し、統一試験での結果が基準を満たすと大学入学後に単位が認定される。授業はハイスクール教員によって実践され、試験は大学入学試験委員会により運営されている。〕や、国際バカロレア・プログラムで普通に実施されているような、あるいは最先端の都市や郊外の学校の標準的な教育課程で提供されているような、質の高い教育を受けてはいなかった。昔に比べて現在は、より多くの補習学級がある一方で、特別な配慮を必要とする生徒を抱える公立学校がより多く存在し、英語の読めない生徒がより多く存在し、問題を抱えている家庭からの生徒もより多く存在し、中退する生徒の数は減少している。規律に関して言えば、1955年の映画『暴力教室』を思い出せばその頃のことがよく分かる。それは、生徒がほかの生

徒をいじめている、中心市街地の手におえない暴力的な学校を描いた映画であった。この学校の生徒はすべて白人であった。今日、過酷な環境に暮らす子どもたちにとって、公立学校はしばしば最も安全な場所となっている。

　公立学校が衰退の道をたどっているという主張は何ら新しいものではない。リチャード・ホフスタッターはピュリッツァー賞を受賞した『アメリカの反知性主義』の中で、アメリカ合衆国の教育について書かれたものを「辛辣な批判と痛烈な不平不満の文学」とみなし、「教育をめぐる恨み言は、清教徒の牧師の説教の中にある恨み言と同じように、我々の文学を特徴づけている」と述べている。1820年代から現在の我々の時代に至るまで、改革者は低いスタンダード、無知な教員、役に立たない教育委員会に対して不平不満を述べてきた。ホフスタッターは、「古き良き時代」を懐かしんでいる人々が、批判家が公立学校の質を嘆いていなかった時代を見つけ出すことは難しいだろう、と記した。

　通常、40年か50年ほど前のこととして想像される伝説上の古き良き時代を、近頃は郷愁とともに思い起こそうとする傾向がある。だが、その時代においても、皆が皆、学校で成功していたわけではなかったことに、ほとんどの人は気づいていないようである。現代の批判家が、今より良かった過去と思い描いているものに言及する時、彼らは、アメリカの青年の大部分がハイスクールを修了せず、ほんの一握りの少数の者しか4年制大学を卒業できなかった時代を振り返っているのである。そのような平穏な時代ととらえられている時に、多くの州の学校は人種的に隔離されており、ほとんどの単科大学や総合大学においても同様であった。1975年の連邦法が制定されるまで、障害のある子どもは無料の公教育を受ける権利を持っていなかったし、しばしば公立学校から締め出されていた。また、1940年代、1950年代、さらには1960年代にあっても、学校はかなりの数の英語を話せない生徒を入学させなかった。1920年代初頭から1960年代中頃まで、移民法はアメリカ合衆国への外国人の流入を制限していた。法律が変更されると、学校は南米、アジア、中東、ロシア、アフリカ、そして、以前はごく僅かしかアメリカに入国していなかった世界のそれ以外の地域からも、生徒を入学させ始めた。

このように、現在、公立学校を激しく非難している人々は、ほとんどの学校が人種的に隔離されていた時代、肉体的、精神的、情緒的な障害のある子どもの受け入れが公立学校には求められていなかった時代、英語を話せなかったり読めなかったりする生徒がほとんどいなかった時代、そしてほんの僅かな生徒だけがハイスクールを卒業し、大学へ進学していた時代を、良い時代であったと語っているのである。

　歴史に関心を持たずに、今日の企業型教育改革者は、公立学校は前例のないほどの危機に瀕していると主張する。彼らは、子どもたちが「失敗している公立学校」から「逃げ出す」ことができなければならないと言う。彼らは、子どもたちのために存在しているのではない教員とは違い、自分たちは「子どもたちのために」存在していると主張する。彼らは一般大衆に、子どもたちと教員は交戦中の戦場にいると信じさせたがっている。彼らは「子ども第一」とか「生徒第一」と言う。彼らによると、彼らの政策は、我々に競争力をもたらすと同時に、すべてのコミュニティに「優秀な教員」と「優秀な学校」を提供すると言う。彼らは、「学力格差の解消」の方法を知っていると言い、「我々の時代における公民権に関する問題」の先頭に立っていると主張する。彼らの政策は、我々の子どもたちを「国際的な競争力を持つ存在」にできると、彼らは言う。彼らは、我々の国家安全保障を守ると言う。彼らは、アメリカを昔のように強力な国家にすることができると言う。企業型教育改革者は、彼らが売りたがっているものを我々が買わない場合には、国家として危機に晒されるかもしれないという、今はもはや存在しない冷戦の恐怖に再び火をつけながら、我々の不安な気持ちに働きかける。

　批判家は、我々の公立学校は我々の社会にとって今そこにある明らかな危機であると、一般大衆が信じることを望んでいる。急進的な変革がない限り、我々の社会はばらばらになってしまうと、彼らは言う。我々の経済は崩壊する。我が国の国家安全保障は危機に陥っている。彼らの言いたいことは次のように明白だ。公教育は我々が大切にしているものすべてを脅かしている。

　たいていのアメリカ人がコミュニティの学校に強い愛着を持っていることを承知していたので、企業型教育改革者は、自分たちの目的を偽りの大衆主

義者的な言葉使いで表現するように注意を払っていた。恐ろしい危険が差し迫っていると警告を与えて、我々を怖がらせようとする一方で、彼らは、安心感を与えつつ人を騙そうとする美辞麗句で、自分たちの政策を覆い隠す。彼らは「改革」という言葉を使っているが、彼らが本当に意図するところは規制緩和と民営化である。「アカウンタビリティ」と言う時には、本当は教育の手段と到達点として標準テストに厳密に依拠することを意味する。「力のある教員」とは、生徒が毎年、標準テストでより高い得点をとることができる教員のことを意味し、生徒の学びへの意欲を高めていくような教員のことではない。「革新」と言う時には、それは、人件費を削減するために教員を科学技術によって置き換えることを意味する。「弁解無用」と言う時は、生徒は何の疑問も抱かずに命令と規則に従わなければならない、新兵訓練所の文化を意味する。「個別指導」と言う時には、生徒の能力のレベルに応じて教育内容やテストの問題を調整できるはずの、アルゴリズムを備えたコンピュータの前に子どもを座らせることを意味する。だが、それは現実としては、本物の教員との人間関係を犠牲にすることを意味する。「成績」や「成果」と言う時には、それは標準テストでより高い得点をとることを意味する。「データに基づく指導」と言う時には、テスト得点と卒業率とが、子どもと学校にとって最善なものを決める主要な決定因子となることを意味する。「競争」と言う時には、規制緩和されたチャーター・スクールと規制緩和された私立学校とが、強く規制されている公立学校と競うことを意味する。「うまくいっている学校」と言う時は、テスト得点のみを参考にしていて、コミュニティの中心にあって、立派なオーケストラ、熱意あふれる合唱団、一生懸命に活動しているチェスの団体、成果を上げているロボット工学のプログラム、そして、しばしば最もテスト得点が低く最も助けを必要としている生徒を支援することに、全身全霊を傾けて取り組んでいる教員のことなどには、全く目を向けていない。

　改革者は、教育の目的について、国際的な競争力、より高度な教育、労働力への準備と定義している。彼らは生徒を「人的資源」とか「資産」と見なしている。彼らの印刷物や一般大衆への意見表明の中で、市民としての責任

を引き受けることができるように、全人格を発達させることの重要性に触れているものはほとんどない。

　企業型教育改革者は語らないが、同じように重要な話題がある。予算削減に対しては、それがいかに巨額であろうとも、彼らはほとんど抗議の声を上げることはない。州知事や州議会が改革者であると主張しながら、公立学校の予算を何十億ドルも削減する際にも、彼らは不平不満を述べない。彼らは、子どもの貧困の割合が上昇していることにも抗議の声を上げない。彼らは人種隔離について不満をぶつけない。彼らは、より多くの時間と資源を標準テストに充てることに、何らかの不都合があるとは全く思っていない。学区がより多くの資金をテストに費やす一方で、芸術、図書館、体育の予算を削減しても、彼らからは何の音沙汰もない。彼らは、連邦、州、あるいは市の役人が、キンダーあるいはプリキンダーに通う子どもたちにまでテストをするという計画を発表しても、不平不満は言わない。彼らは学級規模が拡大されても不平は言わない。彼らは、前もって用意された規格どおりのカリキュラムがあり、それによって教員が教職の自律性をなくしてしまっても、反対しない。彼らは、経験豊富な教員が、たかだか 2、3 週間の養成訓練しか受けていない新人教員に置き換えられようとも、反対しない。彼らは、チャーター・スクールが、障害のある子ども、問題を抱えている家庭からの子ども、英語学習者について、不釣り合いに少ない人数しか入学させていないという証拠には目をつぶっている。実際に、州や連邦のデータによって裏付けられていた場合でさえ、そのような不釣り合いはないと、彼らはたいがい否定する。彼らは、営利の企業がチャーター・スクールを運営しても、また教育の業務が利益追求型の法人に外注されたとしても、不平は述べない。実際、彼らは、起業家が投資家や共同経営者として改革の共同体に参加することを歓迎している。

　改革者は公立学校を民営化し、投資家に利益を支払うために税金を流用したいと望んでいることを、アメリカの一般大衆が理解していたならば、企業型教育改革の考え方を納得させることは難しかったに違いない。改革者がコミュニティの学校を閉校し、その代わりに、家からかなり遠い学校や、自分

の子どもを受け入れてくれるかどうかも分からないような学校を、保護者に選ばせたいと望んでいることを、保護者が理解していたならば、企業型教育改革の考え方を納得させることは難しかったに違いない。教育の概念そのものが、標準テストを用いて子どもたちを正規分布曲線上のデータの点として分類する手法へと姿を変えられつつあることを、アメリカの一般大衆が理解していたならば、企業型教育改革の考え方を納得させることは難しかったであろう。立派な子どもかそうではないかを仕分けるのと同じテスト得点で、子どもの教員が評価されるということを、アメリカの一般大衆が理解していたならば、企業型教育改革の考え方を納得させることは難しかったであろう。子どもたちにとっても教員にとっても、こうした評価方法がどれほど不正確で信頼できないものであるかを、アメリカの一般大衆が知っていたならば、企業型教育改革の考え方を受け入れさせることは難しかったであろう。こうした理由で、改革を語る言葉は、一般大衆の気に入るような装いへと変えられなければならないのである。

　民営化運動の指導者は自分たちのことを改革者と呼ぶが、彼らの前提とするものは過去の改革者のそれとは著しく異なっている。昔の時代には改革者は、より優れたカリキュラム、より良く訓練された教員、より豊富な資金、より平等な資金提供、より少人数の学級、人種隔離廃止などを求めていた。彼らはこうしたものがより優れた公立学校に至ると信じていた。これとは対照的に今日の改革者は、公教育は破綻した事業であり、こうした方策はすべて試されそして失敗したと主張する。彼らは、教育を救う最善策は、教育を民間の経営に委ねて、誰が勝者で誰が敗者かを市場に選別させることだと主張する。彼らは、すべての子どもに優れた学校を提供するという公的な責任を、個人の選択に置き換えることを望んでいる。彼らは、民主主義における公立学校の極めて重要な役割に関する理解を全く欠いている。

　この改革運動の中心にある前提は、我々の公立学校が衰退しつつあるということである。だが、これは事実ではない。公立学校はたいていの生徒にとても良く機能している。一般に信じられている話と違って、テストの結果が一切の利害関係を持たない連邦のテストである全米学力調査（NAEP）は、

白人、黒人、ヒスパニック、アジア系の生徒が過去最高の得点を示している。卒業率も過去最高である。今までで一番多くの若者が大学に入学している。入学にかかる費用が今ほど高くなければ、さらに多くの若者が大学へ進学するであろう。

　もちろん、極めて低いテスト得点しかとれず、卒業率も低い学校や学区もあり、これはいつでも事実であった。こうした学校や学区は二つの共通の特徴を持っている。貧困と人種的マイノリティが集中していることである。この二つの要素が結びついていることが低いテスト得点に関連している。保護者が貧しく教育達成度も低い子どもたちは、テスト得点がより低くなる傾向がある。貧しい子どもたちは病気に対する治療を受けることも少なく、栄養も不足がちで、日々の生活の中でより大きな緊張、混乱、危機を経験している。こうした要因が、学業成績に現在進行中の深刻な影響を与えている。それゆえ、貧しい子どもたちはより多くの安定性、より多くの支援、より少人数の学級、学校内で教員やそのほかの人々からより多くの配慮を払われることが必要なのであるが、資金不足のため実際にははるかに少ない程度のものしか受け取っていない。

　あいにく、多くの人々は学校のテストの結果が芳しくないことの根源的原因について、本気で取り組むことには気が進まないでいる。というのも、この問題に本気で取り組むと、あまりにも政治的に困難な状況に追い込まれるか、あるいはあまりにも資金のかかる状況に陥るかのどちらかになるからである。彼らは、貧困と人種的孤立を減らしたり、裕福な家庭の子どもが享受している生育環境や均整のとれた教育を提供したりするよりも、公立学校を民営化する方が、より早くより簡単にそしてより少ない資金で済むと信じている。だが、実際には、民営化の動きは貧しい子どもたちが通っている学校を平然と閉校に追い込み、子どもたちの生活を不安定なものにしている。民営化の政策は教育関連の起業家の興味をかきたてている。彼らはそれを、金を儲ける絶好の機会とみなしている。だが、それは我々の社会にとっては悪いことである。それは、皆が必要とするものに対して皆が責任を持つという感覚を、次第に損なっていく。それは公教育に対して、有効性と正当性を攻

撃するのみならず、収入に対する権利を主張することによっても損害を与える。民間によって経営されるチャーター・スクールやバウチャーに分配される資金は、危機に瀕している公共資源の民間部門への移譲を意味する。民間部門が大きくなるにつれ、公立学校は予算の削減を強いられ、教職員や業務を維持できなくなっていき、その結果、生徒に対してより優れた教育やより優れた成果を提供できなくなり、生徒は民間部門へと移っていく。

　それぞれの時代の改革者は学校をサンドバッグとして使ってきた。ある時代においては、進歩主義者が、学校は時代遅れで、後ろ向きで、思慮がなく、融通が利かず、現代の要請に合っていないと、不平を表明した。そうすると、今度は入れ替わって、反進歩主義者や「本質主義者」が現れた。彼らは、学校が弱腰になり、スタンダードやカリキュラムが崩壊し、生徒は昔ほど一生懸命に学ばなくなったと不平を述べた。

　20世紀の初頭に改革者は、学校に対して、あまりにも学問的すぎて、経済界が熟練した労働力を必要としていることを無視していると激しく非難した。1914年に連邦議会は、学校が、全米の農場や工場での仕事に向けて若者を準備させることができるように、産業教育や職業教育を奨励する最初の連邦法を成立させた。1930年代になると、何百万人にも上る失業者が出てきている中で、改革者は学校に対して、生徒を在籍させ続けることによって、失業者の立場からはずすことができないでいると非難した。改革者は学校に対して、青年が学校により長い期間、在籍するように、彼らの要望により配慮するよう求めた。大恐慌の時代に若者に教育と訓練を提供するために、ニューディール政策は民間植林治水隊と全米青年管理局を創出した。

　1940年代になると改革者は、学校が時代遅れになっていて、生活と仕事に必要とされる技能を生徒に与えることができていないと非難した。「生活適応教育」が改革者の標語となった。1950年代になると改革者は、学校が基本を忘れてしまっているので、学問的なスタンダードを引き上げることと、古くからの教科の訓練に戻ることが必要だと述べた。1960年代になると改革者は、学校があまりにも学問的になりすぎていて、生徒が決まりきった退屈な課題によって窒息させられていると言った。改革者は、生徒に対してよ

り多くの自発性とより多くの自由を望み、より僅かなことしか要求しなかった。それと同時に、公民権運動が大きな前進を遂げ、学校が人種隔離廃止を求める国の法令と連邦最高裁判所の裁定における焦点となった。1970年代後半に、1960年代と1970年代初頭の改革の考え方に対する強い反発が起こり、その結果、最低限の能力テストの実施と、今一度、基礎への回帰へと至った。このような振り子のような揺れにもかかわらず、また、辛らつな批判家や改革運動にもかかわらず、アメリカの一般大衆は公教育に対して感謝の気持ちを持ち、コミュニティの学校を称賛したものだった。

　そして、1980年代が訪れた。それは、我々の学校のスタンダードが低く期待も低いことから我々は「危機に立つ国家」であると指摘する、「卓越した教育に関する全米諮問委員会」より1983年に出された厳しい警告とともに始まった。委員会によると、我が国の凋落は、「まさに国家としての、また国民としての未来を脅かす、しだいに高まりつつある凡庸主義の波」によって引き起こされているという。この凡庸な教育の成果は「思慮のない、一方的な、教育における軍縮」にほかならない。この心配性の人の大袈裟な言葉は極端だが、報道機関の注意を呼び起こすには十分で、多くの州に卒業要件の引き上げをもたらした。

　1983年の報告書の恐ろしい警告への反応として、スタンダード、テスト、アカウンタビリティを追及することが、学校改革をめぐる全米の政策課題となった。多くの政策立案者は以下のことに同意した。より高いスタンダードを設定すること。生徒がスタンダードを習得したかどうかを確かめるためテストを実施すること。もし生徒が試験に合格できなければ、留年させるか、卒業させないこと。こうした戦略が正しいことを証明するような研究はなかったが、州のテストで成功した学校は報奨を与えられ、そうでない学校は罰せられるという提案は、とにかく広く受け入れられた。最初のブッシュ政権はこうした考え方を進んで受け入れ、クリントン政権も同様であった。二番目のブッシュ政権は、「ひとりも落ちこぼれを出さない法（NCLB法）」を制定することにより、テストとアカウンタビリティを連邦の重要政策とした。

　ともかくも、こうしたすべての止まることのない論争と批判の中でも、公

立学校は何世代にもわたる生徒を教え続けた。そしてとにもかくにも、終わりのない批判と矢継ぎ早の政策の転換にもかかわらず、アメリカ経済は世界で最大規模であり続けた。そしてともかく、アメリカの文化は創造的で活力に満ちたものであり続け、良くも悪くも、ほかの国々の文化を再構築していった。我々の民主主義は生き残り、アメリカの技術革新は地球上に住む人々の生活の仕方を変えた。アメリカの労働者の大多数を教育した学校は失敗だと言われているにもかかわらず、彼らは世界で最も生産性の高い人々の中に入っている。

『危機に立つ国家』が出版されてからは、国の教育制度をめぐる公の議論は、アメリカの公教育が衰退の弧に固定されてしまっているという、根拠のない信念に落ち着いた。委員会、特別専門委員会、研究団体などから報告書が相次いで出され、それらは、アメリカ教育の「危機」、生徒の成績の「危機」、ハイスクール中退者の「危機」、劣った教員の「危機」を証拠で立証することを目指していた。

『タイム』や『ニューズウィーク』のようなニュース雑誌は危機に関する記事を出版し、テレビの放送網は危機に関する特集番組を放送し、論説委員は危機の原因について意見を述べた。ジャーナリズムが打ち続ける否定的な太鼓の音は、次のような影響をもたらした。アメリカの公教育の質に関する世論の評価は、1973年から2012年まで落ち続けている。1973年にはアメリカ人の53％が公立学校を信頼していたが、2012年には承認する率は僅か29％に落ちてしまった。ただし、一般大衆の連邦議会に対する信頼度は13％であり、銀行や大企業に対する信頼度は21％であったので、そうしたものと比べると、なお高かったのだが[1]。

著しく対照的に、公立学校に子どもを通わせているアメリカ人は、自分たちの学校に対して極めて高い評価を持ち続けていた。2012年に行われた別のギャラップ調査では、アメリカの公立学校に対して一般大衆の19％しかAまたはBを付けなかったが、自分たちの子どもが通っている一番良く知っている公立学校に対しては、保護者の77％が高得点を与えた。回答者の3分の2が、報道機関で公立学校に関する「悪い話」ばかりを目にしたと述べ

ていた。したがって、公立学校と最も直接の関係を持っている保護者は、その学校のことをとても良く考えているのに、報道機関による容赦のない否定的な報道が、アメリカの公教育に対する一般大衆の評価を押し下げてしまっていると言えよう[2]。

さらに最近になると、ビル＆メリンダ・ゲイツ財団が、一般大衆と政策立案者に対してアメリカの公立学校が失敗しているということを納得させるのに、かなりの精力を傾注した。2005年にビル・ゲイツは、アメリカのハイスクールは「時代遅れ」で「破綻している」と、全米の州知事に告げた。その時点において彼は、学校の規模をもう少し小さくし、すべての生徒が大学入学への準備ができていることを目標として、アメリカのハイスクールを再設計したいと考えた[3]。3年後に彼の財団は小規模校の企画を放棄した。それは、総合的なハイスクールと、あまりに規模が小さすぎてバランスのとれたカリキュラムを提供することができないほどの学校とを、置き換えることを学区に促すために、20億ドル費やしたのちのことであった。この挫折にもかかわらず、ゲイツは公立学校制度が時代遅れで破綻していることを確信していた。彼の財団は、これを解決するには、すべての教室に力のある教員を揃えるために、力のない教員を特定することができる新たな評価制度を開発することだと思った。

2012年にメリンダ・ゲイツは、『公共放送サービス（PBS）・ニュースアワー』の取材訪問を受けた。訪問記者が彼女に対して、何が「うまくいっていて、何が拡大していくのか」と尋ねると、彼女はこう答えた。

　　もしあなたが、私たちがこの仕事に取り組み始めた10年前を振り返るならば、私たちの学校は破綻しているし、根本的に破綻しているという事実について、この国のどこにおいても話題にすら上っていなかった。そして私は話の中身が変わってきたと考えている。私は、アメリカの一般大衆は、いま学校が破綻しているという事実に気づいたと思う。私たちは十分に私たちの子どもの役に立ってはいない。彼らは技術社会で暮らしていくための教育を受けていない[4]。

ゲイツ財団とそのほかの団体が、我々の破綻した公立学校に関する話を広めるために、贅沢で手の込んだ報道機関のキャンペーンに資金を提供した。その最新のものは『「スーパーマン」を待っている』と呼ばれる記録映画であった。この映画は、ミッシェル・リー、ビル・ゲイツ、経済学者のエリック・ハヌシェックなどへの訪問取材を含み、第一に公教育が失敗に瀕していること、第二に財源には問題がないこと、第三にテスト得点が低いという国家の危機を救う最善の方法は、民間により運営されるチャーター・スクールの数を増やし、力のない教員を解雇し、彼らを保護している組合を弱体化することである、という内容に焦点が当てられていた。この映画は 2010 年 9 月にゲイツ財団から大半の資金提供を受けて、これまでに例を見ないような大々的な宣伝活動のもとで公開され、『タイム』の表紙に大きく取り上げられた。この映画はまた、NBC が『教育国家』と呼んだ 1 週間の番組編成の中の最も重要な出し物であったとともに、オプラ・ウィンフレイの人気のあるテレビ・ショーにおいて 2 回の番組で取り上げられた。

　この映画は、民間で運営されているチャーター・スクールに入学することに必死になっていて、入学許可を得るためにくじに当たるかどうかに望みがかかっている、5 人の子どもたちの物語を描いていた。それぞれの子どもはかわいくて、視聴者の感情は、彼らの窮状とひどい公立学校やカトリック系学校などから逃げだしたいという夢に、しっかりと取り込まれていった。この映画は公立学校を失敗として描いていて、そこで働く教員は自己中心的で、子どもをほったらかしにし、そして無能であった。この映画で使われている、教育の成果が劣っていることに関する統計は誤解を招きやすく、かつ間違っていた。それは、チャーター・スクールが牧歌的なのどかな学校として描かれていたのと同じであった。それでも、この映画の製作者と推進者は、確実に可能な限り広範な人々に見て貰おうと、全米の保護者の組織、州議会、PTA の全米会議までも対象にして無料で上映した[5]。

　『「スーパーマン」を待っている』は今までとは全く異なり、チャーター・スクール運動を一般大衆の目に見えるものとした。それはまた、この運動に

大衆主義者の風格を与え、もしあなたが中心市街地に住んでいる貧しい子どもの苦境を心配するのであれば、あなたは必ずより多くのチャーター・スクールの創出を支援するだろう、と思わせていた。この映画は、チャーター・スクールの唱道者の主張を磨き上げた。その主張とは、彼らは、成績の悪い公立学校に閉じ込められている、貧しくて社会的な不利益を被っている子どもたちに、より多くの選択肢を提供するための戦いを主導しているのだから、「現代の公民権問題」に関わっているのだというものであった。

広まっていった一般大衆の議論と同様にこの映画の語り口は、民営化に関する異論の多い論点から離れ、イデオロギー的により人の心に訴えかけるような選択という概念へと向かって行った。改革者は「民営化」という言葉を口にするのを嫌っている。しかしながら、実際にはこれが、この運動の背後にあるイデオロギー的な推進力である。改革者にとっては「選択」が好ましい言葉とされている。というのも、この言葉は、保護者が、ある学校を去り別の学校を選択する自由を行使できる消費者と見なされるべきことを、暗に示しているからである。この新しい民営化の運動は、1950年代と1960年代に裁判所から命じられた人種隔離廃止を避けようとした南部の白人の避難経路となった、学校選択の持つ汚された歴史を超越するものとなった。

民営化の道筋を前に進めていくためには、Ṗで始まる言葉を使わずにĊで始まる言葉を繰り返すことが必要であった。結局のところ、一般大衆は、民間の資本家や起業家が極めて重要な公共施設の一つを乗っ取ることに対して、夢中になる理由はなかった。図書館、病院、刑務所、そのほかの公共の基本的事業の民営化は、政治的に保守的な人々から長いこと熱烈に支持されてきたが、だからと言って、どうやってコミュニティ全体に対して、自分たちの子どもと公立学校を民間の企業に譲り渡すことを説得できるのであろうか。そうした民間企業の中には、株主に配当を与えるため子どもたちから利益を得ることを望むところもあった。このペテンを成し遂げる唯一の方法は、我々の公立学校は失敗であり、この失敗が我々の子どもたちに害を及ぼし、我が国の将来の繁栄を脅かしていると、何度も何度も繰り返し叩き込む、巧みな宣伝活動を遂行することであった。それを十分に繰り返せば、人々は、どの

ような代替案であっても、今の制度よりは良いものに違いないと信じるようになる。

　こうした文言が一旦、浸透すると、アメリカ人はその原因を取り除こうとする。つまり、自分たちが長いことよく知っていて、コミュニティの中心として大切にしてきた公立学校を排除しようとするのである。

　著名な「外交問題評議会」が2012年に報告書を発表した。それは、公立学校は失敗しているのみならず、将来の我が国の生き残りを危険に晒しているという、不安をかきたてることを狙っていた。前ニューヨーク市公立学校教育総監のジョエル・I・クラインと、ジョージ・W・ブッシュ政権の国務長官であったコンドリーザ・ライスが、この報告書を作成した特別専門委員会の共同議長を務めていた。報告書は、アメリカの公立学校が国家安全保障に対する重大な脅威であると警告していた。それは、合衆国の生徒が国際学力調査において、世界の一流ではなくて中流の成績しかとれていないことを示す、憂鬱な統計を引用していた。だが、これが、30年前に『危機に立つ国家』の中で述べられていたのと、まさに同じ不満であることには触れていなかった。この報告書は、雇用者は資格を満たす労働者を見つけることができず、学校は軍隊、情報機関、そのほかの国家安全保障上重要な仕事に就いて働けるよう人々に準備をさせていない、と断言した。次々と公立学校に対する告発状が提出された[6]。

　特別専門委員会は三つの勧告を示した。一つ目は各州が数学と読解に関するコモン・コア・スタンダードを採用することで、それはすでに46の州により採用されていた。コモン・コア・スタンダードは実地テストが行われていなかったので、それがテスト得点を上げることになるのか、また、人種、民族、収入の異なる集団の間で学力格差を縮めるのかあるいは広げるのか、誰にも分からなかった。ブルッキングズ研究所のトム・ラブレスの研究は、スタンダードは学業成績にほとんどあるいは全く影響を与えないと予測した。彼によると、「2003年から2009年までの間に、卓越したスタンダードを持つ州とひどいスタンダードを持つ州はどちらもほぼ同じような幅で、全米学力調査の得点を向上させた」という。ラブレスは、異なる州の間で違い

があるのと同様に、たとえ卓越したスタンダードを持つ州であっても、一つの州の中で多くの違いがみられる、と報告した[7]。

　特別専門委員会の二つ目の勧告は、アメリカの学校は、国の経済的、軍事的要請に応えられるよう生徒に準備をさせるという任務を、しっかり果たしているかどうかを確認するために、「国家安全保障への準備対策に関する監査」を受けるべきであるというものであった。昔のソビエト連邦に匹敵するような軍事上の敵が存在しないことを考えれば、冷戦の恐怖をよみがえらせようとする虚しい試みに思われた。報告書には、どの政府機関がこの監査を行うのか、費用はどのくらいかかるのか、この監査に通らなかった学校にはどのようなことが起きるのかなどに関する提案はなかった。

　この特別専門委員会には企業型教育改革運動の主要な指導者も含まれていて、一番重要な勧告は、より多くの学校選択が必要だということであり、とりわけ、民間によって経営されるチャーター・スクールとバウチャーの拡大が必要であるとされた。

　もし本当に国が非常に重大な安全保障に対する脅威に直面しているとすれば、これは、軍隊に召集されてそれと戦うことに比べればたいしたことではない。というのも、ほとんどの州は、すでにコモン・コア・スタンダードを採用していて、オバマ政権の「頂点への競争」への対応策として学校選択も増やしていたからである。

　『危機に立つ国家』から2012年の「外交問題評議会」の報告書が出されるまでの30年間で、最も興味深い展開はおそらく以下のようなことだった。つまり、当初、1983年に共和党員の多くの自由論者によって政策とされたのが学校選択であったが、これが今では共和党員と民主党員の両方によって確立された政策となったことである。この政策が正しいことを示す新しい証拠はなく、逆にそれに反対する一連の証拠が増えてきているが、右派と左派の政治勢力の再編成は、アメリカの歴史上、公教育の正当性と未来に対する最も深刻な挑戦となっている。

第5章
テスト得点の真実

主張　テスト得点は低下しつつあり、教育制度は破綻していて時代遅れである。

現実　テスト得点はこれまで記録されたなかで最高である。

　批判家は長年にわたり、アメリカの生徒は昔と比べて学んでいないし、学習の成果も横ばいであると、不平を漏らしていた。だが、このどちらの不平も正確ではない。
　我々は学習の成果を測る信頼できる尺度を長いこと一つだけ持っていて、それが、NAEP（ネイプ）と呼ばれる全米学力調査である。NAEPは連邦教育省に属している。それは、全米評価運営委員会（NAGB）と呼ばれる独立した運営委員会を持っている。その定款によって、運営委員会は民主・共和両党提携で運営され、その委員は、教員、学校管理者、州議会議員、州知事、企業人、一般大衆から構成されている。
　クリントン大統領が私をこの運営委員会の委員に任命したので、私は7年間この委員を務めた。私は、その試験について問われる質問が、答えるのに非常に難しいものであることを承知している。私は、今日、選挙で選ばれた公職者や報道関係者のほとんどが、全米の生徒に実施されているNAEPテストで良い得点をとるのに非常に苦労するであろうことを、進んで保証する。私は、選挙で選ばれた公職者や評論家がテスト得点に対して不平を漏らすの

を耳にするといつでも、あなたたちも同じテストを受けてその得点を公表したらどうかと言いたくなる。私は、彼らのうちの誰一人としてこの呼びかけに応じてくるとは思っていない。

　批判家にとっては信じがたいことであろうが、現在のアメリカの公立学校に通っている生徒は、40年前あるいは50年前の同年代の生徒に比べて、科学と数学の分野ではるかに難しいテーマを学習し、それを習得している。これに疑問を持つ人は、当時と今の普通に使われている教科書を読み比べてみるべきであり、あるいは、当時と今のテストを見比べてみるべきである。それでもまだ疑問があれば、NAEPのウェブサイトに行って、8学年の生徒の数学と科学の問題を見てみることを勧めたい。問題は簡単なものから非常に難しいものまで幅広い。間違いなく、大人であればこれらの問題全部に答えることができなければならない。そうですよね。もしあなたがこうした試みに挑戦するならば、現在教えられていることが、数10年前に学校で普通の生徒が教えられていたものと比べて、はるかに難しくて複雑であるということに、気づくに違いない。

　NAEPは、アメリカの生徒と彼らが通う公立学校とがうまくいっているのか、あるいはうまくいっていないのかの議論の中心にある。それは、読解、数学、そのほかの科目に関する能力を長年にわたり測定してきた。生徒の抽出は管理されている。つまり、誰がテストを受けるのか誰も知らないし、誰もテストを受けるための準備はできないし、誰もテスト科目のすべてを受けることはない。NAEPの結果は生徒や教員や学校に全く利害関係を持っていない。つまり、生徒には決してテスト得点は知らされない。NAEPは評価の結果を二つの異なる方法で報告する。

・一つは、0から500点までの範囲にわたる尺度得点によるものである。尺度得点は、生徒が何を知っていて、何ができるのかを反映している。それはあなたの体重がどれほどかを教えてくれる秤のようなものだが、あなたが何の重さを量らなければならないかの判断まではしてくれない。
・もう一つの方法は達成度レベルで、一番上のレベルは「上級」、その下が「習

熟」、それから「基礎」そして最後が「基礎以下」である。達成度レベルは、生徒が何を知らなければならないか、何ができなければならないかを決める、外部の審査委員団の判断による。

この二つの方法がどう機能するかを知るために、4学年の数学の成績を報告することを想定してください。もし我々が尺度得点を見ると、2000年の尺度得点が226であったことが分かる。2011年にはこれが241になっている。得点はより高くなっているのだが、それがどうあるべきなのかに関する定性的な判断はできない。尺度の最大値は500であるが、国のすべての生徒の得点がある日500になるということは期待されていないし、また、241が241/500を意味すると解釈されることも期待されていない。それは48％という評点ではない。それは合格点とか落第点ではない。それは大まかな傾向の流れを示している。それだけだ。

もしあなたが同じ4学年の数学の報告書を手に取り、達成度レベルを見ると、2000年には65％の生徒が「基礎」以上にいるのに対し、2011年には82％の生徒が「基礎」以上にいることがわかるであろう。傾向の方向性だけを示している尺度得点とは異なり、達成度レベルは生徒がどれほどうまく成果を上げているかの判断を表している。

NAEPの運営委員会は1990年代初頭に、一般大衆が生徒の成績を理解するには、尺度得点よりも達成度レベルの方がより良く理解できるのではないかとの期待を持って、達成度レベルの確立を承認した。当時、達成度レベルに対して、決定の過程が性急すぎて、スタンダードは損なわれ不必要に高くなってしまう可能性があると、批判する者もいた。だが、運営委員会の委員であるチェスター・E・フィン・ジュニアは、早急に前に進めることが必要なのであり、「国を改善しようとする緊迫感」を犠牲にすることを恐れて、完璧であることを「良いことに対する敵」に回す必要はないと述べた[1]。

批判家は正しかった。達成度レベルに基づく評価はより良い理解を得られなかった。その代わりに、一般大衆は、生徒の成績についてどのように期待をすればいいのか分からず、混乱している。達成度レベルは、生徒が何を知っ

図1. 4学年NAEP数学の平均点の傾向

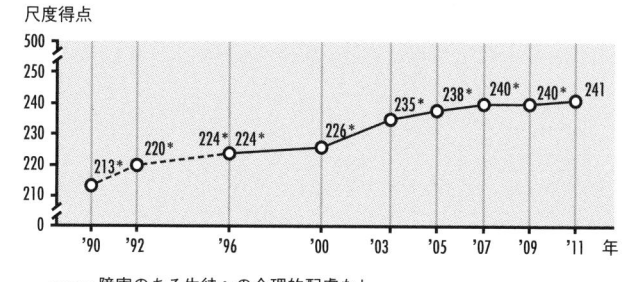

尺度得点

------ 障害のある生徒への合理的配慮なし
―― 障害のある生徒への合理的配慮あり
*2011年と比べて有意差あり(有意水準5%以下)

図2. 4学年NAEP数学の達成度レベルの結果の傾向

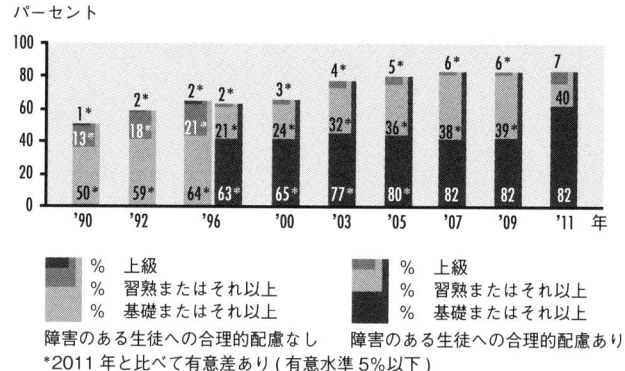

パーセント

■ % 上級　　　　　　　　　■ % 上級
■ % 習熟またはそれ以上　　■ % 習熟またはそれ以上
□ % 基礎またはそれ以上　　□ % 基礎またはそれ以上
障害のある生徒への合理的配慮なし　障害のある生徒への合理的配慮あり
*2011年と比べて有意差あり(有意水準5%以下)

ていて、何をすることができるのかについてぼんやりと描き出し、NCLB法のように、すべての生徒が「習熟」レベルに到達すべきであるという期待を生み出す。

　教育のスタンダードに関するあらゆる定義は主観的である。スタンダードを設定する人々は、生徒が何を、どれほど良く理解していなければならないかを決めるために、自分自身の見解を用いる。人々はテストの合格点を決めるのに自分自身の見解を用いる。これらすべてが科学ではない。それは人間

の見解であり、間違いや先入観を免れない。それゆえ、合格点は上がるかもしれないし下がるかもしれない。というのも、生徒がそれぞれの学年で知らなければならないことを決めるのも、それを決める人によって変わってくるだろうし、その人がテストを難しくしたいか、易しくしたいか、ちょうど良いものにしたいかによっても変わってくるからである。これらすべてのことは見解に基づいて決められることであり、科学ではない。

　NAEPの達成度レベルは以下のように定義されている。

　「上級」は学業成績が優秀なレベルであることを示している。ほとんどの学年のほとんどの科目において、生徒の3％から8％のみがこのレベルに達する。私はこれをA$^+$と考える。どの学年でもまたどの科目でも、「上級」を獲得できる生徒は極めてまれである。

　「習熟」はしっかりした成績を上げていることを示している。NAGBはそれを次のように定義している。「評価対象のそれぞれの学年におけるしっかりした学業成績。これは極めて高いレベルの学業達成度である。このレベルに達した生徒は、困難だがやりがいのある課題をこなすことができる能力を示していた。それは、課題に関する知識、そうした知識の現実世界への応用、課題にふさわしい分析能力などを含んでいた」。NAGBの一員としてテスト問題とその結果を7年間にわたり検討してきた結果、私は、「習熟」とされた生徒が、しっかりしたAか悪くとも力のあるB$^+$を獲得していることに気づいた。

　「基礎」は、NAGBの定義によれば、「それぞれの学年での習熟した学習の基礎となる、不可欠の知識と技能を部分的に習得している」とされている。私の見解では、「基礎」の得点をとった生徒はおそらくBかCの生徒である。

　「基礎以下」は、評価対象とされた知識や技能の理解力が劣っている生徒を指している。この生徒は、また私の理解ではDかそれ以下であろう。

　映画『「スーパーマン」を待っている』は、NAEPの達成度レベルを誤って解釈した。この映画の監督であり語り手でもあるデービス・グッゲンハイムは、NAEPの達成度レベルを、アメリカの生徒は情けないほど不十分な教育しか受けていないと主張するために用いた。この映画は、8学年の生徒の

70％が学年相当の水準で読むことができなかったと主張した。それがもし本当であれば、とんでもなくひどいことだが、それは本当ではない。NAEP は学年水準を報告していない。学年水準とは、成績評価の物差し上で、それより上が半分、それより下が半分となる中心点を示している。グッゲンハイムは、NAEP で「習熟」に達していない生徒は「学年水準以下」であると推測した。これは間違いだ。現実には、NAEP では 76％が「基礎」あるいはそれ以上であり、24％が「基礎以下」である。「基礎以下」の生徒の比率を減らすのは良いことであるが、それは 24％でしかなくて、グッゲンハイムが主張する 70％ではない[2]。

　コロンビア特別区の前公立学校教育総監であるミッシェル・リーも、自分が支援する「スチューデンツファースト」と呼ばれる団体の活動促進のための資料の中で、同じ間違いを犯している。ワシントン D.C. の市長が選挙に敗れ、彼女も自分の職を辞した後で、彼女はこの組織を作った。「スチューデンツファースト」は何百万ドルもの資金を集めた。リーはそれを、教員組合を弱体化させるための組織的活動に、教員の適正な手続きを求める権利を排除するための組織的活動に、チャーター・スクールとバウチャーを推進するための組織的活動に、そして自分の見解に同意する候補者に資金提供することに費やした。彼女の主張の中心は、国の公立学校は失敗していて、絶望的な状態にあるというものである。彼女の新しい組織はこう主張した。「アメリカでは毎朝、我々は、バックパックに弁当を詰めた熱意のある 4 年生を学校へ送り出すことによって、3 人のうち 1 人しか学年相当の水準で読むことができないという事実を容認している教育制度に、彼らを委ねているのだ」。グッゲンハイムと同様に、彼女は「学年水準」を「習熟」と混同している。同じ頁により正確に表現しているところがある。つまり、「合衆国のすべての 4 年生のうちで、僅か 1/3 しかこの頁を習熟したやり方で読むことができない」。これは NAEP の定義により近づいてはいるが、やはり歪曲されていて、学級の 1/3 しか A をとれなくてがっかりだと言っているのと同じである。だが、さらに混乱を深めているのは、次のように補足説明をしているところである。「私に繰り返させてください。合衆国の 4 年生の 3 人の

うちの1人しか学年相当の水準で読むことができない。これは問題がないということではない」。すなわち、リーは3回のうち2回まで、しっかりしたAかB+の成績である「習熟」と、平均の成績を意味する「学年水準」とを混同している[3]。

　事実はどうなのか。2011年において、アメリカの4年生の3分の2は「基礎」あるいはそれよりも上のレベルで読むことができた。3分の1は「基礎以下」でしか読めなかった。34％がしっかりしたAと同等である「習熟」に達した。（図5を参照。なお、図5から図41は補遺に掲載されている。）

　残念ながら、アメリカの一般大衆に向かってAをとることのできない生徒が多数存在すると言っても、危機感を生み出すことはできない。そんなことは誰でも知っている。それは常識だ。理想的には誰も「基礎以下」にならないことであるが、一番低い評価を受けた者の中には、英語学習者の子どもたちや、得点に影響を与えるかもしれないさまざまな障害のある子どもたちも含まれている。政策立案者と議員の夢の中にしか、すべての生徒が「習熟」に到達してAを獲得できる世界は存在しない。もし誰もがAあるいは少なくともB+をとったならば、改革者は成績の水増しがはびこっていると不平を述べるであろう。そしてそれが正しいだろう。

　近年、改革者は、生徒の成績が過去20年にわたって全く伸びていないと、不平を述べていた。彼らは、急進的で未だ立証されていない民営化のような戦略を求める声を正当化するために、こうした主張をしている。結局、我々が次から次へと大量の資金を費やしながらも、20年間にわたり成績が低下しているとか、ほとんど変化がないのであるならば、間違いなく公教育制度が「破綻」しているか「時代遅れ」になっているわけだから、我々は何でも試してみる準備をしなければならない。

　これが企業型教育改革運動の根拠となる主張である。

　だが、これは真実ではない。

　その証拠を見てみよう。

　NAEPは、1992年から隔年で、各州と全米から抽出した生徒を対象に読解と数学のテストを行っている。

ここに NAEP のデータから分かったことがある。読解と数学の両方ともにかなりの程度成績の上昇が見られ、特に数学の成績の上昇が読解よりも顕著である。最も急激な上昇は、NCLB 法が施行される前の 2000 年から 2003 年の間に記録されている[4]。

　4 学年の読解の得点は 1992 年以降、ほとんどの生徒集団において、ゆっくりと着実にそしてかなりの程度上昇した。(図 6 を参照。)

- 読解の尺度得点は変化のない平坦な線となっているが、これは誤解を招きやすい。すべての生徒集団で点数の上昇が認められるが、全体を示す線は平坦になっている。得点の低い生徒の比率が増えているからである。これは、統計学者にはシンプソンのパラドックス〔訳注：E.H. シンプソンによって紹介された統計学的な考え方で、母集団での相関と母集団を分割した集団での相関は異なる場合があるというものである。〕として知られている現象である[5]。
- 「習熟」と「上級」を獲得できた 4 年生の比率は、1992 年から 2011 年までの間で増加した。1992 年には 29％の生徒が「習熟」か「上級」であったのに対し、2011 年には 34％であった。
- 「基礎以下」の成績しかとれなかった 4 年生の比率は、1992 年の 38％から 2011 年には 33％までに減少した。
- 4 学年の白人の生徒、黒人の生徒、ヒスパニックの生徒、アジア系の生徒の得点は、1992 年よりも 2011 年の方がより高かった。唯一得点が下がった集団はアメリカ先住民の生徒であった[6]。(図 7, 8, 9, 10 を参照。これは、白人、黒人、ヒスパニック、アジア系の生徒の得点上昇を示しているが、アメリカ先住民の得点上昇は示していない。)

　8 学年の読解の得点は 1992 年以降、すべての生徒集団において、ゆっくりと着実にそしてかなりの程度上昇した。

- 「習熟」と「上級」を獲得できた 8 年生の比率は、1992 年から 2011 年ま

での間で増加した。1992年には29％の生徒が「習熟」か「上級」であったのに対し、2011年には34％であった。（図11を参照。）
- 「基礎以下」の成績しかとれなかった8年生の比率は、1992年の31％から2011年には24％までに減少した。
- 8学年の白人の生徒、黒人の生徒、ヒスパニックの生徒、アジア系の生徒、アメリカ先住民の生徒の得点は、1992年よりも2011年の方がより高かった。（図12, 13, 14、15を参照。）

　読解が過去20年間全く改善されていないと主張する人々を信用してはいけない。それは真実ではない。NAEPだけがこれまでの変化の尺度であり、それは、ゆっくりと着実なそしてかなりの程度の成績の上昇を示している。あらゆる人種的、民族的集団に属する生徒が今日、1992年に比べてより上手に読んでいる。そしてそれが真実である。
　4学年の数学の得点は1992年から2011年までの間で劇的に改善した。

- 「習熟」と「上級」を獲得できた4年生の比率は、1990年から2011年までの間で増加した。1990年には13％の生徒が「習熟」か「上級」であったのに対し、2011年には40％であった。（図2を参照。）
- 「基礎以下」の成績しかとれなかった4年生の比率は、1990年の50％から2011年には驚くほど低い18％までに減少した。
- 4学年の白人の生徒、黒人の生徒、ヒスパニックの生徒、アジア系の生徒、アメリカ先住民の生徒の得点は、1992年よりも2011年の方がより高かった。（図16, 17, 18, 19、20を参照。）

　8学年の数学の得点は1992年から2011年までの間で劇的に改善した。（図21を参照。）

- 「習熟」と「上級」を獲得できた8年生の比率は、1990年から2011年までの間で増加した。1990年には15％の生徒が「習熟」か「上級」であっ

たのに対し、2011 年には 35％であった。（図 22 を参照。）
- 「基礎以下」の成績しかとれなかった 8 年生の比率は、1990 年の 48％から 2011 年には 27％までに減少した。（図 22 を参照。）
- 8 学年の白人の生徒、黒人の生徒、ヒスパニックの生徒、アジア系の生徒、アメリカ先住民の生徒の得点は、1992 年よりも 2011 年の方がより高かった。（図 23，24，25，26，27 を参照。）

　実は、1970 年代初頭から連邦政府によって行われた、NAEP のほかの形式での調査結果がある。今まで私が説明してきたのは NAEP「主調査」として知られているものである。それは 4 学年と 8 学年の生徒にテストを実施し、「主調査」の得点は、科目によって 1990 年か 1992 年までさかのぼることができる。それは定期的に改訂され、最新のものに作り変えられている。
　NAEP の別の形態は「動向調査」と呼ばれている。これは 1970 年代初頭に始まり、9 歳、13 歳、17 歳の生徒にテストを実施する。これは学年でいうと、4，8、12 学年にほぼ相当する。NAEP「動向調査」は、40 年以上継続的に使用されているとても数多くの問題から成り立っている。「主調査」とは異なり、「動向調査」の内容は、「S&H グリーン・スタンプ〔訳注：Sperry & Hutchinson 社が発行していた買い物スタンプで、1930 年代から 1980 年代後半まで全米でよく使われていた。スーパーマーケット、デパート、ガソリンスタンドなどで買い物をすると、このスタンプを貰えて、所定の枚数を集めるとさまざまな商品と交換できた。〕」というような時代遅れの言葉を除くだけで、あとはほとんど変わらない。「動向調査」は 4 年ごとに科学的方法で抽出された生徒に実施される。
　NAEP の「主調査」も「動向調査」も、読解と数学において着実な成績の上昇を示している。どちらも下降は示していない。「動向調査」はほとんど変わらないので、過去 40 年間にわたる一貫した判断尺度を提供している。
　これが 1973 年から 2008 年までの数学の「動向調査」のデータの変化である[7]。
　全般的な得点は、過去 40 年間にわたって積み上げられてきた大きな得点の上昇を反映してはいない。これはまたシンプソンのパラドックスのせいである。四つの主要な生徒集団はかなりの程度の得点上昇を遂げた。（図 28 と

図3. 数学:1973年から2008年までの変化

年齢集団	白　人	黒　人	ヒスパニック
9歳	↑25点	↑34点	↑32点
13歳	↑16点	↑34点	↑29点
17歳	↑4点	↑17点	↑16点

図4. 読解：1973年から2008年までの変化

年齢集団	白　人	黒　人	ヒスパニック
9歳	↑14点	↑34点	↑25点
13歳	↑7点	↑25点	↑10点
17歳	↑4点	↑28点	↑17点

29を参照。)

　白人の生徒は過去40年間で目覚ましい得点上昇を示している。9歳が25点上昇、13歳が16点上昇、17歳が4点上昇という具合である。

　黒人の生徒は過去40年間で注目に値する得点上昇を示している。9歳が34点上昇、13歳が34点上昇、17歳が17点上昇という具合である。

　ヒスパニックの生徒も同様に注目に値する得点上昇を示している。9歳が32点上昇、13歳が29点上昇、17歳が16点上昇という具合である。

　NAEP「主調査」の1990年から2011年までの数学のデータは以下のようである。

　白人の生徒：4学年は29点上昇、8学年は23点上昇。(図16と23を参照。)
　黒人の生徒：4学年は36点上昇、8学年は25点上昇。(図16と23を参照。)
　ヒスパニックの生徒：4学年は29点上昇、8学年は24点上昇。(図17と24を参照。)
　アジア系の生徒：4学年は31点上昇、8学年は28点上昇。(図18と25を参照。)

読解の変化は数学ほど劇的ではないが、着実にかなりの程度上昇している。
NAEP「動向調査」では、1971年から2008年までの間で読解において変化が見られた。

白人の生徒：9歳は14点上昇、13歳は7点上昇、17歳は4点上昇。
黒人の生徒：9歳は34点上昇、13歳は25点上昇、17歳は28点上昇。
ヒスパニックの生徒：9歳は25点上昇、13歳は10点上昇、17歳は17点上昇。

これを「主調査」の1992年から2011年までの読解の上昇と比べてみよう。

白人の生徒：4学年は7点上昇、8学年は7点上昇。（図7と12を参照。）
黒人の生徒：4学年は13点上昇、8学年は12点上昇。（図7と12を参照。）
ヒスパニックの生徒：4学年は9点上昇、8学年は11点上昇。（図8と13を参照。）
アジア系の生徒：4学年は19点上昇、8学年は7点上昇。（図9と14を参照。）

NAEPのデータによると、読解と数学のテスト得点は疑いもなく、ほとんどすべての生徒集団において過去20年間で改善した。ただし、読解においてはゆっくりとそして着実に、数学においては劇的に改善した。生徒は、これら二つの基礎的能力の科目において、20年あるいは40年前に比べてより多くのことを知っているし、より多くのことをこなせるようになっている。

これらの二つの科目で、なぜ改善の度合いに違いが生じているのであろうか。読解は数学に比べて、生徒の家庭状況の違いに大きく影響を受ける。別の言い方をすると、生徒は言葉づかいや語彙を家庭と学校で学ぶが、数学は学校だけで学ぶ。生徒は、学校で文学や歴史を読むことによって、語彙とその背景にある知識を深めていくことができるが、数学に比べると、読解を身につけ始める時点においては、家庭や家族からより大きな影響を受ける。

だから、今度またあなたが、教育制度は「崩壊」していて、アメリカの生徒は昔ほど良く教育されていないし、我々の学校も失敗していると、誰かが

言うのを耳にしたら、私がここで述べてきた事実をその人に伝えなさい。テスト得点は上昇している。もちろん、テスト得点だけが、教育がうまくいっているかどうかを測る尺度ではないが、少なくとも大きな意味があるほどに、テスト得点は改善している。我々の生徒は読解と数学において、1970年代初頭や1990年代初頭にとっていたテスト得点よりも、より高いテスト得点をとっている。もちろん、我々はより良くすることもできる。生徒はより多く書いて、より多く読んで、より多く科学の研究課題に取り組んで、より多く歴史の文献に触れて、より多く芸術に携わる機会を持つべきである。

だが、我々の教育者と生徒が進歩を遂げたことを認めようではないか。そして認めるべき功績は認めて、教育者が重要な仕事を続けることができるように、激励し支援しようではないか。

第6章
学力格差の真実

主張 学力格差は大きくて、ますます悪化している。

現実 我々は学力格差の縮小において真に進歩を遂げたが、もし我々がこの学力格差の原因について何もしなければ、格差はそのまま残ってしまうだろう。

　企業型教育改革運動の中で繰り返し主張されていることの一つに、改革者は「我々の時代の公民権にかかわる問題」を導いているのだというものがある。改革者は、白人の生徒のテスト得点と有色人種の生徒のテスト得点が不釣り合いであることが、公立学校が失敗していることの証拠であると指摘し、だから黒人とヒスパニックの生徒を公立学校から解放し、民間によって運営されるチャーター・スクールに通わせるか、またはバウチャーを使って私立学校か宗教系学校に入学させなければならない、と主張する。
　それはあたかもマーティン・ルーサー・キング・ジュニアが、公教育の民営化、教員組合の無力化、利益追求の学校の創設のための闘争を導くために、ウォールストリートのヘッジ・ファンド運用者やアメリカ立法交換協議会（ALEC）の会員と手に手を取って、一緒に行進すると信じる理由があるかのごとき言い方である。民営化は、公的機関による監視の目が最小限となることから、必然的に規制緩和、人種隔離の拡大、公平さの減少を意味する。民営化は概して力のない集団の味方ではなかった。

改革者は、黒人とヒスパニックの生徒は公立学校の中で失敗しているので、彼らは「救出」されなければならないということを、民営化の論拠としている。

　改革者は、アフリカ系アメリカ人とヒスパニックの生徒は何十年もの間全く進歩しなかったと、ことあるごとに言う。だが、これは正しくない。4 学年の黒人の生徒の数学の得点は、連邦政府によるテストが最初に実施された 1990 年以降の 20 年間で劇的に上昇した。2009 年の黒人の生徒の成績は 1990 年の白人の生徒の成績よりも高かった。加えて、この過去の世代の人々の間で、NAEP テストで最低の等級である「基礎以下」をとったアフリカ系アメリカ人とヒスパニックの生徒の比率は、顕著に減少してきた。

　白人の生徒の成績が当時のままであったとしたら、今までに学力格差は解消されていただろうが、もちろん白人の生徒の学力もより良くなったので、格差は大きいままである。

　数学においては、過去 20 年の間にすべての生徒が劇的な進歩を遂げた。1990 年には 4 学年の黒人の生徒のうち 83％が「基礎以下」の得点だったのに対して、2011 年にはその数は 34％に減少した。8 学年では、1990 年には黒人の生徒の 78％が「基礎以下」であったのに対して、2011 年頃にはその比率は 49％にまで減少していた。ヒスパニックの生徒の間では、4 学年の「基礎以下」の比率は 67％から 28％へと減少した。8 学年では、その比率は 66％から 39％にまで減少した。白人の 4 学年の生徒の間では、「基礎以下」の比率は同じ期間で 41％から僅か 9％にまで減少した。8 学年では、その比率は 40％から 16％に減少した。4 学年のアジア系の生徒の「基礎以下」の比率は、1990 年の 38％から 2011 年の 9％にまで減少した。8 学年では、「基礎以下」のアジア系の生徒の比率は 36％から 14％にまで減少した。（図 20 と 27 を参照。）

　これは本当に目覚ましい進展である。

　読解の得点の変化は、数学ほどには劇的ではないが、それでも見事である。4 学年の読解では、1992 年において「基礎以下」であった黒人の生徒の比率は 68％であった。2011 年頃にはそれは 51％に減少した。8 学年においては、読解が「基礎以下」であった黒人の生徒の比率は 55％であった。それ

が2011年頃には41％までに減少した。4学年の白人の生徒の間で「基礎以下」の生徒の比率は、同じ20年の間に29％から22％に減少した。4学年のヒスパニックの生徒の間で、読解が「基礎以下」の生徒の比率は62％から49％に低下した。8学年のヒスパニックの生徒の間で、読解が「基礎以下」の生徒の比率は51％から36％に減少した。4学年のアジア系の生徒の間では、「基礎以下」の生徒の比率は40％から20％に低下した。8学年ではそれは24％から17％に減少した。（すべての人種・民族集団に関しては図30と31を参照。）

明らかに、NAEPの成績は均一ではない。読解における点数はゆっくりと着実にそしてかなりの程度上昇した。数学の点数の上昇はテストを受けた両方の学年において、白人、黒人、ヒスパニック、アジア系の生徒で顕著であった。

こうした点数の上昇にもかかわらず、白人と黒人の生徒の間の、そして白人とヒスパニックの生徒の間の学力格差が残っている。それはすべての集団が得点を上昇させているからである。アジア系の生徒は、読解においては白人の生徒と同程度の成績だが、数学では白人の生徒を凌いでいる。改革者はこうした成績の上昇を無視し、学力格差が継続しているとの理由で公立学校を激しく非難する。

人種間の学力格差の解消は、少なくとも過去10年間、教育政策立案者にとって主要な政策目標であった。ある程度の進展はあったものの、それはゆっくりでありかつ平坦な道のりではなかった。これは驚くべきことではない。すべての集団が点数を上昇させているなかで、学力格差を縮小したり解消したりすることは難しい。

異なる人種や民族の集団間に学力格差があることや、所得に差のある家庭で育った生徒の間に学力格差が生じることは、何も新しい問題ではない。そうした学力格差は不平等が存在するところではどこにでも、我が国のみならず国際的に存在する。どこの国においても、最も恵まれている家庭で育った生徒は最も恵まれていない家庭で育った生徒に比べて、概ねテスト得点はより高い[1]。

NCLB法が成立した主要な理由は、これが黒人と白人の間の、またヒスパニックと白人の間の学力格差を縮小したり、あるいはもしかすると解消

したりするかもしれないという期待であった。政策立案者と法律制定者は、NCLB法が議論されていた2001年において、学力格差を解消するにはテストとアカウンタビリティで十分であると信じていた。議員は、テストに基づくアカウンタビリティと透明性が一緒になれば、望まれる結果が得られるだろうと信じていた。

学力格差に関して本質的に異なる結果を公表してしまうと、得点が低かった生徒を教えるのに、より多くの時間を割くことを教員に強いることになるだろうと、彼らは予想した。とりわけ、生徒のテスト得点を上げなければ懲罰的な対応が待っているならば、なおさらであった。ジョージ・W・ブッシュ大統領は、自らのことを「思いやりのある保守派」であるという主張を貫いた。というのも、彼によれば、彼は「低い期待しか持たない弱腰の偏狭な考え」に反対であった。もし法律によって、教員がすべての生徒に高い期待を持たせることを求められたならば、この理論は実現し、すべての生徒が学び、高いスタンダードを達成することになる。

今、我々は、ある程度の成果はあったものの、NCLB法は学力格差を解消することができなかったことが分かっている。エデュケーショナル・テスティング・サービスのポール・バートンとリチャード・コウリイが、20世紀を通しての黒人と白人の学力格差の概観を記し、学力格差が最も縮小された期間は1970年代と1980年代であったと結論づけた。それは、人種隔離廃止、学級規模の縮小、早期幼児教育、貧しい子どもを入学させている学校への連邦資金の追加配分、黒人の家庭が収入を得る機会の拡大といった政策の結果であった。これ以降は、学力格差は縮まったり広まったりと揺れ動き、以前のような学力格差の急激な縮小を再び続けることはなかった[2]。

1970年代と1980年代において印象的だったのは、黒人の生徒が白人の生徒よりもはるかに大きく進歩したことであった。これ以降の年においては、白人の生徒と黒人の生徒の双方がテスト得点を上昇させたため、学力格差を縮小することが難しくなった。例えば、4学年の黒人と白人の読解の学力格差は2002年には30点であったが、2011年頃には25点に縮まった。白人の生徒の得点は2点上昇し、一方、黒人の生徒の得点は6点上昇した。学力格

差は何点か縮められた。それでも 25 点というかなりの学力格差が残ってはいるが、停滞したり後退したりしたのではなく、改善した[3]。(図 7 と 40 を参照。)

　数学では、白人の生徒も黒人の生徒もともにテスト得点が大きく上昇したので、4 学年の学力格差は 2000 年の 31 点から 2011 年の 25 点にまで縮まった。それは 6 点の縮小である。この改善の 3 分の 2 は NCLB 法の施行前に起こっていた。黒人の生徒の得点は NAEP の評価方法によると、203 点から 224 点に上昇した。同じ期間における白人の生徒の得点は 234 点から 249 点に上昇し、この上昇分の 3 分の 2 は NCLB 法の施行前に起こった。両方の集団ともに得点は大きく上昇した[4]。(図 16 を参照。)

　黒人と白人の生徒の学力格差は、少なくとも記録が残っている期間では常に存在していた。この学力格差の原因には何の秘密もない。アフリカ系アメリカ人は、社会的・経済的抑圧と不利益の長い歴史に晒されてきた。彼らは白人のアメリカ人と比べて、貧困の程度はより高く、教育の程度はより低かった。1954 年のブラウン判決以降、連邦政府と多くの州は、過去の不公正を是正するための政策を採択したが、そうした政策は、仕事に就いたり教育を受けたりする権利を制限した、何世代にもわたる人種差別を克服するには不十分であった。過去半世紀にわたって黒人の市民にとって、教育を受ける権利の拡大、教育成果の拡大、経済的な恩恵を受ける機会の拡大に顕著な進歩があったものの、黒人は不相応に貧困であり続け、人種により隔離された学校に通い続け、高い服役率を経験し続け、子どもたちが暴力、ギャング、麻薬の使用などに晒されやすい、人種により分離されたコミュニティに住み続けている。

　今日の改革者はしばしば、学校は異なる集団間の学力格差を自らの力で解消することができるはずであると、ほのめかしている。彼らは、自分たちの論点を証明するために、高いテスト得点をとっている模範的なチャーター・スクールを示したがる。彼らは、大きな期待を寄せられている教員は学力格差を解消することができると言う。今日までのところ、チャーター・スクールの運営者の中で、学区全体にわたる責任を引き受け、彼または彼女の教育方法が貧困という不利益を克服できるほど効果的であったことを証明した者

は、一人もいない。

　過去 20 年間に起きた印象に残る学力の上昇は、学校が、読解と数学において十分に教育を受けていない生徒の比率をかなりの程度減らすことができることを示している。これは、生徒にとってもまた我々の社会にとっても極めて重要なことである。だが、学力格差を研究している大多数の人々は、組織的な不利益を生み出している社会的・経済的状況を解決しない限り、学力格差が急激に縮小されたり解消されたりすることはありえないと認識している。

　学力格差は子どもたちがキンダーに通い始めるより以前から始まる。学校へ通い始める最初の日に、ほかの子どもよりも良い医療を受けてきた子どもたちがいる。ほかの子どもよりも良い栄養を与えられてきた子どもたちがいる。大学で教育を受けた保護者のおかげで、ほかの子どもよりも豊かな語彙を持つ子どもたちがいる。家に書物やコンピュータを持つ子どもたちがいる。安全な地域にある落ち着いた家に住む子どもたちがいる。学力格差の下の層にいる子どもたちは、不十分な資金しかなく経験不足の教員しかいない、すし詰めの教室の学校へ通学することになりやすい。一方で、学力格差の上の層にいる子どもたちは、少人数学級、経験豊富な教員、完全なカリキュラム、ラップトップ・コンピュータ、図書館、運動場、十分な教職員などが調っている学校に通学することが多い。経験不足の教員が少なからず在職し、かつ不十分な資金しか持っていない学校は、学力格差を減らすための準備が正しくなされていない。もし我々が真剣に学力格差を縮めたいと願うのであれば、アフリカ系アメリカ人の子どもたちやヒスパニックの子どもたちが通う学校は、彼らの要望に応えるために、信頼のできる経験豊富な教職員、豊かなカリキュラム、社会福祉事業、放課後プログラム、潤沢な資金などを持つことになる。

　スタンフォード大学の社会学者シーン・リアドンによると、黒人と白人の間の学力格差は今日、最も貧しい生徒と最も裕福な生徒の間の学力格差よりは小さくなっているという。

　驚いたことに、彼は以下のようなことを確認した。「高所得層の家庭の子

どもたちと低所得層の家庭の子どもたちとの間の学力格差は，大雑把に言うと、2001年に生まれた子どもたちの間の方が25年前に生まれた子どもたちの間より30％から40％大きくなっている。1970年以前に生まれた子どもたちの、統計上同一の性質を持つ集団に対するデータの信憑性は低いが、実際には、所得による学力格差は少なくとも50年間で大きくなってきている」。人種の違いによる学力格差は縮まってきているが、それと対照的に、所得の違いによる学力格差は大きくなっている。実際、彼は、所得による学力格差は黒人と白人の間の学力格差のほぼ2倍あることに気づいた。50年前はその逆が事実であった。所得による学力格差は子どもたちが学校に通い始める時にはすでに大きく存在し、ほかの研究者の調査結果によると、それは、「子どもたちが学校で発達していくにつれ、はっきり感じとれるほどに大きくなったりまたは小さくなったりするようには見えない」。裕福な家庭では子どもたちの認知能力を高めるために、個別指導、サマー・キャンプ、コンピュータ、そのほかにも子どもたちの内面を豊かにする経験などに投資することから、所得に基づく学力格差はある程度大きくなっていくと、リアドンは示唆している。彼は、「子どもたちの学業成績を予測する際に、家庭の所得は今や保護者の教育程度にほぼ匹敵するほど大きな要素になっている」と、結論づけている[5]。

　カリフォルニア大学のトーマス・B・タイマーは、黒人と白人の間の学力格差ならびにヒスパニックと白人の間の学力格差を解消しようとする試みを振り返り、結局、ある程度の進展はあったものの、全体の状況はがっかりさせるものであったと結論づけた。なぜそのように僅かな進展しかなかったのであろうか。彼は次のように記した。「一つの理由は、こうした生徒が経験する不利益に対して、学校にもある程度の責任はあるものの、学力格差の解消に対するすべての責任が学校に押し付けられていたことにある（強調は筆者）。しかし、学力格差は、学校の手の届かないところにある、より大きな社会的、経済的、政治的な問題によって引き起こされた症状である。-----もちろん学校も解決策の不可欠な部分ではあるが、学校だけでは教育の不釣り合いの問題を解決することはできない」[6]。

タイマーによると、学力格差が存在し続けていることのもう一つの理由は、政策立案者が 30 年間にわたって「間違った方向を向いた効果のない」戦略に投資してきたからである。それは、ある考えから別の考えへと転々としながら、重要な影響をもたらすかもしれない学習条件や社会資本を達成せずに、都市の学校を「政策を都合良く作り上げることのできる」状態に置いておこうとするものであった。

　多くの子どもたちがひどい貧困と人種分離の中で生活しているという事実を社会が無視する限り、学校だけでは問題を解決できないことを、タイマーは認めている。彼は、犯罪、服役、暴力、抑圧されたことに基づく騒動などが、高い率で起こる地域で成長していく子どもたちについて書いている。今、行われている改革において学校を立て直すということは、より多くの法律、より多くの命令、より多くの規則を意味している。彼が言うには、改革から抜け落ちているのは、地方や地域の努力の価値、ならびに実現が地域の主体性に拠っている小さな規模のプログラムを正しく評価することである。地域の主体性がなければ、改革は成功しない。

　変化を持続させていく上で非常に重要なのは社会資本であると、タイマーは記している。これは、学校の中での関係性、学校とコミュニティの間の関係性によって大きくなっていく資本である。社会資本は改革にとって重要な構成要素であり、それはコミュニティの意識、組織としての安定性、信頼などの上に築かれる。困窮しているコミュニティで成功している学校は、信頼できる指導者を持ち、変化に対する見通しを共有している。そうした学校は、「目的意識、首尾一貫した計画、計画を調整し実行していく責任者を有している。教員は、学校のカリキュラム全体を通じて、教えることと学ぶことを改善するために協同して働いた。-----学校を改善するということは、例えばある種の医療行為のように、教員にとって完成したものではなく、協同作業によって成し遂げていくものであった。生徒もまた、学校改善に向けた学校の取り組みが、自分たちのためであり、自分たちの利益のためであることをはっきり理解していた」[7]。

　もし我々が、黒人と白人の生徒の間、ヒスパニックと白人の生徒の間、貧

しい生徒と裕福な生徒の間にある学力格差の縮小を本気でかなりの程度まで進めたいと思うのであれば、我々は長期間にわたって総合的な戦略を考える必要がある。そうした戦略は、貧困、失業、人種分離、多人数の服役の問題などに取り組むものでなければならない。合衆国における所得の不平等は無視することができないと、彼は指摘している。なぜならば、それは1920年代以降のどの時代よりも今が一番大きくなっていて、しかも、ほかのどの先進国と比較しても一番甚だしいからである。だが、アメリカの政治は政策的にあまりにも保守的になってきていて、構造的な問題に立ち向かうことには消極的なので、この状況を改善する政策がとられる可能性は少ない。

というわけで、我々には短期的な戦略しか残されていない。タイマーによると、「学校改善の過程を官僚化し、それをより高いテスト得点を追い求めることに変えていく」戦略は、うまくいかなかったという。彼らは、学校をより安定させ、より首尾一貫したものとし、より専門性の高い組織にすることはできなかった。NCLB法とオバマ政権の「頂点への競争」は、学校をより不安定にし、教職員の回転を奨励し、政策を率先して引っ掻き回し、専門性を徐々に侵害していった。

学力格差を減らすための学校を基礎とする戦略の中で最も可能性があるのは、変革を草の根の運動として行うものであると、タイマーは信じている。彼は、エール大学のジェイムズ・カマー博士が開発したカマー・プロセスを例として示している。それは、学校共同体に、生徒の情緒的、心理的、社会的、学問的な要望に応じていくことを課すものである。最もうまくいくのは規則や命令ではなくて、専門家の協同作業、コミュニティの活性化、そして協力である。こうした筋書きは、学校の中にいる人々が自分たち自身の改善案を設計する権限を持ち、ワシントンや州都からの指示や許可を待たずに行動することができる権限を持って、初めて可能となる。

こうした学者が言わんとすることは筋が通っている。学力格差は社会的、政治的、経済的構造の中に根を張っている。もし我々がこの原因を改めることを躊躇しているならば、いつまでたっても学力格差を解消することはできないだろう。我々が学力格差と呼んでいるものは、実は機会の格差である。

我々の時代の企業型教育改革者は、貧困の問題ではなく、まず学校の問題を「解決」しろと主張する。だが、実際の証拠の重みは彼らの主張に反している。真摯な社会学者であれば誰も、学校の組織、管理、カリキュラムを作り変えることによって、所得の平等を生み出し、貧困を終わらせることができるとは信じていない。学校が学力格差を生み出したのではないし、学校だけでは学力格差を解消するだけの力を持っていない。我々の社会が貧困に関して無関心である限りは、また、我々が家庭やコミュニティの状況を改善することに精力的に取り組もうとせずに、別の手段を見つけようとする限りは、いつまでたっても学力格差はなくならないであろう。

第7章
国際学力テストの得点の真実

主張 我々は他国に遅れをとっていて、経済と国家安全保障が危機に瀕している。

現実 昔ながらの嘆きであり、その時も真実ではなかったし、今も真実ではない。

　批判家は、アメリカの生徒が国際学力テストで凡庸な点数しかとれず、他国に遅れをとっていることから、我が国はいまだかつてないほどの危機に瀕していると言う。我々がすぐに首位の得点をとらない限りは、我が国はひどく損害を被り、国家安全保障は揺らぎ、経済は破綻し、我々の未来は危険に晒されるであろう。

　今となっては、これは使い古された心配の種であるが、それでもまだ役には立つので、批判家は一般大衆に警告を発する目的でこれを使い続けている。1957年にソビエト連邦が初めて人工衛星を打ち上げた時、批判家は公立学校を非難した。この功績は一握りの科学と技術の精鋭が成し遂げたものであったのだが。1983年に批判家は、日本の自動車産業の成功で公立学校を非難し、アメリカの自動車産業の指導者の将来に対する見通しの甘さを見過ごしながら、我が国は「危機に瀕している」と言った。2012年には我が国には重大な国際的な敵は存在しないにもかかわらず、批判家は、我が国の公立学校は「極めてゆゆしき国家安全保障の危機」であると主張した[1]。

今日、批判家は危機感を生み出すために国際学力調査の資料を使っている。でもそれは、公立学校を改善するためではなく、一般大衆の公立学校に対する信頼を損なうためである。彼らがこれを成し遂げることができれば、一般大衆は、公教育を解体し、公的資金を民間で運営されている学校や営利の教育産業に流用する試みに対して、より寛容になるであろう。

2010年に PISA と呼ばれる国際学力調査の結果が公表されると、アメリカの生徒の凡庸な成績を嘆く機会を新たに提供した。経済協力開発機構（OECD）の加盟34ヵ国を含む60ヵ国が、15歳の生徒の読解、数学、科学の国際学力調査に参加した。上海の生徒がこの3科目すべてで首位の成績を収めた。ただし、上海は中国を代表してはいないし、そもそも中国はこの調査に参加しなかった。OECD加盟国の中で合衆国は読解が14位、科学が17位、数学が25位であった。この順位は誇張されている。というのも、合衆国は統計上、ほかの数ヵ国とそれぞれの科目で一括りにされているからである。

報道機関、選挙で選ばれた公職者、シンクタンクの専門家は衝撃を受けて警告を発した。オバマ大統領は、これは「我々の時代におけるスプートニクの危機」であると述べ、我々はインドと中国という経済上の競争相手に負けていると警告した。このどちらの国も国際学力テストには参加しなかったのだが。アーン・ダンカン教育長官は、このテストの結果はアメリカに対する「モーニングコール」であると言った[2]。上海が首位をとったことは、中国が優位な新たな時代の到来を象徴しているように思われると、論説委員は恐れた。『ニューヨーク・タイムズ』の1面は、「上海の最高得点が教育関係者を呆然とさせる」という見出しを掲載した。中国生まれの教育者で現在はオレゴン大学教授のヨン・ザオは、中国はだいぶ以前からテストの受験技術を完全に習得しているのだが、中国の保護者はこうした事態に満足していないと、アメリカ人に忠告していたのだが、主要な報道機関が伝えたわりには、彼の意見は多くの人々の耳に届かなかった[3]。

注意深くながめてみると、得点は二つの顕著な特徴を浮き彫りにしている。

第一に、アメリカの15歳の生徒の得点は下降していない。読解と数学では合衆国の生徒の得点は、それ以前に行われた2000年、2003年、2006年の

PISA の結果と目立った変化はなかった。科学では合衆国の生徒は、以前の 2006 年の結果よりも今回の方が良い得点をとっていた[4]。

　第二に、貧しい生徒が全体の 10% 以下である、貧困率の低い学校に在籍するアメリカの生徒の得点は、上海の生徒の得点と同じであり、成績上位のフィンランド、韓国、カナダ、ニュージーランド、日本、オーストラリアよりもはるかに良かった。貧困に関する連邦の定義である、無料の昼食または低価格の昼食を提供される生徒の数が 4 分の 1 以下である合衆国の学校においては、読解の得点は成績上位国の生徒と似たようなものであった。技術的にはこの比較は有効ではない。というのも、それは、合衆国における貧困率の低い学校の生徒を全世界の国々の平均得点と比較しているからである。だが、以下の事実を知ることは重要である。つまり、合衆国における貧困率の低い学校の生徒の得点が国際平均よりもはるかに高いこと、しかもそれは成績上位国の平均よりも高いこと、そしてすべての国々に共通することであるが、貧困率が上がると得点は下がることである。マーティン・カーノイとリチャード・ロスティンという二人の学者が以下のことを主張した。つまり、国際的なテスト機関は、アメリカの学校の貧困の程度を実際よりもはるかに高いと考えていたため、テストを受ける生徒の抽出の際に間違いを犯した。そのために得点を適正に再調整した結果、合衆国は実際には読解で世界 4 位、数学では世界 10 位であったという[5]。

　だが、こうした国際学力調査の得点は実際には何を意味しているのであろうか。これらは将来の経済状態を予測しているのであろうか。平均的な得点ということは、我が国が衰退の周期に取り込まれていることを意味するのであろうか。成績上位国がこの 20 年の間に世界を支配するのであろうか。

　事実：アメリカの生徒は国際学力調査において際立って良い得点をとったことがない。

　第一回国際数学教育調査と呼ばれている最初の国際学力調査は、1960 年代中頃に実施された。このテストは 12 ヵ国の 13 歳と大学進学を目指す最上級生に対して実施された。アメリカの 13 歳の生徒は、ほかの 9 ヵ国の生徒と比べてかなり低い得点しかとれず、1 ヵ国に勝っていたのみであった。大

学進学を目指す最上級生で数学に重点をおいて学習している生徒にだけ実施されたテストでは、合衆国の生徒は最下位であった。数学に重点をおいて学習しているわけではない最上級生に実施されたテストでも、アメリカの生徒は最下位であった。要するに、我が国の生徒の点数はひどいものであった[6]。

第一回国際理科教育調査は 1960 年代末から 1970 年代初頭にかけて実施された。これは、16 ヵ国の 10 歳と 14 歳の生徒、そして 18 ヵ国の中等教育機関の最終学年の生徒に実施された。一番年少の生徒集団では、日本の生徒だけが合衆国の生徒よりも高得点をあげた。14 歳の生徒集団では、5 ヵ国が合衆国よりも高得点をあげ、3 ヵ国は合衆国よりも点数が低かった。ハイスクールの最終学年の生徒集団では、アメリカの生徒が最下位であった[7]。

数学のテストが 1980 年代初頭に再び実施された時には、アメリカの 13 歳の生徒のテスト結果はちょうど真ん中か真ん中に近いところであった。アメリカの最上級生はほとんどの科目で最下位か最下位に近いところであったし、代数における上から 1% の最優秀生徒の得点は、ほかのすべての国の同じ集団よりも低かった。科学のテストは 1980 年代中頃に再び実施されたが、合衆国の生徒の成績は芳しくなかった。10 歳の生徒は真ん中あたりで、14 歳の生徒は下から 4 分の 1 あたりに位置し、最上級生は生物、化学、物理で最下位かそれに近い成績であった[8]。

なぜアメリカの生徒は国際学力テストで何年間もずっと成績が悪かったのであろうか。誰もその理由をはっきり言うことはできないが、1990 年代初頭に私が連邦教育省で働いていた時に、直近のお粗末なテスト結果について説明を受けたことを思い出す。テスト実施機関の代表者は、韓国の 8 学年の生徒が、自分たちの国のためにテストの成績が良いことでいかに興奮していたかを述べた。その一方で、アメリカの生徒はテストを気にかけているようには見えなかった。というのも、彼らは、テスト得点が「価値ある」ものではなく、重要でもなく、自分たちの成績評価にも大学進学の機会にも影響を及ぼさないことを知っていたからである。後日、私が全米評価運営委員会（NAGB）の委員であった時に、ハイスクールの最上級生に動機を与える問題について議論した。彼らは NAEP のテストを真剣に受けていなかった。と

いうのも、彼らは、このテストの結果が自分たちにとって何の意味も持っていないことを知っていたからである。テスト用紙の上にいたずら書きをした生徒もいるし、答案用紙に模様の入った図柄を作り上げた生徒もいる。

　テストが重要だとする今の考え方と得点を向上させようとする継続的な圧力を鑑みて、たとえ成績評価や卒業には役立たなくても、テストに対してより多くの注意を払わなければならないことを、生徒は学んだ。

　2012年に、数学と科学に関する主要な国際学力調査である、国際数学・理科教育動向調査（TIMSS）の結果が公表された。アメリカの生徒は1995年以来、TIMSSに参加してきた。主要なアメリカの報道機関は、教育改革者の重苦しい話し方を反映して、否定的な見地から2012年の結果を伝えた。『ニューヨーク・タイムズ』の見出しには、「合衆国の生徒は数学と科学においていまだに国際的に遅れていると、テストが示している」と書かれていた。『ワシントン・ポスト』の見出しには、「合衆国の生徒は数学、読解、科学においてアジアの生徒に遅れをとり続けている」と書かれてあった[9]。

　だが、報道機関は間違えていた。アメリカの生徒は数学と科学で驚くほど良い成績をあげ、4学年と8学年は両方の科目で国際平均をはるかに上回っていた。国際的な基準に照らして自分たちがどの程度であるかを知るために、フロリダ州とノース・カロライナ州の二つの州が自発的に4学年の生徒にTIMSSのテストを受けさせ、ほかの七つの州も自発的に8学年の生徒にテストを受けさせた[10]。

　4学年の数学では、合衆国の生徒はテストに参加した57ヵ国・地域の大半より良い成績をあげた。アメリカの生徒は、フィンランド、デンマーク、オランダ、イギリス、ロシアの同学年の生徒と同じ点数であった。韓国、シンガポール、日本のみが合衆国の4学年の生徒よりも良い成績をあげた。香港や台北といった特定の地域でもそうであった。アメリカの生徒は、ドイツ、ノルウェー、ハンガリー、オーストラリア、ニュージーランドの同学年の生徒よりも良い成績をあげた。ノース・カロライナ州は世界の成績上位集団の一つに位置づけられた。

　8学年の数学でも、合衆国の生徒はとても良い成績だった。彼らは、イス

ラエル、フィンランド、オーストラリア、ハンガリー、スロベニア、リトアニア、イギリスの同学年の生徒と同点であった。合衆国よりも勝っていたのは、シンガポール、日本、韓国、ロシアと先に述べた中国の二つの地域だけであった。テストを受けることを申し出たアメリカの州の中で、マサチューセッツ州、ミネソタ州、インディアナ州、ノース・カロライナ州の四つの州の生徒は世界で最上位の集団に入った。マサチューセッツ州の黒人の生徒は、イスラエルとフィンランドの生徒と同じ成績をあげた。このようなことが想像できましたか。これは全米の新聞の1面を飾るべき朗報だったが、そうはならなかった。

4学年の科学では、アメリカの生徒はテストを受けた57ヵ国・地域のうちの上位10位までに入った。韓国、日本、フィンランド、ロシア、シンガポールと台北のみがアメリカより上位にいた。

8学年の科学では、シンガポール、日本、韓国、ロシア、フィンランド、スロベニアの6ヵ国と香港と台北のみがアメリカの生徒よりもより良い成績で、イギリス、ハンガリー、イスラエル、オーストラリアの生徒と同点であった。自分から進んでTIMSSに参加したマサチューセッツ州、ミネソタ州、コロラド州は世界の成績上位集団の中に入った。マサチューセッツ州が独立した国であったならば、シンガポールに次いで世界第二位の国になったであろう。

48の国が国際読解力調査（PIRLS）と呼ばれる最新の国際的な読解力の調査に参加した。合衆国の4学年の生徒は世界の成績上位国の一つに入り、香港、ロシア、フィンランド、シンガポールに続いた。合衆国の州として唯一参加したフロリダ州は、香港の次であった。もしフロリダ州が国であったならば、ロシア、フィンランド、シンガポールと肩を並べて、世界で第二位の集団に入ったであろう[11]。

このように、改革者がいっせいにあげる大きな非難の声とは反対に、アメリカの生徒はほかの先進諸国の生徒と比較しても極めて良くやっている。アメリカの生徒のテスト得点は低下しているのか。いや、違う。1995年から2011年の間で、4学年と8学年の生徒の数学の得点はかなりの程度上昇した。

科学の得点は下降せず、1995 年と 2011 年ではほとんど同じであった。読解の得点は 2001 年から 2011 年までで上昇した[12]。

　報道機関はこうした成績の改善について伝えなかったが、アメリカの生徒の国際学力調査における好成績を目の当たりにした衝撃から立ち直り、それが自分たちのおかげであると主張するような改革者もでてくるかもしれない。見てごらんなさい。彼らはこう言うでしょう。我々が実施してきたすべてのテストのおかげで、国際学力テストでの我々の順位は上昇したのだ、と。おそらく、読解と数学での継続的な反復練習はテストの結果にある程度の影響を与えたかもしれない。ヨン・ザオが指摘するように、中国の教育者はだいぶ以前からテストの受験技術を完璧なものにしていた。だが、改革者のほかの戦略まで評価することは馬鹿げている。チャーター・スクールに在籍していたりバウチャーを持っていたりする生徒の数は、アメリカの生徒の 4％ほどで、それを本気で取り上げて議論の対象とするにはあまりにも少なすぎるし、テストに基づく教員評価はあまりにも新しい試みであり、2011 年に実施されたテストの成績に影響を与えたとは考えられない。現在の改革者にとって間違いなく痛恨の出来事は、アメリカの公立学校がこのような立派な成果を生み出したことであった。

　それなりの確信を持って言えることは、アメリカの生徒は、過去半世紀にわたり国際学力調査において一度も 1 位になったことがなく、さらに具体的に言うと、ほぼ平均かあるいは下から 4 分の 1 ほどの成績しかとっていなかった。それゆえに、アメリカの生徒が、直近の数学、科学、読解の国際学力調査で極めて良好な成績を収め、しかも、彼らの成績は決して下降していないということは、まさに満足すべき出来事に違いない。

　だが、これらのテストにどのような意味があるのだろうか。そして、それは本当に重要なことなのだろうか。

　我々がもし今後のやり方を変えないならば我が国は大きな困難に陥ると、『危機に立つ国家』が警告していたことを思い出そう。我々は、国際社会における指導的な地位、経済、国民としてのアイデンティティすら失う状態に置かれていた。非常に厳しい警告であった。だが、この警告が出されてから

30年が経過した後でも、アメリカの経済は世界最強であったし、アメリカはアイデンティティや世界における立場を失うような、危険な状況にあるようには見えなかった。なぜこのようなことが起こりえたのであろうか。

　我々の政策立案者の中には、シンガポール、日本、韓国のテスト得点を羨望の眼差しでながめている者がいるが、一方で、こうした国々は我々の方を見て、自分たちの学校が創造性や探求に基づく学習により目を向けることができるような方法を考案しようとしている。また、フィンランドを模範として見ている人々もいるが、彼らは、フィンランドの教育者は、我が国のテストに対する妄想など全く気にかけていないという事実を無視している。フィンランドの教育者は、国際学力テストで良い成績をとれば、テストやアカウンタビリティの要求から学校を守ることができると言及する以外には、国際学力テストの順位には全く関心がない、と公言している。我々と違ってフィンランド人は、創造性、芸術、問題解決能力などを高く評価し、そうでありながら、生徒に継続的にいつも標準テストに取り組ませることをしなくても、国際学力調査では良い成績を収めることに成功している。

　ヨン・ザオは、アメリカの教育における地方分権制と標準化の欠如が強みの一つであると考えている。彼は次のように記している。「アメリカの教育は多くの問題を抱えているが、ウィンストン・チャーチル卿の言葉で言い換えると、これまでに試されたすべての教育形態を別にすれば、それは最悪のものであるということになる。地方が管理する地方分権制は本質的に健全な制度である。それは、アメリカの置かれている状況の中で発展し、今までのところアメリカの経済的繁栄と科学的優位性をもたらした。そしてそれはほかの国々により研究され、模倣されている」。彼は、我々がより高いテスト得点の国の模倣をしたい一心で、アメリカの経済的、社会的、技術的な成功の源泉であった個人主義と創造性の質を犠牲にすることになりはしないかと、危惧している[13]。

　中国は、自分たちの国を「労働集約型の低水準の製造業による経済から、革新的な試みにより発展していく知識社会」へと変革していくことを望んでいると、ヨン・ザオは記している。革新的な人々が革新的な試みによって

発展していく社会を作り上げることができると、彼は言う。「生徒に標準テストの正解を暗記するよう強制したり、一方的に教え込まれた知識を理解せずに繰り返すことに優れた生徒を褒めたりするような学校からは、革新的な人々は出現しない」。彼は分かりきった質問をする。「革新的な社会に参入していきたいと熱望している発展途上国である中国が、アメリカの教育を見習おうと一生懸命に努力してきたとするならば、アメリカはなぜそれを放棄したがるのか」。アメリカ人はなぜ、「自分たちの子どもが何を学ぶべきか、いつそれを学ぶべきか、彼らはどのように評価されるのかについて、政府が指示することを容認するのか」。こうしたやり方を続けていくと、アメリカの教育に深刻な損害を及ぼすことになると、彼は警告している。というのも、それは、教育者の士気をくじくとともに「すべての責任を学校と教員に押し付けることにより、教育の不平等の真の原因である、貧困、資金の格差、人種差別による心理的な損害を否定することになるからだ」[14]。

　中国の一般大衆は、「もっとリベラルで創造性のあるように見える制度を、進んで受け入れたがっているように見受けられる」。ザオは、1990年代にアリゾナ州に住む学者を訪問していた中国人記者を引き合いに出している。この記者はアメリカの教育を称賛した。というのも、そこには「統一された教科書はなく、標準テストもなく、生徒の順位づけも存在しなかった。これがアメリカの教育だ」。この記者の10歳の息子はアメリカの学校に通い、父親は感銘を受けていた。

　　アメリカの教室は子どもたちに大量の知識を伝達しないが、子どもたちの目を学校の外に広がる果てしのない知識の海原に向けさせるために、あらゆる手立てを講じている。そこでは子どもたちに公式や定理を覚えることを強制はしないが、子どもたちにどのように考えたらよいか、あるいは新しい質問への答えを見つけ出す方法などを辛抱強く教えようとしている。そこではテスト得点に基づいて生徒を順位づけることは決してしないが、子どもたちの努力を認め、彼らの考え方を称賛し、子どもたちの要望と努力を守ったり励ましたりするためには何でも試みる[15]。

ザオによると、「中国人がアメリカの教育で評価できると思ったものは、スタンダードを持たず、才能の価値を判断するのに多種多様な規準を用い、個人差を賛美するような、地方分権化された自律的な制度が生み出したものである」という。

インド系アメリカ人で技術系の起業家であるとともに学者でもあるビベック・ワダワは、合衆国の学校は失敗していて、中国やインドの学校と比べて不十分なことしかしていないという、一般に受け入れられている考え方を問題にした。彼によると、こうした国々の学校では「激しい競争」が繰り広げられ、子どもたちは、子ども時代のほとんどを「上級科目に関する本を暗記すること」に費やしているのが実態であるという。この種の教育は邪魔なもので、学校や大学で教育を受けた極めて多くの技術者が、何年にもわたって教え込まれた丸暗記の習慣を捨てるために、2、3年費やさねばならないのだと、彼は記していた。これと対照的に、アメリカの生徒は、自立することと社会で暮らしていくための技術を学ぶ。「彼らは、試してみること、規範に挑戦すること、あえて危険を冒すことを学ぶ。彼らは、自分自身で考え、革新的な試みを実行できる。こういうわけで、アメリカは革新的な試みで世界の先頭に立ち続けているのである」[16]。

ワダワが称賛する態度と技能は、NCLB法や「頂点への競争」といった連邦政策によってアメリカの学校に押し付けられてきた、標準テストに徹底的に焦点を合わせることによって、まさに犠牲にされているものである。

長年にわたり連邦教育省で分析家として働いていたキース・ベーカーは、「国際学力テストは何の役に立つのか」と問うていた。それは国の経済の将来を予測するのか。彼は事実を精査し、合衆国と世界の最先端をゆく12の先進国にとっては、「国際学力テストの成績一覧表の中での位置は全く価値がない」と結論づけた。「テスト得点と国家としての成功の間には何の関連もないし、ほぼ半世紀にわたり合衆国の教育政策を動かしてきた主要な信念の一つであるにもかかわらず、国際学力テストの得点は全く気にかける必要のないものである。アメリカの学校は世界の舞台で極めて良くやっている」[17]という。

ベーカーは、破滅的で憂鬱な将来の予測をもたらしている人々は「生態学

的相関関係に基づく誤謬」を犯している、と主張した。それは、例えばより高いテスト得点のような個人にとって良いことが、全体としての国にとっても正しいことに違いないと、一般化するような誤謬である。そうであるかもしれないし、そうではないかもしれないが、説得力のある議論をするには仮説だけではなくて証拠が必要だと、彼は述べている。国際学力調査の予言的価値を吟味するために、彼は、1964年に12ヵ国の13歳の生徒に実施された第一回国際数学教育調査の結果を使った。合衆国の生徒はスウェーデンより勝って最後から二番目であった。

　ベーカーは、1964年の調査に参加した12ヵ国の一人当たりの国内総生産に目を向けた。「40年前の国のテスト得点が高ければ高いほど、この国の豊かさの尺度によれば、経済活動の成果はますます悪くなっている。つまり、ささいなことで大騒ぎするチキンリトルが、合衆国の子どもたちの芳しくないテスト得点に警鐘を鳴らしながら騒いでいたことと、まさに反対のことが起きている」ことに、彼は気づいた。テスト得点が低下した時に、経済成長率はより良くなったと、彼は主張している。国の生産性とテスト得点には何の関係もなかった。加えて、テスト得点の高いことは生活の質や生きがいとも全く関係がなかったし、学力調査において得点の高い国と比べて、得点の低い国ほど民主主義の達成に成功していた。

　それでは創造性に関してはどうであろうか。この点に関しては、合衆国はほかのどの国と比べても国民100万人当たりの特許数は一番多く、「世界を完膚なきまでに叩きのめした」と、ベーカーは記していた。教育成果の一定の水準は、「国の成功を成し遂げるための土台」と考えられるかもしれない。「だが、一旦、その土台ができ上がれば、テスト得点をさらに上げることよりも、そのほかの要素の方がより重要になる。実際は、その土台ができ上がれば、テスト得点をさらに高めていこうとするのは悪い政策であろう。というのも、得点に焦点を合わせると、国の成功にとってより重要な決定因子であるほかの要因から、注意、努力、資源を流用してしまうからである」。

　ベーカーは次のように主張している。合衆国は成功している国である。というのも、学校がある種の「精神」を養うからである。それを彼は、「野心、

好奇心が旺盛であること、独立心、そしておそらく一番重要なことはテストとテスト得点への病的執着がないこと」、と定義している。

ベーカーは、アメリカの学校にテストとテスト得点に関する不健全な強迫観念を押し付けてきた、改革者、財団の幹部、記者、政策立案者、政府の役人に対して、伝えたいことがあった。

4 半世紀以上の間、アメリカの一般大衆は、我々がテスト得点の成績一覧表において首位がとれないのみならず、その近くにさえ届いていないことから、アメリカの学校が極めて悲惨な状態にあると主張する、政治家と評論家の集中攻撃に晒されていた。この主張は全くの間違いである。それは事実として違うし、また理屈としても正しくない。ほぼ 40 年の間、この誤った理屈を信じる人々がこの国の教育政策を間違った方向へと導いてきてしまった。テスト得点に反映されている以上のものが教育には存在するのだと、ずっと言ってきた小学校の教員が正しくて、「専門家」は間違っていたのである。

ほかの国と比較して、アメリカの生徒のテスト得点を高めていこうとすることは、不適切を通り越してもっと悪いことだ。それは有害であるように思われる。というのも、それを成し遂げるためには、人生、自由、幸福の追求といった重要なあらゆる事柄において、合衆国を頂上へと押し上げてくれるほかの要素から、時間、労力，技能、資源を流用してしまうからだ。

テスト得点への病的執着も、アメリカの真の教育問題から時間、注意力、資源を流用してしまうので、我が国にとって有害である。その問題とは、大学を卒業していくマイノリティの数の少なさ、我が国の中心市街地の荒廃した学校、学校における見当違いの保護者の干渉、教員に対する保護者や管理者からの支援の欠如といったものである。もちろん、これ以外にももっとあるが、我々の教育問題の一覧表の中で、ほかの国との比較を通した自分たちのテスト結果についての懸念を、再び見つけることはないであろう。

ヨン・ザオが指摘していた通り、アメリカは科学と技術の分野で世界の指導者であり、世界で最強の経済力を持つ国でありながらも、ほかの国に負けまいとして絶えずほかの国を追いかけているのは異様な光景である。もちろん、国家はお互いに学びあうべきであるが、中国やインドのような国々ですら止めたいと思っている丸暗記の方法を、なぜ我々は真似したいと思うのであろうか。探究心、試行錯誤の手直しや革新的な試みを愛する気持ちを生み出した、知的自由と教職の自律性を、なぜ我々は放棄するのであろうか。なぜ我々は、我々の子どもたちを皆、画一的な型に押し込むことによって、将来、起業家になるような資質を持つ者まで、その芽を摘んでしまうのであろうか。なぜ我々は、決められた質問に正解を言い当てる能力によって、個人の価値を判断するのだと力説するのであろうか。なぜ我々は、すでに持っていてうまく機能しているものを評価したり、我々の真の問題の解決に集中したりしないのであろうか。

　より多くのテストをしても、子どもたちはより賢くはならない。より多くのテストをしても、学力格差は減らない。より多くのテストをしても、低学力の根本的な原因である貧困と人種分離を解決することには繋がらない。しかしながら、より多くのテストをすると、我々の経済と社会を成功に導いてくれた創造的精神、革新的精神、起業家的精神を徐々に弱体化していく。うまく利用されれば、生徒の学習上の問題点を把握するためにテストをすることは、教員に役立つかもしれない。だが、テストはあくまで診断のために使われるべきで、賞罰を与えるために使われるべきではない。

　確かに、歴史、文学、数学、科学では、体系化され訓練を繰り返す学習にも価値がある。生徒は、研究をしたり思考を深めたりするために学ばなければならないし、時間をかけて気長に獲得された技能と知識を必要とする。また同様に確かなことは、革新的な試みを推進していく活動や計画にも価値がある。より多くのテストと標準化を絶え間なく要求しても、どちらも前に進んでいかない。

第8章
ハイスクールの卒業率の真実

主張 国は中退の危機を抱え、ハイスクールの卒業率は低下しつつある。

現実 ハイスクールの中退率は過去最低であり、卒業率は過去最高である。

「アメリカには中退の危機があり、膨大な数の若者がハイスクールの卒業証書を取得していない」ことを、皆が知っている。我々はそれを新聞で読んだり、テレビのドキュメンタリーで見たり、「中退の危機」という年次報告で話を聞いたりする。世間一般の通念では、事態がうまくいっていなくて、さらに悪化しつつあるという。

だが、それは真実ではない。

アメリカには中退の危機は存在しないし、ハイスクールの卒業率も落ちてはいない。ハイスクールを修了しない生徒は間違いなく生計を立てる能力に恵まれず、その中の不釣合いなほどに多くの者が、極度に人種隔離された学校を中退するアフリカ系アメリカ人とヒスパニックの生徒である。不十分な教育しか受けていないことは、人生における障害となるので、我々はすべての者を十分に教育するように努力しなければならない。だが、正確な情報に基づいて状況を改善すべく努力していこう。

ハイスクールの卒業証書を持っていることは、今日、どのような仕事に就くにも極めて重要であるので、皆が卒業証書を持っていることが大切である。これは、卒業証書が必要以上に大量に発行されていることの証拠かもしれな

い。というのも、例えばトラックの運転、家事、小売販売、家庭の保健医療などのように、卒業証書の提出が求められるけれども、実際にはそれを必要としない多くの職業が存在するからである。ハイスクールの卒業証書はほかにあまり意味がないとしても、ハイスクールに通い続けてその課程を修了する能力を示している。確かに、すべての人々は人生を生き抜くために読み書き能力と計算能力を持つべきであり、また、政治的、市民的責任を果たすために歴史の知識や市民としての知識も持つべきである。不幸なことに、テスト得点を高めようとする圧力と同様に卒業率を高めようとする圧力は、しばしばより良い教育ではなく意味のない学位に至ってしまう。

国として、我々は卒業率を上げて中退率を下げる努力を継続すべきであるが、我々は、それを不安に導かれて不確かな主張に基づいて行うのでなく、本当の真実に基づいて行うべきである。

1940年まではハイスクールの卒業率は50%に達していなかった。第二次世界大戦の間は若者が軍隊へ行ったため卒業率は低下したが、1970年頃には70%まで上昇した。1990年頃には4年間での卒業率は74%にまで達し、それから2010年まで事実上横ばいであった。(図32を参照。) 2012年に教育省は、4年間での卒業率が2010年に78.2%に達したと発表し、これはこの30年間で最初の大きな上昇であった。ネバダ州とコロンビア特別区が最低の卒業率で、一方、ウィスコンシン州とバーモント州が最高の卒業率であった。ハイスクールの卒業の「危機」という見出しは、4年間での卒業率が明らかに長年にわたって停滞していることに言及している。これが、教育長官、そのほかの政府の官僚、多くの学者などがアメリカの教育状況について警鐘を鳴らす際に引き合いに出される数字である[1]。

近年、極めてよくある危機に関する議論では、アメリカの教育の質が低いことの確かな兆候として中退率と卒業率にこだわっていたが、事態はさらに複雑である。4年間での卒業率が75%から78%の間で一定していることは、若者のほぼ4分の1がいかなる理由であれ、伝統的な4年間で学習を修了することができないか、あるいは修了したくないと思っていることを示しているのかもしれない。さもなければ、多くのハイスクールが卒業のための基準

を維持していて、卒業する資格のない生徒には卒業資格を授与していないということを示しているのかもしれない。

　連邦教育省は4年間での修了率を、金本位制における金として使用している。この方法によると、卒業率は考えうる限り最低となる。それは、もう少し長い時間をかけて卒業する生徒や、ハイスクール修了認定（GED）を取得する生徒のことを考慮に入れていない。

　4年間での卒業率は、卒業率を測る上での一つの方法ではあるが、これだけが唯一の方法ではない。多くの若者はハイスクールの卒業証書を獲得するのに4年以上かけている。5月や6月ではなく8月に卒業する者もいる。5年あるいは6年かける者もいる。GEDの資格をとる者もいる。こうした数字を4年間での卒業生に加えれば、ハイスクールの卒業率は90%となる[2]。（図33を参照。）

　それゆえ、アメリカの生徒のおよそ4分の3だけが4年間でハイスクールの卒業証書を取得する、と言うのが正確である。そして、2010年の卒業率の78%は1970年の卒業率の70%に比べてほんの数パーセントしか高くない、と言うのが正確である。だが、18歳から24歳までの若者の90%がハイスクールの卒業証書を持っている、と言うのもまた同様に正確である。

　経済政策研究所のローレンス・ミッシェルとジョイディープ・ロイは、過去40年間の国勢調査の資料を分析した。それは4年間での卒業率ではない。その結果、危機に関する今日の大袈裟な言葉とは異なり、彼らは、「ハイスクールの修了率の引き上げと、ハイスクール修了における人種・民族間の格差の解消に顕著な進歩があった」と結論づけた。学者間の議論を再検討していく中で、ミッシェルとロイは、卒業率を算出するさまざまな方法に有益な指針を示している[3]。

　ミッシェルとロイは、ハイスクールの卒業証書を取得するのに4年以上かかる生徒がいることを、承知している。4年間での卒業証書の代わりにGEDを取得する者もいる。国勢調査が18歳から24歳までの年齢集団の中でハイスクールの卒業生を数える頃には、90%がハイスクールの卒業証書を持っている。GEDが4年間での卒業証書と同じだけの高い評価を得ていな

いことは本当で、GED 保有者は 4 年間でハイスクールの卒業証書を取得した者と同じだけの給料を稼げないと、経済学者は言う。だが、ほとんどの大学が、GED を卒業証明書として受け入れているので、GED 保有者は中等教育後の教育を受ける機会を持っていて、ハイスクールの中退者よりは多く稼ぐ可能性がある。いかなる不利な点があるにしろ、それでも GED はハイスクールの卒業証書であり、どのような理由であれハイスクールの教育を中断させられた多くの若者にとっては、GED は生命線なのである。

連邦の資料によると、18 歳から 24 歳までの人々の中で、現在はハイスクールに在籍していないが、ハイスクールの卒業証書あるいは GED も含めたほかの証明書をすでに持っている人の割合は、90％であるという。この割合は別の国でハイスクールの卒業資格を取得した人々を含んでいるが、軍隊に参加している人々は含んでいない。もっとも、その中のほとんどの人々はハイスクールの卒業資格を持っているのだが。また、この割合は服役中の人々は含んでいない。彼らは同年輩の人々と比べて、ハイスクールの卒業証書を持っている可能性は低い[4]。ゆっくりと上昇してきた 4 年間での卒業率と違い、この年齢集団の修了率は過去 30 年間、着実に上昇傾向にある。

こうしてながめてみると、話の内容は、停滞と危機の物語から増え続ける進歩の物語へと変えられている。

こうした追加の卒業証書のほとんどは 18 歳から 19 歳の間に取得された。その年齢集団の中では 89％がハイスクールの卒業証書を持っている。言い方を変えると、伝統的な 4 年間の課程を修了してから 1 年以内に、卒業率は 75％もしくは 78％から 89％に上昇した。

アジア系・太平洋諸島先住民の 18 歳から 24 歳までの若者の中では、ハイスクールの修了率は 96％であった。白人の若者の中での割合は 94％であった。黒人の若者ではそれは 87％であった。アメリカ先住民・アラスカ先住民の若者の中での割合は 82％であった。ヒスパニックの若者ではそれは 77％であった[5]。（図 34 を参照。）

63％という最低の卒業率は、合衆国本土以外で生まれた 18 歳から 24 歳のヒスパニックの若者の間で見られた。この年齢のヒスパニックの若者の多く

は、アメリカのハイスクールに一度も通ったことのない、最近の移民である。卒業率と同様に中退率を算出するにもさまざまな方法がある。一つのやり方は「イベント中退率」と呼ばれるものである。これは、15歳から24歳までの若者の中で、10月から10月までの1年間に、10学年から12学年に在籍中に中退した者の比率を測定する。もう一つの方法は「ステータス中退率」と呼ばれるもので、それは、いつ、どこで退学したかにかかわらず、ハイスクールの卒業証書を持っていない16歳から24歳までのすべての中退者を含んでいる。この集団の中には合衆国の学校に一度も通ったことのない移民も含まれている。ステータス中退率は常にイベント中退率よりも高くなる。というのも、ステータス中退率はすべての中退者を含んでいるからである。

　それではイベント中退率を見てみよう。連邦の資料ではイベント中退率についてこう述べている。「平均的に言って、2008年10月に公立または私立のハイスクールに在籍していた生徒の3.4％が、2009年10月以前にハイスクールの課程を修了せずに退学した。-----1972年以降、イベント中退率は1972年の6.1％から2009年の3.4％へと下降傾向にあった」[6]。2013年に出された別の連邦の報告書は、中退者の割合を人種・民族集団別に以下のように分類した。白人では2.3％、黒人では5.5％、ヒスパニックでは5.0％、アジア系では1.9％、アメリカ先住民・アラスカ先住民では6.7％[7]。(図35を参照。)

　今までのところでは中退の危機は起きていない。それではステータス中退率を見てみよう。これはイベント中退率よりも、さらに大きな網をかけることができる。2009年10月には、16歳から24歳までの若者のうち300万人がハイスクールに在籍しておらず、ハイスクールの卒業証書を持っていなかった。この数字には服役中の若者は含まれていない。これはこの年齢集団全員の8％に当たる。この中には間違いなく、合衆国のハイスクールに一度も通ったことのない最近の移民が含まれていた。確かに、300万人もの若い男女がハイスクールの卒業証書を持っていないのは、恐ろしいことである。というのも、彼らの人生で成功する機会と将来の収入とが、卒業証書がないために減少してしまうからだ。

　だが、中退者の状況が悪化しつつあるかどうかを知ることは重要である。

つまり、「危機」とは、事態が以前よりもさらに悪化しつつあり、臨界点に到達しようとしている、と定義される。

連邦の資料は次のようなことを示している。「この年齢集団のすべての人々の間で、ステータス中退率は、1972 年から 2009 年までの間で 15％から 8％へと下降傾向にあった」。アジア系・太平洋諸島先住民が 3％という最低の中退率である。白人の間では中退率は 5％であった。黒人の中退率は 9％であった。ヒスパニックの中退率は 18％であった[8]。(図 36 と 37 を参照。)

では、ステータス中退率の時系列の傾向を見てみよう。

白人の間では 1972 年の中退率は 12％であった。それは、学校に在籍していなくてハイスクールの卒業証書を持っていない、16 歳から 24 歳までの白人の割合であった。2009 年頃には白人の中退率は 5％にまで下がった。

黒人の間では、1972 年の中退率は同じ年齢集団で 21％であった。2009 年頃には黒人の生徒の中退率は 9％にまで下がった。これは目覚ましい進歩である。

ヒスパニックの生徒の間では、1972 年の中退率は 34％であった。2009 年頃にはこれは 18％にまで下がった。これも目覚ましい進歩である。

我々は進歩を遂げている時に、虚報を伝えて騒ぎを起こす人を見逃しておくわけにはいかない。進歩はゆっくりだが着実である。だが、進歩しているのだ。我々は正しい方向に向かっている。

誰も中退しなければそれが一番良い。生徒全員がハイスクールの卒業証書を獲得できればそれが一番良いが、ここで留意すべき重大な事実は、実際の資料は危機を語る口ぶりと矛盾していることである。中退率は下降傾向にある。我々は前進している。我々は進歩を遂げつつある。実際、中退率は 1972 年と 2009 年の間で、全体で約 40％削減され、最も中退の危機に晒されている集団である黒人とヒスパニックではさらに減少した。

学校に浴びせられるもう一つの批判は、ハイスクールの卒業率がほかの国ほど早く上昇しないというものである。合衆国はかつて世界最高のハイスクールの卒業率を誇っていたが、ほかの国々が我が国に追いつき、今では我々よりも多くのハイスクールの卒業生を輩出している。これは事実である。我々

が見てきたように、4年間でのハイスクールの卒業率は長年にわたりかなり平坦であり、75％あたりをうろうろとしてきていて、最近ようやく78％まで上昇してきた。同じ時期に、ほかの国々はハイスクールの卒業率を高めていた。大韓民国、スロバキア共和国、チェコ共和国、ポーランド、スロベニア、カナダ、スウェーデン、ロシア連邦、フィンランドといった国々がハイスクールの修了率を急上昇させたが、我々はそうではなかった[9]。（図38を参照。）

もちろん、こうしたすべての国際比較の場合には、それぞれの国が同じような教育機関に基づいた比較なのか、あるいは同程度の学問的な要求に基づいて比較しているのかどうかは、全く定かではない。また、我が国と同様にたとえ一つの国の中でも、ハイスクールの卒業証書の厳格さが場所ごとにかなりの程度に異なることも、事実である。

それ以上に、資料には多くの可変要素が含まれているために、さまざまな方法で解釈されてしまう。そして、資料が否定的あるいは肯定的な見地から提示されてしまうことがありうる。先に引用したOECDの報告書と同じ出典の国際的な資料を連邦教育省が分析した際には、27のOECD加盟国が見事に上昇を示していたのに対し、合衆国は全く上昇していないと述べていた。OECD全体としては、25歳から64歳までの年齢でハイスクールの卒業証書を持っている人の割合は、2001年から2008年の間で65％から72％にまで上昇したが、一方、合衆国においては88％から89％と変化がなかった。

ほとんどのOECD加盟国は、55歳から64歳までの年齢集団と比べて、25歳から34歳までの最も若い層でハイスクールの卒業率が大きく上昇した。「合衆国のみが2008年において、ハイスクールを修了した25歳から34歳までの割合が、ハイスクールを修了した55歳から64歳までの割合を超えていない、唯一の国であった」。両方の年齢分布において、合衆国のハイスクールの卒業率は88％から89％であった[10]。我が国の卒業率はすでに極めて高いので、卒業率の伸びは平坦である。

合衆国は2009年において、25歳から64歳までの人を見ても、また最も若い集団である25歳から34歳の人だけを見ても、そのどちらにおいてもOECD加盟国の平均よりも高い卒業率を維持していた。我々が89％で停滞

している間に、ほかの国々は上昇している。

　我々は、ハイスクールの卒業率を90％以上の範囲にまで高めることができるのだろうか。そうするためには二つの方法がある。一つの方法は、すべての生徒がハイスクールへの進学準備が十分にできるように、早い学年のうちに必要な準備と支援を確実に得られるようにすることである。もう一つの方法は、人為的な目標に合わせて基準を引き下げることであるが、これは無意味である。

　これがジレンマである。我々がただ単により高い卒業率を生み出すことのみに焦点を当てるならば、現に合衆国の少なからぬ学区が行っているように、ハイスクール卒業の基準を引き下げ、十分に準備が整っていない生徒にも卒業証書を与えることによって、ハイスクールの卒業証書の価値が低められてしまうかもしれない。成績の悪い生徒を、数日間の低い水準の学習で落とした単位を取得できる「単位取り直し」課程に入れることで、目標を達成しようとしている学区も少なくない。あるいは、生徒はオンライン課程を履修することによっても単位を補うことができる。そこでは、生徒はさほど厳しくないテストに簡単に合格することができ、しかも、そのテストでは、正解が得られるまで何回でも答えを試すことが認められていたり、オンラインで正解を探すことができたりする。ただ単に卒業率を高めることだけでは十分な目標とは言えない。生徒がハイスクールの卒業証書の学問的な期待に応えられるように、早い学年からより多くの時間と精力を使って、生徒に準備させなければならない。おそらく我々の現在の卒業率は過大に膨らんでいる。教育の質を上げるのではなくて卒業率を上げることに集中すればするほど、職業、中等教育後の教育、良い市民であることへの準備などが十分ではない、ハイスクールの卒業生を輩出する可能性が高くなる。

　「中退の危機」を終わらせるための最近の提案は、次のようなものであった。今日、「すべての者を大学へ」と強調することが、中退の危機に直面している生徒を失望させている。この提案の著者であるラッセル・W・ランバーガーは、カリフォルニア中退研究プロジェクトを率いている。失望した生徒にとって最も必要なものは、大学入学への準備カリキュラムではないと、ランバー

ガーは主張した。というのも、彼らは大学進学を目指していないからである。そうではなくて、彼らの意欲を高め、不屈の努力を促し、自尊心を高める教育が最も必要なのである。彼らは、自分たちの学問的、職業的な興味をかきたててくれる教育を必要としている。彼によると、近い将来の求人のほとんどは中等教育後の教育を必要としないし、こうした生徒は多くの職業に適任であるという。だが、こうした生徒は、職業の入り口に立つためだけに卒業証書を必要としている。彼らは、学校に通い続けるための支援と励ましを必要とし、就職市場への参加を準備してくれるハイスクールの課程を必要としている。ランバーガーは次のように提案した。もし我々が本気で中退率を減らしたいのであれば、学校の人種隔離を廃止しなければならない。というのも、過度な人種隔離と貧困が中退を助長するからだ。「2002年には、在籍者の90%以上がマイノリティである合衆国のすべてのハイスクールの3分の2において、9学年から12学年までの生徒のうち学校に残っていたのは、生徒10人当たり6人以下であった」と、彼は指摘した。もし我々が本当に大きな変化を望むのであれば、貧困と人種隔離を減らすことによって、家庭とコミュニティの力を強めることにとりかからなければならない[11]。

　極度に貧困で人種分離された学校に通う黒人とヒスパニックの若者は、深刻な問題を抱えている。多数の生徒がハイスクールを修了していない。我々は、彼らが学校との関係を断ってしまう原因を減らすことに、努力を集中すべきである。その原因としては、ハイスクールの学習についていく準備ができていなかったり、生活環境に由来するものがあったりする。

　「危機」が継続的に話題にされると、気分が萎えてしまう。というのも、それが歪められた話に基づいているからである。それは、あらゆる努力は無意味であると、人々に感じさせてしまう。それは、人々に難しいが必要な行動手順を捨てさせてしまい、たとえいかに架空のものであったとしても、素早い解決策に見える提案をつかませてしまう。そこには時間と資源の浪費しかない。恐怖感に導かれていくよりも、事実を知って問題について現実的な理解を持つことの方が、はるかに良い。

　人は、一生懸命に取り組んでいることが役に立つことを知れば、さらに一

生懸命に働くものだ。多くの校長、教員、若者のためのカウンセラー、学校の臨床心理士、ソーシャルワーカーなどが長年にわたり行ってきた優れた仕事を、我々が評価するならば、彼らはそして我々も、問題を克服することについて絶望を感じることはないであろう。我々はもう少しうまくできたのではないだろうか。もちろんだ。我々は諦めてはならない。我々は進歩を遂げてきたし、もし根気強く努力を続け、問題について現実的な理解をすることができれば、さらに進歩できるはずだ。

第9章
大学の卒業率の真実

主張 我々が世界最高の大学の卒業率を持たない限り、我々の経済は損害を被る。

現実 この主張には証拠がない。

　第二次世界大戦以降、合衆国は、教育を受けた大衆が個人、社会、経済に利益をもたらすという仮定のもとで、高等教育を受ける機会を着実に拡大してきた。普及した高等教育は、大衆の知識と知恵を高め、技術革新に拍車をかけるだろうと、広く信じられていた。教育への投資は国家にとって有望な策であると、大多数の政策立案者が信じていた。
　近年、我が国の政策立案者は、高等教育への投資を専門職に就くことや国際競争のために労働力となる者の準備をすることと、厳密に見なす傾向にある。もし他国がより多くの大学卒業生を輩出するならば、その国が国際的な市場競争と技術革新において我々を打ち負かすかもしれないと、彼らは恐れている。だが、高等教育については別の考え方があることも忘れてはならない。単科大学や総合大学に通うことには職業的技能を獲得する以上の意味がある。それは、さまざまな科目や分野を深く掘り下げて学んだり、自分の興味を追いかけて思想への好奇心の幅を広げたり、自らの専門分野に人生を捧げてきた学者の指導のもとで学んだりするための時間である。それは、自分の知的で文化的な生活を発展させるための時間である。それは、ハイスクー

ルの教科書には載っていないような政治的、歴史的、経済的な理解を得たり、すでに解決済みと考えられていた問題を再度調べたり、市民としての生活と民主主義の政治に積極的に関わっていけるように人々を準備する、批判的視点を身につけたり発揮したりするための時間である。

　この数十年間に、高等教育をめぐる実利主義的な議論が、知的、文化的、政治的、美的な判断力を発展させるという高等教育の役割に関する認識に、ほとんど取って代わってしまった。しかしながら、実務について勉強するために大学に通う学生にしても、文学や歴史を読んだり、哲学、音楽、芸術について学んだりする時間を、自分たちの予定表の中で見つけることができるであろう。彼らは、自分たちの人生の中で初めて、社会について批判的に考える機会を持つこととなる。こうしたことが高等教育の成果であり、職業教育とは区別される。もしかすると虚しい願いかもしれないが、我々は、政策立案者が大学の卒業率を高めようとする時に、高等教育の無形の価値を忘れないようにと、彼らに強く主張し続けなければならない。

　高等教育の大きな拡大は、第二次世界大戦の復員兵が帰国した時に始まった。彼らの貢献への報奨として、連邦議会は復員兵援護法を成立させた。その多くの恩恵の中に、さらに教育を受けたい人々に対する、授業料、書籍、諸費用に対する補助金があった。200万人以上の復員兵がこの申し出を利用して、高等教育機関に入学した。残念ながら、復員兵援護法が人種隔離の進んでいる状況下で施行されたため、大多数のアフリカ系アメリカ人の復員兵は、大多数の高等教育機関への入学許可を得ることができなかった。その代わりに彼らは、自分たちの恩恵を職業訓練校に通うために使った。復員兵援護法は、人種隔離を終わらせるためには何の役にも立たなかったが、復員兵援護法がなければ高等教育を受けることができなかった多くの人々に、高等教育を受ける機会を提供することにより、所得と高等教育との関係をはっきりと断った。これによりアメリカの高等教育は変貌を遂げた。高等教育はもはや特権階級の特権とは見なされなくなった。州立大学は拡大し、コミュニティ・カレッジも開校し、学問的要望のみならず技術的、職業的なさまざまな要望に応えるために発展していった。

大学への進学率は20世紀に驚異的な速度で上昇した。1900年には、18歳から24歳までの年齢集団の中で僅か2%しか大学へ入学しなかった。1930年頃には、これが7%になった。1949年頃には、これが15%になった。1969年頃には、この年齢集団の大学への進学率は35%になった。公立の高等教育機関の数が増えたことにより、多数の学生にとって大学はより簡単に手が届くようになり、より進学しやすくなった。大学への入学を促進するために、多くの州がきまって公立の高等教育の費用を引き受けた[1]。

現在、高等教育は、少なくとも中等教育後の2年間の学習を必要とする、あらゆる職業と技術的専門職への道筋である。大学の卒業生は概ねハイスクールの卒業生よりも多くの金を稼ぎ、ハイスクールの卒業生はハイスクールの中退者よりも多くの金を稼ぐ。大学の卒業生は、それより低い教育しか受けていない人々に比べて失業率は低い。それゆえ、より多くの人々に、知識と技能を高めるためにより多くの教育を受けるようにと勧めることは、理に適っている。残念なことに、多くの州が授業料を上げて、高等教育を費用のかかる投資にしてしまい、高等教育の費用をしだいに学生に転嫁してきた。借金を背負って大学を卒業し、何年もかけて学生ローンを支払う学生も少なくない。公的補助金が学生ローンに置き換えられているために、単科大学や総合大学の教育があまりにも高額になり、多くの学生にとって手の届かないものとなっている。少なからぬ学生が、学位をより速くそしてより安く取得できることを期待して、オンラインで学位をとることを決める。4年間で学位を取得したい学生にとっては、これは賢明な判断ではない。営利のオンライン大学の卒業率は極めて低い[2]。

改革者は、合衆国の学生はほかの国の学生に後れをとっていると批判する。というのも、どこでも大学の修了率は上昇しているのに、この国ではそれが全く上昇していないからだという。55歳から64歳までの年齢の高いアメリカ人の大学の修了率と、25歳から34歳までの年齢の低いアメリカ人の大学の修了率は同じである。改革者は、合衆国の卒業率が、OECDのほかの加盟国との比較において、世界第16位であることを示すOECDの表に言及している。それは、我が国が、知能の優れた人や教育を受けた才能ある人を生

み出す国際競争に負けていて、そのために経済の衰退へと傾きつつあるということを暗示している。オバマ大統領は、合衆国は大学の卒業者数を増やさなければならないと確信し、2020年頃には、「アメリカは再び世界最大規模の大学の卒業生を有する国となるだろう」と誓った。

　我々は、世界最高の大学の卒業率を達成することを目指すべきなのであろうか。もしそれができない場合には、何が起きるのであろうか。

　こうした問題は改めて詳細を分析されねばならない。

　このOECDの表は、15ヵ国が我が国よりも高い中等教育後の卒業率を有することを示している。各国は、2009年までに短大卒の準学士号かそれ以上の学位を取得している、25歳から34歳までの人のパーセントによって等級がつけられている。合衆国の取得率は41％である。最高の取得率の国は韓国で、この年齢集団の63％が中等教育後の学位を得ていた。カナダ、日本、ロシア連邦においては、同じ年齢集団のうちの55％が学位を取得していた。アイルランド、ノルウェー、ニュージーランド、ルクセンブルグ、イギリス、オーストラリア、デンマークは、40％台の真ん中から後半の取得率である。フランス、イスラエル、ベルギー、スウェーデン、オランダ、スイス、フィンランドの国々は、合衆国の取得率と1％か2％の違いである[3]。（図38と39を参照。）

　表面的には、これはアメリカの教育に対する辛らつな告発に見受けられる。

　しかしながら、OECDによる各国の順位づけに関して一つ奇妙な事実がある。合衆国はOECD加盟国全体の平均値より僅か数％上回っているだけで、ほぼ中間に位置しているのに対して、ドイツはほとんど最下位に近いところに位置している。これは奇妙なことで、現代における一般通念に合致しない。ドイツの若い年齢集団の学位取得率は26％でしかないが、ドイツはヨーロッパ経済を先頭に立って牽引している国である。合衆国と同様に、年齢の高い集団の学位取得率は最も若い年齢集団のそれと同じであるが、その数字はより低い。ドイツは高い技術力、精密機器産業、高い生産性において名声の高い国である。それにもかかわらず、25歳から34歳までの年齢集団のうちの26％だけしか、中等教育後の教育機関から学位を取得していなかっ

た。ドイツは堅固な教育制度と堅固な徒弟制度を持つことによって、経済的な成功を収めてきた。ドイツはまた、主要産業を賃金の安い国に外部委託しないように配慮してきた。

　アメリカの将来に対して暗く不吉な見通しを抱いている人々は、アメリカ人の大学の学位取得率が長らく停滞していることを、一般大衆に納得させようとしているが、これは正しくない。25歳から29歳までの年齢集団の中で学士号を取得した人の割合について、経年変化を検討してみよう。この年齢集団の中で1980年に学士号を取得したのは22％であった。2011年頃には32％にまで上昇した。白人学生ではこの割合は25％から39％にまで上昇した。黒人学生では11％から20％へとほぼ倍増した。ヒスパニックの学生の場合は8％から13％へと上昇した。アジア系アメリカ人の場合は1990年の42％から56％へと上昇した[4]。

　この事実はともかくとして、我々の指導者は、我々がより高い学位取得率を目標とすべきことに合意している。大学入学試験委員会は、教育の指導的役割を果たしている人々による委員会を招集し、次のような目標を表明した。「アメリカが教育達成度において世界の先頭に立つために、25歳から34歳までの年齢集団において準学士またはそれ以上の学位を取得した学生の割合を、2025年までに55％にまで引き上げる」[5]。

　さて、ここに二つの目標がある。オバマ大統領は、2020年までにアメリカは一番にならなければならないと主張し、大学入学試験委員会は、「教育達成度において世界の先頭に立つ」ために、2025年までに学位取得率を55％まで引き上げなければならないと主張する。ここでは以下のことは問われていない。目標を達成せよとの圧力をかけられて取得した学位は、本物の学習の成果を表しているのであろうか、それとも学位の価値を貶めるような、単位の大盤振る舞い、単位の再履修、またはそのほかの方法によって獲得されたものであろうか。

　委員会は、就学前教育を改善したり、中退者を削減したり、より容易に大学へ進学できるようにするために、見事な勧告を示した。こうした段階を踏んでいけば、大学の学位を取得する準備ができている学生や、実際に取得す

ることのできる学生の割合は確実に上昇することとなる。

　だが、アメリカは大学の学位取得率を55％にまで高めても、世界の先頭には立てないであろう。2009年に韓国が63％の取得率で世界の先頭に立っていたが、そこにそのまま留まっているわけではない。問題は、我々が2025年までに学位取得率を41％から65％以上までに高めることができるかどうかであり、たとえそれができたとしても、韓国を追い越すには十分ではないかもしれないということである。

　本当にできるのであろうか。我々は世界の先頭に立つことができるのであろうか。大学入学試験委員会は可能だと考えていたが、それを実現するには、大学入学以前の教育に対する巨額の新たな投資が必要になってくるし、しかもそうした投資は今のところ実施されていない。逆に、多くの州において予算の削減、学級規模の拡大、大学入学試験委員会が勧めるすべての対応策への資金提供の削減が起きている。就学前教育、中退者の予防策、カウンセリング、生徒をハイスクール卒業までの軌道に乗せるための対策などへの追加の投資なしには、より多くの生徒が学校に留まって、中等教育後の教育に入学することはありえないであろう。連邦政府あるいは州政府が、学生が大学へ支払う費用を援助しない限りは、中等教育後の教育機関への入学者数を急増させることは難しいと、我々は考えている。

　これまでの章で検討したように、ハイスクールの卒業率は現在およそ90％である。それは、ハイスクールに入学してから4年間ではなく、5年あるいは6年の間に卒業した生徒の割合である。多くのハイスクール卒業生が卒業後すぐに大学に入学する。1975年にはすべてのハイスクール卒業生の約半分が、卒業後すぐに大学に入学した。2009年頃にはこの割合は70％にまで上昇した。高所得層の家庭の生徒は、84％がハイスクール卒業後すぐに大学に入学していた。中間所得層の家庭の生徒は67％であった。低所得層の家庭の生徒では55％であった。男子生徒の3分の2と女子生徒の4分の3が、ハイスクールを終えた後に大学に入学している。大学入学の機会という観点からみれば、我々は1975年以降、目覚しい進歩を遂げてきた。だが、この数字を今以上に押し上げるということは、低所得層の生徒や有色人種の

生徒に新たな資金を集中することを意味する。このような投資は今のところ実施されていない[6]。

　おそらくは我々は、合衆国における最も若い集団が最も年長の集団とほぼ同数の学士号しか取得しておらず、我々が以前よりはるかに大量の学士号を生み出しているわけではないことを、恥ずべきなのかもしれない。我々は何事においても常に一番であると思いたいので、そうであるならば、なぜより多くの学士号を生み出していないのであろうか。

　その理由は次のようなことであろう。人々は、より良い仕事や経歴を手に入れるのに役立つと思わない限りは、2年間であれ4年間であれ大学の学位を取得するためにお金と時間を費やそうとはしない。また、人々は、さらなる教育を受けるための余裕がなければ、あえてそれを追い求めようとはしない。私が前にも書いたように、大学の卒業生は概ねハイスクールの卒業証書のみを持つ人よりは多くの金を稼ぐし、ハイスクールの卒業証書の保有者はハイスクールの未修了者よりも多くの金を稼ぐ。だが、現代のように急速に変化していく経済においては、すべての者にとって仕事の成功の見通しは不確実であるし、大学の卒業生でありながら、小売店の店員やそのほかの賃金の低い仕事をしている人の話を、皆が聞いて知っている。

　人々は、将来、必要とするものをどのようにして知ることができるのであろうか。一つの手がかりは、現在、起こっていることをよくながめてみることである。技術の進歩と国際化の進展が、生産工場での仕事のみならず事務系職員の仕事までも含む多様な仕事を、外部委託に至らしめた。経済学者であるポール・クルーグマンは次のように指摘している。「1990年あたりから、合衆国の雇用市場は、熟練した技術への需要の全般的な高まりによってではなく、『空洞化』によって特徴づけられてきた。給与の高い職と給与の低い職に対する雇用は急速に伸びていたが、数の多い中間層を支えることを期待している類の雇用である、中間的な給与の職は停滞してしまった。この中間に空いてしまった穴はますます広がっていった。1990年代に急成長した給与の高い職の雇用は、給与の低い職での雇用の拡大が加速される一方で、近年、はるかにゆっくりとした増加しか示していなかった」。成長している仕

事は、トラックの運転手やビルの管理人といった外部委託のできないようなものであった。高い教育を受けた労働者に担われている給与の高い仕事は、給与の低い仕事よりも簡単にほかの国に外部委託することが可能であると、彼は記していた。そのとおりである。クルーグマンは次のように主張している。アメリカの教育から不平等をなくさなければならないが、我々は「より多くの子どもたちに援助をして大学を出させることで、我々がかつて持っていたような中産階級の社会を取り戻すことができる」などと取り繕うのを止めるべきである。大学の学位を保有していることは、もはや良い仕事に就くことの保証にはならないし、将来はさらにそうであろう。外部委託のできない仕事の多くは、ハイスクールの卒業証書すら必要としない。そもそもそれは、採用時に忍耐強いことを証明する書類としての役割ぐらいしかない[7]。

　クルーグマンは以下のような結論を出している。「だから、我々が繁栄を広く共有する社会を望むのであれば、教育はその解決策ではない。つまり、我々はそうした社会を作り上げることに直接取り組まなければならない。スーパースターと同様に普通の労働者も十分な給与を得るための交渉力を持つために、我々は、労働者が過去30年にわたって失ってしまった、交渉能力を取り戻すことが必要である。我々はすべての市民にとって必要不可欠なもの、とりわけ健康管理を保証しなければならない」。大学の学位は、我々が到達したいと願っている場所に我々を連れて行ってはくれない。それは、「この社会に存在しないような仕事か、あるいは中産階級の給与を支払えないような仕事に就くための切符にすぎない」。クルーグマンの描く理想像は痛みの共有と今より高い税負担を求めるものであり、それが実現される政治的な見通しは、2020年までに大学の卒業率を世界一に引き上げることと同様に、さほど甘いものではないように思われる。

　クルーグマンの分析は、最近の大学の卒業生の多くが失業中かあるいは不完全雇用の職にしか就いていないと指摘する、報告書に裏付けられていた。2012年に、ノースイースタン大学、ドレクセル大学、経済政策研究所の研究者によって行われた国勢調査の分析によると、25歳以下の学士号保有者の53.6％に当たるおよそ150万人が、職がないかあるいは不完全雇用の職に

しか就いていないことが明らかになった。「職種ごとに分析してみると、若い大学卒業生の多くはハイスクールの卒業証書を必要とするか、あるいはそれすらも必要とはしない職種に就いていることが、はっきりと浮かび上がってきた。昨年、彼らは、ウェイター、ウェイトレス、バーテンダー、給仕の補助として雇われた人数の方が、技術者、物理学者、化学者、数学者として雇われた人を全部合わせた人数よりも上回っていた。前者が10万人に対して後者が9万人であった」。2008年の不況で失われた仕事のほとんどは中産階級のための職種であった、と指摘する経済学者もいる。例えば銀行窓口業務などがこれに当たり、すでに機械化されてしまっていて雇用市場には二度と戻ってこない。また、大学卒業生については、「会社の受付とか給与支払い係といった事務職関連の仕事に就いている人の方が、コンピュータ関連の専門職に就いているすべての人よりも多かった。前者が16万3千人に対して後者が10万人であった。さらに、レジ係、小売店員、顧客対応係として雇われている人の方が、技術者として雇われている人よりも多かった。前者が12万5千人に対して後者が8万人であった」。その上、30の職種のうち、教員、大学教授、会計士の僅か三つの職種のみが、2020年まで最多の人数の雇用を見込んでいるのだが、こうした職種は学士号かそれ以上の資格を必要としている。「ほとんどの求人は、コンピュータによって容易に置き換えることのできない、小売店、ファーストフード、トラックの運転といった職業である」[8]。

　連邦労働統計局は、2008年から2018年の間の求人の3分の2は中等教育後の教育を必要としないであろうと予測している。ほとんどが職場での実地訓練を必要とするものであろう。求人の中には、コンピュータ技術者が17万5千人、看護師が60万人あり、これらは中等教育後の学位が必要となる。だが、経済界全体の求人状況は、在宅介護士が46万人、顧客対応担当者が40万人、ファーストフード労働者が40万人、小売店員が37万5千人、建設労働者が25万5千人、そのほかに学位が不要で職場での実地訓練のみを要する職種がある。経済の見通しに思いもよらない変化が起きない限りは、2年制あるいは4年制の大学を卒業する多くの若者が、高額を支払って手に入

れた教育を必要とするような職を見つけられないことになる。だが、大学の学位への需要は続くであろう。というのも、大学教育を必要としない職種にさえ大学卒業生のみを採用しようとする、雇用主が少なくないからである[9]。

甚だしく明白なのは、大学の修了率に関する政策立案者の議論が、大学の学位の取得による経済的な利益という一点のみに完全に収斂していることである。大学に通う目的は、より良い仕事に就いてより多くの金を稼ぐことだと、彼らはいつも繰り返している。これを自分の目標として受け入れる人の多くは、失望するであろう。彼らは、望んでいたような仕事や所得を手に入れることができない。彼らは学士号を取得するが、そのために費やした時間、投資、野心に見合った仕事に就けず、借金だけを背負うこととなる。多分に個人と経済の状態によるかもしれないが、我々は大学を経済活動としてとらえずに、知識を増やし、新しい考え方に出会い、芸術の鑑賞力を深め、より広い世界理解を身につけて社会に出ていく機会ととらえる方が、賢明であろう。おそらく我が国の政策立案者は、高等教育の経済的な見返りを吹聴しすぎてしまい、教育の個人的、市民的、審美的、社会的な目的としての価値を見失ってしまった。

我々が学士号の取得率を高めることを期待するのであれば、我々は早期幼児教育に投資をしなければならないし、とりわけアフリカ系アメリカ人、ヒスパニック、低所得層の生徒を対象とする大学以前の教育の質を高めなければならない。これらが学士号取得率の最低の集団である。我々はこれを、国際的な競争ではなく公平性という理由で行わなければならない。もし我々が、本気で中等教育後の教育を修了する学生の数を増やしたいのであれば、州政府と連邦政府はより多くの生徒が通えるように、公立の高等教育の費用を削減すべきである。学生は何万ドルもの借金を背負って、大学を卒業すべきではない[10]。

もし大学を修了することが、単なる資格としてではなく、我が国の人々の知識と技能に対する投資として重要であるならば、我々は学生が学業を継続することを励まし、それを可能としなければならない。もし我々が教育を、我が国の途切れることのない発展にとって経済的に価値あるものであるとと

もに、基本的な人権でもあるととらえるのであれば、公立の高等教育は州から補助金を支給され、学位を得ることを選択するすべての人々が自由に通える場所でなければならない。これは、2020年までに学士号取得率で世界一になることと同じくらいに難しいことではあるが、後者の目標に一歩近づけてくれるであろう。

　もし選挙で選ばれた公職者が、大学修了の目標を国際的な競争という形で宣伝するのを止めれば、それは賢明な考えである。というのも、中等教育後の教育は義務ではないので、進学するかどうかを決めるのは個人に任されているからである。個々人が、人生の中の2年間か4年間あるいはそれ以上の時間と巨額の資金を投じることが、自分の将来への価値ある投資なのかどうかを、自分自身のために決めなければならない。

　たとえ大学の学位が必ずしも高収入の仕事や経歴や専門職に至らないとしても、大学に進学することはやはり価値あることである。より良い教育を受けた大衆は、我々の社会の未来にとっての賢明な投資である。我々は、数学、科学、歴史、技術、世界の文化などについて教養があり、知識を有するような、教育を受けた市民を育成しなければならない。我々は、科学、技術、芸術の分野において、世界の先頭に立って活躍できるような技術と知識を持つ、多くの人々を育てることの重要性を認識しなければならない。我々は、我が国の人々が、生活費を稼ぐための準備と同様に、歴史的、市民的、政治的、経済的な知識を深めていくことに対しても、喜んで投資しなければならない。学ぶことは決して終わることがなく、また完成することもない。それは、学位を取得したからといって、あるいは18歳や21歳やさらには何歳になったからといって、終わりを迎えるものではない。さらなる教育を受ける機会はあらゆる年齢の人々に対して、大学のキャンパスやオンラインやそのほかの場所において、妥当な費用で提供されなければならない。知識は発展し続けるし、それを理解し有効利用する我々の能力もまた発展していかなければならない。

第10章
貧困はどのように学力に影響を及ぼすか

主張 貧困は効果のあがらない授業と失敗している学校の弁解でしかない。

現実 貧困は低学力に大いに関係している。

　改革者はしばしば、貧困は「劣った教員」の弁解に過ぎないと言う。もしすべての教員が優秀であれば、すべての子どもたちがテストで良い得点をとり、さまざまな集団に属する子どもたちの間の学力格差もなくなるはずである。もしすべての子どもたちのテスト得点が毎年上がり続ければ、結局はすべての子どもたちがハイスクールを卒業し、大学へ進学することとなる。もしすべての生徒が大学へ進学すれば、その結果として貧困は解消されていくであろう。というのも、大学の卒業生はハイスクールの卒業生や中退者よりも多くの収入を得るからである。
　現在の教育改革運動への支持を表明しているのは以下のような人々である。前コロンビア特別区公立学校教育総監のミッシェル・リー、前ニューヨーク市公立学校教育総監のジョエル・クライン、ビル＆メリンダ・ゲイツ財団を率いているビル・ゲイツ、ティーチ・フォー・アメリカの最高執行幹部であるウェンディ・コップ、オバマ政権の教育長官であるアーン・ダンカン。彼らは皆、力のある教員によって貧困は克服できるという意見で一致している。記事やインタビューや演説の中で彼らは、もしすべての貧しい子どもたちが力のある教員について学ぶことができれば、裕福な子どもたちと同じような

高い学力水準に達するだろうと主張している。それゆえ、もし貧困な境遇にある子どもたちが高い学力水準に達していないのならば、それは、彼らを受け持つ教員が子どもたちに対して低い期待しか抱いていなくて、力のある教員ではないからである。どれほど貧しくても、またどのような家庭環境にあろうとも、すべての子どもたちが成功することができると強く主張するために、「弁解無用」という標語を使うチャーター・スクールもある。

2009年に、当時ニューヨーク市公立学校教育総監であったジョエル・クラインは、改革者の見解を以下のように的確に述べていた。

> 我が国における恥ずべき学力格差の解消にとっての障害の中で、現在、我々の学校に蔓延している弁解という文化よりも大きく立ちはだかっているものはない。あまりにも多くの教育者が今日、恵まれない境遇にいる生徒は貧困という複合的な重荷を背負わされているので、学校は実際に生徒の成績に責任をとることができないと主張して、低所得層のマイノリティの生徒の成績を十分に上げることのできない教員、校長、教育長のことをかばっている。マイノリティの生徒の低学力に対する今日における望ましい解決策は、貧困であることの不利な条件を減らすことである。そのためには、学校にすべての病気に対応できるような健康管理の医療機関を開設し、学びの場を提供するバウチャーをより多く発行し、就学前のプログラムを拡大し、生徒や保護者の心の健康相談にあたる放課後活動を提供していくことなどが必要である。アメリカはまず貧困の問題を解決しない限り、教育の問題を解決することはできない、といった具合に議論は続いていく。
>
> いや実際は、都市部の学校の懐疑的な人々は、全く逆の診断を受け取っていた。アメリカは都市部の学校の抱える問題を解決しない限り、貧困の問題を解決することはできない、というのが真実である[1]。

同じような調子で、だが若干如才ない言い方で、ビル・ゲイツは2011年夏に全米都市連盟において次のように演説した。「我々は、あなた方が貧し

い地域においても優れた学校を持つことができることを知っている。だから、教育の問題を改善する前に貧困の問題を解決しなければならない、などという作り話はもうやめよう。私は、これはさらにあべこべだと思う。教育の問題を改善することが、貧困の問題を解決する最善の方法である」[2]。

『歴史をつくる機会』という本の中でウェンディ・コップは、「すべての子どもたちが卓越した教育を受けることを保証するために、貧困の問題が解決されるのを待つ必要はない」、と主張していた[3]。

著名な改革者の中にはこの意見に賛同しない人もいる。ジェフリー・カナダの組織である「ハーレム・チルドレンズ・ゾーン」は、あらゆる範囲の福祉事業、健康管理、個別指導、就学前教育、家庭支援、そして子どもと家族の生活を改善するために必要と思われるあらゆることを提供している。

それでも疑問は残る。貧困の問題を最初に「解決」すべきなのか、それとも学校の問題を最初に「解決」すべきなのか。これは誤った選択の方法である。我々の社会は学校の問題を解決する前に貧困の問題を「解決」すべきだと、誰かが述べるのを、私はこれまで聞いたことがない。子どもや家族を助けたいと願っている思いやりのある多くの人々は、両方を同時に実行するかまたは少なくともそのように努力すると述べている。しかし、権力を持つ人々は皆、学校の問題を最初に「解決」し、それからいつの日か我々の注意を貧困に向けるべきであると主張する。あるいは彼らは、学校の問題を解決することが貧困の問題を処理することになると、思っているのかもしれない。

改革者の主張は表面的には人の心に訴えかけてくる。貧困の問題を「解決」するよりも、学校の問題を「解決」する方が簡単なはずだからである。というのも、貧困の問題はとても手に負えないもののように見受けられるからである。我々の社会は、貧困の問題を、人が生きていく限り避けることのできないものとして受け入れるまでになってきたのに、それについて何かをしようという政治的意志はほとんどあるいは全くない。また、貧困の問題ではなくて学校の問題を解決する方が安上がりに違いない。というのも、学校の問題を解決するのにどれほど費用がかかったとしても、それは、我々の社会のように巨大な経済的不平等の存在する社会において貧困を大きく減らす費用

に比べれば、間違いなくはるかに少なくて済むからである。学校の問題の解決方法が本当はよく分からなかったり、思いついた解決策がどれも実際には教育を改善することに繋がらなかったりする場合には、厄介なことに、社会は学校の問題を解決しないのみならず、貧困の問題に対しても何もしないことになってしまう。

　改革者の描く壮大な構想は、民間によって運営される多くのチャーター・スクールが存在する、学校の自由市場を確立することであり、その結果として生じる競争がすべての学校を改善するだろうと想定している。改革者の中にはジェブ・ブッシュやボビー・ジンダルのように、成績の悪い公立学校に在籍する子どもたちが私立学校や宗教系学校に通学できるように、バウチャーを提供することが解決策であると考える者もいる。改革者は、貧しい子どもたちが公立学校に通う同年齢の子どもと比べて、より高いテスト得点を得たり、より高い卒業率やより高い大学入学率を達成したりした、チャーター・スクールの単発的な例を指し示すことができる。だが、20年にわたるチャーター・スクールの経験を踏まえると、こうした模範的な例の数は少ないままである。バウチャーがうまくいったという証拠はさらに少ない。今までのところでは、学区全体が民間運営に委ねられた例はない。改革者が、ニューワークやデトロイトのような成績の悪い学区全体を、すべての子どもたちを込みにして引き継いだならば、さらによく分かるだろう。だが、そうした事態は起こっていない。

　一方で、改革者であるという彼らの主張は、学校の問題は現在、解決可能であり、貧困の問題について何もしなくても、生徒の学習成果であるテスト得点は高い水準に達するであろう、という考えに基づいている。

　だが、これは道理に適っていない。

　貧困が重要な問題なのである。貧困が子どもたちの健康と幸福に影響を及ぼす。貧困は、子どもたちの情緒的な生活と集中力の持続時間、出席率と学業成績に影響を及ぼす。貧困は、日々を生き延びること以外のあらゆる事柄に対する、子どもたちの意欲と集中力とに影響を与える。物があり余っている豊かな社会において、貧困は品性を貶める屈辱的なものである。

貧困によって背負わされたすべての重荷を克服することができる子どもたちもいる。学業に集中し、どのような課題が出されてもこなすことができる子どもたちもいる。彼らは優秀な生徒となり、高いテスト得点をとる。ハイスクールを卒業する者もいる。大学へ進学する者もいる。僅かだが高い成功を収める専門家になる者もでてくる。

　たいていの子どもたちはそうはならない。たいていの子どもたちは、自分たちが何の間違いを犯したわけでもないのに、生まれついた境遇によって意気消沈する。アメリカで最も危機に瀕しているのは、たった一人で自分の子どもに食べ物を与えたり衣服を着せたりするのに四苦八苦している、保護者に育てられている子どもたちである。中には、保護者が二人揃っていても、同じような障害に直面している子どもたちもいる。祖父母に育てられている子どもたちもいる。薬物依存、精神疾患、情緒障害などに陥っている保護者に育てられている子どもたちもいる。住む家がなかったり、里親に養育されたりしている子どもたちもいる。自分の保護者が分からない者もいる。

　経済的に楽な生活を享受している人々が、貧困は重要な問題ではないと言うのは簡単だ。彼らにとって貧困は重要な問題ではない。貧困は抽象概念に過ぎない。彼らにとってみれば、いやな一日を過ごしたり、頭痛がしたり、体に合わない上着を着たりすることと同じように、乗り越えることのできる障害なのである。

　だが、暴力が多発する地域でうす汚い環境の中に暮らしている人々にとって、それは現実の生活そのものであり、不便なこととして片づけられるようなものではない。友人や身内が殺害されるのを目撃してしまった子どもたちは、学校を改革したいとか閉校したいと考えている、企業型教育改革の指導者にとって想像を絶するほどの、心理的な重荷に立ち向かうこととなる。

　合衆国の子どもの貧困率はほかのどの先進国よりも高い。アメリカの子どもたちのおよそ4分の1が貧困な状況に暮らしている。ユニセフの最新の報告書によると、それは23％であるという。このような高い貧困率を甘んじて受け入れている先進国はない。フィンランドは卓越した学校教育制度を有し、国中の子どもたちのうち5％が貧困な状況に暮らしている。アメリカの

子どもの貧困率は、イギリス、カナダ、ニュージーランド、オーストラリアといった国々の比率のほぼ倍になっている。それは、ドイツ、オーストリア、フランスの子どもの貧困率の3倍である。また、それは、デンマーク、スロベニア、ノルウェー、オランダ、キプロス、フィンランド、アイスランドといった国々の子どもの貧困率の4倍である[4]。

　ユニセフの報告書によると、「経済的に発展している」国の中で、合衆国よりも高い子どもの貧困率を示しているのは、ルーマニアのみであるという。だが、実際にルーマニアを訪問し、冷戦時代の何十年にもわたる悪政と独裁政権によって、国がどれほど疲弊したかを目の当たりにした私は、ルーマニアを合衆国や西欧諸国と同じ範疇に属する国であるとは考えない。ルーマニアは別として、合衆国が、西半球の経済的に発展しているいかなる国よりも高い子どもの貧困率を示しているという、ありがたくない栄誉を誇っていることは明白である。

　貧困は子どもが生まれてくる前から重要な問題である。疾患統制センターによると、貧困は、「不十分な出産前の検診を予測する最も重要な前兆の一つである。連邦の貧困水準よりも所得が低い女性は所得の高い女性と比較して、出産前の検診を全く受けていないかあるいは遅い段階で受けている割合が常により高く、逆に、早い段階で受けている割合はより低い」。合衆国では、妊娠の比較的後期になるまで出産前の検診を受けていない女性の割合が、極めて高い。出産前の検診を受けるのが遅れたり、全く受けなかったりした場合には、「低体重児、早産、新生児死亡、1歳未満の乳児死亡、母体死亡などの危険性が増す」ことに関連してくる[5]。

　早産は母子双方に危険をもたらし、アメリカ産婦人科会議によると、早産の割合は1990年から2006年までの間で20％増加した。現在は8件の正常出産のうち1件が早産である。すべての1歳未満の乳児死亡の3分の2が早産の赤ちゃんである。何とか生き延びたとしても、「例えば呼吸器疾患、脳性小児麻痺、知的障害といった、一生ついて回る健康上の問題を抱えてしまうかもしれない。34週から37週の妊娠期間に生まれた後期早産児は月満ちて生まれた新生児に比べて、少なくとも一つの医学上の問題を抱えている可能

性が 4 倍の確率であり、二つかそれ以上の医学上の問題を抱えている可能性は 3.5 倍である。早産の赤ちゃんのおよそ 8％が重大な欠陥を持って生まれてくる。早産は子どもの脳性小児麻痺を含む神経障害の最大の原因である」[6]。

早産は学習障害のより高い可能性にも関連がある。「早産で生まれた 1 歳未満の乳児は、月満ちて生まれた赤ちゃんよりも、入院したり病気になったりする確率が高い。妊娠の最後の時期における成長と発達は、赤ちゃんの健康にとって極めて重要である。赤ちゃんが早く生まれれば生まれるほど、健康に問題を生じる可能性はより高くなる。早産の赤ちゃんは月満ちて生まれた赤ちゃんよりも、成長が遅くなる傾向がある。彼らはまた、目、耳、呼吸器、神経組織に問題が生じることもある。学習障害と問題行動は 39 週以前に生まれた子どもにより頻繁に起こる」。

すべての妊婦が必要な出産前の検診を、可能な限り早い時期に確実に受けられるようにするために、いかなる費用がかかろうと、現状のままにしておくことから生じる費用の方がはるかに大きい。「早産で生まれた赤ちゃんに対する医療費は、健康に生まれた新生児よりもはるかに高額である。医学研究所の 2006 年の報告書によると、合衆国における早産に関連する経済的負担は少なくとも年間 262 億ドルで、早産で生まれた 1 歳未満の乳児一人当たり 5 万 1,600 ドルとなっていた」[7]。

こうした事実を鑑みると、貧困は単なる弁解に過ぎないと、なぜもっともらしく主張できるのであろうか。女性が自分の赤ちゃんの健康を保証するために、適切な出産前の検診を受けるかどうかを見極める上で、貧困が最も信頼できる判断基準であるという事実を、なぜ人々は無視することができるのであろうか。もし我が国の慈善家が、適切な出産前の検診の欠如という、まさに限定されたこの一つの問題を解決しようと決めたならば、子どもと母親の身体の健康がどれほど改善されるか考えてみてください。ほかの国々はこのことをすでに理解している。なぜ我々にできないのであろうか。

貧しい家庭の子どもたちとそうではない家庭の子どもたちの間には、決定的な違いが少なからずある。リチャード・ロステインが、黒人と白人の学力格差の原因に関する彼の代表的な研究の中で、次のように書いていた。「人口

統計学が必ずしも運命を決めるわけではないが、生徒の家庭の社会的、経済的な特徴は、彼らの比較を行うための平均的学力に大きな影響を与えている」[8]。極めて貧しい家庭の子どもたちであっても学校で成功することはできるし、一方で、有利な境遇にもかかわらず、中産階級の子どもたちが極めて悪い成績の場合もある。だが、子どもたちが有利な境遇に生まれついたかそれとも不利な境遇に生まれついたかでは、概ね大きな違いが生じる。歌手のソフィー・タッカーが昔よくこう言っていた。「私は金持ちだったこともあるし、貧乏だったこともあるが、金持ちの方が確かにずっと良い」。

貧しい母親が生んだ子どもたちは、そうではない子どもたちと比べて、定期健診を受ける可能性はより低い。彼らは歯医者に行く可能性もより低い。彼らが教育のある保護者に育てられる可能性はより低い。彼らの家庭に本や雑誌が置いてある可能性もより低い。彼らが保護者や後見人から毎日、本を読んで貰う可能性はより低い。彼らがプリキンダーのプログラムに参加する可能性はより低い。彼らが、自分の寝室や学習するための静かな場所を持つ可能性はより低い。彼らは専門職の家庭の子どもたちと比べて、家庭で広範かつ複雑な語彙に触れる可能性はより低い。彼らが日に三度、栄養に富んだ食事をとる可能性はより低い。彼らが頑丈な家に住む可能性はより低い。彼らが安全な地域に住む可能性はより低い。彼らが、地域の図書館や博物館に家族で出かける可能性はより低い。彼らが運動競技、演劇、あるいは絵画やダンスや音楽の教室といった、組織化された放課後活動に参加する可能性はより低い。彼らは家族休暇をとって出かけたり、サマー・キャンプに参加したりする可能性はより低い[9]。

貧しい家庭の子どもたちは早産あるいは低体重で生まれる可能性がより高く、その結果、認知障害、学習障害、注意欠如などを引き起こす可能性がより高くなる。彼らは「胎児性アルコール症候群」になる可能性がより高い。これは、認知、身体、行動に関する深刻な障害が合わさったもので、中産階級の白人の子どもたちと比べて低所得層の黒人の子どもたちに十倍の確率で発症している。彼らは、ネズミやゴキブリがはびこっている住居に住む可能性がより高い。彼らの保護者や後見人は服役していたり、失業中であったり

する可能性がより高い。彼らに住む家がない可能性はより高い。彼らは、保護者や後見人が家賃を払えないために、頻繁に引っ越しをしたり頻繁に転校したりする可能性がより高い。彼らが喘息である可能性はより高い。「喘息は、品質の悪い家庭用暖房灯油、ディーゼルトラックやバスの排気ガス、-----また大量の埃を吸い込むことによって発症することがあり、カビ、ゴキブリ、受動喫煙に対するアレルギー反応によって発症することもある」。喘息を患っている子どもたちは、夜中にぜいぜい言いながら目を覚ましてしまい、そのため翌日、学校で眠くなり注意散漫になりやすい。貧しい子どもたちは医者の治療を受けることができず、病気になってしまう可能性がより高い。彼らは貧しい食事のために、空腹であったり貧血になったりする可能性がより高い。彼らは気づかないうちに、視力の問題を抱えている可能性がより高い。彼らは気づかないうちに、聴力の問題を抱えている可能性がより高い。彼らは歯痛や虫歯を持っている可能性がより高い。彼らは、家の壁のペンキの中に含まれている鉛に晒されている可能性がより高い。鉛中毒は認知能力の欠如を引き起こす可能性があり、明らかに学力に影響を及ぼすこととなる[10]。

貧しい家庭の子どもたちは慢性的に学校を休む可能性がより高く、学年のうち1ヵ月間も学校に来ないこともある。このように継続的に日々の授業を欠席することが、学力格差を拡大する[11]。

貧困によって子どもたちに課される重荷は、身体的、情緒的、認知的、心理的なものである。貧困による学力格差はすでにキンダーに入園する前から始まっている。有利な状況は間違いなく、良い健康状態、定期的な健康診断、十分な食事、教育のある保護者、読み書きのできる環境、基本となる経済的安定、一連の放課後活動や夏休みの活動などを、兼ね備えている子どもたちの側にある。

貧困な子どもたちと貧困ではない子どもたちの生活環境の違いを鑑みると、貧困は重要な問題ではないとか貧困は「弁解」でしかないなどと、責任のある人がなぜ主張することができるのか、想像もできない。そうした人々が実際に言っていることは、貧しい子どもたちの健康問題について我々は何もする必要がないということである。我々は、貧しい子どもたちが十分に見るこ

とや聞くことができなかったり、歯痛、喘息、貧血であったりすることに関心を持つ必要がない。我々は、彼らが暮らしている環境について大騒ぎする必要はない。いかに過酷なものであれ、貧困による重荷は、力のある教員と厳格な規律による体制によって克服できると、改革者は考えているように思われる。「優秀な」教員は、自分たちの学級の中の断固とした強い意志を持つ少数の子どもたちのみならず、すべての子どもたちに成功をもたらすことができると、彼らは主張する。彼らは次のように推測している。もしこうした多くの重荷にひどく苦しめられている子どもたちが、高い期待を抱いている教員に教えられたら、もし彼らが静かに座って音を立てずに歩くことを学んだら、もし彼らが質問せずに指示に従うことを学んだら、もし彼らが正しいやり方を学んだら、彼らは学校で成功を収め、高いテスト得点をとり、大学へ進学し、人生において成功を収めるであろう。

　だが、大量の社会科学の証拠は、彼らが間違っていることを示している。経済学者のヘレン・F・ラッドは、公共政策分析運営協会における会長演説の中で、国際学力調査のみならず州と全米の学力調査における学力と貧困との間に、明らかな関連があることを証拠とともに明らかにした。あらゆる国において、とりわけフィンランド、韓国、カナダといった優れた成績の国においても、低い社会経済的な背景を持つ生徒の学力水準は、より有利な背景を持つ同年齢の生徒よりも劣っている。所得の不平等が最大のところで、貧しい生徒と裕福な生徒の学力格差も最大となることを、彼女は見出した[12]。

　子どもたちの健康と幸福を最大限に支援しているフィンランドやオランダといった国において、学力格差は最小である。「合衆国の生徒のテスト得点の平均点が低いことは主に、我が国の貧困率が極端に高いことと、我が国の子どもたちの幸福全般への注目度が相対的に欠如していることを反映している」と、ラッドは見抜いた。彼女は以下のように結論づけた。「合衆国にとって、学校改革だけに焦点を当ててフィンランド、カナダ、オランダといった高得点の国の成功をなぞることは、不可能ではないにしてもかなり困難なことであり、それがまた、不利な境遇にある子どもたちが社会的に必要とするものに応えるような配慮をほとんど払わない学校改革であれば、格別に困難

であることは疑いがない」。

　もしほかのどの国も、持てる子どもたちと持たざる子どもたちの間の学力格差をなくすことができていなかったとしたら、なぜ合衆国は、学校に入学する以前から存在する低学力の原因を減らすために、莫大な投資をせずに、それができるはずだと期待するのであろうか。子どもたちが健康であることを保証するために、莫大な資源を投入している国々が、学力格差を解消することができていなかったとしたら、なぜ合衆国は、子どもたちの生活における物質的な条件を改善せずに、それができるはずだと期待するのであろうか。

　ほかの国々は、学力格差は縮小できることを示しているが、それを成し遂げるには、子どもと家族を守ろうとする意欲を必要とする。

　学校の問題を解決すれば貧困の問題は解決されるという改革者の信念は、現実、経験、証拠に基づくものではない。それは、我々の社会の問題を解決したり、子どもを救ったりするために必要な歩みを遅らせる。同時にそれは、教員に対して、自らが引き起こしたわけでもなく、制御することもできない状況の責任を押し付け、士気を喪失させることとなる。

第11章
教員とテスト得点の真実

主張 教員が生徒のテスト得点を決定し、そのテスト得点が、力のある教員を特定して報奨を与えたり、力のない教員を解雇したりするのに使われるようになる。

現実 テスト得点は最も優れた教員を特定するための最善の方法ではない。

 教育者の多くは、バラク・オバマが選出された時に、ハイステイクスなテストを強調するNCLB法が弱められるのではないかと期待した。残念なことに、オバマ大統領の「頂点への競争」は、NCLB法と同じテストに基づくアカウンタビリティを採用した。この二つの政策は一つの重要な点で異なっていた。すなわち、NCLB法がテスト得点の低いことについて学校に責任があるとしたのに対して、「頂点への競争」は教員と学校の双方に責任があるとした。州には、個々の生徒のテスト得点を個々の教員と結びつける情報処理体制の構築が奨励された。もし生徒の得点が上がれば、その教員は「力のある」教員である。もし生徒の得点が上がらなければ、その教員は「力のない」教員である。もし学校が継続的に低い成績であるならば、その学校は「失敗している」学校で、そこの教職員は罰せられなければならない。失敗に弁解は無用だと、企業型教育改革者は述べていた。我々はもう待てない。子どもたちにはたった一度の機会しかないのだから。我々は子どもたちのために、そうした学校を閉校し教員を解雇しなければならないのだ。

教育者はすべての子どもたちに学ぶ能力があると言うが、彼らは、子どもたちがさまざまな進度で学ぶことや、ほかの子どもたちよりも多くを学ぶ子どもたちが必ずいることも了解している。教育者は、ほかの子どもたちと比べて、より有利な境遇の中でより早くから学び始めている子どもたちがいることを承知している。学習の妨げとなるような障害のある子どもたちもいる。すべての子どもたちが同じ場所から学び始めるわけではないし、すべての子どもたちが同じ場所で学びを終えるわけではないし、テスト得点だけが、子どもたちが学んでいるかどうかを判断するための唯一の手段ではない。さらにオバマ政権は「得点の伸び」という言葉を導入している。これは、毎年のテスト得点の増加を測るもので、標準テストを極端なまでに重視している。

　企業型教育改革の神話では、すべての子どもたちに学ぶ能力があり、学ばない子どもたちに関しては弁解の余地がないという。もし子どもたちが毎年、より高いテスト得点を得ることができないならば、それは低い期待しか抱かない教員の責任である。生徒の家庭生活や貧困が彼らのテスト得点に関係しているのではないか、と言い出す人は誰であれ、劣った教員の弁解をしているにすぎない。改革者は、「極めて力のある」教員は彼らの生徒のテスト得点を毎年上げることができる、と信じている。あまり力のない教員にはそのようなことはできない。そうした成果を生み出すことのできない教員は、即刻見つけ出されて解雇されるべきであると、彼らは信じている。改革者によると、力のある教員は不運で力のない教員の約3倍の学習を1年間に提供することができるという。言い換えると、3人の力のある教員が続けて教えれば、生徒の人生における成功する機会を与えることになるが、力のない教員が続くと、生徒の人生を永遠に台無しにしてしまう。

　2010年の春までに企業型教育改革者の論調は完全に固まった。ロード・アイランド州の小さな貧しい学区であるセントラル・フォールズにおいて、地域の教育長が、テスト得点が低かったことからハイスクールの全教員を解雇すると脅した。州の教育長もこの考えを支持した。教育長官のアーン・ダンカンもオバマ大統領もこれを支持した。教員は誰一人として個別の評価を受けていなかったが、我が国の指導者は、教員全員が解雇されるべきであると

意見がまとまっていた。『ニューズウィーク』の表紙が、改革の論調を余すところなく完璧に描いた。表紙は「アメリカの教育問題を解決するための鍵」という見出しで飾られ、その裏にはあたかも黒板に書かれてあるように、解決策が何度も繰り返し書かれていた。「我々は劣った教員を解雇しなければならない、我々は劣った教員を解雇しなければならない」[1]。

　どこからこうした考え方が生まれてきたのであろうか。一つの重要な出所は、テネシー州の統計学者ウィリアム・サンダースの研究成果である。彼は農業と製造業にさまざまな提案を行うことで経歴を積んできた。サンダースは、彼の統計のひな形を利用することによって、教員が生徒のテストの成績にどれだけの価値を付与したのかを明らかにすることができる、と主張していた。彼は、年ごとの標準テストにおける生徒の進歩の程度を注視することによって、教員が子どもにもたらした「付加価値」を抽出できると考えていた。以前のテスト得点を比較することによって、サンダースは、対象となっている生徒の人種的、社会経済的特質は重要な問題にはならない、と推論していた。事実上、サンダースは生徒の学習を限定された量として取り扱い、教員はそれに影響を与える変数ととらえた。生徒のテスト得点が上昇するか下降するかは、教員に起因する。彼の研究において、力のある教員とは、毎年、テスト得点の大幅な上昇を生み出した者のことであった。サンダースの研究成果に基づいて改革者は、3人の力のある教員が続けて教えるならば、学力格差を解消できると結論づけた[2]。

　学力格差を解消するには、4人の優秀な教員が続けて教えれば、あるいは5人の優秀な教員が続けて教えれば可能かもしれない、と述べる経済学者もいたが、改革者はたいてい3年間という主張に固執することを好んだ。もちろん、すべての子どもたちが優秀な教員に教えられ、すべての子どもたちが同じ成果を上げるならば、学力格差は解消されないことになるが、これは別の問題である。改革者は、3人の「優秀な」あるいは「力のある」教員が続けて教えれば、黒人と白人の子どもたちの間の、裕福な子どもたちと貧しい子どもたちの間の、ヒスパニックと白人の子どもたちの間のテスト得点の格差を解消できる、という主張をしばしば繰り返す。ミッシェル・リーはこの

想定上の発見と言われるものを繰り返し引用した。例えば、2011 年に南カリフォルニア大学では次のように述べていた。「貧しいマイノリティの子どもたちが、3 人の極めて力のある教員に続けて教えて貰うのと、3 人の力のない教員に続けて教えて貰うのとでは、彼らの人生の道筋が誇張なしに異なってくることを、我々は承知している」[3]。

アーン・ダンカンもしばしば同じようなことを言っていた。「3 人の優秀な教員が続けて教えたら、普通の生徒でも 1 学年半から 2 学年先の水準に進むだろう。3 人の劣った教員が続けて教えたら、普通の子どもはあまりにも遅れてしまい、二度と追いつかないだろう」[4]。

同じテーマに関するほかの言い方としては、優秀な教員は 1 年間に無能な教員の 3 倍の学習成果を上げるというのがある。あるいは、また別の言い方をすると、優秀な教員の生徒は 1 年間で 18 ヵ月分のテスト得点の上昇があるが、一方、無能な教員の生徒は 1 年間に学んだことのうちの 6 ヵ月分しか身についていない。スタンフォード大学の経済学者エリック・ハヌシェックは 2010 年に次のように書いていた。教員間の力の差は「本当に大きくて、教員の中には、1 学年で 1.5 年分の学習成果を上げる教員もいれば、同じような生徒を対象とし半年分の学習成果しか上げることのできない教員もいる。言い換えれば、同程度の学力から始めた二人の生徒が、受け持たれた教員のためだけで、1 学年の終わりに大きな学習成果の違いが生じていることに気づくこととなる。劣った教員によって教えられた年の翌年も続いて劣った教員に教えられると、状況はますます悪化していき、生徒が挽回することは不可能になるであろう」[5]。おそらく「優秀な」教員は存在するのであろうが、そうした教員が数多く存在するという証拠は何もないし、彼らが同様の功績を毎年すべての生徒にもたらすことができるという証拠もない[6]。

2010 年の秋、ドキュメンタリー映画『「スーパーマン」を待っている』が、学校にあまりにも多くの劣った教員が存在するために、アメリカの公教育が絶望的な状況にあるという考え方を、全米の報道機関に広めた。同じ時に、ジョエル・クラインとミッシェル・リーに率いられた都市部の教育長の団体が、学校の問題を解決する方法に関する「マニフェスト」を発行した。それ

は次のように主張していた。「では、どこから始めようか。基本から手をつけよう。オバマ大統領が力説したように、生徒が学校で成功するか否かを決める唯一の最も重要な要素は、肌の色でもなく、郵便番号でもなく、保護者の所得でもない。それは教員の質である」[7]。彼らのマニフェストによると、教員の質を判断するのに教員免許、経験、被教育体験は関係がないという。唯一重要なものは「成果」であり、それは生徒のテスト得点を意味すると、彼らは主張した。

クラインとリーはオバマ大統領の発言を誤って引用した。オバマ大統領は次のように言っていた。「学校の成果を左右する最大の要素は教員である。それは学校の中における最大の要素である。だが、唯一最大の要素は保護者である」[8]。リチャード・ロスティンは、クライン-リーのマニフェストを「漫画」だと評し、以下のように付け加えた。

何十年にもわたる社会科学の研究は、学校間の質の違いは、生徒の成績の違いの3分の1ほどを説明できることを明らかにしてきた。だが、残りの3分の2は学校以外の要因に起因する。-----オバマ大統領の言いたいことは次のようなことである。もし子どもの保護者が、自分たち自身も不十分な教育しか受けていなくて、幼い子どもたちにしばしば本を読んで聞かせることもせず、子どもたちに話しかける時にも複雑な言葉を用いず、また、子どもたちに対して安定した安全な家庭環境や、適切な予防のための健康管理を提供することもできないほどに、ひどく経済的に困窮していたり、自分たち自身の健康状態が芳しくなくて、子どもたちを適切に養育することができなかったり、子どもたちと一緒に旅行に出かけることもできず、子どもたちを博物館や動物園に連れて行くこともできず、学ぶ意欲をそそるようなほかの文化的体験に触れる機会を与えることもできず、あるいは、教育を受けた大人の見本となるような人が存在せず、大人が近隣の青少年をともに監督することもできないような、郵便番号を持つ地域に本当に住んでいるとすると、そのような保護者を持つ子どもたちは、教育を受ける機会を活用しようとする能力が

妨げられることとなる。それは教員の質がいかに高かろうとも変わりがない[9]。

　社会科学者は一般に、生徒の家庭とりわけ有利な条件と機会を決定する家庭の所得が、生徒の成績に対して学校や教員よりもさらに大きな影響を及ぼす、ということで意見が一致している。ある経済学者によると、家庭がテスト得点の差異の約60％の原因となるという。あとは、学校が成績の差異の約20％から25％ほどに責任がある。それは、学校の指導力、教職員、資源、プログラム、仲間の影響の有無、すなわち、意欲のある生徒の有無などである。この学校の責任とされている20％から25％の中で、生徒がテストでどのような成績をとるかに影響を及ぼしている最大の要素は教員であり、それが恐らく15％ほどであろう。オバマ大統領は、教員は学校内では最も重要な問題であるが、生徒の学習成果における「最大の要素」は彼らの家庭であると、間違いなく述べていた[10]。私は個人的には、広範で複雑な人間の活動に関する、こうした緻密な統計上の計算には懐疑的であるが、私は経済学者ではないのでよくは分からない。

　それでも、教員が生徒の得点に第一に責任があり、優秀な教員は家庭、貧困、障害の状態、英語を使いこなす能力、生徒自身の興味と能力の程度といった影響を乗り越えることができる、という神話はなくならない。確かに、一人の教員によって人生が変えられた人も少なくないが、彼らの話は例によって著しく生徒を奮い立たせるような教員に言及していて、「私のテスト得点を最高点にまで引き上げた教員」のことではない。教員には人生を変える力がある。だが、NCLB法の施行から10年以上経っても研究者は、いつから学び始めたかにかかわらず、すべての生徒が州のテストで優れた成績を上げた、選択制ではない学校や学区を探している。というのも、そうした学校や学区には力のある教員しかいないはずだからである。

　証拠はないにもかかわらず、主張は続いている。ミッシェル・リーの組織団体であるスチューデンツファーストは、ウェブサイトで次のように述べている。「研究成果によると、極めて力のある教員は平均的な教員よりも、

50％増の学習成果を生み出している。反対に、力のない教員は平均的な教員よりも、50％減の学習成果しか生み出すことができない。これは、極めて力のある教員の学級では力のない教員の学級に比べて、子どもが3倍の学習成果を上げることができることを示している」[11]。おそらく、もし学校が極めて力のある教員のみを雇用し、雇い続けるならば、すべての生徒のテスト得点を劇的に高めることができるであろう。だが、毎年同じようにテスト得点の大幅な増加を達成できる教員はほとんど存在しないことを、リーは了解しているように見えない。2012年にメリンダ・ゲイツはテレビの取材訪問で、「力のある教員が生徒の前で教えれば、その生徒は1学年の間にほかの生徒と比べて3倍の学習成果を上げることになる」、と述べていた[12]。彼女によると、ゲイツ財団の仕事は、「合衆国中のすべての教室に力のある教員を配置することのできるような仕組みを、確実に作り上げること」であるという。

　教員がすべての生徒のテスト得点を劇的に引き上げるための鍵であるということが、改革者の信念であるとするならば、彼らは、そうした極めて力のある教員を特定し、適切な資質を持たない教員を追い払うための、戦略を見出さなければならなかった。

　エリック・ハヌシェックは自身の学術研究と『「スーパーマン」を待っている』の中で、公立学校は最低点をとった生徒を教えている教員の5％から10％を解雇すべきである、と提案した。彼によると、もしこれが実現されると、合衆国は国際学力テストにおいて首位の近くまで順位を上げるであろう。その上、樽の底に淀んでいるような無能な教員を平均的な教員と置き換えると、国の国民総生産に数兆ドル付け加えることになるであろう、と主張した。彼は以下のように記していた。

　　もし我々が最も力のない教員の5％から7％を、それぞれ平均的な教員で置き換えたならば、合衆国の成績はカナダとフィンランドに届くであろう。教員の影響をより低く見積もるならば、最も力のない教員の8％から12％を、それぞれ平均的な教員で置き換えれば、合衆国の成績はカナダとフィンランドに届くであろう。-----

フィンランドとの学力格差を解消することができれば、歴史的な経験に照らしてみると、合衆国の年間成長率を国内総生産の1％という割合で増加させるという、びっくり仰天させるような利益に繋がる。今日生まれた人の一生にわたって蓄積すると、成績の改善による利益は、現在の価値に換算すると、合衆国の経済総生産高の112兆ドル以上になる。これは誤植ではない。112兆ドルで、1,120億ドルではない[13]。

　こうした教員の質の劇的な改善を遂げるには三つの方法があると、ハヌシェックは提案した。一つは、より高い資質の教員を採用することである。もう一つは、現在の教員の技能を高めることである。だが、この二つはすでに試されたが適切ではなかったと、彼は主張していた。代わりに彼は、底辺に位置する教員を、生徒のテスト得点として定義される彼らの業績に基づいて「除外すること」を提案した。しかし、驚くべきテスト得点を生み出すことができるような教員を惹きつけて雇用しておくためには、学区と州は政策を変更する必要があると、彼は信じていた。

　　生徒に対してどれほど力があるかによって教員を特定し報酬を与えることに備えて、彼らは採用、給料、雇用継続に関する政策が必要になるであろう。最低限でも、機能障害を起こしている現在の教員評価制度は、教室における有効性が明確にとらえられるように、徹底的に検討を加えられなければならない。これは不可能な課題ではない。教職の新たな危険を埋め合わせるとともに、卓越した教員を教職に留めておく可能性を増やすためにも、こうした教員にはより多くの金額が支払われなければならない。力のない教員を特定し、置き換えなければならない。どちらを前に進めるにしても、今日の我が国のように教員がしっかりと労働組合に組織化されている環境では、政治的な困難を伴うであろう。

　ハヌシェックはスタンフォード大学のフーバー研究所と関係があったが、彼の見解はオバマ政権の「頂点への競争」プログラムに取り入れられ、全米

の共和党の州知事に賞賛された。ウィスコンシン州知事スコット・ウォーカー、オハイオ州知事ジョン・カッシ、インディアナ州知事ミッチ・ダニエルズ、前フロリダ州知事ジェブ・ブッシュとその後継者のリック・スコット、ニュージャージー州知事クリス・クリスティといった人々である。コネティカット州知事ダニエル・マロイ、ニューヨーク州知事アンドリュー・クオモといった民主党の州知事さえも、低いテスト得点は「劣った」あるいは「力のない」教員によって引き起こされたものであり、貧困によって、あるいは資源と生徒が必要としているものとの間の関係によって引き起こされたものではないという、彼の考えを支持した。

　低いテスト得点をとる生徒の教員を「除外すること」によって、テスト得点は良くなるというハヌシェックの理論は、2012年にエール大学の経済学者ラジ・チェッティとジョン・N・フリードマンならびにコロンビア大学のジョン・E・ロックオフによる研究成果が、鳴り物入りの宣伝で公刊されたことにより、大きな盛り上がりを見せた。チェッティの研究は、ハイステイクスなテストが導入される前の1990年代の生徒と教員の記録を精査し、1年間だけでも力のある教員に教えられた生徒は、より高い生涯賃金とより多くのほかの利益を得ると結論づけた。この研究成果は『ニューヨーク・タイムズ』の1面で取り上げられ、著者の一人は、「この本で伝えたいことは、できるだけ遅くではなく、できるだけ早く人々を解雇することである」、と述べていた。この本によると、無能な教員を平均的な教員に置き換えるだけで、1学級分の生涯賃金は26万6千ドル上昇するであろうという[14]。オバマ大統領はチェッティの研究成果に深い感銘を受けて、数週間後に年頭教書でこの本に触れ、「我々は、優れた教員が1学級の生涯賃金を25万ドル以上増やすことができることを知っている」、と述べた。

　しかしながら、この研究成果に対して批判家が即座に疑問の声を上げた。確かに、高いテスト得点をとる学級の生徒は大学へ進学しより多くの金を稼ぐ可能性が高いのだが、この本の著者は相関関係と因果関係とを混同してしまっているのではないか、また、大規模な研究は個々の教員の影響を正確に指摘することはできないと、彼らは述べていた。少なからぬ批判家が、26

人の子どもたちが在籍する1学級の26万6千ドルの生涯賃金の増加は、40年間会社の労働力として働くとすると、一人当たり1年間で約250ドルの増加、1週間で5ドルの増加となると指摘した。もう少し大人数の学級の場合は、これよりもさらに少ない金額となる。ブルース・ベイカーが述べているように、「結局、我々が今、何十億ドルもの資金を投入して付加価値評価制度を作り上げれば、生徒が1週間当たり5ドルの生涯賃金の上昇を享受できるようになるということだ。そうなるかもしれないし、そうならないかもしれない」[15]。

付加価値評価に熱中している人々は誰一人として、国際学力テストの順位表の中で上位を占めている国々が、低いテスト得点をとった生徒の教員を「除外すること」によって、そうした上位に到達したわけではないことを知らなかった。フィンランド、カナダ、日本、韓国といった国々は、生徒のテスト得点に関連して教員を選択的に解雇することにではなく、教員の技能を高めることに時間と資源とを使っている。

それにもかかわらず、改革者の用語集の中には、劣った教員は見つけ出されて解雇されなければならないという、確固とした信念が掲載されている。

だが、ここで厄介な問題が出てくる。学区はどのようにして教員の質を測ることができるのであろうか。学区の指導者はどのようにして、どの教員が特別手当を貰うべきで、どの教員が解雇されるべきかを知ることができるのであろうか。こうした問いに答える唯一の方法は、毎年テスト得点を集計して、どの教員が大きく得点を伸ばし、どの教員がそうではないのかを確かめることであると、改革者は信じていた。そして、教員を上から下まで評価する。改革の理論によれば、一旦、評価されると、大きな得点増加があった生徒の教員は特別手当を支給され、逆に、得点が増加しなかった生徒の教員は解雇される。結局のところ、この方式が継続的に実施されれば、学区には優秀な教員しか残らないことになる。

生徒のテスト得点の増加によって教員を評価するため、十分なデータをすでに集めている学区や州もあった。この評価が正確であろうがなかろうが、特別手当を支給された教員がいたし、解雇された教員もいた。だが、生徒の

テスト得点に基づいて教員を解雇するという改革者の主張が、学区のテスト得点の大幅な上昇をもたらすことを立証した学区は、いまだに一つもなかった。3年間、優秀な教員が続けて教えれば学力格差は解消すると、改革者は繰り返し主張していたが、これを成し遂げた学区はどこにも存在しなかった。それは、企業型教育改革の信念を十分に支援する教育長や教育委員会が存在する学区でも、そうしたことの邪魔をするような教員組合が存在しない学区でも同様であった。それは、いまだに証拠ではなく推測に基づいた理論でしかなかった。

　この理論を証明することが難しい理由の一つは、教員の評価が毎年、安定していないことである。ある年は力があると評価された教員も、次の年は力がないと評価されるかもしれない。もし、毎年このような効果を及ぼす教員を特定することができないならば、上位に位置づけられている教員が3年から5年の間で、学力格差を解消するのに十分なほど成績を向上させるという事実は、必ずしもそれほど重要なことではない。毎年、ほんの一握りの教員しかテスト得点を大幅に上昇させることができないならば、こうした教員を学校全体に配置できるほど十分に見出すことは難しいであろうし、ましてや、学区全体に配置することはさらに難しいであろうことは言うまでもない。シャンカー研究所のマッシュー・ディ・カルロが次のように指摘していた。「こうした学力の伸びを測るモデルの曖昧さ、さまざまな先入観による原因、生徒や環境が年毎に変わることなどにより、3年、4年、あるいは5年と、「最上位」の教員であり続けることのできる者はほとんどいない。1年目に「最上位」であった教員の大多数は、2年目には標準または標準以下になってしまう。さらに多くの「最上位」の教員が3年目、4年目、5年目にはその区分から脱落してしまう」[16]。

　この理論を証明することが難しいもう一つの理由は、教員があたかも組み立て工程で働いているかのように、持ち場から持ち場への移動が可能な工場労働者ではないことである。ある学校で極めて力のある教員が、必ずしもほかの学校でも同じように力があるとは限らない。だが、我々には正確には判断ができない。というのも、3人の優秀な教員が続けて教えれば学校中のあ

るいは学区中の学力格差は解消するという理論を証明するために、誰も教員を一つの学校から別の学校へと移動させたことがないからである。少なくとも今はまだない。

　卓越した教員もいればそうではない教員もいるということは、確かなように思われる一方で、この理論は少々無定見な主張に基づいている。付加価値評価という概念はまさに、生産性の向上を測定する統計学者や経済学者の考え方を反映している。農家は、ある種のトウモロコシをある状態の土壌に植え、ある種の条件で育て、そして、その育て方がふさわしいものであるかどうかを判断するために、その作物の成長度合いを測定する。こうした付加価値評価の考え方からすると、教員とは生徒を育てるための方法である。力のある教員ならば、トウモロコシはある高さまで成長する。力のない教員ならば、トウモロコシは成長しないか、成長してもほんの少しでしかない。

　だが、子どもたちはトウモロコシではない。彼らはあるきまった特性を持った種子でも植物でもない。子どもたちの生活は静止してはいない。彼らは、家庭生活の中や私的生活の中で、危機や浮き沈みに直面する。もしかすると彼らの保護者は離婚しているかもしれない。保護者が仕事を失っているかもしれない。生徒は男友達と別れたかもしれないし、家族の車をめちゃめちゃに壊したかもしれない。家族のうちの誰かが亡くなったかもしれない。家族が新しい家に引っ越したかもしれない。家から立ち退かされたかもしれない。こうした変化は意欲、集中力、学校の成績に影響を及ぼす。子どもたちは作物ではない。彼らは、教員によって満たされるのを待っている空の容器ではない。

　その上、教員にとっての状況も動きがないわけではない。教員の受け持つ学級に、高得点の生徒がより多く割り振られることもあるし、より少なく割り振られることもある。州予算の削減のため、学級規模が拡大するかもしれない。カリキュラムと指導教材が、今年は去年よりも良いかもしれないし、悪いかもしれない。学校の統率者が変わるかもしれないし、その結果、教員をより励ます人になるかもしれないし、逆かもしれない。大事な同僚が引退するかもしれない。学校の雰囲気が穏やかであるかもしれないし、破壊的で

あるかもしれない。学校内での多くの変化が、教員の学級に、資源と支援の利用に、そして結局は生徒のテスト得点に影響を与えることになるであろう。付加価値評価の問題点は少なくない。生徒は成り行き任せに割り振られるわけではないので、教員は毎年さまざまな難問に直面する。卓越した教員がある年には極めて意欲のある生徒集団を受け持つかもしれないし、一方、同じように力のある教員が、学級を崩壊させてしまうような2、3名の問題児のいる学級を受け持つかもしれない。故意に成績の良い生徒の学級を割り振られたり、あるいは成績の悪い生徒の学級を割り振られたりする教員もいるし、どちらの学級を教えるのか選ぶ教員もいる。大きな成果を上げる教員もいるし、そうではない教員もいるが、彼らはどちらもともに異なる難問に取り組んでいるわけで、比較するのは公平ではない。

　アメリカ教育調査協会（AERA）と全米教育アカデミー（NAE）は、付加価値評価の問題点に関する共同声明を準備した。彼らは、生徒のテスト得点は教員以外のほかの要素からより多くの影響を受けていることと、さまざまな統計の見本もこうした要素のすべてを説明しているわけではないことを見出した。ほかの要素とは以下のようなものである。

- 学校に関するものとして、学級規模、カリキュラムの構成要素、授業時間、専門家や個別指導員の利用、学習手段としての本やコンピュータや科学実験室など
- 家庭やコミュニティの支援あるいはその問題点
- 個々の生徒の必要とするもの、能力、健康、出席状況
- 同年齢集団の文化と成績
- 現在のほかの教員、ならびに以前の教員と以前の学校教育
- とりわけ低所得層の子どもに影響を及ぼす、差別的な夏期の学習の欠如
- 特定の学習にのみ力点を置いて、ほかの学習には目を向けないような独特なテスト、あるいは学年相当の水準よりもはるかに優れていたり、はるかに劣っていたりする学力をほとんど測ることができないような独特なテストが使用されること [17]

付加価値評価は安定していないことを、彼らは強調していた。それは学級ごとに、年度ごとに、測定方法ごとに変化する。付加価値の計算方法にもさまざまなやり方があり、使用される方法によって結果も異なってくる。異なる付加価値の方法論を適用すると教員の評価も違ってくる。生徒が異なるテストを受けると、教員の評価もまた変わってくる。

　この二つの専門家組織による報告書は、「教員の付加価値評価は、彼らの手に委ねられている生徒の違いによって著しく影響を受ける」ということを見出した。生徒は成り行き任せに割り振られるわけではない。英語を話すことのできない英語学習者の生徒、障害のある生徒、家のない生徒、出席率の悪い生徒などを教える教員は、付加価値評価がより低くなるかもしれない。また、優れた才能を持つ生徒を受け持つ教員も、生徒がすでに高得点をとっているために、付加価値は小さく見えてしまう傾向にある。「付加価値評価の計算方式に、以前の成績と生徒の人口統計上の変数を加味した修正を加えたとしても、教員は自らが教える生徒によって有利になったり不利になったりする」。それゆえ、教員の勤務評定や報酬が付加価値評価に結びつけられる限り、教員は最も困難な状況にある生徒、つまり、教員の評判、職歴、給料を危険に晒すおそれのある生徒を避けることができるならば、ぜひとも避けたいと考えるようになるであろう。

　付加価値評価の主唱者は、最も力のある教員を見つけ出すことによって、最も困難な状況にある生徒の教育を改善したいと主張する。彼らは、長い年月の間に最も能力のない教員が解雇されるので、力のある教員だけが残ると想像する。だが、測定方法が不安定であることと、教員の暮らし向きへの脅威であることを鑑みると、付加価値評価は最も弱い立場にいる生徒を大いに傷つけることになるかもしれない。教員が最も助けを必要としている生徒を避ける傾向にあると、現在の不平等さの程度はより深まっていくであろう。極めて貧困な学区にある学校はすでに、教職員を維持したり置き換えたりするのが難しくなっている。入学してくる生徒のせいで閉校の危機に晒されている学校で、誰が教えたいと思うであろうか。

　「付加価値」評価の概念はまさに、生徒の成績に対するたった一人の教員

の影響だけを区別して扱うことができると仮定する。だが、AERA-NAE の調査団が言うように、これはあまりにも単純化しすぎている。

　たった一人の教員が生徒の学習のすべての原因となることはない。良かれ悪しかれ、これまでに幾人もの教員が生徒ののちの学習に対して継続的な影響を及ぼしているし、現在も幾人もの教員が相互に影響し合って生徒の知識と技能を生み出している。例えば、生徒が歴史の教員から学んでいる小論文を書くことは、たとえこの書くことを英語の教員が課しているのではなくても、英語の教員の指導のおかげであると言えるかもしれない。物理の授業で学ぶ数学は、数学の教員のおかげであると言えるかもしれない。ある年に教えられた特定の技能やテーマは、後になるまで試されることはないかもしれないし、全く試されることがないかもしれない。十分な教育を受けた保護者から手助けを受けている生徒もいるし、個別指導を受けている生徒もいる。専門家の支援を受けられる豊かな学校で働く教員は、こうした支援を受けていない生徒を教える教員よりも、はるかに力があるように見えるであろう。

　子どもたちはトウモロコシでもなければトマトでもなく、生徒のテスト得点に影響を及ぼすあらゆる要因を首尾よく加味することができるような、統計学的な方法論などない。トウモロコシの茎の伸びを分析する時には、我々は、農民の技量と同時に、種子の品質、土壌、水、風、日照、天候、栄養、害虫、そしておそらくこれ以外の要素も考慮に入れる。学習の成果を測ることは農作業の成果を測るよりもはるかに複雑であるし、より多くの要因を検討する必要がある。というのも、人間は植物よりもさらに予想することが難しいからである。

　付加価値評価の擁護者は、ハービー・シュミットとトム・ジョーンズから学べばよい。彼らの書いたミュージカル『ファンタスティックス』が、それを正しく伝えている。

ハツカダイコンを植えよう。
ハツカダイコンを収穫しよう。
疑いなんて毛頭ない。
だから私は野菜が好きなんだ。
あなたは自分が何をしているのか分かっている。

カブを植えよう。
カブを収穫しよう。
たぶん 2 個獲れると思うよ。
だから私は野菜が好きなんだ。
あなたは野菜が育っていくのが分かっている。

野菜は信頼できる。
野菜は友だちになれる。
野菜は親が知る限り一番の友だちだ。
それに比べて子どもは、
ひどいもんだ。
種子がほぼ成長するまであなたには分からない。
今植えたのが何だったのかが。

　付加価値評価の創設を複雑にしているもう一つの要因は、それが完全に標準テストに基づいていることである。だが、標準テストは教員の質を判断する役割を代わりに担えるほどに、確固たるものなのであろうか。標準テストは気圧計でもなければ物差しでもない。それは人間が設計し作り上げたもので、間違いが起こりやすい。テストの専門家は、測定の間違い、統計上の間違い、人間にありがちな間違い、成り行き任せの間違いが起こりうることを警告している。標準テストの持つあらゆる問題点を考慮し、それがテストする知識や技能は限られた範囲のものでしかないことも考慮すると、標準テストが本当に生徒の学びや教員の力量を測定するための適切かつ妥当な手段で

あると、我々は確信できるのであろうか。州のテストを受けるために、1年の大半を費やして生徒に反復練習をさせる教員がいることは、誰でも容易に想像することができる。そうした教員が付加価値評価では高い評価を得るかもしれないが、それにもかかわらず、生徒にとっては退屈な教員でしかない。我々は、こうしたテスト準備教育に抜きんでている教員のみを褒め称えて、報酬を与えたいと思っているのであろうか。それとも、我々は生徒に考えさせたり、良い質問をさせたりすることに秀でている教員のことも、褒め称えたいと思っているのであろうか。

計量心理学における極めて重要な規則は以下のようなことである。テストはそのテストが設計された目的のためにのみ使用されるべきである。テストは、生徒の成績を規準と比べて測定するために設計されている。それは教員の質や教員の「成果」を測定するために設計されてはいない。教えることは多面的で複雑である。優れた教員は、生徒が教室内で話し合いや討議に参加することを望んでいる。彼らは、生徒が活動的で学びに没頭し、課された以上のことを率先して探求することを望んでいる。標準化された多肢選択式テストが、教員の質を正確に反映できるのであろうか。生徒が学んだことは、彼らのテスト得点によるよりも、彼らの教室での活動や、小論文、研究論文、そのほかにも学習成果の実例などの個別の自主研究によって、より正確に測定することができるのではないであろうか。

確かに、教員は評価されるべきであるが、生徒のテスト得点の上がり下がりによって教員を評価することは、ひねくれた結果を引き起こす危険をはらんでいる。それは、多肢選択式テストへの準備教育、テスト科目のみにカリキュラムの範囲を狭めること、州や学区が得点を上乗せしようと制度を悪用すること、職を失いたくなかったり特別手当を貰いたかったりで必死になっている教育者の不正行為などを助長する。テストが授業よりも重要になってくると、我々の考え方の何か基本的なところが不適切になる。

読解と数学以外にもテストを拡大することによって、カリキュラムの範囲を狭めることを避けようと試みている学区や州もある。彼らは、芸術、体育、科学、そして学校で教えられているすべての科目でテストを実施しようと考

えている。彼らは、すべての教員を評価するためのデータを作り上げるために、こうしたことを行っている。生徒はより多くのテストを受け、それによって教員はより多くの評価を受けることができる。現在、全米に広まっているテストに関する妄想がより強まると、我々は以下のようなことを予想することができる。より多くのテスト、カリキュラムをより限定すること、テストされる科目のみに授業をより限定すること、より多くの不正行為などを目にすることになるであろうし、一方、考えること、議論すること、問題を解決するためにさまざまな方法を検討すること、創造的であることなどを生徒に教えることに対して、より配慮しなくなるであろう。

スタンフォード大学教授のリンダ・ダーリング‐ハモンドは、教員養成と教員評価に関する全米における指導的な立場の専門家の一人であるが、テスト得点による教員評価への熱意を失っていた。それは、彼女が、テネシー州、ヒューストン、コロンビア特別区、ニューヨーク市といったところで、わけのわからない誤解を招きやすい結末を目にしたからであった[18]。

ダーリング‐ハモンドは次のような結論を下した。教員評価は、「教員がいかに上手に教えているかということではなく、誰を教えているかということを主に反映している。とりわけ、教員が、新たな英語学習者や障害のある生徒を数多く教える場合には、ほかの生徒を教える場合よりも低い伸びしか達成することができない。これは、生徒の特性を『調整することができる』統計学的な方法を用いた場合でも、同様に真実であった」。

最も困難な状況にある生徒を教えることを選択したり、そうした生徒のいる学級を割り当てられたりすることで、なぜ教員は処罰されるのであろうか。

もし教員評価の目標が、教員が向上するよう手助けすることにあるならば、この方法はうまくいかない。それは教員に役立つ情報を提供しないし、彼らの実践を改善するための方法を示さない。それは、品位を貶めたり屈辱を与えたりすると教員が見なすような方法で、教員にレッテルをはって分類して評価するだけのものである。ダーリング‐ハモンドによると、ヒューストンは、学区の年間最優秀教員であった長い経験を持つ教員を解雇するために、付加価値評価を使ったという。ヒューストンのほかの教員が次のように述べ

ていた。「私は毎年、同じように教えている。最初の年は激励の言葉を貰った。2年目にはお尻を蹴り上げられた。そして3年目には私の得点は普通よりもはるかに良かった。私は特別手当をたくさん貰った。何か違ったことをしたのだろうか。さっぱり分からない」。

2010年に『ロサンゼルス・タイムズ』は、テスト得点のみに基づく独自の付加価値による分析を委託し、数千人もの教員の評価を公表した。このことが、教員の職務上の評価を公表することが倫理的に許されるかどうかをめぐる、全米的な議論を巻き起こした。その結果として授業がより良くなったとは、誰も主張しなかった[19]。付加価値による分析の欠陥は、2012年初頭にニューヨーク市教育局が何千人にも上る教員の名前と評価を公表したことで、もう一つの白熱した議論を引き起こした。この時、ルパート・マードックの『ニューヨーク・ポスト』は、教員評価のための情報公開の申請を裁判所に提出した。それに対して、評価は不正確であるとして教員組合は反対した。マイケル・ブルームバーグ市長は、保護者と一般大衆は教員評価を知る権利を持っていると強く主張した。新聞社が教員組合を打ち負かして法廷闘争に勝利すると、得点は公開され広く世間に知らされた。教育局は誤差の許容範囲が広いことを一般大衆に警告した。100点の尺度で、数学における誤差の許容範囲は35%、読解における誤差の許容範囲は53%であった。言い方を変えると、数学の教員で50番目と順位づけされている人は、実際には15%から85%の間のどこかに位置することとなる。読解においては、同じ教員ではありそうもないことだが、-3%から103%の間に位置することになる。これは評価がいかに使い物にならないかを物語っている[20]。

『ニューヨーク・ポスト』は、ニューヨーク市における「最高」の教員と「最低」の教員に関する記事と写真を公表した。最低と報道された教員は家まで記者にしつこく追い回され、彼女の父親も同様の目にあった。数日後には彼女が、新たに来たばかりの移民の生徒の教員であることが明らかになった。生徒は英語を習得して彼女の学級から去っていた。彼女は優れた学校で働いていて、校長は彼女が卓越した教員であると述べていた。彼女に低い評価を下し、彼女の名前と写真を新聞に掲載することで、何が得られたのであろうか。彼女

は英語学習者を教えたために、一般大衆から屈辱的な扱いを受けた[21]。

　できるだけ礼儀正しく述べようとしているのだが、付加価値評価は良くない科学である。屑の科学と言った方が良いかもしれない。それは不正確で、不安定で、信頼できない。それは、学力の劣った生徒を教えることを任された教員や、障害のある子どもたち、英語学習者、問題行動を抱える生徒などを教えることを選択した教員を不利にする。優れた才能を持つ子どもたちはすでに上位にいるので、彼らを教える教員も同様に不利になる。

　そこで、我々は、改革者の間で共有されている主張へと回りまわって戻ってくる。3人の優秀な教員が続けて教えれば、学力格差を解消するのであろうか。それは可能だが、どの教員が「優秀な」教員であるかを正確に予測したり、特定したりすることを可能にするような、統計学的な方法は今のところない。もし優秀なという言葉によって、生徒の学びたいという願いを呼び起こし、生徒の心の中に学びへの高揚感をかきたてるような教員のことを意味しているのであれば、標準テストの得点はこうした教員を見つけ出すことはない。どこの学校においても、最も生徒を鼓舞するような、最もひたむきな教員を見つけ出すためには、多肢選択式テストは全く適していない。どこの学校においても、生徒、教員、学校管理者は、誰がこうした教員なのかを知っている。我々はこうした教員をより多く必要としている。教員をテスト準備の技術者へと変えることを続けてしまったり、不適切な統計学上の見本によって教員を評価したりすることによっては、我々はこうした教員を手に入れることはできない。

　もし優秀なという言葉によって、生徒がテストを受ける時にはいつでも、より高い得点をとることができるようにする能力のことを意味しているのであれば、現在の付加価値評価は、こうすることが可能な教員を何人かは見つけ出すことができるかもしれない。だが、私の知る限りにおいて、すべての教員がこの達成目標を実現できる学校は存在しない。改革者が主張しているように、どのような環境にあっても、すべての生徒に対して極めて素晴らしいテスト得点の上昇をもたらしてくれる教員が、いつの日かすべての学級に存在するようになると主張することは、単にアメリカの一般大衆に本当のこ

とを言っていないだけである。世界のどの国も100％の習熟度を達成してはいない。そして、世界のほかのどの国も、生徒のテスト得点の上がり下がりによって教員を評価してはいない。

そもそも、これが価値のある目標かどうかさえ明確ではない。

こうした教員評価の方法が正しいという証拠が存在しないことに加えて、なぜ標準テストの得点が、人格、知識、市民性、学びたいと思う気持ち、創造性、主体性、社会的技能といった、学校に対するほかのすべての目標や期待に取って代わらなければならないのかという、極めて本質的な疑問が残る。

第12章
メリット・ペイはなぜうまくいかないのか

主張　メリット・ペイは成績を向上させる。

現実　メリット・ペイはいまだかつて成績を向上させたことがない。

　大財団の教育改革者と連邦教育省は、メリット・ペイとして知られる報奨金のようなものを提供することによって、テスト得点を引き上げ、教職の本質を変えることができると判断した。

　ほかの企業型教育改革者と同様に、彼らは、アメリカの公教育は教員のせいで失敗していると信じていた。彼らは、間違った種類の人々が教職に入ってきていると思っていた。そうした人々とは、選り抜きの優れた単科大学や総合大学の卒業生でなく、卒業時の成績が上位3分の1に入っていなかったような人々のことである。改革者は、能力給を貰える可能性は、しっかりした学問的素地のある新卒者を教職に惹きつけるのではないかと考えていた。これによって教員の質の問題を解決できると、彼らは思っていた。

　改革者は、教育が競争原理によって支配され、報酬が成果に関連づけられているような、より実務に近いものになることを望んでいる。彼らは、教員の終身在職権と年功序列制について、自分たちが必要だと思う柔軟で結果を重視する労働力を確保する上での障害とみなしている。彼らは教員組合を邪魔物ととらえている。というのも、教員組合が教員の身分保障を擁護し、経験と教育に関連して上昇していく給与体系を要求しているからである。改革

者にとっての理想的な筋書きは、実業界において従業員がするように、教員が管理者の望むように仕事をすることである。もし彼らが成果を生み出せば、彼らは特別手当を得る。もし彼らが成果を生み出せなければ、彼らの仕事は危ういものとなる。2、3年の間、冴えない成果しか出せなかったら、彼らは解雇されることになる。コロンビア特別区のようないくつかの学区においては、僅か1年間だけの芳しくない成果で教員が解雇されることがある。

　教員は通常、このような類の議論を不愉快なものと受け止めている。彼らは、自分たちのことを単なる従業員ではなく専門家であるとみなしている。ほとんどの改革者は教育者でないか、教育者であってもたかだか数年しか教鞭をとった経験がないことから、教員は、教育者ではない者が自分たちの職場と職業における規則を設計し直していることを好まない。教員はメリット・ペイを好まない。というのも、それが健全な学校の雰囲気を作るために必要な、協同的な関係を損なうだろうと理解しているからである。一般大衆の教育を語る論調が、社会の厄介事の責任を教員に負わせようと執着していることに、教員は言葉を失っている。自分たちの身分保障を取り除いたり、自分たちの経歴を危険に晒したりするために、なぜこれほど多くの政治的な精力がいま費やされているのか、彼らには理解できない。

　教員が不当に権利を侵害されていると感じるのは当然のことである。教職の問題点を解決するために進められている救済策が、有益な効果を上げているようには思われない。そうした救済策は、教職の経歴を積み重ねていきたいと望む人々にとって、ほぼ間違いなく教職をより魅力のないものとしてしまう。過去数年間にわたって改革の議論を支配していた絶え間ない批判が、教員を失望させ、彼らの士気をくじいてしまった。

　少なからぬ教員が、標準テストを強調し過ぎていたNCLB法に落胆した。オバマの「頂点への競争」は、NCLB法よりもさらに失望させるものであることが判明した。というのも、それは、生徒の成功や失敗の原因として、教員を直接の標的としているからである。「頂点への競争」は、学区が低いテスト得点の教員を学校改善策として解雇することに対して、報奨金を提供している。連邦教育省は、「教員報奨金」の中でメリット・ペイのために10億

ドルを確保していた。

　メリット・ペイは革新的な考え方ではない。それは、前世紀の間、アメリカ全土の学区において試みられていた。リチャード・J・マーネインとデービッド・K・コーヘンは、1980年代中頃にメリット・ペイの歴史を調査し、それは、「どのようにして教員に動機を与えるかという問題への解決策にはならない」、と結論づけた。1918年には合衆国の学区の48％が何らかのメリット・ペイの制度を持っていたが、ほとんどが存続することができなかったと、彼らは報告していた。1923年頃にはメリット・ペイの制度を持つ学区の割合は33％まで落ち、1928年には18％にまで下落した。1940年代から1950年代にかけて、メリット・ペイに対する興味は失われてしまい、1953年頃には、3万人以上の住民を抱える市の中で4％だけがメリット・ペイを提供していた。これは教員組合の力が強いためではなかった。というのも、当時は組合に所属している教員はほとんどいなかったし、組合が存在していたところでも、組織は貧弱で力も弱かった。1957年のスプートニクの打ち上げ以降、メリット・ペイに対する興味が再び突風のように巻き起こり、10％の学区がそれを提供した。だが、このプログラムのほとんどが姿を消し、マーネインとコーヘンがこの論文を執筆した1980年代中頃には、全米の99％の教員は教育と経験に基づく均一の給与体系を持つ学区に属していた[1]。

　マーネインとコーヘンは、メリット・ペイの制度には二つの種類があることを見出した。一つは、もし生徒がより高いテスト得点をとった場合には、教員に特別手当を支払うというものであった。もう一つは、校長から卓越した評価を受けた教員に特別手当を支払うというものであった。彼らは、教員の給料を生徒のテスト得点と結びつける試みを、メリット・ペイの「新型」であると評した。彼らはそれを「出来高払い制」と呼んだ。この方法によれば、校長の判断に基づくという「旧型」が持つ主観性は避けられるが、「新型」は教員の仕事の本質にそぐわない。出来高払いの仕事は製造業の方がより似合っていると、彼らは記していた。そこでは、会社の生産に貢献する個々の労働者の真の貢献度を、低い経費で測ることが比較的容易である。それゆえ、例えばクリーニング屋は、1時間ないしは1日に何枚のシャツにアイロンを

かけるかに基づいて、そこで働く人に給料を支払うことができる。仕事の質は顧客の不満の声で判断される。

　だが、出来高払い制は教員に対してはうまく機能しないと、マーネインとコーヘンは述べていた。まず、それは教員に対して、指導に応えてくる生徒にはより多くの時間を費やし、そうでない生徒にはより少ない時間しか費やさないよう促す。この問題は、連邦政府が民間企業に学校運営を委ねるに当たって、業績に基づく契約を締結した1970年代には認識されていた。企業は、一人でなんとかやっていけるような成績上位の生徒と、最も厄介な問題となっている底辺層にいる生徒を見過ごしていたことを、評価は浮き彫りにした。彼らの努力の大半は、最も大きな成績の伸びを示す中間層の生徒に集中的に費やされた。

　出来高評価のもう一つの問題は、19世紀中頃にイギリスで行われた同じような評価制度において言及されていた。テスト得点によって評価される場合には、教員はテストされない科目を無視する傾向があった。すなわち、カリキュラムの範囲を狭めることが起こり、テストすることが難しいという理由で、重要な技能が無視されてしまった。

　テスト得点に基づく能力給にとって最大の障害となっているのは、教員の仕事の本質であると、著者は主張していた。私立学校は能力給を実施することが容易であるにもかかわらず、ほとんどの学校で採用していない。学校はテスト得点を高めるだけではなく、多様な目標を持っているので、彼らはそれを実施しないのである。たとえテスト得点への教員の貢献度を区別して扱うことができたとしても、善い行いを奨励したり薬物使用を減らしたりといったような、ほかの重要な目標を達成するために必要な教員の協力を損なうことに繋がる。学校の校長は、目標の多様性と教員間の協力の重要性を認識している。彼らは、出来高払い制によって導入された歪んだ報奨金のことも理解している。それが、「教員に生徒のテスト得点に基づいて給料を支払うことが、アメリカの教育において並外れて稀有である」ことの理由の説明になると、マーネインとコーヘンは述べていた。標準テストの質が今よりもはるかに良いものになったとしても、また生徒が学ぶべきと考えられている

ものに標準テストが完璧に一致したとしても、出来高払い制が引き起こす否定的ななりゆきを鑑みると、やはり反対すべきであると、彼らは主張した。

　誰が特別手当を貰うかを校長が決定する「旧型」のメリット・ペイについても、著者は文句をつけていた。こうした試みの大半も失敗に終わった。課題は公平さと公平感である。管理者は以下の二つの質問に答えることができなければならない。一つ目は、労働者のXさんがメリット・ペイを貰ったのに、どうして私は貰えなかったのか。二つ目は、メリット・ペイを貰うために私には何ができるのか。トラックから積荷の箱を降ろすような作業であれば、こうした質問に容易に答えることができる。労働者のXさんは、あなたよりも多くの積荷の箱を降ろしている。あなたもより多くの積荷の箱を降ろせば、メリット・ペイを貰える。これは労働者にとって理解できる。これは外からの批判に耐えうる。だが、校長が教員のXさんにメリット・ペイを与え、教員のYさんには与えない場合、彼は、「私が見る限り、良く教えているのが分かる」というよりも、さらに良い説明をする必要がある。教員は抜きん出て優れているからメリット・ペイを貰えたのか、それとも校長のお気に入りだったからメリット・ペイを貰えたのか。メリット・ペイを貰う可能性を増やすには何をすべきか、教員は分かっているのであろうか。教員は自分たちが抱えている問題について、解決するための手助けを校長に求める代わりに、その問題を校長の目から隠そうとするのではないであろうか。このように、「旧型」のメリット・ペイを繰り返し失敗に追い込んだのは、教えるという行為そのものの本質である。

　マーネインとコーヘンが教員と管理職に面談を行った際に、教員が低い評価を受けると、彼らはますます一生懸命に働こうとはしなくなるということに気づいた。彼らは、「より手を抜いて働くことで、その低い評価に応えた」。教員は自分たちの評価が不当であると感じると、怒りを持って反応した。教員は称賛されるとそれに恥じないように努力するので、メリット・ペイの導入以前には、教員に対し実際の能力よりも高い評価を与えることがよくあったと、面談した校長の中には述べる者もいた。実際にそれに見合うだけの能力がない場合でも、高い評価を受けると、教員はより一生懸命に働くように

なったばかりか、自分が抱えている問題に対してより率直に手助けを求めるようになった。

一旦メリット・ペイが導入されると、特別手当の中であまりにも費用がかさむことから、校長は高い評価を自由にたくさん与えることができなくなった。彼らは、予算の範囲を越えないことに関心の高い教育長から、高い評価の人数を制限するよう圧力を受けていたので、彼らは選択しなければならなかった。「メリット・ペイが私の仕事を、教員を育てる指導者から教員を評価する審判員に変えている」と、一人の校長が著者に語った。校長が指導者というよりも審判員になったために、教員も校長を今までのようには信頼せずに、違った目で見るようになった。メリット・ペイは、教員に動機を与える手段の一つを校長から取り除くことによって、校長の役割をいくつかの点において変えてしまった。教員が最善を尽くし極めて前向きであるよう、校長は教員を信じるしかないのだが、校長が教員の期待よりも低い評価しか下すことができない時にはいつでも、彼は教員の士気を徐々に低下させている。学区がメリット・ペイをなくそうと決めた主な理由は、教員の士気喪失と、プログラムを公平に運用することの困難さであった。

著者はメリット・ペイが存続している学区を探した。ほんの僅かな学区しか見つけられなかった。都市部の学区は一つもなかった。かつて問題のあった学区で、メリット・ペイをうまく活用して成績を改善したという学区は一つもなかった。ほとんどが均質的な生徒によって構成されている小規模な学区で、極めて僅かな金額しか提供していなかった。メリット・ペイが存続しているいくつかの学区は、給料が高く労働環境が良いことで名高かった。だが、さらに重要なことは、メリット・ペイが超過業務に対する割増手当であって、より高いテスト得点や、校長の好みというような何とも名状しがたいものに対する特別手当ではなかったことである。メリット・ペイを保有する学区は、「すべての教員に自分が特別な存在であると感じさせる」戦略を追い求めた。というのも、ほとんどすべての教員が若干の金銭的な報奨を受け取り、教員間の金額の差も大きくなかった。そのおかげで、教員間の緊張も和らいでいた。

メリット・ペイ制度を長いこと維持しているほかの学区では、メリット・ペイを受け取るための条件があまりにも煩雑で、金額もあまりにも小額だったため、誰がそれを受取ろうが、誰もほとんど気にも留めていなかった。メリット・ペイ制度を保有するすべての学区において、誰が追加のお金を得たのか、そしていくら得たのかは、誰も知らなかっただろうと言われていた。メリット・ペイ制度が長く存続することができたもう一つの理由は、制度全体が受け入れ可能で軋轢を生じないように比較的控えめに、教員によって設計されたからであった。

　私はマーネインとコーヘンの論文を詳細に読み込んだ。というのも、それが、今日のメリット・ペイの抱える難問を解明する手がかりを与えてくれると考えるからだ。著者が論文を執筆していた1980年代中頃には、能力給という考え方に興味を示す人はほとんどいなかったし、どのような形態であれ、メリット・ペイが存在する学区はほとんどなかった。

　当時、彼らが学んだことは、今でも妥当である。

　これまで多くの学区がテストに基づく能力給を試みてきたが、当時、生徒のテスト得点に基づく特別手当を与えた学区は合衆国内に一つとして存在しなかった。

　メリット・ペイが教員を動機づけることにはならないことが分かった。それどころか、それは通常、メリット・ペイを貰わなかった教員の間に恨みと不和を引き起こした。

　メリット・ペイは生徒の成績の改善とは何の結びつきもなかった。

　メリット・ペイが存続した学区では、それは教員が行う超過業務と結びつけて考えられていて、目立たないもので、しかも、好ましくない気持ちを引き起こすことを避けるために、賞金が誰に与えられたのかは秘密にされていた。

　間違いなく、こうしたさほど遠い昔ではない歴史の中に、今日の我々が学ぶべき教訓がある。僅か1世代前に、教育者、教育委員会の委員、一般大衆が、特別手当は教員を動機づけるかもしれないという考え方を放棄したにもかかわらず、今日また、これまで一度もうまくいかなかったことを要求する

改革運動が起きている。マーネインとコーヘンが「出来高払い制」と呼んでいる、テストに基づく特別手当を支援するために、連邦教育省が10億ドルもの納税者のお金を使うことを確約したのみならず、多くの州が予算削減に直面している時期に、州の標準テストに基づくメリット・ペイ制度に数億ドルもの資金を約束して、この制度を承認した。

現在のメリット・ペイ構想の目標は単純である。特別手当の魅力は、教員に対してさらに一生懸命働いて、生徒により高いテスト得点をとらせるようにと、動機づけることと考えられている。もう一つの目標は、「力のある」教員を今の学級に留めておき、普通の教員の給料よりも高い給料を得る可能性があるという動機を与えられた、新たな教員を惹きつけることである。

教員がさらに一生懸命に働くことと生徒がより高いテスト得点をとることの間に、どのような関係があるのか明確ではない。私は、もう何年も前に、故アルバート・シャンカーが公開の会合で次のように話していたことを思い出す。「まずこれをはっきりさせよう。もし教員により多くの給料を払えば、生徒はより一生懸命に勉強し、より良い成績をとるようになるのか」。

だが、実のところ、これがメリット・ペイを支持する今日の活動の主要な理論なのである。教員に特別手当を提供しなさい。そうすれば、教員はお金を獲得しようと動機づけられ、より多くのことをより上手に教えるようになる。その結果、生徒はより高いテスト得点を得ることになる。もちろん、教員はより多くの給料が支払われることを望んでいるが、だからと言って、テスト得点に結びつけられた特別手当のために、教員同士でお互いに競い合うことは望んでいない。メリット・ペイが、大学の卒業時の成績が上から3分の1に入っているような学生に対して、教職をより魅力的に見せることになり、その結果、教職の再構築に至ると信じている改革者もいる。彼らは、より多くのお金を稼ぐ可能性があるので、教職に引き寄せられるであろう。だが、率直に言って、大金を稼ぐことを期待して教員になる人は、賢い職業選択をしていない。彼や彼女は別の分野に進んだ方が賢明である。

バンダービルト大学の全米達成動機センターが、メリット・ペイに関する最も信頼のおける研究を成し遂げた。メリット・ペイが過去に良い結果を出

せなかった理由は、報酬があまりにも小額だったからだと推測する経済学者もいた。そこで、バンダービルトの研究では、数学の点数が上昇した生徒の教員には 1 万 5 千ドルの特別手当を提供した。3 年間にわたり研究者はナッシュビルの公立学校で、特別手当を提供される集団とそうではない集団とに属する教員の業績を綿密に観察した。2010 年に結果が公表され、二つの集団の教員によって教えられた生徒のテスト得点には、大きな違いは見られなかった。おそらく、どちらの集団の教員も自分たちのできる最善を尽くしていたと考えられる[2]。

バンダービルトの研究の結果が公表されて何日も経たないうちに、連邦教育省は、より多くの学区がメリット・ペイを試みることを後押ししようと、「教員報奨金」のために最初の 5 億ドルを拠出した。

ナッシュビルでの試みが開始されたのとまさに同じ頃に、ニューヨーク市は独自のメリット・ペイ制度に着手した。教員組合との交渉の結果、ニューヨーク市教育局は、テスト得点が上がれば、200 の学校が学校全体として特別手当を受け取ることになると発表した。それぞれの学校の委員会が、この特別手当をどのように分配するのか、それを教員だけで分けるのか、それとも学校の全教職員で分けるのかを決めることになっていた。市は特別手当として 5,600 万ドルを支出したが、3 年が経ったところでこの試みを取り止めた。ランド株式会社の研究が、ニューヨーク市の計画の失敗について証拠を挙げて立証した。それは読解や数学のテスト得点を高めなかった。それは教員の満足度も高めなかった。それは公費の浪費でしかなかった[3]。

学校全体に支払う特別手当計画の失敗にもひるむことなく、マイケル・ブルームバーグ市長は、2011 年に新しいメリット・ペイ制度を開始したいと発表した。それは、テスト得点を高めることができた教員個人に対し、2 万ドルを提供するというものであった[4]。この制度はナッシュビルで失敗した制度と非常によく似ていた。

一方で、シカゴの教員向上プログラムの 4 年間にわたる研究によると、メリット・ペイを提供する学校では教員の在職率はいくぶんか高かったが、生徒のテスト得点には何ら顕著な影響はなかったという[5]。メリット・ペイは

テキサス州でもうまくいかなかった。そこではこの制度は試験的な試みにおいて十分な結果を出せなかったのだが、州議会は制度の規模を年間2億ドルへと拡大することで、この失敗に対応した。なお、この予算は、2011年に州議会が公立学校の予算を54億ドル削減した際に、大幅に削られた。要するに、アメリカの学校におけるメリット・ペイ制度に関する現代の証拠はすべて、それが生徒のテスト得点には何の影響も与えてこなかったことを示している[6]。

　実業界の権威であるW・エドワーズ・デミングは、能力給に対して強く反対していた。学校に関してではなく企業に関してのことなのだが、デミングは、能力給が職場をむしばんでいく影響に対して警告を発した。彼は、それが対抗意識を助長し、協力的な関係をなくしてしまうと述べていた。それは士気を損なう。それは労働者に、組織にとって何が良いかということではなく、自分自身のことのみに目を向けさせることになる。それは、短期的な思考を助長し、長期的な目標を徐々に弱めてしまう。彼は、従業員が互いに競い合うことを助長するためにお金を使うことに、価値を見出していなかった。もし経営者がその務めを果たし、適切な従業員を雇用し、彼らが仕事をするのを支援し、組織の安定を維持することができれば、ほとんどの従業員は申し分のない成果を達成するであろうと、デミングは強く主張した。一人の伝記作家としてアンドレア・ゲーバーは、「デミングは、従業員を評価することは不適切な指導力に対する責任回避の口実であると信じている」と、強い口調で述べていた[7]。

　教育におけるメリット・ペイの矛盾する点は、たとえそれがうまくいっていたとしても、やはり失敗に終わってしまうということである。教員と学校がテスト得点を高めることに集中するよう強いられれば強いられるほど、彼らはカリキュラムの範囲をさらに狭めようとする。学区と学校は得点を膨らませるために、制度をさらに悪用しようとする。不正行為がより多くなりやすい。教員が得点の低い生徒をますます避けたがるようになる。それゆえ、学校がテスト得点を高めることによって報奨を約束され、逆に、テスト得点を高めることができなければ罰を受ける限りにおいて、教育の質は損なわれ

るのである。学校は芸術、歴史、科学、外国語、体育、そのほかテストが実施されないすべての科目の授業時間を削ることになる。そうでなければ、すべての科目にテストを実施することになる。そうなると、基礎的な能力だけをテストするよりも、授業時間はさらに一層減らされてしまうことになる。それにより、カリキュラムの範囲を狭めるか、学校がテストとテスト準備のために不釣り合いに多くの時間を費やすという、劣った教育に陥ることになる。

　経済学者は、テスト得点に何の影響ももたらさないとの理由から、経験と教育の重要性を考慮に入れない。それならば、彼らは同じ理由からメリット・ペイも考慮に入れるべきではない。

　メリット・ペイは決してうまくいかない考え方であるとともに、決してなくならない考え方でもある。メリット・ペイは一種の信仰に基づいた政策である。たとえ何度失敗しようとも、その支持者は決して諦めない。彼らは本物の信者である。次はきっとうまくいくだろうと、彼らは言う。次はうまくやって見せる。たとえ何億ドルもの資金が誰にも何の利益をもたらすことなく浪費されようとも、いつも次がある。お金の持つ魔法の力に対する彼らの信頼は限りがない。証拠が重要であることへの信頼はそうではないのだが。

第13章
教員には終身在職権と年功序列制が必要なのだろうか

主張 終身在職権と年功序列制がなくなれば、学校は良くなる。

現実 この主張には証拠がない。

　企業型教育改革者の独断的な考え方の極めて重要な取り決めの一つに、教員の身分は保障されるべきではないということがある。もし教員が、いつでもいかなる理由であろうとも彼らを解雇することができる監督者の思いのままに働くならば、学校はよりうまくいくであろうと、改革者は信じている。改革者は、実業界はこのような仕組みで動いているのだから、教育者が終身在職権と年功序列制を保持していることは間違いであるという。彼らは、こうした身分保障が劣った教員の解雇を不可能にしているという。彼らは、劣った教員を解雇することが教育を改善するための鍵であると信じているので、教員はいかなる身分保障も持つべきではないということになる。もし教員を容易に解雇できれば、学校は即座にできの悪い教員を追い払うことができて、その結果、学校に残る教員はより一生懸命に仕事をし、より高いテスト得点を生み出すだろうと、改革者は決めてかかっている。

　改革者は力のある教員のみを雇用しておきたいと望んでいる。力のある教員とは、毎年、前年よりも高い得点をとる生徒を受け持つ教員のことである。1年目の教員が生徒により高いテスト得点をとらせることができたならば、彼女は15年の経験を持つ教員よりも優れた教員となる。改革者は、経

験、教員資格、学位は重要ではないと確信している。ビル・ゲイツは2010年に全米の州知事に向かって、テスト得点を高めていないのに、修士号を持っているからとか経験年数が長いからといって、教員により高い給料を支払ってはならないと述べた。「力のあること」、すなわちテスト得点を高める能力こそが重要なのである。最も力のある教員は、より大規模な学級で教えたり、最も貧しい学校で教えたりすることで、より高い給料を支払われるべきであると、彼は提案した[1]。

それゆえ、改革者の目からすると、今までのような教員の給与体系は完全に間違いである。というのも、それは、力のあることに対してではなく、修士号取得のためのさらなる教育や経験に対して報いるものだからである。

力のない教員が雇用を継続され、昇進していくのみならず、終身在職権と年功序列制のせいで彼らを解雇することが不可能になっていると、改革者は言う。

改革者の使命はそれゆえ、報酬とテスト得点を結びつけることにあった。彼らは、テスト得点を「力のあること」とか「成果」とみなしている。そして、彼らの使命は、終身在職権と年功序列制をなくすことであった。そうすることにより、怠け者の教員、学校に永遠にしがみついている無能な教員、さらには、州知事の中の誰かが非難しているように、「ただ息をしているだけで」あるいは「ただ学校に姿を見せるだけで」給料を貰っているような教員を、追い払うことがより容易になる。

改革者の中でもとりわけミッシェル・リー、マイケル・ブルームバーグ、ジョエル・クラインが、記事、立法府での公開証言、政治的広告によって、終身在職権と年功序列制に対して宣戦を布告した。ミッシェル・リーは、終身在職権と年功序列制に反対する組織的な運動を州から州へと繰り広げ、彼女の組織である「スチューデンツファースト」は、考えの一致した政治家に資金を提供した。彼らの主張は、南部、西部、中西部の保守的な州で温かく受け入れられた。ゲイツ財団が、「ティーチ・プラス」、「エデュケーターズ・フォー・エクセレンス」といった若い教員の新しい組織を立ち上げるのを手助けした。こうした組織は議会の公聴会において、終身在職権と年功序列制に対して公

然と反対した。「教育改革を求める民主主義者（DFER）」、「今こそ教育改革を」、「子どもたちの味方」といったほかの改革集団は、教員の身分保障に反対するとともに、彼らが「後入れ先出し（LIFO）」と呼ぶ年功序列の原則に反対するために、ロビー活動を行ってきた。

　もし教員を容易に解雇することができて、教員組合が弱体化されれば、得点は上昇するだろうと、改革者は信じている。

　だが、これは本当なのであろうか。

　いや、本当ではない。比較のために使用可能な唯一のテスト得点は全米学力調査（NAEP）の得点である。というのも、それはハイステイクスなテストではないからである。誰がそのテストを受けるのか誰も知らないし、テストに何が出されるのかも誰も知らないし、一人ですべての科目のテストを受ける生徒はいないし、テストの結果は生徒個人にも学校にも報告されない。NAEP のために準備する手立てはないので、試験準備もない。テストの結果による報奨も罰も何もないので、不正行為、テスト準備教育、制度の悪用などを行う理由も存在しない。

　そこで、NAEP の得点を尺度にして、今の問題を吟味してみよう。最も高いテスト得点を安定して獲得している州は、マサチューセッツ州、ニュージャージー州、コネチカット州である。常に底辺に位置しているのは、南部の州とコロンビア特別区である。最上位を占めた州は強力な教員組合を有し、最近までは教員の終身在職権を強く保護していた。最低の位置にある州は、強力な教員組合を有しておらず、教員の身分保障が全くされていないか、あるいはされていても僅かであった。強力な教員組合を有していることと低いテスト得点をとることの間には、いかなる相関関係もないように見受けられる。何か相関関係があるとすれば、最も強力な教員組合を有する州が、最も高いテスト得点を上げていることである。最も成績の悪い州には一つの共通点がある。それは極度の貧困である。コロンビア特別区は強力な教員組合と極度の貧困を抱えている。そこでは学校内で激しい人種分離もある。そこのテスト得点は極めて低い。NAEP で最底辺に位置する都市の多くは教員組合を有していて、さらに二つの共通点を持っている。つまり、極度の貧困と人

種分離である。

　教員組合に所属する教員を抱えていることは、高い学業成績を達成する上での妨げにはならないし、コロンビア特別区やそのほかの極めて貧しい都市部の学区の場合には、高い学業成績を保証してもいない。反対に、教員組合が弱かったりあるいは存在しなかったりする州は成績が芳しくない。教員組合をなくしても、より良い成績、より優れた教員、さらにはより高いテスト得点を生み出さない。教員組合をなくすと、あらゆる州において最も強力な公教育の支持者を沈黙させることになる。つまり、州知事や州議会が公立学校の予算を削減したいと望む時に、テーブルには反対する者が確実に誰もいなくなる。教員組合の主な役割は、組合員のより良い労働環境とより良い報酬を主張することである。より良い労働環境とは、生徒にとってのより良い学習環境と言い換えることができる。例えば学級規模を縮小するとか、学校により多くの資金を提供するとかいうことである。より良い報酬は教員を惹きつけ、学校に留まらせることとなり、その結果、教員の減少を食い止めることになる。それはまた生徒のためにもなる[2]。

　では、終身在職権はどうであろうか。それは、学校が劣った教員を追い払うことを妨げるのであろうか。それは、生徒が良い成績をとることの障害になるのであろうか。

　終身在職権に関して最初に理解しておかなければならないことは、教員組合が存在するよりもはるか以前に、教員が終身在職権を要求して、それを獲得したということである。19世紀から20世紀初頭にかけては、独断的なあるいは気まぐれな理由から教員を解雇することができた。監督者や教育委員会が教員を解雇すると決めた場合、何の説明もいらなかった。肌の色、民族的背景、訛り、宗教、外見といったいかなる理由によっても、教員は解雇された。教育委員会の誰かが、教員の職を甥や友人の妻に与えたいと思った時にも、教員は解雇された。女性は結婚すると解雇された。女性が闘って結婚する権利を勝ち取ると、彼女は妊娠した時に解雇された。教員の指導者として活動した教員は、活動家として解雇された。団体交渉権や組合を有するはるか昔に、教員は終身在職権を求めて戦い、そしてそれを勝ち取った。1960

年代になるまで、教員は何の政治的な力もなく、教員組合は組織が整備されておらず弱体であったが、一つのことに関しては意見が一致していた。それは、教員は不当な解雇から守られる必要があるということである。教員は、雇用者に粘り強く要求することによって、こうした特権を裁判所から勝ち取った。当時、ほとんどの教員が女性であり、ほとんどの女性が1920年までは投票権も持たず、政治的な力を欠いていたことを鑑みると、教員がとにかく何かを勝ち取ることができたという事実自体が、まさに画期的なことである。

　キンダーから12学年までの教育における終身在職権が、それ以降の高等教育における終身在職権と必ずしも同じものを意味しているわけではないことを、心に留めておくことが重要である。終身在職権を持つ高等教育の教授は、解雇されることがあるとしても、極めて稀である。本当にとんでもない行動をとった場合のみが、終身在職権を持つ教授を解雇するための理由となる。高等教育における終身在職権は装甲艦のようなものである。

　一方、公立学校における終身在職権は、解雇するためには適正な手続きを経ることが必要であることを意味している。教員には装甲艦のような終身在職権はない。終身在職権を持つ教員は、公平な調停者の前で聴聞会を開いて貰う権利を有していて、そこで、彼または彼女に対する告発の証拠と理由を知ることができ、弁明することができる。批判家は、解雇に至る過程があまりにも厄介すぎるし、費用もかかりすぎるという。彼らは、あまりにも時間がかかりすぎるので、不適格な教員を免職にすることができないという。こうしたことが事実である州や学区も存在する。告発や聴聞会を扱う公平かつ迅速な過程を取り決めるのは、州と学区の仕事である。聴聞会は数年ではなく数ヵ月で決定を下すべきである。公正な聴聞会ののちに、不適格であるとか倫理に背く罪を犯したと判断された教員は、即座に解雇されるべきである。

　批判家は、不適格であるとの理由で解雇された教員の数が少ないことを、より多くの教員が解雇されるべきことの証拠として引き合いに出したがる。しかしながら、少なからぬ教員が終身在職権を得ずに教職を退くよう命じられていること、すなわち首にされていることを、彼らは一度も認めていない。

教職に就いた人々の約40％が、最初の5年以内に教職から退いている。郊外にある学区よりも学級規模が大きくて、教育環境がより困難な都市部の学区では、教員の減少率はさらに高くなっている。辞めることを求められて辞める教員もいる。郊外でのより楽な仕事に就くために辞める人もいる。仕事があまりにも厳しくて、割り当てられた仕事が好きではなくて、必要な手助けや資金を得られなくて、辞める人々もいた[3]。

　州法にもよるが、教員が3年から4年間勤めたのちに、彼または彼女が終身在職権を得るかどうかを校長が決定する。その時までには、校長、副校長あるいは教科主任などが繰り返し教員を観察したり、学級経営の状況を確認したり、学級が取り組んでいたさまざまな学習課題を精査したりしていたと思われる。また、その時までには、教員は仕事を改善するための支援や手助けを与えられていたはずである。監督者、時には同僚による観察と肯定的な評価を受けたのちに初めて、教員は終身在職権を与えられる。校長が終身在職権を与える時には、教員に教える能力が十分あり、解雇される際には適正な手続きを経るという保護を受けることに値すると、彼あるいは彼女が判断を下したことになる。もし慎重に熟考せずに終身在職権を与えてしまった場合には、校長と主要な管理職は責務を果たしていないとして、その責任を問われることになる。

　一旦、教員が終身在職権を手に入れれば、彼は身分保障の手立てを持つことになる。彼は、正当な理由以外では解雇されないこと、また、不品行で告発された場合には、自分自身を守る機会が与えられることを承知している。教職に就こうとしている多くの人々にとって、身分保障を得ることができるという期待が、教職を魅力のあるものにする要因の一つとなっている。この身分保障を得る可能性があることから、少なからぬ人々は教員の給料がほかの職種と比べて少なくても、喜んで働く。身分保障は、教員にとって実際の収入の一部をなすものである。それは、教員に対して、自分が仲間の一員であり、教職に属する一員であることを知らせてくれる。一旦、教員が終身在職権を手に入れると、彼は教職の自律性を持つことになる。新しい監督者は、彼に最新の流行を取り入れるようにと強制できない。終身在職権のおかげで

教員は、学級において政治的な報復行為を恐れることなく、専門家として最善と思われる判断を自由に下すことができる。終身在職権のおかげで、管理職やほかの教員が子どもたちを虐待したり、テスト得点を改ざんしたり、何か間違ったことをしたりするのを目にした時には、彼は内部告発者になることの危険を冒すこともできる。

　もし教員が終身在職権を持たないとすれば、それはどのようなことを意味するのであろうか。少なくとも、それは、教員が仕事を安定して続けることができないことを意味している。終身在職権がないと、経験豊富な教員が経費削減のために解雇され、経験不足で経費が安い教員に置き換えられてしまうかもしれない。終身在職権がないと、教員は校長やそのほかの監督者と衝突することを懸念するであろう。もし校長がフォニックスやホール・ランゲージといったような特定の教授法に熱心な場合、教員はそれに従ったほうがよいであろうし、校長の機嫌を損ねるような危険を冒さないほうがよいであろう。我が子がより良い成績を得られたはずだと考えたり、校長に不平を言ったりするかもしれないような、保護者の感情を害することを教員は危惧するであろう。教員は悪い行いや不正行為を見つけても、もめごとに巻き込まれることを恐れて、それを報告することをしぶるであろう。コミュニティの誰かが反対するかもしれないと恐れて、教員は進化論や地球温暖化について教えるのをためらうかもしれない。教員は、何人かの保護者の気に障るかもしれないような小説を、課題として課すことを熟考するであろう。それらの小説とは、マーク・トウェインの『ハックルベリー・フィン』、オルダス・ハックスレーの『素晴らしい新世界』、原理主義者の集団は魔法や魔術を認めていないのでハリーポッター本、ジョン・スタインベックの小説、またそのほかの古典作家の本などである。アメリカ図書館協会による、最もしばしば検閲され禁止されている100冊の本の一覧表を見るだけで、教員が不満を抱いている保護者や圧力団体の怒りをかきたてるのが、どれほど容易なことか分かるであろう。終身在職権がないと、教員は、最も当たり障りがなく議論の余地がほとんどないような本や話題に専念するのが賢明であろうし、あるいは僅かでも議論の余地のあるものはすべて排除するために、検閲委員会

によってすでに注意深く選別された教科書のみを使用するのが賢明であろう。

　それゆえ、改革者が終身在職権を排除することに成功すると、教員の学問の自由をも排除してしまうことになる。これは賢い取り引きではない。教員は、身分保障の欠如というさらに大きな危険を冒すことを、追加の報酬の確約のないまま求められている。これは正当な市場経済ですらない。経験豊富な教育長が最近、私にこう告げた。「改革者は、数匹のネズミを追い払うために、納屋全体を燃やし尽くそうとしている」。確かに、改革者は州から州へと移動しながら、マサチューセッツ州、ニュージャージー州、コネチカット州といった成績の良い州においてさえも、終身在職権に対して攻撃を加えている。彼らは、終身在職権をなくすことで、教員を解雇することがより容易になり、それゆえ学力格差の解消もより容易になると主張する。そう主張しながらも、彼らは、終身在職権と学業成績との間の関連を示すことができないでいる。最も成績の良い学校の教員は終身在職権を持っているし、最も成績の悪い学校の教員も終身在職権を持っている。終身在職権は学業成績が振るわないことの原因ではない。終身在職権を取り上げることで、学業成績が良くなることはない。だが、一つ確かなことがある。それは、教員が、自分たちの身分保障への攻撃を経済的、精神的な損害であり、裏切り行為であり、教員であることに対して加えられた処罰であると見なしていることである。終身在職権を取り上げることは現在、州から州へと進んできているが、教員の士気を著しく低下させている。そこからどのような利益が得られるのか、またどのような結果になるのか、明言することはできない。

　この2方面への攻撃のもう一つの矛先は、年功序列制の権利の剥奪に向けられている。改革者は経験の重要性を貶めている。彼らは、経験がより高いテスト得点を生み出すわけではないことの証拠として、エリック・ハヌシェックとロバート・ゴードンによる研究成果を示す。これは、経済学者の見出したことが教員の知恵と一致しないという例の一つである。私は、教えることにおける経験の重要性を軽んじるような教員には、そのような主張をする財団によって給料が支払われている、一握りの教員以外には会ったことがない。私が知っている教員は皆、授業とその計画を改善すべく、継続的に学習し継

続的に仕事に取り組んでいると述べている。また、若い教員は、教え方のコツを覚えるのを助けてくれた経験豊富な教員に対して、感謝の意を表している。教えるということは、あまりにも労力を必要とする要求水準の高い仕事なので、経験が必要ではないなどということは想像することさえできない。経験豊富な教員が皆、第一級の教員であるとは限らないが、だからと言って、経験の重要性を軽んじる理由にはならない。

　経験豊富な教員の多くは、NCLB法以前の今とは異なる時代に教育を受けていたので、標準テストがすべての尺度ではなかった時代を覚えている。多くの人々が、ほかの経歴を選択した上で一つの通過駅として教職に入ってきたのではなくて、それが自分たちの経歴や職業になると期待して教職に入ってきた。経験豊富な教育者は、教育者ではない人々や、2年間しか学級で教えたことがないような者から説教されることを好まない。それこそが人間の本来の姿と言うものだ。

　ここで少し歴史を振り返ってみると役に立つかもしれない。いかなる終身在職権の保護も存在していなかったため、19世紀後半の教員は独自の非公式な年功序列の制度を作り上げた。大都市では、最年長の者が最高の名声を得ているという、非公式な申し合わせが教員間にあった。教員が長いこと学校に留まっていればいるほど、教職員の中での彼女の地位はますます高くなっていった。こうした制度が生まれたニューヨーク市のようなところでは、教員は別の学校に移ろうとしなかった。というのも、もし移ると、彼らは自分の年功序列と地位を失うからであった。

　年功序列制がばかげたほどに重視されていた学区もあった。教員が任用された日が、彼女がどの序列に位置するのかを決定し、最も経験のある教員が、誰にどの仕事を任せるかの選択権を有していた。1日や1週間の違いでさえ、任務を割り振られる順番に影響を与えていた。こうした年功序列は教員の能力とは全く関係がない。22年間の経験を持つ教員が15年間の経験を持つ教員よりも、優れていることを確かめる方法はどこにもない。それゆえ、もうはるか昔に頭の鋭さや機知さえもなくしてしまっている教員が、職にしがみついていることの問題が出てくるのである。

それゆえ、学問の自由と教職の自律性を守ってくれる終身在職権とは異なり、年功序列制は再構築されるべきである。経験は重要であるが、ある程度を超えると、長かったり短かったりする経験の価値の重さをはかったり、その中身を比較したりすることは不可能である。髪の毛の中に白髪が交ざることや白髪そのものが、価値あるわけではない。

　予算削減が実施され教員が解雇される時に、年功序列は重要な問題となる。伝統的に教員は年功序列に基づいて解雇される。年功序列の最も下にいる教員が最初に解雇通知を受け取る。解雇通知を誰に出すかを決めるためのより良い方法があるはずだが、何が良い方法なのかは明らかになっていない。専門的な能力を持つ教員の必要性を評価する方法があるはずである。例えば、数学や科学の教員、特別支援教育やバイリンガル教育の教員で、こうした分野のすべてで教員が不足している。また、生徒指導員として、教員の良き指導者として、そのほかの責任ある立場として、教員が学校に果たしている貢献度を適切に評価する方法があるはずである。学校が効果的に機能するために必要な学校の文化、協力的な関係、協同作業などを支えている教員の貢献もまた考慮されなければならない。

　このような問題には、人間としての判断や専門家としての判断が求められる。年功序列制は、誰が最初に解雇通告を受け取るか、そして誰が最良の任務を与えられるかを決めるための客観的な方法であろうと、一般に知れ渡っている。教員は、校長がお気に入りの教員をえり好みすることを好まない。彼らは、最も経験豊富な教員が、劣った教員であるという理由ではなく、給料が一番高くて費用がかさむという理由によって、解雇されるかもしれないことを危惧している。

　この矛盾に対する改革者の回答は、生徒のテスト得点を教員の「力のあること」の定義とすることである。だが、教員はこの方法が、「最も教えやすい」生徒を教える教員に好都合であり、最も骨の折れる生徒を教えることを選んだり、割り当てられたりした教員をひどい目に合わせることを知っている。彼らは、ごく限られた少数の教員のみが、いつもテストされる科目や学年を教えることを知っている。彼らはまた、テスト得点の変化が、必ずしも

自分たちが作り上げたものではないことも知っている。彼らは、テストをあまりにも強調しすぎることが、テスト準備教育のような否定的な結果に至ることを理解している。

　自動的に終身在職権を手に入れる教員は一人もいない。たとえ終身在職権を持っている教員であっても、定期的に監督者の評価を受けなければならない。校長と副校長は、教員が良いか悪いかを判定するためではなく、授業改善の方法に役立つ評価を提供するために、定期的に教員を観察しなければならない。このために、校長と副校長は彼ら自身が熟達した教員でなければならない。もし彼らが熟達した教員でなければ、彼らはほかの教員に助言を与えることはできない。校長の主要な仕事は「教員の長」となることである。それは、彼または彼女が生徒にとっての卓越した教員であるとともに、教員にとっての卓越した教員にもなるべきである、ということである。

　評価の過程には同僚の評価も含まれるべきである。学校は、学級を訪問して振り返りの機会と支援を提供できる、優れた教員集団を持つべきである。新任や苦戦している教員には即座に援助の手が差し延べられなければならない。管理職や同僚の評価者は、援助の手を素早く差し出すことに対して責任を持つべきである。私は、ニューオリンズの会議で、「公教育のためのショット財団」の理事長である、ジョン・ジャクソンの隣に座っていた時のことを思い出す。議論が教員評価に及ぶと、ジャクソンは最近、いくつかの国々を訪問し、教育省の閣僚と会ったと述べた。それぞれの国において、彼は次のように質問したという。「劣った教員にはどう対応しますか」。それに対してどの国においても、彼は同じ答えを受け取った。「我々は彼らを手助けします」。さらに彼はこう尋ねた。「彼らを手助けしても改善しなかった場合には、どうしますか」。それに対する回答も、どの国においても同じであった。「彼らをさらに手助けします」。

　現代の風潮において、合衆国の公務員の中で、この二番目の回答をできる人はほとんどいない。現時点では、彼らが厭わずに最初の回答をするのであれば、私は幸せである。「我々は彼らを手助けします」。

　現在の改革の語り口では、「劣った」教員を解雇することの重要性が強調

されている。だが、現実には我々の今の制度は、教員をますます流出させてしまっている。NCLB 法が採択されてから、教員の退職が加速度的に増えてきている。連邦のデータは次のような驚くべき事実を明らかにしている。1988 年には、15 年の経験を持つ教員はほかのどの経験年数の教員よりも多かった。2008 年頃には、「典型的な教員は白髪交じりの熟練した教員ではなかった。彼または彼女は教職 1 年目の新人ばかりであった。1987-88 年度には、およそ 6 万 5 千人の教職 1 年目の教員がいた。2007-08 度年には、この数は 20 万人にまで増加していた。その年までには、教員の 4 分の 1 が 5 年かそれ以下の経験しか有していなかった」[4]。

　アメリカは、経験豊富な専門家としての教育者を安定的な働き手として確保せずに、優れた教育制度を持つことを期待することができるのであろうか。教員の質に関して、我々が国として直面している最も緊急になすべき課題は、教員を見つけ出して解雇することではなく、教員を見つけ出して、高い技能を持つ専門家としての教員集団を作り上げることである。我々は、教職に就こうとする優れた候補者の採用を拡大し、学級におけるさまざまな難問に立ち向かえるよう、彼らに十分な準備をさせなければならない。また我々は、彼らが教職の経歴を開始する時には支援しなければならないし、良い職場環境を提供したり、彼らが行う重要な仕事に見合う一般大衆の尊敬を与えたり、学級において彼らが持って当然の教職の自律性を保障したり、彼らを専門家として遇したりしなければならない。

第14章
ティーチ・フォー・アメリカの問題点

主張 ティーチ・フォー・アメリカは、いつの日かすべての子どもが卓越した教育を受けることを保証するという、高い期待を抱いている教員とその指導者を採用する。

現実 ティーチ・フォー・アメリカは、有望な若者を困難な学級に送り込む。そこで彼らは、同じような学級で教えている、ほかの有望な若者とほとんど同じ結果を示すが、彼らはより早く教職を去っていく。

　ティーチ・フォー・アメリカ（TFA）に対して批判的であることは難しい。というのも、その考え方は極めて建設的であり、そこに惹きつけられる若者が極めて素晴らしいからである。我が国の最も困窮している都市や田舎の学校で2年間教えるために、何千人もの優秀な若い大学卒業生を採用する組織に対して、誰が反対を唱えることなどできるであろうか。こうした若い男性や女性が持つ誠実さと理想主義に対して、誰が疑問を投げかけることができるであろうか。
　しかしながら、TFAに参加する若者とその組織自体とは区別して考えることが必要である。
　ウェンディ・コップは、1989年にプリンストン大学における学部の卒業論文として、ティーチ・フォー・アメリカの計画を思いついた。彼女は、この組織がアメリカの最も優秀な大学の卒業生を2年という限定された期間、

教職に惹きつけることができるであろうと提案した。それは、若者の理想主義の協力を仰ぎ、社会におけるあまり幸運ではない人々のために働く機会を与える、平和部隊に似た組織であった。一人の新人教員もまだどこの学級にも入っていない段階から、『ニューヨーク・タイムズ』、『ニューズウィーク』、『タイム』などの主要な出版社がTFAを褒め称え、新しい計画に着手するために企業は何百万ドルもの資金を提供した。大学生は熱狂的にそれに応じた。2年間の約束をすることによって、彼らはそののちに何をしたいのかについて、つまり、大学院に進学するのか、企業に就職するのか、さらに教育に携わり続けるのか、考える時間を手にすることができた。

　最初の組織は500人の新卒者を採用した。その翌年は750人を採用した。TFAが組織として確立されるにつれ、志願者の数は増加し、求人数よりも多くの志願者が押し寄せた。そこで、志願者をふるいにかけ、最も優れていると考えられる者を選び出した。TFAは大学生の間で、極めて選択眼のある組織であるとの名声を獲得していき、そして実際にそうであった。TFAはそれ自体がブランドになった。組織の一員として受け入れられることが誇りになるのみならず、履歴書の中にTFAと記載することができるということは、金星を手に入れたようなものであった。それは、企業、弁護士事務所、金融機関の将来の雇用主に対して、また大学院の入学者選考委員会に対して、その学生が「最も優れていて最も聡明な人々」の一人であることを示すものであった。

　コップは、市場開拓、組織作り、資金調達において天才であることを証明した。彼女は、企業、金融機関、報道分野において確固とした名声を持つ人々から成る、極めて有能な評議委員会を立ち上げ、資金調達のためと、TFAの組織の構成員との有益な関係を作り上げるために、それぞれの分野における指導者との提携関係を築き上げた。TFAは卒業生に対して、有力なそして影響力のある人間関係の繋がりと、職業上の成功への道筋のきっかけを提供した。TFAが2011年に創立20周年を祝う祝賀会を開催した際には、20年にわたる組織の構成員は、企業の大物、教育界の指導者、著名な報道関係者、主要な金融機関の大立て者、シンクタンクの知識人、政府要人と親しげに話を

していた。

　毎年、TFA は、新たに訓練した若い教員を選んで送り出した。毎年、TFA は、彼らを雇用する学区や州と契約を締結した。21 年目に当たる 2012 年の時点において、TFA はおよそ 3 万人の卒業生を輩出していた。通常、TFA は学校が始まる前の 5 週間にわたり組織の構成員を訓練し、学区は TFA の教員一人当たり 2 千ドルから 5 千ドルを経費として TFA に支払うとともに、給料全額を教員に支払うことに同意する。学区の中には、TFA の構成員が教えながら州の教員免許を取得するために、履修すべき課程の費用の支払いを引き受けるところもある。

　もしこれが TFA の物語の初めで終わりだとすれば、素晴らしい社会革新として当然、喝采を送られたであろう。科学と数学の教員が不足している極めて貧困な学校のために、十分な資格を持つ教員を探し出すことができないで困っている学区にとって、大いに必要とされている援助となったからである。間違いなく、一生懸命に仕事をするよく教育された、素晴らしい大学の若い卒業生を教員として雇うことは、教員が全くいないとか運動競技の指導員に科学を教えさせることに比べれば、たとえ彼が科学の学士号を持っていないとしても、はるかに良いことである。

　だが、ここで、最初の発想から異なる物語へと話は変化していく。TFA の壮大な野心の物語である。TFA は、学校で役に立つ仕事をするために若者を送り出すことだけに、甘んじてはいない。報道機関によって与えられた喝采と、企業による気前の良い資金提供に元気づけられて、TFA は、アメリカの教育を変革し教育における不公正を終わらせるための、最善の方法として自分たちの名前を売り込んでいる。TFA は、自分たちの教員は、高い期待、明確な目標、目的意識を持っているので、子どもたちの人生を救う力を際立って身につけている、と主張する。TFA は、自分たちのことを、不平等を廃止し社会的正義を実現するための力となる、新しい公民権運動における重要な担い手として描いている。それはあたかも平和部隊が、若い志願者が熟練の外交官よりもうまく仕事ができるし、どのようにしたら世界平和を実現できるか知っているので、外交政策を策定すべきであると、主張しているような

ものである。

　一見して、こうした主張が滑稽であることは明白であった。1年目の教員が、とりわけ5週間の訓練しか受けていない教員が、アメリカの最も貧しいコミュニティの、荒れ狂う生徒で満たされた教室で起こる難問を解決するために、十分な準備ができているわけがない。僅か2年間だけ教職に留まることに同意しているこうした若者が、どのようにして学力格差を解消し、国中に平等を確立することができるのであろうか。たとえ何名かの者が3年か4年の間、教職に留まったり、少数の者が教員を自らの職業として選択したり、管理職に進んでいったりしたとしても、これは道理に適うことではない。

　それよりも、ウェンディ・コップが、我々は貧困の問題を解決する必要はなく、学校の問題を解決せねばならないとしばしば述べている時に、TFAは新しい公民権運動を率いていると言うのは、さらにありえないことである。いかなる公民権運動の指導者がそのようなことを言うのであろうか。いかなる公民権運動の指導者が、仕事の問題、健康の問題、住宅の問題を改善する代わりに、学校の問題を「解決」することができると断言するのであろうか。

　コップは『歴史をつくる機会』という著書の中で、こう記している。彼女が活動を始めた時に、「多くの人々は、教育の問題を解決するためにはまず貧困の問題を解決することが先だ、と考えていた」。しかしながら、今では彼女は、TFAの教員は「教員になって1年目や2年目においてさえも、経済的に不利益を被っている子どもたちが、より高い所得の家庭で育った同級生と成績の上で競争できるようにしている」、と確信している。これは実は正しくないが、どうでもよいことである。「都市部や田舎のコミュニティに暮らすすべての子どもたちが必ず、卓越した教育を受ける機会を持つことができるようになるという、確かな証拠」があると、彼女は断言する。彼女は、「過去20年にわたり、合衆国に暮らす我々は、恵まれない生徒の教育の成果を劇的に改善するためには、貧困の問題を解決するまで待たなくてもよいことが分かった」、と主張する。2012年に彼女がハーバード大学に現れた時に、『ハーバード・マガジン』が彼女の講演を次のように要約していた。「20年前には少なからぬ教育者が、貧困への対策が進展して初めて、都市部の学校

は改善されると考えていた。ウェンディ・コップは、大きな変化をもたらすのにほかの方法があると考えていた」[1]。

だが、コップは間違っていた。貧困への対策を推進することによって学校を改善することができる、と考えた教育者は正しかった。我々は、学校を改善することと貧困を減らすことの両方に取り組まなければならず、これよりもあれを優先するとか、学校が先で貧困はその後と言ったりしてはならないのである。子どもたちは、心身が健康で学びへの準備ができた状態で学校に到着するならば、必ずや学校でうまくやっていくことができるであろう。TFAの教員は、仕事、栄養、良い住宅、健康管理の代わりを務めることはできない。貧困は経済の状態に応じて変動し、2年か3年の間、貧しいコミュニティで教えたり、州の教育局で仕事をしたり、はたまた州の教育長として仕事をしたりする、賢い若者に応じて変動するのではない。

『歴史をつくる機会』の中でコップは、「万全の解決策」は存在しないこと、ティーチ・フォー・アメリカがすべての問題に対する回答を持っているわけではないこと、教育の仕事は難しくて複雑であることを認めている。それでも彼女は、TFAの新任の教員は、熟練の教員と同じかあるいはより優れていて、TFAで訓練を受けた教育界の指導者は、アメリカの教育を根本的かつ建設的な方法で変えているという、自らの主張から一歩も後に引かない。ティーチ・フォー・アメリカのウェブサイトには、極めて貧困な地域における成績不振の問題は「解決可能な問題」である、と書いてある。「我々は、低所得層のコミュニティの子どもたちに卓越した教育を提供することができる。1,600万人のアメリカの子どもたちが、貧困によって引き起こされる深刻な難問に直面しているが、今、集まりつつある証拠の多くは、彼らが最高水準の成績を達成することができることを示している」[2]。ウェブサイトには、貧困の問題に取り組むとか貧困の問題を減少させるなどとは何も書かれておらず、ただ、貧しい生徒のテスト得点が低いという「その問題」は、TFAによって「解決可能」であるということがほのめかされているだけである。

我々は、広報活動が盛んで皆がそれに気づく時代に生きている。TFAというブランドは勝ち組である。最初から組織は資金調達を行う巨大な存在で

あった。理事会には、ウォールストリートや企業で働く、アメリカで最も有力な人々が含まれている。TFA は、後援者や協力者から何百万ドルもの資金を集めると同時に、一般大衆に対しても少額の寄付を呼びかけている。TFA に寄付することは、ガール・スカウトに寄付することと同じように、気高い慈悲の施しであると位置づけられている。

連邦教育省が 2010 年に、教育における最も革新的な行動計画を選ぶ選考会を開催した時に、最高賞は 5,000 万ドルの賞金が 4 本用意されていたところ、TFA は勝者の一人となった。ウェンディ・コップの夫であるリチャード・バースによって率いられている、キップ・チャーター・チェーンもまた 5,000 万ドルを勝ち取った。2011 年には、ブロード財団に率いられたいくつかの財団がまとまって、TFA に 1 億ドルを贈った。同じ年に、アメリカの最も保守的な財団の一つであるウォルトン・ファミリー財団が、4,950 万ドルを寄付した。これは、その年に民営化にからんで一つの財団から提供された教育助成金としては、最大規模のものであった。TFA はまた、アメリコー〔訳注：1993 年に設立された全米サービス公社（Corporation for National and Community Service）のもとでボランティア活動を展開している組織で、事前研修を終えた若者が、コミュニティの貧困救済、教育、環境保全、災害救援などの活動に取り組む。参加者には生活手当てや奨学金が支給される。〕を通して連邦資金を受け取り、連邦議会の年間追加予算として 2,000 万ドルも受け取った。2006 年から 2010 年までの 5 年間に TFA は、財団からの助成金、企業からの贈与金、政府資金により、9 億 700 万ドルという驚愕すべき金額を集めた[3]。

ウェンディ・コップは、「いつか、我が国のすべての子どもたちは卓越した教育を受ける機会を得るであろう」、と述べている[4]。こうなるには二つの理由があると、彼女は言う。

第一に、TFA の新任教員は大学を卒業したばかりで、5 週間しか訓練を受けていないが、教員養成課程で 1 年間あるいはそれ以上訓練を受けた新任教員よりも良い成果を生み出すし、「かなりの分量の厳密な調査研究」が、彼らは「平均して、熟練した教員と同等かあるいはそれ以上に力のある」ことを示していると、彼女は主張する[5]。

第二に、TFA の卒業生は権力の集まるところに自分の居場所を確保し、教育の擁護者になると、彼女は主張する。彼女は次のように記していた。「長い目で見ると、我々は、低所得層のコミュニティで教えた経験から得られた洞察力とさらなる信念を持ち合わせ、教育やそのほかの職業の内側から市民の意識に影響を与えるような、指導者集団を作り上げている。我々の卒業生は、すべての者に教育の機会を保証するために必要な、根本的かつ系統的な変革をもたらすために働く、強力な指導者集団である」[6]。

　コップや TFA がしばしば主張するように、TFA の教員は、ほかの新任の教員や熟練した教員よりも生徒に高いテスト得点を獲得させているのであろうか。

　調査結果を注意深く検討した結果、TFA の教員は、ほかの新任の教員や教員免許を持たない教員とほぼ同程度のテスト得点を獲得している、という結論に至った。TFA の教員は、数学では僅かながら意義深い得点の増加を見せていたが、読解はそうではなかったことを明らかにする研究もあった。TFA に最も高い評価を与えていた研究は、TFA の教員により教えられた生徒は、数学の得点が、下から 14％ に位置していたのが下から 17％ へとその評価を上げていたことを見出した。それはかなりの改善ではあるが、低所得層の生徒と高所得の同級生との間の学力格差を解消するには程遠いものでしかなかった[7]。

　ジュリアン・バスケス・ヘイリッグとスー・ジン・ジェズは、ティーチ・フォー・アメリカに関する調査結果を詳細に検討した結果、以下のような結論を下した。同じ学校の新任教員や教員免許を持たない教員と比較した場合、「新任の TFA の教員は同程度の成果を上げており、経験を積んだ TFA の教員は、読解の得点を高めることについては同じ程度に、数学の得点を高めることについては若干うまくやっている」。ヘイリッグとスー〔訳注：Su と記載すべきところが、誤植で Sun と記載されている。〕によると、教員免許を持つ新任の教員と比較した場合、「新任の TFA の教員の生徒は読解と数学において、かなりの程度、成績は悪かった」。加えて、以下のように述べている。

TFAの教員は通常、2年後には完全な教員資格を与えられるのだが、それよりも長く教員を続けている極めて少数のTFAの教員は、同じような経験を積んだ教員資格を持つ教員と比べて、読解を教えることに関してはほとんど同じ成果を上げているように思われる。この2年経過した後も教職に留まっているTFAの教員は、同じ比較集団との対比において、数学を教えることに関しては同じ程度か時にはより良い成果を上げている。しかしながら、TFAの教員の50％以上が2年後には辞めてしまい、80％以上が3年後には辞めていくために、経験を積んだTFAの教員に関するこうした肯定的な結論が、教員になってから与えられた訓練や経験によるものなのか、あるいはあまり力のないTFAの教員が辞めていった結果なのかを、うかがい知ることはできない。

資料の分析を行った研究者は、TFAの教員の高い離職率が、学校と学区に対して問題を生じていることを見出した。「学校を全体として見渡すと、TFAの教員の高い回転率は費用がかさむ。辞めていく教員の代わりを採用して訓練することは経費の負担を生み、経験豊富な教員と教員の低い回転率によって得られた、高い学業成績もまた失われてしまうであろう」[8]。

TFAの長期的な目標は、教育に対して関心を持ち、現状を変革する力のある教育界の指導者となりうる、影響力のある人々の数を増やすことであるので、教員の高い回転率は重要な問題ではないと、彼らは主張する。ある程度、それは成功している。3万人ほどのTFAの卒業生の中で、政治、ウォールストリート、報道、企業、そのほかの職業で成功している者が少なくない。彼らは最上位の大学から注意深く選抜されているので、これは驚くほどのことではない。だが、教育において顕著な成果を上げたこうした人々が、公教育の目的を前進させているかどうかは、議論の余地がある。

最も傑出した卒業生の多くは、企業型教育改革運動の指導的な役割を担ってきた。彼らはチャーター・スクールを創出し、チャーター・スクール・チェーンを率いて、民営化の運動を精力的に進めている。TFAの中でも最も著名な卒業生はミッシェル・リーである。彼女は、教員組合と教員の終身在職権に

対する突出した反対者であり、ハイステイクスなテストと民営化の率直な支持者である。ルイジアナ州教育長のジョン・ホワイトもまたTFAの卒業生であった。TFAの卒業生であるということと、ブロード・スーパーインテンデンツ・アカデミーの卒業生であるという二つの保証書が、彼を35歳という若さでルイジアナ州の指導的な立場へと押し上げた。これは、教員や管理職としての経歴を積んで伝統的な経路で昇進してきた人々にとっては、ほとんど想像を絶する離れ業であった。ホワイトはただの州の教育長ではなかった。彼はルイジアナ州知事のボビー・ジンダルに仕えた。ジンダルは、公立の初等学校と中等学校を支援するために州憲法により割り当てられた資金を、流用することによって教育を民営化するという、急進的な運動を開始した人物である。その資金はチャーターやバウチャーのみならず、利益追求のためのオンライン企業や、およそありとあらゆる民間業者へと向けられた。

　教育における指導的な立場に就いた多くのTFAの卒業生は、テストに基づくアカウンタビリティの強力な支持者である。テネシー州ではTFAの卒業生であるケビン・ホフマンが、生徒のテスト得点で教員を評価し、学校選択の幅を広げるという政策課題をやり遂げるために、保守的な共和党の州知事によって指名された。リーやホワイトと同様に、彼もバウチャーと利益追求のためのバーチャル・スクールを支持している。コロラド州では、TFAの卒業生であるマイケル・ジョンストンが州議会議員に選出され、生徒のテスト得点を教員および校長の評価の50％に充てることとする法律を作成した。だが、そうすることが正しいという確たる証拠は何も存在していなかった。TFAの卒業生の多くが、我が国の最も素晴らしい教養教育を誇る大学の卒業生であることを鑑みると、生徒、教員、学校を評価するために用いられる、テストという限定的な手段に彼らが傾倒していることについて、皆さんは不思議に思われるに違いない。おそらく、彼らは常にテストを受けることに秀でていた生徒であったために、こうした方法が真に能力主義的なものであり、普遍的に適用されるべきであると信じているのであろう。

　確かに、TFAの卒業生全員が民営化の政策課題を支持しているわけではない。TFAに対して最もきっぱりと反対を唱えている批判家としては、かつて

組織の構成員であったゲリー・ルビンシュタインがいる。彼は1990年代初頭に、ヒューストンでTFAの教員としての任務を果たしていた。彼の同期には750名の仲間がいた。当時は教員が大量に不足していたと、彼は記している。

　我々は、自分たちが優秀な教員にはなれないことを知っていた。そうではないと信じることは、現実的ではなかった。だが、我々はまた、自分たちが引き受けようとしている仕事が、ほかの誰も引き受けようとは思わない仕事であることも知っていた。「ティーチャーズ・フォー・アメリカ」とか、そのほかの言い方をされたりするような、このよく分からない組織から教員を雇おうとしていた校長は、全く破れかぶれであった。もし我々がこの仕事を引き受けなければ、生徒は毎日違った代用教員に教えられているであろう。もし我々が劣った常勤の教員であったとしても、我々は常勤の教員「であった」し、人生において常勤と呼べるような教員とほとんど出会わなかった子どもたちにとって、それは何か特別なものであった。TFAの当時の座右の銘が、「おいおい、我々は何もないよりましだろう」であったとしても、おかしくはなかった。

ルビンシュタインは結局、ニューヨーク市の公立ハイスクールの数学専門の教員となった。彼は、州や学区を支配しているTFAの卒業生に対して、痛烈な批判を書いていた。

　こうした指導者は、公教育に対する最も破壊的な勢力の一部である。彼らは、学校に対して「失敗している」という烙印を押し、学校を閉鎖し、仮定にすぎない失敗に対して熟練した教員を非難すること以外には、何も愛するものがないように見受けられる。閉校となった学校の校舎はチャーター・スクールのネットワークによって引き継がれる。そうしたチャーター・スクールのネットワークの指導者はしばしばTFAの卒業生であって、彼らはいくつかの学校を経営することにより、20万ドル

以上の給料を受け取っている。

　彼らは、自分たちの成功や失敗に対して正直であろうとするよりは、失敗はすべて否定し、今までうまくいかなかったし、これから先も絶対にうまくいかないであろう政策課題を掲げて、前へ進んでいく。彼らにとっての「証拠」は、良い成績をあげているいくつかのチャーター・スクールである。こうしたチャーター・スクールは、テスト得点の足を引っ張る「最も成績の悪い」子どもたちを、学校から追い出したことで成功を収めていることを物語る、データを開示することに乗り気ではない[9]。

今日、TFAは企業型教育改革運動の中心にいて、全米で増加しつつある教員組合のない、民間で運営されているチャーター・スクールの教職員として、若い教員を供給している。こうした経験不足の若い男性と女性は、1週間当たり70時間や80時間の長時間労働で、十分な準備も整わないままに仕事をやり遂げようと試み、年金や福利厚生に関する給付金の可能性も何もないにもかかわらず、信じられないほどよく働き、そして前に進んでいく。TFAは、ただ単に民営化運動による恩恵を受ける立場にあるのではなくて、この運動の中心にいて、それを動かしている。

　教職の本質を変革するための権限と資金を有している連邦教育省と主要な財団は、教職を改善するために自分たちの注意を注ぐ代わりに、間違って資金をTFAに注ぎ込んでいる。TFAは、専門職としての教員を採用し、準備し、雇用し続けることを改革するための、思慮に満ちた長期にわたる連邦および州の政策の代わりにはならない。

　教職は強化され改善される必要がある。教職に就くための基準は、今よりもはるかに高いものであるべきである。5週間の訓練では不十分である。今日、その質が疑わしい「大学」からオンラインで学位を取得している教員も少なくない。教育学の分野で最も多くの修士号を授与しているのはオンライン大学である[10]。これは間違っている。教員は、教えることを許される前に、学習し、調査研究し、教える練習をするために1年間を過ごすべきである。教員は、自分の受け持つ科目に習熟していなければならないし、できれば2

科目に習熟している方が望ましい。教員は、TFA に入ってくる若い新卒者と同様に、徹底的な教養課程の教育を受けていなければならない。だが、徹底的な教養課程の教育だけでは十分ではない。教員は自分が担当する科目に精通することに加えて、教授方法、学級経営の方法、破壊的な行動への対処法、特別な配慮を必要とする生徒の教育方法、子どもを手助けするよう保護者を後押しする方法などについて学ばなければならない。教員が学ばなければならないことはさらにたくさんある。歴史、哲学、教育の政治的かけひきについて、認知心理学について、教育社会学についてなどである。また、彼らが実際に教えるなかで、学ばなければならないものがさらにたくさんでてくる。教員は、自分が教えようとするものの習熟度を証明するために、テストに合格しなければならない。一旦、教室に入れば、教授法を改善するのを手助けしてくれる良き指導者がいなければならない。教えることは複雑で、それは経験を積み上げていく経路であるべきもので、より大きなものやより良いものにたどり着くための足掛かりなどではない。

　こうした状況において、TFA はどのような位置を占めているのだろうか。TFA は誇張した口ぶりで、教員にはほとんど訓練の必要がないという一般大衆の理解を補強している。これは、19 世紀における教員に対する一般大衆の見方を特徴づけていた、支配的な意見であった。当時は「誰でも教えることができる」と信じられていて、教職は何かより良いものへと移っていく前の、一時しのぎの埋め草にすぎなかった。19 世紀と 20 世紀の教育改革者の偉大な功績の一つは、教育は専門職であり、それゆえ、専門家は、数週間のみの訓練であるとかあるいは全く訓練を受けないということではなくて、専門的な教育を必要としているということを主張し、州議会を説得したことであった。TFA は、自分たちが選ぶ新卒者は何の専門的な準備も必要としないと主張するために、全米の報道機関において自らの効果的な公開討論の場を用いている。こうした考え方は、教職を 19 世紀初頭にまで逆行させてしまう。

　ここには相乗効果が働いている。改革運動が、劣った教員が子どもたちの生活を破壊していると主張している時に、TFA は、子どもたちの生活の「道筋を変えていくような」、「優秀な」教員、「変化させることのできる」教員、

「力のある」教員の供給源として、自分たちを全面に押し出している。しかし、今まで見てきたように、調査の結果はこうした主張が間違っていることを示している。TFA の教員はそれ以外の新任の教員と比べて、良くもなければ悪くもない。ウェンディ・コップは、ニューオリンズとワシントン D.C. を TFA にとって極めて重要な場所として指摘している。

　だが、この例は厳密な吟味に晒されてはいない。ニューオリンズにおいては、約 80％以上の生徒がチャーター・スクールに在籍している。そこでは、一生懸命に仕事に打ち込む熱心な TFA の教員が数多く働いている。2005 年以降、州のテストに合格した生徒の割合は上昇していた。この年にハリケーン・カトリーナが市の大部分を破壊したが、ハリケーンの前後を比較しても意味がない。というのも、生徒が同じではないからだ。学区の生徒の多くは戻ってこなかった。州の独自の尺度によると、ニューオリンズは、成績が悪い州の中でも際立って成績が悪い学区である。州は、ニューオリンズのチャーター・スクールの生徒の 3 分の 2 に、D か F の成績を与えた。9％だけが A の評価を受け、14％が B の評価を受けた[11]。チャーター・スクールの間には極めて大きな不釣り合いが存在している。良い成績を上げているチャーター・スクールもあるものの、ほとんどが悪い成績しか上げていない。この特異な学区からの情報がより良いものであったとしても、この学区が全米の学区の典型とはなりえない。改革者の中には、公教育を一掃し、学校を民間の経営に任せ、教員組合を廃止し、一生懸命働いて 2 年か 3 年でいなくなってしまう、精力的だが経験のない若者に任せるのが賢明である、と考える者もいるかもしれない。だが、こうした形態では一つの大きな学区を維持することはできないし、ましてや国全体においては言うまでもない。仮にそれが可能だとしても、専門家ではない教員集団を抱える民間経営の学校の体制が、大多数のあるいはすべての生徒に質の高い教育を提供することができる、と信じる理由がない。世界の成績上位国の中で、こうした体制をとっている国は存在しない。

　ワシントン D.C. も全米の典型的な例と見なすことはできない。2007 年以降、この学区は TFA の卒業生によって支配されていた。その最初がミッシェル・

リーであった。彼女が赴任した時、ここは成績の悪い学区であった。彼女が支配権を彼女の代理でありTFAの卒業生仲間であるカヤ・ヘンダーソンに譲った後も、成績の悪い学区のままであった。

　批判家はTFAが持っているような全米的な公開討論の場を持ってはいない。だが、彼らは重要な問題を提起している。詳細な調査を踏まえて報道するバーバラ・マイナーは、「資金の流れをたどろう」と決めた。彼女は、TFAに対する企業の並外れた寄付金と、TFAの民営化への支援ならびに貧困の問題を今は脇に置いておこうという主張とを区別した。

　　この組織は疑いようもなく資金調達の超大物である。例えば、2008年6月のある日に、TFAは550万ドルを手に入れた。『ニューヨーク・タイムズ』によると、その日の出来事であるTFAの年次晩餐会には、「多くの企業の重役が、ニューヨーク市のウォルドルフ・アストリア・ホテルに集まったために、長い車体の大型高級乗用車がパーク・アベニューを何ブロックにもわたって塞いでしまった」という。
　　------ TFAは、民営化であるとか営利のチャーター・スクールであるといった、市場原理を目指す改革であるとの公の批判は受けてはいない。また、TFAは、学力格差の問題と、人種隔離、貧困、いくつかの都市部のコミュニティで住民の50％ほどにも上るアフリカ系アメリカ人男性の失業率の問題との関連といった、難しい質問もなげかけられてはいない[12]。

　バーバラ・トーレ・ベルトリは、北アリゾナ大学でティーチ・フォー・アメリカの教員を訓練している。彼女は、若い経験のない教員が自分たちの抱えている問題を彼女の下に持ちこんでくると、危機を乗りえることができるように手助けしていた。『他人の子どもについての学習』という著書の中で、彼女は、学級で子どもたちの要求に応えようと四苦八苦している彼らの話を紹介している。TFAの一人の教員が以下のように語っている。「私の生徒は、何が有効に働くのかを知っていて、それを効果的に実行することができる、

経験豊富な教員を必要としている。それにもかかわらず、私が彼らの教員である。私は素早く学んではいるものの、いまだに生徒について学び、生徒にいろんなことを試し、生徒の授業時間にせっせと勉強している」。また、次のように語る教員もいる。「28人の生徒のうち7人の生徒は、英語をきちんと話すことができない。2人の生徒は英語を全く話せないし、2人の生徒は特別支援教育が必要である。子どもたちの技能はキンダーから6学年にまでわたる。助けて」[13]。

　ティーチ・フォー・アメリカの主張は、教職を真に改革しようとする困難な仕事から、全米の目をそらしてしまっている。全米の学級で教員としての経歴を積んでいくために、十分な資格を持つ志願者を惹きつける魅力的な職業として教職を作り上げることをせずに、我々の指導者は、豊富な寄付金を集めて臨時の教員を供給している団体に、莫大な資金を注ぎ込んでいる。もし我々が真剣に教員の質を改善しようとするならば、我々はすべての未来の教員に対して、しっかりとした教育を受けて教えることの準備をするよう促すとともに、教員が年々向上していくよう手助けする支援体制を、学区や州が構築することを期待するであろう。我々は、誰を解雇すべきかなどということにあまり大きな精力を使わずに、教えるということを、教員が学級で何をどのように教えるかについて教職の自律性を相当程度に持つ、評判の高い職業にしていくことに力を注ぎたい。

　TFAは制度設計上、教員の回転、あるいは「攪乳器」とも呼べるような動きを加速させている。数年後に新たな職業に移っていくつもりの訓練を受けていない人々によって、構成員を補充していくような制度を賞賛したり、それに報酬を与えたりするような職業は、ほかにはない。我々の学校は、すでにあまりにも攪乳器でかき回されてしまっている。あまりにも多くの教員が最初の5年間で学級から去ってしまい、とりわけ、極めて貧困な学校においてそうである。こうした学校は、攪乳器ではなくて安定と経験を必要としている。TFAの教員の中で5年間継続して働く者はほとんどいない。研究者は、経験が重要であることに気づいていた。最も無力な教員は、教えることを始めて2年目の教員である。彼らは、教授方法や学級経営の方法を学んでいる

最中であるのだから、無理からぬことではある。研究者はまた、教職員の安定性が重要であることにも気づいていた。教員の出入りが激しければ激しいほど、学校と生徒に悪影響を与える。最近の研究によると、教員の回転が速いことが数学と読解の成績を悪くし、とりわけ、より成績が悪く黒人の生徒がより多い学校において、そうした傾向が強くなるという。担任の教員が辞めてしまったことによる混乱は、生徒にとって有害であり、それは学校のほかの生徒にとっても同様である。回転の速いこと自体が有害である。というのも、それは、教育者のコミュニティにおける団結と協調関係を徐々に損なうからである[14]。

　カリフォルニア州オークランドの科学の教員で、教職の著名な代弁者でもあるアンソニー・コーディは、TFAの調査担当理事のヘザー・ハーディングと、オンラインで討論を行った。研究成果ならびにTFAの新卒採用者に対する指導者としての仕事の経験から、コーディは以下のようなことを強調した。「3年かそれ以上の経験を持つ教員が与える肯定的な影響は、生徒の学習に関するいかなる導入研修よりもはるかに大きい。それゆえ、教員をその職業に留めておくことのできる制度が、生徒の成績に対して長期間にわたる影響を及ぼす」[15]。新卒採用者は2年以上にわたる雇用契約を結ぶべきであり、新卒採用者は5週間以上の訓練が必要であるという考え方を、TFAは受け入れていない。

　2009年に、テキサス州の外科医がティーチ・フォー・アメリカにとても感動して、『ウォールストリート・ジャーナル』に、ヘルス・フォー・アメリカ（HFA）と呼ぶ健康管理制度を提案する記事を書いた。彼は、患者を医師の指示に従わせる方法を若い熱心な大学卒業生に教えるための、訓練制度を思い描いていた。HFAの構成員は、「家庭内の清潔さ」を改善し、患者の身体の衛生状態を保つことを手助けする。彼らは、患者に対して、「手洗いというような単純な作業」を教え、睡眠や運動の重要性を伝えることができる。彼によると、この制度はTFAの例に倣ったものであり、患者により多くの情報を与えることにより、健康管理に関する費用を削減することができるという。彼はまた、「もちろん、この制度に参加する人々は、素人の医師、

医師の助手、正式な資格を持つ看護師の代わりなどになろうとするわけではない」、と付け加えていた[16]。医療専門家の仕事ははるかに重要なものなので、適切な専門的知識を持つ人の手助けをする以上のことを、たとえ熱意があろうが熱心に取り組んでいようが、素人に任せるわけにはいかない。

　医療という職業は、大学を卒業したての若者に、医師の代わりをすることを決して許さないであろうし、看護師の代わりをすることすら許さないであろう。そう考えれば、なぜアメリカの学校は、傷つきやすい子どもたちを、僅か5週間しか訓練を受けていないなりたての教員の手に委ねるのであろうか。

第15章
ミッシェル・リーの謎

　ほかの誰にもまして、ミッシェル・リーは、企業型教育改革運動の顔である。彼女は、以下のような運動の戦略にかかわる主要な広報担当者である。それは、テスト得点に基づく教員評価、業績に応じた特別手当の授与、より高い得点を達成しない教員と校長の解雇、終身在職権と年功序列制への反対、団体交渉権への攻撃、公立学校の閉校、非営利ならびに営利のチャーター・スクールの開校とバウチャーの利用拡大による民営化の推進などである。

　コロンビア特別区（D.C.）の新しい市長に選出されたアドリアン・フェンティが、2007年6月にコロンビア特別区公立学校教育総監としてリーを任命したので、彼女は2010年10月までD.C.の学校制度の先頭に立っていたが、再選を目指して市長選に立候補したフェンティが民主党の予備選挙で敗退すると、職を辞した。リーが市長の敗北の主要な要因であった。というのも、教員を解雇し学校を閉校するという彼女の政策が、少なからぬ黒人の有権者を遠ざけてしまったからである。このD.C.での職を辞したのち、彼女は、10億ドルの資金と100万人の支持者を集めることを目指して、「スチューデンツファースト」という組織を作り上げた。その目的は、「優秀な」教員には特別手当を払って報い、劣った教員を解雇するために、終身在職権と年功序列制を廃止することであった。この組織はまた、公立学校の民営化のゆるぎない支持者であった。スチューデンツファーストが政治的運動を活発に展開するにつれ、リーは保守的な共和党の州知事と密接なかかわりを持って仕事をするようになり、教員、チャーター・スクール、バウチャーに関する見

解をともにする候補者を支持した。

　ミッシェル・リーがD.C.の公立学校制度の運営責任者に任命された時、彼女は学校制度はもとより一つの学校すら運営した経験がなかった。1990年代初頭にティーチ・フォー・アメリカの教員として、彼女は3年間、ボルティモアのエレメンタリースクールで教えた。これは民営化による営利の試みであったが、4年後に学区によって終了された[1]。教員の任務期間が終わると、彼女はニュー・ティーチャー・プロジェクトと呼ばれる、都市部の学校に教員を採用する活動を始めた。アドリアン・フェンティがD.C.の公立学校を率いるために彼女を選んだ時、彼女は37歳であった。ニューヨーク市公立学校教育総監のジョエル・クラインが、彼女をフェンティに推薦したのだった。クラインも教員免許を持たずにその地位に就いていた。

　リーはその職に任命された瞬間から、率直さと粘り強さで有名になった。彼女は、ひとりよがり、力のないこと、不適切なことがはびこっている文化を酷評するのに、遠慮しないではっきり物を言った。黒人と貧しい生徒が圧倒的多数を占めているD.C.の学校制度は、実にひどいテスト得点を長年にわたって取り続けていた。リーは、彼らの成績が悪いことを怠惰で凡庸な教員のせいにした。彼女は、D.C.の学校に在籍する生徒が受けている「粗末な教育」について、しばしば不平を漏らした。彼女は、力のない教員を排除し、優秀な教員だけを雇用することを堅く約束した。教員と教員組合は貪欲で利己的であるとも述べていた。教員に対してとは違って、彼女は子どもたちに気を配っていた。フェンティの支援を得て、彼女は、D.C.を全米で最も良い成績をとる都市部の学区にすると誓った。彼女は、学区内で大きく広がってきている学力格差を解消したいと述べた。そして彼女は、人々を解雇するために自分はここにいるのだということを、はっきりさせた。

　なぜ一般大衆にとってリーは魅力的なのであろうか。それは、ほかの教育の指導者とは異なり、専門家が人を気遣いながら育成していると強調する分野においても、彼女は自らの信念を貫いて振る舞うことを厭わないという認識のせいかもしれない。彼女が相手の感情を逆なでするような対決的な姿勢を取る度に、彼女の行く手を妨げる者は誰であろうと押しつぶしてしまう人

であるという、彼女の印象は固まっていった。彼女だけが「子どもたちの味方」であった。報道機関は、彼女の断固とした性格、同情心のないところ、厳しさを好んだ。大きな財団や企業も同様であった。彼女は典型的な企業型教育改革者であった。

彼女の強い口調は即座に悪評を呼んだ。2008年の大統領選挙の討論会では、バラク・オバマもジョン・マケインもともに彼女を賞賛した。彼女はその職に就いて僅か1年と数ヵ月しか経っていなかったのだが。大統領選が終わるとすぐに、彼女は『タイム』の表紙に大々的に取り上げられた。表紙には、「アメリカの学校の問題をいかに解決すべきか」と書かれていた。それは、何をなすべきかをリーが明確に承知していることを暗示していた。表紙の写真は、教室で黒い洋服を着て箒を手にし、挑戦的で断固とした表情の笑っていないリーを描いていた。彼女を賛美する人々にとって、彼女は学校を掃除して怠惰な教員や無能な官僚のいない状態にしてくれる、新しい箒であった。彼女を中傷する人々にとって、彼女は箒を持った手ごわい魔女であった。彼女は『「スーパーマン」を待っている』の映画の主人公で、この映画は、フェンティが再選を目指した争いに敗れた次の日にD.C.で公開された。

リーは、やると言ったことは何でも実行した。彼女は、学校を閉校し、教育局本部の職員の半数を解雇し、何百人もの教員を解雇し、何十人もの校長を解雇し、ワシントン教員組合とアメリカ教員連盟会長ランディ・ワインガルテンとの公開論争ののちに、成績に基づく教員評価制度を作り上げた。リーの伝記作者であるリチャード・ホイットミアによると、リーはその職を辞するまでに、学区の教員のほぼ半分と校長の約3分の1を取り替えたという[2]。

2008年の夏までに、彼女は「多数の信奉者」を惹きつけていた。彼女は何十人にも上る新しい校長を選抜し、彼らは、学校の文化を崩壊させて得点を高めるために、必要なことは何でも実行すると同意していた[3]。彼女はすべての校長に会い、テスト得点を高めるという約束を取りつけた。目標を達成した学校の校長は、特別手当を手にした。目標を達成できなかった学校の校長は、職を失う危険に晒されていた。一夜にして、彼女はけばけばしい新しい教育改革運動の全米的英雄となった。『アトランティック』に掲載され

た人物紹介は、改革者が感じた興奮の一端をとらえていた。

　「人々は、彼女のために仕事をするために全米から来ていた」と、ワシントンのシンクタンクの教育分野の共同代表であるアンドリュー・ロザーハムが述べている。「それがなすべきことだ」。リーは、スタンフォード大学とハーバード大学のビジネス・スクールの学生を、この夏の実習生として受け入れていて、この実験的な試みを行うための資金として、ゲイツ財団とブロード財団の教育改革に関心のある慈善家から、いくらでも資金を引き出せる金額の書かれていない小切手を受け取っていた。彼女の事業には、物資の提供、親切な指導助言、あるいは単なる現金の寄付といった援助の申し出が殺到した[4]。

　ぶっきらぼうで決して弁解しない仕事の進め方によって、リーは上機嫌で背水の陣をしいた。彼女は、学校の閉校に反対する老練の教育者や保護者を遠ざけた。彼女は協同という考え方を馬鹿にした。2008年秋に彼女は次のように発言し、言い方はさまざまであったが、その後も何度も繰り返し述べていた。「最近の15ヵ月の間に私が学んだことが一つあるとすれば、それは、協力、協同、合意形成といったものが、あまりにも過大評価されているということである」[5]。もし自分と意見が一致しない人の話に耳を傾けると、進む速度を遅らせてしまうと、彼女は感じていたし、彼女は自分の進む速度を遅らせるつもりなどなかった。彼女は、人々を解雇したり学校を閉校したりする、他人をおびえさせるような険悪な印象を持たれるような人気者であることを、誇りに思っていた。というのも、彼女はそれを「子どもたちのために」実行していたからであった。

　リーは、テスト得点を上げる鍵は、優秀な教員と優秀な校長を見つけ出して報奨を与え、劣った教員と校長を見つけ出して解雇することである、と信じていた。彼女は、テスト得点を学校教育の成果を測る究極の尺度であると信じ、彼女とともに標準テストに全幅の信頼を寄せることができない人々を軽蔑した。彼女は、自分が望む教員や校長を手に入れることができれば、

黒人と白人の生徒の間の学力格差を解消することができると確信していた。リーは、3人の優秀な教員が続けて教えることができれば、学力格差を解消できると信じていて、彼女はその主張をしばしば復唱した。彼女は、学校制度全体に優秀な教員を配置することができるとの確信を持っていた。彼女の目標を達成するには、教員の評価制度と給与体系を変えなければならなかった。2009年に、彼女はIMPACTと呼ばれる教員評価制度を採択するために、ワシントン教員組合との交渉に多くの時間を費やした。彼女は、新しい給与の等級表に資金を提供するために、いくつかの財団から8,000万ドルを調達した。その新しい給与体系は、終身在職権を放棄するのを厭わない教員には、かなり高額の給与を支払うことになっていた。この多額の特別手当を受ける権利を有していた教員の多くは、この権利を断った。というのも、彼らは終身在職権を保持することを望んだからであった[6]。

リーは、人の感情を害したり人を解雇したりすることを楽しんでいたが、彼女の激しく攻め立てるやり方には支払わなければならない代価があった。彼女は2010年の市長選挙における主要な争点となり、彼女の上司のアドリアン・フェンティは市議会議長のビンセント・グレイに敗れた。グレイは黒人票を大差で獲得し、一方、フェンティは白人票を大差で獲得した。グレイが選出されたので、リーは辞任した。だが、グレイはリーが始めたことを変えるつもりはなかった。彼は、リーを支援していた実業家や慈善家のコミュニティの中の有力な人々を、遠ざけたくなかったのである。継続性を保証するために、彼は、リーの後任としてTFAの同窓生でリーの補佐をしていたカヤ・ヘンダーソンを任命した。

ミッシェル・リーは何を成し遂げたのか。1年後に彼女の在職期間を見直した結果、彼女は資材の購入、教科書の配布、給食を改善したとの結論が出された。多くの保護者は学校制度が改善していると考えていた。学校改革をめぐる論点は、一般大衆の関心を惹きつける主要な話題へと押し上げられていった[7]。

テストの合格率を高めようとするリーの容赦のない圧力は、当初はある程度の効果をもたらしたが、大規模な不正行為の醜聞も引き起こした。リーが

学区を去って4ヵ月後の2011年春に、『USAトゥデイ』は、学区の学校の半数以上において不正行為が広範に広まっているとの報告を公表した。調査は、読解の合格率が2007年の44％から2009年には84％に急上昇した、クロスビー・S・ノイエス・エデュケーション・キャンパスに集中した。その上昇率があまりにも大きかったので、彼らは警鐘を鳴らすべきであったが、そうしなかった。その代わりに、その学校は2009年に連邦教育省により全米最優秀学校に認定された。ミッシェル・リーは校長を祝福し、「彼女が推進する徹底的な変革が、最も成績の悪いワシントンの学校でさえも、どのように変えることができたか、その例として、-----その学校を褒めちぎった。成績を急上昇させたとして、彼女は3年間に2回、ノイエスの教職員に報奨を与えた。2008年と2010年に、教員は一人当たり8千ドル、校長は1万ドルの特別手当を得た」[8]。

『USAトゥデイ』は、ノイエスの標準テストにおける消し跡の発生率は異常に高かったと報じた。「例えば2009年の読解のテストでは、ノイエスの7年生のある学級では、一人の生徒の解答用紙の中で、間違った答えが消されて正しい答えに書き換えられているところが平均で12.7ヵ所あったが、D.C.のすべての学校における7年生の同じテストでの平均は1ヵ所以下であった。『USAトゥデイ』が意見を求めた統計学者は、偶然にこのように多くの消し跡ができる確率よりも、高額宝くじのパワーボールで大当たりをとる確率の方がより高いと述べている」。

リーは、模範的な校長であるとしてノイエスのウェイン・ライアンに敬意を払った。学区は、彼と彼の学校を教員採用の広告の中で大きく取り上げ、「あなたが次のウェイン・ライアンですか」と問いかけていた。リーは、ライアンを指導的立場の教育長へと昇進させたので、彼はほかの校長を監督することとなった。ノイエスにおける大きな成功はリーにとって、自分の手法がうまくいったことの証となった。彼女は、テスト得点の大幅な増加を見た学校の教員、校長、職員に特別手当として150万ドル以上の資金を分配した。こうした学校のうちの3校において、『USAトゥデイ』によると、「2008年には、学級の中の85％以上の生徒が、答案用紙に高い消し跡率を持っていること

が確認された」という。学区の役人は、このすっぱ抜きの記事が出る前に消し跡率が高いことを承知していたが、調査を行わなかった。この記事が公表された3ヵ月後に、ウェイン・ライアンはいきなり辞任した[9]。

　この不正行為の醜聞は、D.C.首席査察官のところに調査が依頼された。査察官の事務局は、一つの学校で不正が行われたかもしれないが、ほかの学校では不正はなかった、と結論づけた。それは、ほかの学校を調査するには「不十分な根拠」しかないと判断した。連邦教育省の主席査察官も同意見であった。教育総監のカヤ・ヘンダーソンは、「調査が完了し、我々の学校の大多数において不正行為の疑いが晴れたことは、喜ばしいことである」と述べた。『ワシントン・ポスト』の定期寄稿家であるジェイ・マシューズは、リーを支援していたのだが、調査がぞんざいであったことに慣慨し、彼にはまるで隠蔽工作のように見受けられると記していた。ところで、ノイエスの読解の習熟率は、2009年には84％にまで到達して賞賛されたのだが、2012年には32％に落ちてしまい、数学の習熟率も同様に低かった。D.C.と同じように強い圧力をかける方策をとったアトランタでは、別の大規模な不正行為の醜聞が生み出された。それは徹底的に調査され、教育長とそのほかに34人の教育者の起訴に至った。だが、ワシントンD.C.においては、テスト得点の不可思議な上昇と下降に関して、誰も責任を問われなかった[10]。

　リーの在職中には、企業型教育改革を進める多くの人々の間で彼女の名声を高めるような出来事もあったが、それは一方で、彼女を批判する人々に恰好の攻撃材料を与えることにもなった。彼女は、報道機関のお世辞が気に入っていたので、全米の少なからぬ報道記者に自由な取材を認めていた。ジョン・メロウが公共放送サービス（PBS）の撮影班を引き連れて訪問した際に、リーは次のように彼に言った。「もうちょっとしたら、私は誰かを解雇するつもりです。あなた方はその光景を見たいと思いませんか」。それは、見逃してしまうにはあまりにももったいなかったので、撮影班は、リーが「私はあなたを校長の職から解雇する、今」と言うのを、その校長の肩越しに撮影した。彼女は話をしていた時は、無表情な顔つきであった。彼女は感情、後悔、同情を一切見せなかった。撮影されたフイルムの一部は、彼女の伝説的な積極

的な仕事ぶりを証明するために、『「スーパーマン」を待っている』の中に取り入れられた。彼女の伝記作家は、彼女の行動は「軽率で向こう見ず」であったと述べていたが、リーは、報道機関が注目してくれることには「良い面」もあると言っていた。というのも、それは、「何百万ドルもの資金を、教員の能力給の特別手当に充てるのを厭わない財団を、惹きつけるのに役立つ」からであった[11]。

　リーが職を辞してからほどなくして、批判家は、彼女がボルティモアでTFAの教員だった時代の評価について問題視した。彼女は自分自身について、最初の年はとてもできの悪い教員であったが、次の2年間で驚くほどの成果を上げた教員であったと、報道機関に説明した。彼女によると、高い期待を抱いている教員はあらゆる障害に打ち勝つことができることを、彼女自身の成功が証明したという。彼女の履歴書にはこう書いてあった。「ボルティモア市で最も成績の悪いエレメンタリースクールの一つであるハーレム・パーク・コミュニティ・スクールで教え、生徒の成績を誰の目にも明らかなように目覚ましく高めた。生徒の得点を平均すると、全米の標準テストにおいて下から数えて13%のところであったのを、2年間で、生徒の90%が上から数えて10%かそれ以上の成績に入るところまで高めた」[12]。

　批判家はこのよく語られていた主張に疑念を抱いていたが、それを立証したりあるいは問題視したりすることができるような記録は見つからなかった。リーを批判する人々の中には、資料を探し続け、ボルティモアのメリーランド大学の研究者によって、1995年に書かれた報告書を見つけ出した者もいた。その報告書には、リーが教えていた学年のすべての学級を合わせた得点はかなり上昇していたが、その上昇の幅は、リーの履歴書にある華々しい主張を実証するほどのものではなかったと記されていた。引退した数学の教員のG・F・ブランデンバーグはブログを書いていて、この情報を最初に伝えた。『ワシントン・ポスト』の定期寄稿家のジェイ・マシューズは、ブランデンバーグは「リーの成果は彼女が言うような素晴らしいものではなかったことを立証した」、と結論づけた[13]。リーの事務所は即座に次のような声明を公表した。この「攻撃」は「根拠がない」もので、報告書は3学年のすべての

生徒を対象にしているが、必ずしもリーの学級を対象とはしていない。そして、その声明は結びとして、「このような話が出ること自体が、我々が直面している困難に関するさらなる証拠である」と述べていた[14]。

数日後、ブランデンバーグは、1995 年の報告書を調査した中心人物の意見を発表した。それによると、テスト得点は学級ごとに分けられてはいないが、ブランデンバーグの結論が正しいという。その学校の 3 学年は 4 学級しかなくて、その中の一つの学級の平均得点が 90％以上の得点範囲にあれば、その学年全体の平均点を引き上げることになった[15]。

リーが遺したもう一つのものは、教員を評価するために考案した IMPACT 制度であった。評価の 50％は、ある種の価値が付加された生徒のテスト得点に基づいていた。これは、生徒のテスト得点の変化によって教員を評価するよう州を促していた、オバマ政権の「頂点への競争」制度と足並みを揃えた制度である。D.C. は「頂点への競争」の賞金を一つ獲得していた。リーの制度では、「最高」と「最低」の教員を特定できることになっていた。なぜならば、最高の教員がテスト得点の大幅な上昇を成し遂げるのに対して、最低の教員はそれができないと考えられたからである。2011 年にテスト得点と観察の結果に基づいて、学区は 206 人の教員を解雇した。

だが、解雇された教員は市で最低の教員であったのだろうか。『ワシントン・ポスト』によると、解雇された教員の一人は、2011 年 5 月に監督者から賞賛されていた。その監督者は、「適切な教育、意欲のある生徒、建設的な学習環境といった要素が、極めて効果的に結びついた学級を訪れることは楽しみである」、と述べていた。2 ヵ月後に、この 5 学年の教員は解雇された。彼女の学級の生徒の得点は、前年度の得点に基づいて算出される統計上の予測得点までには上昇しなかった。教室での観察の結果が評価の 35％を占め、そのほかの要素が 15％であったが、価値を付加された得点が彼女の運命を決めた。この教員は、生徒が前年度の成績を不正な方法で膨らませていた学校から来たのではないかと、疑っていた。彼女は解雇処分に対して抗議したが、学区によって退けられた。弁解無用。彼女が近隣のバージニア州フェアファックス郡での教員採用に応募した際、彼女が勤務していた学校の校長は、

「無条件で」褒め称える推薦状を彼女に書いて与えた。彼は、彼女のことを「熱意、創造性、洞察力、順応性を持ち合わせ、生徒に動機を与えたり、生徒を勇気づけたりすることができる」教員である、と述べていた[16]。彼女は雇用された。

コロンビア特別区はほかの極めて貧しい学区と同様に、長い間、教員の回転率が高かった。こうした教員がくるくる変わる状態は、リーの在職期間においても継続していた。数年間に何百人もの教員が解雇されたが、一方では、辞職した教員もいたし、よそで教えるために去っていった教員もいた。2010-11 年度で、学区の 5 人の教員のうちの一人が去った。リーの支持団体として設立されたニュー・ティーチャー・プロジェクトは、「最高」の教員は職に留まっているので、こうした事実はさほど重要ではないと主張した。だが、彼らの報告書では「かけがえのない教員」と呼ばれている、この「最高」の教員は、どういうわけか、学区の中のあまり貧しくない学校に少なからず集中していた。極めて貧しい学校で教えている教員はほとんどいなかった。この速度で進むと、学区は僅か 2 年間で教員のほぼ半数を失うことになる。D.C. の教育制度について長期間にわたって分析を行っている公民権弁護士のメアリー・レビイは、5 年間の教員の回転率を 75% と算出した。校長の回転率も同じ程度に憂慮すべきものであった。2008 年春に、リーは学区の校長の 3 分の 1 を自分の好みで交代させた。2012 年までに、46 人の新しい校長の 60% が去っていった。上級の管理職に就いたり、ほかの学校に移ったりした人もいるにはいたが、ほとんどの人々は D.C. の学校制度から去っていった[17]。

リーは D.C. の教育総監の職を辞した後、スチューデンツファーストを設立し、教員の終身在職権を廃止しチャーターとバウチャーを促進するための、全米的な改革運動の先頭に立った。彼女はすぐさま、学校選択を支持し教員組合に反対する裕福な人々から、何百万ドルにも上る資金を引きよせた。彼女は、自分の政策課題を前に進めてくれるような候補者や論点をめぐる政治活動に、大金を注ぎ込んだ。名目上は民主党員であったが、彼女はアメリカの最も保守的な共和党の州知事の政策課題を支持した。それは、フロリダ州

のリック・スコット、オハイオ州のジョン・カッシ、インディアナ州のミッチ・ダニエルズ、ニュージャージー州のクリス・クリスティーといった州知事であった。州選挙における彼女の組織への政治献金の大半は、共和党の候補者の手に渡った。テネシー州で彼女は、共和党が州議会において圧倒的多数を獲得するため、およそ100万ドルもの大金を費やした[18]。

　ミッシェル・リーは、D.C.の公立学校の責任者であった3年半の間に、何を成し遂げたのであろうか。彼女は、D.C.を全米で最も成績の良い都市部の学区にするという、自らの目標を達成したのであろうか。彼女は顕著な進歩を成し遂げたのであろうか。「D.C.の公立学校における先例のない大躍進を実現する」という表題のもと、スチューデンツファーストのウェブサイトは、彼女のD.C.時代について次のように述べている。「彼女の指導力のおかげで、アメリカで最も成績の悪かった学区が、州の読解と数学の得点において、7学年、8学年、10学年が3年間にわたって2桁数字の得点上昇を成し遂げた、唯一の大都市の教育組織となった」[19]。

　自分の業績を自慢することによって、さらなる報道機関の注目を集め、彼女は教育改革運動の人気者となったが、それはまた、さらなる詳細な調査を引き起こした。共和党ならびに民主党の政権のもとで、連邦教育省において長年にわたり政策調査部長として仕事をしてきたアラン・ギンズバーグが、リーの記録を分析した。彼は、2000年から2009年までの学区のNAEPの読解と数学の得点を精査して、次のような結論を出した。「2007年に教育総監になった時に、リーがD.C.の学校のテスト得点の変化を引き起こしたわけではなかった。D.C.のNAEPの点数はすでに、彼女の前任者であるポール・バンスとクリフォード・ジェニーという二人の教育長の時代に、着実に改善していた。その上、リーの時代のD.C.の得点の上昇率は、バンスとジェニーの時代の得点の上昇率よりも大きくはなかった」[20]。ギンズバーグは、リーがスチューデンツファーストのウェブサイトで引用していた、D.C.における州のテストは参照しなかった。というのも、D.C.のテストは「2005年から2006年にかけて新たに作り変えられ、2006年とそれ以降の年の成績水準は、それ以前の年とは比較することができない」からであった。

ギンズバーグは、NAEP の得点がバンスの在職時に一番大きく上昇したことを見出した。合衆国の教育は、大きな規模で試すとうまくいかない「万全の解決策」を探し求めてきた長い歴史を持っていると、彼は警告していた。彼は、リーの教員を解雇する政策が正しいとする証拠は一つも見つけることができなかったので、政策立案者に対して、この政策を全米規模で実施する前に注意深く吟味するよう力説した。ほかの国々は教育を改善するためにより建設的でうまくいく方法を開発していると、彼は指摘し、そうした方法に目を向けるよう、彼は促した。

今、我々の手には 2011 年の NAEP の得点があるので、アラン・ギンズバーグの分析にこれを追加することができる。

2009 年から 2011 年にかけて、D.C. の公立学校の 4 学年の数学の得点には、統計的に識別できるような得点の上昇は見られなかったが、8 学年の数学の得点にははっきりとした上昇が見られた。

4 学年の数学においては、高所得層の生徒、低所得層の生徒、白人の生徒、黒人の生徒、ヒスパニックの生徒の得点は全く同じであった。

8 学年の数学においては、高所得層の生徒、低所得層の生徒、白人の生徒、ヒスパニックの生徒の得点は全く同じであったが、黒人の生徒の得点には統計的に有意な上昇が見られた。

2009 年から 2011 年にかけて、D.C. の公立学校の 4 学年の読解の得点には、有意な変化は見られなかったし、8 学年の読解の得点にも有意な上昇は見られなかった。

4 学年の読解においては、高所得層の生徒、低所得層の生徒、白人の生徒、ヒスパニックの生徒の得点は全く同じであった。黒人の生徒の得点は、統計上の実質的な誤差の許容範囲内で下がった。

8 学年の読解においては、得点の変化はなかった。高所得層の生徒、低所得層の生徒、白人の生徒、黒人の生徒の得点は全く同じであった。ヒスパニックの生徒の得点は大幅に下がってしまった[21]。

NAEP の得点を見ると、リーはこの学区を合衆国において最も成績の良い都市の学区に変えなかったことを、我々は明確に理解する。この学区の生徒

は今でも、ハイステイクスではない連邦の学力調査においても、成績が芳しくない。この学区は、アトランタ、ボルティモア市、シカゴ、クリーブランド、デトロイト、フレズノ、ロサンゼルス、ミルウォーキー、フィラデルフィアなどとともに、都市の学区の底辺集団に位置している。なお、アトランタは数学では底辺集団だが、読解ではそうではない。

　リーは黒人と白人の生徒の間の学力格差を減少させたのであろうか。いや、黒人と白人の生徒の間の学力格差は、彼女が職務を開始した 2007 年から辞職した 2011 年まで変化していない[22]。ワシントン D.C. は、NAEP のテストが実施されたどの都市部の学区よりも、黒人と白人の大きな学力格差を持ち続けている。それは、多くが白人である富裕層と多くが黒人である貧困層とが、学区内で極端に分離して存在しているからである。読解と数学における D.C. のヒスパニックと白人の間の学力格差は、黒人と白人の間の学力格差とほぼ同じくらい大きく、ここ D.C. は全米の都市の学区の中で最大の学力格差を抱えている。

　リーは、広範囲に及んでいた不正行為の調査をしなかったために、しつこい疑惑の追及に長くつきまとわれていた。特に、PBS の特派員であるジョン・メロウに秘密の情報が漏れてからは、追及はさらに厳しくなった。メロウはその情報が、リーが不正行為の手口を知っていながら見て見ぬふりをしたことの、裏づけになると考えていた。リーが教育総監であった時に、十数回にわたり彼女の撮影を行っていたメロウは、彼女の在職期間を次のように総括した。テスト得点の上昇がほとんどあるいは全くないこと、教員と校長の高い回転率、ほかの大都市と比べて最低の卒業率、ほかの大都市と比べて最大の学力格差、無断欠席による危機的状況、支出の大幅な増加、膨れ上がった中央政府の職員、入学者数の減少などである[23]。

　今の時点で、D.C. の学校の中に、リーの時代から残されているものを見極めることは不可能である。なぜならば、学校は、リーの補佐を務めていたカヤ・ヘンダーソンの支配下にあるからである。学校は教員と校長が頻繁に変えられたために、極めて不安定な状態を経験してきた。さらに多くの公立学校が閉校し、さらに多くのチャーター・スクールが開校するだろう。学区の生徒

のほぼ半数がチャーター・スクールに在籍していて、これは、ニューオリンズを除いたほかのどの都市よりも多い。学区の公立学校は学業に関しては何も変わっていない。D.C.の生徒は今でも貧困であり、今でも連邦のテストの成績は悪い。民営化、教員の特別手当、教員の解雇といった改革の試みはうまくいかなかった。リーは、貧困は重要な問題ではないと考えることの正当性を証明できなかった。彼女は守ることのできない約束をしただけだ。彼女が引き継いだ問題は、何も変わらずに残っている。

第16章
チャーター・スクールの矛盾

主張 チャーター・スクールが自由に革新を遂げて、さらに優れた成果を劇的に生み出すことによって、アメリカの教育に革命的な変化をもたらすであろう。

現実 チャーター・スクールは卓越しているものからひどいものまでさまざまであるが、概ね公立学校よりも革新的でもなければうまくいっているわけでもない。

1974年から1977年までアメリカ教員連盟の会長であったアルバート・シャンカーが、チャーター・スクール運動の創始者であった。全米の労働組合員を先導する立場にある一人が、民間で運営され、公的資金を受け取り、圧倒的多数が非組合員である組織を作り出す構想を推進したのは、皮肉なことである。2009-10年度の調査の結果、チャーター・スクールの12％だけが組合に加入していることが判明した。最近できた学校においては、その割合はさらに少ない[1]。

1988年にシャンカーは、暇そうにしていたり、学校を中退したり、教室に不機嫌そうに座っていたりして、明らかに授業に無関心な数多くの生徒をどうすべきか、あれこれ考えていた。彼の構想は、学校内の6人か8人ぐらいの教員集団が、こうした生徒のための新しい学校のようなものを協力して計画し、学校の同僚の教員からも承認を取り付けるのが良いのではないかというものであった。そうした構想を前に進めていくには、教員組合と学区の教育委員会の

支援を得る必要があるであろう。それから、街角にたむろしている生徒や学校を中退しそうな生徒を集めてくることになる。この新しい学校には通常の学校のような規則はなくて、教員は、こうした青年を手助けするために、自分自身の考えを自由に提案することができる。そこで教員が見聞きしたことは何であれ、同僚教員と共有していく。教員は公立学校組織と協力し合い、それと競合することはない。

　彼と同じような考えを持っていた、マサチューセッツ大学のレイ・ブッデ教授が使った言葉を借用して、シャンカーはそれを「チャーター・スクール」と呼んだ。その基本的な概念は、学校は一定期間の設立許可を取得し、落第する危険性の高い生徒と一緒に学び、一定の到達点に達するとその活動を終了するというものであった。彼は、自分が会長を務める教員組合の全米大会においてこの概念を紹介し、その考え方を地方支部にまで行き渡らせた。彼は、毎週、謝礼を貰って執筆している『ニューヨーク・タイムズ』の特約寄稿欄に、この構想についてしばしば書いていた。彼は、1993年にボルティモアで起こったある事件を目にするまでは、この構想に熱中していた。その事件とは次のようなものであった。そこでは、民間の営利企業であるエデュケーション・オルタナティブズ・インクが、9校の困難校を運営する契約を締結した。この9校はチャーター・スクールではなかった。それらは、学区との契約に基づいて運営される民間の経営による学校で、学区の規則に従う必要があった。ミッシェル・リーが教員としての経歴を開始したボルティモアの学校は、この民営化の試みの一つであった。この会社は学校をきれいに片付け、コンピュータを運び入れ、教員の再訓練を行った。だが、この会社と市とは財政問題をめぐって喧嘩となり、成績も改善しなかったので、市はその契約を破棄した。最初のうちは、会社と教員組合とは協力し合っていた。だが、会社は致命的な誤りを犯した。1991年のことであるが、会社は、時給10ドルと手当を受け取っていた組合員の助手を解雇し、時給7ドルに手当のつかない大学の新卒者で置き換えた。これはシャンカーにとっては受け入れられないことであった[2]。

　シャンカーは、民間企業による運営は公教育とは相いれない民営化であるとの結論を出した。運営の判断は、教育を改善することではなくて費用を削減す

ることに基づくことを、彼は理解した。1993 年に彼は、チャーター・スクールが民営化を推進するための手段になることに気づいたので、その構想に断固とした反対の立場をとるようになった。1994 年に彼は、ミシガン州における最初のチャーター・スクールがノア・ウェブスター・アカデミーであることを知った。そこには 700 名の生徒が在籍し、ほとんどがキリスト教徒のホームスクールで学ぶ者で、授業は主にコンピュータを用いて行われていた。在宅のままの生徒には、州の資金によるコンピュータが与えられ、創造論を教えるカリキュラムが提供された。シャンカーは呆れ果てた。さらに、このアカデミーの創設者が、「約 4 万ドルの非合法的な手数料」の見返りとして、アカデミーを支援し 99 年間に及ぶ契約を交わすことに同意した、23 人の生徒しかいない小さな貧しい学区を見つけ出していたことに気づくと、彼はさらに動揺した。一方、ノア・ウェブスター・アカデミーは、在宅で学んでいる生徒のために、400 万ドルの州の資金を受け取ることになっていた。シャンカーは、チャーター・スクールの支持者の中には、「公立学校を粉々に壊してしまう」ことが真の目的であるとみなしている者がいると、警告した。彼は、チャーター・スクール、バウチャー、民営化について、教えることと学ぶことの本質を変えるようなことは何一つしない、「からくり」、「難題を楽に解決する魔法」、「一時的流行」などという言葉で呼び始めた[3]。シャンカーはナショナル・スタンダードの強力な支持者で、「自分の好きなことを行う」カリキュラムの考え方を受け入れるのには、ためらいがあった。

　こうした経緯があるにもかかわらず、チャーター・スクールの支持者の中には、シャンカーが自らの考えを捨ててだいぶ経ってからも、彼のチャーター・スクールへの支持を相変わらず引き合いに出す者もいた。シャンカーは教員組合に入らない学校の創設を承認していると、彼らが主張していることは、二重の驚きである[4]。

　チャーター・スクールは、保守派の学校選択の支持者から好まれる、アメリカの教育における最新の考え方となった。フーバー研究所、トーマス・B・フォーダム研究所、教育改革センター、アメリカ立法交換協議会（ALEC）、アメリカ企業研究所、ハートランド研究所などの保守派の人々は、チャーターがバウ

チャーの次に優れたものであると認識していた。NCLB法は、チャーター・スクールを、成績の悪い公立学校を置き換えるための一つの選択肢として推奨した。だが、2001年にこの法律が成立した時点においては、その効能に関する証拠は何も存在していなかった。ウォルトン・ファミリー財団、ビル＆メリンダ・ゲイツ財団、エリ＆エディス・ブロード財団、フィッシャー財団、マイケル＆スーザン・デル財団などの主要な財団と何十ものそのほかの財団が、チャーター・スクールとチャーター・スクール・チェーンの拡大のために気前よく資金を提供した。連邦教育省は州に対して、もしオバマ大統領の「頂点への競争」で提供される、何十億ドルもの資金を獲得するための競争に参加したいのであれば、州が設けているチャーター・スクールに関する制限を撤廃するよう求めた。チャーター・スクールの支持者は、それが、都市や郊外の平均以下の学校に囚われている貧しいマイノリティの子どもたちの、救済になるととらえた。州や地方の公職の候補者は、チャーター・スクールの支持を約束すれば、全米の裕福な人物や組織からの寄付を期待することができた。

2012年までに、42の州がチャーター・スクールを承認する法律を成立させた[5]。チャーターの考え方が最初に提案されてから僅か20年の間に、6千校を超えるチャーター・スクールがおよそ200万人の生徒を入学させていた。これはアメリカのキンダーから12学年の生徒の約4％に当たる人数である。大都市の学区では、チャーター・スクールへの入学者数はこれよりもはるかに多い。ニューオリンズでは、生徒総数の80％かそれ以上がチャーター・スクールに入学していた。コロンビア特別区では、ほぼ半数の生徒がチャーター・スクールに入学していた。六つの学区では少なくとも30％の生徒がチャーター・スクールに通っていたし、ほかの18の学区では少なくとも20％の生徒がチャーター・スクールに在籍していた。およそ100の学区では、チャーター・スクールに在籍する生徒は少なくとも生徒総数の10％に達していた[6]。

チャーターの分野はその特質から何千もの異なるものから構成されているので、すべてのチャーター・スクールに等しく適用できるよう一般化することは不可能である。厳格に適用される行動規則を持ち、海軍新兵訓練所のように運営されているチャーター・スクールもある。実際の教育においてあるいは学校

の風潮として、進歩主義に基づいて運営されているチャーター・スクールもある。中には、自閉症の子どもたちや障害のある子どもたちの要望に応えることに特化している、チャーター・スクールもいくつかある。少なからぬチャーター・スクールは重度の障害のある子どもたちを締め出していて、英語学習者もほとんど受け入れていない。多くのチャーター・スクールで中退率は高い。チャーター・スクールは州ごとに異なり、同一学区内であっても異なることがある。

チャーター・スクールは規制緩和されていて、健康と安全に関すること以外では州の法律の束縛がない。こうした自由が、チャーター・スクールに、独自の規律の方針と入学の規則を設けることを許している。規制緩和はまた、伝統的な公立学校が受けている財政状態に関する監視から、チャーター・スクールを解き放している。公立学校に課されている教員評価制度をチャーター・スクールに免除している州もある。ルイジアナ州とそのほかのいくつかの州では、チャーター・スクールの教員は教員免許を保有している必要がない。チャーター・スクールは納税者の収める税金を提供されている。民間分野から追加の支援を受けて、地域の公立学校よりも多くの金額を使っているチャーター・スクールもある。

連邦政府、大企業、巨大財団による後押しと資金援助により、チャーター分野は、非営利および営利の両方の組織から成る起業家のための騒々しい事業展開地域になっていた。チャーター・スクールは公立学校と協力し合っていくだろうというアルバート・シャンカーの考え方は、時代遅れになってしまった。新しい時代におけるチャーター・スクールの合言葉は、協力ではなくて競争であった。

NCLB法の制定後、すべての学校は生徒の習熟の割合を高めなければならず、それができない場合には、屈辱を味わうことになったり、閉校の可能性もでてきたりするとの通告を受けていた。この法律は、指定された生徒集団のすべてにおいて、生徒全員が例外なく習熟の域に達するまで、その割合が毎年必ず上昇すべきことを明確にしていた。こうした風潮の中で、最も成績の悪い生徒を入学させた学校は、競争に負けることを運命づけられていた。NCLB法の過酷ななりゆきは、必要ないかなる手段を使ってでも、最も劣っている生徒の受け

入れを避けたいという動機を学校にもたらした。

　NCLB法とチャーター・スクール運動が同時に発生したことは、チャーター・スクール運動にとっては恩恵であった。チャーター・スクールができたばかりで、まだその効能が立証されていないにもかかわらず、法律が成績の悪い生徒のための救済策としてそれを提示したのである。同時に、NCLB法はチャーター・スクールに対して、公立学校よりも高いテスト得点をとることができることを立証するよう、圧力をかけた。これがチャーター・スクールに対して、公立学校と協力し戦略を共有するよりも、公立学校への優越性を立証しようとする気にさせた。成功するために、少なからぬチャーター・スクールは、費用がかさむ障害のある生徒、英語の能力が十分でない生徒、技能程度が低い生徒などを制限したり締め出したりするための、巧妙なあるいは見えすいた方法を編み出した。一見公平に見える抽選でさえも、選抜の仕組みが働いているのである。なぜならば、家庭としての機能が全く果たされていないような家庭においては、入学のために必要な手続きをとることさえまれだからである。

　NCLB法がテストをすることと常に上昇し続ける得点を求めたことが、チャーター・スクール運動の方向性を決めた。まれな例を除いて、チャーター・スクールは、最も劣っている生徒を探し出して、入学させようとはしない。というのも、そうすることは、彼ら自身の生き残りと万能薬という名声を危険に晒すからである。成績の悪い生徒を数多く入学させるという危険を冒したチャーター・スクールは、長く存続することはないであろう。

　だが、ここで、なお一層厄介な新たな状況が出現した。ウォールストリートのヘッジ・ファンド運用者が、学校改革に興味を持ち始め、チャーター・スクール運動の熱烈な支持者となったのである。彼らは、チャーター・スクールが、貧しい子どもたちに対して、公教育制度では提供できないと思われる教育の機会を提供するだろうと信じていた。こうした人々は自由市場で競争して勝つことが好きで、実際に成功を収めてきた男性である。彼らは、自分たちの成功をドルというお金の基準で判断し、学校の成功をテスト得点で判断する。彼らは、自分たちの学校がほかのどの学校よりも高い得点をとることを望んでいる。こうしたヘッジ・ファンド運用者は、「教育改革を求める民主主義者（DFER）」

という組織を立ち上げた。この組織は、チャーター・スクールの拡大を支持する候補者や選挙で選ばれた公職者、ならびにチャーター・スクールを開設する組織に対して、気前よく資金提供を行う。多くのヘッジ・ファンド運用者は、チャーター・スクールの理事会の構成員を務めている。ニューヨーク市では彼らは、公立学校の建物の中に自分たちの学校のための自由に使える場所を要求し、それを手に入れていた。そして彼らは、その場所を借りていたにもかかわらず、また概して公立学校の方が、重度の障害のある生徒や英語学習者の在籍率がより高かったにもかかわらず、自分たちの学校が公立学校よりもはるかに優れていると自慢した。協力の精神は失われてしまっていた。一番大切なことは、公立学校よりも高い得点をとって、それに勝つことであった。

　ほかの投資家は、公教育について将来的に金になる機会であるととらえていた。彼らは、毎年、学校に費やされている何千億ドルもの税金に注目し、開拓されるのを待っている市場と見なした。彼らの興味は慈善事業ではなくて、連邦の税額控除や危険性のない公的資金の安定的な流入を利用して、不動産取引と教育関連業務によって金を儲けることであった。

　連邦政府は、クリントン政権の時代に初めてチャーター・スクールを支援する制度を創設した。ジョージ・W・ブッシュ政権の時代に、連邦のチャーター・スクール制度は年間1億ドル以上へと成長した。オバマ政権は、民間で運営されるチャーター・スクールへの財政支援をそれ以上に拡大した。チャーター・スクールへの直接の資金提供に加えて、連邦政府は、銀行や個人がチャーター・スクール建設に投資することを奨励するために、租税優遇措置を提供している。2000年に施行された「コミュニティ再生のための税額控除法」には、「新取引税控除」も含まれていて、このおかげでチャーター・スクール建設への投資家は、7年にわたって投資した金額の39％の利益を、安全かつ確実に回収することができることとなった[7]。チャーター・スクールの建設融資もまた利益を生むものである。ニューヨーク州オールバニーでは、あるチャーター・スクールの賃借料が2008年には17万ドルであったのが、僅か1年の間に56万ドルにまで跳ね上がってしまった。それはただ、建設融資のための借金の返済金を金融業者に支払うためであった[8]。

EB-5 ビザとして知られる別の連邦の制度によって、外国の投資家が 50 万ドル以上の資金をチャーター・スクール建設のために投資すれば、永住権である移民ビザが取得できるようになった。ロイター通信の記者は次のようなことを見抜いた。「はるか遠くの中国、ナイジェリア、ロシア、オーストラリアの裕福な人々が、アメリカのチャーター・スクールの教室、図書館、バスケットボールのコート、科学実験室を建設するために、何千万ドルものお金を使っている」[9]。

　不動産投資信託会社は、建物を買ってそれをチャーター・スクールに賃貸すると、多くの利益が生まれることに気づいていた。エンターテイメント・プロパティーズ・トラストと呼ばれる会社は、映画館のある複合ビルやチャーター・スクールを含む、30 億ドルを超える不動産を管理運営している。その会社の最高責任者であるデービッド・ブレインは、次のように説明した。チャーター・スクールは「とても安定した事業で、不況にもとても強く-----とても需要の高い商品である。-----もし財務基盤のしっかりしている州と事業を行うならば、それは極めて手堅い事業になる」。ブレインは、チャーターの分野に対する共和党と民主党の両党提携による支援を引き合いに出した。「それは共和党の綱領の一部であり、オバマ政権の教育長官であるアーン・ダンカンもそれにとても夢中になっている」。そして彼は、チャーター・スクールを自分の会社の投資先の一つにしたいと述べた。というのも、その分野には「毎年 500 校もの学校が開校されるという、極めて大きな好機が存在するからだ。それは、大雑把に計算しても年間 25 億ドルにも上る大きな機会である」[10]。

　チャーター・スクールは、学校を政府の統制から解放し公共の資産を民間の手に移したいという、自由論者が長いこと抱いていたイデオロギーの根本にある衝動を満足させた。ALEC は即座にその可能性を了解した。およそ 2 千人の州議会議員や事業の経営者による組織である ALEC は、民営化と企業利益の拡大を推進している。ALEC が作成したチャーター・スクールに関する法律の見本となるものは、次世代チャーター・スクール法と呼ばれている。その中にはいくつかの鍵となる項目がある。第一に、たとえ民間の理事会によって統制され、営利を目的に運営されているとしても、チャーター・スクールは公立学校であると、それは主張する。第二に、チャーター・スクールは、公立学校に

適用されている州の法律や規則のほとんどを免除されるべきである。第三に、チャーター・スクールは、州の教育委員会、大学、チャーター・スクールに好意的な組織などの複数の機関によって承認される方が良い。そうすることによって、新しいチャーター・スクールを開校する機会を最大限に拡大していくことになる。そして第四に、チャーター・スクールを承認したり、地方の教育委員会に勝る権限を持っていたりする理事会の任命権を、州知事が持つべきである。地方の教育委員会は、しばしばチャーター・スクールを認めることに気が進まないことがある。というのも、彼らは学校制度の利益を守るために選出されているのに、チャーター・スクールが学校制度の資源を奪うことになるからである。この法律は民営化の促進を後押しし、学校に対する地方の統制を徐々に弱体化させていく。民営化と自由市場を目指す企業型の政策課題は、この場合、小さな政府と地方による統制を重んじる伝統的で保守的な考え方よりも、優先権を持つことになる。その意味において、改革の政策課題は、実際には保守的な政策課題ではなくて地方の統制に対する急進的な攻撃なのである。それはあくまで企業の利益のためであり、アメリカの小都市に特有な伝統的な価値観にしばられている普通の人々の利益のためではない[11]。

　いくつかの州が最近、チャーター・スクールに関して ALEC が見本として作成した法律を採択した。例えばジョージア州においては、州議会にいる ALEC の会員が、チャーター・スクールに対する地方の反対を避けるために、州の委員会を設立するための法案を提出した。法案は容易に承認された。法案の文言は、ALEC のチャーター・スクールに関する見本の法律を反映していた。ジョージア州最高裁判所がこの法律について憲法違反であると宣言すると、州議会は州憲法への修正として再度この法案を承認したことから、この法案は州民投票の場に持ち出された。この法案を成立させるための選挙運動は、チャーター・スクール運営者、ウォルマートを所有しているウォルトン・ファミリー、そのほかの州外の寄付者から多額の資金援助を受けた。ニュージャージー州では、クリス・クリスティー州知事によって提唱された教育法が ALEC の見本の法律を反映していて、中には全く同じ文言が使用されていた部分もあった[12]。

　ノース・カロライナ州においては、州議会議員が 2013 年に ALEC の優先順

位を反映した法案を提出した。その法案は、州知事やそのほかの州の指導者によって任命される、チャーター委員会を設立しようとしていた。法律によって、委員会はチャーター・スクール支持者と、「公教育を強化する戦略として、チャーター・スクールへの理解と責任」を持つ被任命者によって、構成されることになる。チャーター・スクールは、地方の教育委員会を飛び越えて、この委員会に承認を申請することとなる。彼らは、地方学区や州教育委員会ではなくて、この委員会によって監督される。地方学区は、空いている学校施設があれば、それを年間1ドルでチャーター・スクールに貸し出すことが求められる。チャーター・スクールは教員免許を有する教員を雇用すべきことを求められていない。チャーター・スクールの教職員は、犯罪歴に関する調査に通過することを求められていない。この提案された法律は、委員会の構成員やチャーター・スクール運営者に対して、利益相反行為に関してはいかなる調査も求めていない。この法案は、事実上、チャーター・スクールに対するすべての有意義な監視を取り払ってしまうことになり、チャーター・スクールをその唱道者の庇護のもとに任せておくこととなる。驚くまでもなく、この法案は、「公立チャーター・スクールのためのノース・カロライナ同盟」の会長によって暖かく支持された。この会長は、二つのチャーター・スクールを運営するアカデミーを所有している。チャーター・スクールの納税申告書によると、この人物は「二つのチャーター・スクールから経営報酬と建物の賃借料として300万ドル以上を受け取っていた」[13]。

　だが、ALECは正しいのであろうか。チャーター・スクールは本当に公立学校なのであろうか。それともこれは、公的資金が民間の学校に支出されていることに対して、本能的にたじろいでしまう人々をなだめることを意図して、単に言い方を変えているだけではないのであろうか。チャーター・スクールの運営者は、チャーター・スクールは民間によって運営され、公立学校が従わなければならない規則や条例のほとんどを免除されてはいるが、自分たちの学校は公立学校であるので、ほかの公立学校と全く同等に取り扱われ、同等の資金を受け取る十分な権利を有している、と主張している。多くの人々は自分たちの学校のことを「公立チャーター・スクール」と呼んでいる。

チャーター・スクールの運営者は両方の側面を持つことを望んでいる。資金が分配される時には、彼らは公立学校と見なされることを望む。だが、訴訟に巻き込まれる時には、チャーター・スクールの運営者は、自分たちは公立学校ではなくて民間組織であると主張する。裁判所と統制機関は後者の点に関しては同意していた。2010年に第九巡回控訴裁判所は、解雇された教員がアリゾナ州のチャーター・スクールを告発した時に、この学校の運営者は州の機関ではなくて民間の非営利組織であるとの判決を下した。州法ではチャーター・スクールが公立学校であると規定されているものの、連邦裁判所の裁定は、チャーター・スクールが州の関係機関であるとの主張を退けた[14]。法律学者はこの判決に注目し、「有色人種の生徒は、チャーター・スクールに入学する時に、憲法の下で保障されている保護されるべき権利を、気づかないうちに放棄してしまっているのかもしれない」、と警告を発した[15]。

2009年にニューヨーク・チャーター・スクール協会は、公的資金を受け取っているにもかかわらず、州の会計検査官によるチャーター・スクールの会計監査を受けることを阻止すべく訴訟を起こし、それに成功した。協会は、チャーター・スクールは政府の機関ではなく、「公共の目標を実現していくための非営利の教育組織」であると強く主張した。協会は、チャーター・スクールは、社会事業機関や「建設請負業者」と何も変わらないと言い張った。州控訴裁判所は、チャーター協会の主張に7対0の評決で賛同した。対照的に、公立学校は、州の会計検査官による会計監査を受けることになりそうであったが、それに反対する理由はなにもなかった。この裁判所の裁定が出されて1年後、州議会は、州の会計検査官がチャーター・スクールの会計監査を行うことを承認した[16]。

労働問題が、チャーター・スクールが民間の組織として取り扱われることを期待した、もう一つの分野であった。2011年に、フィラデルフィアのニュー・メディア・テクノロジー・チャーター・スクールの60%以上の教職員が、組合を結成しようとした時、学校は、自分たちは公立学校ではないと反論した。この学校は450人の生徒を教育するために、毎年500万ドル以上の公的資金のみを提供されていた。弁護士は、学校の教職員は州の労働法に従わなければならない公務員ではなく、民間の被雇用者として全米労働関係委員会（NLRB）に

よって管理される、と主張した。偶然にもちょうどその時、学校の創立者で前理事長であった者と前筆頭理事が、事業と私的な支出のために学校の資金から50万ドル以上を盗んだことについて、罪を認めて禁固刑を宣告された[17]。

　2011年には、シカゴ数学科学アカデミーの教員の3分の2が教員組合の結成を求めた。フィラデルフィアと同様にチャーター・スクールの運営者は、自分たちの学校は「民間組織」であるので州法に従う必要がないと主張して、自分たちの行動を正当化しようとして戦った。2012年に、NLRBはチャーター・スクールが公的機関ではないことに同意し、それは政府機関でもなければ、「公務員や一般の有権者に対して責任を取らなければならない」役人によって管理されている機関でもないと、強く主張した。NLRBは次のような結論を下した。チャーター・スクールは民間の非営利組織で、その理事会は政府によって選出されるのではなく理事会自身によって選出される。事実上、チャーター・スクールは政府との契約に基づいて運営されている民間組織であるので、民間部門を統制している連邦法に従わなければならない[18]。

　ラトガース大学のブルース・ベイカーは、チャーター・スクールが私立なのか公立なのか、あるいはその両方が混ざったものなのかについて分析した。彼は、チャーター・スクールがバウチャーで支援されている私立学校といろいろな点で似通っている、と記していた。チャーター・スクールは自分たちの好みに応じて、入学者数や学級規模の上限を定めることができるので、すべての人が利用できるわけではなかった。チャーター・スクールは生徒をある特定の学年にだけ、また1年の中で特定の時期にだけ入学させることができ、学年の中頃に入学させるとか、どの学年にでも入学させるといったことを要求されてはいない。チャーター・スクールは自分たち独自の懲罰の手続きを採用することができる。それは時には、公立学校で典型的なものと比べて、より厳格でより制限的なものである。また、「彼らは、生徒を消耗させて、自発的に辞めていくことを後押しするような、成績、行動、文化の基準を設定することができる」。ベイカーと彼の仲間は、チャーター・スクールは、公立学校に比べて、しばしばかなり多くの費用を使うことを証拠書類で立証した。チャーター・スクールの中には、例えばワシントンD.C.のチャーター・スクールのように、かなり高

い生徒の退学率を持つところもあった。概して、チャーター・スクールの財政、成績、懲戒、入学の方針に対する公的な監視と統制は、公立学校に対するものよりはるかに少ない。公立学校は「年間を通じていつでも生徒を受け入れなければならない」し、「学問的基準を満たしていないが、より一般的な行動規範や保護者の義務といった社会的基準を満たしている生徒を、排除することはできない」[19]。

　理性のある人ならば、チャーター・スクールが本当に公立学校かどうかという質問に対して、異なる結論に達するかもしれない。チャーター・スクールの運営者は、裁判所と NLRB に対して、自分たちは民間の組織で、民間の雇用者で、民間の契約請負業者であると裁定するよう求めた。これは、彼らが民間人であり、チャーター・スクールが拡大していくことは民営化にほかならないと結論づけるのに、十分な理由になると思われる。

　チャーター・スクールに関する法律の整備が急速に拡大し、全米的なチャーター・スクール・チェーンのようなチャーター分野の発展が、アメリカの教育に新たな現象を生み出した。これは、教育運営機構（EMOS）やチャーター・スクール運営機構（CMOS）として、とらえられている。この言葉は相互に交換可能なものとして使われている。チェーン・スクールの発展は、ウォルマート、ターゲット、マクドナルドといった小売チェーン店の発展とよく似ている。それは、中央に集約された経営体制と事業のある側面における規模の経済を提供する。CMO あるいは EMO は、財務管理、事務管理、人事、販売、広報などと同様に、「ブランド」や、管理体制、カリキュラム、方針などの画一性を提供する。現在およそ 200 の異なる CMOS や EMOS が、28 の州において運営されている。すべてのチャーター・スクールのほぼ 35% が CMO か EMO に属している。すべてのチャーター・スクールの生徒の約半数がチャーター・チェーン・スクールに在籍している[20]。

　最も急速に成長している非営利のチャーター・チェーンの一つが、キップ（KIPP）である。この組織は 1994 年に、ティーチ・フォー・アメリカの二人の同窓生によって創立された。KIPP は 2013 年には、全米でほぼ 100 校以上のチャーター・スクールを運営し、さらに数を増やす用意をしていた。KIPP は「知は

力なりプログラム」の頭文字をとっている。それは非営利組織であるが、企業、財団、政府資金より何百万ドルもの資金を集めていた。KIPPは概して、同じ学区の公立学校よりも生徒一人当たり多くの資金を支出している。それは「弁解無用」の文化を自慢し、そこでの規律は厳格である。KIPPの学校はスラント（SLANT）と呼ばれる行動に関する規範を作り上げた。それは、背筋を伸ばして座る、聴く、質問をする、頷く、話をしている人を目で追いかけるということの、頭文字をとっていた。そこでは、公立学校と比べて1日の学習時間はより長く、年間の授業日数もより多かった。ほんの少数の例外を除いて、その学校には教員組合は存在しない。批判家は、KIPPの学校が、とりわけ黒人の男子生徒について異常に高い退学率を示していると主張しているが、KIPPはそれを否定している[21]。

アメリカにおける最も大きなチャーター・チェーンはKIPPではなくて、グレン・チャーター・スクールである。これは、世俗を離れたイスラム教の導師であるフェシュラー・グレンと、緩やかに連携しているチャーター・スクールである。彼は、ペンシルベニア州の田舎に住んでいるが、トルコの強力な政治組織を指揮している。2013年には少なくとも26の州に、グレン関連のチャーター・スクールがおよそ140校あって、数学と科学に焦点を当てている。こうした学校は多数のトルコ人の教員を雇用し、運営委員会は通常、全員がトルコ人の男性で構成されている。学校名としては、ハーモニー・サイエンス・アカデミー、ホライゾン・サイエンス・アカデミー、マグノリア・サイエンス・アカデミー、ソノラン・サイエンス・アカデミーなどを挙げることができる。テキサス州とジョージア州の会計検査官は、グレンの学校が自分たちの活動と関連の深い業者に契約を意図的に回している、と批判していた。『ニューヨーク・タイムズ』によると、テキサス州にある36校のグレンの学校が公的資金を年間に1億ドル以上も受け取り、「建設や修理の契約で、グレンの活動と繋がりのあるトルコ系アメリカ人が経営する会社に、何百万ドルもの資金を提供していた。グレンの活動と関係のない会社がより安い値を提示してきても、それを無視することもあった。テキサス州の学校は、カフェテリアの食べ物、放課後活動、教員の養成に関する契約を、グレンの支持者と関連のある組織と締結し

ていた」。ジョージア州の3校のグレン・チャーター・スクールは債務不履行を起こし、フルトン郡の会計検査官は、グレン関連の業者に与えられた何十万ドルもの金額に疑問を投げかけていた[22]。

最初の営利のチャーター・チェーンは、1992年に設立されたエジソン・スクールズであった。エジソンは後援者が予想していたほど利益の上がる事業ではないことが判明したが、それでも今ではイマジン・スクールズ・インク、ナショナル・ヘリテッジ・アカデミーズ、モザイカ、レオナ・グループなどの多くの全米的な営利のチャーター・チェーンが存在する。おそらく最も利益を上げているのは、サイバー・チャーター・チェーンである。サイバー・チャーター・スクールあるいはバーチャル・スクールは、学校の校舎を持っていない。それは、在宅の生徒にコンピュータを通して授業を提供する。子どもの保護者は「学習指導員」である。こうした学校は、生徒を州全域からのみならず、州境を越えた別の州からも引き寄せることとなる。最大のサイバー・チャーター・チェーンは、K12インクとコネクションズ・アカデミーである。コネクションズは、教育関連のテストと出版の事業を行っている超巨大企業であるピアソンが所有している。コネクションズの上席副社長は、バーチャル・スクールを推進する法律の見本を作成した、ALECの教育特別専門委員会の共同座長であった。

チャーター・スクールの唱道者は、自分たちは伝統的な公立学校よりも良い学業成績を生み出し、経常経費が少ないので僅かな費用で済むと主張している。この約束はどちらも果たされていない。チャーター・スクールの学業成績は一貫していない。しかし、それは驚くべきことではない。というのも、その分野そのものが極めて変化しやすいものだからである。チャーター・スクールの中には、継続して高いテスト得点をとる学校もあれば、継続して低いテスト得点しかとれない学校もある。例えばKIPPのネットワークや、ハーレム・チルドレンズ・ゾーンのプロミス・アカデミーズに属する学校などのように、同じネットワークに属するチャーター・スクールでさえも、成績が大きく異なることがある。概ねチャーター・スクールの学業成績は、同じような程度の生徒を教えている伝統的な公立学校の学業成績よりも良くはないと、多くの研究は一致して結論づけている[23]。また、チャーター・スクールは費用削減も成し遂げては

いない。

　2012年のミシガン州におけるチャーター・スクールに関する研究は、伝統的な公立学校と比べてチャーター・スクールは、運営により多くの資金を支出し、授業にはより少ない資金しか支出していないとの結論を出した。ただし、ミシガン州では営利で運営されているチャーター・スクールの割合がとても大きいので、ほかの州においては異なる傾向になるかもしれない。どちらの組織に属する学校も同様の州の資金を受け取っているが、チャーター・スクールは伝統的な公立学校と比べて、生徒一人当たり年間で、運営には約800ドル多く支出し、授業には1,140ドル少なく支出している。「総支出の中に占める割合としては、ミシガン州の学区は60.5％を授業に充てているのに対して、チャーター・スクールは47.4％しか授業に充てていない」。いくつかのチャーター・スクールの運営の費用が高いのは、EMOの運営費用のせいであった。チャーター・スクールは、頻繁に入れ替わる経験の乏しい授業担当者を主に頼りにしながら、公立学校で働いている教員と同様の教員免許を持っている教員には、より安い給料を支払うことによって、授業にかかる費用を削減した。ミシガン州でチェーンに属さずに運営されているチャーター・スクールでは、EMOのチャーター・スクールに比べて生徒一人当たり、約300ドル支出が少なかった。この研究の著者は、「たとえ誰かが、資金の支出を学級での授業から運営に移すという現代の教育改革を追い求めていたとしても、ミシガン州でチャーター・スクールが行ったようなことを断固として成し遂げることは、誰にも真似ができないであろう」、と断定した[24]。

　現在、33の州が、営利組織によって運営され、費用が税金で賄われている学校を認可している。営利のEMOの数は、1995年から2010年の間で5から99へと増加し、生徒の入学者数は1千人からおよそ40万人へと増加した[25]。これがアメリカの歴史においていかに異常であるか、認識することは重要である。1990年代初頭からあちらこちらで始められた、エデュケーション・オルタナティブス・インクやエジソン・プロジェクトのような実験的な試みを別にすると、営利の公立学校教育は、ほぼ200年にわたるアメリカの教育を通してほとんど知られていない。今日、ミシガン州、インディアナ州、アリゾナ州、フ

ロリダ州といった州は、営利のチャーター・スクールを歓迎している。オハイオ州のように営利の学校を認めていない州においてさえ、チャーター・スクールは、運営と業務のどちらか一方あるいはその両方を営利の運営会社に委託することが認められていて、しかも、チャーター・スクールの理事会はしばしば、利益を上げる運営会社と財政的に深い関わりを持っている。ミシガン州においては、チャーター・スクールの少なくとも80％が営利である。『フォーブス』への定期寄稿家であるエリック・ケインは、次のように記していた。「ミシガン州の5校のチャーター・スクールのうちの4校は営利企業によって運営されている。それをすぐに壊してしまおう。それは、子どもの未来の教育やこの国の未来について考えているあらゆる人々を、ひどく深く苦しめているに違いない」。「企業による公教育の乗っ取りが進行中である」と、ケインは憂鬱そうに述べた[26]。

オハイオ州においては、州法で営利企業がチャーターを獲得することが認められていないにもかかわらず、チャーター・スクール運営会社はかなりの利益を上げている。しかしながら、それは、州法が非営利のチャーター・スクールの理事会が、学校運営のために営利団体を雇い入れることを認めているからである。チャーター・スクール関連の法律を作成した共和党の議員が、議員を引退したのちに、チャーター・スクール普及のためのロビー活動の事業を開始し、45校のチャーター・スクールを監督する自分の娘の営利事業のためにも働いている。『トレド・ブレード』は社説に次のように書いていた。「10年以上前に、チャーター・スクールがオハイオ州の教育の舞台に出現した時には、この州の憂慮すべき凡庸な公教育制度に対する、改革の可能性を持ったより費用のかからない代替案として、この新聞も含めて多くの人々から喝采を送られた。当時、想像することができなかったのは、公式にはコミュニティ・スクールとして知られていたチャーター・スクールが、時には政治的な結びつきのある人物によって、保証金や運営管理費が吸い上げられていく現金収納庫になることであった」[27]。

アクロンの実業家デービッド・ブレンナンは、ホワイト・ハット・マネージメントと呼ばれるチャーター・チェーンを持っている。これは、六つの州で約50の学校を運営していて、そのうちの30校がオハイオ州にあった。1999年以

降、ホワイト・ハットは傘下のチャーター・スクールのために、オハイオ州からほぼ10億ドルの収入を得てきた。ブレンナンとその家族は、州の政治家に何百万ドルにも上る金額を寄付してきた。ホワイト・ハットのためにロビー活動を行う人々は、チャーター・スクール関連の法律を作成するのに重要な役割を演じていた。ほかの多くの州と同様に、オハイオ州は学校に対してテスト得点とほかの方法に基づいて、AからFまでの文字で表される成績評価を与える。2010-11年度において、オハイオ州にあるホワイト・ハットのチャーター・スクールの中で、C以上を獲得した学校はなかった。ほとんどがDかFであった。2010年には、ホワイト・ハットのチャーター・スクールのうちの10校の理事会が、財務関連資料を開示させようとしてホワイト・ハットを告訴した。ホワイト・ハットは州の資金の96％を得ていて、この資金がどのように使われたのか分からないと理事会は訴え出た。判事は資料の開示を支持する裁決を下したが、ホワイト・ハットはこの判決を不服とし、民間会社なので利益、損失、収入について開示する義務はないと主張して、上訴した。それは、家具、コンピュータ、生徒のファイルまで、校舎の中のすべての物を所有していた。それらは公的資金により購入されたものであった。オハイオ州のチャーター・スクール法においては、学校の理事会と運営会社との間に論争が起きた時には、運営会社は学校の理事会を解散させることができる。奇妙な取り決めである[28]。

2012年に、たいした成績ではないにもかかわらず、州はさらに2校のチャーター・スクールをホワイト・ハットに授与した[29]。

営利のチャーター・チェーンは、権力、統制、資金の問題により批判に晒されてきた。『ニューヨーク・タイムズ』は、イマジン・スクールズ・インクが学校運営を求められた時に、どのようにしてその学校を完全に掌握するのかを描写した。「いくつかの州の調整官は、イマジンが、ほぼすべての学校の意思決定の場面から、チャーター・スクールの保有者を押し出してしまっていることに気づいていた。それは、校長と教職員の雇用と解雇、学校の不動産を管理してそこから利益を得ること、しばしばイマジンによる運営を永久に保証するような契約に基づく予約金などについてである」。イマジンは、自分を雇用した理事会を支配し、契約の条件を指図したいと求めている。この会社は通常、

総収入の12％の運営費用と、それに加えて会社が決める追加の費用を請求する。イマジンの不動産取引は複雑で、利益を生み出している。イマジンは学校の不動産を買い取り、それを不動産投資信託へ売り、今度はそれを賃借し、そしてそれを自分が運営するチャーター・スクールに賃貸する。ニューヨーク市のイマジンが運営するチャーター・スクールは、イマジンが建物の所有者に払う賃借料よりも月額1万ドルも高い金額を、イマジンに払っていた。ネバダ州では、イマジンのチャーター・スクールは、州から受け取る収入の40％を賃借料として払っていた。2012年にミズーリ州は、成績不振の理由でセントルイスの6校のイマジンのチャーター・スクールを閉校したため、学区の在学生のおよそ11％に当たる3,800人の子どもたちが突然、転校させられた。ジョージア州が2校のイマジンの学校を閉校した時に、エンターテイメント・プロパティーズ・トラストは7,200万ドルの損失を出し、株価の下落を経験し、チャーター・スクールへの投資が予測不能であるという教訓を得た[30]。

イマジンだけが、法外な賃借料を課すことによって利益を得ている唯一の営利企業ではない。ミシガン州に本拠地を持つ営利のチャーター・スクール運営者である、ナショナル・ヘリッテジ・アカデミーズ（NHA）は、ニューヨーク州ブルックリンで2校のチャーター・スクールを運営している。NHAは学校の校舎を年間26万4,000ドルで借り、その顧客であるブルックリン・ドリームズ・チャーター・スクールに対し、賃借料とそれに関連する費用として267万ドルという桁外れの金額を請求している。NHAはブルックリン・エクセルシオール・チャーター・スクールも運営していて、この学校は2012年に州の会計検査官による監査を受けた。NHAが校舎をその所有者から借りている。この学校はNHAに賃借料として年間257万ドルを支払い、これに追加の支出を加えると、建物の占有使用料は総額320万ドルとなり、学校の年間収入1,020万ドルのほぼ3分の1に相当した。会計検査官は、学校が、公平な立場の不動産鑑定士が評価した金額よりも、年間の賃借料として80万ドル多く支払っていると抗議した。それは、5年間の賃貸契約の有効期間で総計400万ドル以上になった[31]。

チャーター・スクールの建設に投資することは、利益を得るもう一つの機会を与えられることである。2011年にはテニスの有名選手であったアンドレ・ア

ガシが、ロサンゼルスに本拠地を置くキャニオン・キャピタル・リアルティ・アドバイザーズと、全米におけるチャーター・スクール建設の財源として、7億5,000万ドルの資金を創出することで提携した。投資家は、世の中にとって有用なことができると同時に、利益も獲得できることを確信した。この新規事業の見本となったのが、2001年に開校されたアガシ自身のチャーター・スクールである、ラスベガスのアンドレ・アガシ・カレッジ・プレパラトリー・アカデミーであった。アガシは報道機関と投資家に対してこう述べた。「私は、この国の教育制度がどうあるべきかの見本として、この学校の複製が作られ、この学校の計画の青写真が使われるのを見ることに興味があります」。アガシは自らのチャーター・スクールについて、市内の最も困窮した生徒のための選りすぐりの学校であると表現した。その目標は、「すべての生徒に、アメリカの上位100の単科大学と総合大学に入学し、競争するための準備をさせる」というものである。有名な運動選手であるアガシにとって、十分な資源のある最新式の施設を建設するための何千万ドルもの資金を集めるのに何の困難もなかった。ある億万長者はアガシのチャーター・スクールに1,800万ドルを贈呈した[32]。

　だが、この学校の実体は想像されていた姿とは全く異なっていた。開校してから最初の10年間に、6人の校長が勤務した。地方の報道記者は、「教員、校長、職員は遠征チームのように来ては去っていく」ことに言及していた。同じ年度の中で4人から5人の教員に受け持たれた学級もあった。かつて勤務していた教員によると、「教員が常に入れ替わるので、学習環境は混乱している」という。州のテストにおける学校の習熟率は、学区とほとんど同じであったが、英語学習者や特別支援教育の必要な生徒の数はより少なかった。最初の卒業を迎える三つの学級の生徒が、全部で37科目あるアドバンスト・プレイスメント・テストの中から科目を選択して受験したところ、合格者がいたのは僅か4科目だけであった。2010年には、ミドルスクールの校長が不正行為の醜聞で調査され、州の教育局は得点を無効とした。チアリーディングの指導員が、国際売春組織を運営していた疑惑で逮捕された。かつて勤務していた教員や警備員は、学校には統制がなかったと述べていて、教職員の高い回転率が生徒の不品行を助長していた。学校は、普通の公立学校より生徒一人当たりに多くの費用をかけて

いた。それは、ほかのどのような学校に対しても、見本や青写真にはなりえない[33]。

通常、非営利の EMO は学校を運営し、業務に関する運営費を州に請求する。非営利の運営費用が、営利の運営費用と変わらない場合が見受けられる。ニューヨーク市においては、例えばサクセス・アカデミー・チャーター・スクールズ・チェーンは、極めて裕福なウォールストリートのヘッジ・ファンド運用者を含む理事会を持っている。サクセス・アカデミー・チャーター・スクールズ・チェーンの最高執行責任者であり、創設者でもあるエバ・モスコビッツは、年間 40 万ドルの給料と特別手当を支払われている。この組織は非営利であるが、運営費の 15％あるいは生徒一人当たり 2 千ドルを請求しており、これは、営利のチャーター・チェーンによって請求されるかなり高額の費用に匹敵する金額である[34]。

アリゾナ州は時折、チャーター・スクール運動において、開拓時代のアメリカ西部の辺境地帯と称されてきており、それにはそれなりの理由がある。州が奨励するおかげで、500 校以上の学校を有するチャーターの分野は、アリゾナ州の学齢期の子どもたちのほぼ 15％を入学させており、これはほかの州と比べてはるかに高い割合となっている。アリゾナ州の法律では、チャーター・スクールは最小限の監視のもとで公的資金を受け取る。その結末はとんでもないものである。『アリゾナ・リパブリック』は、州の最も大きな 50 校の非営利のチャーター・スクールの、納税申告書と監査報告書とを調査したところ、12 校以上のチャーター・スクールが疑わしい自己取引を行っていることを発見した。学校が理事や運営者と交わした契約の中に、約 7,000 万ドルが含まれていることを明らかにした。この調査には営利のチャーター運営者は含まれていなかった。というのも、法律は、彼らの支出や収入を開示することを求めていないからである[35]。

州のチャーター・スクールのほぼ 90％が、物品や業務請負に関して競争入札の実施を求める州法の適用から、自分たちのことを永久に免除するよう要求し、それを実現していた。時には、非営利のチャーター・スクールが学校の運営を、チャーター・スクールの理事が所有している営利企業に外部委託するこ

ともあった。営利企業は支出内容を開示することが求められていないので、主要な業務内容を調査することはできない。

　アリゾナ州法の中で、チャーター・スクールが理事や教職員と商取引を行うことを禁じる条項は何も存在しなかった。グレイト・ハーツと呼ばれる非営利のチャーター・チェーンにおいて、学校が100万ドルほどの書籍を理事が所有する教科書会社から購入していたと、新聞が報じた。

　1998年にマイケル＆オルガ・ブロックが、アリゾナ州のベイシス・チャーター・スクールを創設した。この学校は厳格なカリキュラムと傑出した成果でよく知られている。2009年にブロック夫妻は、6校のベイシス・チャーター・スクールに、「学校を運営するために必要なほとんどすべてのもの、つまり、学校の校長、教員、経理、技術、人的資源、広報、そしてマイケル＆オルガ・ブロック」を供給するために、営利企業を設立した。非営利企業が営利企業と10年契約を締結した。マイケルは非営利企業の理事会に残ったが、オルガは退任した。『アリゾナ・リパブリック』によると、「非営利企業はブロックの会社に対し、支出総計1,370万ドルの中から980万ドルを支払った」という。州法のもとでは、州はチャーター・スクールを会計監査することはできるが、学校を運営するために雇われた営利企業を会計監査することはできない。

　アリゾナ州法は、チャーター・スクールが一つの家族だけで構成される理事会を持つことを禁止していない。アリゾナ州ペオリアの学校は3人の理事から成る理事会を持っている。理事長と秘書は婚姻関係にあり、3人目は彼らの息子である。2007年から2011年の間に、学校はカリキュラム、事業相談、営繕、そのほかの業務を学校に提供する、同じ家族が所有する企業にほぼ50万ドルを支払った。学校はまた、造園の契約を理事の子どもと孫との間で結んだ。

　二人のアリゾナ州民が2002年に、オンラインのチャーター・スクールを非営利組織として始めた。そこで二人は、理事であるとともに給料を支払われる被雇用者でもある。この同じ二人が、カリキュラムとソフトウエアを開発する、アメリカン・バーチャル・アカデミーと呼ばれる営利企業を設立し所有している。2007年から2011年の間に、非営利組織は営利企業に業務の対価として4,230万ドルを支払った。

エスピリツ・チャーター・スクールは、『アリゾナ・リパブリック』によると「親族の網の目」である。三つの学校がフェニックスの一つの敷地の中に位置している。アルマンド・ルイーズがエスピリツの創設者であるとともに理事でもあり、同時に彼は、エスピリツが、スポーツ、技術、簿記、保護者が参加する行事といった学業以外の活動を取り扱うことに対して費用を支払う、もう一つの非営利組織の役員である。学校は土地を所有する第三の非営利組織に土地の賃借料を支払っており、その理事会はルイーズの兄弟、姉妹、甥によって構成されている。ルイーズの家族の9名が非営利組織から給料を貰い、理事として勤務している。

オークランドのアメリカン・インディアン・パブリック・チャーター・スクールが、企業型教育改革者のお気に入りとなり、その成果が全米で有名になった。それは、もともとアメリカ先住民のために作られたミドルスクールで、成績は芳しくなかった。2000年にベン・チェイビスがこの学校を引き継ぎ、運営方針と生徒層を変更した。ほとんどすべての生徒が貧しかったが、それでもこの学校はいくつかの科目で州の最高のテスト得点を継続的にあげていた。賛美者はこの学校について、費用のかからない実質本位の全米の見本となる学校として、喝采を送った。アーノルド・シュワルツェネッガー州知事が、賞賛するためにこの学校を訪問した。ブッシュ政権は、この学校に対して全米最優秀学校の栄誉を与えた。保守的な財団が助成金を提供した。デービッド・ウイットマンの著書『些細なことにこだわること』の中で、チェイビスは市民としては行き過ぎた父子主義の持ち主として選出された。ウイットマンはこのミドルスクールについて、「最近の歴史において教育を再生させた偉大な物語の一つ」として描写した。この本が出版されたのち、ウイットマンはアーン・ダンカン教育長官の演説の首席草稿作成者となった。この学校は厳しい規律と弁解無用の統制を実施していた。チェイビスは、口汚い言葉や人種差別的な罵りの言葉をおおっぴらに使うことが、よく知られるようになった。彼は教員組合をあざ笑い、彼の期待に添えなかった教員を即座に解雇した。チェイビスは、オークランドにハイスクールも含め、さらに2校のチャーター・スクールを開校した。疑い深い人は、この学校の独裁的な指導者が生徒層を変えてしまったので、その結果

として生徒のほとんどがアジア系アメリカ人となり、アメリカ先住民はほとんどいなくなってしまった、と指摘した。だが、報道機関のこの学校に対するへつらいは、2012年の会計監査の結果、チェイビスと学校の財務管理者である彼の妻による事業に、380万ドルが持ち出されていたことの疑念が提起されるまで、終わることがなかった。チェイビスは学校の指導者の地位を降りたが、年間に数十万ドルの賃借料を徴収し続けた。というのも、学校が設置されている建物を、彼が所有していたからであった。チャーター・スクールの指導者としてチェイビスは、入学方針、規律方針、財務に関して全く監視されることのない公的資金を要求した[36]。

　チャーター・スクールに携わる起業家にとっての大きな望みは、最終的には、貧しい子どもたちのテスト得点を高め、貧しい生徒と裕福な生徒の間の、また人種集団の間の学力格差を解消することができるような、複製可能で安価な学校の見本を開発することである。PBSの記録番組の中で、特派員のジョン・メロウが次のように尋ねた。フォード・モデルTで自動車の大量生産の先駆者となったアメリカが、なぜ質の高い学校を大量生産することができていないのであろうか。彼は、カリフォルニア州サン・ホセで2006年に開校され、最終的には百万人の生徒を入学させることを目指していた、ロケットシップ・チャーター・チェーンにその答えを見つけ出そうとした。その事業計画は正直であった。1日に1時間、多くの生徒をコンピュータの前に座らせ、それを給料の安い非常勤の助手に監督させることによって、費用を削減するというものであった。この「混合学習」形態は、「個別学習」として描かれている。というのも、ソフトウエアは、それぞれの生徒の能力の程度に合わせて、質問を調整することができるからである。この形態をとることによって学校は教員の数を減らすことが可能となり、年間50万ドルの節約となる。ロケットシップの教員の4分の3はティーチ・フォー・アメリカの出身で、その半分は2年以下の経験しか持っていない。生徒は、コンピュータのマウスのポイント・アンド・クリックの試験の準備は十分に行っているので、高いテスト得点を獲得する。この学校には音楽や芸術の授業はない。この見本は安価で複製可能である[37]。

　だが、ロケットシップ・チャーター・スクールのような学校と、高度先端技

術の専門家が自分たちの子どものために選ぶような学校との間にある、著しい相違を考えるべきである。シリコン・バレーの中心部であるカリフォルニア州ロスアルトスにある、ウォルドルフ・スクール・オブ・ザ・ペニンシュラの生徒の4分の3は、グーグル、イーベイ、アップル、ヤフー、そしてこの産業におけるそのほかの巨大企業の最高経営幹部の子どもたちである。ウォルドルフ・スクールにはコンピュータは1台もない。そこでは、身体活動と創造性を養う体験的な課題が強調されている[38]。

技術に精通している人は、教育の中に技術が占めるべき場所があることを知っている。だが、彼らは、自分の子どもにモデルTの教育を与えることを望んではいない。

今日までのところ、チャーター・スクールは、素晴らしい学業成績を生み出すという希望を実現していない。公立学校の中でも学校ごとにさまざまな違いがあるように、チャーター・スクールの中でもさまざまな違いがある。チャーター・スクールと公立学校が同程度の生徒を入学させた場合には、成績は概ね同じであると、多くの研究は結論づけている。チャーター・スクールについて一般化しても、それはすべてのチャーター・スクールにとって真実ではない。どこから見ても申し分のないチャーター・スクールもある。キンダーか1学年かあるいは5学年でしか生徒を受け入れないために、成績が非常に高いチャーター・スクールもある。そうした学校では、学習や規律に対する学校の要求が高すぎるために、徐々に最も成績の悪い生徒は学校を去る傾向にある。高いテスト得点をあげているチャーター・スクールの中には、入学のために一連の厄介な手続きを設定している学校もある。例えばフィラデルフィアのチャーター・スクールは、「11頁にのぼる入学願書を完成させること、小論文を書くこと、20問の短答式の質問に答えること、3通の推薦状を提出すること、面接を受けること、懲罰の履歴、市民権、障害の状態に関する記録を提出することを、志願者に求めていた」。また、フィラデルフィアのチャーター・スクールの中には、1年のうちの1日だけ、郊外の私営ゴルフ場の敷地内だけで入学願書を受け付けている学校もあった[39]。

障害のある生徒を極端に少数しか受け入れていないチャーター・スクールもある。こうした生徒を教育するには費用がかかるし、障害の程度によっては、学校のテスト得点を下げてしまうかもしれない。2012年に連邦会計検査院（GAO）は、アメリカの生徒の11％は障害があるが、チャーター・スクールは8％しか入学させていないと結論づける報告書を発表した[40]。GAOの報告書は、チャーター・スクールにおける特別支援教育の必要な生徒の入学者数の少なさを、過小評価していたかもしれない。ほとんどのチャーター・スクールは都市の学区に集中していて、そこでは障害のある生徒の割合は11％よりはるかに大きくなる。ほとんどのチャーター・スクールは、重度の障害のある生徒の入学をきっぱり断っている。ミネアポリス州では、グレン関連のチャーター・スクールが既存の公立学校の運営権を握り、40人の自閉症の生徒に退学を求めた。2010年には、障害のある生徒を代表して公民権の弁護士が、チャーター・スクールが彼らに差別行為を行ったとして、ニューオリンズ市とルイジアナ州の教育担当者を相手取って連邦裁判所に集団訴訟を起こした[41]。

　もちろん、最も容易に教育することのできる生徒だけをすくい取ったり、自分たちにとって必要ではない生徒を「自発的に辞めるように忠告したりする」ことをしない、地域に根ざした優れたチャーター・スクールが存在する。中には、公立学校ができない何かを、あるいは公立学校がうまくできない何かをすることによって隙間を埋めるという、チャーター・スクールの本来の姿を実現しようと試みている学校も存在する。また、あまりにもがんじがらめにあらゆることが前もって決められ、極度に規制された、過大なテストを課す公立学校から避難してくる生徒を探している、教員やそのほかの人々によって運営されている学校もある。そうした学校は、自分たちが公立学校よりも優れていることを吹聴したりはしない。けれども、市場で自分の取り分を増やそうとする昨今の競争的な傾向のなか、攻撃的で起業家的なチャーター・チェーンがチャーター分野の成長を押し進めている。

　企業型教育改革者は、チャーター・スクールが都市の教育問題に対する解決策であると信じている。都市から都市へと、企業型教育改革の指導者とその仲間は、学業の成功を約束しつつチャーター・スクールを推進していく。チャー

ター・スクールが開校されると、公立学校への入学者数が減少する。すると、企業型教育改革者は、入学者数が減少したとして、公立学校を閉校する。シカゴでは何十もの公立学校が 21 世紀の最初の 10 年間で閉校され、多数のチャーター・スクールが開校された。2013 年にシカゴ市長のラーム・エマニュエルは、さらに 54 校の公立学校を閉校することを決定した。これは、合衆国の歴史において、公立学校の閉校数としては最大である。オハイオ州ではチャーター・スクールが公立学校よりも悪い成績だったにもかかわらず、クリーブランドでは、市長が多くの公立学校をチャーター・スクールに置き換える計画を巧みに考え出した。フィラデルフィアでは、長年にわたり州の管理下に置かれていた公立学校組織に関する報告書を書くために、地域の主要な財団が経営コンサルタント会社であるボストン・コンサルティング・グループを雇った。コンサルタントは、極めて多くの公立学校を民営化することを推奨した。この報告書は、フィラデルフィアが 10 年も前にすでに民営化の試みを行い、失敗していたことや、少なからぬ市のチャーター・スクールが連邦政府の調査を受けていたことには触れていなかった。インディアナポリスでは、マインド・トラストと呼ばれる企業型教育改革者集団が、病んでいる市の教育組織を治療するために、チャーター分野を拡大することを推奨した。メンフィスでは、公立学校が郡の公立学校と合併しつつあったが、市の生徒数の 4％から 19％へとチャーター分野を迅速に拡大することを、企画委員会が推奨していた。ミシガン州では、赤字で運営されていたハイランド・パークとムスケゴン・ハイツの、二つの小さな学区を担当する緊急対策官を州政府が任命した。この二つの学区では、アフリカ系アメリカ人の生徒が圧倒的多数である。緊急対策官の解決策は、両方の学区の公立学校組織を解消して、生徒を営利のチャーター・スクール運営者の手に委ねるというものであった。デトロイトでは、市の緊急対策官が多数の公立学校をなくし、さらに多くのチャーター・スクールを開校する計画を立てた。市から市へ、学区から学区へと、財政上の困窮と低い学業成績に対する解答は民営化であったが、企業の経営者が経費を削減したり、より優れた教育を提供したりすることができるという、いかなる証拠もなかった。企業型教育改革の指導者は、公立学校をより良いものとするために思慮深い持続的な努力を行う

よりも、公立学校を閉校して、チャーター・スクールに置き換えることを選択してきた。

チャーター・スクールの開校は、都市のカトリック系学校に対して極めて壊滅的な打撃を与えていた。多くのカトリックの家族が郊外へと移転し、教団に属する低賃金の教員がいなくなるにつれて、教区学校はすでに財政上の問題に直面し、生徒の入学者数は減少しつつあった。チャーター・スクールの出現とともに、カトリック系学校の入学者数の減少はさらに加速された。カトリック系学校を真似た制服と厳格な規律を持つチャーター・スクールが開校されると、学費が無料のチャーター・スクールでも同じような価値を得ることができると期待して、学費が必要なカトリック系学校から子どもを転校させる保護者が少なからずいた。貧しい子どもたちや移民の家族に奉仕してきた賞賛に値する歴史にもかかわらず、過去の実績や歴史のないチャーター・スクールに賭けてみようとする家族のせいで、カトリック系学校は自らの門を閉じることを余儀なくされている。カトリック系学校もチャーター・スクールに変われば、生き延びることができると提案する人もいたが、そうすると、カトリック系学校は自分たちの宗教的な存在意義を放棄せざるを得なくなり、カトリック系学校であることを止めなければならなくなる[42]。

チャーター・スクールの問題は、地域の公立学校に対するチャーター・スクールの影響を考慮せずに、十分に評価することはできない。カリフォルニア州イングルウッドは、かつて保守的な人々から偶像視された学区であった。貧困の度合いが高いにもかかわらずテスト得点の高いこの学区を、彼らは暖かく賞賛した。イングルウッドは、普通の学校が、フォニックスの基本と厳格な規律をしっかりと継続していけば、追加の資金がなくても貧困を克服することができることを証明したと言われている。「イングルウッドの奇跡」について書いた人もいた。ヘリテージ財団が、この学区のベネット-キュー・エレメンタリースクールを、成績の悪いことに対して「弁解無用」を受け入れた学校として、全米の最も優れた学校の一つとして選出した。ジョージ・W・ブッシュ大統領がこの学校を訪問した。だが、2003年から2011年の間に、この学区は1万8千人の生徒の3分の1をチャーター・スクールに取られてしまい、見本で

あった学区はもはや見本ではなくなった。入学者数が減り総収入も減ったことから、学区は、教員と用務員の解雇と学級規模の拡大を余儀なくされた。2012年末に州がイングルウッド学区を引き継ぎ、学区の破産を防ぐために5,500万ドルの緊急融資を認め、学校を統制し、費用を大幅に削減するために、一時的な管理者を配置した。イングルウッドが州の管理に移されたことに関する報告書には、以下のようなことが記されていた。「学区の財政的な破綻の中心には、勉強の手を休めることを拒む生徒の脱出があった。1月に光り輝く真新しいラ・ティジェラ・K-8・スクールを開校したりして、生徒を呼び戻すために積極的な手段を講じたにもかかわらず、学区は去年900人の生徒を失い、その多くは近隣のチャーター・スクールに転校していった。その結果、学区に残った生徒の数は約1万2千人となった」[43]。

ペンシルベニア州のチェスター・アップランド学区では、州知事の選挙運動への最大の資金提供者が運営するチャーター・スクールが、学区の生徒の約半分を入学させていた。このチャーター・スクールを運営する営利企業の所有者は、年間およそ1,600万ドルを、物品や業務提供に対する料金として受け取っている。その結果として、学区の公立学校はあまりにも巨額な資金を失ってしまったため、ほとんど破産状態にあり、結局は、残された生徒を民間のチャーター・スクールの運営企業に委ねて、閉校せざるを得なくなるであろう。ほかの学区は財政危機に陥っている。保守派が支配しているペンシルベニア州議会は、財政が逼迫している学区をチャーター・スクールの運営者に、それが営利であろうが非営利であろうが構わずに譲ってしまい、事実上、こうした町での公教育を終わらせたがっているように見受けられる。そして、チャーター・スクールの運営者は教員を解雇し、給料や福利厚生の手当を切り詰め、科目を削減し、学級規模を拡大することによって、支出を削減して自分たちの利益を増やすことができる[44]。

アルバート・シャンカーの最も恐れていたことが実現されつつある。チャーター・スクール運動は、公教育を刈り取って残った広大な跡地を民営化するための手段となってしまった。それは、公立学校の民主的な統制を終わらせ、公立学校を民間の運営に移すこととなる。チャーター・スクールは公立学校との

競争を求めていて、協力を望んではいない。

　チャーター・スクール運動は1990年代初頭に高い期待とともに始められた。チャーター・スクールは、最も貧窮している生徒を入学させる学校であると考えられていた。だが、NCLB法の時代においては、じっと静かに座っていることのできない生徒、障害のある生徒、英語を話したり読んだりすることのできない生徒を入学させることは、危険なことであった。彼らは学校のテスト得点を引き下げるかもしれない。チャーター・スクールが当初、想定していた生徒を入学させたいと考えるチャーター・スクールなどは、ほとんど存在しない。

　チャーター・スクールは、大胆な革新のための実験であると考えられていたが、最も成功したチャーター・スクールは「弁解無用」の公式に従っている。それは、厳格な規律、教員への注目、まっすぐに歩くこと、厳密な規則と日課から逸脱しないことなどである。最も成功しているチャーター・スクールの中には、1世紀前に使われていた校舎を断固として復活させようとしているところもある。

　連邦教育省、主要財団、ウォールストリート、大企業、シンクタンク、学校選択の唱道者、民主党と共和党の政治家などによる揺るぎない支援のもと、チャーター・スクール運動が大きく成長し続けている時に、重要なことが問われていない。つまり、結末はどうなるのか。チャーター・スクールは、アメリカ社会において人種や階級の境界に沿って増大しつつある隔離に対して、貢献するのであろうか。意欲のある生徒がチャーター・スクールに集まり、意欲のない生徒集団が公立学校の中で生き残ったところに集まってくるのであろうか。都市の学区にチャーター・スクールが集中していることは、都市の公教育に対する弔鐘を打ち鳴らしているのであろうか。なぜ、優秀な選り抜きの人々が、アメリカ社会の増大した階層化を支持するのであろうか。公立学校に取って代わるチャーター・スクールが、公立学校よりも概ね良い成績を上げることができないとしたら、公教育を破壊することによって何が成し遂げられるのであろうか。高給を取る理事を抱える営利のチャーター・スクールやチャーター運営組織を、正当化する論理的根拠は何か。そもそも、その利益と高給は税金によって支払われているのだ。

過去20年間の展開は公教育の統制に大きな変化をもたらし、とりわけ都市の学区においてその変化は顕著であった。得をした子どもたちもいるが、ほとんどの子どもたちはそうではない。そして、何世代にもわたって我々の民主主義にとって必要不可欠な要素であった公立学校は、修復不可能なほどに損害を被ってしまった。

第17章
E・ランドにおける問題

主張　バーチャル・スクールは、それぞれの生徒に個人の要望に合わせて調整された学習の可能性をもたらし、すべての者に卓越した教育の時代の到来を告げる。

現実　バーチャル・スクールはその所有者にとっては金のなる木であるが、本物の教員や本物の学校の粗悪な代用品である。

　新技術はほとんど毎日のように現れてきて、学校は、若者がそうした新技術の活用を学ぶことを支援するよう、当然のごとく期待されている。コンピュータを利用することとインターネットに接続することは、ほとんどどこに居ても可能であり、もし正しく使用されれば、教えることと学ぶことにとっての有用な道具であることを誰も疑わない。創意工夫に富む教員は技術を授業の中に組み入れ、若者を科学実験、歴史調査、あらゆる種類の研究課題に取り組ませる。今日の生徒は、ただ教科書の中でほかの地域のことについて読んで学ぶだけではなく、まるで自分が実際にそこを訪れているかのような経験をすることができる。生徒は、大統領が重要な演説を行うのを見たり聞いたりすることができる。生徒は、世界を変えた歴史上の出来事を、あたかも自分がそこに居るかのように自分の目で見ることができる。学習を双方向の生き生きとしたものにする可能性は無限で、教えることと学ぶことに関する新しい時代は手の届くところまで来ていて、そこでは、生徒は自分なりの

速度で学んだり、与えられた課題をはるかに超えて主題を掘り下げたりすることができる。

　そこには大きな可能性があるにしても、技術は素晴らしい授業の代用品には決してなりえない。生徒は、世界で一番優れたソフトウェアを装備しているコンピュータに対するよりも、優れた教員に対して、より大きな熱意を持って応えてくる。電子工学技術には魅力があるが、生徒が、読んだ本について、格闘した数学の問題について、見た芝居について、歴史上の未解決の謎について、一番最近の選挙について議論する時に起こってくるような、生き生きとした意見のやり取りと張り合うことはできない。結局、教育を価値あるものとし、本物の教育とただ単に学校で座っているだけの時間とを区別し、学びと成績証明書との違いを作り上げるのは、想像力、喜び、規律ある探究活動である。

　緊縮された予算と、より多くのハイステイクスなテストの実施を絶え間なく求める声に直面して、我々の政策立案者は皆、想像力、喜び、規律ある探究活動といったあいまいな概念を、自ら進んで犠牲にしようとしてきた。結局、それらは測定できるものではないのだから、なぜそれが重要なのか。

　起業家は予算が減少していくのを目にして，そこに、問題ではなく金儲けの機会を見つけている。教育において最も費用がかかるのは教員の給料であることから、教員による授業を技術で置き換えることによって費用を削減しようと、オンライン授業、新しい工夫、新しい学校の形態などを考案している。起業家は、公教育のことを新たな事業の機会や新興の成長市場ととらえている。長いこと株式会社は、どのようにしてそこに入り込むか、あるいはどのようにして入り込む隙間を見つけるかが分からずに、自分たちが「教育産業」と呼んでいるものの周りを、興味を持ってうろついていた。NCLB法が成立すると、多くの起業家は学区に個別指導や相談業務を提供する事業を始めた。しかしながら、こうした事業の多くは取るに足らないもので、いくつかの学区において放課後活動や専門的職能開発のために支払われる、連邦資金の極めて僅かな部分しか占めることができなかった。

　しかしながら、「頂点への競争」が開始されると、株式投資家は、州規模

のあるいは全米規模の大きな儲けの新しい可能性を見出した。ところで、連邦政府は、民間で運営されるチャーター・スクールの側にしっかりと立っていたので、多くの投資家は、チャーター・チェーンを拡大するために何百万ドルもの資金を注ぎ込んだ。一方、新しい全米的なコモン・コア・ステート・スタンダードのためのデジタル教材、ハードウェア、オンライン・カリキュラムなどの開発の中に可能性を見出した人々もいる。ナショナル・スタンダードとナショナル・アセスメントがその製品のための全米的な市場を作り出した。一人の報道関係者が、マンハッタンで行われた未公開株式の投資家の会議に出席していた。その会議で、ある投資顧問が次のようなことを予測していた。もしこのコモン・コアのテストが公表されている通りに厳格なものであるとすると、「極めて多数の学校が突然、本当に成績が悪いように見え、そこの生徒のテストの成績は読解と数学において劣っているように見える。そうした学校は救いの手を求めるであろう。それも素早い救いを。すると、授業計画、教育用のソフトウェア、生徒の評価方法を販売する民間の営利の業者が、それを提供するためにまさにそこにいる」。彼は、次のように付け加えた。「あなた方はそこに、投資の機会の完全な生態系が順番に並んでいることに気づき始める。------ それは本当にとてつもなく大きなものになりうる」。コモン・コア・スタンダードが郊外に住む保護者の公立学校への信頼を失わせてしまい、その結果、彼らはチャーターを、おそらくはバウチャーまでも要求するようになるだろうと、期待する教育改革者もいた[1]。

事業に興味を持っている改革者にとって最大の幻の宝物は、営利のオンライン・チャーター・スクールの市場であった。最初にこの市場に気づいて行動を起こしたのは、K12インクと呼ばれる新しい会社の創設者であった。ローウェル・ミルケンとマイケル・ミルケンの兄弟とその仲間のロン・パッカードが、この会社を2000年に設立した。マイケル・ミルケンは、1980年代の信用度の低い高リスクの債権であるジャンク・ボンドの帝王として知られていた。彼は刑務所から釈放されて以来、とりわけ教育に関心を持つ慈善家となっていた。パッカードは以前、コンサルタント会社のマッケンジーと投資銀行のゴールドマン・サックスで働いていた。創設者は、元教育長官である

ビル・ベネットを K12 の取締役会長として招聘した。その時点においては、ベネットは電子媒体による学習に疑念を持っていた。彼は、1999 年に出版された『教育を受けた子ども』という本の共著者で、この本の中で、「コンピュータを最大限活用すると学習が大きく改善されるという、十分な証拠は存在しない」、と主張していた。しかしながら、彼は、ミルケンとパッカードの新しい投機的事業に参加する機会を与えられると、考えを変えた。投資家は、彼が、家庭で自分たちの子どもを教育している保守的なキリスト教徒と保護者を惹きつける、磁石の役目をしてくれると考えた[2]。

　2007 年に K12 は株式を公開し、ニューヨーク証券取引所に上場された。K12 はすぐに営利のオンライン・スクール産業の先導者となった。2012 年までには、所定の課程をすべて履修する生徒が 20 万人以上、合衆国のバーチャル・チャーター・スクールに在籍していた。K12 は、29 の州とコロンビア特別区に少なくとも 10 万人の生徒がいると主張していた。次に規模が大きいのは、2001 年に設立されたコネクションズ・アカデミーで、約 4 万人の生徒が在籍していたが、この会社は 2011 年にテストの作成を手がけるピアソンに買収された。ほかの人々もすぐに、この金の儲かる市場に参入してきた。オンライン・チャーター・スクールは金のなる木であった。州議会からオンライン・チャーター・スクール開校の認可を受ければすぐに、州内のどこからでも生徒を入学させることができた。彼らは、インターネット、ラジオ、テレビ、屋外の掲示板、小型トラック、会合、電話による勧誘などを駆使して、生徒を集めた。『ニューヨーク・タイムズ』による分析では、K12 は 2010 年に広告費として 2,650 万ドルを費やし、資金の出所は公的資金であった[3]。以前には州から授業料を受け取っていなかった、ホームスクーリングの生徒もいた。健康やそのほかの理由で家の中に引きこもっている者もいた。バーチャル・チャーター・スクールに入学する理由がいかなるものであっても、学校側は収入を入学者数の増加に頼っているので、誰でも歓迎する。

　バーチャル・チャーター・スクールは、運営にかかる費用をはるかに凌ぐ授業料の支払いを州から受けている。仮に生徒一人当たりに受け取る財政支援が、実際に校舎を構えている学校に比べて少なくても、彼らは十分な利益

を上げる。というのも、彼らは校舎を構えていないので、運営にかかる費用は最小限で済むからである。バーチャル・チャーター・スクールには、用務員はいないし、冷暖房の費用は不要で、図書館も体育館も食堂もなく、ソーシャルワーカーやガイダンス・カウンセラーもいないし、運動場もなく、放課後活動もなく、送迎費用もかからない。加えて、バーチャル・スクールは、「学級規模」をより拡大することができる。というのも、一人の教員が、40, 50あるいは100の、さらにはそれ以上のコンピュータ画面を監視することができるからである。しかも、教員は教員免許を持っていようがいまいが構わない。費用の削減は莫大であり、それはすべて学校に帰属し、税金を支払う側には何も戻ってこない。バーチャル・スクールが地域の公立学校よりも少ない金額しか貰えないとしても、この事業は儲かる。

保守派の人々は、オンライン・チャーター・スクールについて、また、必要な教員の数を減らす方策として公立学校にオンラインの授業計画を売り込むことについて、熱狂的に賞賛した。彼らは、伝統的な学校教育を崩壊させ、教員組合の影響力を排除することについて、オンライン・チャーター・スクールの可能性を認識していた。それこそがまさに、自由市場を支持する人々が賞賛する「創造的な破壊」のための力であった。スタンフォード大学のテリー・モーとエジソン・プロジェクトのジョン・チャブは、二人とも教員組合を批判し学校選択を支持していたので、オンライン学習について、学びを変革し費用を削減し教員組合を無視するための、革命的な力であると歓迎した。ニューズ・コーポレーションのルパート・マードックは、オンライン学習を推進していくためにジョエル・クラインを雇用し、電子媒体のコンテンツを生み出していくために、ワイアレス・ジェネレーションという会社を3億6,000万ドルで買収した。マードックは、莫大な利益のために採掘される用意ができている、何十億ドル以上にも成長する産業を見つけ出した。

ジェブ・ブッシュは、オンライン学習の可能性を広く知ってもらうための運動をたゆみなく続けた。2010年に彼と前ウェスト・バージニア州知事のボブ・ワイズは、それぞれの所属団体である「教育における卓越性のための財団」と「卓越した教育のための同盟」とともに、「質の高いデジタル学習

のための 10 項目」と呼ばれる共同宣言を発表した。そこには、あらゆる学習者の要望に合わせ、それぞれの注文に応じてオンラインで送信される、質の高い授業の輝かしい未来像が描かれていた。

　その 10 項目とは以下の通りである。(1) 生徒の適格性—すべての生徒が適している。(2) 生徒の利用—すべての生徒がオンライン教育を利用することができなければならない。(3)「個別学習」—すべての生徒が、承認されたオンライン教育の提供者からそれぞれの注文に応じたオンライン教育を受けることができる。(4) 進級—生徒は、年齢や学年や授業を受けた時間によってではなく、実際に示すことのできた能力に基づいて次の段階に進む。(5) 内容—すべての科目は質が高い。(6) 授業—デジタル授業と教員は質が高い。(7) デジタル授業の提供者—すべての生徒は複数の質の高いデジタル授業の提供者を利用することができる。(8) 評価とアカウンタビリティ—生徒の学びが内容と教え方の質を評価する測定基準である。(9) 資金提供—資金提供が成果、選択、革新的な試みに対する動機づけを生み出す。(10) 配信—基盤整備がデジタル学習を支援する。この「10 項目」が、デジタル学習市場に大きな利益を生み出す普通の学校と、最小限の州の規則に従って運営されるバーチャル・スクールにおける、オンライン科目とオンライン評価を支えた。

　後援者は、この提案がアメリカのすべての生徒に卓越した教育をもたらすだろうと述べ、すべての者に大学と専門的な職業への準備をし、学力格差を解消し、アメリカ社会における所得の違いによる格差を縮めるだろうと主張した。彼らは、自由で簡単であらゆる人が接続できるデジタル学習が、アメリカの教育とアメリカの社会を変えるだろうと述べていた。「質の高いデジタル学習のための 10 項目」の中に込められていたのは、たとえ教育の提供者が「公立、チャーター、非営利、民間」であったとしても、州は彼らを平等に取り扱うべきであるという勧告であった。これにより、サイバー・チャーター・スクールは公立学校と同様に公的資金を受け取ることとなる。この「10 項目」は立法者に対して、オンライン授業がどのような価格で、どのような頻度で、どのような方法で実施されるのかに関して、いかなる制限も設けな

いことを促し、その一方で、教員免許に代わる別の資格証明を奨励した。州は、オンライン・スクールの利用制限を学区に許可すべきではなく、ハイスクールを卒業するためにオンライン科目を履修することを生徒に要請すべきである。これは、デジタル授業の提供者にとっては、本当にありがたいものであった。

「10項目」の根底にある主題は規制緩和であった。つまり、デジタル授業の提供者へのあらゆる障害物を取り除くことであった。具体的には、「改革の息を止め、質を低下させる」ことにもなるのだが、教員は教員免許を持っていなければならないこと、学級規模は制限されるべきであること、デジタル授業の提供者は自分たちの製品を売る学区や州に実際に事務所を構えていなければならないこと、といった要求であった。彼らは、そうした管理上の要求が、「質の高いデジタル授業の提供者が市場に参入するのを妨げる」ような「障害物」になりかねないことを警告した。この「10項目」は、オンライン授業の提供者にとっては実のところ権利章典のようなものであり、彼らに対し、教員やプログラム作成に関する一切の品質管理なしに、州の生徒を自由に勧誘することを可能にした。バーチャル・スクールの提供者の中で、税金の中から何百万ドルもの収入を得ようとしている州内に、実際の事務所を構えることが重荷であると考える人が、一体どれほど存在すると言うのであろうか[4]。

この宣言は、「デジタル学習は確立された方法である」と、自信を持って主張した。それは、軍隊、産業界、高等教育で成功を収めているので、学校でも間違いなく成功し、学校において、それは「平等をもたらす重要な装置」となり、「生徒はより多く学ぶであろう」と力説している。この主張を支持するために引き合いに出される唯一の研究は、連邦教育省の報告書であった。この報告書の著者は、オンライン授業と学校での対面式の授業とを比較した最近の研究は僅か5件しかないので、より多くの調査が必要であると述べていた。その中には、初等学校や中等学校におけるデジタル学習のもたらす恩恵に関する、「10項目」の過度な主張を裏付けるような内容は含まれていなかった[5]。

この「10項目」宣言の準備は、以下のような人々から資金提供を受けていた。この勧告による利益に固執する、K12インク、ピアソン、ホウフトン・ミフリン・ハーコート、アペックス・ラーニング、マックグロウ・ヒル、そのほかの巨大な電子技術開発会社などの多くのオンライン授業の提供者に加えて、ゲイツ財団、ブロード財団、ウォルトン・ファミリー財団などであった。

　公立学校の民営化の実現を目指す州議会における保守派の組織であるALECが、オンライン学習の主要な推進者である。ALECの教育特別専門委員会の共同議長がミッキー・レブノーで、彼は、営利のオンライン・スクールの提供者であるコネクションズ・アカデミーの上級副社長であった。ALECに所属する2千人の州議会議員は、ALECの用意した法律の見本を自分たちの州に持ち帰ることを期待されていた。ALECの「バーチャル公立学校法」は、営利のバーチャル教育機関を承認し、それらが公立学校として認められること、正当に取り扱われること、ほかの「公立学校」と同様の資金を割り振られることを宣言した。フロリダ州において武器を持たない10代の若者を射殺した男が、ALECが考案した「正当防衛」法に従って行動していたと述べた事件があったのちに、コネクションズ・アカデミーはALECから退会した。ALECに資金援助をしていたほかの企業の中にも、この事件に当惑し、支援を打ち切るところが出てきた[6]。

　テネシー州議会は、バーチャル・スクールに関するALECの見本の法律を、出所を隠すこともせずにそのまま導入した。「ノックスビルの『ニューズ・センチネル』のトム・ハンフリーに、どこでこの法案の考えを手に入れたのかと聞かれて、下院議員ハリー・ブルックスは、K12インクのロビイストがこの法案の草稿を作るのを手伝ってくれたと、すぐに認めた。ビル・ハスラム州知事は2011年5月に、ブルックスの法案に署名し、法律として成立させた。この法律は、州から承認されたバーチャル・チャーター・スクールに対して、州が通常、生徒一人当たりに支給しているのとほぼ同じ金額を保護者に適用することを認めている。その金額はほとんどの地域で約6千ドルである」[7]。

　いくつもの州が次から次へと、バーチャル・チャーター・スクールならび

に営利のバーチャル・チャーター・スクールに、公的資金の扉を開く法律を成立させた。2012 年には少なくとも 29 州に、所定の課程をすべて履修するバーチャル・チャーター・スクールが 1 校かそれ以上存在し、その数はさらに増えていくように思われた。全米教育政策センターから公表された報告書によると、「ホームスクーリングならびにチャーター・スクール運動と結びついて、バーチャル・スクーリングは、合衆国の伝統的なキンダーから 12 学年までの教育に替わるものとして、最も急激に成長を遂げてきた」。バーチャル・チャーター・スクールは、チャーター・スクール、ホームスクーリング、オンライン学習という本質的に異なる三つの運動を、営利という一つの共通の形態に合体した[8]。

　多くの州で営利のバーチャル・チャーター産業に扉が開かれたのは、革新的な試みを愛する気持ちからではなく、巧みなロビー活動と運動による献金のおかげであった。産業界は、州内にバーチャル・スクールを開校し、公的資金を得ることを承認する法律制定を促進するため、政治家とロビイストに気前よく寄付する。それは事業を展開するための費用の一部である。K12 の収入の約 10％を供給しているペンシルベニア州で、K12 はロビー活動のために 2007 年から 2011 年の間でほぼ 70 万ドルを支出した。企業がサイバー・スクールを支援する家族団体に資金提供すると、家族団体はこの資金を、議員に働きかけることや、運動の贈り物を作ることや、産業界のために保護者と子どもにおそろいの T シャツを着せて、議会の公聴会やほかの公開の会合に大代表団として送り込むことなどに使う[9]。

　ジェブ・ブッシュの「教育における卓越性のための財団」は、オンライン・スクールのために活発にロビー活動を行い、それを支援している。サンフランシスコでの会議において、ブッシュの筆頭教育顧問であるパトリシア・レブスキーが、「政策を提案し、法律と州知事の命令を書き上げ、それらが確実に実施されるよう戦略を立てる」ことの支援を申し出ると、メーン州の教育長ステフェン・バウエンは非常に興奮した。『メーン・サンデイ・テレグラム』の調査報道は、「メーン州の教育官僚の最上位の者とある財団との共同事業は、それが支持する政策から何百万ドルもの利益を得ることに固執している、

まさにその会社と深いかかわりがある」、と暴いた。この新聞社は、メーン州のデジタル教育政策が、州の政策から財政的な利益を享受するはずの会社、とりわけK12インクやピアソンのコネクションズ・アカデミーといった会社に、どのようにして導かれていったのかを立証する千頁以上の電子メールを手に入れた。その報道は次のようであった。「危機に瀕しているのは、所定の課程をすべて履修するバーチャル・スクールに入学するであろう、何千人ものメーン州の学齢期の子どもたちの将来であり、もしこうした会社が自分たちの思い通りに振る舞うと、公立のハイスクールで卒業証書を取得するために、オンライン科目の履修を法律で要求されることになる、何万人ものメーン州の学齢期の子どもたちの将来である」[10]。

ステフェン・バウエンは、メーン州の教育長に選出された時にはALECの会員であったことを、『メーン』紙の特派員コリン・ウッダードが暴露した。K12インクもコネクションズ・アカデミーも同様に、ALECの会員であった。K12インクは、ポール・ルページがメーン州知事になるための選挙運動に1万9千ドル献金した。パトリシア・レブスキーは大学入学試験委員会のためのロビイストであるとともに、多くのオンライン企業のためのロビイストでもあった。バウエンに示された法案の一つは、すべての生徒が少なくとも一つのアドバンスト・プレースメント・テストをオンラインで受験することを求めていた。これは大学入学試験委員会とオンライン企業の双方にとって利益となる。ポール・ルページ州知事が「最初の全米デジタル・ラーニング・デイ」を宣言した時に、州知事命令の文言のほとんどは、オンライン企業の利益を代弁するロビイストによって書き上げられたものだったと、その調査報道は報じた。メーン州におけるオンライン・スクールに対する要望の背後にあった、利益追求の動機に関するウッダードの暴露記事は、報道関係で最も名誉ある賞の一つである2012年度ジョージ・ポーク賞を受賞した。

K12インクがマサチューセッツ州にオンライン・チャーター・スクールを開校することを決めると、この会社は田舎のグリーンフィールド学区と共同事業を創設した。『ワシントン・ポスト』によると、州の教育官僚は州全域にわたる学校の開校計画を否認した。そこでK12は約20万ドルを州議会議

員に対するロビー活動に使った。ボストンの民主党員が、グリーンフィールド学区がマサチューセッツ・バーチャル・アカデミーの開校を認める、法律制定を支援した。彼女は『ワシントン・ポスト』に対して、「文言は不完全であり、資金手当ての問題には触れなかったし、見落としたのかもしれないが、包括的な計画が念入りに作り上げられるまで待つことはできなかったと述べた」ことを認めた。『ポスト』紙によると、彼女は「K12、その役員、あるいはそのロビイストから、少なくとも 2,600 ドルを選挙運動のための寄付として」受け取っていた[11]。

　K12 がバージニア州で州全域にわたるオンライン・スクールを開校したいと望んだ時、彼らは政治的に抜け目のない方策をとった。K12 は、5 万 5 千ドルの気前の良い政治献金を、共和党の州知事で学校選択の揺るぎない支持者であるロバート・F・マクドネルに渡した。マクドネルは 2010 年に、所定の課程をすべて履修するバーチャル・スクールを承認するための法律制定を押し進めた。K12 は、学区が裕福であるか貧困であるかによって州の援助が異なってくるという事実を利用するために、田舎のキャロル郡と共同事業を創設した。キャロル郡は州の援助金として、生徒一人当たり約 5,400 ドルを受け取っているので、K12 には、入学してくるすべての生徒がどこに住んでいようとも、生徒一人当たりこの金額が支払われることになる。もし K12 が裕福なフェアファックス郡で事業を行っていたら、州の援助金はこの金額のほぼ半分であったであろうと、『ワシントン・ポスト』は指摘した。共同事業者として、キャロル郡はかなりの報酬を受け取っている。学区外の生徒が入学する際の登録費として生徒一人当たり 500 ドルと、それに加えて、運営費として学校のために支出される税金の 6.5％である。これは、キャロル郡にとっては楽に儲かる話であるが、生徒が K12 のオンライン・スクールに入学してしまうほかのすべての学区にとっては、損失となる[12]。

　教育技術会社、ウォールストリートの株投資ファンド、学校選択の唱道者がオンライン・スクールを推進するために団結した。それが、この三つの分野すべてにとって、お互いに利益となる事業であったからである。州がすべての生徒に少なくとも一つのオンライン科目を履修することを要求し、バー

チャル・チャーター・スクールを承認したので、教育技術会社は市場の中に自分の取り分を確保した。ウォールストリートの投資家は、刺激的な新しい産業の一つを手に入れた。学校選択の唱道者は、教育技術が公立の学校教育の優先的な立場を次第に突き崩していく楔となるであろうと、考えていた。会議に次ぐ会議で、教育技術のロビイスト、ヘッジファンドの運用者、株の投資家、学校選択の唱道者は、自分たちの勝利を祝い、さらなる発展のために会合を重ねた。『ネイション』のリー・ファンはこうした会議の一つを次のように描写した。

　2011年4月にアリゾナ州立大学のスカイソング会議場の講演台に立ち、教育への参入を開始した企業とベンチャー投資家のための第二回目の年次総会の開催を告げた時、投資銀行家のマイケル・モーは自信に満ち溢れていた。報道陣は、教育における急激な変化が「起業家のために途方もない可能性」を開くことになるという、報告書を引用した。「この教育に関する案件では、」とモーは切り出し、「私の見たところ、今以上の大きな問題は存在しないし、今以上の大きな可能性も存在しない」と宣言した。
　モーは、ほぼ15年間にわたって、キンダーから12学年までの教育制度をウォールストリートにとっての金のなる木へと変えるために、働いてきていた。かつてリーマン・ブラザーズとメリル・リンチで仕事をこなしてきた者として、彼は今、初等教育に使われている年間1兆ドル以上の税金を取り込むことを狙っている、事業のための資金集めに特化している投資集団を率いている。グローバル・シリコン・バレー・パートナーズと呼ばれている彼の資産管理と投資顧問の企業集団は、K12インクの株式公開を手助けし、そのほかの多くの教育関連会社に資本金を得る方法を助言した。
　モーの会議は、学校の民営化にとって大きな分岐点となる瞬間であった。昨年開かれた彼の最初の「教育革新サミット」は、370人の参加者と55の協賛企業を引き寄せた。今年の彼の会議は、560人以上の参加

者と 100 の企業を迎え、呼び物として輝かしい指導者を招いた。それは、前ワシントン D.C. 市長のアドリアン・フェンティと、前ニューヨーク市公立学校教育総監で、現在は営利の教育分野に最近参入してきた強力なニューズ・コーポレーションの教育担当役員である、ジョエル・クラインであった[13]。

　この業界が繁栄するにつれて、より詳細に吟味されるようになってきた。報道関係者と研究者は、そこから提供される教育の費用と価値について調べ始め、教育者は、学区の学校から、実際に校舎を構えていたりバーチャルであったりするチャーター・スクールに移っていったすべての生徒が、学区の入学者数と予算を減らしたという事実に気づいた。

　『ブルームバーグ・ビジネスウィーク』の記事の中で、ジョン・ヘッチンガーは、K12 の学校は実際に校舎を構えている学校よりも学業成績が悪い、と指摘した。会社の返答は、貧しい生徒を多数入学させているからであるというものであったが、これは、もし通常の公立学校を擁護するために持ち出されたとしても、「弁解」として、改革者から軽蔑される根本的理由となった。批判家は、ペンシルベニア州の会計検査院長官も含め、生徒一人当たりほぼ 1 万 1 千ドルを受け取っている州のサイバー・スクールが、業務内容に対して法外な値段を吹っかけていると、不満を述べた。K12 が特別支援教育の生徒を入学させた際には、地域の学区よりもはるかに高い費用を請求した。ヘッチンガーは次のようなことを報じた。一人の保護者が、1 週間に 1 時間、ヘッドセット、マイク、ウェブ上の会議を通して、言語療法を受けている二人の男の子を育てていた。この治療に対して、州は一人の男の子当たり年間でほぼ 2 万 2 千ドルを、サイバー・チャーター・スクールに支払った。同じ 1 週間に一度の話し方の治療を地域の学区で行えば、それは男の子一人当たり 1,500 ドルであった。この治療のための資金は、公教育のための州の限られた予算から支出されている[14]。

　多くの教育者と異なり、企業の側にいる人々は、教育が利益追求に動機づけられた人々によって変革されるであろうと信じていた。マイケル・ミルケ

ンは、自らが始めた教育の実践方法に一点の曇りもなく自信を持っていた。教育ならびにそのほかの大きな問題に向かって、彼は、「どのような場合でも、解決策は同じである。つまり、起業家精神を持った人々のエネルギーを解き放てば、彼らが世界を変えるであろう」と述べた。ロン・パッカードによれば、拡大する可能性には限りがない。「結局、10億人の子どもをオンラインで教育することなどできない、と考える理由はどこにもない」[15]。

　『ニューヨーク・タイムズ』は、「インターネットと結びついた企業の効率性が、質の高い教育を安価で提供することにより、公教育に革命的な変化をもたらすことができる」という主張に対して、詳細な調査を開始した。『タイムズ』紙は、この問題を詳細に調べるために、この業界の先導者であるK12に焦点を合わせた。その結果、「K12は、入学者を増やし、教員の仕事量を増やし、基準を下げることによって、公立学校のための資金から利益を絞り取ろうとしている会社である」ということが分かった。オンライン教育では「保護者の積極的なかかわりと自ら進んで学ぼうとする意欲を持つ生徒」が求められているが、この会社は、利益を増やすためにオンライン教育に不適当な生徒を入学させている。その結果、K12とそのほかの営利のオンライン・スクールは「高い中退率」に直面している。教員は低い賃金と仕事量の多さに不満を漏らしている。中には一人で250人以上の生徒を担当している教員もいる。ほとんど勉強しない生徒を合格させるよう圧力をかけられていると感じる、と述べる教員が少なくなかった。怠惰な生徒はそのまま学籍簿に名前が残るので、会社はこうした生徒から授業料を徴収することができる。その記事によると、コロラド州の会計検査官は、K12のコロラド・バーチャル・アカデミーの学籍簿の中から、本人が確認できなかったり、一度もログインしていなかったり、州による在籍基準を満たしていなかったりする生徒を120人ほど特定した[16]。

　K12のオンライン・スクールに入学する生徒は、コンピュータ、インターネット接続、資料、練習帳を支給される。保護者が「学習指導員」である。教員は自分の家あるいはほかの遠方の場所から仕事をする。教員の給料は低く、3万ドル台の低い所から始まり、伝統的な学校の同じような教員よりも

低い。初等教育段階の教員の中には、オンラインの授業で 75 人の生徒を担当する者もいる一方で、ハイスクールの教員の中には 250 人以上を担当する者もいる。どのような学校にとっても最も大きな費用は教員の給料であり、最も重要な費用削減の方法は学級規模を拡大することである。それは、個々の生徒に対して向けられる時間と配慮が少なくなることを意味するのだが。教員はインターネットあるいは電話で話ができるし、物理的に可能な場合には生徒との面談も計画される。

オンライン産業は財政的ならびに法的立場を懸命に守っていると、『ニューヨーク・タイムズ』は指摘した。オハイオ州議会議員のスティーブン・ダイヤーが、チャーター・スクールやオンライン・スクールに資金提供する際の州の計算方式に関して質問を始めると、彼は、「なぜスティーブン・ダイヤー下院議員は、保護者に自分たちの子どものための最良の教育を選ばせようとしないのか」と書かれた、掲示板を掲げる抗議のピケ隊に囲まれた。抗議活動の参加者は、自分たちのことを、「私の学校、私の選択」という組織に属している保護者、子ども、学校職員であると言っていた。だが、ダイヤー夫人が彼らに尋ねると、彼らが、「人材派遣業者から報酬を貰って派遣されている人々」であることが明らかになった [17]。『タイムズ』紙の記者は、この集団とコロンバスの共和党員の弁護士との関係を突き止め、そこから、オハイオ・バーチャル・アカデミーの取締役会長にたどりついた。この学校は K12 によって運営され、年間 6,000 万ドルを州から受け取っている。

K12 会社は投資家に対して、ペンシルベニア州のアゴラ校における生徒の着実なテスト得点の上昇について、自慢していた。だが、『タイムズ』紙は、その学校の生徒の成績が州内の生徒よりもはるかに低いことを突き止めていた。数学において、学年相応程度かそれ以上であったのは 42% に過ぎなかった。一方、州全体の生徒では 75% であった。読解において、52% のみが学年相応程度であった。一方、州全体では 72% であった。『タイムズ』紙は、「この学校の成績は悪くなっていて、良くなってはいなかった」と述べていた。

『タイムズ』紙の調査結果が発表されてから 3 日間で、K12 の株価は一株当たり 28.79 ドルから 18.90 ドルまで、34% 急落した [18]。

オンライン学習の熱烈な支持者は、自分たちの教育手段の威力について力強く主張した。彼らは、卓越性をすべての子どもたちの手の届くところに届けることができ、学力格差を解消することができ、所得格差を縮めることができ、最高水準に適合するような質の高い授業をすべての生徒に提供することができると述べた。

だが、こうした主張を立証する確かな証拠はなかった。ビル・ベネットが1999年に、「コンピュータを最大限活用すると学習が大きく改善されるという、十分な証拠は存在しない」と記した時には、彼は正しかったと、我々は今、理解している。実のところ、より多くのバーチャル・チャーター・スクールが開校されたことから、オンラインのホームスクーリングが学習を大きく改善しないこと、ならびに、多くの生徒が所定の課程をすべて履修するサイバー・スクールに在籍している間に成績が落ちてしまったことに関する、証拠が蓄積された。オンライン・スクールに入学した生徒のテスト得点は、伝統的な学校に入学した生徒に比べてより低いし、卒業率もより低く、中退率はより高い。

K12のコロラド・バーチャル・アカデミーは5千人以上の生徒を入学させているのだが、期限内に卒業する生徒は12％しかなかった。それに比べて州全体の卒業率は72％である。K12のオハイオ・バーチャル・アカデミーは9千人以上の生徒を入学させているのだが、期限内に卒業する生徒の割合は30％であった。それに比べて州全体の平均の卒業率は78％である[19]。オンライン・チャーター・スクールの3分の1以下しか、連邦法によって要求されている適切な年次進捗を達成していなかった。これに比べて、全米の公立学校の場合には52％である。全米教育政策センターによるK12の学校への調査の結果、以下のことが判明した。「K12によって運営されている48校の所定の課程をすべて履修するバーチャル・スクールのうち36校が、2010-11年度に州教育局による学校達成度評価を受けたところ、19.4％に当たる7校だけが、満足すべき進歩を遂げていることを表す評価を得た」。報告書によると、K12のバーチャル・スクールの生徒は、すべての州で読解と数学において、実際に校舎を構えている学校の生徒よりも、一貫して成績が悪かっ

た。この研究の筆頭執筆者であるガーリー・ミロンは、次のように述べた。「我々が見出したことは明解である。K12 インクのサイバー・スクールに入学し、生身の教員やほかの生徒と一緒に教室で授業を受ける代わりに、コンピュータの前に座って所定の課程をすべて履修する授業を受けている生徒は、読解と数学において成績が悪くなる可能性がより高い。こうした子どもたちは学校間を移動したり、完全に学校を辞めてしまったりする可能性もより高く、しかも、サイバー・スクールが連邦の教育の基準を満たす可能性はより低い」[20]。

コロラド州でのオンライン学習に関する調査によって、州が年間 1 億ドルを所定の課程をすべて履修するバーチャル・チャーター・スクールに支出していることが判明した。その結末はお粗末なものであった。バーチャル・スクールに入学した生徒の半数はその年の内に中退し、地域の公立学校に復学した。しかしながら、彼らの授業料分の金額はそのままオンライン・スクールに残されていた。彼らが地域の公立学校に復学した時には、彼らが最初に入学した時と比べても、学業成績はさらに悪くなっていた。39 人の生徒がフローレンス学区を去って、オンライン・スクールに入学したので、学区は 25 万ドルの費用を支払った。これは 4 人から 5 人の教員の給料に相当する。年度の中頃に 13 人の生徒が元の公立学校に復学した際に、オンライン・スクールは金額を返金しなかったので、公立学校は、彼らを教育するための資金を掻き集めなければならなかった。その分析によると、「オンライン・スクールの中退者数は卒業する生徒の 3 倍にもなっている。8 人の生徒のうちの 1 人は学校を完全に辞めてしまっている。これは州の平均の 4 倍に上る」。それに加えて、バーチャル・スクールは、すでにいなくなった生徒の授業料として、毎年何百万ドルもの金額を州から徴収していた[21]。

オンライン・スクールの担当者は、よく知られている次のような弁解をした。中退率が高いのは、自分たちが引き受けている生徒の多くが、もともと中退する可能性が高いからであると思われる。しかしながら、報道関係者は学校の記録を精査し、1 万人の生徒のうち 400 人だけが「辞める危険性が高い」と考えられ、ほとんどの生徒がオンライン・スクールに入学した時には、成

績には問題がなかったと結論づけた。

　州議会上院議長のブランドン・シェイファーは、「我々は、うまく機能していない計画のために資金を垂れ流している」と、報道関係者に告げた。彼によると、「我々は現在、年間1億ドル以上をオンライン・スクールに支出している。それも、実際に校舎を構えている学校の予算を、年間2億ドルから2億7,000万ドルも削減している最中でのことだ」という。

　『デンバー・ポスト』は、オンライン・スクールの統計数字に驚いたと明言し、より詳細に調査することを促したが、一方で、「我々は、詳細な吟味が結果として、こうした教育における価値ある選択肢の存在を葬ってしまうことにならないよう望んでいる」、とも警告した[22]。『デンバー・ポスト』は、首尾一貫して企業型教育改革を支持していた。オンライン・スクールの経験、財政、学業成績のどの部分が評価できるのかについて、社説は何も述べていなかった。

　最も大規模なオンライン・チャーター分野を有していたのは、ペンシルベニア州とオハイオ州であった。

　2011年にスタンフォード大学の教育成果調査センター（CREDO）が、ペンシルベニア州のチャーター・スクールの成績に関する分析結果を公表した。それは、州の達成度テストにおける成績の伸びに関する4年間の資料に基づいていた。CREDOの報告書によると、チャーター・スクールに関しては概して落胆させる結果であったが、サイバー・チャーター・スクールに関する結果は衝撃的なものであった。実際に校舎を構えているチャーター・スクールの典型的な生徒は、黒人で貧しい。サイバー・チャーター・スクールの典型的な生徒は、白人で貧しくはない。サイバー・チャーター・スクールの生徒の入学当初の成績は、実際に校舎を構えているチャーター・スクールの生徒よりもはるかに高い。だが、サイバー・チャーター・スクールの生徒は留年する可能性がより高い。読解においては、実際に校舎を構えているチャーター・スクールの生徒は、公立学校に通う同年代の生徒と同程度の学力の向上を成し遂げていたが、数学においては、はるかに学力は低かった。サイバー・チャーター・スクールの生徒は、読解と数学の両方で、伝統的な公立学校に

通う同年代の生徒に比べてはるかに学力が低かった。とりわけ数学が劣っていた[23]。

この研究は、八つの異なるサイバー・チャーター・スクールのテスト得点を検討し、八つすべての学校が、伝統的な公立学校の同年代の生徒に比べて、はるかに成績が悪かったことを見出した。実際に校舎を構えているチャーター・スクールの 35% が、読解において伝統的な公立学校よりも成績が良かった。数学においては 27% であった。

以下に挙げるような生徒がチャーター・スクールに入学する際に、それが実際に校舎を構えている学校かサイバー・スクールかにかかわらず、読解と数学の点数が極めて低かった。それは、黒人の生徒、ヒスパニックの生徒、貧しい生徒、特別支援教育の生徒、留年している生徒などである。

CREDO の調査結果は、サイバー・チャーター・スクールの 100% が伝統的な公立学校に比べて、読解と数学の両方ではるかに成績が悪いことを見出した。スタンフォード大学とフーバー研究所の、チャーター・スクールに理解のある学者によって著されたこの調査結果は、ペンシルベニア州のサイバー・チャーター・スクールにとっては悪い知らせであった。というのも、これらの学校こそがまさに、ジェブ・ブッシュとボブ・ワイズと彼らの「質の高いデジタル学習のための 10 項目」によれば、すべての生徒に卓越した教育をもたらし、学力格差を解消すると考えられているからである。

だが、さらに悪い知らせがやってきた。

ペンシルベニア州最大のサイバー・チャーター・スクールは、ペンシルベニア・サイバー・チャーター・スクールである。この学校は、地元の製鉄所が閉鎖され人口が減少した際に閉校した、地域のハイスクールを置き換える形で、ミッドランドに 2000 年に開校した[24]。教育長のニック・トロムベッタが、学区の 50 人の生徒を対象に新しい非営利のオンライン・スクールを創設したが、その学校は初年度に 500 人の生徒を入学させた。その学校は現在、州全域から 1 万 1 千人以上の生徒を受け入れ、年間 1 億ドル以上の収入がある。2012 年 7 月まではこの学校の将来はまさに無限の成功であるかに見えていたが、この時、アメリカ連邦捜査局 (FBI) が、ペンシルベニア・

サイバー・チャーター・スクールの事務所、ならびにこの企業と関連のある、ペンシルベニア州とオハイオ州にある営利と非営利のさまざまな事業を行っているいくつかの会社を捜査した。報道関係者は、その学校が何千万ドルもの資金を、ペンシルベニア・サイバー・チャーター・スクールの前理事が運営している企業集団に支払っていることを、指摘した。前州知事エド・レンデルの政権は、学校に対してこうした関係についてさらに詳しく説明することを求めたが、現州知事トム・コルベットの教育局は、「説明責任の要求を高めることなく、すぐにこの関係を継続させることを選択した」[25]。

ペンシルベニア州のサイバー・スクールはいくつもの困難を抱えていたにもかかわらず、州の政策立案者の決定に影響を与えることはなかった。2012年にさらに4校のサイバー・チャーター・スクールの承認が可決され、その結果、州内におけるサイバー・チャーター・スクールは全部で16校になった。それは、現在のサイバー・チャーター・スクールが優れた学業成果を上げていたからではなかった。その成績は悪かった。サイバー・チャーター・スクールにとっては、結果だとか説明責任などはどうでもよいのだ。

オレゴン州では二人の起業家が、いくつもの学区から承認を受けて、2007年に少なくとも10校のオンライン・チャーター・スクールを開校した。州は、それぞれの学校に開校準備資金として45万ドルと、入学してくる生徒一人当たりの金額として6千ドルを支給した。5年後にオレゴン州司法局は、この学校の創設者について、入学者数の水増し、恐喝、詐欺に携わったとして告発した。州は、税金から支払われた1,700万ドルの返還と、州が被った損害や損失としてさらに270万ドルの支払いを要求した。ペンシルベニア州ではFBIが、2校のオンライン・チャーター・スクールの創設者とそのほかに3人の理事について、650万ドルを学校からだましとったとして起訴した。こうした不正行為の例はチャーター分野に特有のものではないが、違法行為を行う機会は少なからず存在し、一方で、財政状態に対する監視は手ぬるいか、または全く存在しない[26]。

オハイオ州で最初のサイバー・チャーター・スクールは、「明日の電子学級（ECOT）」で、2,200人の生徒を受け入れて2000-01年度に開校された。

2005年に州は、説明責任の基準が策定されるまで、新しいサイバー・スクールの開設を一時停止することを課したが、ジョン・カッシ州知事はこの一時停止命令を無視して、基準も説明責任もないまま、全速力でサイバー・チャーター・スクールに向かって進んでいった[27]。

2009-10年度にオハイオ州教育局は、学校の評価を公表した。州内の23校のサイバー・チャーター・スクールのうちで、僅か3校のみが「効果がある」か、それ以上の等級であった。サイバー・チャーター・スクールに入学した子どもたちの8％しか、州からB以上と評価された学校に通っていなかった。公共政策センターである「オハイオの革新」が、サイバー・スクールに関する報告書の中で次のように記していた。「対照的に、伝統的な公立学校の生徒の75％以上が、Bかそれ以上の評価の校舎を構えている学校に通っている。要するに、子どもたちは、E・スクールに通っているよりも伝統的な公立学校に通っている方が、『効果的な』教育を受ける可能性がほぼ10倍近くある」。さらに悪いことに、州全域に展開されている7校のサイバー・スクールのうちの2校のみが、クリーブランドの公立学校の学区よりも高い卒業率を示していた。この学区は州内のどの学区よりも卒業率が低かったのだが。「オハイオの革新」が述べているように、「この学区の成績の悪いことが、保守派の学校選択の唱道者から攻撃の的とされてきたが、子どもは、オハイオ州のE・スクールに通うよりもクリーブランド市の学区にある学校に通う方が、学校を卒業する可能性がより高い」。

州はサイバー・スクールについても、教員、施設設備、送迎に関して伝統的な公立学校と同じ費用がかかるとして、生徒一人当たり6千ドルを支払う。この金額は、州の公立学校の予算から差し引かれる。だが、公立学校の教員の平均給与は約5万6千ドルであるのに対して、サイバー・チャーター・スクールの教員の平均給与は3万6千ドルに過ぎない。サイバー・スクールは教員の給料がより低いのみならず、学級規模が大きく、校舎を構えている学校で必要とされる諸経費も全くかからない。だから、すべてのサイバー・スクールは、地域の学区から抜き取られた税金による何百万ドルもの備えを持っているが、それは学校の運営には必要のない資金である。

オハイオ州は、当初は資金が適切に使われることを確実なものとするために、サイバー・チャーター・スクールが授業のために使うことを求められる最低金額を決めていた。だが、2011年にカッシ州知事と州議会は、最低金額に関する要望を撤廃したので、その結果、サイバー・チャーター・スクールは費用を切り詰めて利益を増やすことができた。

　なぜ州は、このように成績の悪い学校に何百万ドルもの大金を注入し続けたのであろうか。「オハイオの革新」は、その答えは、最も大きなE・スクールの運営者である、デービッド・ブレンナンとウィリアム・ラージャーの二人による選挙運動の献金の中に見出せるであろう、と示唆した。

　ブレンナンの私企業は、オハイオ・ディスタンス・アンド・エレクトロニック・ラーニング・アカデミー（OHDELA）に加えて、州内最大のチャーター・スクール・チェーンを管理している。「オハイオの革新」によれば、彼は州から年間1億ドル近くを徴収している。2001年から2010年までの間に、彼はほぼ300万ドルを主に共和党の候補者に寄付した。OHDELAは生徒の35.9%を卒業させているが、これはクリーブランドよりも低い。ブレンナンの企業はOHDELAの運営のために年間1,170万ドルを受け取っている。

　ウィリアム・ラージャーはECOTの創設者である。彼は2001年以降、百万ドル近い政治献金を行ってきた。ECOTは毎年、州の資金を6,400万ドル受け取っているが、生徒の僅か35%しか卒業しない。州の評価では613学区のほぼ最下位である。

　「オハイオの革新」の報告書の成果が、2012年にシンシナティの報道関係者によって再び取り上げられた。彼は、サイバー・スクールに関する州の資料を精査し、伝統的な公立学校が州の資金の75%を教員の給料として支出しているのに対して、サイバー・スクールが州の資金の15%しか教員の給料として支出していない、と結論づけた。それ以上に、ジョン・カッシ州知事の改革案のもとでは、「『オハイオの革新』によって精査された、州全域にわたるすべてのE・スクールは、提案された全般的な評価制度に従うならば、Fと見なされたであろう」。ということは、すなわち、もしサイバー・スクールが伝統的な公立学校であったならば、州は、成績が悪いことを理由にその

学校を閉校していたであろうし、はるか昔に閉校していたはずである。だが、政治的な繋がりのおかげで、資金の使い道や学校の成績に対する説明責任も果たさずに、彼らは安全な未来を期待することができた[28]。

2010年にジェブ・ブッシュとボブ・ワイズが予測した通りに、オンライン学習が、すべての子どもたちに卓越した教育をもたらすための鍵であり、その結果、学力格差を解消し、アメリカの学業成績を新たな高みにまで押し上げると信じている人々は、平然としていた。彼らは、インターネットでのホームスクーリングが、ある子どもには適切であるが、ほかの子どもには適切ではないのではないかということを、立ち止まって考えるようなことは決してしなかった。それはおそらく、妊娠している10代の女性、オリンピックを目指して練習している運動選手、ブロードウェーの舞台に立てることを願っている子役、学校に通うことができないほどに重病を患っている子ども、そのほかの異常事態に巻き込まれている子どもにとっては、まさに正しい教育方法であろう。だが、一旦、利益を得ようとする動機が問題の一要素となると、こうしたすべての保留条件は退けられてしまい、目的はさらに入学者数を増やすこととなった。より多くの人数がより多くの収入を意味する。より多くの収入を得るには費用の削減が必要になる。つまり、教員にとってのより低い給料とより規模の大きな学級である。これは、教育改革のための方策ではない。

間違いなく、すべての生徒は学校でコンピュータとインターネットの使い方を学ぶべきである。想像力に富んだ、教えること、学ぶこと、調査することの可能性は無限である。だが、それは、バーチャルな教育機関に生徒を入学させることで金を儲けるために、民間分野を招き入れることとは全く異なる。今まで見てきたように、入学者数を増やしたいと思う気持ちは、質の高い教育を提供したいという気持ちよりもはるかに大きい。そして、あらゆる年齢の子どもたちの発達にとって必要とされるものや、成長期において子どもたちを孤立させることが何を意味するのかに関しては、ほとんど考慮されていない。

入学者数を増やすことを急ぐあまり、幼い子どもたちを教育のため家庭の

コンピュータの前に座らせておくことが、適切なのかどうか疑うために、誰も一息つかなかった。同年代の仲間や大人と相互に関わり合うことがほとんどないと、子どもたちには何が欠けてしまうのか、調べることもなかった。子どもたちに提供される授業の内容や、ポイント・アンド・クリックの評価の価値を判断することもなかった。ほかの生徒と意見を交換するために、顔と顔を見合わせて議論することに没頭できない場合に、何が失われてしまうのかを判断することもなかった。オンライン学習は、軍隊、産業界、極めて高い意欲を持つ生徒のための高等教育の場においては、うまく機能するかもしれないが、それが、キンダー、3学年、8学年、あるいはハイスクールの子どもたちのための、所定の課程をすべて履修する教育方法として正しいと考える理由はない。こうした考え方が正しいことを支持する証拠はないし、それどころか、健全な個人としての発達や社会的な発達のために子どもたちが必要とするものに基づいて、それを疑問視する多くの理由がある。

　オンラインの技術は間違いなく教室を活気づける、計り知れない可能性を持っている。だが、サイバー・チャーター・スクールの物語は、利益を追い求めることが、質の高い教育のために必要不可欠なものと対立することを、我々に警告している。政治的な過程の特質を鑑みると、今日の問題は、教育者が教育技術を投資家や株主の利益のためではなく、生徒の利益のために取り戻すことができるかどうかである。

第18章
ペアレント・トリガーあるいはペアレント・トリッカー

主張 もし保護者が学校の統制権を握れば、学校をより良くすることができる。

現実 この主張には証拠がない。

カリフォルニア州の共和党州知事アーノルド・シュワルツェネッガーは、チャーター・スクールを支持した。公立学校の予算を何十億ドルも削減しながら、彼は、窮乏した州がチャーター・スクールの設備と建設に対して十分な資金を保有することを確実なものとした。さらに重要なことは、彼は、チャーター・スクールには州の子どもたちのうちの僅か5％しか入学していないにもかかわらず、チャーター・スクールの唱道者が州の教育委員会の過半数の委員を占めるまで任命した。新しいチャーター・スクールやチャーター・スクール・チェーンを展開する、ニュー・スクールズ・ベンチャー財団の代表であるテッド・ミッチェルが、2008年から2010年まで州教育委員会の委員長であった。2012年までにカリフォルニア州には1千校以上のチャーター・スクールが存在し、これはアメリカのほかのどの州よりも多く、48万4千人の生徒が在籍していた。これは、州の600万人の公立学校の生徒の約8％であった[1]。

2010年にシュワルツェネッガー州知事が、教育委員会の委員として任命したうちの一人が、ベン・オースティンであった。彼はほんの1年前に設立

されたばかりの、ペアレント・レボリューションという団体の執行役員であった。オースティンは弁護士で、以前はブロード財団からの1,050万ドルを元に創立された、ロサンゼルスのグリーン・ドット・チャーター・スクールという組織で働いていた。オースティンのペアレント・レボリューションはゲイツ財団、ウォルトン・ファミリー財団、ブロード財団、そのほかの財団から資金提供を受けていた。それは学校選択を支持している。その設立から数ヵ月後に、ロサンゼルス統合学区がチャーター・スクール運営者に対して、50校の新しい学校と200校の既存の学校の運営を競うことを認める学校選択制度を承認したことから、それは最初の大きな勝利を勝ち取った。ペアレント・レボリューションは、この競争に勝ち抜くために、カリフォルニア・チャーター・スクール協会やファミリーズ・ザット・キャンといった、チャーター・スクールに賛同するほかの団体と密接に連携して仕事をした。

　しかしながら、ペアレント・レボリューションの最大の手柄は、2010年1月にカリフォルニア州議会によって「ペアレント・トリガー」法が可決されたことであった。そのウェブ・サイトによると、ペアレント・レボリューションは、保護者が決定権を握るという「ペアレント・トリガー」の構想を「発明し」、州の上院議員グロリア・ロメロに対して、彼女の教育改革法案の中にこの構想を盛り込むよう説得した。その法律によると、成績の悪い学校の保護者の51％が嘆願書に署名すれば、保護者は、学校、教職員、予算を統制したり、教職員のうちの何人かまたは全員を解雇したり、あるいは学校をチャーター・スクール運営組織に譲渡したりすることも可能になる。この法律では、保護者は、子どもたちの学校を改善するために何が必要とされているかを最もよく理解しているので、学校の運営を民間企業に委ねる権限を与えられるべきであるとみなされている[2]。

　NCLB法の要求は、ペアレント・トリガーの唱道者に対して、まるで製粉用穀物を供給したようなものであった。英語の能力が十分でない生徒や、貧窮化した家庭の生徒が数多く存在するコミュニティにおいては、多くの学校が、2014年までに100％の習熟を成し遂げるという、NCLB法の実現不可能な目標の達成に向かって順調に進んではいなかった。「ひとりもおちこぼれ

を出さない」という法律のために、州全域の何千もの学校が、成績の悪い学校であるという烙印を押されてしまっていた。それゆえ、多くの学校が保護者の革命にとって好機であった。

　だが、この法律が 2010 年初頭に成立したにもかかわらず、引き金を引くところまで進んだ保護者団体は存在しなかった。2010 年秋に、ペアレント・レボリューションは、カリフォルニア州コンプトンにある成績の悪い学校であるマッキンレー・エレメンタリースクールに、保護者の署名を懇願するために担当者を送り込んだ。ウェブ・サイトによると、「ペアレント・レボリューションの担当者はマッキンレーの保護者に対して、学校の成績状況について教育し、コミュニティを組織化し統率していく技術を訓練し、署名を集めるために、3ヵ月間対話を続けた」という。生徒の保護者ではなくペアレント・レボリューションが、学校の保護者の署名を 61% 集めて、彼らの公立学校をセレリティ・チャーター・チェーンの手に委ねることを要求した。つまり、ペアレント・レボリューションがチャーター・スクール運営者を選択したのである。嘆願書は 2010 年 12 月に地域の教育委員会に提出された。教育委員会は署名の正当性を疑問視し、どちらも相手方の脅しを非難したので、戦いは法廷に持ちこまれた。セレリティは近隣にチャーター・スクールを開校したが、嘆願書に署名した 61% のうちの約 3 分の 1 しか、この学校に自分たちの子どもを入学させなかった。『ロサンゼルス・タイムズ』は、「ペアレント・トリガー」法の結果は地味なものであったと、以下のように記した。「改革を検討するために、保護者の組織が 12 ほど州全域にできたが、その中の二つの組織だけが、自分たちの伝統的な公立学校をチャーター・スクールに明け渡すことに興味を持っている。ただ新しい校長を望むだけの組織もある。いつでも生徒を失望させてしまうような教員を、簡単に解雇する方法を探している組織もある。教員からの定期的な連絡といった、基本的で常識的な対応を熱望している組織もある」[3]。

　ペアレント・トリガーの次の候補は、ロサンゼルスから約 80 マイル離れたアデラント学区にある、デザート・トレイルズ・エレメンタリースクールであった。ペアレント・レボリューションは学校に不満を持つ保護者と一緒

に活動し、2012年1月に保護者の指導者は、保護者の70％近くの署名を集めて嘆願書を提出した。ペアレント・レボリューションのコミュニティの担当者は、学校の改革を要求する嘆願書と、チャーター・スクールによる学校の接収を要求する嘆願書の、二つの嘆願書を回覧していた。だが、後者の嘆願書のみが教育委員会に提出された。保護者の中には、嘆願書の中から自分の名前を取り下げることを願う人々もいたので、教育委員会はそうした保護者の署名を無効にし、その結果、支持者の数は37％に減少した。この事件は裁判所に持ちこまれ、裁判所の判事は、保護者は嘆願書に一度署名をしたら、それを取り消すことはできないとの判決を下した。勝利を勝ち取った保護者の指導者はペアレント・レボリューションの手助けのもと、学校運営に応募するようにとチャーター・スクール運営者を呼び込んだ。名乗りを上げた二つのチャーター・スクールの中から、1校を選ばなければならなくなった時、最初の嘆願書に署名しなかった保護者は、投票することを許されなかった。600人以上の生徒を有している学校の中の53人の保護者だけが、チャーター・スクール運営者を選んだ。皮肉なことに、僅か1年前に学区はアデラントにあるチャーター・スクールを閉校していた。というのも、チャーター・スクール運営者が、明らかに水増しされた価格で物品や業務を学校に販売するために、営利企業を設立していたからであった[4]。

　ペアレント・レボリューションは、自分たちを進歩主義的な組織であると言っていたが、その考え方は、政治的な立場においては右の端と即座に共鳴した。カリフォルニア州の法律に刺激を受けて、ミシシッピ州とテキサス州の二つの極めて保守的な州が、すぐさま同じような法律を成立させた。もう一つの極めて保守的な州であるルイジアナ州は、2012年にペアレント・トリガー法を成立させ、ほかの州もすぐにそれに従った。

　保守的なハートランド研究所は、シカゴにある自由市場に関するシンク・タンクで、自分たち自身の考えるペアレント・トリガー法を作成した。それは、学校の成績が下から20％に位置する、つまり州のテストに合格する生徒の割合が最も低い学校の保護者に、学校運営権を握ることを認めるとともに、私立学校や宗教系学校に通うためのバウチャーも要求できる選択肢を含

んでいた。ハートランドはこの考え方を ALEC に持ちこんだ。ALEC は、自由市場を支持する企業と州議会議員による、秘密主義の全米的団体である。ALEC はペアレント・トリガーの構想にいたく感銘を受けたので、自分たち自身の法律の見本を作り上げ、アメリカ中の州に送った。ほぼ 20 の州の州議会議員が、ペアレント・トリガー法を議会に提出した。カリフォルニア州でペアレント・トリガー法を支持した州の上院議員グロリア・ロメロは、州教育長の選挙に立候補したが結果は 3 位であった。彼女は選挙で敗れてから、「教育改革を求める民主主義者（DFER）」で仕事を始めた。この組織は、チャーター・スクールやそのほかの企業主導型の改革を推進するために、ウォールストリートのヘッジ・ファンド運用者によって設立された。DFER は、チャーター・スクール拡大の仲介者として保護者に協力を求める、ペアレント・トリガーの構想を積極的に受け入れた[5]。

　すべての保護者がペアレント・トリガーの構想に熱心であったわけではない。ペアレンツ・アクロス・アメリカ（PAA）は、ペアレント・トリガーを厳しく非難し、次のように述べていた。それは、「学校共同体の中で、ののしり、混乱、深刻な不和の起きる可能性を生み出す。それは、公共の場所を民営化することにより、民主的なものごとの進め方をしだいに弱体化させ、我々の利益を代表するために選んだ教育委員会から統制権を奪うことになる」。PAA は、保護者と教員を、保護者と校長を、保護者と保護者を競わせることに、全く価値を見出さなかった。トリガーの隠れた目標は、公立学校を民間のチャーター・スクール運営者や企業に譲渡することであると、それは警告していた[6]。

　ペアレント・トリガーにとっての次の戦場はフロリダ州であった。そこではこの構想は、前州知事ジェブ・ブッシュと小うるさいミッシェル・リーによって強力に支援された。ペアレント・トリガー法の採択は、初めから決まりきっている結末だと思われていた。というのも、フロリダ州は保守派の共和党員によって支配されていて、彼らはジェブ・ブッシュの助言にしっかりと耳を傾けていたからであった。だが、州議会が 2012 年にこの問題を取り上げ、再度 2013 年にも取り上げた時に、驚くべき出来事が起こった。州全

域にわたる保護者組織が、この法案に反対した。ここには見せかけの矛盾がある。この法律は、カリフォルニア州においてと同様に、「保護者に権限を与える法」と呼ばれていたが、フロリダ州の保護者組織はどこもこの法律に賛成しなかった。逆に、彼らはタラハシーを不意に訪れ、州議会議員に対して、自分たちはこの法案を望んでいないと告げた。フロリダPTA、セイブ・デュバル・スクール、フィフティース・ノー・モア、ファンド・エデュケーション・ナウ、テスティング・イズ・ノット・ティーチングといった団体が、この法案に反対した。保護者の指導者は、ペアレント・トリガーについて、公立学校を民間のチャーター・スクール運営者に譲渡するための、潤沢な資金を持つ組織による「ずるい策略」と見ていた。ペアレント・レボリューションは、この法律を支援する証言をするために、カリフォルニア州から保護者を飛行機で運んだ。5人の共和党の上院議員が、この法案に反対するために民主党に加わった。この法案に対して上院議員が20対20となって行き詰まり、この法案は廃案となった。その僅か1週間前に彼らは、州刑務所を民営化しようとする提案を無効にするために力を合わせていた。『マイアミ・ヘラルド』によれば、彼らは「裏切り者の上院議員の一団」で、「公共の安全と同様に公教育は、民間の事業者に外部委託されるべきではない、政府の中核となる使命である、と主張していた」という[7]。

『オーランド・センティネル』は、チャーター・スクールを支援しているが、ペアレント・トリガー法案が廃案になったことを喜んでいた。「失敗している学校の保護者に、学校の再生の計画を決める際に、より強い発言権を与える方法としてしつこく宣伝されていたが、この悪い法案は、欲求不満を抱いた保護者をおだててあぶく銭を得ようと狙っている、営利のチャーター・スクール企業に対して、どっと押し寄せてくるよう合図を出すようなものであった」。州議会はチャーター・スクールと公立学校のためにせっせと二重基準を作り上げていたと、新聞は記していた。もう一つ別の法案が、チャーター・スクール建設に5,500万ドルを約束していたが、公立学校には何も約束されていなかった。また、「説明責任を説く立場の議員」が、自分たちが2011年に公立学校に課した厳格な教員評価の条例から、チャーター・スクー

ルを除外したいと望んだ。社説は、州議会が、チャーター・スクールに対してはえこひいきをしながら、公立学校には失敗するよう綿密に計画することによって、「不公平な競技場」を作り上げていたと、鋭い洞察眼で見抜いていた。不公平な競技場の肝心な点は、「異なる規則に基づいて競技をするチャーター・スクールが救世主となるために」、扉を開くことであったと、社説は記していた[8]。

　くじけることなく、ミッシェル・リーの夫でサクラメントの保守派市長のケビン・ジョンソンと、ヘッジ・ファンド運用者によるDFERの理事であるニューワークのコリー・ブッカーは、2012年6月の連邦市長会議の場にペアレント・トリガーの構想を持ち込んだ。会議は満場一致で提案を承認した。それは、経済発展、芸術、交通、基盤整備の要望、観光、エネルギー、消費者動向、犯罪、連邦との関係などに関連するさまざまな問題を扱う、長々とした決議案の一覧表の一部であった。あらゆる改革の提案と同様に、ペアレント・トリガーの構想も、「中退者製造工場」の中に閉じ込められているマイノリティの生徒の将来を改善し、「どの子どもも失敗している学校に閉じ込められないことを保証するための」権限を保護者に与えるといった、精神を高揚させるような言い回しで表現されていた[9]。

　市長が、自分たちが何を支持していたのか、少しでも思いをめぐらせたかどうかを知ることはできなかった。もう一人の主要な支援者であるロサンゼルスのアントニオ・ビラレイゴザ市長は、すでに自分の選挙区がペアレント・トリガーを実施していたので、ロイター通信の記者に、「ほとんどの保護者が学校を立て直すために必要な手段を持っていないことを、市長は地域のレベルで了解している」と告げた。ニュース報道によると、「合衆国全土の何百人もの市長が今週末、保護者が、成績の悪い公立学校の統制権を握り、教員を解雇し、管理職を追い出すかあるいは学校を民間の運営に譲渡することが可能となるような、新しい法律を求めた」[10]。

　保護者が市内で最も成績の悪い学校の「統制権を握る」ことを、市長は本当に望んでいたのであろうか。これが道理に適っているのかどうか、彼らは本当に考え抜いたのであろうか。学校を改善するための最良の方法が、保護

者による乗っ取りの過程によるものであると、彼らは心から納得していたのであろうか。アメリカの最も貧しいコミュニティに暮らしている保護者が、教職員を解雇し、学校を自分たち自身で運営していくことに最も適していると、彼らは信じていたのであろうか。そして、保護者が公共財産の管理を引き受け、それを保護者が選択した民間の運営者に譲渡するという考え方を、彼らは本当に是認したのであろうか。

彼らは、低所得者向けの公営団地に住む住人に対して、建物の管理権を握り、それを民営化するよう奨励することについても、同じように熱狂的になるのであろうか。公営バスの乗客がその管理権を握り、バスを民間会社に引き渡すと決めたとしたら、彼らはどのように反応するのであろうか。公立公園を使う利用者が公園の管理権を要求するために、民間の公園営業許可を持つ会社によって組織化され、その公立公園を公園営業権所有者に譲渡することができるならば、彼らはどのように反応するのであろうか。それに公立図書館の利用者の場合はどうであろうか。市長は彼らをも支援するのであろうか。

公立学校は、一般大衆の税金によって建てられ、維持されていて、一般大衆に帰属している。それは、今年、自分たちの子どもが入学する保護者に帰属しているわけではない。コミュニティ全体と将来の生徒や保護者に属している学校の所有権は、今年、自分たちの子どもが入学する保護者に与えられるべきではない。今年、嘆願書に署名をする保護者は、来年はもはやこの学校の保護者ではないかもしれない。公共財産を民営化する権限を彼らに与えることは無責任である。もし公立学校に通う生徒のテスト得点が低いならば、学校の評価をし、生徒の成績を改善するために必要な変革は何でも試みることが、学区を管理している者の責任である。健全な教育を提供するために必要な資金と人員とをすべての学校に保証することが、学区の指導部の責任である。

保護者に権限を与えるという理論は、全く道理に適っていない。もし病院の治癒率が低いからといって、患者が病院の管理権を握り、職員を解雇することを、誰が期待するであろうか。保護者が決定権を握るということを意味

するペアレント・トリガーの構想そのものが、教職に対する侮辱であり、学校を保護者に引き渡すことが教育問題のみならず、社会や経済の問題の解決にもなるであろうと主張するのは、虚偽でしかない。ペアレント・トリガーの構想には、「ウォールストリートを占拠」騒動の時の論調に似たものがあるが、2011年夏に公立公園を埋め尽くした抗議者に市長がどのように対処したのかを、我々は覚えている。「ウォールストリートを占拠」は、ペアレント・トリガーがあたかも提供するかのように取り繕っているある種の再分配政策を要求した、デモの参加者の中の烏合の衆であった。市長は、必要と思われる限りの多くの勢力を用いて、仮設テント村を閉鎖した。それからまだ1年も経たないうちに、市長は保護者が公立学校を「占拠」することを奨励した。その行動は、公共財産を民間のチャーター・チェーンに譲渡するという結果をもたらしかねないものである。

『ロサンゼルス・タイムズ』は、ペアレント・トリガーの構想は期待外れであったという見解を明らかにした。この法案が成立してから2年以上も経つのに、学校の統制権を握るために保護者が殺到するというような事態は、全く起こらなかったという。ペアレント・レボリューションが活動を開始し、チャーター・スクール支援者から資金提供を受けていたが、現在では、彼らでさえ成績の悪い学校を接収することを疑問に思っていると、社説は記していた。チャーター・スクールは、意欲のある保護者を惹きつけることのできる、生徒を抽選で選抜するような、新しい学校を開校することを好んでいるという。「だが、ペアレント・トリガーにおいては、チャーター・スクールは、普通の公立学校が行っているように、成績の悪い学校の通学区域内の生徒を全員受け入れなければならない。チャーター・スクール運営者の中で、自分たちにとってあまり劇的とは思われないようなテスト結果しか出てこないような筋書きのもとで、学校を運営したいと考える者はほとんどいない。その上、学校に対する資金提供の現在の悲惨な状況は、チャーター・スクールに必要な資金を供給することを、不可能とは言わないまでも困難なものにしている。それは、伝統的な公立学校にとって困難であるのとまさに同じ状況である。極めて困難な問題を抱えている学校を立て直すことは、独自の学校文

化を持つ新しい学校を開校するよりも難しい」。『ロサンゼルス・タイムズ』は、ほかの州は同じような法律を制定する前に、「その法律が学校をより良くしていることを立証する証拠を探す」べきである、と結論づけた[11]。

　一般大衆のペアレント・トリガーへの支持を取り付けることを熱望し、企業型教育改革者は、この構想を劇化した『撤回しない』と題されたハリウッド映画の封切りを吹聴した。この映画には、有名な映画俳優が出演し、全米の2,500の劇場で公開された。ミッシェル・リーは、2012年の民主党の全米大会でも共和党の全米大会でも、この映画を上映した。それは、NBCの年間恒例の『教育国家』という番組の中で特集された。その映画に出演していた俳優は、テレビの全米向けの番組にも出た。裏側にいたのはワルデン・メディアで、この会社は、『「スーパーマン」を待っている』という記録映画の製作者でもあった。ワルデン・メディアの所有者はフィリップ・アンシャッツで、彼は億万長者の自由論者で、カリフォルニア州における同性愛に反対するプロポジション8、水圧破砕法〔訳注：地下の岩体に超高圧の水を注入して亀裂を生じさせる手法で、高温岩体地熱発電やシェールガス、シェールオイルの採取に用いられている。〕、「インテリジェント・デザイン〔訳注：1990年代にアメリカの反進化論団体や一部の科学者などが提唱し始めたもので、宇宙や自然界に起こっていることは機械的・非人称的な自然的要因だけでは説明できず、そこには構想、意図、意志、目的といったいわゆるデザインが働いていることを認めようとする理論であり運動である。〕」を推進するディスカバリー・インスティチュートといった、保守派のシンク・タンクや保守派による活動に資金を提供している[12]。彼はまた全米最大の劇場チェーンも所有している。

　だが、どんなに宣伝をしても、この映画を売り込むのには十分ではなかった。この映画に対する批評は芳しくなく、鑑賞券の売れ行きは最悪だった。2012年9月の公開から1ヵ月も経たないうちに、全米の劇場からほぼ完全に姿を消してしまっていた。一般大衆はお金を払ってまで、公立学校、教員、教員組合を叩きのめすような、もう一つの映画を見ることに興味を持っていなかった。

　政治家には分かっていなかったとしても、なぜか一般大衆には分かってい

た。保護者が統制権を握り、教職員を解雇し、学校を民間によって運営されているチャーター企業に譲渡したとしても、学校が改善されるということを立証する証拠は存在しない。その背後には証拠が存在しないばかりか、その法律が成立する以前には、どのようなところであれ、実際に実行されたことがない救済策を法制化することは、奇妙に思われる。フロリダ州の保護者が、ペアレント・トリガーについて、保護者をだまして学校を民営化させ、学校の運営方法についての発言権を奪い去ることを目論んだ企みであると結論づけたのは、もっともなことであった。

ペアレンツ・アクロス・アメリカ（PAA）は、ペアレント・トリガーは、教職員を解雇したり、学校を閉校に追い込んだりあるいは民営化したりする、連邦政府の懲罰的な対応を反映している、と警告した。PAA は、保護者は学校を改善するための積極的な選択肢を持つべきだと考えた。それは、学校を改善するための戦略の開発にも、保護者は専門の教育者とともに参加すべきであると勧告した。それは、生徒、学校、コミュニティの必要に応じて作り上げられた、研究に基づく改善のための対応策の実施を強く主張した[13]。

企業型教育改革運動の大きな流れの中で見られたように、ペアレント・トリガーは当初、チャーター・スクールの支援者によって推進され、その後すぐに、多くの保守的な州議会議員と保守的な州によって進んで受け入れられた。その本来の意図がどのようなものであったにしても、ペアレント・トリガーは、民営化を推進し、保護者の利益ではなくチャーター組織の利益を増進させる、一つの道具になったのである。

第19章
バウチャーの失敗

主張　私立学校と宗教系学校のためのバウチャーを受け取る生徒は、劇的な成功を経験するであろう。

現実　この主張には証拠がない。

　バウチャーの構想は1955年以来、教育論争の周縁に存在していた。それは、シカゴ大学の経済学者ミルトン・フリードマンが、カトリック系学校に関するつまらない議論を終わらせるための方法として、バウチャーを提案した時であった。カトリック教徒は、学校のために税金を払っていたにもかかわらず、いかなる公的資金を受け取ることも禁じられていたと、長いこと不平を述べてきた。もしすべての家庭がバウチャーを貰えるならば、すべての家庭は子どもを自分たちの選択した学校に、たとえそれが公立であっても私立であってもあるいは宗教系であっても、通わせることができるようになると、フリードマンは主張した。それがすべての人を満足させる解決策であると、彼は考えた。彼の小論は、人種隔離された学校を容認する法律を覆した、1954年の連邦最高裁判所のブラウン対教育委員会判決に対して、アメリカが反応し始めた時に公表された。人種隔離を維持したいと思った州は、防御の最前線としてすぐさま学校選択に向かったので、何年もの間、学校選択は、裁判所や一般大衆によって学校における隔離を維持するための戦略であると広く理解されていた[1]。

こうした出来事ははるか以前のことであり、アメリカでは今日、実際の隔離がかなりの程度存在していても、それが法律によってはっきりと命じられていない限りは、受け入れられているように思われる。大都市の学区の中に、ほとんど白人のいない、あるいはいるとしてもごく僅かしかいない学校があったとしても、それは記事にならない。学区が黒人の生徒だけを対象とする学校を開校したとしても、それは記事にならない。チャーター・スクールが一つの人種、民族、文化的集団に呼びかけたとしても、それは記事にならない。長いこと忘れ去られてきたのは、1954年の連邦最高裁判所の、「公教育の分野においては『分離すれども平等』という見解は居場所がない。分離された教育施設は本質的に不平等である」という裁定である。生徒と家族は人種分離された学校に通うことを法律によって強制されているわけではないので、新しい形態の隔離は、今では誰からも注意を払われず受け入れられ、とりたてて言うほどのことはないとされている。

　また、公立学校がコミュニティと州によって市民のために創設されたことも忘れ去られている。19世紀にはそれらはしばしば「コモン・スクール」と呼ばれていた。それらは、皆が共有するものであるコミュニティの事業であった。それらは、民主主義を確立し維持していくために、若者にほかの人々と一緒に生活し働く方法を教えるために、社会に完全に参加する上で必要とされる技能と知識を教えるために、創設されたのであった。公教育の構想には本来、公立学校に子どもを通わせていようがいまいが、あるいは子どもがいるかいないかにもかかわらず、若い世代を教育することはすべての者で分担されるべき公共の責任であるという、明確な了解が備わっていた。

　長いこと、バウチャーの構想はあまりぱっとしなかった。というのも、ほとんどのアメリカ人は、自分たちの税金が宗教系学校や私立学校のために使われるのを見ることを、好まなかったからである。バウチャーの提案が採決に持ち込まれるといつでも、一般大衆の投票によって退けられた。しかしながら、バウチャーの唱道者は、バウチャーを普及させるという希望を決して諦めなかった。1990年にジョン・チャッブとテリー・モーは学校選択について、「何年もの間、改革者が無数のほかの方法で作り出そうと探求し続けていた、

ある種の変革を引き起こすことのできる能力を本来的に持っている万能薬」として描いた。連邦裁判所は、学校選択に反対することに絶えず警戒を怠らなかった。というのも、学校の人種隔離廃止を巧みに逃れるために、学校選択が使われるかもしれなかったからである。しかしながら、最高裁判所はより保守的になり、学校の人種隔離に関する徹底的な精査と人種統合への要求を断念した。その上、少なからぬ都市の学区が、白人の家族を引き留めたり引き付けたりするためにマグネット・スクールを開設したので、選択の構想は、もともと持っていた否定的な含意をすべて失った[2]。

1990年にミルウォーキーは、低所得層の生徒のためのバウチャー制度を開始した。1995年にクリーブランドもまた、低所得層の生徒に対してバウチャーを提供することが認められた。2003年にコロンビア特別区において、連邦議会の共和党議員が、低所得層の生徒のためのバウチャー制度を創設した。こうしたバウチャー制度はすべて、有権者によってではなく議員によって始められた。教育改革センター、ヘリテージ財団、フリードマン財団、ハートランド研究所といった保守派のシンク・タンクや、州レベルのそのほかの組織などは、バウチャーが成績の悪い低所得層の生徒の問題への解決策であるとの主張を、途絶えることなくうるさく繰り返した。彼らは、一旦、一般大衆が低所得層の生徒のためのバウチャーを受け入れれば、結局は、中間所得層の保護者も自分たちの子どものためのバウチャーを要求するであろう、と期待した。時間の経過とともに、バウチャーの構想はそれ自身で弾みをつけて前に進み、その結果、すべての生徒が自分の選択する学校に通うためのバウチャーを手に入れることになり、公立学校制度は衰退していくであろうと、彼らは予想した。こうした競争的な環境の中で、学校はますます良くなっていき、生徒の成績もますます上昇していき、今日、学校を苦しめている問題は、選択と自由市場の単純な仕組みによって解決されるであろう、と期待された。

市や州が公的資金を用いてバウチャーを提供するまでは、それが何を達成することができるかを推測することや、幸運にもバウチャーを手に入れた生徒には驚くような変化が起きるであろうと予言することは、簡単であった。

だが、時間が経つにつれ、アメリカの公的資金による三つのバウチャー制度の成果がはっきりしてきた。それは、テスト得点に関する限り何の違いもなかった。バウチャー・スクール、チャーター・スクール、公立学校の間における競争は、公立学校をより良いものにはしなかった。その代わりに、競合する制度が公立学校から生徒と資金を流出させてしまい、それを弱体化させてしまった。

ミルウォーキーのバウチャー制度は1990年に開始された。1998年に裁判所は宗教系学校がバウチャーによる生徒を受け入れることを認可し、バウチャー制度は拡大した。バウチャーの生徒が公立学校に残っている同年齢の生徒に比べて、成績が大きく向上したかどうかを見極めるために、何年間にもわたってこの制度は詳細に研究された。概ね成績は良くなっていなかった。ウィスコンシン州のテストにおいて、ミルウォーキーのバウチャー・スクールの生徒の成績は、学区の公立学校の生徒よりも良くなかったし、むしろ悪い場合もあった[3]。

その上、バウチャー・スクールとチャーター・スクールの競争は、ミルウォーキーの公立学校に改善をもたらすこともなかった。2009年にミルウォーキーの公立学校は、全米学力調査（NAEP）に初めて参加した。読解と数学において、ミルウォーキーは全米で最も成績の悪い都市の一つであることが判明した。市の学校のバウチャー制度の恩恵を受けていると考えられていた黒人生徒は、4学年と8学年の英語と数学の試験で、全米で最も成績の悪い生徒の中にいた。2011年のNAEPテストにおいても、同じように悪い成績がミルウォーキーによって再度、記録された。バウチャー制度が始まって22年経っても、ミルウォーキーの公立学校の黒人生徒の成績は悪く、ミルウォーキーのバウチャー・スクールとチャーター・スクールに通う彼らの同年齢の生徒の成績も、それより良くはなかった[4]。

アーカンサス大学の研究者によるミルウォーキーのバウチャー制度に関する包括的な評価によると、この制度の生徒は読解で成績の向上が見られたが、数学では向上が見られなかったという。さらに重要なことは、バウチャー制度の生徒は公立学校の同年齢の生徒と比べて、ハイスクールを卒業する可能

性が4％ほど高く、4年制の大学に入学する可能性も7％ほど高くなることを、評価結果が示した。しかしながら、より高い卒業率という評価者の主張に対して、第三者機関の評価者が疑問を投げかけ、以下のように述べていた。「大雑把にいって、ミルウォーキー親の選択プログラム（MPCP）の9年生の最初に抽出された801人の生徒のうち、約75％がMPCPのハイスクールの12年生にまだ入学していなかった。ミルウォーキー公立学校制度（MPS）と比較して、卒業率に対するMPCPの影響について出された推論によると、抽出された生徒のうちのかなりの生徒が中退したことにより、ひどくあいまいになってしまっている」。アーカンソー大学の評価者は、のちに中退率を75％から56％に変更した。56％という数字であっても、この非常に高い中退率からは、バウチャー・スクールに最も学習意欲の高い生徒を残したということも考えられるが、むしろ、バウチャー制度が卒業率や大学の入学率に影響を与えたかどうかという、本質的な問題が確かに提起された[5]。

　バウチャーが登場してから22年が経過しても、バウチャーが万能薬であったという証拠はなく、また、バウチャーが公立学校に在籍していた貧しい子どもたちを救済していたという証拠も存在しなかった。概ねバウチャー・スクールは公立学校を凌ぐような成績を上げてはいなかった。中には、学業成績が悪いのみならず、成績に対して何の説明責任もとらずに納税者が支払った大量の税金を吸い上げていた、全くひどい学校もあった。ミルウォーキーの老練な報道記者であるアラン・J・ボルスックは、バウチャー・スクールでは5％以下の生徒しか習熟レベルに達しておらず、教員の回転も速いが、学校はバウチャー制度によって過去10年間に4,000万ドルから5,000万ドルを入手していた、と伝えた[6]。

　ミルウォーキーにおけるバウチャー制度の残念な結果にもかかわらず、バウチャー唱道者の熱狂は衰えることがなく、どちらかと言えば、より強まっていた。2011年にウィスコンシン州知事スコット・ウォーカーは、バウチャー制度をラシーンまで拡大し、ミルウォーキーにおけるバウチャー制度適用に際しての所得制限を撤廃し、バウチャー制度をより広い地理的な範囲のより多くの生徒にまで差し伸べることとなった。バウチャーは、多くのウィスコ

ンシン州議会議員を含む、州議会議員の極右の組織である ALEC にとっても優先事項であった[7]。バウチャーは、アメリカ子ども連盟（AFC）にとってもまた優先事項であった。AFC は、学校選択を推進するために、ミシガン州の裕福な活動家であるベッティ・デボスによって創設された組織で、ウォーカー州知事のバウチャーへの支援活動に対して、2011 年に表彰を与えた。

クリーブランドのバウチャー制度は 1995 年に始まった。そこでの結果はミルウォーキーでの結果と似たようなものであった。バウチャー・スクールの生徒は公立学校の生徒と比べて、より良い成績を上げてはいなかった。公立学校の生徒は、バウチャー・スクールの生徒に比べて、概して州のテストにおける成績が良かった。バウチャー・スクールとチャーター・スクールとの間の競争が、クリーブランドの公立学校を改善することはなかった。低所得層の生徒がほとんどを占めているクリーブランドの学校は、全米的なテストの成績はとても悪かったし、デトロイト、ミルウォーキー、コロンビア特別区と並んでクリーブランドは、全米で最も成績の悪い学区の一つであった。2003 年から 2011 年にかけて、連邦のテストが実施された時、クリーブランドの公立学校の生徒は成績が悪かったのみならず、黒人の生徒、白人の生徒、ヒスパニックの生徒、低所得層の生徒といった、どの生徒集団も全く改善が見られなかった。そして、州のテストにおいて、バウチャー・スクールの生徒は公立学校の生徒よりも成績が悪かった。クリーブランドにおけるバウチャー制度が成功したことを示す証拠が存在しなかったにもかかわらず、オハイオ州はバウチャーを、州全域の成績の悪い学校の生徒と自閉症の生徒へと拡大した。州議会はこうした種類のバウチャーを、2012-13 年度にかけて、障害のあるすべての生徒に与えることを決定した。2011 年までに、州は 1 億 300 万ドルをバウチャーに支出していた。学校選択の唱道者が州議会の支配権を握っていたので、その効果に関する証拠が存在しなくても、バウチャー制度が拡大していくことは確実であった[8]。

コロンビア特別区では、共和党が支配権を握っていた連邦議会が、2004 年初頭にバウチャー制度を承認した。それは、「ワシントン夢の奨学金プログラム（OSP）」と呼ばれていた。アメリカの一般大衆がバウチャーという

呼び名を好まないことを理解していたので、共和党はバウチャーを「夢の奨学金」と呼んだ。議会によって要求されたこの制度の最終評価の結論は、以下のようである。「**OSP が生徒の成績に影響を与えたとの決定的な証拠はない**。(太字体は原文のまま。) 概ね、少なくとも 4 年が経過したのち、奨学金を提供されて使用した生徒は、奨学金を提供されなかった生徒と比べて、読解と数学のテスト得点は、統計上は同じであった。連邦議会がこの制度における最優先の権利を持っている集団とみなしている、改善を必要としている学校（SINI）から応募してきた生徒にも、同じような結果が当てはまる」。この制度に関する評価は、保護者の報告に基づいて、制度に参加した生徒はハイスクールを卒業する可能性がより高いと結論づけた。具体的には、バウチャーを受け取っていた生徒の 82％がハイスクールを卒業したのに対して、バウチャーを受け取っていなかった生徒の 70％がハイスクールを卒業した[9]。この改善に関する自己申告による証拠に基づいて、連邦議会はバウチャー制度の継続を決定した。

　フロリダ州は二つのバウチャー制度を設立した。一つは F 評価の学校の生徒のためのもので、もう一つは障害のある生徒のためのものであった。低い評価の学校の生徒のためのバウチャーは、連邦の制度と同様に「夢の奨学金」と呼ばれた。アメリカの一般大衆が繰り返しバウチャー制度を否決してきたので、「夢の奨学金」は、バウチャーの唱道者によって好まれた婉曲的な言い回しであった。2006 年にフロリダ州最高裁判所は、「夢の奨学金制度」は憲法違反であるとの判決を下した。裁判所の首席判事は意見の中で、この制度は、「無料の公立学校と肩を並べるようなものにしたり、あるいは競争したりするために、-----公的資金を個別の民間の組織に流用するものである」と述べた。裁判所によって中止させられたバウチャー制度には、720 人の生徒しか登録していなかった。当時、マッケイ奨学金というフロリダ州におけるはるかに大きな制度に、1 万 4 千人の障害のある生徒が登録していた。2012 年には 2 万 4 千人の生徒が、私立学校に通うためにマッケイ奨学金を利用していた[10]。

　だが、マッケイ奨学金制度は、州が監督していなかったので問題だらけ

であった。『マイアミ・ニュー・タイムズ』のガス・ガルシア‐ロバーツが2011年に調査を実施したところ、少なからぬ生徒が標準以下の学校に通っていることを見抜いた。州は、こうした学校のカリキュラムのような主要な側面を規定していなかったので、新聞社が「詐欺と混沌を生み出す家内工業」と呼ぶようなものを作り上げていた。学校は、たとえ認可を受けていなくても、またカリキュラムを持っていなくても、バウチャーの生徒を受け入れる資格を得ることができた。調査の報告によると、学校の管理職の中には犯罪歴を持っている人もいた。ある学校では、生徒は古いビデオを見てその筋書きを要約していた。学校長が適切であると判断したので、地域の法律では禁止されていた体罰を実施している学校もあった。州は、公立学校では決して許されないような慣行を見過ごした。「生徒が練習帳に書き込みをしたり、B級映画を見たり、公園でふざけまわったりして、毎日を過ごしているところを見つけられたとしても」、誰も気にしなかった。「ある『経営学』の授業で、生徒が通行人から小銭を貰おうとして、街角で空き缶を振っていても」、誰も気にしなかった。詐欺や水増しされた入学者数を追い求めていこうとする、学校としての組織だった企てがあったとしても、誰も気に留めなかった。報告者の言い方を借りると、「それは、障害のある生徒を実験室のネズミとして使用し、何億ドルもの納税者の金からの資金提供を受けた、手におえないほど理不尽な科学の実験のようである。自らを教育者であると名乗る人間には誰彼かまわず、何百万ドルも与える。カリキュラムも規定せず、資金がどこに使われているのかを見るために構内を訪問することすらしない」。「最善の結果を求めて、これをアメリカの詐欺の中心地であるフロリダ州で行っている」と、彼は付け加えた。普通の公立学校はどこも皆、特別支援教育を必要とする生徒について、自分たちにとって何よりも重要な学校の評価を低下させてしまうかもしれないと考えて、進んで見捨ててしまっていた。共和党が支配する州議会は、バウチャーに関する問題は無視したままで、ピーナッツや蜂の針に対するアレルギーのある生徒も資格を得ることができるように、制度を拡大することに賛成する投票をした[11]。

　マッケイ奨学金制度の裏面をすっぱ抜いたおかげで、ガス・ガルシア‐ロ

バーツは、ジャーナリスト協会によって日刊紙以外の新聞における公共事業に関する報道に与えられる、シグマ・デルタ・カイ賞の一等賞の受賞者として表彰された[12]。

2010年の選挙の年に、共和党が州政府と州議会を掌握すると、バウチャー運動は勢いを得た。ミッチ・ダニエルズ州知事はインディアナ州でバウチャー法案を承認し、ジョン・カッシ州知事はオハイオ州で使用可能なバウチャーの数を増やした。

ルイジアナ州知事のボビー・ジンダルは、全米で最も無謀なバウチャー制度を通過させた。2012年春に、共和党が州議会の上院と下院の双方を掌握していたので、ルイジアナ州は、州による学校の評価がC、D、Fの学校のすべての生徒にバウチャーを与えることを認める、教育改革法を成立させた。これは、州の生徒の半数以上に当たる40万人あまりの生徒を対象とした。このバウチャーは、公立、私立、宗教系、オンライン、営利事業によって運営されている学校など、どのような形態の教育機関でも使うことができた。およそ1万人の生徒がバウチャーを申請し、およそ120の学校が入学者を募った。バウチャーを喜んで受け入れる学校のほとんどは宗教系学校で、そのうちの19校は、進化論ではなく創造論を教え、科学や歴史やそのほかの科目を聖書に基づく見解から教える教科書を使うことで、知られていた。こうした学校の中には、追加の生徒を受け入れるだけの設備や教員が不足している学校もあったが、彼らは、授業の開始までには遅れることなく拡充することを約束した。公立学校とは異なりルイジアナ州のバウチャー・スクールは、教員免許を持っていない教員を採用することも認められていた[13]。2013年5月、州の最高裁判所は、公立学校の資金をバウチャーに提供することは憲法違反であるとの判断を下した。

なぜこのように多くの共和党の州知事が、ミルウォーキー、クリーブランド、コロンビア特別区におけるお粗末な結果を鑑みても、バウチャー制度を実施することに夢中になっていたのであろうか。

自由市場による解決策が良いと熱烈に信じている保守派の人々は、執拗にバウチャーにしがみついている。彼らは、信条として選択が良いと思い込ん

でいる。バウチャーがどういう結果をもたらしたのかは、彼らにとっては重要なことではない。彼らは、バウチャー擁護の議論をするために、どのような資料の一つにも執着する。もし保護者が満足しているという証拠が存在すれば、彼らにとっては十分なのである。だが、たとえどこにも成功を示す証拠が存在しなくても、彼らはそれでもバウチャーを推進するであろう。彼らは、学校教育の場において、複数の事業提供者と競争が存在する自由市場を創出したいと望んでいる。バウチャーの本当の報償は、政府の学校教育に対する統制、監督、規制を終わらせることである。彼らは、学校の質にかまわずに、自分たちの子どもがどの学校に入学すべきかを保護者に決めさせる。最も多くの生徒を入学させる学校が成功する。十分に生徒を引き付けることのできない学校は、生き残ることができない。市場に決めさせよう。

もし市場がいつでも正しければ、最も品質の良い製品がいつでも最も成功を収めるはずであるが、あながちそうとも限らない。もし市場がいつでも正しければ、最も品質の良い本、映画、テレビ番組がヒットチャートの首位を占めるはずであるが、あながちそうとも限らない。

自由市場がより優れた教育を生み出すのであろうか。教員免許を持たず、教職固有の基準を満たしていないような教員を雇用している学校に対して、州は補助金を支給しなければならないのであろうか。納税者は、近代科学や歴史と一致しない信念を持っている宗教系学校に、資金を提供しなければならないのであろうか。

バウチャーが未来における大きなうねりになるのであろうか。一般大衆はいまだその構想を受け入れてはいない。共和党員は、「バウチャー」という言葉を避けるために苦労して、いまだにそれを「夢の奨学金」と呼ぶことに固執している。バウチャーを支持する州民発議や州民投票が成立した州はまだない。今日まで、州民投票によって判断されたように、ほとんどのアメリカ人は公教育を公共のものにしておくことに高い価値をおいている。バウチャーは民営化への大きな一歩を象徴している。アメリカの大衆が、究極の目的地が明らかになっても、この道を下り続けて行く覚悟ができているという証拠は存在しない。

第20章
学校の閉校は学校の改善に繋がらない

主張 学校は、校長を解雇したり、教員の半数あるいは全員を解雇したり、閉校して新たに開校したりすることによって、劇的に改善される。

現実 この主張には証拠がない。

21世紀初頭の学校改革は一定の型に従っていた。

最初に登場したのはハイステイクスなテストであった。毎年、生徒にテストを実施し、そのテストに関わるすべての者に成績をつける。つまり、生徒に成績をつけ、教員に成績をつけ、学校に成績をつける。

それに続いて、アカウンタビリティが登場した。褒賞や懲罰を与えるために、テスト得点と成績を用いる。毎年、より高いテスト得点を取った人には、特別手当を与える。年々、テスト得点を高めていくことができなかった者は、罰せられる。つまり、校長を解雇し、教員の何人かをあるいは全員を解雇し、学校を閉校する。

それから改革が登場した。つまり、新しい教職員を雇用し、学校をチャーター・スクールに変えるかあるいは民間の経営に委ねる。

ジョージ・W・ブッシュ大統領の「ひとりもおちこぼれを出さない（NCLB）法」が、テスト、アカウンタビリティ、懲罰に関する雛形を作り上げた。バラク・オバマ大統領の「頂点への競争」制度がこの雛形を受け継ぎ、全米で最も成績の悪い5千の学校を「立て直す」という構想を付け加えた。オバマ

政権は、州や学区が最も成績の悪い学校を「立て直す」ことに同意すると、50億ドルを授与した。そこでは四つの形態が提案された。つまり、再生、閉校、再出発、変革である。すべては校長を解雇することから始まった。学校が完全に閉校されてしまうこともあった。教職員の半数が解雇されるかもしれないし、全教職員が解雇されるかもしれない。その基本的な方針は、学校に動揺を与え、校風を崩壊させ、新しい顔ぶれと新しい指導体制のもと、そしておそらくは民間の運営によって、新しく最初から始めることであった。

　崩壊が革新を生み出すことを期待されていた。しかし、より一般的に見ると、それは混乱と士気阻喪を生み出した。

　2012年春に公表された二つの主要な調査の結果は、アメリカの教員の間で士気阻喪の程度が高まっていることを伝えた。毎年行われている「アメリカの教員に関するメットライフ調査」によると、約3分の1の教員が職を辞すことを考えているという。「スカラスティック社・ゲイツ財団による調査」の結果は、これほど高い数字を報じなかったが、教員が学校改革の方向性を好んでいないことを見出した。彼らは標準テストを信用していなかった。彼らは、メリット・ペイやテスト得点に基づいた報奨を望んでいなかった。彼らは、より長い1日やより長い1年を望んでいなかった。多くの教員はすでに1日11時間働いていた。では教員は何を望んでいたのであろうか。彼らは、家族がより関与することを望んでいた。彼らは、より高く期待されることを望んでいた。彼らは、より少人数の学級を望んでいた。彼らは、学校におけるより良い指導体制を望んでいた。2013年には「教員と校長に対するメットライフ調査」の結果、教員も校長もどちらも心理的圧迫感と士気阻喪を感じていることが分かった。ほとんどの校長が、過去5年間で自分たちの仕事がより困難になったと報告し、3分の1の者が、おそらく校長の職を辞すかあるいは転職するであろうと述べた[1]。

　士気が低く、教育者が希望を失っていたことは驚くべきことではない。否定的で明らかに間違っている主張に基づく、企業型教育改革者の報道による宣伝活動と同様に、連邦の政策は、彼らが失敗しているというメッセージとともに彼らを絶えず責め立てた。2014年までにすべての生徒が習熟に達し

なければならないという、NCLB法の非現実的な要求のもとで、「失敗している」学校の数は、すべての学区と州において毎年増加した。こうした要求が失敗と士気阻喪を生み出すことは間違いなかった。何千にも上る学校が、この不可能な目標に到達することができなかった。年々、多くの学校が失敗した。最も成績の悪い学校のほとんどが、多数のアフリカ系アメリカ人やヒスパニックの生徒を入学させ、連邦の貧困対策である、無料あるいは低価格の昼食の提供を受ける資格のある生徒も多数抱えていた。

再生の構想は、アーン・ダンカンが教育長であった時のシカゴに起源を持っていた。2004年6月、ダンカンとリチャード・M・ダーレイ市長は、「2010年のルネサンス」と呼ばれる改善策を公表した。これによって、60校程度の近隣の学校を最終的に閉校し、その代わりに100校の新しい学校が開校されることとなった。ゲイツ財団と市の事業運営の指導部はこの制度を熱狂的に支援した。2009年にダンカンは、オバマ政権の教育長官に就任するためにシカゴを去ったが、その時点ですでに決まった型ができ上がっていた。成績の悪い学校を閉校し、より良いと考えられる新しい学校を開校することで、改革は前に進んでいく。これが結局、ダンカンが何十億ドルにも上る連邦資金によって州や学区に参加を促し、全米に適用した教育改革の見本になったのである。

シカゴにおける再生の試みはうまくいったのであろうか。

「2010年のルネサンス」の目標の年の2年後の2012年に、二つの報告書が全く正反対の結論を出した。

一つは、シカゴ学校調査協会とアメリカ調査研究所（AIR）という、二つの尊敬を払われている独立した調査機関によってまとめられた報告書であった。彼らの報告書は、再生の措置の対象とされていた成績の悪いエレメンタリースクールが、大きく改善したのを見出した。4年後にこうした学校は、学校組織の平均として「読解ではほぼ半分、数学では3分の2」、学力格差を縮小していたという。再生の対象とされたハイスクールは、しかしながら、「比較対象となるような学校と比べて、欠席率と、卒業を目指して学習している9学年の生徒の割合において、大幅な改善は見られなかった」[2]。

同じ時に公表されたもう一つの報告書は、「シカゴの民主的に運営されているエレメンタリースクールは、シカゴの『再生を目指す学校』よりもはるかに成績が良い」と主張した。この報告書は、シカゴを本拠地とする調査機関である「改革の構想（DFC）」によってまとめられた。このDFCの報告書には、33校の貧困率の高い公立学校は、12校の「再生を目指す」エレメンタリースクールに比べて格段に成績が良かったと記されていた[3]。

民主的に運営されている学校は、選挙で選ばれた学校理事会（LSC）によって管理運営されている。この理事会は教育委員会と同等のものである。この理事会は、6名の保護者、2名の教員、校長、1名の教員以外の職員、2名の地域住民から成る。LSCが、校長を選び、校長を評価し、予算を承認し、学校の改善計画を監視し、コミュニティでの協力関係を築き上げる。親と親、親と教員を対立させ、学校の民営化のために保護者を利用する「ペアレント・トリガー」とは異なり、LSCは民主主義の枠組みの中で活動し、学校の構成員の間で協力するという原則を後押しする。それは、都市の教育問題に対する万能薬ではないが、保護者を巻き込んで、子どもの学校教育に関する方針決定に参加させることは、間違いなく価値のあることである。

DFCの報告書は強く主張していた。その時点で、シカゴ近隣には210校のエレメンタリースクールが存在し、そのうちの少なくとも95%の生徒は低所得層の家庭の出身であった。こうした貧困率の高い33校は、「読解に関しては、市全域のすべてのシカゴ公立学校（CPS）のエレメンタリースクール480校の平均よりも成績が良かった」。この成績の良い33校のうち14校は、生徒の90%以上がアフリカ系アメリカ人であった。この33校のうち16校は、生徒の85%以上がラティーノであった。この成績の良い33校はすべて、選挙によって選ばれたLSCによって運営されていて、LSCは校長の選択権を与えられていた。

だが、再生を目指す学校で、読解において市全体の平均よりも良い得点を上げた学校は1校もなかった。

イリノイ州の読解と数学の基準が、学校の質を評価するのにふさわしい尺度であると断言するにはためらいを感じているが、州と連邦政府が学校を閉

校する際の尺度として、それが用いられている。これが公立学校を閉校する際の正しい評価基準であると、改革者が主張する限り、彼らが新たに開校する学校も同じ尺度で判断されるべきである。

再生を目指す学校と違い、33校の民主的に運営されている学校は、多額の外部からの資金提供を受けてはいなかったし、「一般の人々から評価されることも全くない」。

DFCは、この評判にはならないが、成績が良く貧困率の高い学校について、次のように簡潔に描写していた。

・デュアン・テクノロジー・アカデミー

352人の生徒のうち、98％が低所得層の家庭の出身で、99％がアフリカ系アメリカ人である。77％の生徒が読解におけるイリノイ州標準テスト（ISAT）の基準を満たしているか、それを上回っている。数学では91％の生徒がISATの基準を満たしているか、それを上回っている。LSC，校長、教員の間に密接な協力関係が存在している。デュアンは、生徒に高度な**ビデオと音楽を創作する技能**を教えることに焦点を合わせている。デュアンは**粗末な校舎**で子どもたちを教育している。それは、ほとんどの人々が最低限、校舎として適切であるとみなす上で欠くことができない、基礎的な物理的設備を少なからず欠いていた。デュアンの校舎の屋根は雨漏りしている。そこには台所も食堂も体育館もない。壁は崩れかけている。LSCと学校関係者は新しい校舎を手に入れようと何度も働きかけてきたが、今のところ失敗に終わってきた。------

・ガリステル・ランゲッジ・アカデミー

1,444人の生徒が三つの校舎で学んでいて、93％がラティーノで、96％が低所得層の家庭の出身である。70％の生徒が読解でISATの基準を満たしているか、それを上回っている。数学では79％の生徒がISATの基準を満たしているか、それを上回っている。83％の生徒が、英語学習者がいつからISATテストを受け始めなければならないかを定める、以前の州の方針に従っていた。ガリステルのLSCは、2000年春に新し

い校長を採用したところ、この校長が学校を統合した。ガリステルは**甚だしく過密状態である**。**400 人から 600 人**のガリステルの保護者、教員、生徒が、過去数年間にわたって毎年、学校施設に関する公聴会で大規模補修を求めて証言してきた。校舎の本館は停電、水漏れ、室温の著しい変化にしつこく**悩まされている**。こうした障害にもかかわらず、ガリステルの教員の 75％は少なくとも **4 年間**は学校に留まっていた。(太字体は原文のまま。)

対照的に、再生を目指すエレメンタリースクールは LSC によって運営されてはいなかった。代わりに、彼らは独立した請負業者か、学校改善局と呼ばれる市の学校組織の担当部局によって「厳しく統制されて」いた。請負業者とは、「都市の学校を指導する学院（AUSL）」と呼ばれる、再生を引き受ける会社のことである。こうした組織は、「教職員を選択したり、学校の学習計画を明示したり、生徒が学習していく上でのそのほかの重要な側面、たとえば規律などを監督したりするにあたっての、**ほとんど完全な権限を持っていた**」。(太字体は原文のまま。) 33 校の民主的に運営されている学校とは対照的に、再生を目指す学校は、追加の教職員、追加の資金、改修された設備を受け取っている。これらはすべて、5 年間に各学校が受け取る 700 万ドルの一部であった。再生を目指す学校は、報道機関により気前よく賞賛され、ダーレイ市長やその後継者のラーム・エマニュエル市長によって頻繁に褒められた。

AUSL は 2006-7 年度に、最初の再生を目指す学校であるシャーマン・スクール・オブ・エクセレンスを引き継いだ。AUSL は、5 年後までには生徒の 80％が読解、数学、科学において州のスタンダードを満たしているか、それを上回ることを約束した。その時点においては、584 人の生徒の 31％だけが読解における州のスタンダードを満たしていた。全生徒数の 98-99％が低所得層のアフリカ系アメリカ人であった。5 年後には学校には新しい校風が生まれ、学校は「永久的に組み直」され、AUSL はその役割から身を引くことができるようになると、AUSL は約束した。

シャーマンの状況は改善されたが、AUSL の大胆な目標にははるかに届かなかった。5 年後に、生徒の 52％が読解において州のスタンダードを満たしていたが、AUSL の目標である 80％には届かなかった。シャーマンは、追加の資金と新しい教職員を受け取っていなかった民主的に運営されている 33 校よりも、はるかに低い評価であった。読解においてシャーマンは、市の公立学校において貧困率の高い 210 校の中で 171 番目であり、これは、民主的に運営され、良い成績を上げている、貧困率の高い学校よりもはるかに劣る成績であった。AUSL は目標を達成することができないにもかかわらず、学校の完全な運営権を掌握するために、契約の延長と 6 年目のための追加の資金を獲得するために、教育委員会と交渉した。

教員の残留率が、再生を目指して多額の資金提供を受けている学校と、注目されないが成績の良い貧困率の高い学校との間の、もう一つのはっきりした違いを示していた。再生を目指す学校は、大学を卒業したばかりの、注意深く選別された教職員を有していた。そのうちの半数は、AUSL によって特別に訓練された教職員であった。4 年後にはそのうちの 42％のみが、当初の再生を目指す学校で教えていた。一方、再生を目指していないエレメンタリースクールでは、71％が 4 年後にも同じ学校で教えていた。DFC の報告書は、再生を目指していない学校における教員の素晴らしい残留率を、強力な指導体制、協力関係、保護者と教員の良好な関係のおかげであると記していた。

実際に、どちらの報告書も正しかった。再生を目指す学校は進歩したし、民主的に運営されている学校は、再生を目指す学校が受けているような追加の資金援助なしに、協力関係に頼りながら、再生を目指す学校よりも成功していた。

この二つの競い合う報告書が 2012 年 2 月に公表されたのは、単なる偶然の出来事ではなかった。その月末に教育委員会は、より多くの学校を立て直すか、より多くの学校を閉校するかどうかを決定しようとしていた。シカゴ学校調査協会・AIR の報告書は、再生は少なくともエレメンタリースクールにおいては成功していると述べていた。一方、DFC の報告書は、再生を目指す学校は目標を達成しておらず、費用もかかり、民主的に運営されている

学校に比べて、テスト得点も低く、教員の回転率も高いと述べていた。

　2012 年 2 月 22 日にシカゴ教育委員会は、地域の学校を閉校するとの脅しに反対して騒々しく怒っている保護者、教員、地域住民から成る群衆と向き合った。教育委員会はこの抗議を無視して、追加の 17 校を閉校するかあるいは徹底的に点検することを承認した。教育委員会は 6 校を AUSL の手に委ね、4 校を教育委員会のもとにある学校改善局に運営を任せることとし、残りの 7 校の閉校あるいは段階的な廃校を発表した。この決定は驚くべきことではなかった。教育委員会はラーム・エマニュエル市長によって任命され、彼の希望を実現していたからである。この決定によって影響を受けた学校の教員が述べているように、「結論はすでに予め決められていたことであった」。DFC の報告書によって提供された証拠にもかかわらず、また保護者や教員の抗議にもかかわらず、教育委員会は閉校と再生以外のことは全く考慮に入れなかった。これがシカゴにおける学校改革の実態であった[4]。

　1 年後にエマニュエル市長と彼の教育委員会は、54 校の公立学校を閉校するつもりであることを公表した。その中には、アーン・ダンカンが 2002 年に一旦、閉校し、「立て直した」学校も含まれていた。彼らは、学校が十分に活用されていないと述べた。それゆえ、この政策は生徒のためであるとも述べた。だが、彼らが公立学校を閉校しながら、民間で運営されるチャーター・スクールを開校し続けることを、誰も疑っていなかった。

　教育問題をめぐる多くの議論の中で起きていたように、互いに競い合う解釈やぶつかり合う事実があった。私自身の見解はもうすでに明白になっていると思うが、公立学校はコミュニティに根付いているという考え方である。それはコミュニティの子どもたちの役に立つために存在している。もし公立学校が不十分な仕事しかしていないのであれば、その学校組織の指導部は、学校を閉校したり、新しい学校や新しい名前で置き換えたりせずに、より多くの教職員、より多くの専門家、より多くの資金を供給したりして、学校を改善するために必要なことは何でもやらなければならない。責任の所在を明確にすることは、学校組織の指導部によって、組織の最上位の人から始められなければならない。困っている学校に資金と人員を配分する権限を持って

いるのが指導部であり、それを実行することが彼らの責任である。私は、公立学校が保護者と地域のコミュニティから強力な支援を受けている時には、市全域にわたる教育委員会は彼らの見解を無視してはならないと思う。教育委員会は、保護者や地域のコミュニティと一緒に彼らの地域の公立学校を支援し、より良いものとするために活動しなければならない。

カリフォルニア州での綿密な研究が、成績の悪い学校において永続的な「再生」を成し遂げることが、いかに難しいかを描き出した。研究者は、次のような明確な定義から始めた。真に再生の対象となる学校とは、3年間連続して州の下から3分の1に評価された学校であること。その学校を構成するすべての下位集団において、3年間、一定程度の伸びを示していること。その伸びを4年目まで維持していること。その学校が、州のほかの学校との比較においても改善していること。その学校の生徒の人口動態上の構成が、その期間あまり変化がないこと。研究者は、州の学校評価の下から3分の1の2,407校を特定した。そのうちの2％に当たる44校だけが、このすべての規準に合致した。こうした学校の中で「劇的な」進展を遂げた学校はほとんどなかった。概して皆、「ゆっくりと着実」であった。成功を収めた学校は、自分たちの改善に寄与した要因について説明した。それは、英語学習者や障害のある生徒など、特別の手助けを必要とする下位集団に焦点を当てた授業戦略、教員の専門性の開発、教員の協力関係、授業における指導力、データの賢い利用、学区の支援、保護者の参加などであった[5]。

カリフォルニア州での研究は、本質的な変化は1年や2年では決して成し遂げることができないことを示した。それは、大規模な解雇ではなく、忍耐、持続、優れた指導体制、協力を必要としている。

だが、オバマ政権は動ぜず、学校を立て直すための最善の方法は、校長を解雇し、半数かそれ以上の教職員を解雇することであるという、自分たちの信念にこだわっていた。

2012年に、より多くの学校を閉校するというシカゴ教育委員会の決定の数週間後に、教育論者協会が連邦の再生政策をめぐって議論した。教育省は大きな進歩が成し遂げられていると主張したが、ほかの人々はその結果を失

望すべきものと見ていた。この会議に出席していたアンソニー・コーディは、連邦政府があまりにも寛大すぎるし、成績の悪い学校の「文化を打ち砕く」ために、より厳しい手段を取るべきであると考えていた講演者の話を聞いた。彼らは、今以上に大きな進歩を成し遂げるためには、より多くの教員が解雇されねばならないと述べた。

　コーディは同意できなかった。アンソニー・コーディは、カリフォルニア州オークランドの公立学校でほぼ20年間、ミドルスクールの科学を教えていた。彼は、全米優秀教員認定を受けた教員で、キンダーから12学年までを対象とする指導的な雑誌である『エデュケーション・ウィーク』に、継続的にブログを掲載している。2011年に彼は、ハイステイクスなテストと結びついた懲罰的な連邦の政策に抗議するため、ワシントンへの行進を全米的に組織するのを手助けした。貧困率の高い学区での経験豊富な教員として、コーディは、改革者と政策立案者に人気のあるその場しのぎの解決策には懐疑的であった。

　コーディは、シカゴでの再生の努力について述べている、見解の異なる二つの報告書を読んだ。彼は、教員の回転つまり教員をかき回すことが学校に悪い影響を及ぼしたことを、新しい調査が示しているのに気づいた。それは、彼が自分自身の学校で目にした出来事であった。彼が、現在人気のある、教員を「解雇して置き換える」再生の政策に異議を唱えると、講演者が彼に言った。「それは、老人は新しい考え方を学ぶことができると思うかどうかによる」と[6]。

　会議での彼自身の講演でコーディは、自分の学校で何が起きたかについて話をした。彼は科学の教務主任であり、校長が、科学科の一番大きな問題は何かと、彼に尋ねた。彼は、教員の回転率が高いことだと答えた。10人の科学科は毎年2人から3人の教員が辞めていくので、その結果、向上を維持していくことが困難になってしまった。いずれほかの職場へと移っていくのが分かっているのに、なぜ新しい教員の訓練に時間を使わなければならないのかと、経験豊富な教員は訝った。この態度が協力関係を次第に損ね、その結果、教員の回転率を下げることがさらに難しくなった。オークランドのほ

かの学校ではさらに悪かった。そこでは、裕福な学区と比較して低い給料と、貧困率の高い学校の抱える問題に失望して、毎年、教員の50％から60％が辞めていった。

　コーディの科学科は、教員の残留を促すために助成金を獲得した。すべての新しい教員には指導者が割り振られ、その指導者が授業計画、戦略、カリキュラムを新任教員と共同で練り上げた。科学科は定期的に会合を開き、考え方や教材について意見交換を行った。翌年、科学科では所属する教員全員が残留した。この方法がとてもうまくいったので、それが数学科にも広げられ、しばらくすると、すべての教員が一緒に仕事をするようになった。それもただ新任教員を指導育成するためではなく、自分たちの教える技術や評価の方法を深化させるためであった。この方法がとてもうまくいったので、学区は、新任の科学教員と経験豊富な指導者とを組み合わせて、それを科学チームという制度として採用した。

　コーディは次のように記している。「我々は、改善するために誰も解雇する必要が『ない』ことを発見した。最も劣った教員を探し回ろうとするのではなく、我々はすべての教員を『残留』させようとした。『老人は新しい考え方を学ぶ』ことができるのか。できる。しかも、老人は多くの価値ある考え方を『知っている』」。彼らの知っているものが尊敬されるならば、彼らはそれをさらに強化して皆と共有することができる。

　だが、そこに悲しい結末が訪れる。こうした進展のすべてが徐々に明らかにされ、学校は着実に進歩したが、NCLB法の絶えず高まってくる要望を満足させることができるほど、十分に大きな進歩ではなかった。学校は、何年も前に3千マイル離れたところで、連邦議会が決めた目標を達成しなかった。「毎年毎年、失敗の役回りを押し付けられたために、愛校心は破壊されてしまった。職員会議は、どのようにして統計学上の得点の上昇を最ももたらすことができそうな生徒に、目標を定めることができるのかを説明する、データ分析の専門家に乗っ取られてしまった。校風が目的を持って作り上げられたのと全く同様に、それはまた破壊されうるものであり、そして実際に破壊された。我々が作り上げたチームの中で、僅か一人の科学の教員のみがそこ

に残っている」。

　コーディによると、再生の理論は、低いテスト得点の学校には「ほとんど価値がない」と決めてかかっているので、管理職、教員、校風を捨てて、始めからやり直すのは簡単なことである。彼は、連邦教育省が再生の政策を推し進めることによって「根本的な間違い」を冒している、と結論づけた。教員を解雇する代わりに、「教員を支援し、育て、引き止めておくことが可能な学校を作り上げることによって、我々はより多くのものを手に入れることができそうだ」と、彼は記していた。そうはいっても、解雇されるべき教員はやはり間違いなく存在するであろうが、それは力のある校長の仕事であり、州や連邦の政策が口を出すことではない。

　連邦政府は、学校を閉校しそれを新しい学校で置き換えるシカゴの戦略が、全米規模で適用されれば、うまく機能するであろうということに、ほぼ50億ドルを賭けた。シカゴは10年以上もの間、学校を閉校し、そして学校を開校してきた。それは、シカゴの学校を変革したのであろうか。シカゴが学校改革の全米的な雛形であると考える人は、それほど多くはない。唯一確実なことは、再生の戦略が教員と校長の士気を阻喪させ、現在における恐怖と未来についての不確実さという雰囲気を作り上げたことである。

　アーン・ダンカンは2002年に、成績の悪い学校を閉校するという戦略に着手した。その時、彼は3校のエレメンタリースクールを閉校し、教職員を解雇し、初めからやり直した。その2年後に彼とリチャード・M・ダーレイ市長は、この戦略を「2010年のルネサンス」という彼らの改革案の最も重要な政策と位置づけた。大統領に当選したバラク・オバマは、2008年にアーン・ダンカンを教育長官に選んだことを発表する場所として、この3校の中からドッジ・エレメンタリーを選択した。学校の名前はドッジ・ルネサンス・アカデミーと変わっていたが。彼はダンカンについて次のように語った。「彼は失敗している学校を閉校し、そこの教職員を入れ替えた。しかも、そうすることが評判の悪かった時に。-----今、ここにある、ドッジ・ルネサンス・アカデミーが絶好の例である。この学校が改善されて、2003年に再開されて以来、州のスタンダードを満たしている生徒の数は3倍になった」。だが、

なぜか奇跡的な再生は消え失せてしまった。2013年までに、シカゴの学校教育の官僚は、ダンカンが2002年に閉校し「改善した」ほかの2校のエレメンタリースクールと一緒に、ドッジ・ルネサンス・アカデミーを再び閉校した[7]。

　読解と数学の成績の悪い生徒に対する教育を改善するために、彼らの学校を閉校するよりさらに良い方法が間違いなく存在する。こうした生徒はより少人数の学級、集中的な個別指導、高度な技術を持った教員を必要とするであろう。閉校は改革ではない。それは、学校の運営に責任を持っている人々が自ら失敗を認めたことであり、学校が必要とするものを見極め、生徒を助け、教職員を励まし、優れた学校で必要とされる極めて重要な要素を供給することに関して、彼らが知識と経験を持ち合わせていないことを認めたことでしかない。

第21章
解決法——まずはここから

　改革者はしばしば、貧困は弁解でしかない、貧困は宿命ではない、子どもの教育は彼らがどの地域に住んでいるかによって決定されるべきではないと言う。

　貧困は決して弁解ではない。それは厳しい現実である。どのような子どもにとっても貧困が宿命であることなど、誰一人として望まない。公立学校は、すべての子どもたちに、彼らがどのような地域に暮らしているかにかかわらず、平等な教育の機会を与えるために存在している。

　平等な教育の機会を提供するための資金が欠乏すれば、学校は失敗する。意志が欠如しているから学校は失敗するのではなく、最高の決意さえも貧困がしばしば打ちのめしてしまうから、学校は失敗する。

　学校が悪くて教員も親身にならないから、貧困がなくならないのではなく、社会がその根源的な原因を無視しているから、貧困がなくならないのである。貧困と人種隔離が特定の地域に集中していることは、社会の問題であって、学校の問題ではない。学校が貧困と人種隔離を引き起こしているわけでもないし、学校はこうした問題を独力で解決することもできない。W・E・B・デュボイスは、大恐慌の真最中に次のように語った。「学校は、産業界を組織化することはできないし、給料や所得の問題を解決することもできないし、家庭を作って保護者をあてがうこともできないし、正義を実現したり文明の進んだ世界を作り上げたりすることもできない」[1]。デュボイスは「弁解していた」わけではなかった。彼は、貧困と不平等の責任をその帰属すると

ろに負わせていたのである。つまり、産業界と政府を支配している人々の肩の上に。

　デュボイスは、学校だけでは平等を作り上げることができないし、貧困をなくすこともできないことを認識していた。学校は、高い志を持った生徒が貧困から脱出するのを手助けすることができる。何千もの個人の物語が、生徒を保護者の苦難に満ちた生活の中から助け出した、一人の教員、一人の校長、一つの学校の力を証明している。教育者と学校は、人生を変えることのできる非凡な力を持っている。

　こうした物語は重要であり、人を鼓舞するものであるが、それらは特別の物語である。学区全体が、学校を変革したり、公教育を民間で運営されるチャーター・スクールやバウチャー・スクールによって置き換えたりして、貧困を根絶した例は一つもない。貧困の根源的な原因に立ち向かっていかない限りは、社会は変わらないままであろう。貧しい生徒の中には大学へ行く機会を手に入れる者もいるが、貧窮化した生徒の大多数は貧窮化したまま取り残される。現在の学校改革の方法は、貧困の根絶や教育の改善の役に立たない。それは、公立学校がいつもそうしてきたように、貧しい子どもたちの中の何人かに脱出口を提供するかもしれないが、不平等の原因には手をつけずにいる。現在の改革の進め方は、深刻な貧困と確固とした不平等という現状を変えることはない。NCLB法からすでに10年以上が経過し、我々は今、テストとアカウンタビリティの制度が何百万人もの子どもたちを落ちこぼしてしまい、貧困の根絶や学力格差の解消もしていないことを知っている。NCLB法の結果として、より多くのテストをとか、より多くのアカウンタビリティをと高まっていく要求は、さながら火を消すためにガスバーナーを持ってくるようなものである。同じものをいくら多く持ってきても変化ではない。テスト、アカウンタビリティ、選択という戦略は、実際には何の変化も起こさないにもかかわらず、変化の幻想を与えている。そうしたものは、我々の社会秩序の中に今やはっきりと存在している、不公正や不公平を覆い隠している。そうしたものは現状を変革するために何もしない。そうしたものは現状を維持する。そうしたものこそが現状なのである。

悪い学業成績の根源的な原因に取り組むことは、お金がかかることなのであろうか。もちろん、かかるが、何もしないでいることで生じる費用よりは、高くはないであろう。

我々は、より広く、より深く考えることが必要である。我々は本当に、貧困を根絶して平等な教育の機会を確立したいと思っているのか、心を決めなければならない。我々は本当に、すべての人々のために自由で公正な社会を構築したいと思っているのか、心を決めなければならない。もしそれが我々の真の目的であるならば、我々は、社会を変革すると同時に学校も改善するという、二つの戦いの最前線に進んでいく必要がある。

スタンフォード大学のリンダ・ダーリング - ハモンドは、我々が十分に良く知っている学校を改善する方法を、我々に思い起こさせてくれる。

> 我々は、何がうまくいくのか、分からないわけではない。我々は、高学力の国が政府の政策として、住宅、健康管理、最低限の所得を保証することによって、子どもの貧困の大部分を予防し、学力格差を減らし、生徒の学習成果を変革することを成し遂げたのと同じような政策を実施することができるはずだ。これと同じような戦略は、貧困と偉大な社会の建設のための戦いにおける制度と政策を通して、我が国でも相当程度に成功した。それによって、貧困は劇的に減少し、雇用は増大し、窮乏したコミュニティは再建され、都市部や貧しい田舎の地域におけるプリスクールやキンダーから 12 学年までの教育への投資が行われ、学校の人種隔離は撤廃され、大学進学のための奨学金に資金が提供され、教員養成制度に対する投資も行われ、その結果、教員不足も解消された。1970 年代に都市部で教えることは、平均よりも高い給料、多額の奨学金と教員養成を援助する返済免除の融資金などによって、また、多くの都市の学区において連邦資金によって支援された、わくわくするようなカリキュラムや授業科目の革新によって、人々にとって魅力のあるものであった[2]。

こうした政策は、1960年代から1980年代まで大きな成功を収めた。ダーリング-ハモンドは次のように指摘している。「17歳の黒人と白人の生徒の読解における学力格差は、3分の2ほど縮まった。黒人の生徒のハイスクールと大学の卒業率は、2倍以上になった。1975年には白人、黒人、ラティーノの生徒の大学進学率は、後にも先にも初めて、そしてたった一度だけ同じになった」。

　それゆえ、降参して両手を上げて、何をしてもうまくいかないと言う人は、間違っている。公立学校がもはや時代遅れで破綻していると言う人は、間違っている。我々は公教育を見捨てて、自由市場に基づいた学校教育や営利企業に置き換えなければならないと言う人は、間違っている。公立学校が、達成できる目標を実現するために、適切な政策、人的資源、資金、先見の明を持ち合わせていれば、公立学校は良い成果で応える。

　もし我々がどこに向かって行きたいのか分かっていれば、我々は、正しい方向へと導いてくれる戦略の議論を始めることができる。

　我々には、スローガンや無鉄砲な憶測ではなく、証拠に基づく解決策が必要である。

第22章
一番最初から始めよう

> **解決法 No.1** すべての妊娠中の女性に十分な出産前の検診を提供する。

　第10章で出産前の検診の重要性を報告している研究を精査した。妊娠初期に出産前の検診を受けなかった女性、あるいは全く検診を受けなかった女性から生まれた子どもは早産の危険性が高い。早産は新生児の死亡の主要な原因である。無事に生き延びたとしても、その子どもは学習障害や健全な発達に対するそのほかの障害を持つ危険性が高くなる。国連事務総長のバン・ギムンは、次のように記していた。「生後1ヵ月以内に死んだ新生児は、5歳以下の子どもの全死亡者の40％に達する。早産は、世界における新生児死亡の唯一最大の原因であり、すべての子どもの死亡において肺炎に次ぐ第二番目の原因である。生き残っている早産の幼児の多くは、生涯にわたって障害に直面する」[1]。

　小児麻痺救済募金運動（MOD）、世界保健機構（WHO）、妊産婦および乳幼児の健康を守るためのパートナーシップ（PMNCH）、セーブ・ザ・チルドレンによって出版された報告書は、早産防止の失敗という理由から合衆国に低い評価を下した。評価の対象とされた184ヵ国中、合衆国は131位であった。『タイム』はこの報告書に関する記事の中で、こう評した。これは、「合衆国が、ソマリア、トルコ、タイと共有している厄介な特質である」。合衆国における新生児100人当たり12人が早産で、年間で約50万人となる。我々

よりも下位に位置しているのは、一握りのサハラ砂漠以南のアフリカの国々、パキスタン、東南アジアの国々である。早産率でみた場合、世界で最も優れている国はベラルーシで、100人の新生児当たり早産で生まれるのは5人以下であった[2]。

　MODの国際的な報告書は、先進諸国における早産率の平均は8.3%であることを示している。驚いたことに、合衆国の12%という早産率は、サハラ砂漠以南のアフリカの国々とほぼ同じであった。そこには、我が国のような莫大な資源は存在しない。

　さて、ここに興味深い質問がある。なぜ改革者は、合衆国がほかの先進諸国と比べて不面目な低い順位しかとれていない、早産に関する国際的な報告を無視しているにもかかわらず、有効性がはっきりしていない国際学力テストの得点を振りかざすのであろうか。早産による人道的、財政的、教育的損失は、現実のものである。世界184ヵ国中131位である。今度、改革者が、数学や科学の国際学力テストにおいて我々が12位だとか、14位だとか、何位だとかと主張するのを見たり聞いたりしたら、この悲惨な統計値を思い出してください。すべての女性が自分と子どもに必要な出産前の検診を確実に受けることができるような、世界で最初の国に合衆国がなるように、持続する全米的な運動をなぜ行わないのであろうか。

　早産を減らすことは、合衆国で毎年50万人の子どもたちが健康に生きる可能性を改善する。それは、より多くの子どもたちが健康で、学びの準備ができて、学校にたどり着くことを保証する。それは、少なからぬ認知や情緒の障害を防ぐことによって、学業成績を改善する。妊娠初期に学習障害を予防することは、こうした障害を将来何年間も治療していくよりも、はるかに費用が安くて済む。

　MODの報告書は明確な勧告を出している。そこには、栄養、家族計画事業、健康教育を改善し、薬物乱用、性感染症、環境汚染への暴露を減少させるための、良く練り上げられたプログラムが含まれている。女性は、質の高い分娩介助と産科緊急処置と同様に、包括的な出産前の検診を受ける必要がある。国際的な報告書は、2025年までに、すべての国において早産率を50%減ら

すという目標を定めている。合衆国では、それは早産率を6％にまで下げることを意味していて、これができれば、ほかの先進諸国並みの早産率により近づくこととなる。

　率直に言って、世界で最も裕福な国が、このような高い早産率を維持していることは衝撃的である。それは人道的見地から見ても衝撃的である。というのも、それだけ多くの若い命が、必要もないのに失われたり傷つけられたりするからである。それは財政的な見地からも衝撃的である。というのも、早産が社会に対して、長期にわたる費用負担を強いるからである。

　ここが、社会改革のための真のプログラムを開始するための素晴らしい場所である。調査の結果は明解である。行動が必要なことも明解である。短期的ならびに長期的な恩恵も明解である。この問題にどのように立ち向かいそして救済するかについての、広範な合意もできあがっている。

　子どもたちはより健康になる。彼らの障害はより少なくなる。将来、特別支援教育に委託される人はより少なくなる。現在、社会は、適切な時に提供される健康診断のための費用よりもはるかに大きな金額を負担しているが、その金額は減少する。

　我々の社会、子どもたち、家族、コミュニティ、学校が報酬を受け取ることになる。

第23章
幼児期が重要である

解決法 No.2 質の高い早期幼児教育をすべての子どもたちに提供する。

　異なる集団の生徒間の学力格差は、学校に入学する前に始まる。学力格差は、アフリカ系アメリカ人と白人の生徒の間に、ヒスパニックと白人の生徒の間に、恵まれた生徒と恵まれない生徒の間に存在する。というのも、彼らは極めて異なる環境に晒されてきたからである。多くの言葉を耳にし、多くの語彙を持っている子どもたちがいる。そうではない子どもたちもいる。大学で教育を受けた保護者の子どもたちがいる。そうではない子どもたちもいる。医者や歯医者の診察を定期的に受けている子どもたちがいる。そうではない子どもたちもいる。安全な地域の住み心地の良い家に住んでいる子どもたちがいる。そうではない子どもたちもいる。

　こうした違いが、子どもたちの学びへの準備に影響を与える。それは、子どもたちの語彙や予備知識に影響を与える。健康管理と栄養を手に入れることができることは、子どもたちの身体的・精神的発達に影響を与える。もちろん、子どもたちは皆、学ぶことができるが、社会経済的な環境によって、有利に学びを開始する子どもたちもいれば、はるかに遅れて学びを開始する子どもたちもいる。

　早期幼児教育は、それだけでは、富の不平等や機会の不平等によって引き起こされた格差を、完全に解消することはできないが、研究者は、早期幼児

教育がほかの多くの介入措置よりも、この格差をうまく解消することができると結論づけていた。現在流行の「改革」は、裏づけとなるような研究や経験をほとんどあるいは全く持ち合わせていないのに対して、早期幼児教育の制度は、それを支持する豊富な研究成果を持っている。

　早期幼児教育の最も著名な唱道者の一人が、ノーベル賞を受賞したシカゴ大学の経済学者ジェイムズ・ヘックマンである。ヘックマンはこの問題を、経済的・社会的な機能障害を解決するための最も費用効率の高い方法を探すという、経済学者としての立場から検討している。彼によると、過去数十年間にわたり、恵まれない環境の中に生まれてくる子どもたちの割合は増加してきていて、その結果、10代での妊娠、犯罪、すぐれない健康状態、生涯にわたる低所得という危険に晒されることになるという。彼は、出生時の事故が子どもの生涯の好機に決定的な影響を与えることに気づいた。これは、子どもにとって好ましくないことであるだけでなく、将来の社会に対する彼らの貢献も失うことになるので、社会にとっても好ましくないことである。彼は、「支えてくれる家族環境が欠けると、子どもの成績に悪影響を与える」ということを具体的に示す証拠を集めた。しかしながら、良い情報は、「もし社会が十分に早い時期に介入すれば、恵まれない子どもたちの認知能力、社会心理的な能力、健康を改善することができる」ということである。早期の介入が、子どもの人生に対する期待を高めるばかりでなく、社会投資に対して優れた費用対効果の割合や高い収益率をもたらす。より学年の上の生徒や大人を対象としてのちに介入するより、早期の介入は費用効率が高いと、ヘックマンは主張する。早い時期に学びのための堅固な基礎を作り上げることは、極めて重大である。「技能が技能を生み出し、動機が動機を生み出す」と、彼は記している。「もし子どもが人生の早期に、学んだり課題に取り組んだりするよう動機づけがなされなければ、その子どもが成長した時に、社会的・経済的生活において失敗してしまう可能性がより高くなる。社会が恵まれない子どものライフサイクルに介入することを遅らせるほど、不利な状況を救済するのにより多くの費用がかかる」[1]。

　ヘックマンは、人生で成功を収めるには、認知的技能と同様に非認知的技

能が重要であると信じている。だが、NCLB 法に代表される連邦教育政策は、認知的技能に高い優先順位をつけ、仕事の場において極めて高く評価されている、意欲、自己修養、ほかの人々とともに働く能力といった非認知的技能を無視している。アメリカの社会で分裂が深刻化してきていることの大部分は、アメリカの家族の衰退のせいであると、ヘックマンは書いている。すなわち、子どもが成長していく際に、子どもにお金をかけることが難しい、恵まれない家庭で養育される子どもの割合が増大したり、単親家庭や未婚の母親の割合が劇的に増えたりしているからである。こうした現象は、「とりわけアフリカ系アメリカ人の家庭で顕著である」と、彼は言う。十分な教育を受けていない女性に比べて、より多くの教育を受けた女性は、婚姻関係にない中で子どもを産む可能性はより低いし、結婚する可能性はより高く、子どもの数はより少なく、子どもを育て上げるためにより多くの時間とお金を費やすことになる。こうした環境に置かれていない子どもは、はるかに遅れて学びを開始することになる。ヘックマンは、貧困は宿命ではなく、子どもが養育される早期の環境を変えるために、社会は有効に介入することができると主張する。ヘックマンは、ナース・ファミリー・パートナーシップ・プログラム（NFPP）、ペリー就学前プロジェクト、エービーシーダリアン・プロジェクトといった縦断的研究について、早期幼児教育への投資が非認知的技能を改善し、重要な持続的な効果を与え、社会投資に対する最善の利益をもたらすことを証明するために、引き合いに出している。ヘックマンは、活動の中心となるプログラムが終了したら、子どもの家庭環境の変化が長続きすることや改善された子育てを後押しするために、家庭訪問によるプログラムが活動を引き継ぐべきであることを推奨している。こうした介入は個々の家庭における文化的な差異に注意を払わなければならないと、彼は認識している[2]。

　ヘックマンの研究は、就学前教育に関する主要な縦断的研究の影響を受けていた。こうした研究の中で最も重要なものは、ペリー就学前プロジェクトであった。ミシガン大学で博士号を取得したばかりであったデービッド・ウェイカートが、ミシガン州イプシランティのペリー・エレメンタリースクールで 1961 年にプロジェクトを開始した。当時、多くの人々は、知能指数は生まれた時から決

まっていて、それを改善しようと介入しても何の役にも立たない、と考えていた。ウェイカートは、彼らが間違っていることを証明しようと心に決めた[3]。

このプロジェクトは、58人の貧しいアフリカ系アメリカ人の子どもたちを対象に、3歳から始めた。ほとんどの子どもたちが2年間にわたり、1日に3時間、参加した。学校は、子どもたちが自分自身の毎日の学習活動を計画することを促すような、独自の活動的な学習カリキュラムを開発した。ペリーの教員の多くは、子どもの発達に関する修士号を持っていた。6人の子どもたちを1人の教員が受け持った。彼らは公立学校の教員と同等の給料を受け取っていた。教員は毎週、家庭訪問を行い、保護者に対して、日々の活動を子どもにとっての学習経験へと変えていく方法について教えた。

このプロジェクトは、58人の生徒の成長を、彼らが大人になって40代に達するまで追跡調査した。彼らは、「ペリーに通っていなかった生徒と比べて、学校をさぼったり、特別支援教育の学級に割り振られたり、落第したりすることが少なかった。19歳までに66％の生徒がハイスクールを卒業していた。一方、ペリーに通っていなかった生徒では45％であった」。大人になってからは、彼らはより多くの金額を稼ぎ、より多くの税金を払い、生活保護を受ける者はより少なく、服役していた者もより少なかった。家と車を持っている者はより多かった。総じて、ペリー就学前プロジェクトの恩恵を受けた者は、社会に対する貢献者になっていた。ペリーに通っていなかった生徒の52％が、さまざまな犯罪により一定の期間、刑務所に留置された。一方、この就学前プログラムに参加した生徒では28％であった。経済学者の観点からみると、質の高い就学前教育への投資は、プログラムに参加した子どもの人生を改善するとともに、社会に相当の配当をもたらした[4]。

ペリー就学前プロジェクトの傑出した成果に貢献した、重要な側面を記しておくことは重要である。

第一に、教員が自分たちの仕事に対して極めてよく訓練された専門家であったこと。

第二に、学級規模が小さかったので、それぞれの子どもが教員から必要とされる時間と注意を向けられたこと。

第三に、保護者教育がプロジェクトの活動の一部として欠くことのできないものであったこと。教員は、保護者に対して、子どもに向き合い、子どもが日々学んでいることを支援するよう教えるために、毎週、家庭訪問を行った。

　早期幼児教育の価値に関する研究から分かったことを踏まえて、早期幼児教育を我が国の国民に提供することに関して、我々はほかの国々とどのように比較すればよいのであろうか。『エコノミスト』は、早期幼児教育の状況について、有効性と質の見地から45ヵ国を調査した。北欧の国々が群を抜いていて、フィンランド、スウェーデン、ノルウェーが最上位に位置していた。「早期の幼児期の発達に対する持続的な長期にわたる投資と優先順位のおかげで、それは現在、社会の中に深く埋め込まれている。すべての子どものための就学前教育を供給することが、ますます社会の規準になりつつある中で、概して、ヨーロッパの国家主導型の制度はうまく機能している」。世界で一番豊かな国である合衆国は、アラブ首長国連邦と同点で24位を占めている。就学前教育がほとんどすべての子どものものとなっている、上位のヨーロッパ諸国における同じ年齢層の子どもと比べると、合衆国では僅か54％しか就学前教育を受けていなかった[5]。

　我々は、学力格差が最も幼い時期から始まることを事実として知っているのだから、良く訓練を受けた教員による質の高い早期幼児教育の拡大を、改革者は要求していて当然だと思う。私はこの文の中の次の箇所を強調したい。つまり、良く訓練を受けた教員による質の高い、という箇所である。ヘッド・スタート・センターの中でこの条件を満たしているところはほとんどない。我々が世界の先進諸国の中で24位に位置していることは、恥ずべきことではないのであろうか。もし我々が本当に学力格差を減らし、子どもたちの生活を改善したいと思うのならば、改革はここでこそ大きな力を発揮することができる。

　早期幼児教育の主張は、何年にもわたって実施された徹底的な調査の結果に基づいている。その根拠は圧倒的である。早期幼児教育は有効である。早期の介入は子どもたちの人生に持続的な差異をもたらすことができる。それを正しく実行するにはお金がかかる。だが、それを半分だけ実行するとか、あるいは全く実行しない場合には、さらにもっとお金がかかることになる。

第24章
優れた教育にとって必要不可欠なもの

解決法 No.3 すべての学校は、芸術、科学、歴史、文学、公民科、地理、外国語、数学、体育を含む、完全でよく調和のとれた豊かなカリキュラムを持たなければならない。

　NCLB 法が出現してから、多くの学校はテストの対象とされないすべての科目を削減してきた。連邦法は、2014 年までにすべての生徒が数学と読解において習熟していることを要求したので、すべての州がこれらの科目のテストをすることを求められた。数学と読解以外は何も重要ではなかった。学校は、数学と読解を教えるために利用できる時間をできる限り活用した。学校は名誉を与えられるのかあるいは恥をかかされるのか、また学校は生き延びるのかあるいは消えてしまうのかを、これらの科目が決定した。多くの時間が数学と読解の模擬試験を受けることに割り当てられた。1 日に使える時間は限られているので、テストの対象とされない科目に使える時間はより短くなった。2008 年の景気後退が起きた時、多くの学校は予算削減に見舞われていた。予算削減とハイステイクスなテストの組み合わせは、何かがなくなるべきことを意味した。削減が必要とされると、それはテストの対象とされない科目において実行された。教員が解雇される時には、彼らは通常、テスト対象科目を教えていない教員だった。

　我が国の政策立案者は今日、最も重要なことは、読解と数学において高いテスト得点をとることであると考えている。学校が法外な時間と資金をテス

ト準備の教材に費やしていても、彼らには遺憾に思う気配がない。たとえその学校の生徒が毎日、1日のすべての時間を数学と読解のテストを受けるための練習に費やしていても、彼らは高得点をとる学校にはAというレッテルをはる。だが、たとえ高得点をとって州がAを与えたとしても、そうした学校は真に優れた学校ではない。

だから我々は、テスト得点ではなく、また過度にテスト得点と結びつけられている州や学区から出された公的な評価ではない、ほかの指標を探さなければならない。

学校を評価するための二つのほかの方法を検討してみよう。一つ目は、最も要求の厳しい家庭が学校に何を求めているかを尋ねてみることである。もう一つは、学校を公教育の目的に照らして考えてみることである。

最も要求の厳しい家庭は学校に何を求めているのであろうか。裕福な郊外に住む保護者であっても、あるいは自分たちの子どもを費用のかかる私立学校に通わせている保護者であっても、彼らは、子どもたちが基礎的な技能の訓練よりも、はるかに多くのことを身につけることを期待している。彼らは、子どもたちが、歴史と文学、科学と数学、芸術と外国語を学習することを期待している。彼らは、演劇、美術、音楽、理科実験室を持っていないような学校に決して我慢しない。彼らは、子どもたちが毎日使うことのできる最新の科学技術を、学校が兼ね備えているよう強く求める。彼らは、素晴らしい競技施設と毎日の体育を期待している。もし自分たちの子どもが飛びぬけて利発な場合には、彼らは、その子どもの学習に対する好奇心と熱意を生き生きと保つため、上級課程を期待するであろう。もし自分たちの子どもに何らかの障害がある場合には、彼らは、手助けを提供したり、子どもの必要とすることを支援したりすることのできる、適切に訓練された人材を学校が確保していることを期待するであろう。彼らは、少人数学級、生徒の自主研究、頻繁に出される書く宿題をまさに期待するであろう。彼らは、生徒会、新聞、クラブ、放課後活動、遊びなどを含む、あらゆる種類の生徒の活動を望むであろう。

今日の裕福なコミュニティでは、こうした学校は、私立学校だけではなく

公立学校においても標準的である。こうした学校はかつて、普通のアメリカの公立学校においても標準的であった。しかしながら、今日においては、NCLB法と「頂点への競争」プログラムが、この理想的なカリキュラムを次第に損なってしまい、それを最も裕福なコミュニティのみに限定してしまうこととなった。連邦の政策がテスト得点のみに価値を置いていることから、テスト得点に基づくデータに対するほとんど狂信的な妄想を、自由に解き放ってしまった。今日、ほとんどすべての州が、すべての生徒と教員の情報を将来、検索して取り出すためにためておくデータの「倉庫」を構築するために、連邦資金を受け取っていた。このデータ倉庫の目的は何か。誰にも確かなことは分からないが、それはすべての生徒について生涯を通じて、テスト得点、卒業の日時、将来の収入、そのほかのありとあらゆる考えられる限りのことに関して、追跡することを可能にする。今でさえ、ゲイツ財団とルパート・マードックのアムプリファイ部門は、いくつかの州や学区の生徒の秘密情報を収集し、それをアマゾン・ドット・コムによって運営される電子「クラウド」上に載せるために、インブルームという1億ドルのデータベースを構築するために手を組んだ。このデータには、生徒の名前、生年月日、住所、社会保障番号、成績、テスト得点、障害の状態、出席状況、そのほかの秘密情報が含まれることになる。このデータベースは、市場調査の目的のために業者の手に渡ってしまうかもしれない。近代国家がこのように多くの市民に関する秘密情報を収集し、共有しなければならない理由は不可解である[1]。

　テストに基づくデータに固執している連邦の政策とは対照的に、十分な教育を受けた学校教育の消費者は、自分たちの子どもが完全な調和のとれた豊かなカリキュラムを持つことを望んでいる。彼らは、例えば生徒のうちの何人くらいが卒業するのか、何人くらいの生徒が大学に進学するのか、どの大学がその学校の卒業生に入学を許可するのかといった、学校の教育成果に関する出力データも参照するかもしれないが、彼らの第一の関心事は「入力情報」である。私の子どもはどのような教育経験を積むことになるのだろうか。教員はどのような経験を持っているのだろうか。どの程度の少人数学級なのだろうか。私の子どもに合うようなさまざまな運動競技の種目があるのだろ

うか。私の子どもは広い範囲にわたるカリキュラムを持つことができるのだろうか。もし彼女が特別な支援を必要とする場合、彼女はそれを手に入れることができるのだろうか。学校には暖かい歓迎してくれるような雰囲気があるのだろうか。この学校は私の子どもをよく世話してくれるのだろうか。

　十分な教育を受けた保護者は、各学年で何週間もの時間を州のテストの準備に費やすような学校を、適切とはみなさない。十分な教育を受けた保護者は、州のテストの準備をするための時間を増やそうとして、芸術の時間を削減したりなくしたりするような学校に我慢しない。もし十分な教育を受けた保護者である消費者が何を要求しているのか知りたければ、オンラインで以下のような学校のカリキュラムを見ることだ。コロンビア特別区のシッドウェル・フレンズ、シアトルのレイクサイド・スクール、マサチューセッツ州ディアフィールドのディアフィールド・アカデミー、マサチューセッツ州アンドーバーのフィリップス・アカデミー、オハイオ州トレドのマウミー・バレー・カントリー・デイ・スクールなどである。こうした学校は皆、芸術、言語、世界の文化、歴史、科学、数学、体育における、広範囲のカリキュラムを提供している。

　同じようなカリキュラムは、強固な税収の基礎と熱心な保護者によって潤沢な資金を提供されている、裕福な郊外のコミュニティでも見出すことができるであろう。テキサス州プラノ、イリノイ州ディアフィールド、ニューヨーク州スカースデールのようなコミュニティの家庭は、自分たちの子どものために、これ以下のカリキュラムは絶対に受け入れないであろう。

　今日の典型的な公立学校は、同じものを提供することはできない。それは、最も裕福な市民のみに入手可能な、少人数学級と豊かなカリキュラムを提供する余裕もない。しかしそうでありながらも、これまでアメリカの公立学校は、学級規模が多くのエリート私立学校のように1：15ではなかったとしても、決まって多様なカリキュラムを提供していたことを、私は個人的に証言することができる。それがなぜ今日、公立学校はかつて提供していたカリキュラムを提供することができないのであろうか。なぜ世界で一番豊かな国が、公立学校のすべての生徒に完全なカリキュラムを提供することができな

いのであろうか。2008年の景気後退のすぐ後に、なぜ予算削減がこのように大きく公立学校の上に襲いかかってくるのであろうか。なぜ各州は、芸術や外国語の教員、司書やカウンセラーを削減する一方で、何億ドルもの資金をテストの実施とテスト準備の教材に喜んで支出するのであろうか。

　もし完全な調和のとれたカリキュラムを提供される子どもたちがいる一方で、そのほかの子どもたちが基礎的な技能の習得をかなりの程度押し付けられているならば、我々は平等な教育の機会を提供することはできない。これは、調査する必要がない一つの事例である。不平等という事実は否定できないし、自明で正当化することもできない。この機会の不平等は、決して取り返しのつかない方法で騙されてしまっている、子どもたちの心と知性を傷つけることになるであろう。

　自分たちの子どもに最善のものを提供することのできる保護者が、完全なカリキュラムを要求することを、我々は知っている。高い価値のあるカリキュラムの重要性を判断するもう一つの方法は、公教育の目的に鑑みて、それがどうあるべきかを考えてみることである。コミュニティと州は、未来の市民を養成し我々の民主主義を支えていくために、公共の責任として19世紀に公教育を創設した。公立学校の極めて重要な目的は、公立学校が公的資金を受け取る理由でもあるのだが、若い人々に市民としての権利と責任を教えることである。市民として彼らは、問題を議論したり熟考したり、指導者を選んだり、コミュニティにおいて積極的な役割を果たしたり、公共の活動に参加したりすることを期待されている。二番目の目的は、アメリカ国民の知性を高め、彼らに、経営者、労働者、製作者、消費者、そして考え方や物やサービスの創造者として、自立した生活を送ることができるよう準備させることによって、我々の経済と文化を強化することであった。三番目の目的は、すべての人に、自分たち自身の興味を追い求め、人生の浮き沈みを生き延びていけるだけの判断力と人格を発達させていくため、知的かつ倫理的な力を授けることである。

　今日、政策立案者は、教育をこの二番目の目的からしか考えない。彼らは、将来の国際社会での競争者として子どもたちについて語る。彼らは、子ども

たちがかけがえのない人であり、代替可能ではないことを忘れて、時には子どもたちのことを「人的資産」というむしろ不快な言葉で呼んでいる。彼らは、すべての生徒が、「大学に進学する準備が整い、職業に就く準備が整う」ことを望んでいる。彼らは、市民となるための教育ではなく、労働力となるための準備としてのみ、教育を語る傾向がある。だが、これは見当違いである。労働力の養成は学校においてもできるし、職場ででもできる。それが重要でないことはない。それと同時に、大学進学の準備も重要でないわけではない。だが、大学進学の準備をすることは教育の中核をなす目的ではない。労働力の養成も同様にそうではない。教育の中核をなす目的は、すべての人に、民主主義社会における市民としての権利と責任を引き受ける準備をさせることである。

これは、学校教育にとってはどのような意味を持つのであろうか。

それは、すべての市民が学ぶために必要不可欠な道具を必要としているということを、第一に意味している。その道具とは読解と数学である。ほぼすべてのものを描写するために、読み方を身につけたり、数字の使われ方ならびに間違った使われ方を理解したりすることは、市民にとって基本的な必要不可欠なことである。

基礎的な技能は必要であるが、それだけでは市民となるための準備としては十分ではない。

民主主義社会における市民は、批判的に読むこと、注意深く耳を傾けること、矛盾する主張を評価すること、証拠を慎重に考慮すること、思慮深い判断を下すことなどができなければならない。我々の指導者を選ぶことと陪審員を務めることという、市民として最も重要な責任を、彼らは握っている。指導者を選ぶことは我が国の運命を決めることであり、陪審員を務めることはほかの人間の運命を決めることである。

政治的な問題について思慮深い判断に至るために、市民は、歴史学、経済学、統計学に関するしっかりした基礎知識が必要である。彼らは、歴史が立証していることや経済が必要としていることに関して、候補者が相反する主張を展開するのを聞くことになる。彼らは、今日の我々の世界を形作った、黒人

差別、進歩主義運動、禁酒法時代、大恐慌、マッカーシー時代、ブラウン判決、冷戦、そのほかの出来事や問題について知っていなければならない。彼らは、経済を援助したり損なったりした対策について、理解しておく必要がある。彼らは、どのようにして紛争が始まりそして終わったかについて、分かっていなければならない。彼らは、候補者、論点、提案された法律に関して、自分自身の判断を下すのに十分なほど知って理解しておく必要がある。

人間が平気でやりかねない悪事や美徳を知るために、彼らは歴史を学ばなければならない。我々の権利や自由を守るために作り上げられた仕組みを知るために、彼らは、合衆国憲法とそのほかの建国の文書を学ぶ必要がある。我々の不完全な民主主義を改善するために、ほかの人々が行ってきた多くの戦いについて知るには、彼らは歴史を学ばなければならない。

重い責任を果たすことができるようになるために、彼らは、政治、経済学、公民科を学ばなければならない。こうしたことを学習することによって、彼らは、社会がどのように機能し、どのように変えられるのかが分かるようになる。世界で起きている出来事に関して、正しい判断を下すことができるようになるには、彼らは、我々にとって最もなじみのあるアメリカ以外の国の、政府の形態と社会を組織化していく方法を知るために、世界の歴史と世界の地理を学ぶ必要がある。

市民として我々の生徒は、複雑な科学の問題に関して判断を下すことを期待される。彼らは、科学を理解し、地球温暖化、クローン化、進化、煙草や砂糖の影響、天然ガスや原油掘削に対する法規制、清浄な空気と清浄な水の維持に関する議論などの懸案事項に対して、批評眼のある判断をもたらすことを求められる。立候補者はこうした問題を議論するので、選挙民は広い知識を持ち、自分自身の判断を下す準備ができていなければならない。彼らは、論点を調査する方法や、競い合っている主張を評価する方法について、知っていなければならない。産業の推進者が自分たちの利益を高めようとする時、市民は、彼らの主張を慎重に考慮することができなければならない。科学の知識と科学的方法の理解によって、彼らは公共の論争に関して独自の判断を下せるようになる。

市民として我々の生徒は、自分を説得しようと努める人の人格を判断することを求められるであろう。彼らは、投票をする時、陪審員を務める時、誰を信頼すべきかを決める時、そのような判断が必要になるであろう。彼らは、文学の学習を通して人格を見抜くことができるようになるであろう。優れた偉大な小説作品を読むことによって、生徒は、人格、意欲、親切心、精神の偉大さ、想像力、悪意の深淵、詭弁、人間性のそのほかのさまざまな面について学ぶ。文学は生徒に、ほかの時代のほかの場所にいるほかの人々の目を通して、人生を経験する機会を提供する。文学は、歴史と同じように、時を越えて旅したり、別の世界へと連れていってくれたりする素晴らしい方法である。優れた教育は、教科書や練習帳の世界から外へと踏み出し、生徒を今まで夢見たこともないような世界へ、そして彼らの考え方を変えてくれるような構想へと案内する。それは、生徒を、言葉を想像力豊かに美しく用いる著者へ、そして彼らが楽しんで共有することのできる文化的な経験へと案内する。

　21世紀の世界の中で有効に役割を果たすため、生徒は外国語を学ぶべきである。生徒は、外国語の技能を、ほかの社会の文化、文学、歴史、芸術について学ぶために用いるべきである。彼らは、ほかの人が異なる考え方をすることを知るために、世界に関する知識を広げるべきである。そうすることによって、生徒は、狭量な田舎根性を捨てて、ほかの文化に関するよりはっきりとした理解を持つことができるであろう。

　こうした学習はすべて、豊かな調和のとれたカリキュラムの重要な部分を成している。これらは、別々に教えられても構わないし、社会に関する統合的な科目として教えられても構わない。正しい方法は一つだけではない。どのように教えるべきか、つまり、さらに学びたいという渇望を持つ若者の心をどのように鼓舞すべきかを判断するのは、教員が最も適任である。

　こうした科目はどれも予算削減の対象とされるべきではない。これらは教養教育における基礎的な要素である。

　すべてが芸術によって豊かにされ、価値が高められる。芸術はすべての人にとって欠くことのできないものである。人生は芸術によって価値が高めら

れる。生徒は誰一人として、芸術に参加したり、アメリカやほかの文化圏で実践されている芸術について学んだりする機会を否定されてはならない。すべての生徒は学校で、歌ったり、踊ったり、デッサンをしたり、絵の具で描いたりする機会を持つべきである。生徒は、ビデオ制作、合唱、バンド、オーケストラ、演劇のための人的ならびに物的資源を与えられるべきである。芸術とは、喜びの源であり、自己表現ならびに集団による表現の手段である。楽器の演奏を習得することや合唱隊に参加することは、自己修練と練習を必要とする。誰もそれをあなたの代わりに行うことはできない。すべての学校は、生徒が個性を発揮し、コミュニティにおける喜びに満ちた活動を楽しむことのできるような、資源を持つべきである。

　昔の人は、健全なる身体に健全なる精神が宿ると言ったが、現在、我々は格言の中に含まれている知恵を忘れてしまっている。子どもと青年は身体的な活動を必要としている。彼らは1日の中で、くつろいだり、走ったり、叫んだり、遊んだりするための休憩時間を必要としている。彼らは、体操やスポーツにおけるような身体的な訓練を学ぶことができる、うまく組み立てられた遊びやゲームを必要としている。彼らの若いエネルギーは、陸上競技、バスケットボール、サイクリング、水泳、バレーボール、そのほかの活動に注がれなければならない。

　学校は精神的、身体的、倫理的な発達を遂げるための場所を提供する。人格は、教室、廊下、食堂、運動場などのさまざまな場所で教えられ、学ばれる。オンライン・スクールがうまくいかない理由の一つは、子どもと若者が、生活と仕事において必要とされる対人的な意思疎通能力を発展させるため、社会的交流を必要としているからである。彼らは、共同作業に参加する際に譲り合うという、民主主義社会で生きるための技能を学ばなければならない。彼らは、演劇を上演したり、試合を主催したり、科学の自主研究や模擬裁判で協力したりすることをともに学ぶ。こうした活動のすべてが、標準テストでは測ることのできない方法で、生徒に人生の準備をさせることになる。こうした交流の技能はコンピュータの上で学ばれることはない。これらは、ほかの人々と仕事を分担していく中でともに学ばれるものである。

過去 20 年にわたって、NCLB 法以前でさえも、合衆国の教育制度はテストの実施とアカウンタビリティに不健全な焦点を当ててきた。それは、人格や学びへの愛着といったより重要な教育の目標を犠牲にして、公共政策を質が一定していない標準テストに集中させてきたために、不健全であった。悲しいことに、データにますます執着していったことから、こうした重要な目標を押しのけてしまった。したがって、子どもたちは何度も何度もテストを受けさせられ、多肢選択式テストで答えの欄を選択することを強いられ、その結果が子どもたちの価値や知性に関する決定的な判断になっていくのである。今日、我々は、かつて知能テストに与えられていたのと同じ力を、標準テストの得点に与えている。それは、少年や少女の価値を測る尺度として採用されており、結局、彼らの教員の価値を測る尺度としても採用されることになる。

　本当に子どもたちのことを気にかける人は誰でも、子どもたちを分類したり、評価したり、子どもたちにレッテルをはったりすることを強いられると、不快な気持ちになるに違いない。テストが測定するものは何であれ、子どもの全体や実体ではない。テストは、人格、精神、心、魂、可能性を測定しない。過度に用いられたり間違って用いられたりすると、あるいは、ハイステイクスなものとされると、テストは、我々の社会が最も必要とする創造性と独創性を窒息死させてしまう。創造性と独創性は標準化に対して頑強に抵抗する。テストは、生徒と教員のためになるよう控えめに用いられるべきであり、褒賞や懲罰を割り当てるために使われてはならないし、得点で子どもや大人にレッテルをはるために使われてはならない。

　我々は、子どもたちに基礎的な技能以上のものを学ぶ機会を提供しなければ、彼らを騙すことになる。我々は、子どもたちを標準テストで評価するならば、彼らを騙すことになる。我々は、子どもたちをデータの中の点として取り扱うならば、彼らを過小評価することになる。

　もし我々が本当に彼らを教育することを願うならば、すべての子どもたちが完全な教養教育のカリキュラムに値することを、認識しなければならない。すべての子どもたちは、それぞれの才能を伸ばすための機会を必要としてい

る。そしてすべての子どもたちは、ほかの子どもたちとともに学習したり、遊んだり、歌ったりする技能を身につけることのできる機会を必要としている。21世紀における職業はどのようなものであろうとも、それは、単純な決まりきった仕事をこなす技能ではなくて、創造性、思慮深さ、社会的交流の能力、個人の自発性を必要とするであろう。すべての子どもたちは、民主主義社会に参加する市民として準備ができていなければならない。民主主義社会は、教養教育によって得られる技能と知識を、特権的な幸運な子どもたちだけに限定することはできない。

第25章
教えることと学ぶことにとって学級規模が重要である

解決法 No.4　生徒の成績と行動を改善するには、学級規模を縮小すべきである。

　ほとんどの教員と保護者は少人数学級の重要性について考えが一致している。自分たちの子どもが教員からどれほど個人的な配慮を払われるかは、学級の規模によることを保護者は知っているので、彼らは学級規模を気にかける。2012年に教員を対象とするスカラスティック社・ゲイツ財団の調査が実施され、90％の教員が、学級の生徒数がより少なくなると成績に強いあるいは非常に強い影響を与えると述べた。より少人数の学級を望む声は、エレメンタリースクールの教員の間で最も大きかった。ハイスクールの教員の83％からエレメンタリースクールの教員の94％に至るまでの大多数の教員は、学級規模の縮小が生徒の成績に強いあるいは非常に強い影響を与えることで、考えが一致していた。対照的に、能力給が生徒の成績に強いあるいは非常に強い影響を与えると答えたのは、教員のうちの僅か26％に過ぎなかった。より少人数の学級を受け持つことの方が追加のお金を稼ぐことよりも重要な意味を持つと、教員は述べていた[1]。

　ゲイツ財団から資金を提供された別の調査によると、経験豊富な教員では4％のみが、10年以下の経験しかない比較的経験が浅い教員では6％が、より高い給料を受け取る代わりに、より規模の大きな学級を受け持つことを厭

わないと述べていた[2]。

　ほとんどの教員と保護者は学級規模の縮小に熱心であるが、政策立案者と選挙で選ばれた公職者は、それがあまりにも費用がかかりすぎるように思われるので、しばしばそれに反対の結論を示している。中には、自分が学校に通っていた頃には学級は今よりも大人数だったが、それでもうまくいっていたと主張する者もいる。ニューヨーク市長のマイケル・ブルームバーグは、自分が学校に通っていた時には、各学級に40人の生徒がいたと述べていたので、もし彼に学校制度を設計し直す権限が与えられていたならば、彼は、教員の数を半分にし、「劣った教員をすべて根こそぎにし」、学級規模を倍にして、残った教員の給料を倍にしたであろう。「より優れた教員が受け持つことで学級規模を倍にすることは、生徒にとって決して悪い話ではない」と、彼は主張した[3]。

　しかしながら、より年齢の高い人々が、一つの学級に40人かそれ以上の生徒が学んでいた、いわゆる「古き良き時代」を思い浮かべる時、彼らは、アメリカの歴史における異なる時代のことを思い起こしている。彼らは、ほとんどの学校が同質の生徒から成り立つ学級ばかりであった、時代のことを思い出している。彼らは、裁判所の判決と連邦法が合法的な人種隔離を終わらせた時よりも、前の時代のことを思い出している。彼らは、障害のある生徒が公立学校に統合され、最も深刻な障害のある生徒以外は皆、普通学級に組み入れられるようになった時よりも、前の時代のことを思い出している。彼らは、中南米、アフリカ、アジア、そのほかの地域の英語を話さない国々から大量の移民が流入してきた時よりも、前の時代のことを思い出している。「古き良き時代」について愛情を込めて思い出す人々の多くは、英語を話せない生徒、障害のある生徒、自分たちと異なる人種の生徒は、いたとしてもほんの僅かしかいなかったような教室で学んでいた。その上、そうしたいわゆる古き良き時代においてさえも、貧しい子どもたちや移民の子どもたちが数多く在籍する学校では、成績は悪く、それも現在よりもはるかに悪かったほどである。また、中退率も高く、現在よりもはるかに高かったほどである。だが、それは重大なこととはみなされなかった。というのも、卒業しない生

徒も仕事に就くことができたからであった。

　今は違う世界である。教員は自分の学級の中に、知的または情緒的な障害のある生徒や問題行動を起こす生徒、英語をほとんどあるいは全く話すことができない生徒、極端な貧困状況に暮らしていて家もないような生徒などを、抱えている可能性がある。学級はほとんど均質ではないし、むしろ、背景も成績の程度も多様な子どもたちが存在することの方が、より一般的である。個別対応をかなり必要としている生徒は、規模の大きな学級ではそうした対応を得ることが難しい。予算削減のために多くの学区で学級規模は拡大され、教員の報告によると、学級当たりの生徒数は 40 人かそれ以上になっていて、とりわけ、最も支援を必要とする生徒を抱えている大きな都市部の学区でそうなっていた。

　スカラスティック社・ゲイツ財団の調査が、少なくとも 5 年間、同じ学校で教えてきている教員に、学級内で気づいた変化について尋ねた。ほぼ 3 分の 2 の教員が、問題行動を起こす生徒が増えていると述べた。約半分の教員が、貧困の中で暮らす生徒、英語学習者、空腹な状態で学校に来る生徒が増加していると述べた。36％の教員が、家のない生徒の増加を報告した。こうした生徒は、老人が自分たちの子ども時代の思い出から思い起こすような種類の生徒ではない。危険に晒されている生徒数の増加が、規模の大きな学級を教えることをとくに難しくしている[4]。

　スカラスティック社・ゲイツ財団の調査が、教員に理想とする学級規模を尋ねたところ、エレメンタリースクールの教員は 18 人から 19 人の生徒数を想定し、6 学年から 8 学年のミドルスクールの教員は 20 人から 21 人と想定し、ハイスクールの教員は 20 人から 21 人と想定した。都市部の学区で働いていた教員は、概ねこれよりもはるかに規模の大きな学級を受け持っていた。州と地方の急激な予算削減のせいで、今日、大多数の教員が景気後退以前よりも規模の大きな学級を受け持っている。例えばニューヨーク市では、キンダーから 3 学年までの学級規模は今日、過去 14 年の間で最大である。すべての学年で学級規模は急激に拡大し、ミドルスクールの生徒のほぼ半分とハイスクールの生徒の半分以上が、平均して 30 人かそれ以上の学級で学んでいる。

ある都市部の学区では、学級規模は 40 人近い。カリフォルニア州、ミシガン州、オレゴン州では、50 人近い生徒を抱える学級もある[5]。

スカラスティック社・ゲイツ財団の報告書のための調査対象となった一人のハイスクールの教員は、それと気づくことなく、ブルームバーグ市長の学級規模を倍にするとの意見に対して次のように答えた。「私はもっと大人数の生徒を教えることができます。でも、あなたは、自分の子どもをどちらの学級に入れたいと思いますか」。24 人学級を選ぶことができる時に、自分の子どもを 48 人学級に入れることを望む保護者は一人もいない。24 人学級で「極めて力のある」教員と評価されていても、学級規模が倍になると、はるかに低い付加価値評価を下される可能性がある。だが、教員を評価するために用いられる学力の伸びを測るモデルが、学級規模という決定的に重要な要因を考慮に入れることはめったにない。

スカラスティック社・ゲイツ財団の調査に応えて、エレメンタリースクールの教員が次のように述べた。「私は普通学級の教員ですが、毎年、私の学級の少なくとも 50％は特別な配慮を必要とする生徒です。こうした生徒のうちの少なくとも 25％は極端な問題行動を起こす生徒で、ほかの生徒の学習を指導していく上で妨げになります」。

ミドルスクールの教員は次のように指摘した。「我々のところはもっと規模の大きな学級で、より多くの問題行動が起こり、特別支援教育を必要とするより多くの生徒が在籍していますが、技術的な手段も限られていて、補助教員もいません。それは容易ではありませんが、私はやります。でも、あとどのくらいの期間できるのか、私には分かりませんが」[6]。

学級がより多様化すると、生徒はより多くの時間を必要とする。学級が手に負えないと、教員は、生徒が必要とする時間を割くことができない。学級規模に関する研究の顕著な結論は、子どもはより少人数の学級に在籍すると、授業への参加度がより高まり、破壊的な行動がより少なくなるというものである。

もし教員が規模の大きな学級を受け持つことになると、彼または彼女の仕事は、教えることよりもむしろ学級の経営と統制になる。もし同じ教員が

20人学級を受け持つ場合には、彼または彼女は、生徒一人ひとりを理解し、生徒が必要とする支援を提供するための時間をより多く持つこととなり、一方、生徒は、抑圧された感情を無意識に行動化することが少なくなり、教員やほかの生徒にとっての問題となることも少なくなる。

　学級規模を縮小するには費用がかかる。それは高価な介入策である。というのも、生徒の数は変わらないのに、今よりも多くの教員を雇用することになるからである。だが、学級規模の縮小による恩恵は極めて大きいので、それに費用をかけるだけの価値は十分にある。とりわけ、学級規模の縮小を最も必要としている生徒に焦点が当てられて実施されるならば、より良い成績、より高い卒業率、特別支援教育への委託率の低下といった効果が期待される。学校と学区には選択肢がある。今、学級規模を縮小して、何年もの間その恩恵を受けるか、あるいは、学級規模を拡大して、補習授業、破壊的行動、失敗にからむ費用を長いこと支払うかである。どちらの方法も費用がかかるが、前者は、早期のそして永続的な成功を生み出すための支出を意味するのに対して、後者は、失敗を埋め合わせるための支出を意味している。

　学級規模に関する研究は広範囲にわたっている。それに異議を唱える研究者もいるが、少数派である。連邦教育省の教育科学研究所は、学級規模の縮小について、有効であることが証明されている、数少ない証拠に基づく改革の一つであると確認していた[7]。

　学級規模の縮小は、有益な効果を少なからずもたらす。大規模な実験によって、それが、低学年のマイノリティの子どもたちに意義深い明白な効果をもたらすことが実証されていた。低学年の時により少人数の学級で学ぶ子どもたちは、より高いテスト得点とより良い成績を獲得し、学校内でより良く振る舞い、ハイスクールを卒業する可能性もより高く、大学に進学する可能性もより高くなる。経年研究によると、エレメンタリースクールにおいてより少人数の学級で学ぶことによる恩恵が、大人になるまで継続することが示されている[8]。

　当然のことながら、より少人数の学級で学ぶことは、非認知的技能の発達を促進する。それは、経済学者ジェイムズ・ヘックマンによれば、粘り強さ、

意欲、自尊心といったような、職場、大学、そしてのちの人生で成功するために極めて重要なものである。より少人数の学級は、社会的な協同性、議論や討論への参加、そして大学やほとんどの職業において必須のものとしてますます認識されてきている批判的思考などの育成のために、より多くの機会を提供する。秩序と規則の順守が強調されがちなより規模の大きな学級と比較して、より小さな集団は積極的な行動と相互交流を促進する[9]。

　学級規模の縮小の実験は、低学年では実施されたが、ミドルスクールやハイスクールでは実施されていない。しかしながら、ミドルスクールやハイスクールにおける対照研究によると、学級規模の縮小は明白な差異をもたらし、より規模の大きな学級の同年齢の者と比べて、より少人数の学級の生徒は、テスト得点がより高く、学校の中退率はより低い傾向にあることが報告されている。連邦教育省によって公表された 2,561 校に関する研究は、高学年においてさえも生徒の成績が学級規模に密接に関連していることを見出した[10]。

　学級規模の縮小が、黒人と白人の学力格差に重大な影響を与えることが示されてきた。低学年の時に 4 年間、より少人数の学級で学んだ低所得層の生徒は、ハイスクールを通常の期限内に卒業する可能性がはるかに高い。加えて、少人数学級で学んだ黒人の生徒は、そうでなかった生徒と比べて、結局、大学入学試験の得点がより高い。エディケーショナル・テスティング・サービスのポール・バートンは、1970 年代から 1980 年代にかけての全米的な学級規模の縮小は、当時、起こった顕著な学力格差の縮小の主要因であったかもしれない、と推測していた[11]。

　より少人数の学級で学ぶことの恩恵を受けるのは、生徒だけではない。教員もその恩恵を受ける。もし教員が少人数の扱いやすい学級を受け持つならば、教職を去ったり、学校を変わったりする可能性はより低くなる[12]。より少人数の学級では、教員は小論やそのほかの生徒の課題を読んだり批評したりするために、より多くの時間を費やすことが可能になる。教員の回転率つまり頻繁な異動を減らすことが重要である。というのも、経験豊富な教員はより力があり、そして、しっかりした協力的な学校文化と頻繁に異動しな

い教職員が存在する時に、生徒と学校が最もうまく機能するからである。

　実業界、政界、財団の極めて多くの傑出した指導者が、学校改革において学級規模は重要な要素ではないと考えているのは、奇妙なことである。彼らが、自分自身の子どものために公立あるいは私立の学校を選択する際には、必ず少人数学級の学校を要求する。最も優れた私立学校の学校案内に、生徒対教員の比率が12対1であるとか、あるいは8対1であると記載されないことはほとんどない。最も優れた郊外の公立学校で、18人よりも大きな規模の学級を持つところはほとんどない。けれども、自分たちの子どものためにはそれ以下の条件のものは何も受け入れないような人にとって、貧しいマイノリティの子どもたちのために自分たちの子どもと同じ条件が提供されるのを想像することは、難しい。

　批判家は、学級規模の縮小にかかる費用に対して文句を言う。だが、規模の大きな学級を維持し続けると、とりわけ、学級規模の縮小によって最も恩恵を受ける、恵まれない生徒や危険に晒されている生徒のために、より費用がかかることになる。たとえ教員を解雇したり学級規模を拡大したりすることによって、今日、お金が節約されたとしても、それは、落ちこぼれて、その結果、高い中退率とそれに伴う失業状態に苦しむことになる子どもたちに対する、補習授業や特別な対応のための費用によって、何倍もの金額で相殺されてしまう。もし社会として我々が本当に、学校がより良くなることと、すべての子どもたちが成功することを望むのであれば、今は主に富裕層の子どもたちのために確保されている少人数学級の恩恵が、すべての子どもたちに提供されることを、我々は保証しよう。

第26章
チャーター・スクールを
すべての人に役立つものにしよう

解決法 No.5 　営利のチャーター・スクールとチャーター・チェーンを禁止し、すべての子どもたちにより優れた教育を提供することを支援するために、チャーター・スクールに公立学校と協力すべきことを課す。

　現代の学校改革の世界において、チャーター・スクールは、貧困の中に暮らしている子どもたちにとって、すべての問題を解決してくれる万全の解決策であると考えられているが、結果はさまざまで期待はずれであった。それぞれ独自の研究者によって実施された膨大な研究によると、テスト得点によって判断された場合、チャーター・スクールの成績の水準は、非常にうまくいっている学校から全くうまくいっていない学校まで、大きく異なっていることが明らかにされている[1]。

　通常、ほとんどの州や学区において、チャーター・スクールが公立学校と同じような種類の生徒を入学させるならば、概ね公立学校と異なるテスト得点をとるわけではない。チャーター・スクールが、英語学習者の生徒や障害のある生徒を、地元の学区と比べて不釣り合いに少ない人数しか入学させていないことを、多くの研究が示している。コロンビア特別区において、チャーター・スクールは学区の生徒総数のほぼ半分を入学させているのだが、退学処分の割合に関する調査によると、多数の子どもたちを退学処分させている。チャーター・スクールの退学処分の割合は公立学校の 72 倍である。チャー

ター・スクールから追い出された生徒は公立学校に戻ってくる。チャーター・スクールがこうした生徒を避けるので、地元の学区は、教育するのに最も費用がかかりかつ最も骨の折れる生徒を、不釣り合いに数多く引き受けることとなる。公立学校の生徒がチャーター・スクールに転出すると、公立学校の予算は減少し、その結果、膨大な数の生徒に質の高い教育を提供することができなくなってしまう。事実上、衰退していく周期が回り始めている。チャーター・スクールは最も意欲のある生徒を入学させ、極めて困窮している生徒を避けて、テスト得点が高いことを自慢している。公立学校の最も優れた生徒の中にはチャーター・スクールに転出する生徒もいて、困窮している生徒の割合が増えるので、公立学校のテスト得点は下がる[2]。

　一方で、営利のチャーター分野は拡大していて、チャーター・チェーンは急増している。それは、商店街に店を開き、繁盛するかさもなければ閉店してしまう、チェーン・ストアーと類似している。営利のオンライン・チャーター・スクールは、テスト得点、卒業率、中退率のどれに基づいて判断しても結果は芳しくないにもかかわらず、好景気に沸いている。それは、投資家にとってみれば、経費が安く済むので極めて儲かる事業なのである。営利のチャーター・チェーンは、競争の厳しい環境において企業がなすべきことを実行している。彼らは、危機管理を実践し、勝者を残しておき、敗者を見捨てている。それは実業界においてはうまくいくかもしれない。そこでは利益を出すことが目的だからだ。だが、それは教育においては間違いである。そこでは公立学校は、最も教育しやすい生徒だけではなくて、すべての子どもたちを教育することを期待されている。

　チャーター・スクールは拡大する時に、大きな物議を醸してきた。というのも、テスト得点の高い少数派はその優位性を自慢しがちであり、それが教育者の間に好意的な感情をもたらさない。それ以上に、既存の公立学校の中にチャーター・スクールを設置している学区においては、資金不足にあえぐ公立学校と、民間の運営委員会から豊富な資金援助を受けて、施設の提供者である公立学校に対して恩着せがましい雰囲気を漂わせている、潤沢な寄付金を受けているチャーター・スクールとの間に、通常は敵意と場所の取り合

いが生じる。ニューヨーク市では、公立学校とチャーター・スクールが共存している場所のことを共有の敷地（コーロケーションズ）と呼ぶのだが、それは特に論争の種であった。というのも、攻撃的なチャーター・チェーンの中には、賃借人として入居していながら、施設を独占することにためらうこともなく、結局は施設の提供者である公立学校を追い出そうと画策して、他人を食い物にするような行動をとるところもあるからである。こうしたチャーター・スクールの多くは、著しく長時間働き、燃え尽きて、ほかの職業に転職してしまい、そのために続けざまの教員の回転を生み出しているような、若い大学の卒業生を教職員として配置している。

今日、200万人の生徒がチャーター・スクールに通っていることから、チャーター・スクールは広く普及していると考えられる。チャーター・スクールをアメリカの公教育に対する破壊的な勢力にするのではなく、むしろ、それに生産的な役割を担わせることは可能であろうか。現在の形態で運営されているチャーター・スクールの問題は、生みの親であるレイ・ブッデとアルバート・シャンカーがもとから持っていた意図から、あまりにも大きくそれてしまったことである。この二人は互いには面識がなかったが、二人とも1988年にチャーター・スクールの構想を心に描いた。二人は、チャーター・スクールについて、公立学校の教員に独創的なカリキュラムと教育方法を考案する権限を与え、彼らを過度の規則や官僚主義から解放するための方法と考えた。二人とも、チャーター・スクールについて、公立学校の運営を民間の手に移管する方法であるとか、株主のために利益を上げる会社を創出するための方法であるとか、教員の権利と教員組合をなくすための方法であるとは考えなかった。彼らの優れた構想は、運命の巡り会わせと、事業を拡大し金を稼ぎたいという起業家の衝動によって歪められた。

もしチャーター・スクールが全米の学区において積極的に拡大し続けると、とりわけ我が国の都市部において、公的資金による二元的な学校制度に逆戻りする危険性がある。ただ単に人種の違いに基づくのではなく、この二元的な学校制度は人種と階級の両方の違いに基づくことになるであろう。チャーター・スクールは、意欲的で自ら進んで学びたいと思っている生徒を募集し

入学させる。一方、公立学校は、拒絶された生徒、つまり、チャーター・スクールに首尾よく入学することができなかった生徒や、英語を話せなかったり、障害があったり、あるいはそのほかの理由でチャーター・スクールのテスト得点を下げる恐れがあるとして、チャーター・スクールから望まれなかった生徒の受け皿となる。二元的な学校制度は本質的に差別的である。とりわけ、一方が民間によって運営され、規制緩和され、監督されることもなく、自分たちの規則を自由に作成することができ、自分たちが望まない生徒を避けたり追い出したりすることができるのに対して、もう一方は、すべての生徒を入学させる必要があり、また、たとえどれほど厄介で費用がかかるものであっても、州の法律と規則をすべて順守しなければならない。現状においては、最も成功しているチャーター・スクールは公立学校よりもかなり多くの費用を使っている。それに対して、公立学校は教育するのに最も費用のかかる生徒を入学させている[3]。こうした制度が完全に進展すると、公立学校は、コミュニティの要望を反映したコミュニティに役立つ教育機関であるというよりもむしろ、最後の拠り所としての学校になってしまうであろう。

　チャーター・スクールは、認可の条件が変更されれば、アメリカの教育における建設的な勢力になりうる。チャーター・スクール運動の持っている資金と政治的な力を鑑みると、チャーター・スクールを認可する法律を変更することは政治的に困難であろう。だが、チャーター・スクールが裕福な学区に進出して、高い評価を受けている公立学校を危険に晒しているような時には、一般大衆による抵抗が強まり、政治的な変化を引き起こす可能性がでてくる。そのような変化を引き起こすには、民主的な制度の基礎としての公教育の重要性を認める、指導体制と議会の過半数が必要になる。チャーター・スクールは、すべての子どもたちの要望に応えるという公立学校の使命を共有し、協力者にならなければならない。だが、チャーター・スクールがどこに進んで行くべきかを理解するには、その本来の目的を理解する必要があるのだが、それは今ではもう長いこと忘れられてしまっている。

　マサチューセッツ大学教授であったレイ・ブッデは、チャーター・スクールが、学区の運営を再編し、教員を無用な官僚主義から解放するための方法

であると想定していた。彼は、チャーター・スクールについて、教育問題に関する新たな解決策を見つけ出すために解放された、自治の学校としてとらえていた。彼は、チャーター・スクールが、全米でチェーンを展開する営利企業になるとは想像していなかったし、市場占有率を高めるために積極的に学区に進出していく組織になることも想像していなかった。彼は、チャーター・スクールが、教員組合を消滅させるための方法だとはとらえていなかったし、厳格な行動規範によって子どもたちを厳しくしつけるための方法だともとらえていなかった。

アメリカ教員連盟理事長であったアルバート・シャンカーは、暇に過ごしている生徒を教育するための、ほかにとるべき方法を見つけたいと思っていた。彼が思い描いていたチャーター・スクールでは、教員は、承認を得るために自分たちの計画を同僚教員と学区に提示する。新しいチャーター・スクールは、彼の考えでは、最も教育するのが難しい生徒、中退者、中退の危険に晒されている生徒を探し出して、入学させる学校である。チャーター・スクールの教員は、自分たち自身のカリキュラムを自由に作成することができ、うまくいきそうなことは、どんなことであれ自由に試してみることもできる。彼らは、知り得たことは何でも、普通の公立学校の同僚教員と共有する。

私が第16章で書いたように、シャンカーは1993年にチャーター・スクールの構想に背を向けた。それは、チャーター・スクールが保守派の州知事によって受け入れられ、民営化を推進することに、彼が気づいたからであった。

どのようにしたらチャーター・スクールは今日、生徒、施設、資金を公立学校と競い合う代わりに、コミュニティの利益のために役立つことができるであろうか。どのようにしたらチャーター・スクールは、生徒の圧倒的多数を教育している公立学校を倒産に追い込む代わりに、協力し合うことができるであろうか。

その答えはチャーター・スクールの起源の中にある。

州の法律に以下のような修正が加えられることを想像してみよう。

第一に、いかなる公立学校も営利で運営されてはならない。現在、営利企業は経費を削減するために競争し、それを成し遂げるために、経験豊富な教

員を経験の浅い教員で置き換えたり、教員をコンピュータによる授業に置き換えたりしている。営利組織の主要な目的は、利益を最大にすることであって、卓越した教育を生み出すことではない。教育のための税金はすべて、学校の運営、授業の準備、学校の活動のために使われるべきである。たとえ一銭たりとも投資家や株主に支払われるべきではない。確かに、税金による収入の中には、備品や関連業務を販売する営利企業に必然的に支払われるものもあるが、学校そのものは常に非営利として運営されなければならない。

　第二に、チャーター・スクールは、チャーター・チェーンによってではなく、地元の教育者や非営利組織によって運営されなければならない。それは、学区の子どもたちのために、保護者、教員、地元のコミュニティの住民によって設計され運営される、地域に根差したしがらみのない学校でなければならない。それは、ウォルマートやターゲットのように運営されてはならない。学校をチェーン・ストアーのように運営することを容認することによって、州は、規格化された経営と規格化された業務によって、地元ではないほかの市や州から経営するという、チェーン・ストアーの思考方法を奨励してきた。学校教育は包装されて全米に配送され得るような商品ではなく、規格化された商品は一人ひとりの子どもと地元の要望に応えるものではない。理想的なチャーター・スクールは、コミュニティの目標と要望を反映しつつ、コミュニティに貢献するために、コミュニティによって作り上げられる。

　第三に、チャーター・スクールは、現在のように民間の理事会によって民間で運営されていくだろうが、チャーター・スクールの校長と役員の給料は、地元の学区の校長や教育長と同じであるべきである。これによって、法外な役員報酬を支払う慣習を排除できるし、金銭上の興味を持っているチャーター・スクールの指導者も排除することができる。そして、それは公的資金を利用して金儲けをするのではなく、公共の目的に貢献する卓越した革新的な教育制度を作り上げるという、その本来あるべき姿に焦点を合わせ続けることになるであろう。

　第四に、州の法律は、生徒募集活動、中退率、不当表示、教育の質などを監視するために、オンライン・バーチャル・チャーター・スクールを厳密に

規制すべきである。バーチャル・チャーター・スクールに対する公的資金の給付は、実際の授業にかかる費用を反映して減らされるべきである。生徒が学年の半ばでオンライン・スクールを退学する時には、その生徒のための公的資金は生徒と一緒に次の学校について行くべきである。営利の学校は禁止され、詐欺や悪用を防止するために給料は規制されることになる。オンライン・スクールへの入学を希望する生徒は、ガイダンス・カウンセラーによって面接を受けることとなり、在宅で授業を受けるための合理的な理由を持っていなければならない。

　第五に、かなりの数のチャーター・スクールは、どのような理由であっても、公立学校でうまくいっていない生徒を入学させて教育しなければならない。彼らは、中退者、問題行動を起こす子どもたち、あるいは、保護者が普通学級に組み入れられることを望まない、重い自閉症や重度の聴覚障害のある特別な配慮を必要とする生徒を探し出して、入学させなければならない。チャーター・スクールは、こうした生徒を教育するための新たな方法を調査研究するであろう。彼らは、すべての学校の利益となる戦略とカリキュラムを開発すべきであり、また、彼らが知り得たことを定期的に共有すべきである。もしチャーター・スクールが最も困窮した生徒を入学させようと努めるならば、彼らは公教育にとって不可欠な部分となり、公立学校にとって大切な仲間となるであろう。お互いに場所や資金を取り合って戦う代わりに、この二つの分野は、すべての子どもたちを十分に教育するという共通の目標と、責任を共有するための真の基盤を持つであろう。

　こうした変化は、今我々がいる所からは、はるかにかけ離れた所にある。だが、もともとの目論見と現実とが違ってしまっているのだから、我々は、我々が学んだことや我々が成し遂げたいと願うことに適合するように法律も変えたらよい。チャーター・スクールと公立学校は競うべきではない。両者はともに働くべきである。コミュニティの利益に貢献すべく、チャーター・スクールの制度設計をやり直すことは可能である。力を合わせて、公立学校とチャーター・スクールは、平等な教育の機会を追求するために協力することができる。

第27章
包括的な支援活動が重要である

解決法 No.6 貧しい子どもたちが恵まれた同級生に遅れないでついていくために必要な、医療と福祉を提供しよう。

　合衆国の子どもたちのほぼ4人に1人が、貧困の中に暮らしている。これは、ほかのどの先進国よりもはるかに高い割合である。あらゆる人種的・民族的背景を持った子どもたちが貧困の中で暮らしているが、黒人とヒスパニックの数は不釣り合いに大きい。教育政策と社会政策の主要な目標の一つは、恵まれた子どもたちと恵まれない子どもたちの間の学力格差の縮小である。我々の時代の学校改革者は、貧困の問題について直接に何か手を施さなくても学校の問題を「解決」できると信じているが、過去の歴史において、彼らの信念の正しさを示している前例は存在しない。

　もし我々が、恵まれない状態を引き起こしている、社会的・経済的状況を改善するための行動をとらなければ、我々は、学力格差を大きく変化させることはできないだろう。貧しい家庭、黒人、ヒスパニックの生徒のテスト得点は過去20年以上にわたって上昇してきており、歴史的に見ても今は高い所に位置しているのだが、学力格差は頑強に大きいまま残っている。学力格差は貧困と結びついた不利な状況によって引き起こされていて、貧困な環境の子どもたちが、自分たちの要望に見合った教職員、資金、制度、カリキュラムを欠いているような学校に通う場合には、それはより大きくなっていく。

ほかの国々は、子どもたちが健康的に成長し、学びへの準備ができるように、子どもたちの生活状態をどのように改善し、向上させ、変えていくことができるか、その方法を見つけ出していた。彼らは、子どもたちが正式な学校教育を始める前に、確実に人生の良い出発点に立てるようにしている。我々は、目標について口先では良いことを言うが、実行する際には表面をなでるだけである。1990年に全米の州知事と連邦教育省は、国としての野心的な一連の目標を支持し、その最初の目標は、2000年までにすべての子どもたちが「学びへの準備ができている」ようにすることであった。我々はこの目標を達成しなかったし、それは今では長いこと忘れ去られている。だが、取り組まれていない解決すべき問題が残っている。

学力格差を減らすための実現可能な見通しの中で、タマラ・ウィルダー、ホイットニー・オールグッド、リチャード・ロスティンは、貧しい子どもたちが毎日の生活においてどのような不利益を被っているのかに関して、以下のように簡潔にまとめた。

　　低所得層の子どもたちは、定期的あるいは予防的な医療、歯や視力の検診を受けていないことが多いので、その結果、病気のためや、読むのに十分な視力がないことによって、学校を休むことがより多くなる。低所得層の子どもたちは、より喘息になりがちであり、その結果、より睡眠不足になり、怒りっぽくなり、運動不足になり、学校の休みも多くなる。低所得層の母親から生まれた子どもたちは、出生時の体重がより軽く、鉛中毒や鉄欠乏による貧血症がより多くなり、これらすべてが、認知能力の低下、問題行動の増加、特別支援教育への配属者の増加をもたらす。彼らの家族はしばしば家賃の支払いが遅れ、引っ越すので、子どもたちは転校することがより多くなり、授業の継続性を失ってしまう。貧しい子どもたちは概して、家庭において声を出して本を読んで貰う機会がほとんどないし、複雑な言葉づかいや大量の語彙に晒されることもないので、その結果、彼らは、言語能力、推理力、読むことへの準備において、はるかに遅れた状態で学校に入学する。彼らの保護者は低賃金

の仕事に従事し、よりしばしば解雇されるので、家族にストレスを与えることとなり、家庭では保護者の横暴なしつけがより多くなり、子どもたちが学校で「衝動的で制御不能な爆発」を引き起こす。こうした子どもたちが通学時に歩いてくる場所や、彼らの遊び場所には、犯罪や麻薬がより多く存在し、専門職に就いていて大人の役割の見本を示してくれるような人はより少ない。十分な教育を受けていない母親の子どもたちは、単親家庭に暮らしていることがより多いので、大人から注意を払われることもより少ない。彼らは、意欲や文化的な認識や自信を高めるために、田野を横断する旅行をしたり、博物館や動物園を訪問したり、音楽やダンスの練習をしたり、スポーツ競技の仲間に加わったりする機会はより少ない[1]。

　以前の章で、低体重や認知能力の低下などの早産による悪影響を避けるために、すべての妊婦に対して十分な出産前の検診を提供することの重要性について検討した。別の章では、より多くの語彙、社会化の技能、自分たちのごく身近なところを越えた言語や世界に関するより広い経験を持って、子どもたちが学校に入学できるように支援するために、質の高い早期幼児教育を提供する必要性を示した。ほかの章では、貧しい子どもたちが、少人数学級で学んだり、最も優れた学校や学区においては常に見受けられるようなカリキュラムを提供されたりすることによって、恩恵を得ることを論じた。

　ここで、私は、包括的な支援活動と呼ばれる、相互に密接な関係のある解決策を提案する。それらは学校の中で、そして学校の周りで統合され、生徒が必要とする時にはいつでも利用可能でなければならない。

包括的な支援活動の具体策：すべての学校は、子どもたちが定期的に健康診断を受けて、病気の場合にはすぐに治療が受けられることを保証するために、看護師、医師、健康診療所を持つべきである。すべての子どもたちは、健康に問題がないか定期的に検診を受けるべきである。このような検診は中間所得層や高所得層においては日常的に行われていることである。子どもは誰で

も、家庭の経済状態を理由に、健康管理を受けることを否定されるべきではない。子どもたちの健康を改善することは、彼らの学業成績を改善することに繋がる。病に侵されていたり、喘息を患っていたり、治療を受けていない病気を抱えていたり、教員の声が良く聞こえなかったり、教室の正面が良く見えなかったりする子どもたちは、同級生に遅れないでついていくことが難しい。健康な子どもたちは、よりてきぱきとしていて、より注意深く、病気のために学校を休む可能性はより低い。健康であることの重要性を過小評価する研究者は一人もいない。すべての子どもたちの健康を改善することは、国家的な優先事項であり、教育改革や社会改革における焦点となるべきである。

　すべての子どもたちは、定期的に健康診断を受けなければならない。家族は、日常的な医療問題のために、病院の緊急治療室を使わなければならないような事態は、避けなければならない。すべての子どもたちが、定期的な健康診断、定期的な視力検査、定期的な歯科検診を受ける必要があることを、はっきりと示すための研究が必要であろうか。中産階級や裕福な環境にいる子どもたちが、後で起こる問題を避けるために予防的な診療を受けるのと全く同様に、貧しい子どもたちもそれができなければならない。中産階級や裕福な子どもたちが、病気の時に治療を受け、薬を貰うのと全く同様に、貧しい子どもたちもそれができなければならない。

包括的な支援活動の具体策：恵まれない子どもたちは、前年度に習得したことを維持するために、心を豊かにしてくれる活動、スポーツ、芸術、個別指導、読み書き能力を高める活動などを提供してくれる、夏休みの行事予定に参加すべきである。カール・L・アレクサンダー、ドリス・R・エントウィール、リンダ・ステッフェル・オルソンによる、ジョンズ・ホプキンズ大学の重要な研究は、低所得層の生徒における夏休み中の学習不足が、学力格差の大きな原因となっていることを見出した。より高い所得層の子どもたちは、家庭とコミュニティの環境の格差のため、大きな優位性を持って学校での学びを開始する。「学校教育の最初の時期は、技能が獲得されて、その後の学習の

すべてを支える基礎である」と、研究者は主張した。学校での出来事がその後において大きな意味を持つ。「だが、特に9年生の社会経済的状況（SES）という背景に基づく学力格差に関しては、学校外における経験がさらに大きな差異をもたらしている。というのも、その格差はかなりの程度、エレメンタリースクール入学の何年も前の間や、エレメンタリースクールの間の夏休み中に生み出されているからである」[2]。

　公式なものであるにしろ非公式なものであるにしろ、夏休み中の学習が重要である。より高い社会経済的な集団の子どもたちは、低所得層の集団の子どもたちよりも夏休み中により多くのことを学び、それが学力格差を広げる。より恵まれた子どもたちは、夏休み中により多くの学ぶ機会を手に入れることができるので、同じような夏休みの経験を持つことができない貧しい生徒との関係において、彼らの優位性は増大することになる。何年もの間にわたって積み重ねられたこの不利な状態が、低所得層の生徒に、低いテスト得点をもたらす可能性をより高め、ハイスクールを卒業する可能性をより低め、4年制の大学に入学する可能性をより低めている。ジョンズ・ホプキンス大学の研究は次のような驚くべき結論に達していた。「エレメンタリースクールの5年間にわたる夏休み中の学習不足が、9学年までに、社会経済的状況の高い若者と低い若者の間の格差の半分以上の原因となっていて、就学前に積み上げられてきたものよりも、さらに大きな要素となっている。また、9学年になると現れてくるこうした早期における学習の違いが、ハイスクールのカリキュラムにおいてより遅れたクラスに配属されることや、ハイスクールの中退や大学の入学などにも響いてきたりする。早期の経験を長いこと引きずっているということは、通常、隠れていて見えない」[3]。

　著者は、介入は早期に、不利な状態がさらに大きくなる前に開始されなければならないし、就学前プログラムに高い優先順位を置いて、「早ければ早いほど良い」と結論を下している。経済的に恵まれない子どもたちが一旦学校に入ると、彼らは、「自分たちを今の場所から抜け出せなくするような、家庭とコミュニティの切迫している状況に対抗するために、年間を通しての補習の学習計画を必要とする」。高所得層の保護者が、子どもたちと一緒に

文字や数字を学習し、教育的価値のある家族旅行に出かけている一方で、低所得層の生徒には、そのような利点はほとんどない。著者の研究結果は、低所得層と高所得層の若者の学力格差の3分の2が、夏休みの学習の機会の違いに完全に起因すると考える。彼らは、低い社会経済的状況の家庭からの子どもたちが、「夏休み中に比べて、学期中には、裕福な家庭からの子どもたちにほとんど遅れないでついていくことができる」と、気づいている。彼らは、「学業成績の学年を通しての推移は、社会階層に関係なく同じになるか、あるいはほぼ同じになる」ことを発見した。これは、「貧しい若者やマイノリティの若者の学習能力に関して、広く信じられていた仮説、あるいは単に囁かれていただけの仮説に明らかに反する。それはまた、マイノリティの生徒を数多く入学させることによって重荷を背負わされている、公立学校と公立学校制度が失敗しているという仮説にも明らかに反する。家庭の不利な状況を学校の失敗として思い違いをされながらも、おそらく、こうした学校と学校制度は一般に考えられているよりもはるかに良い仕事をしている」[4]。

　ジョンズ・ホプキンズ大学の研究は、夏休み中の学習不足の影響を実証する、膨大な文献の一部である。恵まれない生徒が質の高い夏休みの行事予定に参加することができれば、演劇や運動競技や自然学習を楽しみながら学習を維持できるので、夏休み中の学習不足は軽減されるか、あるいは解決される。それによって、相当程度に学力格差は縮小されるであろう[5]。

包括的な支援活動の具体策：恵まれない子どもたちは、質の高い心を豊かにしてくれる放課後プログラムに参加する機会があれば、恩恵を得る。

　700万人以上の子どもたちが、放課後に大人の監督を受けていない。放課後プログラムに参加する機会を持っている子どもたちは、麻薬を使ったり、学校で問題行動を起こしたりする可能性は少なくなり、自信や自己効力感を持ち、学校での学業成績もより良くなる可能性がより高くなる[6]。

　貧困の中に暮らす子どもたちは、中産階級や裕福な家庭の子どもたちにとっては当たり前の活動に参加することができない。より裕福な子どもたちは、水泳やテニスの指導を受け、科学のキャンプに参加し、個別指導を受け、

家族と一緒に博物館や図書館を訪れる。放課後プログラムは、こうした経験をする機会をすべての子どもや青年に与える。

　組織化された放課後活動は、アメリカでは長い歴史を持っている。それは、恵まれない地域にある社会奉仕を行う施設で始まった。すなわち、ジェーン・アダムズなどの女性が、貧しい移民が住む地域に居心地の良い大きな施設を開き、美術工芸教室、カウンセリング、英語教室、子どもと家族への援助を提供した。

　今日、学校が終わると、遊ぶのに安全な場所がなかったり、大人の監督を受けることもできなかったりする子どもたちが少なからずいる。財団の経営者の中には、放課後プログラムを補習や個別指導のための時間でしかないと考える人もいるが、これは自発的な活動であり、テストの準備のためにより多くの時間を提供するだけではなく、生徒が取り組みたいと思う活動が含まれるべきである。ロサンゼルスで約3万人の子どもたちに提供されているエル・エーズ・ベスト (LA's Best) のような放課後プログラムは、子どもたちにとっては安全な楽園であり、そこで子どもたちは、運動競技、演劇、個別指導、音楽、ダンス、詩、書き方、視覚芸術などに取り組むことができる。そこでは、もめごとの解決方法や健康的な食習慣を教える。そこでは、子どもたちがタイプを打つことやコンピュータの技能を学ぶことのできる教室を提供している。そこには、科学のプログラムもあり、事業展開の方法を若者が学べるジュニア・アチーブメントというプログラムもある。エル・エーズ・ベストは子どもたちの関心を惹くプログラムを優先し、認知的技能と非認知的技能の両方を発達させることを推進している。

　『どのようにしたら子どもたちは成功するのか』という本の中で、ポール・タフが、ブルックリンのウィリアムズバーグ地区にある I.S.318 という、人種的にも経済的にも多様なミドルスクールにおける、チェスのプログラムについて紹介した。これは、『ブルックリン・キャッスル』という映画の中でも大々的に扱われた。この学校は、全米の公立も私立も含めたすべての学校の中で、チェスの優勝者を最も多く輩出してきた。生徒は、チェスを学んで習熟することに、信じられないほど一生懸命に取り組んでいる。彼らは修

養と集中の習慣を身につける。チェスは彼らにとっての情熱である。これは、生徒に、一生懸命に取り組むこと、最善を尽くすこと、学校や人生において成功するために必要な粘り強さを身につけることを教える、放課後プログラムの影響力の素晴らしい例である。残念なことに、全米チェス選手権へ行くためのチームの旅費は毎年、危機に瀕しているのだが[7]。

放課後プログラムは万能薬ではないが、価値のある役割を果たしている。それは、子どもたちに、成績やテスト得点の抑圧から解放されて大人の監督のもとで学習する機会や、遊んだり、体を鍛えたり、活動的になったり、新しい技能を試したり、新しい友達を作ったり、学校以外の環境の中でほかの人とうまく付き合う方法を学んだりする機会を与える。そうしたものがなければ、現在、放課後プログラムに参加している何百万人もの子どもたちが、何もすることがなく徘徊し、保護者は仕事に出ているので、繁華街や不良少年仲間の影響を受けやすくなる。そうした機会を欠いているすべての子どもたちに、我々はなぜ同じ機会を提供しないのであろうか。

私は次のような警告を付け加えたい。大人はもはや1日に9時間も働かないので、子どもも、1日に9時間、1年に52週間学ぶことを期待されるべきではない。彼らは、娯楽、運動競技、音楽、演劇、自由な遊びの時間を必要としている。

包括的な支援活動の具体策：保護者教育は、ほかのすべての介入の影響を支援し、強化する。

保護者は、子どもにとっての、最初のそして最も重要な教育者である。

一人であろうが二人であろうが、保護者は、知識と財産があれば、自分たちの子どもの教育の状況を決定する。

家族は、学校での子どもたちの成功に対して、教員よりも大きな影響を与える。

多くの保護者は、自分たちの子どもをうまく育てることに関して、外部からの手助けを必要とはしない。だが、それを必要とする保護者もいる。それは、うまく子どもを育てる方法が分からなかったり、財政的あるいは心理的

に極めて切迫した状態に置かれていたりするからである。

　ほかのすべての介入は、保護者を巻き込むことによって強化される。新生児を家に連れて帰る時に、手助けを必要とする保護者もいる。子どもがまだ学校に上がらない時に、保護者が深く関わって、子どもを手助けする方法を学ぶには、質の高い就学前教育が最も適している。優れたプログラムは、保護者に、語彙を積み上げていくように子どもたちと会話をすること、厳しいしつけの方法を控えること、争いごとを友好的に解決すること、子どもたちに読み聞かせをすること、子どもたちに自分の行動の結果を考えさせることなどを教える。子どもたちが良い食事と良い衛生状態によって健康的な生活習慣を身につけるように手助けしたり、テレビの視聴時間を制限したり、宿題に取り組ませることを学ぶ保護者もいる。

　保護者が積極的に子どもたちの生活に関わると、子どもたちは保護者の支えと愛を感じる。保護者が学校の勉強に興味を示すと、子どもたちは、自分の学校の勉強が保護者にとって重要であることを理解する。保護者が子どもたちに読み聞かせをすると、子どもたちは言葉を大切にすることを学ぶ。保護者が微笑みかけ、うなずいて賛意を表すと、子どもたちは自分のしたことに誇りを持つ。

　すべての保護者が、新生児に対する授乳や世話の仕方を理解しているわけではない。代表的な全米的なプログラムはナース・ファミリー・パートナーシップで、これは若い女性を妊娠期間中からさらに産後まで支援する。このプログラムはすでに40州で活動を展開中で、登録された看護師が、妊娠期間中から出産後2年間にわたって、貧しい女性に対して定期的な家庭訪問を行う。看護師の訪問は、妊娠4ヵ月から6ヵ月の期間には1週間に一度、それ以降は2週間に一度行われる。子どもが生まれた後は、看護師は6週間、母親が子どものために必要な助言や支援を受けていることを確認するために、毎週訪問する。この訪問はその後、子どもが20ヵ月になるまで隔週で実施され、それから子どもが2歳になるまで、1ヵ月に一度の訪問が続けられる。

　妊娠期間中、看護師は「24時間の食事の履歴を完成させ、体重の増加を表にし、医師と一緒の訪問を調整し、煙草、アルコール、違法な麻薬の使用

を見極め、必要な場合には、そうしたものの使用を減らすために行動を変容させる戦略を考案する」。子どもが生まれると、看護師は、母親が「子どもの身体的かつ心理的な世話がうまくできるように」支援する。彼らは、「保護者と子どもの相互関係を強めるために働く。看護師は、乳児やよちよち歩きの幼児が発する信号を保護者が理解したり、情緒と認知の発達を促すような方法で、保護者が子どもと一緒に遊ぶことへの興味を深めたり、子どもにとってより安全な家庭を築き上げたりすることを支援する。看護師は、教育、職探し、将来の妊娠計画といったことへの邪魔になりそうな問題を解決するために、女性が自分自身の目標を立て、それを明確化していくことも支援する」[8]。

ナース・ファミリー・パートナーシップは、「妊娠の結果、子どもの健康と発達、家庭の経済的な自立に対して、極めて前向きな影響を与えている」と評価された。無作為抽出による実地調査の結果は、「出産前の健康の改善、出産後すぐに次の妊娠をすることが減ったこと、母親の雇用の増加、母親の出産の間隔が広がったこと、子どもの怪我が少なくなったこと、子どもの学校へ行くための準備が改善されたこと」などを報じた。

学力格差の縮小のための勧告の中で、ウィルダー、オールグッド、ロスティンはナース・ファミリー・パートナーシップのモデルを、プリスクールが始まる3歳になるまで継続すべきことを推奨した。そうすることによって、低所得層の家庭で成長する子どもの福利を充実し、格差は存在しなくなる。

すべての保護者が、健康的に子どもが成長し発達することを手助けする方法を、知っているわけではない。すべての保護者が、見習うべき良い例を持っているわけではなかった。すべての保護者が、子どもが学校で成功するのを手助けするための予備知識を持っているわけではない。

もし我々が彼らを支援することができれば、我々は我々の社会を支援することになる。

第28章
知識と技能について注意深く測定しよう

> **解決法 No.7** ハイステイクスな標準テストを廃止して、その代わりに生徒が知っていることやできることを証明できるような評価を信頼しよう。

　教育に興味を持っている人は誰でも、フィンランドのことについて知っている。それは、我々自身の実践や政策に対する反対の例である。その国は、1970年代に教育制度を徹底的に見直すことを決めた。そして、教員養成学部の入学基準を引き上げた。その結果、志願者を極めて精選することとなり、今日では志願者の10％しか入学を許可されていない。教員を目指す者は皆、5年間の教育と訓練を受け、修士号を取得する。教員はとても尊敬されていて、ほかのどの職業にも負けないほどに尊敬されている。専門家として彼らは、教室や学校において広範な教職の自律性を行使し、教授法やカリキュラムについて決断を下す。教員はとても高い敬意を払われているので、誰もその専門性に関して疑問を抱く人はいない。広範囲な全国規模のカリキュラムが存在するが、すべての学校にとって、何をどのように教えるかに関して、自分たちで決めることのできる部分がかなり存在する。そしてさらに驚くべきことがある。フィンランドの生徒は大学に出願するまで、標準テストを決して受けない。教員は自分自身でテストを用意する。教員は、生徒が進歩しているかどうかを決定し、生徒がさらにどのような手助けを必要としているか決めることを任されている。

フィンランドは、我々の全米学力調査（NAEP）に良く似ている全国規模の抽出試験制度を持っている。そこには、個々の生徒の得点はない。教員は、生徒のテスト得点によって評価されることはない。というのも、生徒は標準テストを受けないし、その得点もないからである。得点に基づいたメリット・ペイも存在しない。というのも、得点がないからだ。すべての教員は組合に所属している。すべての校長も同じ組合に所属している。そうだ、もう一つ大事なことがある。アメリカでは子どもたちの23％が貧困の中で成長しているのに対して、フィンランドでは子どもたちの5％以下が貧困の中で成長している。これが大きな違いを生んでいる。

　フィンランドは強力なそして成功している公立学校制度を作り上げてきた。そこには、チャーター・スクールもなければ、バウチャーもない。フィンランドは強固な教職を作り上げてきた。そこには、ティーチ・フォー・フィンランドも存在しない。フィンランド人は、すべての都市、すべての町、すべての村に優れた公立学校が存在することを自慢している。

　過去十年間、フィンランドは、読解、数学、科学に関するあらゆる国際学力調査において、優秀な成果を目標にしていたわけではないが、良い成績を上げてきた。フィンランド人は、生徒にテストを実施せずに、メリット・ペイなしで、民営化なしで、学校同志を競わせずに、そして、教員に飴と鞭を振り回すこともせずに、学校を改善した。彼らは、強固な教職、信頼される専門的な教育者の団体、質の高い公立学校制度を作り上げた。すべての子どもたちは1日に三度の食事と医療を提供される。フィンランドの学校制度の指導的な主唱者であるパシ・サルベリは、合衆国で流行っている学校改革の進め方を、「グローバル教育改革運動」の頭文字を取って「GERM」、すなわち、テスト、アカウンタビリティ、選択、競争によって特徴づけられる病原体と呼んでいる[1]。

　フィンランドの答えはアメリカの教育方針とは際立って異なっている。フィンランド人は次のように述べている。教職志望の優れた新入生を選抜しなさい。彼らを十分に教育しなさい。期待されている仕事をうまくこなせるように、彼らに十分に準備をさせなさい。彼らの判断を信じなさい。教職を

尊敬しなさい。子どもたちが健康に育ち、学びへの準備ができていくよう保証しなさい。標準テストを忘れなさい。アカウンタビリティを忘れなさい。幼い時期に子どもたちが同級生についていくために必要とする手助けを、何でも与えなさい。学問、芸術、身体活動の釣り合いのとれたカリキュラムを提供しなさい。

おそらくこれは、ほとんどのアメリカ人にとっては、受け入れることのできないほどの急激な変化かもしれない。テスト得点なしで、我々はどのようにして生徒と教員と学校に対して責任を負えるのであろうか。テストに基づくアカウンタビリティの考え方が出現してくる以前に、合衆国はともかくも世界の経済と技術を主導する力となっていたことを、我々は忘れがちである。

NCLB法が成立して以来、公教育はテスト得点を上げなければならないという、狂乱的な試みの中に巻き込まれてきた。NCLB法を書き上げた立法府の政策立案者は、懲罰と報奨の体制が教員をさらに一生懸命に働かせることになり、その結果、テスト得点もさらに良くなるであろうと考えた。

教員が飴によってそそのかされたり、鞭で脅されたりすれば、生徒はさらに一生懸命に学ぶであろうという法律立案者の考え方は、全く正しくなかった。結局のところ、さらに学びたいと最終的に決めるのは生徒であって、教員ではない。そして、標準テストが学習程度を測定するのに最も良い方法であるという法律の前提は、今までに立証されたことがない。もしそれが事実ならば、全米のすべての私立学校と独立学校が標準テストに専念しているであろうが、現実はそうではない。

NCLB法とその後継者である「頂点への競争」の壮大な建物の全体は、標準テストという不安定な基礎の上に立っている。テストが、生徒、教員、校長、学校にレッテルをはり、順位をつけて、成績をつける。それはいたるところに存在する。中間所得層や裕福な家庭からの生徒ばかりを入学させる学校は、高得点をとり「うまくいっている」が、貧窮化した黒人やヒスパニックの生徒、ならびに障害のある生徒を数多く入学させる学校は、「失敗している」学校であると非難される。テストは、家庭の所得と教育程度について、恵まれているのか恵まれていないのかを判断するための、かなり信頼のでき

る手段となる[2]。

　テストは、適正に使われる時には役に立つかもしれない。それは、プログラムを評価するために、学校や学区に関する情報を集めるために使われるべきである。それは、どの生徒が特定の問題でより多くの手助けを必要としているのかを決めるために、診断の目的で使われるべきである。それは、傾向を確かめるために使われるべきである。最も良いテストは、ハイステイクスではないテストである。NAEP は良い手本である。それは標本抽出された生徒にテストを行う。誰がテストを受けるのかを誰も知らない。誰もテストのための準備をすることはできない。すべてのテストを受ける生徒は一人もいない。NAEP のテストの点数のせいで、懲罰や報奨を受ける人は一人もいないし、学校も 1 校もない。

　ハイステイクスなテストは生徒にとって、より良いテストの結果を期待して、テストの範囲の教材を学習する励みになることから、時には役に立つこともある。だが、テストの有効性の多くは、その質にかかっている。生徒に対して、知っていることを説明したり証明したりすることを求めるテストは、思慮深い返答を引き出す。多肢選択式テストでは、生徒が正解を推理する以上の能力は、ほとんど測定することはできないであろう。多肢選択式テストばかり恒常的に 12 年以上も受け続けていると、生徒の批判的に考える能力や、問題について別の解決法を考え出す能力を損なうことになるであろう。その代わりに、彼らは「正解」を推測することを教えられる。

　テストは尺度であるべきで、授業の目標であるべきではない。標準テストは学校や教員の質を測定するために作成されてはいない。生徒が、同じ学年のほかの生徒との比較において、どのくらい良く読むことができるか、あるいはどのくらい数学ができるかを評価するために作成されている。テストは、その日に生徒が知っていること、覚えていること、理解できることのスナップ写真である。それは、生徒、学校、学区を比較するための手段を提供する。だが、それらは不完全な尺度でしかない。

　テストは温度計のような科学的な道具ではない。それは、質問と答えが誤りを免れることのできない人間によって書かれている、社会的な構築物であ

る。多肢選択式テストの設問はコンピュータによって採点されるが、筆記試験の答案は概して、時給制の低賃金の作業員によって採点される。こうしたテスト採点者の多くが、教育に関する予備知識を持っていないにもかかわらず、彼らの決定が生徒の運命、教員の評判、学校全体の生き残りに影響を与えることになる。

　率直に言って、トッド・フェアリーの『採点をすること―標準テスト産業での私の不運な出来事』という本を読んだ人は、標準テストの結果を二度と信じることはないであろう。フェアリーは、テスト産業の中で州のテストやNAEPのテストの採点をしながら、15年間働いた。テスト産業を内側から見てきて、彼はその産業を完全に冷笑していた。著書の中で彼は、標準テストの採点をする時給制の作業員が、素早く仕事を完了しなければならない圧力に晒されていて、生徒の解答を採点する際に独断的な判断を下していることについて、その実態を詳しく述べている。彼は次のように記している。「標準テストを実施することは、すべてのことが変数である科学実験を行うことに似ていると言いたい。すべてのものがそうである。私には、すべての返答に与えられた得点が、そして結局、それぞれの生徒に与えられた最終得点が、生徒の解答の質によるのと同程度に、テスト産業の気まぐれによるものと思われる」。彼は、標準テストがあらゆる生徒の技能と能力を正確に識別できると信じるのは、「全くばかげた話である」と主張する。そうであるならば、学級の教員を信じる代わりにテスト産業を信じればよい。

　テスト産業における経験に基づいて、フェアリーは、生徒、教員、学校の運命を以下に述べるような産業に託すのは間違っていると結論づけている。

　　良いことをしようとより利他的な望みを持って教育の世界に入ってきている、多くの人に耳を傾ける代わりに、恥も外聞もなく金を儲けるための仕事をしている。それは、教えることと学ぶことの世界に日々、専念している男性や女性の意見を無視する一方で、道楽半分に生徒の評価に手を出している、臨時雇いの無秩序な集団の考え方を信用することを意味している。-----それは、この国の子どもたちを毎日休むことなく教

え、育んでいる人々であるこの国の教員が、生徒の能力について下す判断を無視し、その代わりに、うんざりしている臨時雇いが、生徒の答案に対してほんの一瞬の間だけ目を向けて、いきなり下す判断を重視することを意味している[3]。

もう一人の著者であるダン・ディマッジオは、大企業におけるテスト採点者としての経験を以下のように描写した。

　テスト採点会社は、春に臨時雇いの作業員を雇用することによって、利益を稼いでいる。彼らは通常、時給11ドルから13ドルの低賃金で働くことを厭わず、諸手当もなく、長期雇用の見込みもない。教員として養成され、免許を取得している教育者にとっては、最も魅力的な条件とは到底言えない。それゆえ、テスト採点者になろうとする人は皆、学士号しか持たず、安定した仕事に就いていなくて、独自の考え方は窓から外に放り投げ、テスト採点会社によって定められた、ばかげたすぐに変わる指針に厭わず従う。我々採点者の中には定年退職した教員もいるが、ほとんどは元会社員であったり、元警備員であったり、あるいは、以前は多様な職業に従事していたが、今ではその職を失ってしまった人々である。私が3年前にテスト採点会社で働き始めた時、私の最初の「チーム長」は監督する資格が与えられていたが、その理由は、彼が教育分野における資格要件を持っていたからではなくて、その地域のターゲット〔訳注：1962年にミネソタ州ミネアポリスで創業を開始したディスカウントストアで、今日、全米で店舗を展開しネット販売も手がけている。〕の低い地位の主任であったからであった[4]。

テストは今日においては教員と校長の頭の上に振りかざされている、こん棒であり、剣である。ここではあまりにもテストが強調され過ぎている。それは教育の目的を歪めている。我々はもはや、教育が人間形成の過程であるとは語らない。我々はもはや、教育の役割が我々の民主主義のために市民を

準備することであるとは論じない。我々はもはや、教育がいかに人格を形成するのかを考慮しない。我々はただ一つのことに焦点を合わせている。それはテスト得点である。教育の本当に重要な目標は無視されている。

　たとえ州や連邦のテスト得点が上昇したとしても、そして最近では実際に上昇しているのだが、ただし、その上昇はNCLB法施行以前と比べると小さいのだが、生徒がより劣っている教育を受けている可能性が高い。もし生徒が、考えること、解釈すること、理解することを学んでいないのであれば、彼らは優れた教育を受けてはいない。もし生徒が、正しい質問をすることよりもむしろ正しい答えを選ぶことを学んでいるのであれば、彼らは優れた教育を受けてはいない。もし生徒が、州のテストを受けるために学んでいて、予期せぬ事態に遭遇した時に必要となる基本的な技能と知識を学んでいないのであれば、彼らは劣った教育を受けている。標準テストは、あいまいな状況を解釈したり、複雑な問題を理解したりする能力を測定しない。

　さらに悪いことには、多肢選択式テストに大きく依存することはそれだけで、真の学びにひどく相反する。それは誤ったことを教える。それは生徒に、質問には一つの正解しかないと教えるが、人生においてそれはほとんど正しくない。2＋2が常に4であるのは真実である。だが、人々が仕事や実生活において遭遇する少なからぬ問題には、灰色に陰影がつけられた解答が存在する。複雑な社会的、政治的問題を解決するため大人は、与えられた情報の有効性を吟味し、ほかの解決策と比較し、正しいか正しくないかわからない中で、行動の方向を選択することができなければならない。実生活では、人々が常に正しい答えに同意するとは限らない。我々が今日、高く評価しているテストは、最も重要なものを教えてくれない。それは自分で考える能力である。

　テストに異常に熱中していることのすべての背景には、うさんくさい前提が存在している。テストを実施することを唱道する人々は、より高いテスト得点をとる生徒はより多くの教育を受けることになり、その結果、より良い職業を手に入れ、より多くの金を稼ぐと言う。だから、もし誰もがより良いテスト得点をとれば、誰もがより良い職業を手に入れ、より多くの金を稼ぐことになる。だが、テスト得点は経済の形を変えない。どれだけテスト得点

が高くなったとしても、2008年の経済恐慌の時に失われてしまった、中産階級にふさわしい仕事を復活させることはない。学校は経済を左右しない。学校は人に技能と知識を与え、職業に適した準備をさせるが、学校は職業を創出することはない。1930年代に学校の入学者数は増加し、人々はより優れた教育を受けていたが、学校とその卒業生は大恐慌を終わらせることはなかった。公共政策と大きな出来事が終わらせたのである。

さらに奇妙なことは、より多くのテストとアカウンタビリティが、富裕層と貧困層の間の、黒人と白人の間の、ヒスパニックと白人の間の学力格差を解消するであろうという、保証のない信念である。学力格差の根源は社会経済的な不平等にあるので、もしより高いスタンダードに加えてより多くのテストとアカウンタビリティさえあれば、こうした集団のテスト得点が一点に集中していくだろうと信じることは、全くの空想でしかない。成績の悪い集団を教える教員が本気で取り組んでいないので、飴と鞭を使ってより一生懸命に取り組むよう動機づけよう、ということが前提となっている。

テストは標準値の周りに正規分布曲線を描くように採点されるので、常に、この曲線の最高得点に位置する生徒もいれば最低得点に位置する生徒もいるが、そのほとんどが真ん中に集まっている。正規分布曲線は統計学的には厳密なものである。受験者の全員あるいはほぼ全員が上位半分に位置することは、一度も起こらなかった。また、標準テストには次のような事実がつきまとっている。つまり、標準テストの結果は、生徒の家庭の所得と教育の程度に強い相関関係がある。今まで実施されたすべてのテストにおいて、家庭の所得が最も高い生徒は、成績上位者の大きな割合を占めていて、家庭の所得が最も低い生徒は、成績下位者の大きな割合を占めている。もちろん、貧しい子どもたちの中にも成績上位者はいるし、裕福な子どもたちの中にも成績下位者はいるが、概して家庭の所得はテスト得点の信頼に足る予測因子である。これは、NAEP、SAT、ACT、州のテスト、国際学力テストにおいても真実である。そして、ほかのすべての国でも同様である。

もしこれが本当であるならば、なぜ、より多くのテストとアカウンタビリティを課して、学力格差を解消できると予測するのであろうか。成績上位

に位置する生徒はいつでも上位に位置していて、自分はそのような高い位置にいるだけの価値があると考えるであろうし、成績下位に位置する生徒はその位置に留まり続け、テストが自分たちのより低い成績とより低い価値を証明していると納得するであろう。テスト得点が生徒に成績をつけ、順位をつけ、烙印を押すので、生徒は、自分たちの受け取るレッテルに自分たちが値すると信じることになる。結局のところ、テストがおそらく「目的」となる。

　だが、我々が今日、浸りきっているテスト体制には、また別の問題も存在する。それは非認知の分野における能力の発達が、認知の能力の発達と同じように重要であることを認めていないことである。同じようにと言うよりは、むしろそれ以上に重要かもしれない。読んだり計算したりする能力は重要であるが、それと同じように、ほかの人と一緒に仕事をする能力、難しい課題に直面した時に屈せずにやり抜く能力、よく人の話を聞いて対話する能力も重要である。仕事においてもまた一人の市民としても、人は成功するためには、さまざまな人格の特性とさまざまな振る舞い方を身につけている必要があるが、こうしたものは標準テストでは測定されない。四つの可能性の中から一つの正しいと思われる解答を選ぶことができるということは、一旦学校を出てしまうと、もはや大きな価値のある技能などではない。だが、仕事を完成させるためにほかの人と協力する能力は、極めて重要である。そして、率直さ、責任感、決断力、誠実さ、他人への配慮といった人格の特性もまた、極めて重要である。

　経済学者ジェイムズ・ヘックマンは、繰り返し非認知的技能の重要性を主張してきた。彼とシカゴ大学の同僚は、「意欲、粘り強さ、信頼できること、忍耐力が人生において成功を収めるための重要な特性であることは、学術誌の外では常識である」と記した。これは、「ウサギとカメ」の寓話や、『ちびっこ機関車だいじょうぶ』の本の教訓であると、彼らは述べた。高い IQ と高いテスト得点を持っていながらも、自己管理能力と仕事を進めていく気力とを持っていなかったために、人生において失敗した人がいることを皆が知っているし、また逆に、IQ が高くないにもかかわらず、粘り強く、信頼され、自己管理能力を持っていたことから、成功した人がいることも皆が知ってい

る5。

　ヘックマンとそのほかの人々の研究の成果に基づいて、ポール・タフは『どのようにしたら子どもたちは成功するのか』という本の中で、その副題で主張しているように、最も重要なものは「やり抜く力、好奇心、人格の隠された能力」であると書いている。子どもたちはこれ以上のテストを必要とはしていない。彼らは、強大な逆境に直面した時に、それに打ち勝つことを手助けしてくれるような態度や価値観を必要としている。彼らが成功するのを可能にするのは人格である。学校は人格を教育するのは得意ではないが、せめて、それを無視したり、それを見くびったり、すべての栄誉をテスト得点の高い子どもたちのためにとって置くといったようなことをするべきではない。

　テスト得点に対して学術的な批判が国際的に高まっていく中で、著名な教育経済学者のヘンリー・M・レビンが非認知的技能の重要性を精査した。テスト得点のみに基づく国際的な「頂点への競争」の考え方はほとんど意味がないと、彼は主張した。一人の人間が成功するためには、彼あるいは彼女は対人関係の技能を必要とする。それは、さまざまな状況においてもほかの人と良い関係を保つ能力、チームワーク、優れた判断力、問題解決能力、意欲、人の話を聞いて対話する能力、時間の配分を決める能力、衝動を抑える能力、楽しみを先に延ばす能力などである。こうした生活態度と価値観は、雇用者にとってみればテスト得点よりも重要であるように思われる。実際に雇用者は、「時間に正確であること、欠席しないこと、目標を決めること、責任を取ること、人の話を聞く能力」に高い価値を置く。標準テストはこうした生活態度や価値観を測定しない。人生において最も重要なことは、「努力、自己管理能力、粘り強さ、協力、自己表現、寛容、敬意、そしてそのほかの非認知の分野における能力である」。「学校が、テスト得点に焦点を合わせ、非認知的技能の重要性に対して目を閉ざして手抜きをしてきたことは、害がないどころか、広範囲に及ぶ損害を引き起こしている」と、レビンは警告する。テスト得点を高めることに対する圧力が学校に対して強まっていくにつれ、重要な非認知的技能の目標に向けて生徒を後押ししていくために、より少ない時間と注意しか費やせないことになる。彼は次のように記している。「テ

ストの準備、詰め込み式の勉強、個別指導、果てしない暗記といったような、テストの結果を良くするための授業の戦術は、活発な経済に貢献する有能な大人として働きたいと願う人に必要となる、より広範な認知的技能と非認知的技能にはほとんど何の影響も及ぼさないであろう」[6]。

指導的な立場の学者は、報奨金をテスト得点と結びつけることは、教育を改善するためにもさらにはテスト得点を改善するためにも有効な戦略ではない、と警告していた。17人の委員から成る全米調査諮問委員会は、9年間にわたるテストに基づくアカウンタビリティに関する研究を実施し、それが有効ではないとの結論を出した。「注意深く検討されてきたプログラムの中で設計され実施された、テストに基づく報奨金制度は、合衆国を最も成績が良い国々のレベルに近づけるまでには、生徒の成績を上昇させていなかった。ハイステイクスではない似通ったテストを使って評価した場合には、報奨金のために成績が水増しされる可能性はより低くなり、成績に対する全体的な影響は小さい傾向にあり、多くのプログラムにおいて実質的にはゼロになる」[7]。

NCLB法に関連して、委員会は学校段階における影響をいくつか確認したが、「今日までに測定された影響は初等教育段階の算数に集中する傾向があり、その影響は、アメリカが成し遂げたいと望んでいる改善に比べると小さいものである」。デューク大学の行動経済学者であるダン・アリーリィは、次のように述べた。「我々は、教育制度を変えるために、この信じられないほど高価なそして手の込んだ戦術について、有効かどうかを試してみるための十分な方法を作り上げることなしに実行し、前に進んだ」。彼は次のように付け加えた。「我々は、教育制度について深く考えることをせずに、それをどのように構築していくかに関して、ある種の荒っぽい直観を頼りにしていた」。ボストン大学経済学部のケビン・ラングは、次のように述べた。「我々が参考にした研究はどれ一つとして、学習成果に大きな影響を見出していなかったし、国際的な最高水準に位置するという美辞麗句に近づいているものは、何一つ見つけることができなかった」。NCLB法の最もうまくいった影響は、委員会の計算によると、「生徒の成績を標準偏差の100分の8動かした、または100人の内で下から数えて50番目から53番目に動かした」こと

であったと、彼は述べた。アリーリィは、この報告書は「教育のために赤信号を掲げている。こうした政策は、人間を迷路の中に追い込まれたネズミのように取り扱っている。我々は、ネズミに我々がさせたいと思っていることをさせるために、どうやってチーズを並び替えるかをずっと考え続けている。人はそんなことよりもっと多くのことができる」と述べた。さらに悪いのは、教員は特別手当によって動機づけられるという考え方であったと、彼は言った。「これがそこから生まれた最悪の考え方である。------NCLB法を作り上げていく過程で、人々がこの戦略と報奨を思いついたために、彼らは実際に教員の意欲を損なってしまった。彼らは、教員が生徒のことをもっと気にかけるように仕向けたというよりも、むしろもっと気にかけないように仕向けてしまった。------ というのも、個人的な達成感と自律性を取り上げてしまったからである」[8]。

　どのようにしたら我々は、実のところ教育そのものに対して正反対な、この逆効果の対応策から逃れることができるのであろうか。どのようにしたら我々は、人々は脅しと報酬によって教えることと学ぶことに「動機づけられる」という、破綻してしまった信念から自由になれるのであろうか。どのようにしたら我々は、ある子どもたちには勝者であるとして栄誉を与え、ほかの子どもたちには敗者だとして汚名を着せるような方法に、依存することを止めることができるのであろうか。人生においてはそういうこともあるかもしれないが、学校はそのようなことをするべきではない。

　もし学校が、標準テストを情報と診断の目的のためだけに使用するとしたら、どうであろうか。分数、語彙、文法の能力を判断するために、生徒に特定のテストを受けるよう教員が要請することを、人は心に描くことができるであろう。テストによって収集された情報は、生徒が何を必要としているのかを教員に知らせるものでなければならず、褒賞や懲罰を割り当てるために州にデータを提供してはならない。学校における主要な評価は、生徒の学びの質を測るように設計されるべきであり、それらは、小論文、問題解決の演習、教員が作成したテスト、研究報告書、読書感想文、科学の課題研究、コンピュータによる模擬実験、そのほかの技能と知識の実地発表などである。

学校は、個々の生徒のテスト得点を、生徒、保護者、教員、そしてもし必要があれば校長のみにしか提供されない、秘密情報として取り扱わなければならない。医者が患者の医療記録の機密性を維持するのと全く同様に、学校はテスト得点をそれぞれの生徒に属する個人の記録として見なさなければならない。これは最も優れた私立学校で行われていることである。生徒の成績通知表は、子どもたちの受け持ちの教員によって書かれた質的な判断を含むべきである。そこには、生徒の達成できたことと弱点が記載され、誉めるべきことは誉め、どのようにしたらより良くなるのか、あるいは、どこにより力を注ぐ必要があるのかについての提案も書かれている。成績通知表を書くことは、教員に対して、生徒の振る舞いと非認知の特性について評価する機会を提供する。彼らは学級活動に参加しているのであろうか。彼らは宿題を期限内に終わらせているのであろうか。彼らはほかの生徒と一緒にうまく学んでいるのであろうか。彼らは学校の良い市民であるのであろうか。

　我々は、NCLB法時代の不幸な経験からいくつかの教訓を学んでおくべきであった。第一に、テストはハイステイクスではない時に最も役に立つ。懲罰と報奨を伴うハイステイクスなテストは、注意深く取り扱われなければならない。というのも、それが、点数を水増ししたり、ごまかしたり、カリキュラムの範囲を狭めたりして、否定的な結果を招いてしまうことがあるからである。第二に、優れた評価制度は、ただ単にあらかじめ用意された質問に対する正しい答えを選ぶのではなくて、自分たちが知っていることとできることを実際に示して説明するよう、生徒を促すべきである。第三に、テスト制度は、基礎的な技能をほかの授業科目に比べて優先すべきではない。第四に、テストを実施することで、何が教えられ何が学ばれるのかを決めるべきではない。テストは尺度でしかなくて、ほかのすべてに優先されるべき教育の目標ではない。

　テストを実施することに対する今日の要求の多くは、生徒を評価することではなくて教員を評価することに集中している。各州は、すべての科目において多くの新しいテストを工夫して作っている。その中には、芸術や体育の分野や、キンダーやプリキンダーのテストも含まれている。それによって、

9月から5月までの間に生徒のテスト得点がどれほど上昇したかに基づいて、教員が評価されることが可能となるからである。新しいテストは、テスト得点を高める教員の能力を測るためのものである。

標準テストの限界について我々が知っていることを前提とすれば、この方法が教えることと学ぶことを改善しないであろうことは予測可能である。この方法に依存すると、テスト準備教育、カリキュラムの範囲を狭めることを促進し、そして時には不正行為に頼ることを促すことも予測可能である。

教員に責任を果たさせるにはより良い方法があるし、それはハイステイクスなテストを必要としない。

メリーランド州モントゴメリー郡には、「同僚による支援と評価（PAR）」と呼ばれる定評のある評価制度がある。この郡の公立学校は14万5千人の生徒を入学させていて、その3分の1の生徒は低所得層の子どもたちである。PARが教員評価に関する全米的なモデルとなるべきであるが、「頂点への競争」が、この成功を収めている方法から注意をそらさせてしまった。それは、新任の教員であれ経験豊富な教員であれ、一生懸命に努力している教員に特別の支援を提供し、改善することができなかったりあるいは改善する意思のなかったりする教員を解雇する。PARは、マスター・ティーチャーである年長の教員を、助けを必要としている教員の指導に従事させる。指導教員として3年間勤務したのちに、マスター・ティーチャーは教員としての勤務に戻る[9]。

この制度は、教員の二つの集団に対して有効に作用する。それは、まだ授業経験のない新任の教員集団と、校長から悪い評価を受けた経験豊富な教員集団である。こうした教員には、改善の手助けをしてくれる「相談役の教員」が割り当てられる。この相談役の教員は、教員が授業の計画を立てたり、生徒の課題を点検したりするのを手助けする。彼らは、授業の雛形を作り、研究に基づく授業計画を確定する。彼らは、教員と共同授業を実施し、適切な教材を見つけ出す。8人の教員と8人の校長で構成される委員会が、PARの支援を1年間受けた新任教員と経験豊富な教員の成績を精査する。この委員会が、一生懸命に努力している経験豊富な教員に対して、その成功を確認す

るためにPARの支援をもう1年間提案するか、あるいは雇用を終了するかを決定する。PARの委員会は、200人以上の成績の悪い教員を改善に失敗したとして解雇した。PARができる前の10年間で、職を解かれた教員は5人のみであった[10]。

　この教員評価の方法は教員と校長から支持されている。それはうまくいっている。それは、劣った仕事をしている教員を特定し、より良い仕事ができるように彼らを手助けするか、あるいは彼らを教室から追い出す。それは信頼と教職の専門性に拠っている。それはテスト得点には拠っていない。

　我々は、現在の標準テスト体制なしでも、教員、校長、学校に責任を持たせることができるであろうか。もちろん、できる。

　ここに別のモデルがある。ニューヨーク市には1990年代中頃に、教えることと学ぶことについてさまざまな方法を試してみるために結びついた、約30校の学校から成る組織が存在する。彼らは、自分たちの生徒が標準テスト体制の対象になることを望まなかった。彼らは、パフォーマンス評価の方を好んでいた。そこでは生徒は、自分たちが知っていることやできることを、教員、保護者、そのほかの観察者から成る評価委員会が満足するように、実際に彼らに見せることが期待されていた。こうした学校の学級は、議論と研究による教育を強調している。ニューヨーク・パフォーマンス・スタンダード協会が活動を開始してから12年後に、この組織は発見したことについて報告を行った。協会に属する学校は、ほかの公立学校と同じ生徒の階層集団を持ち、市の子どもたちが在籍する典型的な学校としての役割を担っていた。ほかの公立学校との比較において、その学校の生徒は、中退する可能性はより低く、卒業する可能性はより高く、大学に進学する確率はより高く、大学に在籍する確率もより高かった。協会に属する学校は、英語学習者と障害のある生徒を教育するのに著しく成功している。テスト得点よりもこうした長期にわたる現実の成果が、学校が成功していることのより優れた指標である[11]。

　ここにまた別の使用可能なモデルが存在する。すべての学区と州が、定期的に学校を訪問し点検を行う、教育の専門家のチームを持っていたと想像してみよう。彼らは、生徒の課題を点検し、学校の校長、教員、保護者、生徒

と面談する。彼らは、生徒の階層集団、カリキュラム、教職員、教材、学校の状態を分析する。彼らは、エレメンタリースクールからミドルスクールへ、ミドルスクールからハイスクールへ、ハイスクールから中等後教育機関へと、学校教育の次の段階に進んだ生徒の準備の具合と進歩の度合いを測定するであろう。生徒の要望に応えることに四苦八苦している学校は、頻繁に訪問を受けるであろう。成功している学校は、より少ない視察で十分であろう。3年か4年に一度の訪問しか受けない学校もある。評価チームは、学校の改善を手助けするための勧告を出すとともに、必要に応じて支援のための人員を送り込む。評価の目標は継続的な改善であるべきで、AからFまでの点数をつけたり、閉校の脅しを与えたりするものであってはならない。

うまくいきそうな、ほかの方法もあるかもしれない。州と学区は、逆効果をもたらすような動機づけや、ハイステイクスなテスト体制によって人に烙印を押すような行為を免れて、自分自身の方法を作り上げることを許されるべきである。

アカウンタビリティは責任へと変えられるべきである。州と地域の教育体制の責任者は、学校を閉校することにではなく、自分たちの管理のもとで学校を支援することに説明と責任を負うべきである。学校を支援する方法が分からないならば、彼らは責任者であってはならない。アカウンタビリティは一番上から始まるものであり、一番下から始まるものではない。学校制度の責任者は、公共政策に有益な変化をもたらすための経験と知恵を持っていなければならないし、学校の中の専門家に対して敬意を払わなければならない。大人は、子どもと若者の要望を満足させ、教育の質の高い基準を維持していくために、学校をより良く機能させることに対して責任を負うべきである。教育の専門家は、その判断が重要な意味を持つ専門家として処遇されなければならない。彼らを、組織に組み込まれた一員であるとか、上司に従わざるを得ない従順な公務員であると見なしてはならない。

過去10年以上にわたる標準テストの過度な強調は、教育の質を次第に損ない、教育の専門家の士気を阻喪させてきた。我々の生徒に対する基準と期待は、標準テストに合格するのに必要とされる技能に比べて、はるかに高く、

そしてより複雑でなければならない。もし我々が生徒に創造的であってほしいと願うならば、もし我々が彼らに独創的であってほしいと願うならば、もし我々が彼らに目的に対して思慮深く真剣に取り組んでほしいと願うならば、我々は手段と目的を再調整しなければならない。

第29章
教職の専門性を強化しよう

> **解決法 No.8** 教員、校長、教育長は教育の専門家であるべきことを主張しよう。

　今日の改革運動において最も人を失望させるところは、教職の蔑視である。多くの州において州知事や市長は、指導的な立場に教育者でない人や教育における経験の乏しい人を探し出してきた。彼らは、州の教育長や学区の教育長として、ときどき教育者でない人を選んできた。彼らは、教育が利益を四半期ごとに報告する営利事業のように経営されるべきであると考えて、経済界の指導者を選ぶこともある。また、彼らは、ほかの人と交渉するための法律的な知識を持っていると考えて、弁護士を選ぶこともある。また、彼らは、指揮能力は変革へのあらゆる障害を乗り越えるだろうと考えて、軍隊の指導者を選ぶこともある。今日の最も悪い教育政策の中のいくつかは、特に標準テストのみに頼る政策は、州や市の教育長として間違って雇用された、教育者でない人によって強いられてきた。自分の生涯を教育のために捧げて来た人々は、教育に対する知識や経験をほとんど持っていない者が、自分たちを支配し、自分たちの仕事の状況を設計し直すために選ばれると、当然のことながら心を傷つけられる。

　我々の学校の教育の質を高めるためには、州と学区は教職の専門性を強固なものにしなければならない。

理想的には、教員は、自分が教えようと考える科目を専攻して、4年制の学位を取得すべきである。教職に就こうとする者は、十分に教育を受けていなければならない。彼らは、自分が教える科目や専門分野に熟達していることのみならず、読むこと、書くこと、数学的能力を自由に使いこなすことができることを実際に示し、教職課程に入るための資格試験に合格することができなければならない。

　一旦、彼らが教職課程への入学を許されたら、まず1年間は以下のような科目の学習に充てなければならない。それは、認知科学、読み書きの能力、児童の発達心理学と青年心理学、家庭とコミュニティの社会学、文化の多様性、障害のある子どもの要望、テストの本質、教育の歴史、教育の政治、教育の経済などである。彼らは、授業計画を作成し、良き指導者と一緒に仕事をする機会を持ち、自分が教えようと考えている科目に関する知識を深めなければならない。彼らは、経験豊富な教員の指導のもとで、教える練習をしなければならない。教職に関する学習と実践に1年間を費やしていない者は、教えることを許されるべきではない。

　一旦、雇用されれば、彼らは、良き指導者である教員と密接に連携して仕事をしなければならない。学校と学区は、教員に対して、専門性の発展、協力、知的触発のための機会を頻繁に提供すべきである。それは、教員に、関心を共有する仲間と一緒に仕事をする機会のみならず、自分の専門分野についてより多く学ぶ機会も与えることになる。

　校長は、マスター・ティーチャーの地位にある教員から選ばれなければならない。彼らは、校長に就任するまでに、学級で少なくとも7年から8年間の教員としての経験を持っていなければならない。校長としての最も重要な仕事は、教員を評価し支援することである。彼ら自身が熟達した教員でない限りは、そうすることはできない。

　教育長は、経験豊富な教育者でなければならない。彼らが率いていく人々から尊敬されるためには、彼らは、教員や校長としての強固な背景を持っていなければならない。学校制度を運営するために、教育者でない人を選ぶのはばかげている。というのも、彼らは自分が率いていく人々が知っているほどには、

教育について知らないからである。これは行き当たりばったりの指導体制の原因となる。教育長は、教えることと学ぶことについて、子どもについて、カリキュラムについて、保護者やコミュニティと関係を作り上げていくことについて、対立を取り除くことについて精通していなければならない。実務管理者と力を合わせて、教育長は、学校の中核的な使命を最優先する教育者としての視点から、予算や資産計画に関する決断を下さなければならない。

教員、校長、教育長は、保護者の協力を求め、子どもたちが学校でうまく過ごせるように自分たちがどのように支援できるのかについて説明しながら、保護者と密接に連携して仕事を進めていかなければならない。子どもたちの教育において保護者がいかに重要であるかを知っているので、教育者は、保護者と敬意を持って協力し合う関係を作り上げていかなければならない。

ほかの先進国は教職の重要性を認識している。例えばフィンランドは、教育の専門家でない人には、教えることや校長や教育長になることを許可しない。

多くの州が、生徒に対する基準を高めることを要求している一方で、教員、校長、教育長の基準を実際に下げてしまっていることは適切ではない。これは矛盾している。これはわけが分からない。生徒は、しっかりと養成された専門家としての教員を必要としている。教員は、信頼することができる経験豊富な校長を必要としている。そして学校制度は、着実で賢い舵を取ってくれる人を必要としている。

教育学部は入学の基準を引き上げるとともに、カリキュラムを豊かなものにしなければならない。こうした学部は、一般教養科目を教える大学との協力関係を深めるべきである。そうすることによって、未来の教員が、自分たちが受け持つ科目を教える教授法の技能のみならず、科目に関する知識も深めることができるようになる。

州は、教員免許の交付に関する基準を引き上げるべきである。彼らは、オンラインで取得された卒業証明書を認めるべきではない。未来の教員は、コンピュータの上でのポイント・アンド・クリックによるバーチャルな経験ではなくて、実際の教室で、実際の子どもたちを相手に、実践的に実地で腕を

みがいたことが必要とされている。

　州知事と州教育委員会は、州教育局と教育機関を運営するために経験豊富な教育者を選ぶべきである。

　一般の人々は、自分たちの子どもが入学する学校で教えたり、そこを率いていったりする人々が、十分な資格を持ち、十分に教育されていて、経験豊富であることを強く要求すべきである。

　教職はより専門的になるべきである。絶対に今以下であってはならない。専門的な環境においては、専門家は、仕事をするための自律性を持っていて、台本によって決められたプログラムや、専門家ではない者によって書かれた命令に従うことは期待されていない。優れた学校は自動車のように大量生産されるものではない。優れた学校は皆、コミュニティの特性や教職員の能力を反映して、独自の文化を持っている。学校を「教員の影響を受けない」ものにしようとする、過去の努力はすべて失敗した。学校は、同一商品を生産する工場のように運営されるべきではない。優れた学校は家庭に似ている。そこでは家族の一人ひとりは異なっているが、家族の中の一人ひとりが重要である。それは交響楽団にも似ている。つまり、熟練の指揮者により導かれ、それぞれの役割において熟練した演奏が要求される、協調的な努力になっている。

　教員は、報復措置を恐れることなく、自分の関心事を自由に表現できなければならない。校長は、学区の政策に関して、それが生徒と教職員の士気に対して有害であると思う時には、自由に問いただすべきである。教育長は、教育委員会に自由に問題を提起すべきである。教育問題に関する健全な議論が存在すべきである。すべての人に関係する事柄に関して率直に話すことを、誰も恐れてはならない。

　健全な職業においては、その実践に携わる人は皆、専門家である。彼らは皆、十分に準備ができている。彼らは、最善を尽くすこと、ならびに職業への期待や倫理感に忠実であることに責任を持っている。偉大な教育制度を持つためには、我々は尊敬される教職を構築すべきである。そして政治家は、教育者に対して、仕事の進め方について命令することを止めるべきである。

第30章
公立学校の民主的運営を守ろう

> **解決法 No.9** 公立学校は選挙で選ばれた委員から構成される教育委員会によって運営されなければならないし、大都市においては、所定の期間、少なくとも一人以上の選挙で選ばれた公職者によって任命された教育委員会によって運営されなければならない。

過去10年間、改革者は、自分たちが支持する改革が議論や遅滞なしに実施されることを願って、教育政策の管理運営権を中央集権化しようとしてきた。彼らは、「もうこれ以上待っていられない」と言う。彼らは、教育委員会が迅速な改革の障害になっていると主張する。彼らは、ナショナル・スタンダード、ナショナル・テスト、弱い教員組合、テスト得点と結びつけられた能力給を望んでいる。彼らは、地域の意見を考慮せずに、民間で運営されるチャーター・スクールを開校する自由を求めている。彼らは、コミュニティの学校を閉校することに反対する保護者やコミュニティの意見を聞かずに、公立学校を閉校する自由を求めている。彼らは、適正な手続きや聴聞会によって時間をかけることなしに、教員を解雇する自由を求めている。

「アメリカの進歩のためのセンター」の新しい改革の唱道者であるマット・ミラーは、全く冗談ではなくて、「まず、すべての教育委員会をつぶせ」と主張した[1]。彼は、市長による都市の学区の管理運営と同様に、教育政策の国有化を推奨した。彼は、教育委員会をなくしてしまえば新しい改革の考え

方を定着させることが可能になり、そうすることで、すぐにテスト得点も卒業率も高まると主張した。彼の見解は、権力の抑制と均衡が自分たちの望んでいる政策の実現を妨げているという、改革者の間で広く浸透している考えを反映していた。

合衆国は極めて分権化された学校制度を持っている。全米には約1万4千の学区があり、それらが独自に地域の教育委員会を持っている。また、50の州教育委員会が存在し、さらにコロンビア特別区とさまざまな属領の教育委員会が存在している。そして、連邦教育省も存在している。もしこれが極めて分権化の進展している状態と見えるとしたら、1940年には約11万7千の教育委員会が存在していたことを考えてみてほしい[2]。

この国の教育は、連邦主義の理念に基づいて運営されている。連邦主義とは、地域の教育委員会、州の関係官庁、連邦政府の間での権力の釣り合い、つまり権力の共有制度のことを指している。この権力の共有制度において、連邦政府は生徒の公民権を守るための基本原則を定めるが、法律によってカリキュラムや教授法のスタンダードを定める役割は持っていない。教育については合衆国憲法では何も触れられていない。それは長い間、州と地域の役割であった。州が公教育を維持し資金提供する主な責任を負っている。連邦政府は支援する役割を担っている。連邦政府は資金全体の約10％を供給し、州と地方が残りの90％を負担する。

アメリカの教育は、資金を提供したり教育を運営したりする責任がさまざまな管轄に分けられていて、さながらパッチワークのキルトのようである。

連邦政府の教育における役割は、1867年にアメリカにおける「教育の状態と進展」に関する情報を収集するために、連邦教育局が設立されたことにより、慎ましく開始された。アメリカの学校、生徒、資金、利用可能な制度に関する正確な情報を収集して公表することが、連邦政府の歴史的な役割であった。1914年と1917年に連邦議会は、学校における職業及び産業教育に対して資金を提供し奨励するための法案を成立させた。1930年代の大恐慌時代に連邦政府は、若者に職業と訓練を提供するための独立した機関として、全米青年管理局と民間植林治水隊を設立したが、こうした機関は第二次世界

大戦が始まると廃止された。

　連邦の教育への支援に関する法案を通過させようとする努力がしばしば払われたが、連邦議会は 1965 年までこれを法制化しなかった。というのも、どちらの政党もほかの政党が教育を統制することを是認しなかったからである。ほかの政党が偏った考え方を押し付けるために政治的権力を用いるかもしれないことを、お互いが恐れていた。連邦の資金援助を最も必要としていたのは、最も貧しい南部の州であったが、南部出身の連邦議会の議員は、人種隔離された南部の学校制度に対する連邦の干渉を避けたがっていた。この時代の地方による統制とは、人種によって生徒を隔離する自由と、その結果として二つの学校制度に対して不公平な資金提供を行う自由とを意味していた。

　1965 年に連邦議会は、リンドン・B・ジョンソン大統領の命を受けて、初等中等教育法（ESEA）を制定した。ESEA として知られているこの法律は、連邦助成金を学校に分配するための基本的な枠組みである。教育における連邦の役割の第一の目的は、当時、連邦議会も同意していたように、貧窮している子どもたちに対する公正さであった。ESEA は、学校に入学した貧しい子どもたちの割合に応じて、連邦資金を学校と学区に分配した。連邦の助成金の目的は、貧しい子どもたちがより少人数の学級、教科書、必要とする追加の教員や資源を得られるように、そうした学校に追加の資金を与えることであった。ESEA は、学校の人種隔離廃止ができなかった学区に対して、連邦資金を保留すると脅すことによって、連邦政府が 1964 年の公民権法を守らせるための積極的な役割を果たすことを可能にした。

　1964 年に連邦議会は、貧しい子どもたちのための就学前プログラムであるヘッド・スタートを創設した。これはジョンソン政権の貧困撲滅運動の一部であった。何年もの間、連邦議会は、障害のある生徒に対する支援といったような、貧窮した生徒のための多くのほかのプログラムを承認した。連邦議会はまず、全米学力調査（NAEP）に対して、全米ならびに地域の標本抽出された生徒にテストを実施する権限を与えたので、最初の調査が 1969 年に実施された。1992 年に NAEP は、調査されることを志願した州の得点の

報告を開始した。これには多くの州が参加したが、すべての州ではなかった。NAEPのテストに参加することは、NCLB法が成立する以前においてはすべての州に対する義務ではなかった。

1979年に、連邦議会は連邦教育省を設立した。教育省の設立にあたって中心的な役割を果たしたのは全米教育協会（NEA）であり、彼らは、もし教育が連邦政府の中で閣僚級の地位を得ることができれば、教育の重要性はさらに高まり、そしておそらくより巨額の資金を獲得できるだろうと考えた。この法案は、民主党のジミー・カーターが大統領在職中に成立した。彼の後継者であるロナルド・レーガンは、教育省を持つことを全く喜んでいなかった。

連邦の役割が大きくなってくると、連邦政府は学校をどのように運営するかに関して州や学区に命令すべきではないと、両政党は合意した。あわせて、教育省は資金援助は行うが、その資金が法律に則って支出されていることを保証する以外の指導的な役割は担うべきではないと、両政党は合意していることを断言した。教育省が設立される10年前に、連邦議会は、連邦の役人がカリキュラムや教授法の問題に干渉することを防ぐために、特別の禁止令を法制化した[3]。

伝統によって、また資金提供に関連して、州は、現在までずっと公教育を提供し、監督する主要な立場にある。すべての州は独自の法律と規則を有しているが、ほとんどの州は州憲法によって、子どもたちに無料の公教育を提供することを義務づけられている。宗派学校への公的資金の供与を禁止する憲法条項を有する州は少なくない。

州議会が公立学校の運営を統制しているが、実際の日々の監督は地域の教育委員会に委ねられている。全米において、地域の教育委員会の95%は一般大衆の投票によって選ばれる。都市の学区の中には、教育委員会を市長が任命したり、さまざまな選挙で選ばれた公職者が協力して任命したりするところもある。

これが、誰が学校を管理運営すべきかをめぐる今日の議論の背景のすべてである。ブッシュ大統領のNCLB法とオバマ大統領の「頂点への競争」の結果として、連邦の役割はこの僅か10年の間に劇的に変わった。その権限は、

1965年にESEAを成立させたり、1979年に連邦教育省を設立させたりした法律制定者の想像を、はるかに超えるほどに増大した。

NCLB法は、資金面での貢献度が比較的小さいにもかかわらず、連邦政府を支配的立場に置いた。この法律は、すべての公立学校に対して、3学年から8学年のすべての生徒に読解と数学のテストを実施することを求め、法律が「適切な年次進捗」と定義するものを成し遂げていない学校に対して、一定の制裁を課す。NCLB法は2大政党提携の強力な支持によって成立した。その後何年もの間、連邦議会の議員の誰も、なぜ連邦主義を放棄してしまったのかについて振り返って、不思議に思わなかった。NCLB法が成立して以降、連邦政府は、1965年や1979年には誰も想像していなかった、命令して指揮する役割を担った。歴史上初めて、学区と州は、連邦の目標を達成するために計画を変更するには、連邦教育省の許可を求めなければならなくなった。

「頂点への競争」が、連邦教育省を国家の教育に責任を持つ、国家の教育省に相当する立場に押し上げた。NCLB法によって確立された先例に基づいて、教育省は国家の教育課題に積極的に取り組み、州と学区に対して、もし彼らが景気刺激基金50億ドルの配分を受けたいと望むならば、明確な政策を法制化することを強く要求した。もし州が資金を得たいと望むのであれば、州は、ダンカン長官がすべてを書き上げた条件を受け入れなければならなかった。2009年には各州は深刻な財政難に陥っていて、もちろんのこと、彼らは資金を手に入れたがっていた。そこで、彼らは条件を受け入れて申請を行った。オバマ政権は、あたかも各州が自分たち自身の意志で参加したかのように取り繕い、「頂点への競争」が「自発的」なものであって、連邦政府が音頭を取ったものではないという作り話を主張している。多くの州が、連邦資金を勝ち取る望みを持って、チャーター・スクールの数を増やすこと、教員をテスト得点によって評価すること、コモン・コア・スタンダードを採用することに同意して、自分たちの法律を書き換えた。

2014年になるはるか以前から、すべての州がNCLB法の目標を達成できないであろうことは明白であった。すべての生徒が習熟していると主張でき

る州は一つも存在しなかった。連邦議会は、NCLB 法を改定することに繰り返し失敗したために、それを 1 年毎に延長していたのだが、ダンカンは一定の条件を受け入れることに合意した州に対し、責務遂行免除を提案した。彼は、2014 年に設定されていた最終期限を取消し、自ら提案した条件を代用した。この責務遂行免除を獲得するためには、州は、「頂点への競争」に含まれているのと同様の条件に従うことに同意しなければならなかった。彼らは、「大学と職業への準備のためのスタンダード」を採用することに同意しなければならなかった。これについて、ほとんどの州は、主にゲイツ財団から資金提供を受け、オバマ政権により推進されていた「コモン・コア・ステート・スタンダード」であると理解していた。彼らは、大学や職業へ進む準備ができているという目標達成に向けた進捗状況を測るために、生徒にテストを実施することに同意しなければならなかった。これらは、コモン・コア・スタンダードを評価するために、オバマ政権により資金提供されているテストであった。彼らは、自分たちのスタンダードとアセスメントを連邦教育省に提出して精査されることに、同意しなければならなかった。彼らは、教員と校長を評価する際に、その評価のかなりの部分に生徒のテスト得点を用いることに同意しなければならなかった。彼らは、学校を、「報奨」校、「注目」校、「優先」校として評価する制度を確立することに、同意しなければならなかった。最も成績の悪い「優先」校には、積極的に介入していくことが計画されていた。彼らは、自分たちのすべての学校に関して、測定可能な目標を確立する計画を進めていかなければならなかった[4]。

　NCLB 法と「頂点への競争」とが組み合わされたことが、アメリカの教育における連邦政府の役割を変えた。ブッシュ政権とオバマ政権とが、連邦議会の積極的な同意を得て、連邦政府を支配的な立場に置いた。もっとも、「頂点への競争」の場合には連邦議会は消極的な同意であったのだが。3 段階の政府の間での権力の均衡として理解されていた連邦主義は、骨抜きにされてしまった。連邦教育省は、自分たちにとって好ましい政策を押し付けながら、学校改革を推進していくこととなった。それは、州の教育局に指示を与えた。連邦教育長官は全米の教育長となり、すべての学区と学校に連邦資金を受け

取るためには何をしなければならないかを告げている。歴史において初めて、連邦政府がアメリカの公立学校の統制権を握った。

　2014年が近づいてくると、多くの州が、NCLB法による制裁を回避するために、責務遂行免除を受けるための申請を行った。この責務遂行免除を勝ち取った州は、「頂点への競争」において何百万ドルもの資金を勝ち取った州と同様の条件を受け入れなければならなかったが、責務遂行免除には新しい資金提供はつかず、ただ新しい命令が存在するだけであった。NCLB法の責務遂行免除につけられたさまざまな条件の中で、州は、テスト得点に基づいて学校を等級づけ、かなりの程度生徒のテスト得点で教員を評価するということに同意した。各州が、成績が最も良い「報奨」校と、成績が最も悪い「優先」校とを特定し始めた時に、彼らはあまり目立たない事実を発見した。裕福な学区にある学校は非常に良い成績をあげていた。「優先」校は圧倒的に貧しい地域に存在し、アフリカ系アメリカ人の生徒とヒスパニックの生徒の割合が極めて高かった。おそらく5千校以上の学校が、積極的な介入、教職員の解雇、さらには閉校までの対象になるであろう。そのほとんどの学校が貧困な地域に存在していて、有色人種の子どもたちを入学させていた。一体、どこで何千人もの新しい校長を探すことができるのであろうか。どこで何万人ものあるいは何十万人もの、「優秀な」教員を見つけることができるのであろうか。

　アメリカの歴史において初めて、州は、連邦の命令に従うために、生徒のテスト得点によって教員と校長を評価することになる。どれだけの人数が解雇されるのであろうか。彼らは正しく特定されるのであろうか。彼らは最悪の教員であるのだろうか、あるいは、欠陥のある方法による犠牲者であろうか、あるいは、ひどく困窮している生徒を教えなければならなかった、運の悪い教員ではないであろうか。ある学区から解雇された教育者が別の学区で雇用されるということが起きる、椅子取りゲームがあるのであろうか。それとも、次に解雇されるかもしれないのに、それを気にすることもなく、教職に就くために自分の順番を待っている、新しい教育者の大群がどこかに存在しているのであろうか。

今では、次のようなことが連邦の役割である。連邦政府が重要な政策課題を管理する。連邦資金を望む人に必要条件を提示する。その資金は学区の予算の10％に過ぎないかもしれないが、どこの学区であれ州であれ、何百万ドルもの連邦助成金に背を向けるだけの余裕はない。テスト得点をあらゆることの尺度にするという連邦政府のこだわりを明確に示すために、連邦教育省は、公立と私立の大学の教育学部に対して、学部の卒業生によって教えられた生徒のテスト得点に関して説明責任を課すとの通達を出した。これは全くのこじつけでしかなく、この要求が正しいことを示す研究に基づく証拠は存在しない。

　州の役割には何が起きたのであろうか。各州は、連邦の新たな命令や規則に慌てて従おうとしていて、今は受け身の状態である。州の教育局は、殺到してくる連邦の要求に学区が従っているかどうかを確認する、仲介者となってしまった。そこには、創造力を発揮したり、改革を行ったりする余裕はない。州の教育局は、今は法律の順守を強化し、自分たち自身の規則や命令を付け加えるために存在している。

　現在の仕組みのもとでは、地域の教育委員会はほとんど意味がない。最も重要な決定は、ワシントンD.C.にいる政治家や官僚によってますます下されている。合衆国の歴史の中で以前にはあまり良くは知られていなかったのだが、連邦教育省とその権限を委託された者が、何を教えるのか、どのように教えるのか、誰が教えるべきなのか、どう教員を評価するのか、いつ教員を解雇するのか、どのような組織が公的資金を受け取る資格があるのか、どのような教育機関が教員を養成することを認められるのか、あるいは認められないのかについて決めている。教育に対する権限は決定的に連邦政府へと移行した。もしこうした予測が極端に思えるのであれば、今日、連邦政府が生徒にテストを実施し教員を評価するための規定を作り上げようとしていることを、1980年代や1990年代においては想像することすらなかったことを考えてみればよい。

　我々は間違った方向へと向かっている。アメリカの教育は、連邦の官僚や議会の命令によって標準化されたり統制されたりしてはならない。我々は、

すべての学校、すべての学区、すべての州を規制する教育省を持たずに、国家としての偉大さを成し遂げた。アメリカは大きなそして多様な国家である。ネブラスカ州の田舎の学校が必要とするものは、ニューヨーク市サウス・ブロンクスの第10学区にある学校が必要とするものと同じではない。さらに言うならば、同じ州にあっても、またしばしば同じ学区にあったとしても、学校が必要とするものには大きなばらつきがある。同じ大きさが全部にぴったり合うわけではない。

「頂点への競争」の考え方がまさに、教育における連邦の歴史的な役割である公平さを与えるという使命を裏切っている。「人種」は勝者と敗者を意味している。公平さはすべての子どもたちの教育への責任を意味している。連邦政府が教育への資金提供に関与するようになった理由は、公平さを促進するためであって、勝者と敗者とを選別するためではなかった。競争は必然的に強者に有利となり、弱者には不利となる。連邦政府の役割は、強者を褒め称えることではなく、ほとんど何も持たずに、最も多くのものを必要としている生徒のために、競争の場を均一化することである。

連邦教育省は、平等な教育の機会を促進していくことを基本的な使命とする機関であるという看板を、取り戻さなければならない。アメリカの4分の1の子どもたちが貧困の中に暮らしている現在、連邦教育省は、貧困な子どもたちに対する公平さを推進し、一流の研究に資金提供し、研究と証拠によって支持された教育政策を前に進めなければならない。それは、必要性に応じて補助金を与えるべきであって、学区や州の間の競争に基づいて与えてはならない。それは、すべての子どもたちの公民権を守らなければならない。それは、早期幼児教育、学級規模の縮小、社会福祉、そしてすべての生徒のためのそのほかの研究に基づく政策を唱道すべきである。それは、全米のそして世界中の最善のプログラムに関する研究と情報を提供すべきである。それは、一般大衆と教職者に対して、評価の適切な使用と不適切な使用について伝えなければならない。それは、抽出された生徒の標本数に基づいて、学校で教えられている科目に関する定期的な全米的な評価を継続しなければならない。それは、特別な要望のある子どもたちの保護者や教員を支援するために、研究に基づく情報を提供し

なければならない。教育長官は、その素晴らしい説教壇を、優れた教育の姿を一般大衆の前に開示するために使用しなければならない。

　それは、合衆国のすべての学校を再び統制しようと決して企ててはならない。連邦議会の中の誰も、また連邦教育省の中の誰も、全米のすべての学校とコミュニティに対して、自分たちの考え方や計画を押し付けるだけの知識、経験、知恵を持ってはいない。我々が、合衆国の軍隊に、すべての都市、町、村落の通りの治安を維持することを期待しないのと全く同じように、我々は、教育省に、すべての公立学校のすべての子どもたちの教育を監督することを期待すべきではない。

　それでは、州の教育局の役割は何であろうか。彼らは、州の学校と学区に仕える機関であるという役割を、再度担うべきである。彼らは、技術的支援、資源、専門的能力の開発、学区が必要とするであろう、そのほかの支援を提供するべきである。彼らは、州内の学区における歴史、科学、そのほかの科目の教育に継続性を持たせるために、教員や学者と共同でカリキュラムの構造を開発する作業をしなければならない。科学、芸術、公民科、歴史を教えるのか教えないのか、また教えるのならいつ教えるのかを、それぞれの学区に任せっぱなしにしてはならない。州のカリキュラムは、宗教や地域の見解ではなくて、現代の学識を反映すべきである。

　各州は、学校を訪問し専門家としての助言を与える、検査官のチームを保有すべきである。そしてそのチームには、生徒が必要とする支援活動や資源を何でも学校に送ることができる、権限が与えられるべきである。州の教育局で働く人は、学区と州の子どもたちの教育に関する共有する目標を達成するために協力し合う仲間や同僚として、学校や学区の役人と同格の者として自分自身を見なさなければならない。州の教育長は、自分自身のことを、すべての人が従わなければならない命令を学校に出す人間としてではなく、州の教育委員会に雇用されている人間と見なすべきである。多くの州において、州政府よりも学校や学区の中により多くの経験が蓄積されている。州の教育長は、コミュニティの学校に最も近い所にいる人々の知恵を尊重すべきであり、地域の教育委員会や学区の指導者が不正を働いたり、無責任であったり、

無能である場合にのみ介入すべきである。

　今度は、地域の教育委員会の問題である。企業型教育改革者は教育委員会を好まない。彼らは、それを廃止するかあるいは骨抜きにしてしまわなければならない、と考えている。都市の学区においては、改革者は、市長の決定に対して質問をしたり覆したりする権限を持っている、教育委員会によって妨げられることのないような、完全な統制権を市長が持つことを望んでいる。最近では、市長による統制は1992年にボストン、1995年にシカゴ、1998年にクリーブランド、2002年にニューヨーク市、2007年にコロンビア特別区で始まった。デトロイトは1999年に市長の統制権を確立しようと試みたのだが、有権者はそれを2004年に放棄した。おそらくこれは全く運の良いことであったかもしれない。というのも、2004年以降、一人の市長が刑務所に収監されたからである。

　市長による統制の結末は、いくら良く見ても雑多であった。改革者の視点からすると、市長による統制権の掌握は成功である。というのも、それは、市長が地域の意見にかかわらず学校を閉校し、民間の運営によるチャーター・スクールを開校することを、可能にするからである。改革者は、学校と、民営化の妨げになりかねない民主的な管理運営とのつながりを、切断することが不可欠であると考えている。だが、市長による統制の否定的な側面は、それが公教育における一般大衆の役割を排除してしまうことである。それは、公教育における民主的な本質を排除してしまう。保護者と地域住民の意見が、子どもたちとコミュニティに影響を与えるいかなる決定からも除外されてしまうので、それは彼らの間に離脱感と怒りを生み出す。住民が学校の閉校に関する聴聞会に出席して、そこで彼らの発言が無視されるような場合には、それは信頼と市民参加の考えを損なう。学校改革に対するコミュニティの怒りが、ワシントンD.C.の市長であったアドリアン・フェンティが2010年に再選を目指して敗北した、最大の理由であった。マイケル・ブルームバーグ市長の学校改革政策は、学校を閉校し、100校以上のチャーター・スクールを開校し、学校と教員の評価に標準テストを容赦なく強調することを目玉にしていた。市長としての3期目が終わる頃には、ニューヨーク市の

有権者のうちの22％だけしか、彼の独裁的な統制のやり方が継続することを望んでいなかった。シカゴの市長による統制の制度と果てしのない改革の連続は、シカゴ教員組合の怒りに火をつけ、彼らは、過去25年の間で初めて、2012年にストライキに入った。シカゴのほとんどの選挙区の有権者が、学校に対する市長の統制を支持するかどうかと聞かれると、圧倒的な87％が支持しないと答えた[5]。

　合衆国の学区の95％が、選挙によって選ばれた教育委員会を有しているのには理由がある。学校は、コミュニティ、村、町、小さな都市の生活の枠組みの中心をなす部分である。大都市においては、教育委員会は、選挙によって選ばれるのか任命されるのかにかかわらず、受け持つコミュニティの利益を代表するものと考えられている。保護者と地域のコミュニティの住民は、意思決定の民主的過程において発言権を持っていなければならない。彼らは意見を求められなければならない。大都市学区の教育委員会の目的は、一般大衆の参加を認めることであって、一般大衆を締め出すことではない。ほとんどの人は独裁的な考えを好まない。ほとんどのアメリカ人は、自分たちの子どもや自分たちの税金に関することについては、決定を下す人を選ぶことができなければならないと考えるか、あるいは、少なくとも丁寧に意見は求められなければならないと考える。

　教育委員会が急激な変化に対する障害になると、改革者が言うのは正しい。教育委員会はゆっくり行動する。彼らは議論する。彼らはさまざまな考え方に対して耳を傾ける。彼らは間違える。彼らは大胆ではないし、変幻自在でもない。彼らは徐々に変化することを好む。要約すれば、彼らは民主的な公開討論の場である。彼らは、一人の人間や一つの機関に集中した権力に対する抑制と均衡である。同様の不満は、州議会に対しても連邦議会に対してもまさに突きつけられるであろう。彼らは議論し、ゆっくり行動し、二院制の一つの議院がもう一方の議院の衝動を牽制し、選挙人の意見を聞く。これが民主主義である。

　独裁的な政府は、断固として行動することができる。彼らは、権力中枢の実力者以外の人の意見を聞かない。彼らは、熟慮せずに、反対意見を考慮せ

ずに、変革を起こすことができる。だが、彼らもまた間違いを犯す。彼らは反対意見に耳を傾けないので、民主的な体制に比べて、より大きな間違いを犯すかもしれない。絶対的な権力には傲慢さが存在する。その考え方を点検する仕組みが存在しないので、前に突っ込んでいき、しかも時には惨憺たる計画の中に突っ込んでいく。

地域による公立学校の管理運営は、尊いアメリカの伝統である。アメリカの公立学校が地域の教育委員会を選ぶべきであった。彼らの権限は絶対的なものではない。彼らは、公民権とカリキュラムのスタンダードに関する、連邦と州の法律の文脈の中で仕事をしている。地域の教育委員会は、一般大衆の意見の公開討論の場でなければならない。その理由は明白である。教育委員会が教育長を指名し、教育長は教育委員会のために仕事をする。彼女は重要な政策を決定する時には、皆の前に立って、その決定について説明しなければならない。彼女は予算を決定する時には、皆の前に立って、それについて説明しなければならない。一般大衆の何人かの人々が意見を述べ始める。もしその政策決定や予算が一般大衆の圧倒的な反対に直面した場合には、教育長はその決定を再考しなければならない。彼女は、徹底的な公開討論なしには、自分がやりたいことや市長がやりたいことを、何もできない。もし教育委員会が一般大衆の意見を侮るならば、委員会の委員はその職から追放されることになるであろう。

任命制の教育委員会を持つ大都市においては、市長だけではなくてさまざまな公職者が、教育委員会の委員を選ぶべきである。任命制の委員会は、任命権者の随意になるのではなく、委員がある程度の独立性を持つために、一定の定められた期間、任務を果たすべきである。任命制の教育委員会を持つ大都市においては、保護者が学校運営に関与することができ、学校職員と一緒に予算を精査することでき、自分たちの子どもの教育に対して言いたいことを言うことができる、学校理事会が存在すべきである。

もし我々が民主主義の価値を認め、公立学校は民主主義の原則とともに歩んでいかなければならないと思うならば、我々は、たとえそれが市長であれ、州教育局であれ、連邦政府であれ、いかなる部署からの独裁主義も退けなければならない。誰も、教育政策に対して無制限の統制を行ってはならないし、

一般大衆の意見を無視する権限を持ってはならない。子どもたちは保護者に帰属し、学校は一般大衆に帰属し、市長や州知事や大統領に帰属するのではない。公職者は一般大衆のために働くために選ばれ、決して一般大衆を統制するために選ばれるのではない。

改革の理念は、民主主義を保留する必要があるほど説得力があるわけでもなく、切迫しているわけでもない。上意下達方式の改革の支持者は、状況はとても急を要していて、「我々は待てない」と言う。彼らの考えは、民主主義を犠牲にする必要があるほど素晴らしいものではない。戦時中であれば、我々は、どのように統治されるべきかに関して意見を言う権利を進んで保留するが、その時でさえ、我々は危険を覚悟の上で我々の自由を失う。テスト得点と卒業率が上がったり下がったりすることは、人々の民主的な参加を排除するための十分な理由ではない。選挙で選ばれた公職者は、学校の運営方法について教育の専門家の判断を尊重するべきであり、生徒の要望が満たされているかどうか、予算は足りていてきちんと手当てされているかどうかを確実なものとするために、教育の専門家とともに協力して仕事を進めていくべきである。だが、教育者もまた、結局、一般大衆のために働くのである。

学校はコミュニティ全体の支援を必要としている。そこには、保護者、教育者、コミュニティの指導者、市民の指導者、経済界の指導者、市長などが含まれている。公立学校の管理運営に関する20年間の実験において、以下のようないくつかの基本的な事実が実証された。全米レベルで行われなければならない決定がある。州レベルで行われなければならない決定もある。地域レベルで行われなければならない決定もある。すべての学校は、そこに入学してくる子どもたちの要望に対応できなければならないし、うまく対応するための資源を持たなければならない。

公立学校は、資金提供してくれる一般大衆の支援を必要としているので、可能な限り広範囲のコミュニティの支援を受けるべきである。コミュニティの支援とは民主的な管理運営を意味している。学区は、改善を目指して厭わずに一生懸命に働く人々によって、また、子どもたちとコミュニティの成功に最大の関心を寄せる人々によって、管理運営されるべきである。

第31章
有毒な混合物

> **解決法 No.10** 人種隔離と貧困を減らすための、実行可能な戦略と具体的目標を考案しよう。

　教育の成果に関する研究から導き出すことのできる一つの確かな結論がある。それは、貧困が生徒の学習に悪影響を与えるということである。すべてのテストにおいて、読解にしても数学にしても、その結果は家庭の所得によって階層化されている。最も裕福な家庭の生徒は最も高い点数をとる傾向にあり、最も貧しい家庭の生徒は最も低い点数をとる傾向にある。すべての標準テストがこの結果を生み出す。SAT、ACT、州のテスト、全米学力調査（NAEP）、そして国際学力テストも同様である。

　これは、貧しい家庭の子どもたちが学ぶことができないということを意味しているのではない。裕福な家庭の子どもたちよりもはるかに遅れた状態で学校に入学しても、不利な条件を克服して、学問的な成功を成し遂げる貧しい子どもたちもいる。だが、ここで間違えてはならない。成功する確率は彼らにとって不利である。貧困の中で暮らす子どもたちは、健康管理を受ける回数はより少なく、そのため診断されていない病気にかかっている可能性がより高く、その病気のために学校を欠席する可能性もより高くなり、十分な教育を受けた保護者がいる可能性はより少なく、家庭に本がある可能性もより低く、危険な地域に住んでいる可能性はより高く、空腹で家のない可能性

はより高く、家族が家賃を払う能力がないために転校する可能性はより高く、中間所得層や高所得層の家庭で育つ同級生に比べて経済的に安定している可能性はより低くなる。

　合衆国の子どもたちのほぼ4分の1は、今、貧困の中で成長している。連邦国政調査局の計算によると、今日、貧困の中で暮らしている子どもたちの割合は、1964年のそれとほぼ同じである。白人の子どもたちの現在の貧困率は12.5%である。アジア系の子どもたちの場合、貧困率は13%である。ヒスパニックの子どもたちの場合、それは34%である。黒人の子どもたちの場合、それは37%である。これは国家的な醜聞とみなされるべきである。

　認知科学の研究者は、貧困が子どもたちの生活に損害を与えると認識している。「発達段階にある子どもに関する全米科学諮問委員会」が出した報告書は、子どもたちの脳の発達は過度のストレスによって影響を被ると結論づけた。ある程度のストレスとそれへの挑戦は、「生き延びるために不可欠」である。だが、報告書は、「厳しい制御不可能な長期にわたる逆境は------脳の構造に有害な強い衝撃を与えることがあり得る」と述べていた。虐待されたり無視されたりしてきた子どもたち、麻薬やアルコールに晒されてきた子どもたち、保護者が経済的困難に直面している子どもたち、母親が意気消沈している子どもたちは、「有毒なストレス」に晒されているかもしれない。報告書は、有毒なストレスを軽減するために、次のような具体的な方法を提案している。新生児や乳幼児の世話ができるように、保護者に家族休暇を取得させる。自分たちの幼い子どもたちの世話をしたいと考えている低所得層の保護者に対して、当座の仕事を探すよりもむしろ、子どもたちの世話をするための手段を確実に入手できるように保証する。子どもたちと世話をする人との間に安定した関係を築いていくために、さまざまなプログラムにおける職員の回転率を低くする。子どもの問題行動や発達の遅れへの対処に悩んでいる保護者に、専門家の支援を提供する。幼い子どもたちとその母親が有毒なストレスの影響に対処していくことを支援する、資格を持った臨床家を提供する。公的援助を受ける条件として、幼い子どもたちの母親が職場に戻って働くことを強いる公共政策を変更する。こうしてすべての若い母親が子育

ての技術を学ぶことを支援し、彼女たちがより長い時間を子どもと一緒に過ごせることを可能にし、子どもを立派に育て上げることを手助けすることは、人道的であると同時に社会にとって費用効率の高いものでもある[1]。

　貧困が低い学業成績をもたらす最も重要な要因である。高い期待を持つことは、それはそれで重要なことではあるが、生きていく上での最小限必要な物を賄えるだけの十分なお金を持っていないことから生じる、不幸を乗り越えていくには、それですら十分ではありえない。

　貧困だけが学業成績に影響を与える唯一の要因ではない。人種隔離もまた低い学業成績の原因の一つである。連邦最高裁判所が1954年のブラウン対教育委員会判決で述べたように、「ただ単に人種が違うという理由だけで、エレメンタリースクールやハイスクールの子どもたちを同じような年齢と能力のほかの子どもたちから分離することは、コミュニティにおける自分たちの地位について劣等感を生み出し、彼らの心にこれまでに見たこともないような方法で影響を与えるであろう」。ブラウン判決が下された時には、17の州と多くの学区が人種による生徒の隔離を求める法律を持っていた。1954年に最高裁判所の判決がそうした法律を覆したが、法律上の隔離の終了後も、実を言うと、隔離は長い間生き残ってきた。今日、人種隔離は、何百万人もの黒人の子どもたちにとって広く行き渡っている生活の現実として残っていて、それは主に居住地域の隔離の結果として残っている。唯一の違いは、今日では人種隔離が、同じように貧しいヒスパニックの子どもたちが通う学校でよく見られることである。黒人やヒスパニックの子どもたちが、白人やアジア系の子どもたちよりも高い割合で、貧困と隔離に苦しんでいる。

　ロサンゼルスにあるカリフォルニア大学の公民権プロジェクトによると、学校における人種隔離が増加していて、その原因の一つがチャーター・スクールの拡大にあると言及している。悲しいことに、人種隔離廃止は、もはや連邦政府にとっての優先事項ではない。競争率の高い補助金の配分を行う際に、人種隔離廃止を必要条件としてあるいは目標としてでさえ、言及している連邦政府のプログラムはほとんどない。人種隔離が近年、ラティーノの生徒に対して強まってきていると、プロジェクトが報告している。「彼らは、過去

何世代にもわたって通ってきた学校よりも、さらに著しく人種隔離され貧困化した学校に通っている。人種隔離の増加はアメリカ西部において最も劇的であった。この地域の典型的なラティーノの生徒は、白人が同級生の4分の1以下の学校に通っている。ほぼ3分の2がラティーノである。そして3分の2が貧しい」。ラティーノあるいはヒスパニックの出自の生徒に対して最も人種隔離が行われている学校は、カリフォルニア州、ニューヨーク州、テキサス州にある[2]。

このプロジェクトによれば、ラティーノの生徒の80%と黒人の生徒の74%が、生徒の過半数が非白人の学校に通っている。ラティーノの生徒の43%と黒人の生徒の38%が、著しく人種隔離された学校に通っていて、そこには生徒全体の10%以下しか白人がいない。黒人とラティーノの生徒の15%は、このプロジェクトが「分離学校」と呼ぶ学校に通っていて、そこには白人生徒は全生徒数の1%かそれ以下しかいない。

人種隔離は全米の都市に最も集中している。ニューヨーク市にある1,600校以上の学校の半分が、生徒の90%以上が黒人とヒスパニックである。シカゴの黒人生徒の半分、ニューヨーク市の黒人生徒の3分の1が分離学校に通っている[3]。

黒人の生徒の多くは、人種と貧困とによって二重に隔離されている。報告書によると、「典型的な黒人の生徒は今日、3人の同級生のうちほぼ2人に当たる64%が低所得層である学校に通っている。典型的な白人の生徒の場合は、37%が低所得層である学校に通っていて、典型的なアジア系の生徒の場合は、39%が低所得層である学校に通っているので、黒人の生徒の通う学校の貧困者の割合は、白人やアジア系アメリカ人の生徒の通う学校のほぼ2倍となっている」。黒人の生徒に対して人種隔離が最も行われている学校は、ニューヨーク州、イリノイ州、ミシガン州に存在し、人種隔離が最も行われていない学校は、ワシントン州、ネブラスカ州、カンザス州に存在する。このプロジェクトは、黒人生徒の再人種隔離が南部で増えてきていると報告している。1970年代と1980年代には偉大な進歩を遂げたのだが、1990年代に学区が人種隔離廃止の誓約を取り下げることを最高裁判所が許可すると、南

部は逆戻りを始めた。

　人種隔離廃止のための最も偉大な進展がみられ、最も大きな学力格差の縮小が起こったのは、連邦政府と連邦裁判所が協力して学校での人種統合に取り組んだ時であった。しかしながら、少なくとも過去 10 年間、連邦政府と裁判所は、国の優先事項としての人種隔離廃止に対する興味を失ってしまっていた。選挙で選ばれた公職者による熱心な指導体制がない中で、人種隔離廃止は国家の重要な政策課題からも、価値のある目標であるとの一般大衆の意識からも消滅してしまった。今日、報道機関は軽率にも、全校生徒が黒人の学校や全校生徒がマイノリティの学校について、人種隔離された学校が存在すべきかどうかを問題にもせずに、見たところ奇跡的にそして完全に隔離されて成功していることを賞賛している。

　チャーター・スクールの急増が、この問題の原因となっている。ミネソタ州は、チャーター・スクールの最も長い歴史を持つ州である。ミネソタ大学法科大学院の「人種と貧困に関する研究所（IRP）」が、2008 年と 2012 年に州のチャーター・スクールに関する批判的な報告書を出版し、その成果と広く浸透している人種隔離の両方を問題視した。報告書は、ツインシティーズと呼ばれるミネアポリスとセント・ポールのチャーター・スクールが、比較可能な公立学校よりも一貫して成績が悪いと結論づけた。チャーター・スクールは、マイノリティの保護者に大胆な約束をしているが、そうした約束は破られている。2008 年の報告書によると、「低所得層の保護者と有色人種の保護者に提案されているのは、ほとんどが劣悪な選択肢である。つまり、成績の悪い伝統的な公立学校と、それよりもさらに成績の悪いチャーター・スクールとの間の選択である」。チャーター・スクールは、人種と経済状態による著しい隔離が特徴である。「データは、チャーター・スクールが ------ すでに相当程度に人種隔離されている伝統的な公立学校よりも、さらに人種隔離されていることを示している。圧倒的に白人が多い都市や郊外においては、チャーター・スクールは、地元の生徒を受け入れているだけの学校よりも、人種的により多様な生徒を抱えている伝統的な公立学校から、脱出してくる白人の生徒の受け皿になっている」。2012 年の最新版では、IRP は、チャー

ター・スクールへの入学者数は急増していて、こうした有害な傾向が継続していることを見出した。チャーター・スクールの生徒は著しく人種隔離されていて、チャーター・スクールの生徒の学業成績は、伝統的な公立学校の生徒よりも遅れていた[4]。

　ブルームバーグ・ニュースのジョン・ヘッチンガーは、ツインシティーズのチャーター・スクールを訪問した。そこには、セント・ポールにある生徒全員が黒人の、東アフリカの子どもたちのための学校も含まれていて、生徒はアラビア語とソマリ語を学んでいる。ドイツ語イマージョン・スクールの生徒は90％が白人で、子どもたちは、ドイツ、オーストリア、スイスからの教育実習生とともに学習したり、ワルツを習ったりしていた。そのほかには、ほとんどすべての生徒がアジア系かヒスパニックかアメリカ先住民である学校を訪問した。全米の傾向を引き合いに出して、彼は次のようなことを述べた。「連邦最高裁判所が、黒人と白人にとって『分離すれども平等』な学校であるとの見解を無効としてから、60年が経過したが、人種隔離は拡大しつつある。それは、180万人の子どもたちを教育しているチャーター・スクール、つまり民間によって運営されている公立学校のせいである」[5]。

　カリフォルニア大学ロサンゼルス校（UCLA）の公民権プロジェクトは、次のように指摘した。「オバマ政権はブッシュ政権と同様に、都市部と郊外の住宅市場や学校に人種的な変化が起きている時に、学校における人種統合を増加させたり、人種的に多様な学校を安定させたりするための重要な行動を何もとらなかった。公民権の実施のための僅かながらも積極的な行動は、黒人の生徒に最も激しく人種隔離を行っている学校分野であるチャーター・スクールを拡大せよという、オバマ政権による州への強い圧力によって徐々に弱体化されてしまった」。

　人種、民族、所得に関連する学力格差を減らすことの必要性を求める大きな訴えにもかかわらず、企業型教育改革の推進者の間でほとんど議論されていないのは、人種隔離廃止の問題である。これは奇妙なことである。というのも、公民権プロジェクトが指摘しているように、「貧しい子どもたちが集中している学校や人種隔離されたマイノリティの学校が、教育の機会と成果

を制限する一連の要因と深くかかわりがある。それらは、より経験が少なくより質の劣る教員、高い教員の回転率、より成績の劣った同級生、不適切な設備と学習教材である。人種隔離の廃止された学校が、偏見の減少、市民的務めの強化、より複雑な思考、一般的により優れた学習成果などの重要な利点を、すべての子どもたちにもたらすことを示唆する証拠も、次第に増えつつある」[6]。

連邦の役人と裁判官が積極的な指導力を発揮しない限り、一般大衆は、社会経済的な隔離と同様に人種と民族による隔離に関しても無関心である。公職者が何も達成することができないと考えれば考えるほど、何も達成されず、こうした問題はより悪化していく。NCLB法と「頂点への競争」という過去の世代の主要な連邦の政策のどちらも、人種隔離について触れることすらなく、ましてや執拗な人種と民族による分離を減らそうともしてこなかった。どちらのプログラムもこの問題に関しては沈黙している。こうしたプログラムが何十億ドルもの連邦助成金を管理していた一方で、彼らは、学校やコミュニティにおける人種隔離廃止を促進するために資金を活用しなかったし、チャーター・スクール部門の拡大を要求したことによって、彼らはこの問題をさらに悪化させたと言える。黒人とヒスパニックの生徒の莫大な人数が人種隔離されたままなので、彼らの学業成績は悪いままである。そこで、連邦法は彼らの学校に対して「失敗している」との汚名を着せ、校長と教員を解雇し、学校を閉校することを勧告する。成績の悪い有色人種の生徒を教える教員に懲罰を課すことによって、こうした連邦のプログラムは、生徒の人生の不安定さをより増してしまう原因となり、こうした生徒とともに働くことを望む教育者の士気をくじくことになるのである。

人種統合の価値に関する証拠は、時間の流れとともにより大きくなってきている。社会科学の研究は、同級生の影響が重要であることを示している。生徒が意欲の高いほかの生徒と一緒に学校に通う場合、その生徒の成績も同様に引き上げられる。裕福な学業成績が良い生徒が通う学校は、より豊かなカリキュラムとより少人数の学級を持つ傾向にあるのみならず、より優れた学校の雰囲気と積極的な同級生による利点も持ち合わせている。貧しい生徒

が通っている学校は、もし得点が改善しなければ、教職員は解雇され、学校は閉校してしまうのではないかとの危惧から、標準テストとテストの準備により多くの時間を割くために、芸術やそのほかの科目の時間を犠牲にする可能性が最も高い。人種隔離されている学校は厳しい懲戒の指針を持っていて、停学処分率と退学処分率がより高く、金属探知機もより多く、教員と生徒の回転率も高くなる可能性がはるかにある。

　公民権プロジェクトの報告書が指摘するように、いわゆる中退者工場と呼ばれている全米の2千校の学校のほぼすべては、「人種と貧困によって二重に人種隔離されている」[7]。

　公民権プロジェクトは、批判的思考の技能を育成し、異なる背景を持っている人々とともに働いたり意思を疎通したりすることを学ぶといった、人種隔離廃止が学業成績に及ぼす積極的な価値を示している研究の豊かな内容を要約している。人種隔離が廃止された学校に通った黒人の生徒は、テスト得点がより高くなり、ハイスクールや大学を卒業する可能性もより高くなる。それは、彼らの通う学校の教育の質にもよるものであるが、それはまた、学業にまじめに取り組み大学へ進学しようとしている、友人や仲間を持っているという肯定的な影響にもよる。

　カリフォルニア大学バークレー校の経済学者ラッカー・ジョンソンは、人種隔離が廃止された学校に通学した黒人生徒が、そのおかげで一生の間にどれほど得をするのかを確認していた。彼は、1950年から1970年の間に生まれた子どもたちの成果を生涯にわたって、2007年に至るまで調査した。ジョンソンは次のようなことを見出した。「学校の人種隔離廃止とそれに伴う学校の質の向上は、黒人の生徒の大人になってからの達成度を大きく改善することになり、------ 学校の人種隔離廃止は教育の達成度と大人になってからの収入を大幅に上昇させ、服役の可能性を減らし、大人の健康状態を改善した。白人の生徒には、人種隔離廃止はこうしたすべての項目に関して何の影響も与えなかった。学校の人種隔離廃止が黒人の生徒の大人になってからの達成度に有益となる仕組みには、------ 学級規模の縮小と生徒一人当たりの支出の増加が含まれていることを、この結果は示唆した」[8]。長期間にわた

る研究に基づいて、ジョンソンは、学校の人種隔離廃止による肯定的な影響は世代を超えて持続していくと結論づけた。「私は、学校における人種隔離廃止によるかなりの影響が、次の世代の学業成績にまで持続することを見出している。その影響は、数学と読解のテスト得点が上昇すること、留年の可能性が低くなること、ハイスクールの卒業率と大学への入学率が高くなること、大学の質と選択の幅が改善されること、選択された大学における学生全体の人種的多様性が増すことなどを含んでいた」[9]。

デービッド・L・カープは、ジョンソンの研究を参照しながら、我々の社会は「それを使えばうまくいくと示されていた道具から目を背けてしまった。それは、学校における人種隔離廃止である」、と嘆いている。この方法は、「失敗した社会実験の博物館の中の文化遺産として、ぞんざいに扱われていた」と、彼は主張した。彼は、現在の一群の学校改革者が、人種統合について、「せいぜい見当違いのもの」として、劣った教員に対する過度な攻撃から目をそらさせようとする思いつきであると、見なしていることを残念がっていた。彼は、人種統合の絶頂期であった1970年から1990年の間に、黒人と白人の学力格差がどれほど縮小したのか、そしてそれによって黒人の子どもがどれほど利益を得たのかを示すために、最新の研究を引用した。「人種統合された教育を受けた経験は、黒人の子どもの人生に大きな違いをもたらし、彼らの子どもの人生にも大きな違いをもたらした」。

カープは、人種統合された学校に通っていたアフリカ系アメリカ人の生徒が、人種隔離された学校に残されていた生徒と比べて、どれほど学業成績がうまくいっていたのか、また、ハイスクールと大学の卒業率がどれほど高くなっていたのかを示している、最近の研究を引き合いに出した。彼の同僚のラッカー・ジョンソンの分析が、以下のことを明らかにした。「人種隔離が廃止された学校に5年間、通った黒人の若者は、そうした機会が与えられなかった若者に比べて、25％多い収入を稼いでいた。現在、彼らは30代と40代になっているが、より健康で、7歳ほど若い者と同程度である」[10]。

1990年代に連邦裁判所が人種隔離廃止を強制することから撤退し、学区に対して人種隔離廃止の努力を断念しても良いと認めてからは、黒人と白人

の間の学力格差はそのままになってしまい、見方によっては広がってしまったと、カープは指摘した。彼は次のような結論を下した。「NCLB 法を用いて学力格差を縮小することに失敗したことが、我々に考えさせる教訓を提供している。つまり、成績不振の公立学校を閉校し、生徒に高い期待を抱かせ、教員に厳しく対応し、多数のチャーター・スクールを開校することが、答えではないという教訓である。もし我々が、本気で教育の機会を改善しようと思っているのであれば、我々は、学校の人種統合という放棄された政策に立ち戻る必要がある」[11]。

リチャード・ロスティンは、人種、階級、学校教育に関する我が国の指導的な権威者の一人であり、学校だけでは学力格差を大きく縮小することはできないと指摘する。いわゆる「失敗している」学校の多くは、貧困の中で暮らしている黒人の子どもたちを教育するという、途方もない挑戦をしていることを鑑みると、できる限りのことを良くやっていると、彼は主張する。彼は以下のように確信している。彼らの人生の軌道を変えることができるのは、「低所得層のマイノリティの子どもたちの都市の学校への過度な集中を拡散させて、こうした子どもたちに、自分たちの近隣の困窮している地域の外にある、大多数が中産階級の学校に通う機会を与えることである」。彼が望んでいるのは強制バス通学ではなく、居住地の人種統合である。最近の研究において、彼は、1970 年代における居住地の人種統合を推進していく取り組みの歴史を再検討した。たまたま、この考え方の最も率直な提唱者はジョージ・ロムニーであった。彼は、最初はミシガン州知事として、それからリチャード・M・ニクソン大統領のもとの連邦住宅都市開発省（HUD）長官として、この考え方を提唱した。ジョージ・ロムニーは、都市の学区において黒人が経験していた激しい人種隔離が、選択だとか偶然だとかではないことを認識していた。それは、黒人をわざと都市部に孤立させたり郊外から締め出したりしていた、公営住宅、土地利用規制条例、都市再開発プログラム、高速道路建設プロジェクトなどにおいて、人種的制限を許したりあるいは無視したりしていた、連邦、州、地方の政策における何十年にも及んだ差別的待遇の結果であった。彼は、連邦政府だけが、居住地における人種隔離をやめさせ、

コミュニティに人種隔離廃止を可能にするあるいは強制できると確信するようになった。ロムニーと彼の部下は、オープン・コミュニティズと呼ばれるプログラムを作り上げた。それは、コミュニティが、助成金による低所得層のための住宅供給を引き受けることに同意しない限りは、HUD の資金提供を行わないというものであった。残念ながら、ニクソンはロムニーの大胆な考え方を支持しなかったので、それはすぐに忘れ去られてしまった[12]。

学校における人種統合が政治的に受け入れがたいものであったのと同様に、住宅供給において人種統合を進めるという試みも受け入れられなかった。政治的に妥協できない問題に直面して、我々の指導者はどちらの目標も放棄してしまった。その代わりに、彼らは、コモン・コア、テストの多用、民営化、競争といった考え方を推進する。彼らは、NCLB 法と「頂点への競争」によって、バンド・エイドをはるだけの解決策を提供している。

だが、何世紀にもわたった奴隷制度、人種隔離、人種差別によって生じた傷は、テスト、スタンダード、アカウンタビリティ、メリット・ペイ、学校選択によって癒されることはない。公立学校やチャーター・スクールにおいてテスト得点が上昇したとしても、社会における構造的な不平等と学校における組織的な不公正はそのまま残っている。報道機関によって賞賛されたすべての「奇跡」の学校と引き換えに、多くの「ゴミ箱学校」が存在する。そこには成績の悪い生徒が無造作に隠されてしまっている。これは学校改革ではないし、社会改革でもない。それは社会の怠慢である。それは、公共政策のみが克服することのできる根深い問題に取り組む、公共の責任の意図的な放棄である。

我々の歴史における悲劇的な遺産は、ハーレムやワッツやミシシッピ三角地帯で一定期間、働くことを志願する経験不足の大学卒業生や、バウチャーやチャーターに流用された何十億ドルもの公共資金によっては、克服されない。我々は、今から 20 年あるいは 30 年後に振り返り、なぜ我々が公教育を放棄し、なぜ学校の民営化が貧困を終わらせることができると考えたのか、不思議に思うであろう。

我々には何ができるのであろうか。

我々は、人種隔離と貧困を減らすという国家的な目標を定めなければならない。それは同時に、経済的、人種的な集団の間の学力格差の根本的原因である。子どもは誰一人として、健康管理を受けずに成長し、空腹のまま眠りにつき、必要な衣服もなしに登校してくるようなことになってはいけない。世界で最も裕福な国の一つにおいて、子どもの貧困率が20%を超えていることは、恥ずべきことである。

教育を受けることは基本的な人間の権利である。現代社会が子どもたちを公平にかつ系統だって教育しないということは、想像することさえできない。我々の目標は、すべてのコミュニティに優れた学校を提供することでなければならない。コミュニティの教育の質は、住んでいる地域の郵便番号や、税金、費用、学費を支払う能力によって決められてはならない。すべての子どもたちが学びへの準備ができて入学してくることを確実にするために、子ども全員に質の高い就学前教育を提供しなければならない。子どもたちが必要とするものに応えるために、すべての学校は、看護師、ソーシャルワーカー、放課後プログラム、図書館を持っていなければならない。すべての学校は、どのような地域にあったとしても、教員に教える機会を与え、生徒に学ぶ機会を与えることができるような、少人数学級を提供すべきである。貧しい子どもたちは裕福な子どもたちよりも、教員からより多くの注意を払って貰うことと、より多くの学習支援を受けることを必要としている。だが、貧しい子どもたちが通っている大きな都市の学校の多くは、30人あるいはそれ以上の生徒が在籍する学級を持っている。

すべての子どもたちは、芸術、歴史、公民科、地理、科学、外国語、数学、文学を含むカリキュラムを提供されるべきである。貧しい子どもたちは、裕福な子どもたちと同様にあるいはおそらくそれ以上に、優れた学校と適切な資源とを必要としている。というのも、特に彼らは、裕福な家庭の子どもたちに提供されている、放課後や夏休みの間の芸術や音楽の個別授業によって補われているような教育を受ける可能性が、はるかに少ないからである。

連邦、州、地方の政策は、公共施設から人種と民族による差別のすべての痕跡をなくしてしまうように策定されなければならない。公共政策は、学校

と住宅供給における貧困と人種の分離を減らすために、また、近年急速に増大していて、我々の社会における悩みの種となっている所得の不平等を減らすために、連邦と州の資金を活用すべきである。

　我々は、学校だけが社会変革の重荷を背負うことを期待すべきではない。学校は解決策の一つではあるが、あくまでもその一つでしかない。貧困だけに取り組んだり学校だけに焦点を当てたりしていては、子どもたちの人生を十分に変革し、成功するために必要な機会を与えることは、恐らくできないであろう。

　こうした変革をすべて行うには費用がかかるであろうか。もちろん、費用はかかるが、犯罪、病気、暴力、絶望、人間の才能の浪費に対する社会的、経済的損失に比べたら、はるかに少なくて済む。

　こうした野心的な目標を成し遂げるためには、我々は指導力を必要としている。我々は、大統領、連邦議会、裁判官、州知事、州議会、州と地方の選挙で選ばれたあらゆる公職者の指導力を必要としている。我々は、実業界、財団、学界、報道機関に対して、自分たちには演ずる役割があり、我々の民主主義を維持していくためには、公教育を民営化するよりも、それを維持し強化していくことがはるかに重要であることを、認識して貰う必要がある。社会的、経済的、教育的な不平等が永続していることによって、最も困窮している我々の公立学校で働く人々を非難したり処罰したりすることは、ただ単に間違っているだけではなくて、企業型教育改革者がそのために行動していると主張している子どもたちに、さらに損害を与えることになるのである。我々は毎日、最も困難な状況の中で、子どもたちとともに最も困難な仕事をしている人々の士気をくじくことによって、子どもたちを助けることなどできない。

　より良い社会に対する展望なしに、また、その展望を現実のものへと変えていく指導力なしには、いかなる改革の話も空虚な言葉の遊びでしかない。

第32章
公教育の民営化は間違いである

> **解決法 No.11** 公教育は公共の責任であり、消費財ではないことを認識しよう。

　1991年にジェミー・ボルマーという実業家が、インディアナ州で集まってきている教員たちに向けて講演を行った。彼は、現職教員研修のプログラムを実施するために来ていた、アイスクリーム会社の役員であった。彼は、教員に向かって、自分の会社の方法をより多く真似て学校を運営する必要があると述べた。彼の会社のブルーベリー・アイスクリームは、1984年に『ピープル』で、「アメリカで一番おいしいアイスクリーム」と評価されていた。彼は、そこに居合わせた教員に、「もし私が、今あなたたちが学校を運営しているのと同じ方法で事業を経営していたら、とっくの昔にこの仕事を辞めていたに違いない」、と告げた[1]。

　この話をした後で、彼は、教員に対して、学校は時代遅れであり、教育者は終身在職権によって責任をとることから守られているので変革に抵抗している、と説明した。事業はそれを正しく実行していると、彼は考えていた。それは、「無欠点、総合品質管理（TQM）、継続的改善」の原則に基づいて運営されている。

　当然のことながら、教員は無愛想な敵意を持って反応した。彼が講演を終えると、一人の教員が、一番おいしいアイスクリームを作る彼の会社の方法

について無邪気に質問した。彼は、最高級以外の何物でもない、自分の会社の「超最高級の」原材料について自慢した。そこで彼女は質問した。

「ボルマーさん」と、彼女はいたずらっぽい眉毛を空に向けて上げながら、前のめりになってこう言った。「あなたが、原材料の受け入れのために桟橋に立っていて、品質の悪いブルーベリーが船荷で運ばれて来たのを見つけたならば、あなたはどうしますか」。

その部屋の沈黙の中で、わなのパチンとかかる音が聞こえた。------私はすでに死んだカモ同然だったが、嘘をつくつもりはなかった。

「私はそれを送り返す」。

彼女はぱっと立ち上がった。「そうでしょう、それが正しいのです」と、彼女はどなった。「それなのに、我々は、我々のブルーベリーを決して送り返すことができないのです。我々はすべてを引き受けるのです。大きい、小さい、豊かな、貧しい、才能に恵まれた、非凡な、虐待された、怯えている、自信を持っている、家のない、粗野な、頭脳明晰な生徒すべてを受け入れるのです。彼らが、注意欠陥多動性障害を持っていても、幼児リューマチ性関節炎を患っていても、英語を第二言語としていても、我々はそのまま引き受けます。我々は全員を受け入れるのです。みんなです。だから、ボルマーさん、これは事業ではないのです。これが学校なのです」。

爆発のような騒ぎの中で、290名の教員、校長、バスの運転手、助手、用務員、秘書が皆、ぱっと立ち上がって叫んだ。「そうだ、ブルーベリーだ、ブルーベリーだ」。

ジェミー・ボルマーは、突然、事柄の本質を理解できた。その日以降、彼は、学校は「原材料」を管理することができないので、事業と同じように仕事を進めていくことは決してできないことを認識した。学校はブルーベリーを選別し、傷ついたものや壊れたものを断ることができない。学校はすべてを引き受ける。

彼は、学校が今のままで十分に良くやっているとは断定しなかった。彼は次のような結論を出した。つまり、学校は「すべての子どもたちに、脱工業社会において成功するための最大限の機会を与えるために、何を、いつ、どのように教えるのかを変えなければならない。だが、これは教育者のみでできることではない。こうした変化は、学校を取り囲んでいるコミュニティによる理解、信頼、容認、積極的な支援のもとでのみ起こり得る。私が学んだ最も重要なことは、学校は、それが帰属するコミュニティの雰囲気、考え、健全さを反映し、それゆえ、公教育を改善するということは、単に学校を改善するということよりもさらに大きな意味を持っていて、それはアメリカを変えることを意味している」と。

　ボルマーは、現代の改革者が理解していないことを理解した。公立学校は、すべての子どもたちを受け入れなければならない。公立学校は子どもたちをえり好みすることはできない。それは、家のない子どもたちや英語を話せない子どもたちを断ることはできない。それは、テスト得点の低い子どもたちや、深刻な障害のある子どもたちに、「出て行くようにと忠告する」ことはできない。それは、問題行動のある生徒にも居場所を見つけなければならない。それは、こうした子どもたち全員を教育する責任を持っている。明らかに、選抜制の入学方針をとっている学校や、抽選によって入学者を決めるような学校においては、その学校が公立、私立、あるいはチャーター・スクールであれ、テスト得点は高くなるであろうし、規律上の問題はより少なくなるであろう。生徒が学ぶための準備ができていて、積極的な気持ちがあって、能力があれば、高いテスト得点をとることは容易である。

　企業の経営者が公立学校を見る時に、なぜ公立学校が動くのが遅いのかを理解できない。彼らは、公立学校が迅速で劇的な変化を生み出すことを願っている。彼らは、結果を求めているのであって、説明を求めてはいない。彼らは、一晩のうちに得点が上昇することを望んでいる。彼らは、状況を変える力を持つ変化と破壊的な革新がよいと信じている。彼らは、自分たちの事業の中で、こうした種類の稲妻のような変化が起きるのを見ている。ヘッジ・ファンド運用者は、ある銘柄に資金を投入することによって、数日のうちに

あるいはおそらくは一晩のうちにさえ、何百万ドルもの利益を得るかもしれない。先端技術分野の経営者は、数週間あるいは数日間で市場を嵐のように席巻し、産業自体を変えてしまうような、新しいデザインや応用技術を市場に紹介することがあるかもしれない。なぜ学校はこうした仕事の仕方ができないのであろうか。なぜ我々は、既存の体制を解体し、それを新たに作り直し、新規に動き出すことができないのであろうか。

　企業の指導者は、革新と創造的分断についてよく話をする。それはうまくいく時もあるが、空前絶後の大失敗に終わることもある。彼らはその危険を受け入れる。というのも、彼らは、その報奨、つまり、市場で大きな利益を上げる可能性を望んでいるのである。しかしながら、創造的分断は教育においてはうまく働かない。というのも、教育とは、ゆっくりとした、徐々に進展していく人間の発達の過程であるからである。子どもたちは日々、着実に学んでいく。テスト得点は一つの尺度にすぎず、それは最も容易にそして安価に手に入れることができるものであるが、それは、学校や教員の質というよりも、全校生徒が置かれている社会的境遇についての指標である。

　テストにどのような欠陥があろうとも、それによって、学校が閉校されるかあるいはそのまま運営されていくかが決定される。だが、短期間にテスト得点を押し上げるために編み出されるいかなる方法も、記憶と丸暗記のための反復練習に依存していて、教育上健全ではない。多肢選択式の設問に対する解答は早くなるであろうが、理解することは遅くなる。真の教育とは、理解力と知識に関するものであり、思考習慣と自主的に考える能力に関するものであって、テストの質問を次々と素早くクリックして、正解を見つける能力ではない。今日、テスト得点に取りつかれてしまっていることは、教育的に間違った行為である。それは、創造性、思慮深さ、独創性、思い切ったことへの挑戦に対して水を差すことになる。こうした価値、習慣、性格特性は人生において、テスト得点よりもはるかに重要である。

　今日、民間分野の指導者の多くは、ジェミー・ボルマーがかつてそうであったように、学校を運営する場合にも、事業を運営するのと同じような方法が正しいと確信している。それは、品質管理、測定基準の厳密な監視、製造工

程の管理、労働者の等級づけと評価、成果を出した労働者への報奨、成果を出すことができなかった労働者の解雇などに、容赦なく焦点を合わせている。21世紀の競争の激しい世界市場で成功するための方策は、事業に対して純利益に細心の注意を払うことを求めている。事業が成功するためには経費を削減する必要があり、そしていつも最も経費がかかるのは人件費である。だから、成功するためには従業員の数を減らし、従業員を技術によって置き換えるか、または彼らの仕事をより賃金の安い国に外部委託しなければならない。株式投資家のスティーブン・ラットナーは、ファリード・ザッカリアとの対談で次のように述べた。「アメリカのすべての会社というよりも、その件に関しては世界のあらゆる場所に存在する会社は皆、経費に注目することを課されており、より経費を削減できる方法はないのだろうかと常に自問自答している。あなたは、我々が地球規模であらゆることが動いている世界の中で暮らしていて、企業は競争力を持つためには効率的な生産をする必要があることを、世界のすべての人よりとは言わないまでも、多くの人々よりもよく知っている。もしあなたが最も安い経費で生産することができない場合には、あなたは単に市場において失敗するだけである」[2]。

　実業界の指導者は、学校が経費を削減して競い合うことを期待する。これを成し遂げるための唯一の方法は、教員の数を減らすか、教員にかかる費用をより減らすかである。それは、学校がより大きな規模の学級を持ったり、教員を技術で置き換えたり、費用のかかる経験豊富な教員を低賃金の経験不足の教員と取り換えたりしなければならないことを意味する。だが、これでより優れた教育を生み出すことができるのであろうか。少人数学級はとりわけ、エレメンタリースクールに通学するマイノリティの生徒、英語を話すことのできない生徒、障害のある生徒、授業の速度についていけない生徒にとって重要である。コンピュータ上で教えられた時に、生徒がより多くそしてより良く学ぶかどうかに関しては証拠がない。コンピュータは、学級において、優れた授業の補助教材として、調査や探検を行う際の手段として、共同学習や生徒の自主研究のための方法として、興味をかきたてるような使い方がある。だが、コンピュータは人間の教員の満足のいく代理にはなりえない。

ビジネス・モデルとは、教育用語においてはどのような意味になるのであろうか。それは、テスト、アカウンタビリティ、データへの過度な傾倒である。事業経営手法の心酔者は、「あなたが大事だと考えるものを測定しなさい」と、よく言う。これを信じて、彼らは全米の学校に情け容赦のないテスト体制を押し付け、それはキンダーの段階にまで下りていっている。そこでは、遊んで想像力をめぐらせなければいけないはずの5歳の子どもたちが、「準備ができている」技能を、時には1年間に数回も評価される。プリキンダーに通う子どもたちに対するスタンダードとアセスメントを持っている州すらある。これは子どもの発達上、適切ではない。この年齢の子どもたちには、養育と遊びこそが必要であって、テストは必要ではない。

だが、「我々が大事だと考えているものを測定する」ことは、正しいのであろうか。私は、これは反対であると主張したい。我々が最も大事だと考えているのは、友人や家族という人間関係であり、我々はこうした関係をいかなる種類の指標にも委ねない。我々は、我々がどれほど両親や配偶者や子どもや友人を愛しているか、測定しない。我々は、誰かをほかの人よりも深く愛するかも知れないが、我々はその愛の深さを測定するための標準化された尺度を持っていないし、万一それを持っていたとしても、その結果を相手にあるいは世界に知らしめることはしない。もし我々が、そのようなばかげたことをするとしたら、それは残酷なことである。もし我々が、音楽、芸術、旅行、家庭、ペットなどを大事にしているならば、我々はその大事さの度合いをどのように測定するのであろうか。なぜ、そうしなければならないのであろうか。読解と数学のテスト得点は、自分たちがほかの何よりも「大事にしている」ものであると、誰か正直に言うことができるであろうか。我々が最も大事にしているものは、定規や秤やテストでは測定されないような、まさにそういうものである。

現在のデータとデータに基づく経営判断への傾倒は、21世紀の思考方法ではない。それは、20世紀初頭のフレデリック・ウィンスロー・テイラーのような、生産性向上の専門家の見解を反映している。彼は、労働者の生産高を注意深く観察し、作業能率を向上させるための時間動作研究を発展させ、

労働者の生産性を判断するための評価基準を創出した。今日、テイラリズムとして知られているその考え方は、生徒について、学校の要求に基づいて形作られ、授業に晒され、そして記憶力をテストされる原材料として考えることを、教育者に奨励した。生徒は労働者のように等級をつけられ、農場や工場や事務所に適している者、大学に適している者、単調で退屈な仕事に適している者に分類された。工業化の時代においては、このモデルは経済の要求を満たしていた。若者は，気づいていようがいまいが、選別されて社会における自分たちの「居場所」に入れられた。今日、我々の社会は、先進的な脱工業化社会から求められる技能と知識を、すべての生徒が兼ね備えていることを期待している。今日、将来の仕事がどのようなものとなるのか誰にも分からないので、すべての人々は、自分自身で考え、問題を解決し、情報に基づいて判断し、民主主義社会における市民としての責任を果たすことのできる能力を備えていなければならない。彼らは、変化していく社会に適応するために、歴史、数学、科学といった分野における語彙や予備知識を学ぶことのできる、健全な教育を必要としている。

　自由市場は、物を生産したり、サービスを提供したりする際には良く機能するが、それは極端な不平等を生み出し、失敗する確率も高い。それは、我々が学校に対してうまく機能して欲しいと期待する方法ではない。アメリカの公教育の中核となる原則は、平等な教育の機会であると考えられており、それは、勝者と敗者が存在する頂点への競争だとか選択制の自由市場ではない。社会としての我々の目標は、それを我々は今まで決して成し遂げることができなかったのだが、すべての子どもたちが世界で成功する平等な機会を手に入れることができるように、彼らに均等な質の教育を提供することである。選択と競争、テストとアカウンタビリティというビジネス・モデルは、その目標から我々をより遠ざけてしまう。コミュニティが崩壊してしまうと、生徒と家族は、人種、民族、階層の違いを反映している学校へと、自分たちのことを振り分けてしまう。コミュニティと学校がより人種隔離されると、不公正は減るどころか、より増えていく。平等な教育の機会という目標は、我々が標準テストにとらわれたままである限りは、達成することは不可能である。

というのも、それは異なる集団間の学力格差を算出するが、学力格差を解消するためには何もしないからである。

実業界は革新と失敗で満ち満ちている。毎年、何十万もの新規事業が開始され、そして毎年、何十万もの事業が失敗する。事業は来ては去っていく。過去何年かの間に、ウールワース、パンナム、ベツレヘム・スティール、ポラロイド、TWA、ボーダーズといった、耳慣れた名前の会社が消えている。事業自体が時代遅れになって、消えてしまった会社もある。競争に負けた会社もあった。そのほかにも、エンロンやマドッフのように、不正行為のために消えてしまった会社もある。毎年、何千軒にも上るレストランが開店し、そして閉店している。全米展開している大企業によるチェーン・ストアが、夫婦だけで商いをしているような小さな自営業の店を閉店に追い込み、そして、インターネット事業が、全米展開する企業によるチェーン・ストアを閉店に追い込んでいる。実業界の指導者は、不安定さと危険を受け入れて、次の閉店の波に捕まえられないことを願っている。彼らはそれを「創造的破壊」と呼ぶ。なぜならば、一つの企業がほかの企業にとって代わるからである。彼らは、2年から3年毎に、新しい製品、新しいサービス、新しい構想で、自分たち自身を「最初から作り直す」能力を誇りに思っている。彼らは、危機管理に取り組んでいて、損失を切り捨てる。彼らは、傷んだブルーベリーを処分しなければならず、損失を出しているチェーン・ストアを閉店しなければならず、所有する金融資産のリストの中から損失を出している銘柄を処分しなければならない[3]。

だが、子どもたちは混乱や不安定な環境の中ではすくすくと育たない。無秩序は子どもたちのためには良くない。無秩序と分断は家族とコミュニティにとって良くない。コミュニティに備え付けられた備品である学校を閉校することには、創造性のかけらも存在しない。もし学校が奮闘努力しているのであれば、学校は助けを必要としているのである。学校は、追加の教職員、追加の資源、専門家の指導を必要としているのであろう。学校は靴屋のようにシャッターを下ろして閉店させられる必要はない。今まで閉校することによって、救われたり、改善されたりした学校は1校もなかった。

学校は、子どもたちが生活の不安定さから逃れて、一息つくことができる場所でなければならない。学校は、子どもたちにとって、しばしば冷酷である世界から逃げだすことのできる、安全な楽園であるべきである。学校は、変わることが必要な時に、時代とともに変わる機関であるべきである。学校は、技術に関し最先端であるべきであり、証拠に基づく革新を歓迎すべきであり、子どもたちの必要とするものを満たすために最善の考え方を受け入れるべきであるが、ファースト・フードのフランチャイズ店のように取り扱われてはならない。事業はうまくいったりいかなかったりするが、家庭はそうであってはならないし、学校も同様だ。学校はコミュニティの中心であり、それは公共の図書館や公共の公園と同じで、コミュニティの要望に応える安定した機関でなければならない。

　民営化は公共サービスを提供するためにはうまく機能しない。経費を削減して株主のために利益を生み出すことは、確実な、信頼できる、公平な公共サービスを保証する必要性と矛盾する。規制緩和は企業を束縛から解放するが、それは同時に、資金と企業活動に対する監視の目が緩くなることを意味する。公共サービスの民営化が、効率性を生み出すことも時にはあるが、それはまた、監視がなくなり、民間業者に対する規制がなくなることにより、不正行為や質の悪いサービスを生み出すこともある。『ニューヨーク・タイムズ』が刑務所の民営化について調査したところ、民間で運営される刑務所は州によって運営される刑務所よりも経費がかさみ、最も重症の受刑者や最も経費がかかる受刑者を避けていた、との結論を出した[4]。

　ニューヨーク州の会計検査院長官が、州において民間で運営されている、障害のある子どもたちのための就学前プログラムについて監査を実施した結果、多数の詐欺行為の例を発見した。ある会社の所有者は、州から80万ドルを騙し取った罪を認めた。ほかの不正使用に加え、彼は自分の妻を15万ドルの給料で雇用していた。その時、彼女はすでに地元の大学の常勤の教授として年間9万ドルを稼いでいたのであった。ほかの民間業者は、宝石や高価な洋服、休暇、実体がない仕事の請求書などを州に送っていた。「プリスクールが、自分たちで個人的に管理している組織に支払った高額の賃借料として、

公的資金をつぎ込んでいた」業者もいた。ニューヨーク州においてプログラムにかかる費用は、僅か6年間で20億ドルに倍増した。支出の大半はニューヨーク市で、子ども一人当たり4万ドル、すなわち2万5千人の子どもに総額10億ドルが使われた。それに比べて、マサチューセッツ州は、専門家から「資源が豊か」なプログラムとみなされたものを実施し、子ども一人当たり1万ドル以下しか使っていなかった。ニューヨーク州は民間業者に、子どもの評価をすることと、自分たちが設定したサービスを提供することの両方を認めていた。『ニューヨーク・タイムズ』によると、民間業者は「授業料を州によって設定させ、そのためにオールバニーにおける影響力を持ったロビー活動勢力となっていた。彼らは、プログラムにおける支出制限に抗議するために、障害のある子どもたちの保護者を定期的にオールバニーに呼び集めた」。民営化は業者にとっては利益となったが、納税者にとってははるかに高くつき、また、プログラムの質は、ほかの州で公的機関によって提供されている同様のものよりも劣っていた[5]。

　民間請負業者が増えていき、ロビー活動と法律制定者に圧力をかけることによって、自分たちのプログラムを保護したのと全く同じように、チャーター・スクールの運営者は、ロビー活動と、ロビー活動のために生徒と保護者を動員することによって、チャーター・スクールの数を増やすよう法律制定者を促した。

　チャーター・スクールが最初に開校された時、彼らは、納税者にとっての負担を軽減して、より優れた教育を提供すると主張した。現在まで、同じような生徒を入学させた時に、チャーター・スクールが公立学校よりも優れた教育を提供しているとの証拠は存在しない。そして約束された負担の軽減は決して実現されなかった。一旦設立されると、チャーター・スクールは平等な資金提供を要求する。同時に、チャーター・スクールの分野は厄介な政治勢力になっていた。営利のものも非営利のものも含めてチャーター・スクールを運営する企業、ならびにその理事会を構成する理事は、教育委員会選挙、州議会選挙、州知事選挙の候補者に、そしてチャーター・スクールの将来に関する住民投票に対して、政治献金を出している。ニューヨーク市とロサン

ゼルスでチャーター・スクールに関する公聴会が開かれた時に、チャーター・スクールの運営者は、より多くのチャーター・スクールの開校、より多額の資金の提供、より少ない規制と監視を求めて、おそろいのTシャツを着た自分たちの学校の生徒や保護者を何台ものバスに乗せて、公聴会に送り込んだ。ニューヨーク市が公立学校の閉校に関する公聴会を開催した時には、自由に使える空間をチャーター・スクールにより提供することとなる、公立学校の閉校を支持するために、同じようなチャーター・スクールの生徒と保護者の一団が、何台ものバスに乗って到着した。もし公立学校が、生徒を同様の政治的なロビー活動に従事させるために使ったとすると、その学校の校長は非難され、解雇されるであろう。

　公共事業の民営化に関連する問題が存在するにもかかわらず、選挙で選ばれた公職者の中には、公的資金を民間の組織や事業に向けることを主張する者もいる。2012年春に、ルイジアナ州知事のボビー・ジンダルは、州の半数以上の子どもたちにバウチャーを受け取る資格を与えるとともに、新しいチャーター・スクールを承認するために非常に多くの委員会の創設を奨励する「改革」法案を、州議会で押し通した。その上、彼の法律は、公的資金の民間業者への支払いを認めていた。この公立の学校教育の代替となる学校の経費は、州の公立学校のための「最低限の基盤予算」から支払われることになっていた。州憲法には、この最低限の基盤予算による資金は公立学校に限定して支払われると記載されているので、公立学校、教員団体、地域の教育委員会は、バウチャーと民間業者への資金提供を阻止するために訴訟を起こした。2013年に州最高裁判所は、公立学校に支払われるべき資金をバウチャーや民間業者に転用することは、憲法違反であるとの判決を下した。資金が裁判所によって凍結された後でさえも、州教育委員会は45の民間業者に承認を与えた。このすべての業者が、州の公教育の予算から支払いを受けることになっていた。45の業者のうち13の業者のみが「対面式」のプログラムであった。20の業者がバーチャルなプログラムで、12の業者はオンラインと対面式の混合プログラムであった。業者の中には、理髪、美容術、「石油とガスの生産」といったプログラムを提供する者もいた。若者に建設業界で働く準

備をさせる講座もあった。テスト対策を手ほどきしたり、落第しそうな生徒に再履修させたりするプログラムを提供する業者もいた。また、オンラインかあるいは直接の個人指導かのどちらかを、選べる講座も提供された。オンラインの営利企業である K12 からの申請書もあった[6]。

ルイジアナ州の 11 人の教育委員会の委員のうち 2 人が、民間業者を承認することに反対の投票をした。彼らが反対したのは、資金提供が憲法違反であると裁判官が判決を下したからという理由のみではなく、州教育委員会のほかの委員のうち、少なくとも 5 人の委員が民間業者から選挙資金を受け取っていたからであった。州倫理委員会の広報担当者は、これらの教育委員が民間業者に雇われていたわけではないので、そこには利益相反行為はなかったと述べた[7]。

教育の民営化運動が弾みをつけたので、それを支持する裕福な人々は、同じ考えを持っている仲間を選挙で選び、住民発案を成立させるために、州と地方の選挙戦に巨額の寄付金を注ぎ込んだ。2011 年に、ジンダル州知事の包括的な民営化計画を支持する州教育委員会を選出するために、州外の資金提供者は空前の巨額の金額を拠出した。ジンダルの候補者名簿は、エリ・ブロード、マイケル・ブルームバーグ、ウォルトン・ファミリーなどを含む、アメリカの最も裕福な人々からの寄付によって支えられ、公教育の支持者よりも 12 対 1 の規模で多くの資金を使って、州教育委員会の支配権を握ろうとした。ニューオリンズのティーチ・フォー・アメリカの一人の理事が、彼女の対立候補に比べて 34 対 1 の規模で多額の資金を使い、州教育委員会の議席を獲得した。無給の州教育委員会の委員を選出するために使われた 260 万ドルは、僅か 4 年前の同じ選挙で使われた資金の 10 倍多い金額であった[8]。

ジョージア州では、地域教育委員会の反対にもかかわらず、州外からの何百万ドルにも上る献金が、チャーター・スクールを承認する委員会を設立する権限を州知事に与える、憲法修正案の成立を確実なものとした。この提案は、右派のアメリカ立法交換協議会（ALEC）の手になる見本の法律をまねていて、自由市場を志向する改革者が、地域による学校の管理運営よりも民営化を高く評価していることを明示した。彼らは、自由市場を目指す急進派

であって、保守派ではない。『ニューヨーク・タイムズ』によると、チャーター・スクールを支持する選挙運動に対する資金提供者には、以下の人々が含まれていた。「ウォルマートの創業者サム・ウォルトンの娘のアリス・ウォルトン、億万長者のコーク兄弟が設立したティー・パーティ・グループに属する「繁栄のためのアメリカ人」、チャーター・スクールを運営し、この修正案の成立によって直接の恩恵を被ろうとしているいくつかの企業などである。修正案の支持者は、反対派と比べて 15 対 1 の規模で多額の資金を使った」[9]。

ワシントン州では 2012 年に、ビル・ゲイツ、アリス・ウォルトン、アマゾン・ドット・コムのベゾス・ファミリーによって率いられた何人かの億万長者が、州の有権者によって過去 3 回、州民投票で否決されたチャーター・スクールの住民発案を支持するために、1,100 万ドルを調達した。今回、住民発案は、女性有権者同盟、全米有色人地位向上協会（NAACP）、教員組合、地域教育委員会、州全域にわたる保護者会によって反対されたが、僅差で成立した[10]。

テネシー州では、保守派の共和党が州議会の圧倒的多数を獲得することができるように、ミッシェル・リーのスチューデンツファーストが 2012 年に 90 万ドル使った。彼らの重要な政策課題には、バウチャーと、地域教育委員会よりも大きな権限を持った州チャーター・スクール委員会の設立が含まれていた。全米において、リーの組織は 105 人の候補者を支持していて、そのうちの 90 人が共和党員で、チャーター・スクールとバウチャーの支持者であった[11]。

いくつかの政争において、民営化の支持者が、莫大な資金的な優位性を持っていたにもかかわらず、彼らの美辞麗句を看破し、目標を却下した有権者によって、敗北を喫したこともあった。経験豊富な教育者であるグレンダ・リッツは、インディアナ州教育長のトニー・ベネットが 10 対 1 の規模で彼女よりも巨額の資金を使ったにもかかわらず、彼を打ち負かした。ベネットは、民営化に対する積極的な支援と団体交渉に対する敵意によって、保守派にとっての全米的な英雄であった。

アイダホ州は、共和党を支持する赤い州の中でも最も赤い州であり、共和

党が州全体のすべての政府機関において勝利を手に入れていたが、それにもかかわらず、有権者は、保守派の州教育長トム・ルナの命を受けて 2011 年に州議会で成立した、三つの「改革」法を廃止に追いやった。その法律はルナ法として知られており、教育者の評価を生徒のテスト得点と結びつけ、教員組合を無力化し、すべての生徒に、卒業するためには二つのオンライン課程を履修することを求めることによって、学校をデジタル化することを意図していた[12]。

カリフォルニア州サンタ・クララ郡では、チャーター・スクールの圧力団体は、教育委員会の委員であるアンナ・ソングを標的にした。彼女は 2011 年に、学区内で新たに 20 校のロケットシップ・チャーター・スクールを承認することに、反対の投票をした。裕福な学区外の資金援助者は、彼女の対立候補にほぼ 25 万ドルを提供した。ソングが使ったのは 1 万ドル以下であった。25 対 1 で彼女は資金的に不利であったが、ソングが再選された[13]。

コネチカット州ブリッジポートでは、企業と裕福な資金提供者が、地域教育委員会を排除し、学校を市長の手に渡そうとして選挙運動資金を拠出した。有権者は住民投票によって、自分たちの地域教育委員会を選出する権利を放棄することを求められたが、彼らはそれを拒否した。

ロサンゼルスが 2013 年に教育委員会の選挙を実施した時、とても裕福な一握りの人々が約 400 万ドルを調達し、その資金の半分は、教育委員会の委員を 1 期務めていた、スティーブ・ジマーを打ち負かすために向けられた。ジマーは、ティーチ・フォー・アメリカで仕事を始め、学級担任教員として、17 年間ロサンゼルスの公立学校で勤務していた。彼は、市の教育委員会の委員に選出されたのち、その学区が全米のほかのどの都市よりも多くのチャーター・スクールを抱えているにもかかわらず、監督するための政策を何も持っていないことが気になった。彼は、教育委員会がそうした政策を作り上げること、ならびに、それが完成するまでは、新しいチャーター・スクールの開校は一時停止することを提案した。これがチャーター・スクールの圧力団体を怒らせ、彼らは、彼を教育委員の職から追放することを決めた。アントニオ・ビラレイゴザ市長は、エリ・ブロード、ミッシェル・リーのスチュー

デンツファースト、ルパート・マードック、カリフォルニア・チャーター・スクール協会、そのほかからの巨額の献金によって資金を集めた。ニューヨーク市長のマイケル・ブルームバーグが、これに100万ドル追加した。ジマーは、教員組合にとっての頼りになる支持者ではなかったが、それにもかかわらず、ロサンゼルス教員連合の支持を受けていた。少なくとも資金的には2対1で不利であったにもかかわらず、ジマーは番狂わせを起こし、52対48の差で勝った[14]。

報道機関は、ロサンゼルスやルイジアナ州の注目を浴びる選挙戦に対する、州外の資金提供者による巨額の献金には気づいていたが、地域や州の教育委員会の委員の選挙という、あまり目を惹かない選挙戦に対する州外からの献金にはほとんど注意を払っていなかった。ニュージャージー州パースアンボイの教育委員会の委員候補者は、通常は5千ドルの費用しかかからない選挙のために、ほぼ5万ドルを受け取った。パースアンボイでの選挙に対する資金提供者は、ほとんどがカリフォルニア州の住民であった。なぜ突然にパースアンボイに興味を持ったのか。同じカリフォルニア州の資金提供者が、ネバダ州、コロラド州、オレゴン州、ニューヨーク州、インディアナ州における教育委員会の選挙に選挙資金を提供していることを、ブロガーが明かした。これは、誰がお金を束ねて、なぜそれが特定の選挙に送られているのかに関して、疑念を生じさせる厄介な行動様式である。ほかの学区や州における選挙に選挙運動資金を提供することは違法ではないが、地域や州の教育委員会の選挙は、その学区や州に住んでいる人々によって決定されるべきであって、多額の資金提供者の組織化された力によって決められるべきではない[15]。

将来の問題となるのは、とても裕福なごく少数の起業家、企業、個人が、地域や州の教育委員会の委員、州議会の議員、州知事、連邦議会の議員といった公職の候補者に資金提供を行うことによって、あるいは、公教育の民営化を進めるために財団の「寄付」を使うことによって、この国の教育政策を購入することが可能となるかどうかということである。

もし我々が、国家として、平等な教育の機会を実現することに真剣に取り組むのであるならば、公教育の民営化のための企てを退けなければならない。

家庭が貧困である子どもたち、障害のある子どもたち、学ぶために苦労を重ねている子どもたちにとって、必要不可欠な質の高い教育を提供するために、民営化は平等な機会を生み出さないし、経済用語の「費用効率が高い」ものでもない。

現在、我が国の政策は、継続的にテストを行うことが最も貧困な地域に暮らす子どもたちの教育を改善する、という考えに依拠している。だが、これは学校教育を提供する上での最も安価な方法であって、最善の方法でも正しい方法でもない。最も困窮している子どもたちは、教育するのに最も費用がかかる。もし学校が、州のテストを受けるための準備に容赦なく焦点を合わせるならば、彼らは平等な教育の機会を手に入れることはできないであろう。えり抜きの私立学校に通っている子どもたちや、裕福な校外に住んでいる子どもたちと同様に、彼らも、芸術、スポーツ、科学実験室、図書館、ソーシャルワーカーを必要としている。彼らは、スクールナースとガイダンス・カウンセラーを必要としている。彼らは、歴史と公民科を学び、文学を読み、外国語を学ぶ必要がある。彼らは、最新の技術を必要とし、楽器を演奏し、皆で歌い、ビデオフィルムを作成し、演劇を上演する機会を必要としている。彼らは、美しいキャンパスも必要としている。彼らが必要とするものを与えることは、費用効率が高くない。それにはお金がかかる。最も必要とされるものは、経費を削減し、最も経験の乏しい教員を雇用し、学級規模を拡大し、教員をコンピュータで置き換えることでは獲得されない。

自由市場への動きは、すべての子どもたちに質の高い公教育を提供するという我々の約束と矛盾する。政策立案者が、チャーター・スクールとバウチャーという選択を推進すればするほど、彼らは、学校選択は一人の消費者としての決断であり、市民としての決断ではないという考えを、一般大衆により強く売り込むことになる。消費者としてではなく市民としては、あなたは地域の公立学校に時間と精力をそそぐことになる。あなたはそれを支援し、その成果を誇りに思う。たとえあなたの子どもがその学校に通っていなくても、あなたはその学校を、支援するに値するコミュニティの機関と見なす。あなたは、学校がコミュニティの子どもたちを教育していること認め、それ

が子どもと保護者のためだけではなくて、すべての人のために良いことであることを認識している。あなたは、公教育について、市民を、未来の有権者を、コミュニティの住民を教育する機関であると考えている。

　だが、学校選択が公共政策の基本になっているので、学校はコミュニティの機関ではなくて、顧客の要望に応えるための機関になってしまっている。学校は、顧客を探して、学区の境界を越えて手を伸ばしていく。学校は、可能性のある生徒に講義科目を売り込んでいく。学区は、さらにお金を稼げるのではないかと期待して、互いに生徒を盗み合う。顧客は、レストランを選択するか却下するのと同様に、学校を選択するか却下する。それが彼らの選択である。コミュニティはもはや学校に対して何の絆も感じていない。というのも、学校がコミュニティの一部ではないからである。コミュニティはもはや学校を支援しなければいけないとは感じていない。というのも、それが彼らのものではないからである。それは、理事会と顧客に属していて、コミュニティには属していない。もし学校の債券の問題が住民投票にまで発展した場合、一般大衆は、企業と民間の理事会に属している学校を支援するのであろうか。

　我々は、コミュニティと学校との絆を切り離すという考え方に関して、一度立ち止まってよく考えてみるべきである。学校選択がこうした絆を徐々に弱めている。学校選択が消費者としての心的傾向を生み出し、強めている。保護者が最新の成績表とテスト得点を細かく調べて、より良い学校を探し回るので、学校選択は学校の不安定さを助長する。学校選択は学区に対して、ほかの学区から生徒という「顧客」を誘い込むために、自分たちの商品を宣伝することで、貴重な税金を浪費するよう促す。これは、見境をなくしたアメリカの消費者主義である。これは、戦争状態に陥っているアメリカの消費者主義であって、安定したコミュニティを確立することを必要としている。

　競争と選択の原則は聞こえが良い。というのも、それは、我々が洋服や自動車を買いに行く時に期待していることを、そっくりなぞっているからだ。競争は、運動競技場、科学見本市、討論会において期待されている。だが、生徒獲得のための学校間の競争は、教育の質を改善しない。競争に本来

備わっているものは、生徒が歴史、政治、民主主義の原則について学ぶことを何も保証しないし、若者が賢明に投票をしたり、市民としての責任を引き受けたりするために準備をすることを何も保証しない。競争と選択は、信頼とコミュニティを蝕んでしまう。競争と選択は、人種と階層による不平等と隔離を悪化させる。「創造的分断」は確かに分断的だが、それは創造的ではない。それは、子どもや青年が必要とするものではない。それは、家族やコミュニティが必要とするものではない。それは、消費者主義、競争、選択よりも子どもと社会にとって重要な、社会と人間の価値を犠牲にしてしまう。

　最も優れた学校は、経費よりも質を尊重する。彼らは、経験豊富な教員を尊敬する。彼らは、教員を生徒のテスト得点によって評価することはしない。彼らは、教員をコンピュータで置き換えることはしない。また、彼らは、生徒に何度も何度も標準テストを受けさせるようなことはしない。彼らは、データに焦点を合わせることをしない。アメリカの最も優れた学校は、少人数学級、経験豊富な教員、十分な資源、豊かなカリキュラム、よく整備された設備、生徒が芸術に携わることのできる多くの機会、毎日の体育の授業を持っている。これらが、優れた教育の理想的な条件である。これが、我々がすべての子どもたちのために望むべきものである。

第33章
結論─絨毯の模様

　『偉大なアメリカ学校制度の死と再生』の執筆時に、私は、二つの極めて異なる改革運動が、ある種の予期せぬ不幸な出来事に収斂していくことがまさに起きていると考えていた。まず、テストとアカウンタビリティの運動があった。この運動は1980年代に始まり、そして2002年にNCLB法の一部として正式に連邦の政策となった。それから、学校選択の運動が起きた。それは、半世紀もの間、教育政策の後方のバーナーでグツグツと煮込まれてきていたが、あまり前には進まなかった。それは、何十年にもわたって共和党の極右派によって大事にされてきた考えではあったが、一度も国民的基盤を確立することができなかった。テストとアカウンタビリティの支持者の中には、学校選択を支持しない者もいた。学校選択の支持者の中には、テストとアカウンタビリティを支持しない者もいた。自分たちの方法論が公教育の問題への万能薬であると、それぞれが考えていた。

　不可能な目標である100％の習熟をなんとしても成し遂げることのできない学校は、民間の運営に委ねられ、徹底的な教職員の解雇に耐えるか、そうでなければ閉校されると、NCLB法が命じたことによって、学校選択運動に新たな生命が吹き込まれた。アメリカの歴史において初めて、成績の悪い公立学校を改善するための実行可能な救済策は民営化であると、連邦法が宣言したのである。

　今日、この二つの運動はもはや別々の運動ではない。それらは合併して一緒に活動している。NCLB法の本来の後援者の多くは、アメリカの公立学校

の民営化を後押しするという意図はなかったかもしれないが、これがその結果であった。この法律を支持する者も批判する者も、この法律によってテスト得点が高くなったのかどうか、そしてテスト得点が集中的なテスト準備と丸暗記以外のものを意味しているのかについて、論じ合うかもしれない。だが、この法律が成功を収めたと思っている人は、この法律を作ったほんの一握りの人以外には誰もいない。この法律の支持者ですら、この法律があまりにも人気がないので、「商標変更」されるべきであることを認めている。ますます増大する金切り声とますます増大する「改革」への過激な要求に、アメリカがとらわれたままでいることが、NCLB法がほとんど何も成し遂げることができなかったことを示している。

　この約12年の間に、NCLB法がアメリカの教育制度に与えた損害を、我々は確かめることができる。「頂点への競争」は実際には、NCLB法の誤った前提をさらに強化したので、NCLB法よりもさらに一層、教員の士気をくじく懲罰的な政策を推進した。悪いテスト得点のせいで学校を閉校することは日常茶飯事となり、報道機関の目を惹くことはほとんどなくなっていた。2000年以前には、こうしたことはほとんど起きていなかった。過去においては、学校制度の管理者は、困難を抱える学校を正常に戻すことを期待されていて、学校を閉校することを期待されてはいなかった。

　NCLB法は、1979年に連邦教育省が設立された時には全く想像することができなかったほどの規模で、公教育の統制権をワシントンに集中させた。連邦議会が閣僚級の人物を上に持つ教育省を創設するかどうかの議論をしている時、それに反対する者は、ただ単に省を持つという事実自体が連邦の教育への統制に至るだろうと警告したが、それを支持する者は、そのようなことは決して起きないし、連邦、州、地方の政府の間でうまく調整がとられている連邦主義が常に優先されると主張した。今日、しかしながら、NCLB法と「頂点への競争」の哲学的、政治的な連携により、連邦主義はほとんど見捨てられてしまった。教育省は、法令へのいわゆる「自発的な」同意を勝ち取るために、何十億ドルもの連邦資金を餌として用いて、現在では日常的に自分の好む改革案を州や学区に押し付けている。

コモン・コア・ステート・スタンダードは、賢明なのかそうでないのかまだよく分からない政策を州に押し付けるために、教育省が連邦資金を強力に利用している例である。連邦政府に属していない機関が、18ヵ月にわたりスタンダードの開発の作業を率いた。だが、関係者は皆、こうした人々、つまり、全米州知事協会とアチーブ社が、連邦教育省の強力な支援とゲイツ財団による莫大な資金提供を受けていることを、十分に理解していた。オバマ政権が「頂点への競争」による補助金支出のための評価基準を提示すると、主要な必要条件の一つは、州がほかの州と共同して、共通の質の高いスタンダードの一式を採択することであった。それは、国際的な評価基準に準拠し、「大学と職業への準備ができている」状態へと生徒を導くものであった[1]。これがコモン・コア・スタンダードとして広く理解されているものであった。こうした新しいスタンダードは、これまでに実証試験が一度も行われてこなかったという事実があるにもかかわらず、ほどなくほぼすべての州がこのスタンダードの採択を承認し、マサチューセッツ州やインディアナ州のように明らかに優れたスタンダードを持つ州ですら同様であった。コモン・コア・スタンダードが教育を改善するのか、異なる集団間の学力格差を減らすのか増やすのか、また、これを実行するのにどれほどの費用を要するのか、誰も確信を持って語ることはできない。そうしたことはたいしたことではないと思っている学者もいるし、実行するには何十億ドルもの費用がかかると言って批判する者もいる。より多くのテストを実施することになるだろうと述べる者もいる。だが、こうしたスタンダードの採択をめぐる連邦政府の圧力は極めて強く、少なからぬ州がスタンダードを採択し、「頂点への競争」資金を獲得していない州ですらそうである。連邦資金は州の予算の穴を埋めるためではなく、連邦政府によって承認された目的のためにのみ使用できるということを認識せずに、州はただ提供される資金を獲得するための資格を得ることを願っていた。

NCLB 法は、すべての生徒が州のテストによる評価で習熟とみなされるべきであるという非現実的な期待を生み出し、「頂点への競争」も、学校と教員を評価するために「付加価値」評価への移行を促しながら、その前提に基

づいていた。アーン・ダンカン教育長官は、すべての生徒が習熟であるべきとする目標からの責務遂行免除を得ることを州に認めたが、その代わりに、生徒は毎年、テスト得点を高めていかなければならないという、同様に非現実的な基準を示した。もし生徒がそうしなければ、誰かが「責任を負わなければ」ならない。誰かが責められて、罰せられなければならない。校長は解雇されなければならない。時には教員の力の及ばないような理由で、テスト得点が毎年、向上しないこともあるなどということは、全く考慮されない。本人がどんなに一生懸命にがんばっても、教員がどんなに有能であっても、校長がどんなに熱心であっても、標準テストで習熟に達しない生徒はいる。生活上の危機に晒されていて、気もそぞろの生徒もいる。意欲や興味を失っている生徒もいる。正規分布曲線には常に下半分があるので、正規分布曲線の下半分に止まってしまう生徒も必ずいる。テストの結果に寄与する外部要因のすべてを、学校と教職員が統制できる手段はない。

　標準テストは教育の達成度についての正確で科学的な評価基準であるという不当な考えを、NCLB法が作り出し、「頂点への競争」がそれを支持した。標準テストはそのようなものではない。標準テストは、生徒がその日にその問題に対して、テスト製作者が正解と定めた方法で答えたかどうかという情報を提供するものであり、生徒が何を理解していて、何をすることができるかを評価する教員にとっては、役に立つのかどうかさえ分からないし、ましてや、足りないところを補う手助けなどにはならない。往々にして、テストの結果が届くのは遅すぎて、教員が生徒の要望に応えるのには役立たない。同じテーマについて異なるテストを実施した場合や、同じテストでも異なる日に実施した場合には、しばしば異なる結果がもたらされる。テスト得点は子どもたちに順位をつける手段を提供するが、レッテルをはることそれ自体は、有効な教育の目的にならない。テストは、生徒の将来にとってテスト得点よりもはるかに重要であるはずの、広範囲な知性、判断力、創造性、人格といったものを測定しない。

　NCLB法は、アメリカの教育は失敗しているという明らかに間違った語り口を、正しいものと認めてしまった。年々、NCLB法が求める100％の習熟

という到達不能な目標を実現できない学校が増えていったので、「失敗している学校」の数はすべての州で増大した。「頂点への競争」とオバマ政権が提携して進めている「学校改善資金」プログラムは、人手が足りず、教室に詰め込まれてしまっている危機的な状況にある生徒に対応するため、本当に一生懸命に努力しているはずの学校に、さらなる混乱や分裂をもたらしたり、時には閉校を迫ったりして、厳しい罰則を課した。

　全体的に、こうした連邦のプログラムは民営化運動を刺激し、加速した。非現実的な目標に基づいて、絶えず矢継ぎ早に浴びせられる悪い報道が、敵対的買収、不当利益行為、大量人員解雇、極めて多くの学校への死刑宣告などを正当化するために用いられ、これこそが成績の悪いことに取り組む唯一の対処方法であると、一般大衆を説得しようとした。失敗が増加し続けているという話は、ほとんどすべての救済策が快いものに見えてしまう、大惨事につけ込んで実施される過激な市場原理主義改革である、「ショック・ドクトリン」のような役割を果たした。民営化の推進者は、インチキ商売の詐欺師さえも恥じ入っていたたまれなくさせるような、奇跡を約束した。彼らの救済策は、テスト得点と卒業率を劇的に高めると主張した。報道機関は、「奇跡」という主張にいつでもだまされやすいのだが、除籍処分の方針、退学処分、中退率などを示す最も明白な証拠を調べることすらせずに、チャーター・スクールの話や、誰もが成功を収めていた、いわゆる再生した学校に関する話を、そのまま受け売りしていた。

　チャーター・スクール運動はバウチャー運動の復活に道を開いた。というのも、その支持者は、「選択」は公教育に資金を投資するよりもはるかに重要であると主張したからである。これがまさに、共和党の極右派が何十年にもわたって主張し、一般大衆の支持を得ることができなかったことである。チャーター・スクールやバウチャー・スクールの優位性が不十分でぐらついていて、というよりも存在すらしていない時に、自由市場の擁護者は、選択そのものが重要な価値を持っているのだと主張した。彼らは、保護者が、創造論を教えたり、あるいは地球温暖化は悪ふざけであると教えたりするような学校に、自分たちの子どもを通わせることを選択する限りにおいては、そ

の選択は、公教育制度をうまく運営していくための公的責任という昔からの価値よりも、尊重されるべきであると主張した。

　自由市場に基づく改革運動は、かたわらに連邦の命令以上のものを持っていた。それは莫大な資金を持っていた。オバマの「頂点への競争」により、資金に飢えている州の面前にぶら下げられた何十億ドルもの資金によって、州は、市場原理に基づくテスト主導の政策を競って受け入れることとなった。アメリカの最も大きな財団であるウォルトン、ブロード、ゲイツ、そして何十ものそのほかの財団が、民営化とハイステイクスなテストを実現したり、自分たちの好む管理者を雇用したり、自分たちの好む政策を整備したりした学校と学区の運営に補助金を出すことによって、自由市場に基づく政策を強化するために、何十億ドルもの資金を使った。彼らは、ワシントン D.C. のシンク・タンクに対して、確実な調査に基づく証拠は何ら存在していないにもかかわらず、そうしたプログラムの利点について長々と語るような報告書を作成し、会議を開催するよう資金を提供した。あたかも、国家が敵国の船を攻撃しその船や積み荷を奪う許可を与えた、個人の船である私掠船の乗組員のように、彼らは、自分たちのねらいを広めるために俗受けのする映画を作成し、NBCの毎年恒例の番組『教育国家』のように、マスメディアの中で自ら進んで支援してくれる人々を見つけ出した。

　選択と民営化の熱心な支持者は、政治的権力と資金を持っているかもしれないが、彼らの主張には一つの極めて重要な要素が欠けている。それは、国民的基盤を持っていないことである。その支持者の大半は極端な大金持ちで、人数としては数千人であるが、それでも彼らは、何百万人もの生徒、保護者、教員を有するこの国の学校制度の運命を支配するつもりである。この重大な不利な条件を克服するために、企業型教育改革運動は、州や地方の選挙で自分たちの仲間を当選させるための選挙運動資金に寄付するために、また、民営化に賛成する住民投票を成立させるために、仲間の莫大な資金を用いた。ごく少数の億万長者が、自分たちの政策を前に進めるために、「改革」という肯定的な美辞麗句と、身ぎれいな制服をまとった幸せな子どもたちというイメージを用いて、全米での選挙運動資金に何百万ドルもの金をつぎこ

んだ。そしていつでも改革者は、「子どもたちを一番に優先して」、「生徒を第一に」、「子どもたちを一番に」と語る。それはあたかも、教員と校長は自分たち自身の利己的な利益にしか関心がなく、改革者のみが本当に子どもたちのことを気にかけているのだ、と言わんばかりであった。こうした美辞麗句は軋轢を生じるのみならず、中身を伴っていない。というのも、多くの教員が毎日一生懸命に仕事をして、子どもたちが学ぶのを支援するために最善を尽くしていることを、保護者は知っているからである。2012年12月に起きた、コネチカット州ニュータウンにあるサンディ・フック・エレメンタリースクールにおける壮絶な大虐殺が、少なくとも一時的には、その道理に合わないイメージに揺さぶりをかけ、一般大衆に対して、その恐ろしい日に何人かの教育者がしたように、教育者は自分たちの生徒のために厭わずに死んでいくことを気づかせた。

　全米において、州から州へ、そして市から市へと、保護者とコミュニティの指導者は、教育政策が乗っ取られてしまったことを認識し始めている。彼らは、ハイステイクスなテストと民営化に反対するために、団結することを開始した。保護者団体、教育者、生徒、地域の教育委員会は、生徒にテスト準備をさせるために向けられた時間と、その結果、失われてしまった芸術やそのほかのプログラムのための時間に対して、反発している。チャーター・スクールが奇跡を生み出さないことを、一般大衆が良く理解すればするほど、その輝きは消えていく。地域のコミュニティに本当に貢献している学校のみが生き残ることを、人は望んでいる。チャーター・スクール運営者による不正行為と自己取引に関する話が出てくればくるほど、一般大衆は規制緩和の危険性を認識する。より多くの報道関係者が、中退率や、特別な配慮を必要とする障害のある生徒や英語学習者の少なさについて質問すればするほど、その神秘性は薄れていく。一般大衆は理解し始めていて、絨毯の上に描かれている模様を認識し始めていて、自分たちに属している物を手放すよう騙されていることに気づき始めている。

　2012年秋に、シカゴ教員組合（CTU）は、民営化運動の政策に反対する行動を起こした。組合員のうちの90％以上が、民主党のラーム・エマニュエ

ル市長によって運営されている学校制度に反対して、ストライキを実施することに賛成票を投じた。彼はかつて、オバマ大統領の首席補佐官を務めていた。組合は、より多くの賃金を要求するためにストライキを行っていたわけではなく、自分たちの生徒のために学校の改善を要求していた。市内の公立学校は、ほぼ20年間、企業型教育改革が思い通りのことを試してみる場所であったが、ほとんど何も成し遂げてはいなかった。改革者は、学校を閉校し、新たに学校を開校することには熱心だったが、学校内で悪化しつつある状況、学校制度の中での激しい人種隔離、多くの若者の命を奪ったギャングの暴力行為に対しては、ほとんど注意を払わなかった。少なからぬ公立学校には図書館がなく、芸術や音楽の教員、ソーシャルワーカーがいなくて、教室に生徒があふれていた。CTUは、もうたくさんだと心を決めた。組合は市長からある程度の譲歩を引き出し、それが、市長、彼の教育委員会、そしてさらにはオバマ政権にも及ぶ、本質的なエリート主義的な無関心さにまぶしい光を当てた。だが、CTUの最も重要な勝利は、全米の意気消沈している教育者に、団結と闘志の例を示したことであった。

　しかしながら、CTUは、市長を説得して、多数の公立学校を閉校するという彼の計画を止めさせることはできなかった。ラーム・エマニュエルは、アーン・ダンカン、ジョエル・クライン、ミッシェル・リー、そしてそのほかの民営化の支持者と同様に、民間部門が学校を成功に導くことのできる、エマニュエルの言葉を借りると「秘伝のソース」を持っているという考えに固執し続けていた。彼は、自分が賞賛する偉大な成果が、通常、欲しいと思う生徒だけをすくい取り、欲しいと思わない生徒を放校したり、中退させたり、除籍したりすることによって得られた結果であることに、気づいていなかったか、あるいは気づかないふりをしていた。この「秘伝のソース」をさらに使うと、全米の都市に、資金を持っている学校と資金を持ってない学校という二元的な学校制度が残り、アメリカ社会の構造的な不平等が強化され、多くの子どもたちが落ちこぼれてしまうのみならず、希望すらなくしてしまい、おまけに公教育も破壊してしまう。

　チャーター・スクールは公立学校と協力し合うことを期待されているの

で、早晩、おそらく法律制定者は、チャーター・スクールに対する適正な監督を要求するであろう。それによって、チャーター・スクールは、最も貧窮した生徒を公平な割合で引き受け、そして、その財務状態も透明になる。もしチャーター・スクールが企業の支配から自由になることができて、利益追求という動機からも自由になり、コミュニティの要望に合致するような、コミュニティに根差した独立した組織となるのであれば、彼らは、これから公教育という大きな景観の中で有効な一部として存在し続けることができるであろう。

アメリカの一般大衆の圧倒的大多数は公立学校で教育を受けてきたので、もしその意図を知らされていたならば、こうした価値のある公共資産を、起業家、営利企業、善意の素人などに容易に委ねることはないであろう。彼らは、生徒をえり好みするようなチェーン・ストア型の学校ではなくて、より良い近隣の公立学校を望んでいる。チャーター・スクール企業や彼らの政治的な同志による大袈裟な約束にもかかわらず、一般大衆は民営化によってもたらされた脅威に気づき始めている。

企業型教育改革運動は、アメリカの一般大衆が消費者主義に心酔していることにつけこんできた。消費者主義は、アップルパイと同じくらいアメリカ的である。人々は靴やジーンズや家を買いに行くので、改革者は、なぜ子どもたちの学校を買いに行かないのかと言う。競争はより優れた靴やジーンズを作り出すかもしれないが、それがより優れた学校を作り出すという証拠はどこにもない。

民営化の進展はハイステイクスなテストにかかっている。連邦によって命じられた毎年のテスト体制は、生徒や教員のみならず、学校にまでも成績をつけるためのデータをもたらす。非現実的な目標を与えられれば、学校は容易に失敗してしまう。学校がNCLB法のもとで「失敗している学校」というレッテルをはられるか、あるいは、オバマ政権のプログラムの基準によって「優先」校や「注目」校というレッテルをはられると、学校は、名誉回復を図るためにテスト準備にさらに力を入れなければならなくなるが、とりわけ最も積極的な保護者や生徒がその学校から逃げ出してしまうと、成功する

確率は小さい。連邦の法令は泥沼状態である。学校が悪戦苦闘すればするほど、学校は、テストに基づくアカウンタビリティという苦境により深く沈んでいく。不安を感じた家庭がこうした学校を見捨てると、学校は、特別な配慮を必要とする障害のある子どもたちや、英語をほとんど話すことのできない新しい移民の子どもたちなど、最も困窮した生徒を不釣り合いなほどに数多く、ますます入学させることになる。州政府の成績通知表に記載される悪い点数は、かつて皆に愛されていた学校を、死のらせん階段へと追いやってしまうことになる。かつてはコミュニティにおける安定性の源泉であった学校が、受け入れてくれる学校をほとんど見つけ出すことができない子どもたちを、抱える学校になってしまっている。

一旦、近隣の学校の質が落ち始めると、保護者はチャーター・スクールやオンライン・スクール、あるいは、「学問的な卓越を目指した学習者のアカデミー」や「経営と産業の未来の指導者のための学校」といった、人の心を惹く見せかけだけの名前の新設校を進んで考慮するであろう。早晩、近隣の学校は、コミュニティの学校ではなくて、ほかの選択肢のない最後の手段としての学校になってしまうであろう。近隣の学校がついに閉校されてしまうと、もはやほかの選択肢はない。その結果、保護者は遠い距離を移動していくことを強いられ、自分たちの子どもが学校に受け入れて貰うことを願うのである。生徒が学校を選択するのではなくて、学校が生徒を選択するのである。

それは重要な問題なのだろうか。

そうだ、重要な問題だ。

公教育は、アメリカ社会の民主主義的な構造の本質的な部分である。アメリカの生徒のほぼ90％が公立学校に通っていて、学校の門戸は、人種、民族、言語、性別、障害の状態、出身国、経済的階層に全く関係なく、誰にでも開かれている。公教育の運営は民主主義に基づき、民間の取締役会や営利企業による決定ではなく、選挙で選ばれたり任命されたりした公職者による決定に従う。コミュニティの学校は、企業チェーンによってではなく、コミュニティの住民により運営されている。合衆国の学区の95％においては、もし一般大衆が地域の教育委員会の決定を好まなければ、彼らは、投票によって

教育委員会の委員をその職から追い出すことができる。

　我々は何十年もの間、公教育制度の目標を追い求めてきているが、それは機会の平等である。我々はこの目標に到達したのであろうか。全然到達できていない。だが、選択は、我々をその目標により近づけてはくれない。選択は平等を生み出さない。選択は不平等を悪化させる。というのも、自由市場は勝者と敗者を生み出すからである。選択は、階層による隔離のみならず、人種と民族による隔離を強める。学校選択はほかの生徒からの自己隔離を勧めることになり、また、ハイステイクスなテストが自分たちの社会経済的地位を具現化する順位づけを行うために、公平性が損なわれていく。

　リベラル派は、公教育を守るための運動の最前線に立つべきである。というのも、公教育は、社会的、知的な発展のための力であり、より公正な社会を作り上げるための力であったからである。リベラル派は、公立学校が我々全員に帰属する公共財産の不可欠な一部であることを理解すべきであり、それを起業家に引き渡してしまおうとする試みには反対すべきである。

　保守派は、民営化に反対する運動の最前線に立つべきである。というのも、公立学校が、コミュニティ、安定性、地域の価値の源泉であるからである。保守派は、設立されている公共施設を取り壊して、それを自由市場の気まぐれや金融界や政界のえり抜きの人々の出来心に、手渡してはならない。保守派はコミュニティを破壊しない。今日、我々が目撃しているものは、アメリカの教育のウォルマート化である。つまり、近隣の学校や大通りにある商店を追い立てて、その運営を、匿名の企業が経営するチェーン・スクールやチェーン・ストアに外部委託するという企てである。もし彼らが純利益を上げることができないと、多くのチェーン・ストアやチャーター・チェーン・スクールがすでに行ってきたように、彼らはそこから立ち去り、コミュニティはそのままほったらかされたままで、見捨てられることになるであろう。保守派はコミュニティと公共施設を守る。チェーン・ストアのものの考え方には保守的なものは何も存在せず、そうしたものの考え方が今、学校教育の運営の中に持ちこまれてきている。

　アメリカは、人々が自分たちの子どもの教育に関して下す選択を尊重する、

多様な国である。我々は、自分たちの子どもを私立学校や宗教系学校に通わせたいと望む、保護者の権利を尊重する。我々は、自分たちの子どもをホームスクールで教育しようと望む、家族の権利を尊重する。それにもかかわらず、1世紀以上も前に我が国は、政教分離、公的資金の分配を公立学校のみに制限すること、公立学校の教室から宗教的な教義を締め出すことを決定した。公立学校は、あらゆる宗教の子どもたちと無宗教の子どもたちが、ともに学ぶことのできる学校になった。自分たちの子どもに宗教教育を受けさせたいと望む保護者は、自分の費用で、どこかで自由にそれを探し求めることができた。カトリック教育は、それに与る家族と子どもには極めて価値のあるものであった。カトリック系学校を維持していく最善の方法は、それを独立した存在のままにしておくことである。公的資金が支出される所には、公的なアカウンタビリティを果たす義務がついて来る。ここに、公立学校のための公的資金と、公立ではない学校のための私的資金をめぐる、現在の我々の議論の中で役に立つかもしれない原則がある。もしカトリック系学校やほかの宗教系学校が、現在、チャーター・スクールに注がれている惜しみない私的な慈善行為の、半分の金額だけでも受け取ることができれば、彼らがこれからの何十年もの間、自分たちの使命を継続するために必要とする財政基盤は安定するであろう。一方、我が国にとって極めて有効であった政教分離の原則は、そのまま残されるべきである。

　なぜ我々は公立学校を持っているのであろうか。19世紀の最初の数十年間は、大半の子どもは家庭で保護者から、あるいは保護者に金銭的余裕があれば家庭教師から教育を受けていたし、また、私立のアカデミーや教区学校で教育を受けていた。貧しい家庭の子どもたちは、幸運であれば、慈善団体や宗教団体によって教育を受けていた。コミュニティが発展していくにつれ、保護者や関心のある市民は、子どもたちを教育することは、私的なことではなくて共有すべき公的責任であると気づいた。私立学校、宗教系学校、慈善学校の大部分は、コミュニティ全体から徴収された税金によって費用が賄われる公立学校に取って代わられた。長年の間、公立学校はコモン・スクールとして知られていた。というのも、それは公共財産の一部であったからであ

る。公園、図書館、道路、警察のように、それはすべての人に属する公共施設であった。住民の中には、自分たちの子どもが私立学校に通っていたり、あるいは子どもがいなかったりという理由で、ほかの住民の子どものために税金を支払いたくないと不平を述べる人もいた。だが、ほとんどの住民は、コミュニティの子どもたちの教育のために税金を支払うことは、市民としての義務であり、未来に対する投資であり、成長して有権者となり社会の一員となる市民に対する投資である、と理解していた。

　公教育は、19世紀半ば以降、我々の民主主義を拡大してきた。19世紀から20世紀初頭にかけて、ヨーロッパからの何百万人にも上る移民の子どもたちに対して、英語の話し方やアメリカの民主主義への参加の仕方を教えることによって、彼らをアメリカに同化させたのは公立学校であった。公立学校は移民にとって、社会的、経済的に中産階級に昇って行くための梯子であった。1954年のブラウン判決は、南部の公立学校における厳格な、法律によって定められていた人種隔離を終わらせた。それは、ついに学校のみならずほかの公共機関における人種隔離を廃止し、ひいては、アメリカ社会の多くの部分における人種隔離を廃止していくこととなった、歴史的な変化であった。アフリカ系アメリカ人の多くを中産階級に統合することが、公立学校で始まった。同様に、公立学校は、アメリカ社会で男女共同参画を主張した、最初の主要な公共機関であった。同時に、公立学校は、教室をあらゆる障害のある生徒に開放し、それが、我々の社会のほかの分野にまで彼らを統合していくための道を開いた。

　こうした前進は、裁判所の判決と法律なしでは成し遂げることはできなかったが、公立学校以外のほかのどのような公共機関も、これを成し遂げることはできなかった。1世紀前に、ジョン・デューイは民主主義と教育の関連について説明している。彼は次のように記している。

　　民主主義は単なる政治形態でなく、それ以上のものである。つまり、それは、まず第一に、共同生活の一様式、連帯的な共同経験の一様式なのである。人々がある一つの関心を共有すれば、各人は自分自身の行動

を他の人々の行動に関係づけて考えなければならないし、また自分自身の行動に目標や方向を与えるために他人の行動を熟考しなければならないようになるのだが、そのように一つの関心を共有する人々の数がますます広い範囲に拡大して行くということは、人々が自分たちの活動の完全な意味を認識するのを妨げていた階級的、民族的・国土的障壁を打ち壊すことと同じことなのである。このように接触点がますます多くなり、ますます多様になるということは、人が反応しなければならない刺激がますます多様になるということを意味する。その結果、その人の行動の変化が助長されることになるのである。排他性のために多くの関心を締め出している集団では行動への誘因は偏らざるをえないのであるが、そのように行動への誘因が偏っている限り抑圧されたままでいる諸能力が、多数の多様な接触点によって解放されるようになるのである[2]。

デューイが我々に教えてくれたことは、そしてそれを我々は、我々の暮らし方の中に組み入れようと前世紀を費やしたのだが、民主主義は、統治したり投票したりといったような制度上の取り決めよりも、より大きな意味を持っているということである。それは、決定というものが、それによって影響を受ける人々の関与と参加のもとで行われるべきことを求めている。民主主義は、異なる背景を持った人々が交流し、自分たちの興味のあることを伝え合い、自分たちの生きる目的を実現していくことに参加することによって、最も効果的に機能する。エイブラハム・リンカーンが、アメリカの民主主義について、「人民の、人民による、人民のための政治」と表現した時、おそらく、彼はこのことを一番良く言い表わしていた。

アメリカの暮らしの中でのほかのどのような公共機関より以上に、公立学校は、人々を分裂させてしまう階級、人種、宗教、性別、民族、言語、障害の状態といった障壁を打ち壊した。公立学校はこうした区分を取り除くことはなかったが、それは、異なる社会的階級の人々が、お互いに学び合い、ともに学習し、ともに遊び、ともに計画を立て、お互いに共通する人間性を認めることを可能にした。我々の社会のほかのどのような公共機関より以上に、

公立学校は青年層に、意見を交換したり、議論したり、反対したり、決定を下す際にはほかの人の見解も考慮したりすることを可能にする。

　長い時間をかけて、公立学校はすべての人々に門戸を開放してきたので、より多くの人々に成功するための機会を広げ、より多くの人々に知識を持つことの利点を分け与え、我が国の力を強めてきた。公教育は、アメリカのるつぼであり、アメリカのサラダ・ボールであり、アメリカのオーケストラであり、アメリカのモザイクであった。公立学校は、人種、言語、文化によって分けられた個別の小集団の集合体ではなくて、一つの社会になるにはどうすればよいのかを、我々に教えてくれた。それは、多くの人々から成る中産階級と躍動的な社会の発展に、まさに貢献した。我が国の公立学校は、成功への機会と平等のための力強い原動力であった。それは今でもそうである。

　だが、我々がいかに我々の公立学校を改善したとしても、それだけでは我々の社会に深く根差した体系的な問題を解決することはできない。連邦、州、市の政策が、とりわけ都市の学区において、多くの子どもたちを、人種、階級、所得によって隔離された学校の中へと分離していった。我が国の公立学校の多くもまた、ひどい資金不足に陥り、予算の削減、学級規模の拡大、そして使命感を損なうような害のある命令によって、常に打ちのめされていた。こうした人種隔離と資金不足による当然の結果が、悪い学業成績であり、そして、それは学校に責任があるとされる。公共政策の失敗は公立学校の失敗ではない。今日の我々の社会の課題は、公立学校を自由市場の特異性に委ねるのではなく、すべてのコミュニティにおいて、すべての子どもたちのために、公共政策を修正し、公立学校が成功するために必要な配慮と支援を、彼らに与えることである。

　我々のコミュニティは、市民を育成し、我々の民主主義を維持するために、公立学校を作り上げた。それが公立学校の不変の目標である。この類まれな公共機関は、市民を育成し、多様な人々を一つにまとめ上げ、我々の子どもたちに仕事やさらなる教育の準備のために必要な技能を教えるという、類まれな責任を持っている。

　公立学校は、多から成る一へというアメリカの国としての約束を、多も一

もどちらも犠牲にすることなく、現実のものにしてきた。

公教育が危うくなると、民主主義が危険に晒される。

我々にはそのような危険を冒す余裕はない。

ここから前に進んでいくためには、教育政策が、自由市場の信奉者や起業家の手になる事業計画によるのではなく、証拠と教育者の知識と知恵に基づいて作り上げられなければならない。

我々は、最も意欲があって最も成績の良い生徒のために民間によって運営されるチャーター・スクールと、チャーター・スクール制度に入学することのできない生徒の集積所としての公立学校という、二元的な学校制度を再構築しないように気をつけなければならない。我々は、金持ちは教員のいる少人数学級に入学することができるが、貧乏人はコンピュータに教えられるような未来を避けるべく、気をつけなければならない。

もし我々が、教育を改善するための責任を本気で引き受けるならば、我々は、子どもたちと家族のために、学校と社会的状況の両方を改善しなければならない。学力格差を減らすためには、機会の格差を減らさなければならない。我々は、早期幼児教育に投資しなければならないし、すべての子どもたちが必要な健康管理を受けることを保証しなければならない。

もし我々が、教育の質を高めるつもりであるならば、我々は、すべての子どもたちが、歴史、公民科、文学、外国語、体育、数学、科学を含む、豊かなカリキュラムを持つことを主張すべきである。我々は、すべての子どもたちに、歌い、踊り、書き、劇を上演し、楽器を演奏し、彫刻し、デザインし、建造する機会が与えられることを、保証しなければならない。生徒は学校に来るための理由を必要としている。それも、義務としてではなくて、実際に行ってみたり想像したりすることから生じる喜びのためにという、理由が必要なのである。

もし我々が、我々の社会で最も傷つきやすい子どもたちの幸せを本当に気遣うならば、我々は、人種隔離と貧困を減らすことに力を注がなければならない。これが悪い学業成績の根源的な理由である。我々は子どもの貧困率を下げなければならない。それは国家的な不面目である。ほかの国々は、子ど

もたちや家族の幸福な暮らしを守る方法を見つけ出しているが、我々はまだ見つけ出していない。今こそ、この根源的な理由に対処する政策とプログラムを作り上げることにとりかかる時である。

　十分な資格を持った、そして十分な準備のできている教員だけが、我々の学校で教えるために雇用されるべきである。我々は、彼らに命令や台本を与えることを止めて、彼らに教えることをさせるべきである。その結果、教員は、コンピュータに主導された基準ではなくて、校長や同僚を含む人間によって評価されなければならない。

　そうだ。我々は学校を改善しなければならない。今すぐ、始めよう。まずは、学校とコミュニティの間の信頼の絆を作り上げることから始めよう。公立学校の根源的な使命は、単に国際的な労働力として労働者を準備することだけではなくて、我々の民主主義を将来にわたって維持していくための、知性と心と人格を持った市民を準備することである。

　真の学校改革は、恐怖の上にではなく希望の上に築かれなければならない。つまり、脅かしではなく励ましの上に、強制ではなく時宜に適った考えの上に、飴と鞭ではなく信頼の上に、言われるままにデータを盲信するのではなく人間としての尊厳に対する信頼の上に、懲罰と非難の体制ではなく支援と相互の尊重の上に、築かれなければならない。それを永続させるためには、学校改革は、生徒、保護者、教員、校長、管理職、地域のコミュニティの間の協力とチームワークを頼りにしなければならない。

　さまざまな欠点があるにもかかわらず、民主的に運営されているアメリカの学校制度は、我々のコミュニティの大黒柱であり、我が国の成功のための基礎である。我々は、我々の公立学校を改善するためにともに働かなければならない。我々は、平等な教育の機会を提供するという約束を、我が国のすべての子どもたちに差し伸べなければならない。公立学校を民営化から守り、将来世代のアメリカの子どもたちのためにとっておくことは、我々の時代における公民権に関わる問題なのである。

補　遺

図 1-4 は本文第 5 章にある。図 1 と 2 は 59 頁参照、図 3 と 4 は 66 頁参照。

図5. 4学年NAEP読解の達成度レベルの結果の傾向

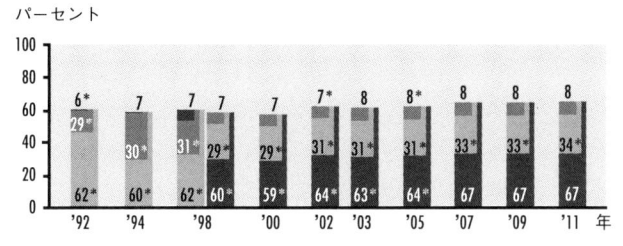

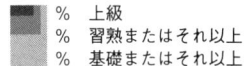

パーセント

年	'92	'94	'98	'00	'02	'03	'05	'07	'09	'11
% 上級	6*	7	7	7	7	7*	8	8*	8	8	8
% 習熟またはそれ以上	29*	30*	31*	29*	29*	31*	31*	31*	33*	33*	34*
% 基礎またはそれ以上	62*	60*	62*	60*	59*	64*	63*	64*	67	67	67

　　% 上級　　　　　　　　　　　　% 上級
　　% 習熟またはそれ以上　　　　　% 習熟またはそれ以上
　　% 基礎またはそれ以上　　　　　% 基礎またはそれ以上
　障害のある生徒への合理的配慮なし　障害のある生徒への合理的配慮あり
*2011年と比べて有意差あり(有意水準5%以下)

図6. 4学年NAEP読解の平均点の傾向

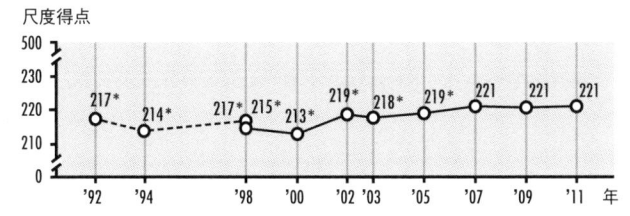

尺度得点

年	'92	'94	'98	'00	'02	'03	'05	'07	'09	'11
平均点	217*	214*	217*	215*	213*	219*	218*	219*	221	221	221

　------ 障害のある生徒への合理的配慮なし
　──── 障害のある生徒への合理的配慮あり
*2011年と比べて有意差あり(有意水準5%以下)

図7. 白人生徒と黒人生徒の4学年NAEP読解の平均点と得点格差の傾向

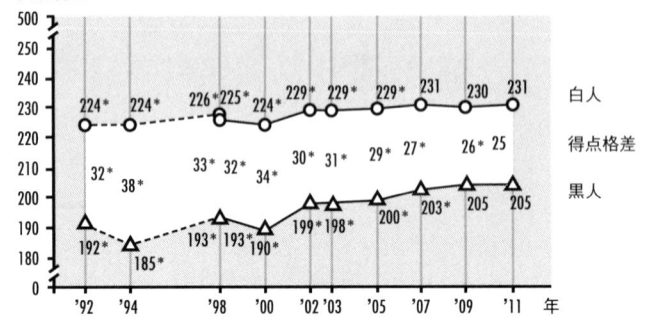

尺度得点

白人: 224* 224* 226* 225* 224* 229* 229* 229* 231 230 231
得点格差: 32* 38* 33* 32* 34* 30* 31* 29* 27* 26* 25
黒人: 192* 185* 193* 193* 190* 199* 198* 200* 203* 205 205

年: '92 '94 '98 '00 '02 '03 '05 '07 '09 '11

----- 障害のある生徒への合理的配慮なし
―― 障害のある生徒への合理的配慮あり
*2011年と比べて有意差あり(有意水準5%以下)
注:黒人はアフリカ系アメリカ人を含む。人種部類にヒスパニック出身は含まない。
得点格差は端数処理をしていない平均点の間の差異に基づいて計算されている。

図8. 白人生徒とヒスパニック生徒の4学年NAEP読解の平均点と得点格差の傾向

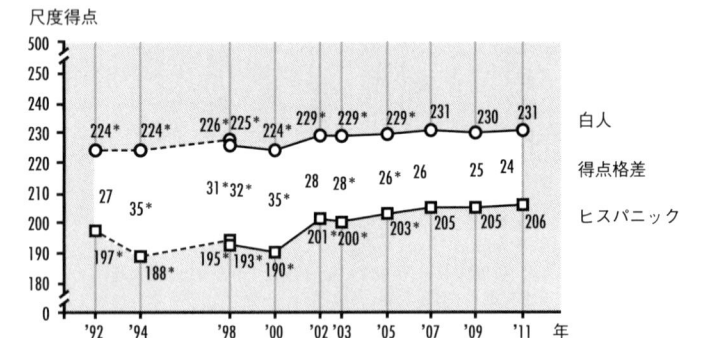

尺度得点

白人: 224* 224* 226* 225* 224* 229* 229* 229* 231 230 231
得点格差: 27 35* 31* 32* 35* 28 28* 26* 26 25 24
ヒスパニック: 197* 188* 195* 193* 190* 201* 200* 203* 205 205 206

年: '92 '94 '98 '00 '02 '03 '05 '07 '09 '11

----- 障害のある生徒への合理的配慮なし
―― 障害のある生徒への合理的配慮あり
*2011年と比べて有意差あり(有意水準5%以下)
注:白人にはヒスパニック出身の生徒は含まない。ヒスパニックにはラティノが含まれる。
得点格差は端数処理をしていない平均点の間の差異に基づいて計算されている。

図9. アジア系／太平洋諸島先住民生徒と白人生徒の4学年NAEP読解の平均点と得点格差の傾向

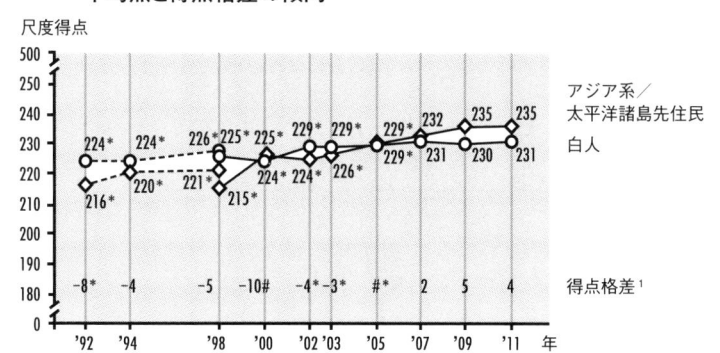

尺度得点

アジア系／太平洋諸島先住民：216*（'92）、220*（'94）、221*（'98）、215*（'98）、224*（'00）、224*（'00）、226*（'02）、229*（'03）、229*（'05）、232（'07）、235（'09）、235（'11）

白人：224*（'92）、224*（'94）、226*（'98）、225*（'98）、225*（'00）、229*（'02）、229*（'03）、229*（'05）、231（'07）、230（'09）、231（'11）

得点格差[1]：-8*、-4、-5、-10#、-4*、-3*、#*、2、5、4

'92 '94 '98 '00 '02 '03 '05 '07 '09 '11 年

------ 障害のある生徒への合理的配慮なし
―――― 障害のある生徒への合理的配慮あり

#端数処理により0
*2011年と比べて有意差あり（有意水準5％以下）
[1] 得点格差はアジア系／太平洋諸島先住民生徒の得点から白人生徒の得点を引いた得点の平均を反映している。
注：太平洋諸島先住民にはハワイ先住民が含まれる。人種分類にヒスパニック出身は含まない。得点格差は端数処理をしていない平均点の差異に基づいて計算されている。アジア系／太平洋諸島先住民生徒と白人生徒の間の1994年、1998年、2000年、2005年、2007年における得点の違いには統計学上の有意差は見られなかった。

図10. 白人生徒とアメリカ先住民／アラスカ先住民生徒の4学年NAEP読解の平均点と得点格差の傾向

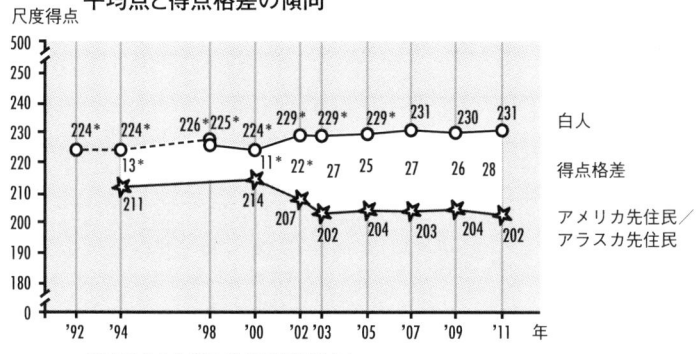

尺度得点

白人：224*（'92）、224*（'94）、226*（'98）、225*（'98）、224*（'00）、229*（'02）、229*（'03）、229*（'05）、231（'07）、230（'09）、231（'11）

得点格差：13*、11*、22*、27、25、27、26、28

アメリカ先住民／アラスカ先住民：211（'94）、214（'00）、207（'02）、202（'03）、204（'05）、203（'07）、204（'09）、202（'11）

'92 '94 '98 '00 '02 '03 '05 '07 '09 '11 年

------ 障害のある生徒への合理的配慮なし
―――― 障害のある生徒への合理的配慮あり

*2011年と比べて有意差あり（有意水準5％以下）
注：1992年と1998年のアメリカ先住民／アラスカ先住民生徒に関する信頼できる得点予測を可能にするには標本数が十分ではなかった。人種分類にはヒスパニック出身は含まない。得点格差は端数処理をしていない平均点の差異に基づいて計算されている。アメリカ先住民／アラスカ先住民生徒と白人生徒の間の1994年と2000年における得点の違いには統計学上の有意差は見られなかった。

図11. 8学年NAEP読解の達成度レベルの結果の傾向

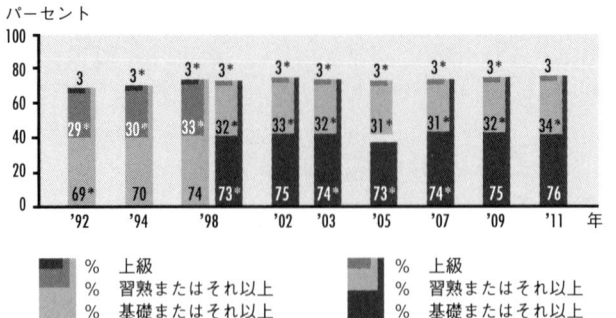

パーセント

年	'92	'94	'98	'98	'02	'03	'05	'07	'09	'11
上級 %	3	3*	3*	3*	3*	3*	3*	3*	3*	3
習熟またはそれ以上 %	29*	30*	33*	32*	33*	32*	31*	31*	32*	34*
基礎またはそれ以上 %	69*	70	74	73*	75	74*	73*	74*	75	76

　　　% 上級　　　　　　　　　　　　% 上級
　　　% 習熟またはそれ以上　　　　　% 習熟またはそれ以上
　　　% 基礎またはそれ以上　　　　　% 基礎またはそれ以上
障害のある生徒への合理的配慮なし　　障害のある生徒への合理的配慮あり
*2011年と比べて有意差あり(有意水準5%以下)

図12. 白人生徒と黒人生徒の8学年NAEP読解の平均点と得点格差の傾向

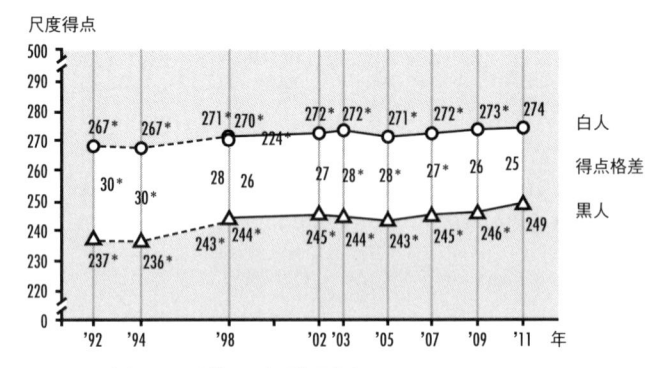

尺度得点

白人: 267*, 267*, 271*, 270*, 272*, 272*, 271*, 272*, 273*, 274
得点格差: 30*, 30*, 28, 26, 27, 28*, 28*, 27*, 26, 25
黒人: 237*, 236*, 243*, 244*, 245*, 244*, 243*, 245*, 246*, 249
（'98年に224*）

------ 障害のある生徒への合理的配慮なし
―― 障害のある生徒への合理的配慮あり
*2011年と比べて有意差あり(有意水準5%以下)
注：黒人はアフリカ系アメリカ人を含む。人種部類にヒスパニック出身は含まない。
得点格差は端数処理をしていない平均点の間の差異に基づいて計算されている。

図13. 白人生徒とヒスパニック生徒の8学年NAEP読解の平均点と得点格差の傾向

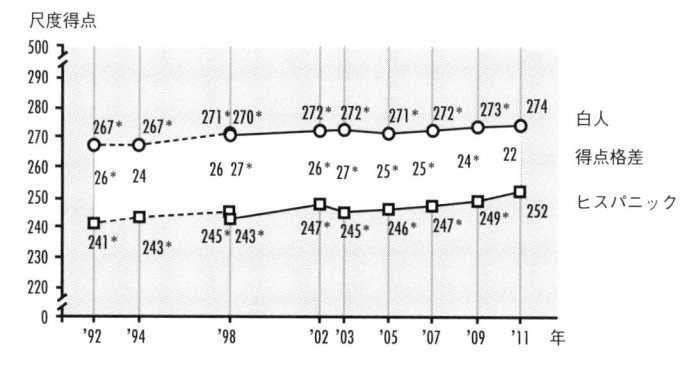

尺度得点

白人の得点（推移）: 267*('92), 267*('94), 271*('98), 270*('98), 272*('02), 272*('03), 271*('05), 272*('07), 273*('09), 274('11)

ヒスパニックの得点（推移）: 241*('92), 243*('94), 245*('98), 243*('98), 247*('02), 245*('03), 246*('05), 247*('07), 249*('09), 252('11)

得点格差: 26*, 24, 26, 27*, 26*, 27*, 25*, 25*, 24*, 22

・・・・・ 障害のある生徒への合理的配慮なし
―― 障害のある生徒への合理的配慮あり

*2011年と比べて有意差あり（有意水準5％以下）

注：白人にはヒスパニック出身の生徒は含まない。ヒスパニックにはラティノが含まれる。得点格差は端数処理をしていない平均点の間の差異に基づいて計算されている。

図14. アジア系／太平洋諸島先住民生徒と白人生徒の8学年NAEP読解の平均点と得点格差の傾向

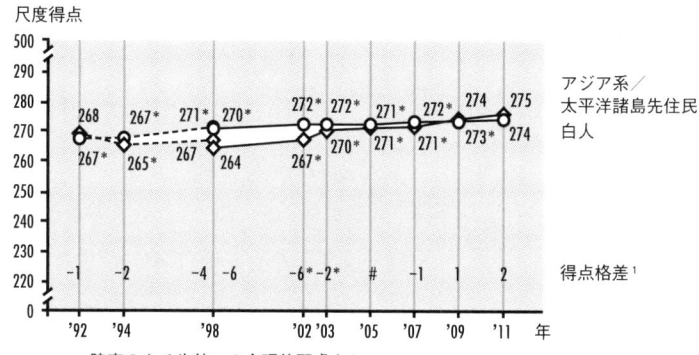

尺度得点

アジア系／太平洋諸島先住民の得点（推移）: 267*('92), 265*('94), 267('98), 264('98), 267*('02), 270('03), 271('05), 271('07), 273('09), 274('11)

白人の得点（推移）: 268('92), 267*('94), 271*('98), 270*('98), 272*('02), 272*('03), 271*('05), 272*('07), 274('09), 275('11)

得点格差[1]: -1, -2, -4, -6, -6*, -2*, #, -1, 1, 2

・・・・・ 障害のある生徒への合理的配慮なし
―― 障害のある生徒への合理的配慮あり

#端数処理により0

*2011年と比べて有意差あり（有意水準5％以下）

[1] 得点格差はアジア系／太平洋諸島先住民生徒の得点から白人生徒の得点を引いた得点の平均を反映している。

注：太平洋諸島先住民にはハワイ先住民が含まれる。人種分類にはヒスパニック出身は含まれない。得点格差は端数処理をしていない平均点の間の差異により計算されている。アジア系／太平洋諸島先住民生徒と白人生徒の間の1992年、1994年、1998年、2003年、2005年、2007年、2009年、2011年における得点の違いには統計学上の有意差は見られなかった。

図15. 白人生徒とアメリカ先住民／アラスカ先住民生徒の8学年NAEP読解の平均点と得点格差の傾向

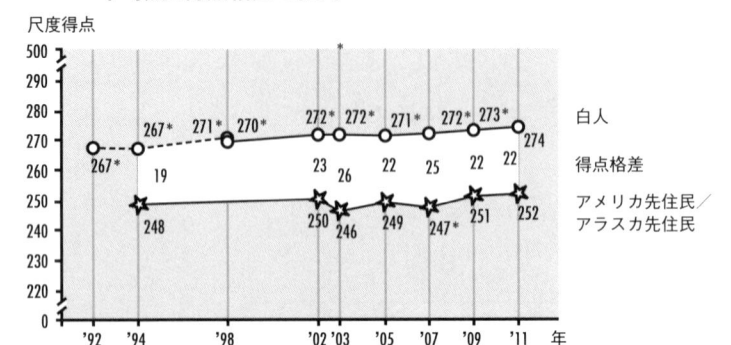

```
尺度得点
500
290
280  267* 271* 270* 272* 272* 271* 272* 273*  白人
270                                        274
260  267*  19      23   22   25   22   22   得点格差
250       248    250 249   247* 251 252    アメリカ先住民／
240            246                          アラスカ先住民
230
220
0
   '92 '94 '98 '02 '03 '05 '07 '09 '11 年
```

----- 障害のある生徒への合理的配慮なし
―― 障害のある生徒への合理的配慮あり
*2011年と比べて有意差あり(有意水準5%以下)
注：1992年と1998年のアメリカ先住民／アラスカ先住民生徒に関する信頼できる得点予測を可能にするには標本数が十分ではなかった。人種分類にはヒスパニック出身は含まない。得点格差は端数処理をしていない平均点の差異に基づいて計算されている。

図16. 白人生徒と黒人生徒の4学年NAEP数学の平均点と得点格差の傾向

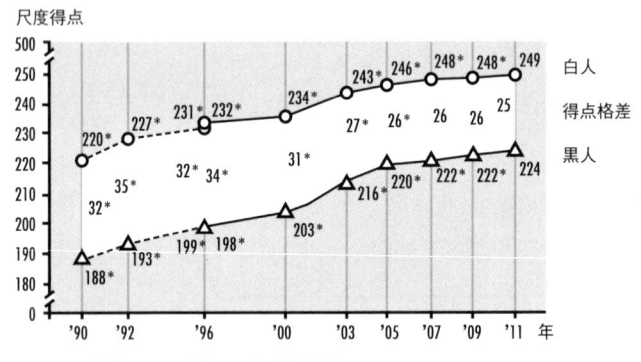

```
尺度得点
500
250                     243* 246* 248* 248* 249   白人
240         231* 232* 234*                 25
230  220* 227*              27  26* 26  26       得点格差
220        32* 34*  31*                          黒人
210  32* 35*            216 220* 222* 222* 224
200                 203*
190     193* 199* 198*
180  188*
0
   '90 '92 '96 '00 '03 '05 '07 '09 '11 年
```

----- 障害のある生徒への合理的配慮なし
―― 障害のある生徒への合理的配慮あり
*2011年と比べて有意差あり(有意水準5%以下)
注：黒人にはアフリカ系アメリカ人を含む。人種分類にはヒスパニック出身は含まない。得点格差は端数処理をしていない平均点の間の差異に基づいて計算されている。

補遺 425

図17. 白人生徒とヒスパニック生徒の4学年NAEP数学の平均点と得点格差の傾向

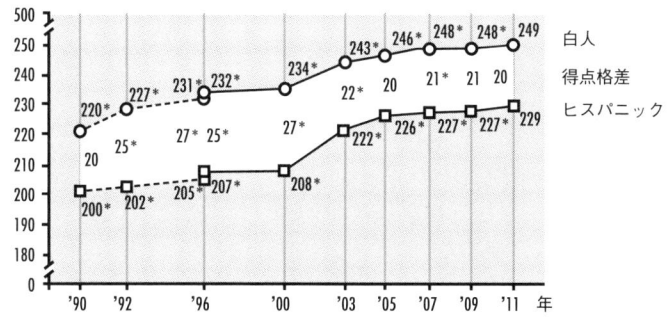

尺度得点

白人：220*, 227*, 231*, 232*, 234*, 243*, 246*, 248*, 248*, 249
得点格差：20, 25*, 27*, 25*, 27*, 22*, 20, 21*, 21, 20
ヒスパニック：200*, 202*, 205*, 207*, 208*, 222*, 226*, 227*, 227*, 229

年：'90 '92 '96 '00 '03 '05 '07 '09 '11

----- 障害のある生徒への合理的配慮なし
―― 障害のある生徒への合理的配慮あり
*2011年と比べて有意差あり（有意水準5％以下）
注：白人にはヒスパニック出身の生徒は含まない。ヒスパニックにはラティノが含まれる。
得点格差は端数処理をしていない平均点の間の差異に基づいて計算されている。

図18. アジア系／太平洋諸島先住民生徒と白人生徒の8学年NAEP数学の平均点と得点格差の傾向

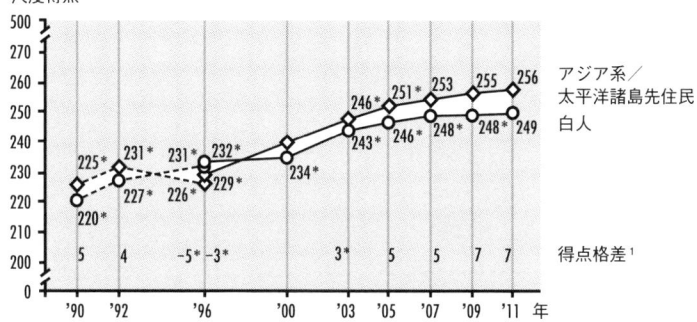

尺度得点

アジア系／太平洋諸島先住民：225*, 231*, 231*, 232*, 246*, 251*, 253, 255, 256
白人：220*, 227*, 226*, 229*, 234*, 243*, 246*, 248*, 248*, 249
得点格差[1]：5, 4, -5*, -3*, 3*, 5, 5, 7, 7

年：'90 '92 '96 '00 '03 '05 '07 '09 '11

----- 障害のある生徒への合理的配慮なし
―― 障害のある生徒への合理的配慮あり
#端数処理により0
*2011年と比べて有意差あり（有意水準5％以下）
[1] 得点格差はアジア系／太平洋諸島先住民生徒の得点から白人生徒の得点を引いた得点の平均を反映している。
注：特別な分析の結果、2000年のアジア系／太平洋諸島先住民生徒の成績結果の正確さと精密さについて懸念が指摘された。それゆえ、この図からはこの数字は除外されている。太平洋諸島先住民にはハワイ先住民が含まれる。人種分類にはヒスパニック出身は含まれない。得点格差は端数処理をしていない平均点の間の差異に基づいて計算されている。アジア系／太平洋諸島先住民生徒と白人生徒の間の1990年、1992年、1996年における得点の違いには統計学上の有意差は見られなかった。

図19. 白人生徒とアメリカ先住民／アラスカ先住民生徒の4学年NAEP数学の平均点と得点格差の傾向

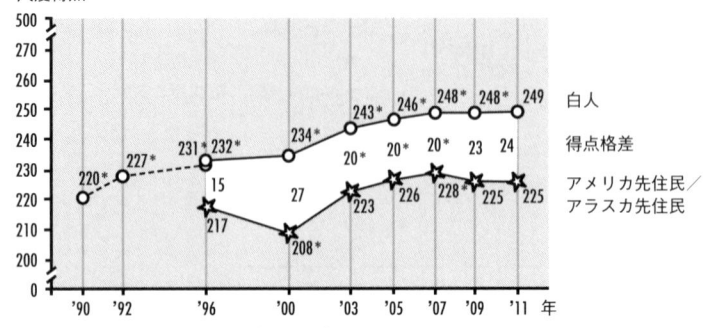

尺度得点

年	'90	'92	'96	'00	'03	'05	'07	'09	'11
白人	220*	227*	231*	232*	234*	243*	246*	248*	248*	249
得点格差			15	27		20*	20*	20*	23	24
アメリカ先住民／アラスカ先住民			217	208*	223	226	228*	225	225

------ 障害のある生徒への合理的配慮なし
―― 障害のある生徒への合理的配慮あり
*2011年と比べて有意差あり（有意水準5%以下）

注：障害のある生徒への合理的配慮なしの標本においては、1990年、1992年、1996年のアメリカ先住民／アラスカ先住民生徒に関する信頼できる得点予測を可能にするには標本数が十分ではなかった。人種分類にはヒスパニック出身は含まない。得点格差は端数処理をしていない平均点の差異に基づいて計算されている。アメリカ先住民／アラスカ先住民生徒と白人生徒の間の1996年における得点の違いには統計学上の有意差は見られなかった。

補 遺 427

図20. 人種・民族による4学年NAEP数学の達成度レベルの結果の傾向

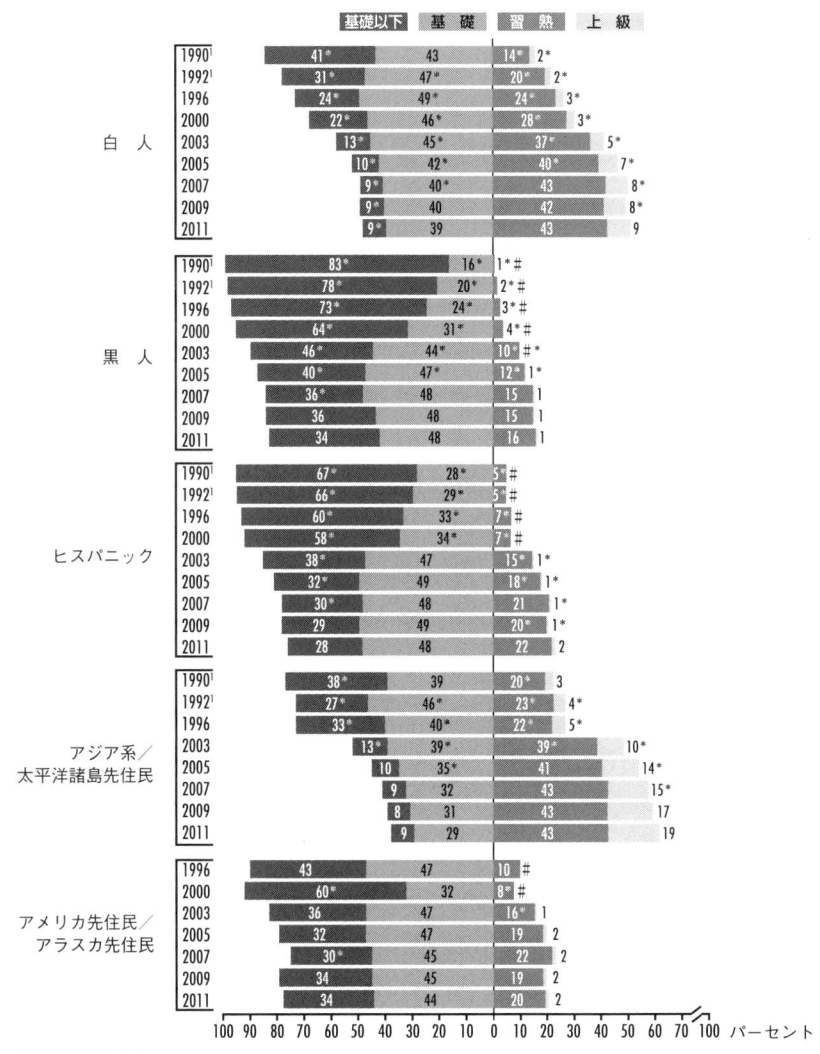

凡例: 基礎以下 | 基礎 | 習熟 | 上級

白人
年	基礎以下	基礎	習熟	上級
1990[1]	41*	43	14*	2*
1992[1]	31*	47*	20*	2*
1996	24*	49*	24*	3*
2000	22*	46*	28*	3*
2003	13*	45*	37*	5*
2005	10*	42*	40*	7*
2007	9*	40*	43	8*
2009	9*	40	42	8*
2011	9*	39	43	9

黒人
年	基礎以下	基礎	習熟	上級
1990[1]	83*	16*	1*	#
1992[1]	78*	20*	2*	#
1996	73*	24*	3*	#
2000	64*	31*	4*	#
2003	46*	44*	10*	# *
2005	40*	47*	12*	1*
2007	36*	48	15	1
2009	36	48	15	1
2011	34	48	16	1

ヒスパニック
年	基礎以下	基礎	習熟	上級
1990[1]	67*	28*	5*	#
1992[1]	66*	29*	5*	#
1996	60*	33*	7*	#
2000	58*	34*	7*	#
2003	38*	47	15*	1*
2005	32*	49	18*	1*
2007	30*	48	21	1*
2009	29	49	20*	1*
2011	28	48	22	2

アジア系／太平洋諸島先住民
年	基礎以下	基礎	習熟	上級
1990[1]	38*	39	20*	3
1992[1]	27*	46*	23*	4*
1996	33*	40*	22*	5*
2003	13*	39*	39*	10*
2005	10	35*	41	14*
2007	9	32	43	15*
2009	8	31	43	17
2011	9	29	43	19

アメリカ先住民／アラスカ先住民
年	基礎以下	基礎	習熟	上級
1996	43	47	10	#
2000	60*	32	8*	#
2003	36	47	16*	1
2005	32	47	19	2
2007	30*	45	22	2
2009	34	45	19	2
2011	34	44	20	2

\# 端数処理により0
*2011年と比べて有意差あり (有意水準5%以下)
[1] 障害のある生徒への合理的配慮なし

注：特別な分析の結果、2000年のアジア系／太平洋諸島先住民生徒の成績結果の正確さと精密さについて懸念が指摘された。それゆえ、この図からはこの数字は除外されている。1990年と1992年のアメリカ先住民／アラスカ先住民生徒に関する信頼できる得点予測を可能にするには標本数が十分ではなかった。黒人にはアフリカ系アメリカ人が含まれていて、ヒスパニックにはラティノが含まれていて、太平洋諸島先住民にはハワイ先住民が含まれている。人種分類にはヒスパニック出身は含まない。人種・民族が分類できない、または二つかそれ以上の人種・民族を持つ生徒の結果はここには含まれない。個々の数字は端数処理のため、その合計が総合計とは一致しない場合がある。

図21. 8学年NAEP数学の平均点の傾向

尺度得点

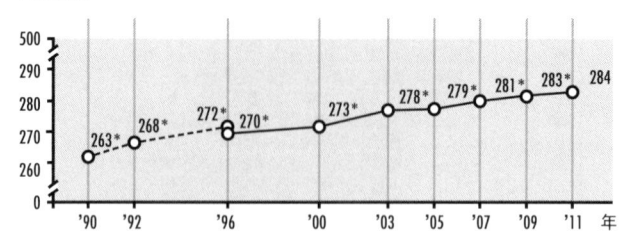

'90: 263*
'92: 268*
'96: 272*, 270*
'00: 273*
'03: 278*
'05: 279*
'07: 281*
'09: 283*
'11: 284

------ 障害のある生徒への合理的配慮なし
―――― 障害のある生徒への合理的配慮あり
*2011年と比べて有意差あり(有意水準5%以下)

図22. 8学年NAEP数学の達成度レベルの結果の傾向

パーセント

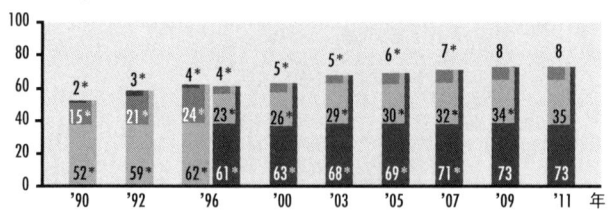

年	上級(配慮なし)	習熟以上(配慮なし)	基礎以上(配慮なし)	上級(配慮あり)	習熟以上(配慮あり)	基礎以上(配慮あり)
'90	2*	15*	52*			
'92	3*	21*	59*			
'96	4*	24*	62*	4*	23*	61*
'00				5*	26*	63*
'03				5*	29*	68*
'05				6*	30*	69*
'07				7*	32*	71*
'09				8	34*	73
'11				8	35	73

■ % 上級　　　■ % 上級
■ % 習熟またはそれ以上　　■ % 習熟またはそれ以上
■ % 基礎またはそれ以上　　■ % 基礎またはそれ以上
障害のある生徒への合理的配慮なし　　障害のある生徒への合理的配慮あり
*2011年と比べて有意差あり(有意水準5%以下)

図23. 白人生徒と黒人生徒の8学年NAEP数学の平均点と得点格差の傾向

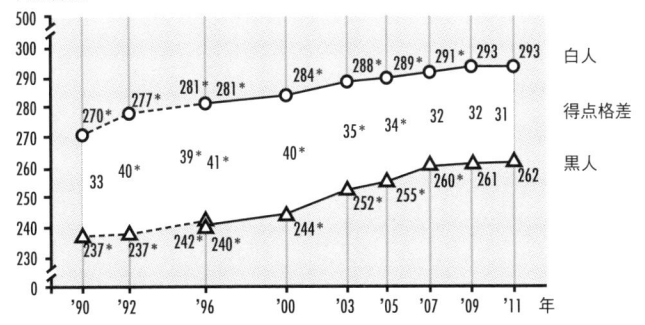

尺度得点

白人の得点: '90: 270*, '92: 277*, '96: 281*, '96: 281*, '00: 284*, '03: 288*, '05: 289*, '07: 291*, '09: 293, '11: 293

得点格差: 33, 40*, 39*, 41*, 40*, 35*, 34*, 32, 32, 31

黒人の得点: '90: 237*, '92: 237*, '96: 242*, '96: 240*, '00: 244*, '03: 252*, '05: 255*, '07: 260*, '09: 261, '11: 262

------ 障害のある生徒への合理的配慮なし
―――― 障害のある生徒への合理的配慮あり
*2011年と比べて有意差あり(有意水準5%以下)
注:黒人はアフリカ系アメリカ人を含む。人種分類にヒスパニック出身は含まない。
得点格差は端数処理をしていない平均点の間の差異に基づいて計算されている。

図24. 白人生徒とヒスパニック生徒の8学年NAEP数学の平均点と得点格差の傾向

尺度得点

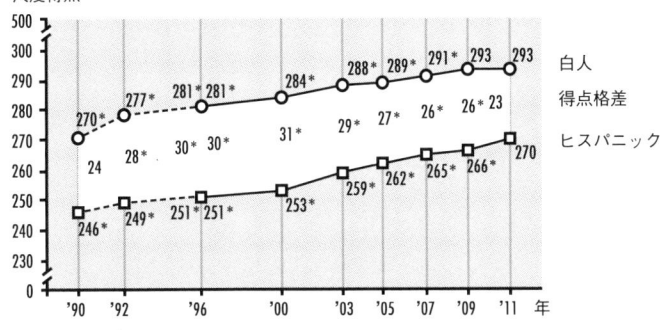

白人の得点: '90: 270*, '92: 277*, '96: 281*, '96: 281*, '00: 284*, '03: 288*, '05: 289*, '07: 291*, '09: 293, '11: 293

得点格差: 24, 28*, 30*, 30*, 31*, 29*, 27*, 26*, 26*, 23

ヒスパニックの得点: '90: 246*, '92: 249*, '96: 251*, '96: 251*, '00: 253*, '03: 259*, '05: 262*, '07: 265*, '09: 266*, '11: 270

------ 障害のある生徒への合理的配慮なし
―――― 障害のある生徒への合理的配慮あり
*2011年と比べて有意差あり(有意水準5%以下)
注:白人にはヒスパニック出身の生徒は含まない。ヒスパニックにはラティノが含まれる。
得点格差は端数処理をしていない平均点の間の差異に基づいて計算されている。

図25. アジア系／太平洋諸島先住民生徒と白人生徒の4学年NAEP数学の平均点と得点格差の傾向

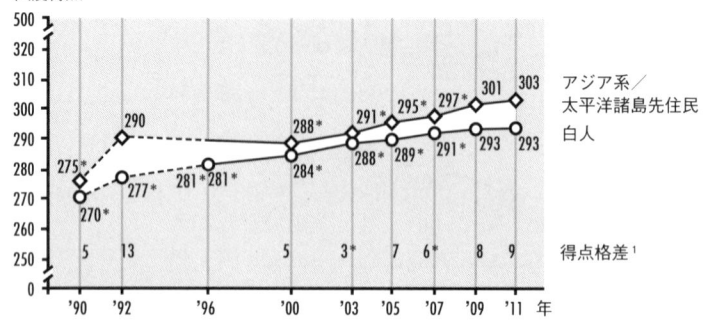

尺度得点

年	'90	'92	'96	'00	'03	'05	'07	'09	'11
アジア系／太平洋諸島先住民	275*	290		281*	288*	291*	295*	297*	301	303
白人	270*	277*	281*	284*	288*	289*	291*	293	293
得点格差[1]	5	13		5	3*	7	6*	8	9

----- 障害のある生徒への合理的配慮なし
―― 障害のある生徒への合理的配慮あり
#端数処理により0
*2011年と比べて有意差あり(有意水準5％以下)
[1] 得点格差はアジア系／太平洋諸島先住民生徒の得点から白人生徒の得点を引いた得点の平均を反映している。
注：特別な分析の結果、1996年のアジア系／太平洋諸島先住民生徒の成績結果の正確さと精密さについて懸念が指摘された。それゆえ、この図からはこの数字は除外されている。太平洋諸島先住民にはハワイ先住民が含まれる。人種分類にはヒスパニック出身は含まれない。得点格差は端数処理をしていない平均点の間の差異に基づいて計算されている。アジア系／太平洋諸島先住民生徒と白人生徒の間の1990年、1992年、2000年における得点の違いには統計学上の有意差は見られなかった。

図26. 白人生徒とアメリカ先住民／アラスカ先住民の8学年NAEP数学の平均点と得点格差の傾向

尺度得点

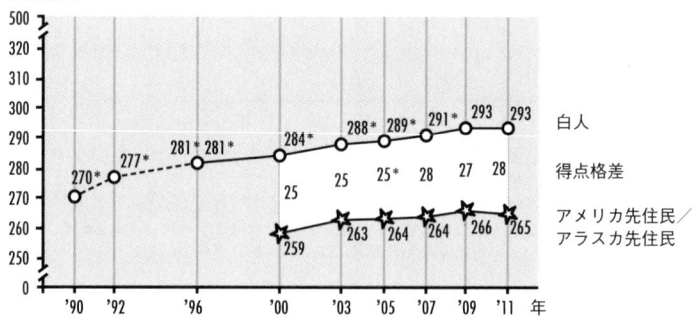

年	'90	'92	'96	'00	'03	'05	'07	'09	'11
白人	270*	277*	281*	281*	284*	288*	289*	291*	293	293
得点格差				25	25	25*	28	27	28
アメリカ先住民／アラスカ先住民				259	263	264	264	266	265

----- 障害のある生徒への合理的配慮なし
―― 障害のある生徒への合理的配慮あり
*2011年と比べて有意差あり(有意水準5％以下)
注：1990年、1992年、1996年のアメリカ先住民／アラスカ先住民生徒に関する信頼できる得点予測を可能にするには標本数が十分ではなかった。人種分類にはヒスパニック出身は含まない。得点格差は端数処理をしていない平均点の差異に基づいて計算されている。

図27. 人種・民族による8学年NAEP数学の達成度レベルの結果の傾向

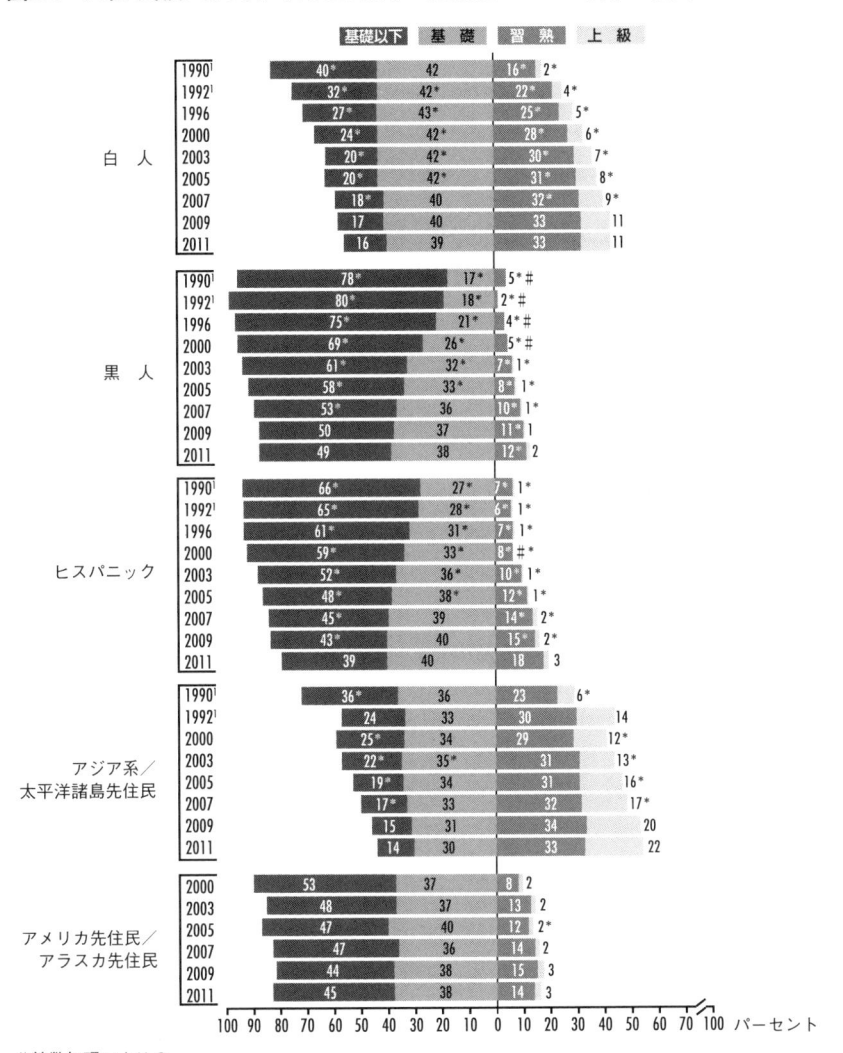

凡例: 基礎以下 | 基礎 | 習熟 | 上級

白人

年	基礎以下	基礎	習熟	上級
1990[1]	40*	42	16*	2*
1992[1]	32*	42*	22*	4*
1996	27*	43*	25*	5*
2000	24*	42*	28*	6*
2003	20*	42*	30*	7*
2005	20*	42*	31*	8*
2007	18*	40	32*	9*
2009	17	40	33	11
2011	16	39	33	11

黒人

年	基礎以下	基礎	習熟	上級
1990[1]	78*	17*	5*	#
1992[1]	80*	18*	2*	#
1996	75*	21*	4*	#
2000	69*	26*	5*	#
2003	61*	32*	7*	1*
2005	58*	33*	8*	1*
2007	53*	36	10*	1*
2009	50	37	11*	1
2011	49	38	12*	2

ヒスパニック

年	基礎以下	基礎	習熟	上級
1990[1]	66*	27*	7*	1*
1992[1]	65*	28*	6*	1*
1996	61*	31*	7*	1*
2000	59*	33*	8*	# *
2003	52*	36*	10*	1*
2005	48*	38*	12*	1*
2007	45*	39	14*	2*
2009	43*	40	15*	2*
2011	39	40	18	3

アジア系／太平洋諸島先住民

年	基礎以下	基礎	習熟	上級
1990[1]	36*	36	23	6*
1992[1]	24	33	30	14
2000	25*	34	29	12*
2003	22*	35*	31	13*
2005	19*	34	31	16*
2007	17*	33	32	17*
2009	15	31	34	20
2011	14	30	33	22

アメリカ先住民／アラスカ先住民

年	基礎以下	基礎	習熟	上級
2000	53	37	8	2
2003	48	37	13	2
2005	47	40	12	2*
2007	47	36	14	2
2009	44	38	15	3
2011	45	38	14	3

＃端数処理により0
*2011年と比べて有意差あり（有意水準5%以下）
[1] 障害のある生徒への合理的配慮なし

注：特別な分析の結果、1996年のアジア系／太平洋諸島先住民生徒の成績結果の正確さと精密さについて懸念が指摘された。それゆえ、この図からはこの数字は除外されている。1990年、1992年、1996年のアメリカ先住民／アラスカ先住民生徒に関する信頼できる得点予測を可能にするには標本数が十分ではなかった。黒人にはアフリカ系アメリカ人が含まれていて、ヒスパニックにはラティノが含まれていて、太平洋諸島先住民にはハワイ先住民が含まれている。人種分類にはヒスパニック出身は含まない。人種・民族が分類できない、または二つかそれ以上の人種・民族を持つ生徒の結果はここには含まれない。個々の数字は端数処理のため、その合計が総合計とは一致しない場合がある。

図28. 9歳、13歳、17歳の生徒のNAEP読解の平均点の傾向

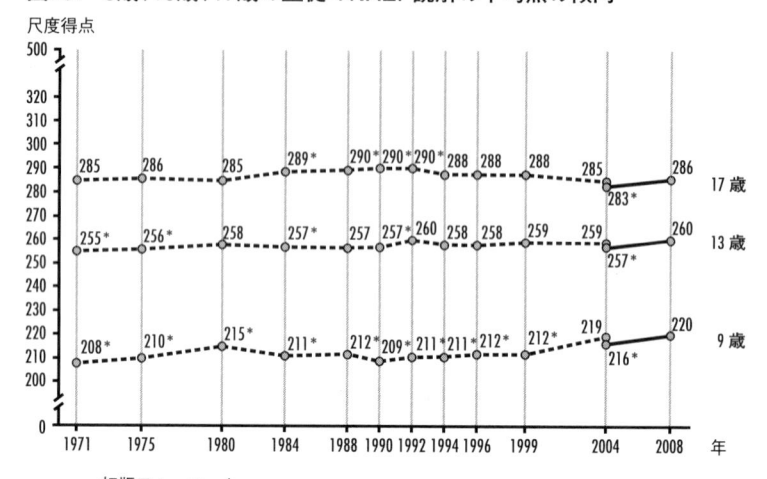

尺度得点

17歳: 285, 286, 285, 289*, 290*, 290*, 290*, 288, 288, 288, 285, 283*, 286
13歳: 255*, 256*, 258, 257*, 257, 257*, 260, 258, 258, 259, 259, 257*, 260
9歳: 208*, 210*, 215*, 211*, 212*, 209*, 211*, 211*, 212*, 212*, 219, 216*, 220

年: 1971, 1975, 1980, 1984, 1988, 1990, 1992, 1994, 1996, 1999, 2004, 2008

----- 初版フォーマット
——— 改訂版フォーマット
*2011年と比べて有意差あり(有意水準5%以下)

図29. 9歳、13歳、17歳の生徒のNAEP数学の平均点の傾向

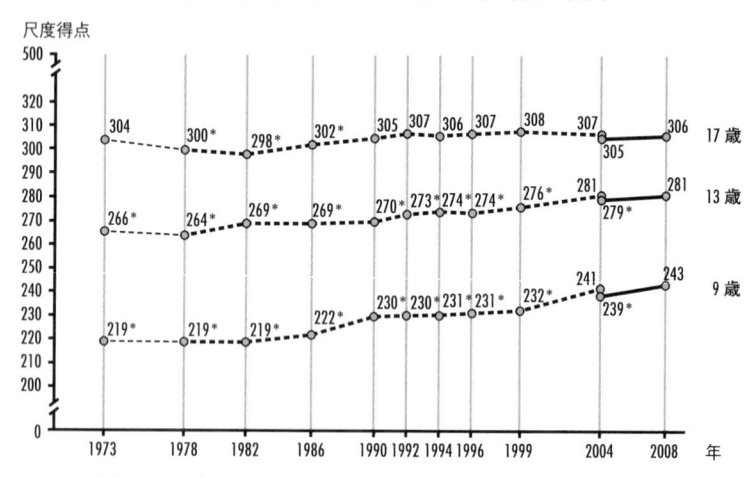

尺度得点

17歳: 304, 300*, 298*, 302*, 305, 307, 306, 307, 308, 307, 305, 306
13歳: 266*, 264*, 269*, 269*, 270*, 273*, 274*, 274*, 276*, 281, 279*, 281
9歳: 219*, 219*, 219*, 222*, 230*, 230*, 231*, 231*, 232*, 241, 239*, 243

年: 1973, 1978, 1982, 1986, 1990, 1992, 1994, 1996, 1999, 2004, 2008

------ 推定データ
------ 初版フォーマット
——— 改訂版フォーマット
*2011年と比べて有意差あり(有意水準5%以下)

補遺 433

図30. 人種・民族による4学年NAEP読解の達成度レベルの結果の傾向

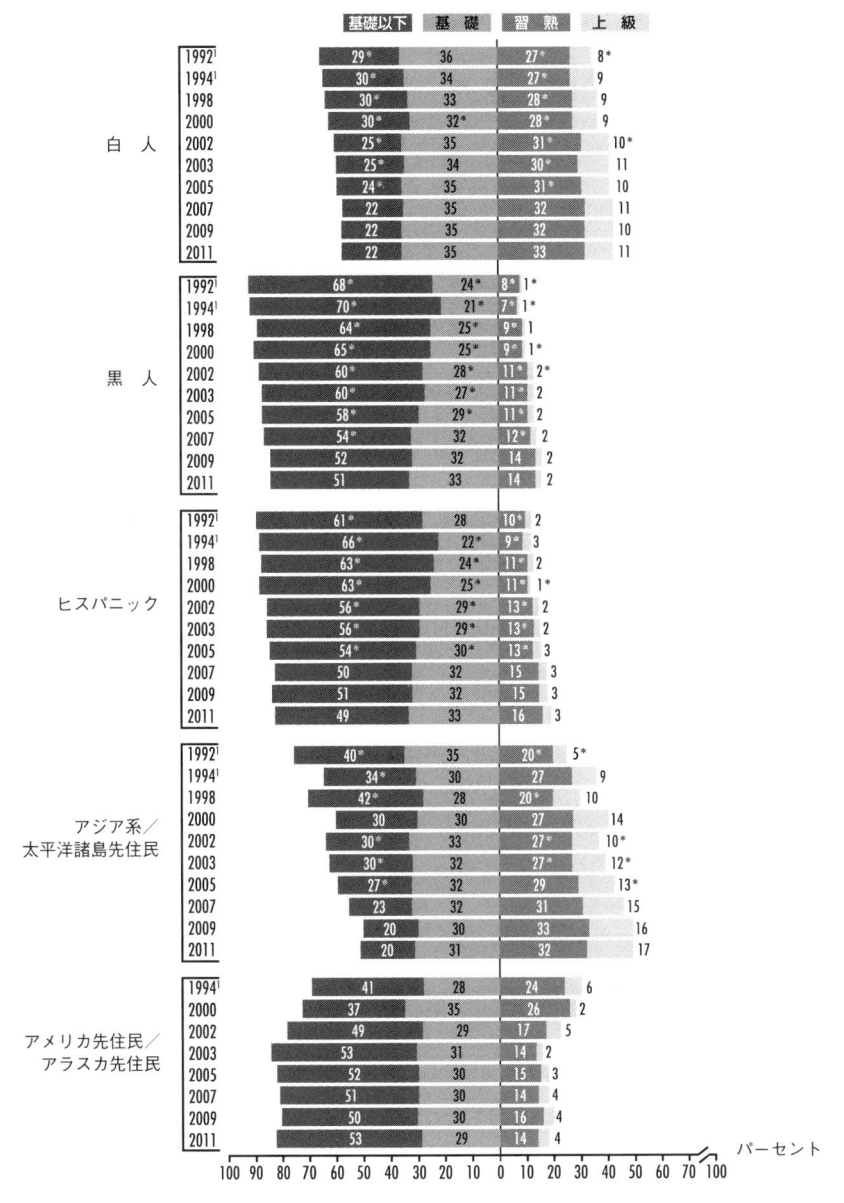

凡例: 基礎以下 | 基礎 | 習熟 | 上級

白人

年	基礎以下	基礎	習熟	上級
1992[1]	29*	36	27*	8*
1994[1]	30*	34	27*	9
1998	30*	33	28*	9
2000	30*	32*	28*	9
2002	25*	35	31*	10*
2003	25*	34	30*	11
2005	24*	35	31*	10
2007	22	35	32	11
2009	22	35	32	10
2011	22	35	33	11

黒人

年	基礎以下	基礎	習熟	上級
1992[1]	68*	24*	8*	1*
1994[1]	70*	21*	7*	1*
1998	64*	25*	9*	1
2000	65*	25*	9*	1*
2002	60*	28*	11*	2*
2003	60*	27*	11*	2
2005	58*	29*	11*	2
2007	54*	32	12*	2
2009	52	32	14	2
2011	51	33	14	2

ヒスパニック

年	基礎以下	基礎	習熟	上級
1992[1]	61*	28	10*	2
1994[1]	66*	22*	9*	3
1998	63*	24*	11*	2
2000	63*	25*	11*	1*
2002	56*	29*	13*	2
2003	56*	29*	13*	2
2005	54*	30*	13*	2
2007	50	32	15	3
2009	51	32	15	3
2011	49	33	16	3

アジア系／太平洋諸島先住民

年	基礎以下	基礎	習熟	上級
1992[1]	40*	35	20*	5*
1994[1]	34*	30	27	9
1998	42*	28	20*	10
2000	30	30	27	14
2002	30*	33	27*	10*
2003	30*	32	27*	12*
2005	27*	32	29	13*
2007	23	32	31	15
2009	20	30	33	16
2011	20	31	32	17

アメリカ先住民／アラスカ先住民

年	基礎以下	基礎	習熟	上級
1994[1]	41	28	24	6
2000	37	35	26	2
2002	49	29	17*	5
2003	53	31	14*	2
2005	52	30	15	3
2007	51	30	14*	4
2009	50	30	16	4
2011	53	29	14	4

パーセント

*2011年と比べて有意差あり(有意水準5％以下)
[1] 障害のある生徒への合理的配慮なし
注：1992年と1998年のアメリカ先住民／アラスカ先住民生徒に関する信頼できる得点予測を可能にするには標本数が十分ではなかった。黒人にはアフリカ系アメリカ人が含まれていて、ヒスパニックにはラティノが含まれていて、太平洋諸島先住民にはハワイ先住民が含まれている。人種分類にはヒスパニック出身は含まない。人種・民族が分類できない、または二つかそれ以上の人種・民族を持つ生徒の結果はここには含まれない。個々の数字は端数処理のため、その合計が総合計とは一致しない場合がある。

図31. 人種・民族による8学年NAEP読解の達成度レベルの結果の傾向

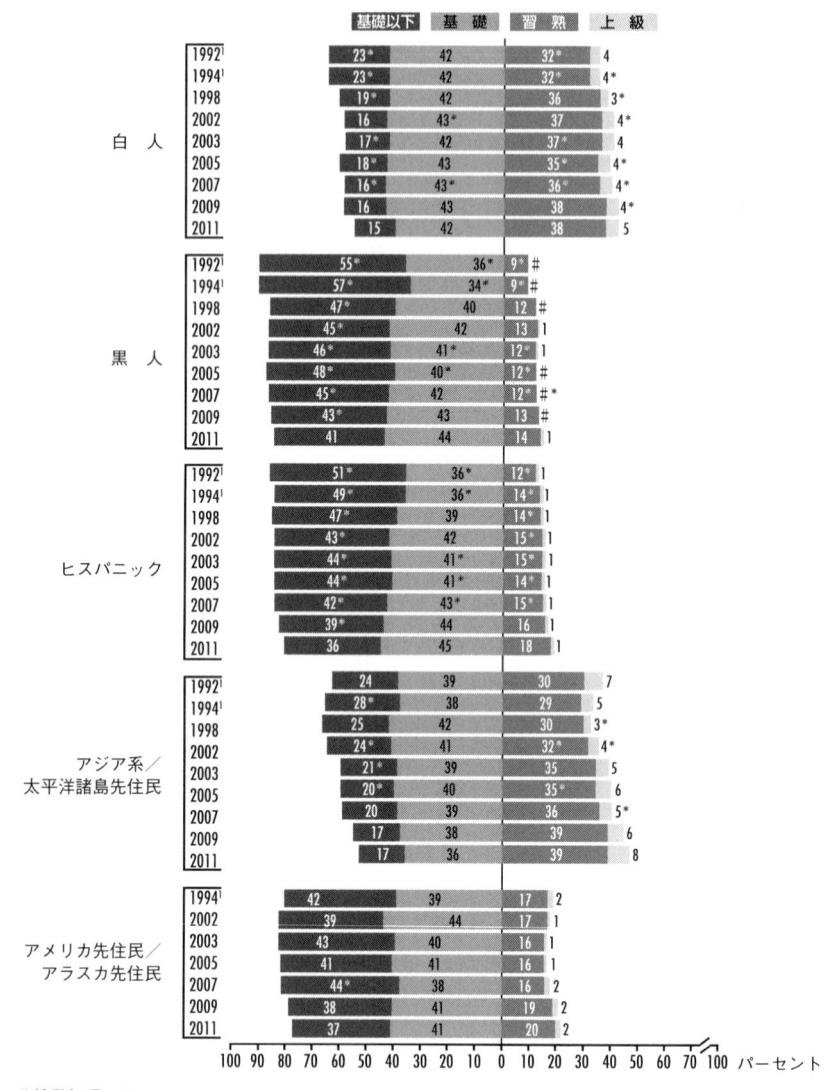

凡例: 基礎以下 | 基礎 | 習熟 | 上級

白人

年	基礎以下	基礎	習熟	上級
1992[1]	23*	42	32*	4
1994[1]	23*	42	32*	4*
1998	19*	42	36	3*
2002	16	43*	37	4*
2003	17*	42	37*	4
2005	18*	43	35*	4*
2007	16*	43*	36*	4*
2009	16	43	38	4*
2011	15	42	38	5

黒人

年	基礎以下	基礎	習熟	上級
1992[1]	55*	36*	9*	#
1994[1]	57*	34*	9*	#
1998	47*	40	12	#
2002	45*	42	13	1
2003	46*	41*	12*	1
2005	48*	40*	12*	#
2007	45*	42	12*	#*
2009	43*	43	13	#
2011	41	44	14	1

ヒスパニック

年	基礎以下	基礎	習熟	上級
1992[1]	51*	36*	12*	1
1994[1]	49*	36*	14*	1
1998	47*	39	14*	1
2002	43*	42	15*	1
2003	44*	41*	15*	1
2005	44*	41*	14*	1
2007	42*	43*	15*	1
2009	39*	44	16	1
2011	36	45	18	1

アジア系／太平洋諸島先住民

年	基礎以下	基礎	習熟	上級
1992[1]	24	39	30	7
1994[1]	28*	38	29	5
1998	25	42	30	3*
2002	24*	41	32*	4*
2003	21*	39	35	5
2005	20*	40	35*	6
2007	20	39	36	5*
2009	17	38	39	6
2011	17	36	39	8

アメリカ先住民／アラスカ先住民

年	基礎以下	基礎	習熟	上級
1994[1]	42	39	17	2
2002	39	44	17	1
2003	43	40	16	1
2005	41	41	16	1
2007	44*	38	16	2
2009	38	41	19	2
2011	37	41	20	2

＃端数処理により0
*2011年と比べて有意差あり（有意水準5％以下）
[1] 障害のある生徒への合理的配慮なし
注：1992年と1998年のアメリカ先住民／アラスカ先住民生徒に関する信頼できる得点予測を可能にするには標本数が十分ではなかった。黒人にはアフリカ系アメリカ人が含まれていて、ヒスパニックにはラティノが含まれていて、太平洋諸島先住民にはハワイ先住民が含まれている。人種分類にはヒスパニック出身は含まない。人種・民族が分類できない生徒の結果はここには含まれない。個々の数字は端数処理のため、その合計が総合計とは一致しない場合がある。

図32. 新入生の公立ハイスクール卒業率—1990-91年度から2008-9年度まで

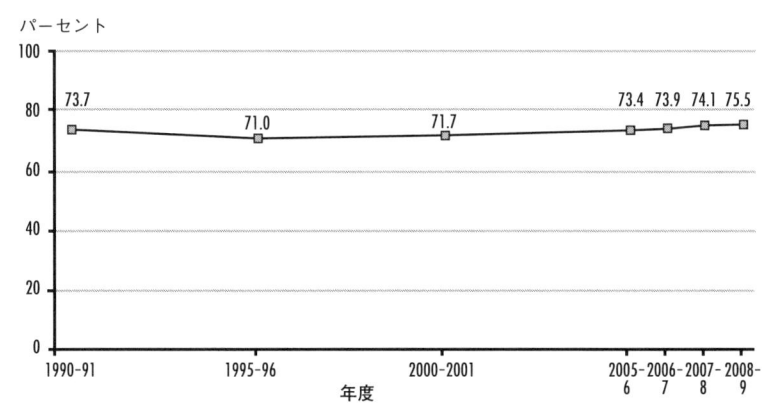

パーセント

グラフデータ:
- 1990-91: 73.7
- 1995-96: 71.0
- 2000-2001: 71.7
- 2005-6: 73.4
- 2006-7: 73.9
- 2007-8: 74.1
- 2008-9: 75.5

注：新入生の平均された卒業率とは、卒業生の人数を、4年前の新入生の推定人数で割ったもの。この新入生の人数は、5年前の8年生の人数、4年前の9年生の人数、そして3年前の10年生の人数を合計してそれを3で割った人数である。学年別に分類されていない生徒は、それぞれの州におけるこれらの学年の新入学生の比率に応じてそれぞれの学年に振り分けられる。卒業生とは通常の卒業証書、または州やその学校を管轄する学区によって定義されている名誉卒業証書のような上級の学力達成度を示す証明書を獲得した生徒のみを含んでいる。2005-6年度の全米の予想値には、コロンビア特別区、ペンシルベニア州、サウス・カロナイナ州における統計上の推定値が含まれている。2007-8年度におけるメイン州の予想値には半民間学校からの卒業生が含まれている。2008-9年度の全米の予想値の中にはカリフォルニア州とネバダ州に関する統計上の推定値が含まれている。

出典：U.S. Department of Education, National Center for Education Statistics, Common Core of Data (CCD), "NCES Common Core of Data State Dropout and Completion Data File," school year 2007-8; 2008-9, Version 1a; and "State Nonfiscal Survey of Public Elementary/Secondary Education," 1990-91, Version 1b; 1995-96, Version 1b; 2000-2001, Version 1b; 2005-6, Version 1b; and 2006-7, Version 1b.

図33. 現在ハイスクールやそれ以下の学校に在籍していない18歳から24歳までの年齢集団の人種・民族によるステータス修了率—1972年10月から2009年10月まで

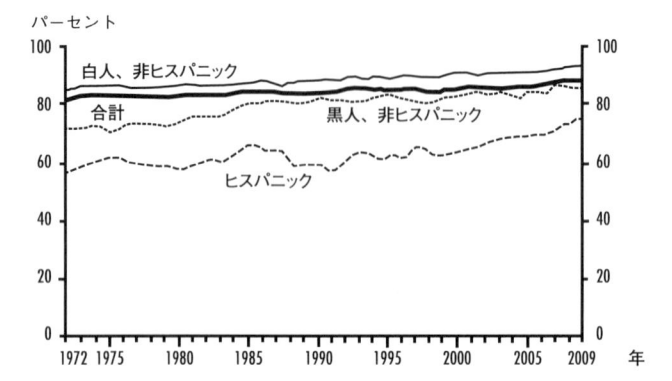

パーセント

[グラフ: 白人、非ヒスパニック／合計／黒人、非ヒスパニック／ヒスパニック、1972年から2009年まで]

注：ステータス修了率は、18歳から24歳までの年齢集団の中のハイスクールに在籍していなくて、ハイスクールの卒業証書あるいは一般教育修了認定（GED）証明書のようなそのほかの成績証明書を持っている人数の比率を示す。今でもハイスクールに在籍している生徒はこの分析からは除外される。2003年の初めまでは、回答者は自分たち自身を二つか三つの人種であると特定することができていた。2003年から2009年の白人と非ヒスパニック、黒人と非ヒスパニックという人種分類には、単一の人種であると回答した人しか含まれてはいない。ヒスパニックの分類の中には、すべての人種の中でヒスパニックと分類された者と人種の結合した者が含まれている。この図の中のある年あるいはすべての年において、ヒスパニックではないアジア系／太平洋諸島先住民とアメリカ先住民／アラスカ先住民に関する標本数が小さいために、この図の合計にはその数字を含めるが、個別には示していない。2003年から2009年にかけて「二つか三つの人種であるがヒスパニックではない」分類に属する人々は、合計には含まれているが、標本数が小さいために個別での表示はされていない。ヒスパニックのステータス修了率の可変性は、ある部分、初期の人口動態調査（CPS）においてヒスパニックの標本数が小さかったことを反映している。1987年から予想値は、学校の在籍に関するデータがない場合に対する新しい整理方法を反映している。1992年になると予想値は、教育達成度に関する項目の新しい表現方法を反映している。1994年以降の予想値には、新しく開発されたコンピュータを用いたインタビューによる変化が反映されている。CPSに関するこれまでの変化の詳細については、以下を参照されたい。P. Kaufman, M.N. Alt, and C. Chapman, *Dropout Rates in the United States, 2001* (NCES 2005-046) (Washington D.C. National Center for Education Statistics, Institute of Education Sciences, U.S. Department of Education, 2004).

出典：U.S. Department of Commerce, Census Bureau, Current Population Survey (CPS), October 1972-2009.

図34. 現在ハイスクールやそれ以下の学校に在籍していない18歳から24歳までの
年齢集団の人種・民族、性別によるステータス修了率—2009年10月

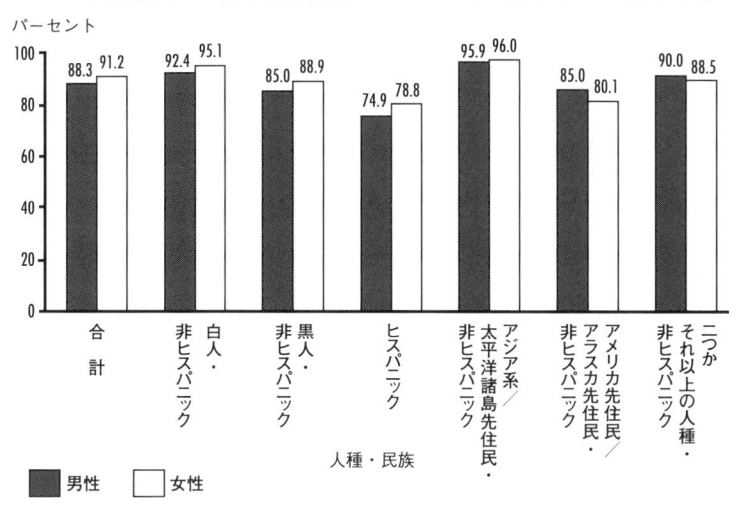

パーセント

人種・民族	男性	女性
合計	88.3	91.2
白人・非ヒスパニック	92.4	95.1
黒人・非ヒスパニック	85.0	88.9
ヒスパニック	74.9	78.8
アジア系/太平洋諸島先住民・非ヒスパニック	95.9	96.0
アメリカ先住民/アラスカ先住民・非ヒスパニック	85.0	80.1
二つかそれ以上の人種・非ヒスパニック	90.0	88.5

注：ステータス修了率は、18歳から24歳までの年齢集団の中のハイスクールに在籍していなくて、ハイスクールの卒業証書あるいは一般教育修了認定（GED）証明書のようなそのほかの成績証明書を持っている人数の比率を示す。今でもハイスクールに在籍している生徒はこの分析からは除外される。回答者は自分たち自身を二つか三つの人種であると特定することができていた。白人と非ヒスパニック、黒人と非ヒスパニック、アジア系/太平洋諸島先住民と非ヒスパニック、アメリカ先住民/アラスカ先住民と非ヒスパニックという人種分類には、単一の人種であり、非ヒスパニックであると特定した人しか含まれてはいない。非ヒスパニックの中で自分を多人種であると特定した人は「二つか三つの人種であるがヒスパニックではない」分類に含まれている。ヒスパニックの分類の中にはすべての人種の中でヒスパニックと分類された者と人種の結合した者が含まれている。

出典：U.S. Department of Commerce, Census Bureau, Current Population Survey (CPS), October 2009.

図35. 公立ハイスクールの9学年から12学年の間での人種・民族によるイベント中退率—2009-10年度

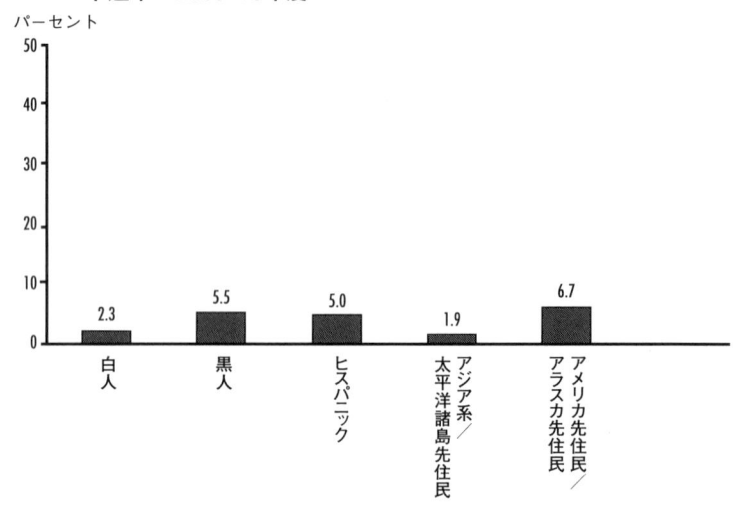

パーセント

人種・民族	パーセント
白人	2.3
黒人	5.5
ヒスパニック	5.0
アジア系/太平洋諸島先住民	1.9
アメリカ先住民/アラスカ先住民	6.7

出典：U.S. Department of Education, National Center for Education Statistics, Common Core of Data (CCD, NCES), Common Core of Data State Dropout and Completion Data file, School Year 2009-10. Version 1a.

図36. 16歳から24歳までの年齢集団の人種・民族によるステータス中退率 ―1972年10月から2009年10月まで

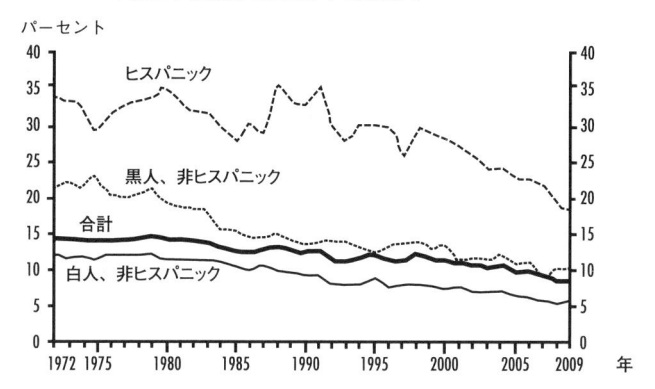

注：ステータス中退率は、16歳から24歳までの年齢集団の中のハイスクールに在籍していなくて、ハイスクールの卒業証書あるいは一般教育修了認定（GED）証明書のようなそのほかの成績証明書を持っていない人数の比率を示す。2003年の初めまでは、回答者は自分たち自身を二つか三つの人種であると特定することができていた。2003年から2009年の白人と非ヒスパニック、黒人と非ヒスパニック、という人種分類には、単一の人種であると回答した人しか含まれてはいない。ヒスパニックの分類の中にはすべての人種の中でヒスパニックと分類された者と人種の結合した者が含まれている。この図の中のある年あるいはすべての年において、ヒスパニックではないアジア系／太平洋諸島先住民とアメリカ先住民／アラスカ先住民に関する標本数が小さいために、この図の合計にはその数字を含めてあるが、個別には示していない。2003年から2009年にかけて「二つか三つの人種であるがヒスパニックではない」分類に属する人々は、合計には含まれているが、標本数が小さいために個別での表示はされていない。ヒスパニックのステータス中退率の可変性は、ある部分、初期の人口動態調査（CPS）においてヒスパニックの標本数が小さかったことを反映している。1987年から予想値は、学校の在籍に関するデータがない場合に対する新しい整理方法を反映している。1992年になると予想値は、教育達成度に関する項目の新しい表現方法を反映している。1994年以降の予想値には、新しく開発されたコンピュータを用いたインタビューによる変化が反映されている。CPSに関するこれまでの変化の詳細については、以下を参照されたい。P・カウフマン、N・N・アルト、C・チャップマン『合衆国における中退率2001年』（NCES 2005-046）（ワシントンD.C.：全米教育統計センター、教育科学研究所、連邦教育省、2004年）。

出典：U.S. Department of Commerce, Census Bureau, Current Population Survey (CPS), October 1972-2009.

図37. 16歳から24歳までの年齢集団の人種・民族、性別によるステータス修了率—2009年10月

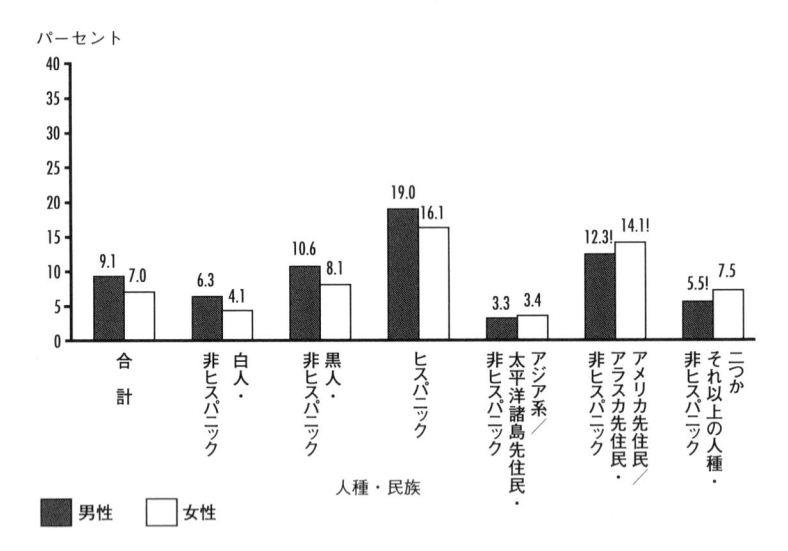

パーセント

人種・民族	男性	女性
合計	9.1	7.0
白人・非ヒスパニック	6.3	4.1
黒人・非ヒスパニック	10.6	8.1
ヒスパニック	19.0	16.1
アジア系/太平洋諸島先住民・非ヒスパニック	3.3	3.4
アメリカ先住民/アラスカ先住民・非ヒスパニック	12.3!	14.1!
二つかそれ以上の人種・非ヒスパニック	5.5!	7.5

！このデータの解釈には要注意。この予想の変動係数は30％かそれ以上である。
注：ステータス中退率は、16歳から24歳までの年齢集団の中のハイスクールに在籍していなくて、ハイスクールの成績証明書を持っていない人数の比率を示す。このハイスクールの成績証明書は、ハイスクールの卒業証書と一般教育修了認定（GED）証明書のようなそのほかの成績証明書を含んでいる。回答者は自分たち自身を二つか三つの人種であると特定することができていた。白人と非ヒスパニック、黒人と非ヒスパニック、アジア系／太平洋諸島先住民と非ヒスパニック、アメリカ先住民／アラスカ先住民と非ヒスパニック、という人種分類には、自分が単一の人種であり、ヒスパニックではないと特定した人しか含まれてはいない。非ヒスパニックの中で自分を多人種であると特定した人は、「二つか三つの人種であるがヒスパニックではない」分類に含まれている。ヒスパニックの分類の中にはすべての人種の中でヒスパニックと分類された者と人種の結合した者が含まれている。
出典：U.S. Department of Commerce, Census Bureau, Current Population Survey (CPS), October 2009.

図38. 2010年において少なくとも後期中等教育を修了している人口

この数字は、25歳から34歳までと55歳から64歳までの年齢層の中で、少なくとも後期中等教育を受けた人の割合である。この数十年における急速な教育の拡大が、より若い人々がより高い教育を受けていることを意味している。

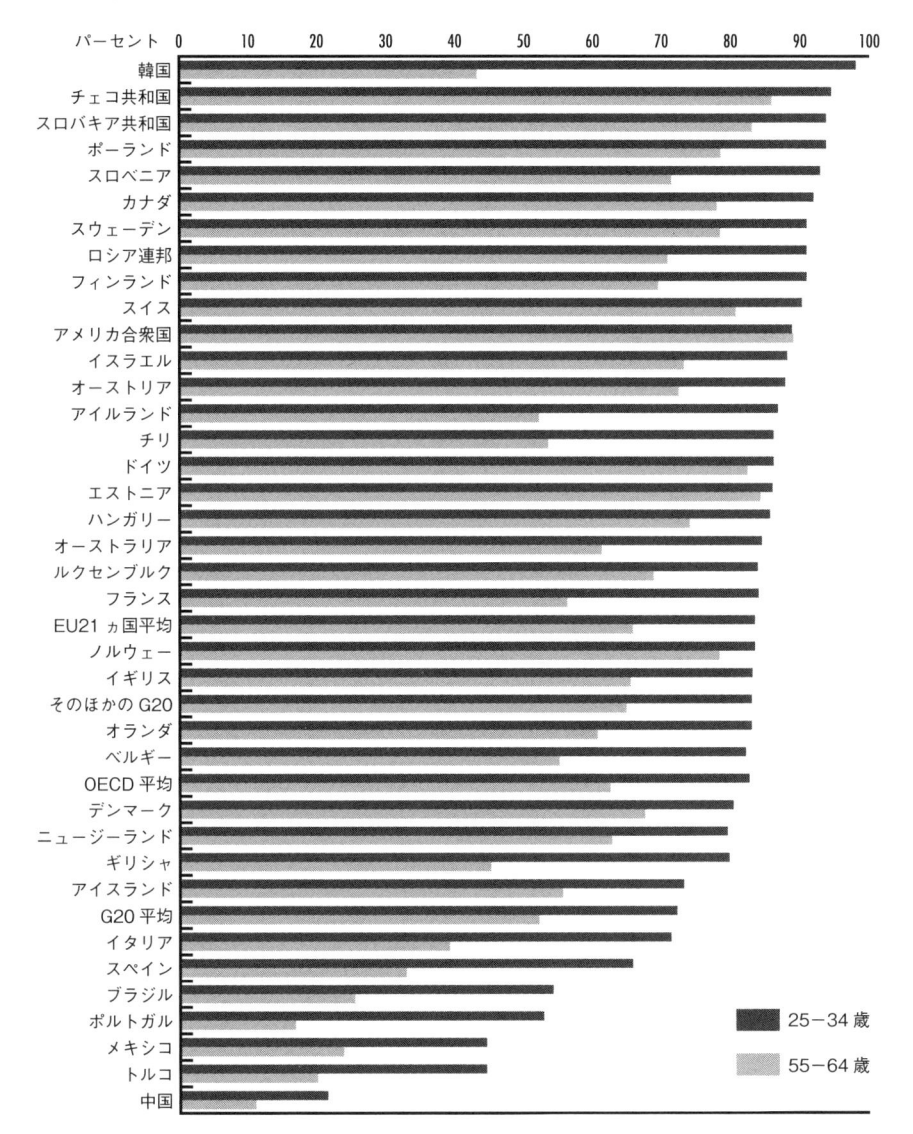

国	
韓国	
チェコ共和国	
スロバキア共和国	
ポーランド	
スロベニア	
カナダ	
スウェーデン	
ロシア連邦	
フィンランド	
スイス	
アメリカ合衆国	
イスラエル	
オーストリア	
アイルランド	
チリ	
ドイツ	
エストニア	
ハンガリー	
オーストラリア	
ルクセンブルク	
フランス	
EU21ヵ国平均	
ノルウェー	
イギリス	
そのほかのG20	
オランダ	
ベルギー	
OECD平均	
デンマーク	
ニュージーランド	
ギリシャ	
アイスランド	
G20平均	
イタリア	
スペイン	
ブラジル	
ポルトガル	
メキシコ	
トルコ	
中国	

■ 25-34歳
▨ 55-64歳

出典：OECD, *Education at a Glance 2012* (2012), Table A1.2a.（経済協力開発機構（OECD）『図表でみる教育　OECDインディケータ（2012年版）明石書店、2012年、35頁。）
以下で入手可能。Http://dx.doi.org/10.1787/888932664176.

図39. 2009年における年齢集団による第三段階教育(大学および職業専門教育)の修了者の割合

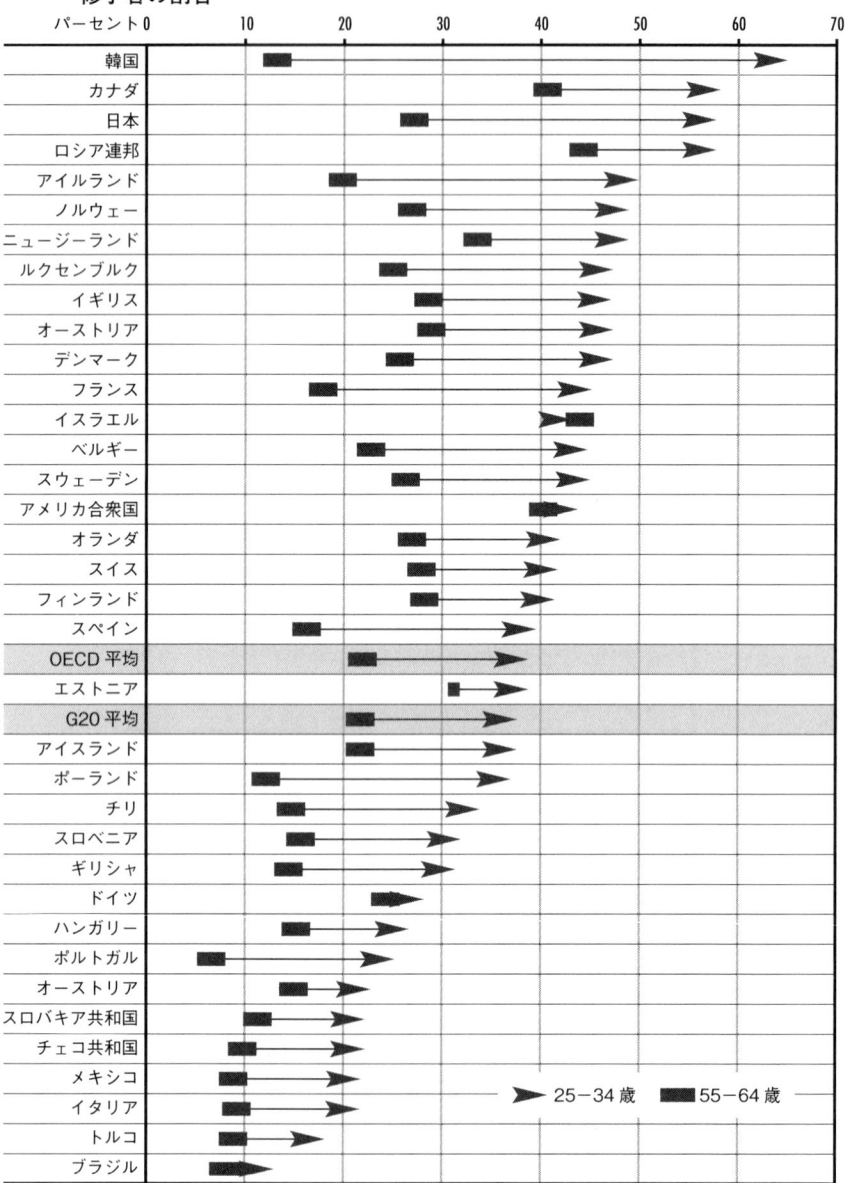

国	
韓国	
カナダ	
日本	
ロシア連邦	
アイルランド	
ノルウェー	
ニュージーランド	
ルクセンブルク	
イギリス	
オーストリア	
デンマーク	
フランス	
イスラエル	
ベルギー	
スウェーデン	
アメリカ合衆国	
オランダ	
スイス	
フィンランド	
スペイン	
OECD平均	
エストニア	
G20平均	
アイスランド	
ポーランド	
チリ	
スロベニア	
ギリシャ	
ドイツ	
ハンガリー	
ポルトガル	
オーストリア	
スロバキア共和国	
チェコ共和国	
メキシコ	
イタリア	
トルコ	
ブラジル	

▶ 25–34歳　■ 55–64歳

注：各国は25–34歳の年齢層において、第三段階教育修了者の割合の大きい順に並べられている。
出典：OECD, Table A1.3a. 注は以下を参照のこと。Annex 3 (www.oecd.org/edu/eag2011).

補 遺 443

図40. 9歳、13歳、17歳の白人生徒と黒人生徒のNAEP読解の平均点と得点格差の傾向

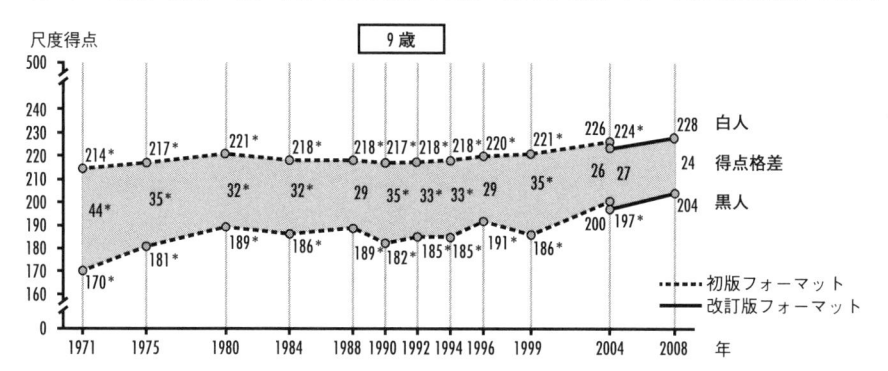

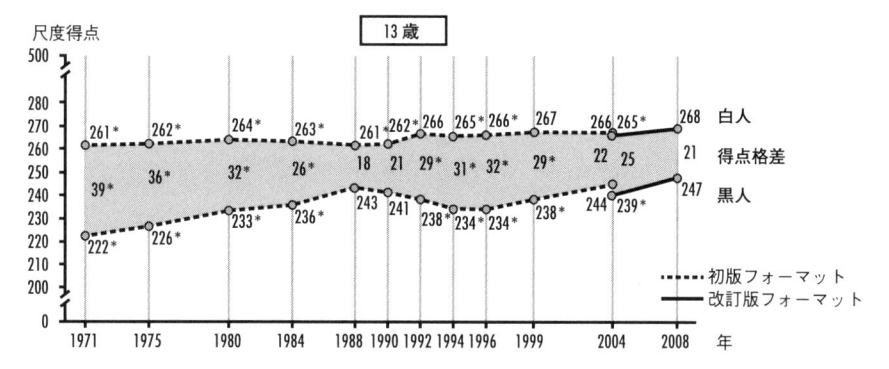

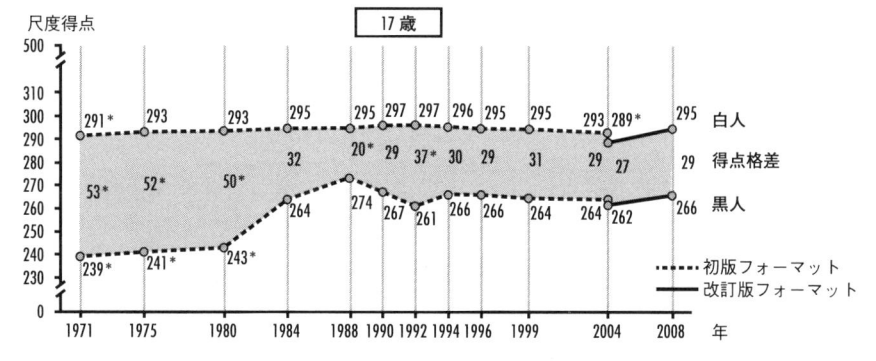

9歳

尺度得点

年	白人	得点格差	黒人
1971	214*	44*	170*
1975	217*	35*	181*
1980	221*	32*	189*
1984	218*	32*	186*
1988	218*	29	189*
1990	217*	35*	182*
1992	218*	33*	185*
1994	218*	33*	185*
1996	220*	29	191*
1999	221*	35*	186*
2004	226 / 224*	26 / 27	200 / 197*
2008	228	24	204

初版フォーマット（破線）／改訂版フォーマット（実線）

13歳

尺度得点

年	白人	得点格差	黒人
1971	261*	39*	222*
1975	262*	36*	226*
1980	264*	32*	233*
1984	263*	26*	236*
1988	261*	18	243
1990	262*	21	241
1992	266	29*	238*
1994	265*	31*	234*
1996	266*	32*	234*
1999	267	29*	238*
2004	266 / 265*	22 / 25	244 / 239*
2008	268	21	247

初版フォーマット／改訂版フォーマット

17歳

尺度得点

年	白人	得点格差	黒人
1971	291*	53*	239*
1975	293	52*	241*
1980	293	50*	243*
1984	295	32	264
1988	295	20*	274
1990	297	29	267
1992	297	37*	261
1994	296	30	266
1996	295	29	266
1999	295	31	264
2004	293 / 289*	29 / 27	264 / 262
2008	295	29	266

初版フォーマット／改訂版フォーマット

*2011年と比べて有意差あり（有意水準5%以下）

注：得点格差は端数処理をしていない平均点の差異に基づいて計算されている。黒人にはアフリカ系アメリカ人が含まれている。白人と黒人の人種分類からはヒスパニック出身は除外されている。

図41. 9歳、13歳、17歳の白人生徒と黒人生徒のNAEP数学の平均点と得点格差の傾向

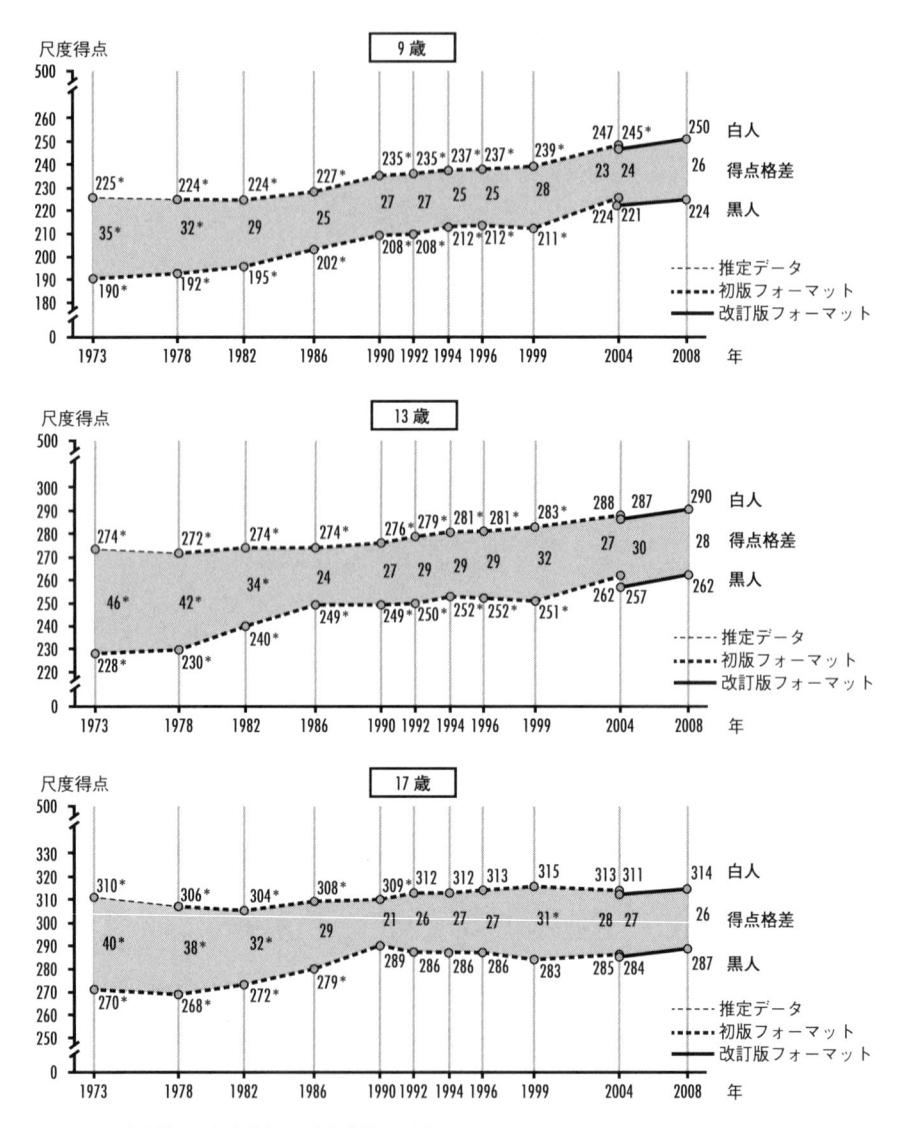

9歳

年	1973	1978	1982	1986	1990	1992	1994	1996	1999	2004	2008
白人	225*	224*	224*	227*	235*	235*	237*	237*	239*	247	245* / 250
黒人	190*	192*	195*	202*	208*	208*	212*	212*	211*	224	221 / 224
得点格差	35*	32*	29	25	27	27	25	25	28	23	24 / 26

13歳

年	1973	1978	1982	1986	1990	1992	1994	1996	1999	2004	2008
白人	274*	272*	274*	274*	276*	279*	281*	281*	283*	288	287 / 290
黒人	228*	230*	240*	249*	249*	250*	252*	252*	251*	262	257 / 262
得点格差	46*	42*	34*	24	27	29	29	29	32	27	30 / 28

17歳

年	1973	1978	1982	1986	1990	1992	1994	1996	1999	2004	2008
白人	310*	306*	304*	308*	309*	312	312	313	315	313	311 / 314
黒人	270*	268*	272*	279*	289	286	286	286	283	285	284 / 287
得点格差	40*	38*	32*	29	21	26	27	27	31*	28	27 / 26

凡例：推定データ、初版フォーマット、改訂版フォーマット

*2011年と比べて有意差あり(有意水準5％以下)

注：得点格差は端数処理をしていない平均点の差異に基づいて計算されている。黒人にはアフリカ系アメリカ人が含まれている。白人と黒人の人種分類からはヒスパニック出身は除外されている。

図の出典

図 1, 2, 16, 17, 18, 19, 20, 21, 22, 23, 24, 25, 26, 27: National Center for Education Statistics, *The Nation's Report Card: Mathematics 2011* (Washington, D.C.: Institute of Education Sciences, U.S. Department of Education, 2011).

図 3, 4, 28, 29, 40, 41: B. D. Rampey, G. S. Dion, and P. L. Donahue, *NAEP 2008 Trends in Academic Progress* (Washington, D.C.: National Center for Education Statistics, Institute of Education Sciences, U. S. Department of Education, 2009).

図 5, 6, 7, 8, 9, 10, 11, 12, 13, 14, 15, 30, 31: National Center for Education Statistics, *The Nation's Report Card: Reading 2011* (Washington, D.C.: Institute of Education Sciences, U.S. Department of Education, 2011).

図 32: National Center for Education Statistics, *The Condition of Education, 2012,* indicator 32-2 (Washington, D.C.: U.S. Department of Education, 2012).

図 33, 34, 36, 37: Chris Chapman, Jennifer Laird, and Angelina KewalRamani, *Trends in High School Dropout and Completion Rates in the United States: 1972-2009* (Washington, D.C.: U.S. Department of Education, National Center for Education Statistics, 2011), p. 23.

図 35: National Center for Education Statistics, *Public School Graduates and Dropouts from the Common Core of Data: School Year 2009-10, First Look* (*Provisional Data*), U.S. Department of Education (NCES 2013-309), January 2013, pp. 17-18.

図 38: OECD, *Education at a Glance 2012* (Paris: Organization for Economic Cooperation and Development, 2012), Table A1, 2a, p. 13.（経済協力開発機構（OECD）『図表でみる教育 OECDインディケータ（2012年版）明石書店、2012年、35頁。）

図 39: OECD, *Education at a Glance 2011* (Paris: Organization for Economic Cooperation and Development, 2011), Chart A1.1, p. 30.（経済協力開発機構（OECD）『図表でみる教育 OECDインディケータ（2011年版）』明石書店、2011年、32頁。）

謝　辞

　この本を書くに当たり、私は多くの借りを作ってしまった。その中でもとりわけ、私のとても良い友人でありまたパートナーでもある、メアリー・バッツに感謝したい。彼女の忍耐と支援とが、長時間にわたる読み、書き、訂正していく作業を可能にしてくれた。

　私は、私がこの本を書くことに対する私の情熱を理解し支援してくれていた、私の家族に感謝を表したい。そこには、私の子どもたちであるジョセフ、リサ、マイケル、ダニエル、そして私の孫であるニコ、アイダン、エリヤが含まれている。

　私は、考え方、素晴らしい思い付き、熟慮に基づいた意見、調査、示唆に関して、私が頼りにしてきた人々に謝意を表したい。そこには以下のような人々が含まれている。ブルース・ベイカー、ジェニファー・バークシャー、キャロル・ブリス、アンソニー・コーディ、リンダ・ダーリング-ハモンド、マッシュー・ディ・カルロ、スティーブン・ダイアー、レオニー・ハイムソン、ノエル・ハマット、ランス・ヒル、ダニエル・フレウィッツ、ジニー・カプラン、リタ・クレイマー、ラリー・リー、カレン・ミラー、ジョナサン・ペルト、ビル・フィリス、マイケル・ラヴィッチ、ジャニス・レッセガー、リチャード・ロスティン、ゲリー・ルビンシュタイン、パシ・サルベリ、カルラ・サンガー、メルセデス・シュナイダー、ダイアナ・セネシャル、マーク・ウィーバー、エレイン・ワイス、そしてヨン・ザオ。私は、私の親愛なる友人であるサンドラ・プリースト・ローズに感謝している。彼女は長年にわたっ

て、私にとっての励ましと知恵の源であった。私は、多くの教員、校長、教育長、保護者、教育委員会の委員、学者、そして友人たちに感謝する。彼らは私に、自分たちの学校やコミュニティで何が起きているかに関する記事や考えを送ってくれた。

私は、長年にわたって私の仕事を信頼してくれている、私の著作権代理人であるリン・シュウとグレン・ハートレイに感謝を表したい。

そして、私は私の編集者であるビクトリア・ウィルソンに感謝する。クノップフは私の2003年の著書『言語警察』を出版してくれた。クノップフは私の良き指導者であった、故ローレンス・A・クレミンの業績もまた出版しているので、私は、この本が、アメリカの教育史に関する彼の偉大な業績と同じリストに掲載されているのを見ることができて、とても幸せである。

注

【第2章 企業型教育改革の流れ】

1. Walt Haney, "The Myth of the Texas Miracle in Education," *Education Policy Analysis Archives 8*, no. 41 (August 19, 2000); Stephen P. Klein et al.,"What Do Test Scores in Texas Tell Us?" RAND Issue Paper IP-202, RAND, Santa Monica, Calif., 2000, 2, 9-13.
2. Jennifer Brown, "Cost Doesn't Spell Success for Colorado Schools Using Consultants to Improve Achievement," *Denver Post*, February 19, 2012.
3. Rick Hess, "The Common Core Kool-Aid," *Education Week*, November 30, 2012.
4. Joanne Weiss, "The Innovation Mismatch:'Smart Capital' and Education Innovation," *Harvard Business Review*, HBR Blog Network, March 31, 2011.
5. Srephanie Simon, "Privatizing Public Schools: Big Firms Eyeing Profits from U.S. K-12 Market," *Huffington Post*, August 2, 2012.
6. Daniel Taub, "Andre Agassi Forms Charter-School Fund with Canyon Capital," Bloomberg News, June 2, 2011; Brian Toporek,"Billionaire Donates ＄18 Million to Agassi's Charter School," *Education Week*, October 31, 2011.
7. Tierney Plumb, "Movie-House Investor Dives into the Charter-School Space," *The Motley Fool*, August 16, 2011; Capital Roundtable, For-Profit Education Roundtable Brochure, July 16, 2012, http://capitalroundtable.com/masterclass/Capital-Roundtable-For-Profit-Education-Private-Equity-Conference-2012.html; Juan Gonzalez, "Albany Charter Cash Cow: Big Banks Making a Bundle on New Construction as Schools Bear the Cost," *New York Daily News*, May 7, 2010.

【第3章 企業型教育改革を推進しているのは誰か】

1. Rick Snyder,"A Special Message from Rick Snyder: Education Reform"(memorandum), April 27, 2011, http://www.michigan.gov/documents/snyder/SpecialMessageon EducationReform_351586_7.pdf.
2. Sam Dillon, "Behind Grass-Roots School Advocacy, Bill Gates," *New York Times*, May 21, 2011; Sam Dillon, "Foundations Join to Offer Online Courses for Schools," *New York Times*, April 27, 2011; Stephanie Simon,"K-12 Student Database Jazzes Tech Startups, Spooks Parents," *Reuters*,

March 3, 2013.
3. 全米教育協会とアメリカ教育連盟はともに 2005 年から 2011 年の 6 年間、政治的な活動や公民権団体に総額で 3 億 3,000 万ドルを提供した。Alicia Mundy, "Teachers Unions Give Broadly," *Wall Street Journal*, July 12, 2012. 同時期、テストに基づくアカウンタビリティと選択を支持する主要な財団は、その何倍もの資金を支出した。ゲイツは毎年、教育に 3 億〜4 億ドルをつぎこんでいる。Ken Libby, "A Look at the Education Programs of the Gates Foundation," *Shanker Blog*, March 2, 2012, http://shankerblog.org/?p=5234. 2011 年に、ウォルトン・ファミリー財団は教育助成金に 1 億 5,900 万ドル費やした。http://www.waltonfamilyfoundation.org/mediacenter/walton-family-foundation-invests-$159-million-in-k12-education-reform-2011. こうした数字は、ゲイツやウォルトン・ファミリーによる政治的な寄付金を含んでいない。
4. Steven Brill, *Class Warfare: Inside the Fight to Fix America's Schools* (New York: Simon & Schuster, 2011), 131-32, 224-25.
5. "Chiefs for Change Statement on Louisiana's Bold Education Reforms," Foundation for Excellence in Education Web site, April 18, 2012, http://www.excelined.org/ReformNews/2012/Chiefs_for_Change_Statement_on_Lou-isianas_Bold_Education_Reforms.aspx.
6. Andrew Ujifusa, "Policy Shop Casts Long K-12 Shadow," *Education Week*, April 25, 2012; Julie Underwood and Julie F. Mead, "A Smart ALEC Threatens Public Education," *Education Week*, February 29, 2012.
7. Anthony Cody, "Obama Blasts His Own Education Policies," *Living in Dialogue* (blog), *Education Week*, March 29, 2011.
8. Sunlen Miller, "Obama on Wisconsin Budget Protests: 'An Assault on Unions,' "
ABC News, February 17, 2011; Nia-Malika Henderson and Peter Wallsten, "Obama Praises Jeb Bush on Education Reform," *Washington Post*, March 4, 2011; "Struggling Florida Schools Get More Time," WCTV, July 19, 2011, http://www.wctv.tv/news/headlines/Struggling_Schools_Ask_to_Remain_Open_125809473.html?ref=473.
9. Adam Peshek, "ALEC Responds to Ravitch Blog Post," *Education Week*, May 15, 2012.

【第 4 章 企業型教育改革で語られる言葉】
1. Jeffrey M. Jones, "Confidence in U.S. Public Schools at New Low," *Gallup Politics*, June 20, 2012.
2. William J. Bushaw and Shane Lopez, "Betting on Teachers: The 43rd Annual Phi Delta Kappa/Gallup Poll of the Public's Attitudes Toward the Public Schools," *Phi Delta Kappan*, September 2011, 18-19.
3. Bill Gates, "America's High Schools Are Obsolete" (speech to the National Governors Association, February 26, 2005).
4. Melinda Gates, interview with Jeffrey Brown and Hari Sreenivasan (video and transcript), *NewsHour, PBS*, June 4, 2012.
5. Diane Ravitch, "The Myth of Charter Schools," *New York Review of Books*, November 11, 2010.

注　451

6. Joel I. Klein, Condoleezza Rice, and others, *U.S. Education Reform and National Security* (New York: Council on Foreign Relations, 2012). (ジョエル・I・クライン、コンドリーザ・ライス「教育と国家を考える」『フォーリン・アフェアーズ・リポート』2012 年 5 月号、24-33 頁。)
7. Tom Loveless, *The 2012 Brown Center Report on American Education*, Brookings Institution, Washington, D.C., February 16, 2012; Tom Loveless, "Does the Common Core Matter?," *Education Week*, April 18, 2012; Diane Ravitch, "Do Our Public Schools Threaten National Security?," *New York Review of Books*, June 7, 2012.

【第 5 章　テスト得点の真実】

1. Robert Rothman, "NAEP Board Urged to Delay Standard-Setting Plan," *Education Week*, January 16, 1991.
2. Ravitch, "Myth of Charter Schools."
3. スチューデンツファーストのウェブサイトのスクリーンショット : http://msteacher65.tumblr.com/post/24901512311/michelle-rhee-no-friend-to-educators.
4. National Center for Education Statistics, *The Nation's Report Card: Reading 2011* (Washington, D.C.: Institute of Education Sciences, U.S. Department of Education, 2011), 15, 44; National Center for Education Statistics, *The Nations Report Card: Mathematics 2011* (Washington, D.C.: Institute of Education Sciences, U.S. Department of Education, 2011), 16, 41.
5. ジェラルド・ブレイシイは、シンプソンのパラドックスを無視することで教育の統計はいかに間違って報じられているかを指摘した。Gerald Bracey, "On Knowing When You're Being Lied to with Statistics," *Huffington Post*, January 27, 2007. 彼は次のように説明した。「集団全体が一つの傾向を示すが、下位集団が異なる傾向を示す時には、常にシンプソンのパラドックスが起きる」。それゆえ、すべての下位集団が得点を上昇させている時でも、最も低い得点集団の数が増えているために、集団全体としては平らな直線を示すことになる。
6. NAEP はアメリカ先住民とアラスカ先住民のデータを 2000 年から公表するようになった。
7. B.D. Rampey, G.S. Dion, and P.L. Donahue, *NAEP 2008 Trends in Academic Progress* (Washingron, D.C.: National Center for Education Statistics, U.S. Department of Education, 2009). 得点上昇は 2008 年に止まった。その後、NCLB 法と頂点への競争によるハイステイクスなテストの時代となっていく。2013 年の最新の報告書によると、2008 年から 2012 年の間で得点はほとんど変化していない。http://www.nationsreportcard.gov/ltt_2012/.

【第 6 章　学力格差の真実】

1. Martin Carnoy and Richard Rothstein, *What Do International Tests Really Show About U.S. Student Performance?* (Washington, D.C.: Economic Policy Institute, 2013).
2. Paul E. Barton and Richard J. Coley, *The Black-White Achievement Gap: When Progress Stopped*

(Princeton, N.J.: Educational Testing Service, 2010).
3. National Center for Education Statistics, *Nation's Report Card: Reading 2011*, 11.
4. National Center for Education Statistics, *Nation's Report Card: Mathematics 2011*, 12.
5. Sean F. Reardon, "The Widening Academic Achievement Gap Between the Rich and the Poor: New Evidence and Possible Explanations," in *Whither Opportunity? Rising Inequality, Schools, and Children's Life Chances*, ed. Greg J. Duncan and Richard J. Murnane (New York: Russell Sage Foundation, 2011).
6. Thomas B. Timar and Julie Maxwell-Jolly, eds., *Narrowing the Achievement Gap:Perspectives and Strategies for Challenging Times* (Cambridge, Mass.: Harvard Education Press, 2012), 230.
7. Ibid., 240-41.

【第7章 国際学力テストの得点の真実】

1. Klein, Rice, et al., *U.S. Education Reform and National Security*.
2. Http://www.aip.org/fyi/2010/121.html.
3. Yong Zhao, "A True Wake-Up Call for Arne Duncan: The Real Reason Behind Chinese Students Top PISA Performance," December 10, 2010, http://zhaolearning.com/2010/12/10/a-true-wake-up-call-for-arne-duncan-the-real-reason-behind-chinese-students-top-pisa-performance/.
4. H. L. Fleischman, P. J. Hopstock, M. P. Pelczar, and B. E. Shelley, *Highlights from PISA 2009: Performance of U.S. 15-Year-Olds in Reading, Mathematics, and Science Literacy in an International Context* (NCES 2011-004), U.S. Department of Education, National Center for Education Statistics (Washington, D.C.: U.S. Government Printing Office, 2011), 16, 21, 27.
5. Ibid., 15; Carnoy and Rothstein, *What Do International Tests Really Show About U.S. Student Performance?*
6. Torsten Husen, ed., *International Study of Achievement in Mathematics: A Comparison of Twelve Countries*, 2 vols. (New York: John Wiley & Sons, 1967), 2: 21-25.
7. L. C. Comber and John P. Keeves, *Science Education in Nineteen Countries* (New York: John Wiley & Sons, 1973); Elliott A. Medrich and Jeanne E. Griffith, *International Mathematics and Science Assessments: What Have We Learned?* (Washington, D.C.: U.S. Department of Education, 1992), 79-81.
8. Curtis C. McKnight et al., *The Underachieving Curriculum: Assessing U.S. Mathematics from an International Perspective* (Champaign, Ill.: Stipes, 1987), 17, 26-27; Willard J. Jacobson and Rodney L. Doran, *Science Achievement in the United States and Sixteen Countries: A Report to the Public* (New York: Teachers College Press, 1988), 30, 37, 45.
9. Motoko Rich, "U.S. Students Still Lag Globally in Math and Science, Tests Show," *New York Times*, December 11, 2012; Lyndsey Layton and Emma Brown, "U.S. Students Continue to Trail Asian Students in Math, Reading, Science," *Wahington Post*, December 11, 2012.
10. National Center for Education Statistics, Trends in International Mathematics and Science

Study, 2012, http://nces.ed.gov/timss/. TIMSS のすべての統計が、この政府の報告書から引用されている。
11. Ina V. S. Mullis, Michael O. Marrin, Pierre Foy, and Kathleen T. Drucker, *PIRLS 2011 International Results in Reading* (Chestnut Hill, Mass.: TIMSS & PIRLS Inrernational Study Center, Boston College, 2012).
12. Http://nces.ed.gov/timss/resultsoz.math95.asp; http://nces.ed.gov/timss/table07_4.asp.
13. Yong Zhao, "TheGrass Is Greener: Learning from Other Countries," September 18, 2011, http://zhaolearning.com/2011/09/18/the-grass-is-greener-learning-from-other-countries/.
14. Yong Zhao, *Catching Up or Leading the Way: American Education in the Age of Globalization* (Alexandria, Va.: ASCD, 2009), vii, xi.
15. Yong Zhao, "Reforming Chinese Education: What China Is Trying to Learn from America," *Solutions*, April 2012, 38-43.
16. Vivek Wadhwa, "U.S. Schools Are Still Ahead—Way Ahead," *Bloomberg Businessweek*, January 12, 2011.
17. Keith Baker, "Are International Tests Worth Anything?," *Phi Delta Kappan*, October 2007.

【第8章 ハイスクールの卒業率の真実】
1. U.S. Department of Education, *The Condition of Education, 2012* (Washington, D.C.: National Center for Education Statistics, 2012), fig. 32-2; U.S. Department of Education, *Public School Graduates and Dropouts from the Common Core of Data: School year 2009-10* (Washington, D.C.: National Center for Education Statistics, 2013).
2. 卒業率と中退率に関する連邦のデータは、最新の報告書から引用されている。C. Chapman, J. Laird, N. Hill, and A. KewalRamani, *Trends in High School Dropout and Completion Rates in the United States: 1972-2009* (NCES 2012-006) (Washington, D. C.: U.S. Department of Education, National Center for Education Statistics, 2011), 13.
3. Lawrence Mishel and Joydeep Roy, *Rethinking High School Graduation Rates and Trends* (Washington, D.C.: Economic Policy Institute, 2006), 49.
4. 軍隊に所属している者の集団と服役中の者の集団を除くと、卒業率全体に対するあらゆる影響を相殺する傾向があると、ミッシェルとロイは結論づけている。というのも、前者の集団の卒業率は高く、後者の集団の卒業率は低いからである。彼らによると、黒人の男性は例外で、ほかの集団よりも服役率が高い。それゆえ、「服役中の者の集団を除外することにより、実際には、黒人と白人のハイスクール修了の差は公式の統計が示しているよりも大きいかもしれない」。Ibid., 38, 10.
5. Chapman, Laird, Hill, and KewalRamani, *Trends in High School Dropout and Completion Rates in the United States: 1972-2009*, 24, 44.
6. Ibid., 5.
7. Cameron Brenchley, "High School Graduation Rate at Highest Level in Three Decades," *Homeroom: The Official Blog of the U.S. Department of Education*, http://www.ed.gov/blog/2013/01/

high-school-graduation-rate-at-highest-level-in-three-decades/, fig. 2.
8. Chapman, Laird, Hill, and KewalRamani, *Trends in High School Dropout and Completion Rates in the United States: 1972-2009*, 8.
9. OECD, *Education at a Glance 2012* (Paris: Organization for Economic Cooperation and Development, 2012), table A1.2a.（経済協力開発機構（OECD）『図表でみる教育　OECDインディケータ（2012年版）明石書店、2012年、35頁。）
10. U.S. Department of Education, *The Condition of Education, 2011* (Washington, D.C.: National Center for Education Statistics, 2011), 76-77.
11. Russell W. Rumberger, "Solving the Nation's Dropout Crisis," *Education Week*, October 26, 2011.

【第9章　大学の卒業率の真実】

1. Thomas D. Snyder, ed., *120 Years of American Education: A Statistical Portrait* (Washington, D.C.: U.S. Department of Education, 1993), 66-69.
2. U.S. Department of Education, *Condition of Education, 2012*, http://nces.ed.gov/pubs2012/2012045.pdf, p. 109, fig. 45-1.
3. OECD, *Education at a Glance 2011*, http://www.oecd.org/education/highereducationandadultlearning/48630299.pdf, Table A1.3A, p. 30（経済協力開発機構（OECD）『図表でみる教育　OECDインディケータ（2011年版）明石書店、2011年、32頁。）; OECD, *Education at a Glance 2012* (Paris: Organization for Economic Cooperation and Development, 2012), p. 13, fig. 1.2.（経済協力開発機構（OECD）『図表でみる教育　OECDインディケータ（2012年版）明石書店、2012年、35頁。）
4. U.S. Department of Education, *Condition of Education, 2012*, table A-48-1.
5. College Board Commission on Access, Admissions, and Success in Higher Education, http://completionagenda.collegeboard.org/about-agenda.
6. U.S. Department of Education, *Condition of Education, 2011*, p. 68, indicator 21.
7. Paul Krugman, "Degrees and Dollars," *New York Times*, March 7, 2011.
8. Hope Yen, "In Weak Job Market, One in Two College Graduates Are Jobless or Underemployed," *Huffington Post*, April 22, 2012.
9. Bureau of Labor Statistics, http://www.bls.gov/opub/mlr/2009/11/art5full.pdf, 88, 93.
10. Andrew Martin and Andrew W. Lehren, "A Generation Hobbled by the Soaring Cost of College," *New York Times*, May 12, 2012.

【第10章　貧困はどのように学力に影響を及ぼすか】

1. Joel I. Klein, "Urban Schools Need Better Teachers, Not Excuses, to Close the Education Gap," *U.S. News*, May 4, 2009.
2. Http://www.billgateswindows.com/ms/817/bill-gates-improving-education-is-the-best-way-to-solve-poverty/.

3. Wendy Kopp with Steven Farr, *A Chance to Make History: What Works and What Doesn't in Providing an Excellent Education for All* (New York: Public Affairs, 2012), 5, 8.（松本裕訳『世界を変える教室―ティーチ・フォー・アメリカの革命―』英治出版、2012 年、16、19 頁。）
4. UNICEF, *Measuring Child Povety: New League Tables of Child Poverty in the World's Rich Countries* (Florence, Italy: UNICEF Innocenti Research Centre, 2012), p. 3. 成績一覧表はアジアの国々を含んでいなかった。
5. John L. Kiely and Michael D. Kogan, "Prenatal Care," in *Reproductive Health of Women: From Data to Action: CDC's Public Health Surveillance for Women, Infants, and Children*, http://www.cdc.gov/reproductivehealth/ProductsPubs/DatatoAction/pdf/rhow8.pdf.
6. James N. Martin, "Facts Are Important: Prenatal Care Is Important to Healthy Pregnancies," American Congress of Obstetricians and Gynecologists, February 21, 2012, http://www.acog.org/~/media/Departments/Government%20Relations%20and%20Outreach/20120221FactsareImportant.pdf?dmc=1&ts=20120701T1119268833.
7. Ibid.
8. Richard Rothstein, *Class and Schools: Using Social, Economic, and Educational Reform to Close the Black-White Achievement Gap* (New York: Teachers College Press, 2004), 16.
9. Ibid., 19-32; U.S. Department of Education, *Condition of Education, 2012*, 18.
10. Rothstein, *Class and Schools*, 37-47.
11. R. Balfanz and V. Byrnes, *Chronic Absenteeism: Summarizing What We Know from Nationally Available Data* (Baltimore: Johns Hopkins University Center for Social Organization of Schools, 2012).
12. Helen F. Ladd, "Education and Poverty: Confronting the Evidence," *Journal of Policy Analysis and Management* 31, no. 2 (2012): 203-27.

【第 11 章　教員とテスト得点の真実】

1. Evan Thomas and Pat Wingert, "Why We Must Fire Bad Teachers," *Newsweek*, March 5, 2010.
2. William L. Sanders and June C. Rivers, "Cumulative and Residual Effects of Teachers on Future Student Academic Achievement" (Knoxville: University of Tennessee Value-Added Research and Assessment Center, 1996); William L. Sanders et al., "The Tennessee Value-Added Assessment System: A Quantitative, Outcomes-Based Approach to Educational Assessment," in *Grading Teachers, Grading Schools: Is Student Achievement a Valid Evaluation Measure?*, ed. Jason Millman (Thousand Oaks, Calif.: Corwin Press, 1997). マッシュー・ディ・カルロは、以下の論文で「3 人の優秀な教員が続けて教える」という主張の正体を暴露した。Matthew Di Carlo, "How Many Teachers Does It Take to Close an Achievement Gap?," *Shanker Blog*, March 17, 2011, http://shankerblog.org/?p=2156.
3. Http://www.takepart.com/article/2011/05/06/michelle-rhee-how-nations-gone-soft-great-teachers-and-politics-education.
4. Http://blog.thedaily.com/post/3233869778/three-great-teachers-in-a-row-and-the-average.
5. Eric A. Hanushek, "The Economic Value of Higher Teacher Quality" (NBER working paper

16606, December 2010).
6. Eric A. Hanushek, "The Tradeoff Between Child Quantity and Quality," *Journal of Political Economy* 100, no. 1 (February 1992): 84-117; http://garyrubinstein.teachforus.org/2012/06/09/do-effective-teachers-teach-three-times-as-much-as-ineffective-teachers/.
7. Joel Klein, Michelle Rhee, et al., "How to Fix Our Schools: A Manifesto," *Washington Post*, October 10, 2010.
8. Http://www.whitehouse.gov/the-press-office/remarks-president-arnold-missouri-town-hall.
9. Richard Rothstein, "How to Fix Our Schools," Economic Policy Institute, October 14, 2010.
10. Eric A. Hanushek, John F. Kain, and Steven G. Rifkin, "Teachers, Schools, and Academic Achievement" (NBER working paper 6691, August 1998); Matthew Di Carlo, "Teachers Matter, but So Do Words," *Shanker Blog*, July 14, 2010, http://shankerblog.org/?p=74; Matthew Di Carlo, "Teacher Quality on the Red Carpet; Accuracy Swept Under the Rug," *Shanker Blog*, September 16, 2010, http://shankerblog.org/?p=799.
11. Http://www.studentsfirst.org/pages/last-in-first-out-a-policy-that-hurts-students-teachers-and-communities. この主張の出典は以下の通りである。Eric Hanushek: http://www.studentsfirst.org/blog/entry/why-an-effective-teacher-matters-a-q-a-with-eric-hanushek/.
12. Http://www.pbs.org/newshour/bb/education/jan-june12/melindagates_06-04.html.
13. Eric A. Hanushek, "Valuing Teachers: How Much Is a Good Teacher Worth?," *Education Next* 11, no. 3 (Summer 2011).
14. Annie Lowry, "Big Study Links Good Teachers to Lasting Gain," *New York Times*, January 6, 2012.
15. Bruce D. Baker, "Fire First, Ask Questions Later? Comments on Recent Teacher Effectiveness Studies," *School Finance 101* (blog), January 7, 2012, http://school finance101.wordpress.com/2012/01/07/fire-first-ask-questions-later-comments-on-recent-teacher-effectiveness-studies/. ベーカーのブログの次の回（2012年1月19日）で、ジョン・フリードマンはベーカーに宛てて、教員の解雇についての自分のコメントは文脈を無視して引用されていたと記した。彼はまた、ベーカーは貨幣価値を現状に見合ったものに調整していなかったと指摘し、そして実際に彼の研究は終身の報酬を一人当たり年間1,000ドル、週間20ドルと見積もっていたと述べた。http://schoolfinance101.wordpress.com/2012/01/19/follow-up-on-fire-first-ask-questions-later/. もう一人の批評家であるコロンビア大学のモッシュ・アドラーは、チェッティ研究は将来の収入について矛盾していて何も立証しておらず、このような大規模な研究は報道機関に公表される前に同僚の間で十分に検討されるべきであることを示しているだけだ、と主張した。Moshe Adler, "Findings Vs. Interpretations in 'The Long-Term Impacts of Teachers,'" *Education Policy Analysis Archives* 21, no. 10 (February 1, 2013).
16. Matthew Di Carlo, "How Many Teachers Does It Take to Close an Achievement Gap?," *Shanker Blog*, March 17, 2011, http://shankerblog.org/?p=2156.
17. American Educational Research Association and National Academy of Education, "Getting

Teacher Evaluation Right: A Brief for Policymakers" (2011).
18. Lind Darling-Hammond, "Value-Added Evaluation Hurts Teaching," *Education Week*, March 20, 2012.
19. John Ewing, "Mathematical Intimidation: Driven by the Data," *Notices of the American Mathematical Society* 58, no. 5 (May 2011): 671.
20. Fernanda Santos and Robert Gebeloff, "Teacher Quality Widely Diffused, Ratings Indicate," *New York Times*, February 24, 2012; Georgett Roberts, "Queens Parents Demand Answers Following Teacher's Low Grades," *New York Post*, February 26, 2012; Diane Ravitch, "How to Demoralize Teachers," *Bridging Differences* (blog), *Education Week*, February 28, 2012.
21. Leo Casey, "'The True Story of Pascale Mauclair," *Edwize*, February 28, 2012.

【第 12 章　メリット・ペイはなぜうまくいかないのか】

1. Richard J. Murnane and David K. Cohen, "Merit Pay and the Evaluation Problem: Understanding Why Most Merit Pay Plans Fail and a Few Survive," *Harvard Educational Review* (Spring 1986).
2. M. G. Springer, D. Ballou, L. Hamilton, V. Le, J. R. Lockwood, D. McCaffrey, M. Pepper, and B. Stecher, *Teacher Pay for Performance: Experimental Evidence from the Project on Incentives in Teaching* (Nashville, Tenn.: National Center on Performance Incentives at Vanderbilt University, 2010).
3. Sarah D. Sparks, "Study Leads to End of New York City Merit-Pay Program," *Education Week*, July 20, 2011.
4. David W. Chen and Anna M. Phillips, "Mayor Takes On Teachers' Union in School Plans," *New York Times*, January 12, 2012.
5. Steven Glazerman and Allison Seifullah, "An Evaluation of the Chicago Teacher Advancement Program (Chicago TAP) After Four Years" (Washington, D.C.: Mathematica Policy Research, March 7, 2012); Nora Fleming, "Some Efforts on Merit Pay Scaled Back," *Education Week*, September 21, 2011.
6. Debra Viadero, "Texas Merit-Pay Pilot Failed to Boost Student Scores, Study Says," *Education Week*, November 4, 2009; "Texas Takes Another Stab at Teacher Merit Pay," *Education News*, August 22, 2009.
7. Andrea Gabor, *The Man Who Discovered Quality: How W. Edwards Deming Brought the Quality Revolution to America—the Stories of Ford, Xerox, and GM* (New York: Times Books, 1990), 250-53.

【第 13 章　教員には終身在職権と年功序列制が必要なのだろうか】

1. Sam Dillon, "Gates Urges School Budget Overhauls," *New York Times*, November 19, 2010.
2. Bruce D. Baker, *Revisiting the Age-Old Question: Does Money Matter in Education?* (Washington, D.C.: Albert Shanker Institute, 2012).
3. Richard M. Ingersoll, "Beginning Teacher Induction: What the Data Tell Us," *Education Week*, May 16, 2012; Ken Futernick, "Incompetent Teachers or Dysfunctional Systems?: Re-framing the Debate on Teacher Quality and Accountability" (San Francisco: WestEd, 2010), http://

www.wested.org/tippingpoint/downloads/incompetence_systems.pdf.
4. Richard Ingersoll and Lisa Merrill, "The Changing Face of the Teaching Force," *@PennGSE: A Review of Research* (Fall 2010), http://www.gse.upenn.edu/review/feature/ingersoll.

【第 14 章　ティーチ・フォー・アメリカの問題点】
1. "The Story of Teach for America," *Harvard Magazine*, July-August 2012; Wendy Kopp, "In Defense of Optimism in Education," *Huffington Post*, March 13, 2012.
2. Teach for America Web site: http://www.teachforamerica.org/our-mission/a-solvable-problem.
3. Teach for America, 990 tax forms: http://www.guidestar.org/FinDocuments/2011/133/541/2011-133541913-08746967-9.pdf.
4. Wenndy Kopp, *One Day, All Children...: The Unlikely Triumph of Teach for America and What I Learned Along the Way* (New York: Public Affairs: 2003), 185.（東方雅美訳『いつか、すべての子供たちに』英治出版、2009 年、251 頁。）
5. Kopp, "In Defense of Optimism."
6. Http://www.fastcompany.com/social/2008/profiles/teach-for-america.html.
7. Paul T. Decker, Daniel P. Mayer, and Steven Glazerman, "The Effects of Teach for America on Students: Findings from a National Evaluation" (Washington, D.C.: Mathematica Policy Research, June 9, 2004), xiv.
8. Julian Vasquez Heilig and Su Jin Jez, "Teach for America: A Review of the Evidence" (Boulder, Colo.: National Education Policy Center, June 2010).
9. Http://garyrubinstein.teachforus.org/2011/10/31/why-i-did-tfa-and-why-you-shouldnt/.
10. Bruce D. Baker, "Ed Schools," *School Finance 101* (blog), December 3, 2010, http://schoolfinance101.wordpress.com/2010/12/03/ed-schools/.
11. Cowen Institute for Public Education Initiatives, "School Choice: Parent Opinions on School Selection in New Orleans" (New Orleans: Tulane University, January 2013), http://www.coweninstitute.com/wp-content/uploads/2013/01/Choice-Focus-Groups-FINAL-small.pdf, p. 7; Raynard Sanders, "Why the Education Reforms in New Orleans Failed and Will Never Work," Research on Reforms, February 2012, http://www. researchonreforms.org/html/documents/RSWhyEducRefmsFail.pdf; Charles J. Hatfield, "Should the Educational Reforms in New Orleans Serve as a National Model for Other Cities?," Reseach on Reforms, New Orleans, Louisiana, 2012, http://www.researchonreforms.org/html/documents/ResponsetoNSN0_001.pdf; Kari Dequine Harden, "Report Says New Orleans Parents Need Better Information for School Choice to Work," *The Advocate*, February, 11, 2013.
12. Barbara Miner, "Looking Past the Spin: Teach for America," *Rethinking Schools* (Spring 2010); see also Andrew Hartman, "Teach for America: The Hidden Curriculum of Liberal Do-Gooders," *Jacobin* (Winter 2012); Rachel Levy, "Teach for America: From Service Group to Industry," *All Things Education*, May 28, 2011.
13. Barbara Torre Veltri, *Learning on Other Peopl's Kids: Becoming a Teach for America Teacher* (Charlotte,

N.C.: Information Age Publishing, 2010), 190 and jacket copy.
14. Matthew Ronfeldt, Susannah Loeb, and Jim Wyckoff, "How Teacher Turnover Harms Student Achievement," http://cepa.stanford.edu/sites/default/files/TchTrnStAch%20AERJ%20RR%20not%20blind.pdf.
15. Http://blogs.edweek.org/teachers/living-in-dialogue/2012/04/deepening_the_debate_over_teac.html.
16. William V. Healey, "Heal for America," *Wall Street Journal*, September 12, 2009.

【第 15 章　ミッシェル・リーの謎】
1. ボルティモアの民営化の短命の経験についてさらに知るには、以下を参照のこと。
http://articles.baltimoresun.com/keyword/tesseract.
2. Richard Whitmire, *The Bee Eater: Michelle Rhee Takes on the Nation's Worst School District* (San Francisco: Jossey-Bass, 2011).
3. Bill Turque, "Rhee Deploys 'Army of Believers,'" *Washington Post*, July 5, 2008.
4. Clay Risen, "The Lightning Rod," *Atlantic*, November 2008.
5. Valerie Strauss, "Michelle Rhee's Greatest Hits," *The Answer Sheet* (blog), *Washington Post*, October 14, 2010. リーが 2008 年 9 月にワシントンのアスペン研究所の最高幹部会議で述べた意見を引用している。
6. Bill Turque, "Many Teachers Pass on IMPACT Bonuses," *Washington Post*, January 28, 2011.
7. Bill Turque, "Michelle Rhee's D.C. Schools Legacy Is in Sharper Focus One Year Later," *Washington Post*, October 15, 2011.
8. Jack Gillum and Marisol Bello, "When Standardized Test Scores Soared in D.C., Were the Gains Real?," *USA Today*, March 30, 2011.
9. Bill Turque, "Ex-Noyes Principal Wayne Ryan Resigns," *Washington Post*, June 20, 2011.
10. Jay Mathews, "D.C. Keeps Ignoring Its Test Erasure Scandal," *Washington Post*, June 22, 2012; Emma Brown, "Investigators Find Test Security Problems at a D.C. School," *Washington Post*, August 8, 2012; Jay Mathews, "D.C. Schools' Test-Score Fantasyland," *Washington Post*, September 23, 2012; Michael Winerip, "Ex-Schools Chief in Atlanta Is Indicted in Testing Scandal," *New York Times*, March 29, 2013.
11. Whitmire, *Bee Eater*, 222.
12. Http://gfbrandenburg.wordpress.com/2011/02/09/i-got-scooped-by-more-than-three-years/.
13. Http://gfbrandenburg.files.wordpress.com/2011/01/cohort-effects-at-harlem-park-jpg.jpg; Jay Marhews, "Michelle Rhee's Early Test Scores Challenged," *Washington Post*, February 8, 2011.
14. "Rhee's Response to Blogger's Allegations," *Washington Post*, February 9, 2011.
15. Http://gfbrandenburg.wordpress.com/2011/02/13/an-interview-with-dr-lois-c-williams-principal-investigator-for-the-umbc-tesseract-report/#comments.
16. Bill Turque, "'Creative ... Motivating' and Fired," *Washington Post*, March 6, 2012.
17. Emma Brown, "Study Chides D.C. Teacher Turnover," *Washington Post*, November 8, 2012;

New Teacher Project, "Keeping Irreplaceables in D.C. Public Schools: Lessons in Smart Teacher Retention," http://tntp.org/assets/documents/TNTP_DC Irreplaceables_2012.pdf; Bill Turque, "D.C. Principals: 'Class of '08' Continues to Dwindle," *Washington Post*, June 5, 2012. Personal communication from Mary Levy to author, December 3, 2012.

18. Daniel Denvir, "Michell Rhee's Right Turn," *Salon*, November 17, 2012. テネシー州におけるリーの役割については以下を参照のこと。Http://blogs.knoxnews.com/humphrey/2013/01/michelle-rhee-on-tn-spending-t.html.

19. Http://www.studentsfirst.org/pages/about-michelle-rhee/.

20. Alan Ginsburg, "The Rhee DC Record: Math and Reading Gains No Better Than Her Predecessors Vance and Janey," January 2011, http://therheedcrecord.wikispaces.com/file/view/The+Rhee+DC+Math+And+Reading+Record+.pdf; ポール・E・ピーターソンによるギンズバーグへの返答は以下を参照のこと。"The Case Against Michelle Rhee," *Education Next* 11, no.3 (Summer 2011); ピーターソンへのギンズバーグの返答は以下を参照のこと。"Michell Rhee vs. Her Critics," April 2011, http://therheedcrecord.wikispaces.com/file/view/Final+Peterson+Educationnext-+Michelle+Rhee+v.+Her+Critics.pdf.

21. National Center for Education Statistics, *The Nation's Report Card: Trial Urban District Assessment: Reading 2011* (NCES 2012-455) (Washington, D.C.: Institute of Education Sciences, U.S. Department of Education, 2011).

22. National Center for Education Statistics, *The Nation's Report Card: Trial Urban District Assessment: Mathmatics 2011* (NCES 2012-452) (Washington, D.C.: Institute of Education Sciences, U.S. Department of Education, 2011).

23. John Merrow, "Michelle Rhee's Reign of Error," *Taking Note: Thoughts on Education from John Merrow*, April 11, 2013, http://takingnote.learningmatters.tv/?p=6232.

【第16章　チャーター・スクールの矛盾】

1. National Alliance for Public Charter Schools, "Unionized Charter Schools: Data from 2009-2010," http://www.publiccharters.org/data/files/Publication_docs/NAPCS%20Unionized%20Charter%20Schools%20Dashboard%20Details_20111103 T104815.pdf.

2. Albert Shanker, "Students Paid the Price When Private Firm Took Over School" (paid advertisement), *New York Times*, February 22, 1996.

3. Albert Shanker, "Goals, Not Gimmicks" (paid advertisement), *New York Times*, November 7, 1993; "Noah Webster Academy" (paid advertisement), *New York Times*, July 3, 1994; "Beyond Magic Bullets" (paid advertisement), *New York Times*, March 19, 1995.

4. Chris Cerf, "Charter Schools: A Single Strand in the Tapestry of New Jersey's Great Public Schools," *NJSpotlight*, July 16, 2012.

5. 2012年末までにチャーター・スクールを正式に認可する法律を制定していない州は、アラバマ、ケンタッキー、モンタナ、ネブラスカ、ノース・ダコタ、サウス・ダコタ、バーモント、ウェスト・バージニアである。ワシントン州の有権者は、2012年

にチャーター・スクールに関する州民投票を3回否決した後にやっとのことで成立させた。4回目は、何百万ドルもの選挙資金に後押しされたお金の魔力によるものであった。
6. National Alliance for Public Charter Schools, "A Growing Movement: America's Largest Charter School Communities," 6th ed., October 2011, 1.
7. Julian Vasquez Heilig, "Why Do Hedge Fund Managers Adore Charters?," http://cloakinginequity.com/2012/12/07/why-do-hedge-funds-adore-charters-pt-ii-39-return/.
8. Juan Gonzalez, "Albany Cash Cow: Big Banks Making a Bundle on New Construction as Schools Bear the Cost," *New York Daily News*, May 7, 2010.
9. Stephanie Simon, "The New U.S. Visa Rush: Build a Charter School, Get a Green Card," *Reuters*, October 12, 2012.
10. Valerie Strauss, "The Big Business of Charter Schools," *Washington Post*, August 17, 2012. 以下も参照のこと。Stephanie Strom, "For Charter School Company, Issues of Spending and Control," *New York Times*, April 24, 2010.
11. Center for Media and Democracy, "ALEC Exposed," http://alecexposed.org/w/images/5/57/2D4-Next_Generation_Charter_Schools_Act_Exposed.pdf; 以下も参照のこと。http://www.edreform.com/wp-content/uploads/2011/09/NextGenerationCharterSchoolsAct.pdf.
12. Http://mediamatters.org/research/2012/05/09/how-alec-is-quietly-influencing-education-refor/184156; Salvador Rizzo, "Some of Christie's Biggest Bills Match Model Legislation from D.C. Group Called ALEC," *Star-Ledger*, April 1, 2012.
13. Lindsay Wagner, "Senate Considers New Public Charter School Board," *The Progressive Pulse* (blog), March 27, 2013, http://pulse.ncpolicywatch.org/2013/03/27/senate-considers-creation-of-new-public-charter-school-board/; http://pulse.ncpolicywatch.org/wp-content/uploads/2013/03/SB-337-NC-Public-Charter-Schools-Board.pdf.
14. U.S. Court of Appeals for the Ninth Circuit, *Caviness v. Horizon Community Learning Center Inc.; Lawrence Pieratt*, January 4, 2010.
15. Preston C. Green, Erica Frankenberg, Steven L. Nelson, and Julie Rowland, "Charter Schools, Students of Color, and the State Action Doctrine," *Washington and Lee Journal of Civil Rights and Social Justice* (Spring 2012): 254-75. 以下も参照のこと。Julian Vasquez Heilig, "Why Judges Say Charters Are NOT Public Schools—Students and Parents Should Be Nervous," *Cloaking Inequity*, January 2, 2013.
16. New York Charter Schools Association, "Charters Prevail over State Comptroller," *Chalkboard*, June 25, 2009.
17. Martha Woodall, "Phila.'s New Media Charter School Contends It's Not a Public School," philly.com, July 2, 2011; Julie Shaw, "Two Ex-Charter Officials Accused of Taking Money from School," philly.com, April 15, 2011; Martha Woodall, "Former Head of Philadelphia Charter School Admits Fraud," philly.com, April 4, 2012; Martha Woodall, "Charter School Founder

Gets 2-Year Term for Fraud," philly.com, July 14, 2012.
18. Becky Vevea, "Chicago Charter School Subject to Private-Sector Labor Laws,"WBEZ, January 2, 2013, http://www.wbez.org/news/chicago-charter-school-subject-private-sector-labor-laws-104660; National Labor Relations Board, "Chicago Mathematics and Science Academy Charter School, Inc., Employer and Chicago Alliance of Charter Teachers & Staff, AFT, AFL-CIO," Petitioner, Case 13-RM-001768, December 14, 2012 (359 NLRB No. 41).
19. Bruce D. Baker, "Charter Schools Are ... [Public? Private? Neither? Both?]," *School Finance 101* (blog), May 2, 2012; Bruce D. Baker, Ken Libby, and Kathryn Wiley, "Spending by the Major Charter Management Organizations: Comparing Charter School and Local Public District Financial Resources in New York, Ohio, and Texas" (National Education Policy Center, May 2012); キップはこうした見解を問題視した。Http://www.kipp.org/news/kipp-statement-nepc-report-by-bruce-d-baker-on-spending-by-the-major-charter-management-organizations.
20. Gary Miron, Jessica L. Urschel, Mayra A. Yat Aguilar, and Breanna Dailey, *Profiles of For-Profit and Nonprofit Education Management Organizations, Thirteenth Annual Report, 2010-2011* (Boulder, Colo.: National Education Policy Center, 2012), i-ii.
21. Julian Vasquez Heilig, Amy Williams, Linda McSpadden McNeil, and Christopher Lee, "Is Choice a Panacea? An Analysis of Black Secondary Student Attrition from KIPP, Other Privately Operated Charters, and Urban Districts," *Berkeley Review of Education* 2, no. 2 (2011); KIPP, "Statement by KIPP Regarding Report: 'Is Choice a Panacea?' by Dr. Julian Vasquez Heilig and Colleagues," April 12, 2012, http://www.kipp.org/news/statement-by-kipp-regarding-report-is-choice-a-panacea-by-dr-julian-vasquez-heilig-and-colleagues.
22. Sharon Higgins, "Largest Charter Network in U.S.: Schools Tied to Turkey," *Washington Post*, March 27, 2012; Greg Toppo, "Objectives of Charter Schools with Turkish Ties Questioned," *USA Today*, August 17, 2010; Dan Bilefsky and Sebnem Arsu, "Turkey Feels Sway of Reclusive Cleric in the U.S.," *New York Times*, April 25, 2012; Stephanie Saul, "Charter Schools Tied to Turkey Grow in Texas," *New York Times*, June 6, 2011; Stephanie Saul, "Audits for 3 Georgia Schools Tied to Turkish Movement," *New York Times*, June 5, 2012.
23. Matthew Di Carlo, "The Evidence on Charter Schools and Test Scores," Albert Shanker Institute, December 2011, http://shankerblog.org/wp-content/uploads/2011/12/CharterReview.pdf.
24. David Arsen and Yongmei Ni, "Resource Allocation in Charter and Traditional Public Schools: Is Administration Leaner in Charter Schools?," National Center for the Study of Privatization in Education, March 2012, http://www.ncspe.org/publications_files/OP201.pdf.
25. Miron, Urschel, Yat Aguilar, and Dailey, *Profiles of For-Profit and Nonprofit Education Management Organizations*, ii.
26. Erik Kain, "80% of Michigan Charter Schools Are For-Profits," *Forbes*, September 29, 2011.
27. "A Political Education," *Toledo Blade*, July 9, 2006.
28. "White Hat Management: Ohio Charter School Giant," State Impact Ohio, http://stateimpact.

npr.org/ohio/tag/white-hat-management/; "Judge Says White Hat Must Open Its Books," State Impact Ohio, http://stateimpact.npr.org/ohio/2011/12/28/judge-says-white-hat-must-open-its-books/; Ida Liezkovsky, "Making Money on Education: The For-Profit Charter School," State Impact Ohio, http://stateimpact.npr.org/ohio/2011/10/12/charters-schools-part-iii-cashing-in-on-education/.
29. Http://www.plunderbund.com/2012/02/24/white-hat-management-nears-one-billion-dollars-in-charter-school-funding-in-ohio/.
30. Stephanie Strom, "For School Company, Issues of Money and Control," *New York Times*, April 23, 2010; A.D. Pruitt, "Entertainment Company Is Tested by Charter Schools," *Wall Street Journal*, June 26, 2012; Elisa Crouch, "Shuttering of Imagine Charter Schools in St. Louis Is Daunting," *St. Louis Post-Dispatch*, April 20, 2012.
31. Office of the State Comptroller Thomas P. DiNapoli, "Oversight of Financial Operations: Brooklyn Excelsior Charter School," New York State Division of State Government Accountability, Report 2011-S-14, December 2012; Yoav Gonen, "Charter Management Firm Charging Huge Rent Markups to Charter Schools," *New York Post*, April 30, 2012.
32. Julie Dunn, "Agassi Hopes Charter School Will Be a Model," *New York Times*, April 21, 2004; Bryan Toporek, "Billionaire Donates ＄18 Million to Andre Agassi'sCharter School," *Education Week*, October 31, 2011; "Andre Agassi Launches Charter School Building Fund," *Huffington Post*, June 2, 2011.
33. Amy Kingsley, "Learnig Curve," *Las Vegas Citylife*, March 14, 2012; Adrian Arambulo, "Agassi Prep Cheerleading Coach Charged in Prostitution Sting," KLAS-TV, LasVegas, http://www.8newsnow.com/story/6634246/agassi-prep-cheerleading-coach-charged-in-prostitution-sting; Gary Rubinstein, http://miracleschools.wikispaces.com/Agassi+Prep; "Cheer Coach at Agassi's Academy Charged in Prostitution Sting," *USA Today*, June 8, 2007; Alan Dessoff, "High Stakes Cheating," *District Administration*, April 1, 2011. 学校の成績表については以下を参照のこと。Http://www.nevadareportcard.com/.
34. "New York Success Academy Network to Receive 50 Percent Increase in Per Student Payment," Huffington Post, June 25, 2012.
35. Anne Ryman, "Insiders Benefiting in Charter Deals," *Arizona Republic*, November 17, 2012.
36. Mitchell Landsberg, "Spitting in the Eye of Mainstream Education," *Los Angeles Times*, May 31, 2009; Jill Tucker, "Oakland Charter School Accused of Fraud May Close," *San Francisco Chronicle*, April 3, 2012; Jill Tucker, "Oakland School Official May Face Criminal Probe," *San Francisco Chronicle*, June 14, 2012; Ellen Cushing, "Are American Indian Public Charter School's Scores Inflated?," *East Bay Express*, June 13, 2012; David Whitman, *Sweating the Small Stuff: Inner-City Schools and the New Paternalism* (Washington, D.C.: Thomas B. Fordham Institute, 2008), 71; Katy Murphy, "High-Scoring Oakland Charter Schools Facing Growing Threat of Closure," *Contra Costa Times*, January 24, 2013; Oakland Unified School District Report, Superintendent's Recommendation to Revoke American Indian Model School (AIMS) Charter, March 20, 2013,

http://www.ousd.k12.ca.us/Page/10160.
37. John Merrow, "Can Rocketship Launch a Fleet of Successful Schools?," *NewsHour, PBS*, December 28, 2012, http://learningmatters.tv/blog/on-pbs-newshour/watch-rocketship-schools/10645/.
38. Matt Richtel, "A Silicon Valley School That Doesn't Compute," *New York Times*, October 22, 2011.
39. Benjamin Herold, " 'Significant Barriers' to Entry at Many Philadelphia Charters, District Report Says," *Notebook*, July 31, 2012; Benjamin Herold, "Questionable Application Practices at Green Woods, Other Philly Charter Schools," *Notebook*, September 14, 2012.
40. U.S. Government Accountability Office, *Charter Schools: Additional Federal Attention Needed to Help Protect Access for Students with Disabilities* (Washington, D.C.: U.S. GAO, June 2012).
41. Matthew DiCarlo, "Do Charter Schools Serve Fewer Special Education Students?," *Shanker Blog*, June 21, 2012, http://shankerblog.org/?p=6107; Alleen Brown, "Cityview Leaves Special Education Students Behind," *Twin Cities Daily Planet*, July 24, 2012; Cindy Chang, "New Orleans Special Needs Students File Federal Lawsuit Against Louisiana Department of Education," *New Orleans Times-Picayune*, October 29, 2010.
42. Sean Cavanaugh, "Catholic Schools Feeling Squeeze from Charters," *Education Week*, August 29, 2012; *Who Will Save America's Urban Catholic Schools?*, ed. Scott Hamilton (Washington, D.C.: Thomas B. Fordham Institute, 2008); Scott Waldman, "Parochial Schools Feel Pinch," *Albany Times-Union*, September 24, 2012. オールバニー・ロー・スクールに在籍している学者のアブラハム・ラックマンは、ニューヨーク州のカトリック系学校に対するチャーター・スクールの影響について調査した。そして次のように結論づけた。「我々は優れた制度をより劣った制度と取り替えるはめになってしまった。しかもそれは、納税者にかなりの金額を費やさせることになった」。ラックマンは、「この10年間にニューヨーク州で開校したチャーター・スクール1校につき、教区学校が1校閉校した」ことを明らかにした。ラックマンは、1998年にニューヨーク州でチャーター・スクールが正式に認可された時に、ニューヨーク州上院財務委員会の委員長を務めていた。Abraham Lackman, "The Collapse of Catholic School Enrollment, http://www.scribd.com/doc/106930920/Abe-Lackman-Draft.
43. Samuel Casey Carter, *No Excuses: Lessons from 21 High-Performing, High-Poverty Schools* (Washington, D.C.: Heritage Foundation, 2000), 43-46; Lance T. Izumi, *They Have Overcome: High-Poverty, High-Performing Schools in California* (San Francisco: Pacific Research Institute for Public Policy, 2002); Rob Kuznia, "Inglewood School District Teeters on Verge of State Takeover," *Daily Breeze*, November 3, 2011; Rob Kuznia, "State Takes Over Financially Strapped Inglewood Unified School District," *Dailey Breeze*, September 14, 2012; Rob Kuznia, "Inglewood Unified Begins Making Deep Cuts Amid Howls of Protest," *Daily Breeze*, March 15, 2013.
44. Keystone State Education Coalition, http://keystonestateeducationcoalition.blogspot.

com/2011/06/follow-money-contributions-by-vahan.html, last updated June 28, 2012; Tony West, "Charter Schools: A School for Scandal?," *Philadelphia Public Record*, August 3, 2012.

【第17章　E・ランドにおける問題】

1. Stephanie Simon, "Private Firms Eyeing Profits from U.S. Public Schools," *Reuters*, August 2, 2012; Rick Hess, "The Common Core Kool-Aid," *Education Week*, November 30, 2012.
2. John Hechinger, "Education According to Mike Milken," *Bloomberg Businessweek*, June 2, 2011; Alexandra Starr, "Bill Bennett: The Education of an E-school Skeptic," *Bloomberg Businessweek*, February 13, 2001. ベネットは自分のラジオ番組で人種差別的な発言をしたため、K12に対する厄介ごとを引き起こすことを避けるため、2005年にK12の会長を辞任した。
3. Stephanie Saul, "Profits and Questions at Online Charter Schools," *New York Times*, December 12, 2011.
4. Jeb Bush and Bob Wise, *Digital learning Now!* (Foundation for Excellence in Education, December 1, 2010), 10.
5. Barbara Means, Yukie Toyama, Robert Murphy, Marianne Bakia, and Karla Jones, *Evaluation of Evidence-Based Practices in Online Learning: A Meta-analysis and Review of Online Learning Studies* (Washington, D.C.: U.S. Department of Education, 2010). 研究チームは、1996年から2006年までの間では、一つの研究も見出すことはできなかった。「2008年7月まで期限が延長された2回目の文献の調査を実施することにより、チームは比較検証の実施方法に関する集成資料を拡充することができ、オンラインと対面式授業に関する7件の対比に基づく、キンダーから12学年までのオンライン学習に関する5件の比較対象研究を見つけ出した。この拡充された調査の集成資料は、中等段階の学校がオンラインの課程を極めて多数利用していること、そして全体としてキンダーから12学年までの教育におけるオンライン授業の急増を考慮すると、それでもいまだに極めて少ない調査の集積でしかないと言える。オンライン学習の効果について判断を下そうとする教育者は、異なるオンライン学習の実践に関する相対的な有効性のみならず、異なるタイプの生徒や教科に対するオンライン学習の有効性について検証するような、綿密な研究を必要とする。
6. Center for Media and Democracy, "ALEC Exposed," http://alecexposed.org/w/images/4/4a/2D23-Virtual_Public_Schools_Act1_Exposed.pdf; Center for Media and Democracy, PR Watch, http://www.prwatch.org/news/2012/07/11652/energysolutions-and-connections-education-are-27th-and-28th-corporations-leave-al.
7. Lee Fang, "How Online Learning Companies Bought America's Schools," *Nation*, December 5, 2011.
8. Gene V. Glass and Kevin G. Welner, *Online K-12 Schooling in the U.S.: Uncertain Private Ventures in Need of Public Regulation* (Boulder, Colo.: National Education Policy Center, 2011), 3.
9. Saul, "Profits and Questions at Online Charter Schools."
10. Colin Woodard, "Special Report: The Profit Motive Behind Virtual Schools in Maine," *Maine*

Sunday Telegram, September 3, 2012.
11. Lyndsey Layton and Emma Brown, "Virtual Schools Are Multiplying, but Some Question Their Educational Value," *Washington Post,* November 26, 2011.
12. Ibid.
13. Fang, "How Online Learning Companies Bought America's Schools."
14. Hechinger, "Education According to Mike Milken"; Jack Wagner, "Charter and Cyber Charter Education Funding Reform Should Save Taxpayers $365 Million Annually," Pennsylvania Department of the Auditor General, June 20, 2012.
15. Hechinger, "Education According to Mike Milken."
16. Saul, "Profits and Questions at Online Charter Schools."
17. Ibid.
18. Jason Tomassini, "Virtual Ed. Company Faces Critical Press and a Recent Lawsuit," *Education Week,* February 22, 2012.
19. Layton and Brown, "Virtual Schools Are Multiplying, but Some Question Their Educational Value."
20. Gary Miron and Jessica L. Urschel, *Understanding and Improving Virtual Full-Time Schoos: A Study of Student Characteristics, School Finance, and School Performance, in Schools Operated by K12 Inc.* (Boulder, Colo.: National Education Policy Center, 2012), v-vi; press release.
21. Burt Hubbard and Nancy Mitchell, "Troubling Questions About Online Education," *EdNews Colorado,* October 4, 2011.
22. "Tuning In, Dropping Out: Online Schools Troubled?," *Denver Post,* Ocrober 9, 2011.
23. *Charter School Performance in Pennsylvania* (Stanford, Calif.: CREDO, April 2011).
24. Http://www.pacyber.org/about.jsp?page1d=21613922460129129 7846033.
25. Http://www.huffingtonpost.com/2012/07/13/fbi-agents-raid-office-of_n_1671829.html; Rich Lord and Eleanor Chute, "Cyber Charter Is a Magnet for Money," *Pittsburgh Post-Gazette,* July 17, 2012; Rich Lord, "PA Cyber Condo Deal in Florida Defies Math," *Pittsburgh Post-Gazette,* October 12, 2012.
26. Federal Bureau of Investigation, "Charter School Founder Dorothy June Brown Charged in $6 Million Scheme," U.S. Attorney's Office, Eastern District of Pennsylvania, July 24, 2012, http://www.fbi.gov/philadelphia/press-releases/2012/charter-school-founder-dorothy-june-brown-charged-in-6-million-fraud-scheme; Damon C. Williams, "Fraud Case Proceeds Against Charter School Founder," phillytrib.com, July 27, 2012; Betsy Hammond, "Oregon Charter School Founders Charged in $20 Million Racketeering Lawsuit," *Oregonian,* January 4, 2013.
27. "Ohio's E-schools: Funding Failure; Coddling Contributors," Innovation Ohio,May 12, 2011, http://innovationohio.org/wp-content/uploads/2011/05/IO.051211.eschools.pdf.
28. German Lopez, "School's Out: Data Suggests Internet-Based Education Isn't Living Up to the Hype," *CityBeat,* August 1, 2012.

【第 18 章　ペアレント・トリガーあるいはペアレント・トリッカー】
1. California Charter School Association, "California Charter Schools Grow to Over 1,000 for the 2012-13 School Year," press release, October 12, 2012. 2010 年にジェリー・ブラウンが州知事に選出されると、彼は、まだ正式に承認されてはいなかったが、シュワルツェネッガー前州知事から州教育委員会の委員に任命されていた数名の委員を交代させた。そこには、ペアレント・レボリューションのベン・オースティンも含まれていた。
2. Http://parentrevolution.org/content/passing-parent-trigger.
3. "Lessons of 'Parent Trigger,'" *Los Angeles Times*, November 14, 2011; Caroline Grannan, "Beyond the Parent Trigger Hype and Propaganda: Just the Facts," Parents Across America, August 13, 2012.
4. Teresa Watanabe, "Ruling Supports Adelanto Charter School Effort," *Los Angeles Times*, July 24, 2012; Mark Gutglueck, "Adelanto Charter School's Demise Involved Postmus and DeFazio," *San Bernardino County Sentinel*, May 27, 2011.
5. Http://www.commoncause.org/atf/cf/%7BFB3CI7E2-CDD1-4DF6 -92BE-BD4429893665%7D/ed_35daymailing-dc.pdf; http://www.prwatch.org/node/11612.
6. Http://parentsacrossmerica.org/2012/01/parents-watch-out-for-parent-trigger-proposals-in-your-state/.
7. Steve Bousquet, "Legislature Approves $70 Billion Budget," *Miami Herald*, March 10, 2012.
8. "Promote Charter Schools, but Don't Stack the Deck," *Orlando Sentinel*, March 10, 2012.
9. Http://www.usmayors.org/80thAnnualMeeting/media/proposedresolutions2012.pdf.
10. Stephanie Simon, "Mayors Back Parents Seizing Control of Schools," *Reuters*, June 18, 2012.
11. "No Magic Bullet for Schools," *Los Angeles Times*, April 8, 2012.
12. Bill Berkowitz, "Meet the Christian Right-Wing Billionaire Out to Frack Our World," *AlterNet*, May 13, 2012.
13. Http://parentsacrossamerica.org/wp-content/uploads/2011/03/PAA_Parent_Trigger-position-final.pdf.

【第 19 章　バウチャーの失敗】
1. Https://webspace.utexas.edu/hcleaver/www/FriedmanRoleOfGovtEducation1955. htm.
2. John E. Chubb and Terry M. Moe, *Politics, Markets, and America's Schools* (Washington, D.C.: Brookings Institution, 1990), 2, 12; http://civilliberty.about.com/b/2007/06/28/school-integration-after-parents-v-seattle-district.htm.
3. Matthew DeFour, "DPI: Students in Milwaukee Voucher Program Didn't Perform Better in State Tests," *Wisconsin State Journal*, March 29, 2011; "Test Scores Improve for Milwaukee Voucher Schools, but Still Lag Public Schools," *Wisconsin State Journal*, March 27, 2012. 州のテストでは、低所得層の生徒のテスト得点に関して、ミルウォーキーの公立学校に通っているかバウチャー・スクールに通っているかで、違いはなかった。
4. National Center for Education Statistics, *Nation's Report Card: Trial Urban District Assessment:*

Reading 2011, 92-93; National Center for Education Statistics, *Nation's Report Card: Trial Urban District Assessment: Mathematics 2011*, 82-83.

5. Patrick J. Wolf, *The Comprehensive Longitudinal Evaluation of the Milwaukee Parental Choice Program: Summary of Final Reports* (Fayetteville: University of Arkansas, 2012); Casey D. Cobb, "Review of SCDP Milwaukee Evaluation Report #30" (Boulder, Colo.: National Education Policy Center, 2012), http://nepc.colorado.edu/files/ttr-mkeeval-ark-30.pdf. 中退率の変化についての説明は以下を参照のこと。"NEPC: Patrick Wolf Should Apologize" *Diane Ravitch's Blog*, April 2, 2013, http://dianeravitch.net/2013/04/02/nepc-patrick-wolf-should-apologize/. ミルウォーキーとコロンビア特別区のバウチャー・プログラムの「第三者機関の評価者」は、地元のミネソタ州に対して私立学校の選択肢をより多く提供するよう求める意見を、『ミネアポリス・スター・トリビューン』に掲載した。Patrick J. Wolf, "Minnesota Falls Behind on School Choice," *Minneapolis Star-Tribune*, January 28, 2013.

6. Matthew DuFour, "DPI: Students in Milwaukee Voucher Program Didn't Perform Better in State Tests," *Wisconsin State Journal*, March 29, 2011; Erin Richards, "Proficiency Plummets at Voucher Schools, MPS with New Test Scoring," *Milwaukee Journal Sentinel*, October 24, 2012; Alan J. Borsuk, "Scores Show Voucher Schools Need Accountability," *Milwaukee Journal Sentinel*, December 1, 2012.

7. Http://www.federationforchildren.org/leadership; http://alecexposed.org/wiki/Privatizing_Public_Education,_Higher_Ed_Policy,_and_Teachers.

8. National Center for Education Statistics, *Nation's Report Card: Readig 2011*, 72-73; National Center for Education Statistics, *Nation's Report Card: Mathmatics 2011*, 62-63; Thomas Ott, "Cleveland Students Hold Their Own with Voucher Students on State Tests," *Cleveland Plain Dealer*, February 22, 2011; http://stateimpact.npr.org/ohio/2012/06/27/how-ohio-spent-103-million-a-year-on-private-school-vouchers/.

9. Patrick Wolf, Babette Gutmann, Michael Puma, Brian Kisida, Lou Rizzo, Nada Eissa, and Matthew Carr, *Evaluation of the DC Opportunity Scholarship Program: Final Report* (NCEE 2010-4018) (Washington, D.C.: National Center for Education Evaluation and Regional Assistance, Institute of Education Sciences, U.S. Department of Education, 2010). 2013年に、ミルウォーキーとコロンビア特別区のバウチャー・プログラムの評価者であるパトリック・ウォルフは、学校選択、そのなかでもとりわけバウチャーの支持を表明する意見を書いた。Parrick J. Wolf, "Minnesota Falls Behind on School Choice," *Minneapolis Star-Tribune*, January 28, 2013. 記事の中で彼は、地元のミネソタ州について、学校選択をもたらすために自分が採用されたアーカンソー州よりも遅れているという理由で、手厳しく非難した。

10. Alan Richard, "Florida Supreme Court Finds State Voucher Program Unconstitutional," *Education Week*, January 6, 2006. フロリダ州のバウチャー・プログラムに関する研究の一つは、生徒の減少に最も脅かされている公立学校でテスト得点が上昇したという結論を出していた。David Figlio and Cassandra Hart, "Competitive Effects

of MeansTested School Vouchers," Center for Analysis of Longitudinal Data in Education Research, Working Paper 46, June 2010.
11. Gus Garcia-Roberts, "McKay Scholarship Program Sparks a Cottage Industry of Fraud and Chaos," *Miami New Times*, June 23, 2011.
12. Andy VanDeVoorde, "VVM Writers Named National SPJ Winners," *Village Voice*, April 10, 2012.
13. Stephanie Simon, "Louisiana's Bold Bid to Privatize Schools," *Reuters*, June 1, 2012.

【第20章　学校の閉校は学校の改善に繋がらない】

1. *The MetLife Survey of the American Teacher: Teachers, Parents, and the Economy, 2011*, http://www.metlife.com/assets/cao/contributions/foundation/american-teacher/MetLife-Teacher-Survey-2011.pdf; *Primary Sources: 2012: America's Teachers on the Teaching Profession* (Scholastic and Gates Foudation, 2012). *The MetLife Survey of the American Teacher: Challenges for School Leadership, 2012*, https://www.metlife.com/assets/cao/foundation/MetLife-Teacher-Survey-2012.pdf.
2. Marisa de la Torre, Elaine Allensworrh, Sanja Jagesic, James Sebastian, and Michael Salmoniwicz for the Consortium; Coby Meyers and Dean Gerdeman for American Institutes for Research, *Turning Around Low-Performing Schools in Chicago* (Februry 2012).
3. *Chicago's Democratically-Led Elementary Schools Far Out-Perform Chicago's "Turnaround Schools"* (Chicago: Designs for Change, February 2012).
4. Rebecca Vevea, "Board Backs School Closings, Turnarounds at Raucous Meeting," Chicago News Cooperarive, February 23, 2012, http://www.chicagonewscoop.org/board-backs-school-closings-turnarounds-at-raucous-meeting/.
5. American Institutes for Research, "Turnaround Schools in California: Who Are They and What Strategies Do They Use?" (Washington, D.C., 2012).
6. Anthony Cody, "Flipping the Script on Turnarounds: Why Not Retain Teachers Instead of Reject Them?," *Education Week*, March 29, 2012.
7. Becky Vevea, "CPS Wants to Close First Renaissance Schools," WBEZ91.5, May 8, 2013, www.wbez.org/news/education/cps-wants-close-first-renaissance-schools-107072; Stephanie Banchero, Joe Bermuska, and Darnell Little, "Daley School Plan Fails to Make Grade," *Chicago Tribune*, January 17, 2010.

【第21章　解決法―まずはここから】

1. W. E. B. DuBois, Address to Georgia State Teachers Convention, April 12, 1935, cited in Kenneth James King, *Pan-Africanism and Education: A Study of Race Philanthropy and Education in the Southern States of America and East Africa* (New York: Oxford University Press, 1971), 257.
2. Linda Darling-Hammond, "Why Is Congress Redlining Our Schools?," *Nation*, January 30, 2012.

【第 22 章 一番最初から始めよう】
1. March of Dimes, *Born Too Soon: The Global Action Report on Preterm Birth* (2012), vii.
2. Ibid.; http://www.marchofdimes.com/mission/globalpreterm.html; Bonnie Rochman, "The Cost of Premature Birth: For One Family, More Than $2 Million," *Time*, May 2, 2010.

【第 23 章 幼児期が重要である】
1. James J. Heckman, "Schools, Skills, and Synapses," NBER working paper 14064, June 2008, http://www.nber.org/papers/w14064.pdf?new window=1.
2. Ibid., 15-21.
3. David Weikart, *How High/Scope Grew: A Memoir* (Ypsilanti, Mich.: High/Scope, 1994). 早期幼児教育の歴史についてさらに知るには、以下を参照のこと。David L. Kirp, *The Sandbox Investment: The Preschool Movement and Kids-First Politics* (Cambridge, Mass.: Harvard University Press, 2007); David L. Kirp, *Kids First: Five Big Ideas for Transforming Children's Lives and America's Future* (New York: PublicAffairs, 2011), chap. 2.
4. Kirp, *Kids First*, 68-69.
5. Economist Intelligence Unit, *Starting Well: Benchmarking Early Education Across the World* (Economist, 2012).

【第 24 章 優れた教育にとって必要不可欠なもの】
1. Stephanie Simon, "K-12 Student Database Jazzes Tech Startups, Spooks Parents," *Reuters*, March 3, 2013.

【第 25 章 教えることと学ぶことにとって学級規模が重要である】
1. *Primary Sources: 2012: America's Teachers on the Teaching Profession* (Scholastic and Gates Foundation, 2012), 10.
2. *Great Expectations: Teachers' Views on Elevating the Teaching Profession* (Teach Plus, 2012).
3. Mary Ann Giordano and Anna M. Phillips, "Mayor Hits Nerve in Remarks on Class Size and Teachers," *New York Times*, December 2, 2011.
4. *Primary Sources*, 46-49.
5. Darling-Hammond, "Why Is Congress Redlining Our Schools?"
6. *Primary Sources*, 20-21, 66.
7. Institute of Education Sciences, *Identifying and Implementing Educational Practices Supported by Rigorous Evidence: A User Friendly Guide* (December 2003). 引用されているそのほかの三つの改革は、1 学年から 3 学年までの読解が危うい生徒に対する有能な個別指導員による 1 対 1 の個別指導、ジュニア・ハイスクールの生徒に対する生活技術の訓練、低学年の生徒に対するフォニックスの指導などである。
8. Jeremy D. Finn et al., "The Enduring Effects of Small Classes," *Teachers College Record*, April 2001; Alan B. Krueger, "Experimental Estimates of Education Production Functions,"

Quarterly Journal of Economics 114, no.2 (1999); Barbara Nye, Larry V. Hedges, and Spyros Konstantopoulos, "The Long-Term Effects of Small Classes: A Five-Year Follow-Up of the Tennessee Class Size Experiment," *Educational Evaluation and Policy Analysis* 21, no. 2 (1999); Jeremy D. Finn, "Small Classes in American Schools: Research, Practice, and Politics," *Phi Delta Kappan*, March 2002; Jeremy D. Finn et, al., "Small Classes in the Early Grades, Academic Achievement, and Graduating from High School," *Journal of Educational Psychology* 97, no. 2 (2005); Alan B. Krueger and Diane Whitmore, "The Effect of Attending a Small Class in the Early Grades on College-Test Taking and Middle School Test Results: Evidence from Project STAR," *Economic Journal*, January 2001; Raj Chetty et al., "How Does Your Kindergarten Classroom Affect Your Earnings? Evidence from Project STAR," *Quarterly Journal of Economics* 126, no. 4 (2011).

9. Thomas Dee and Martin West, "The Non-Cognitive Returns to Class Size," *Educational Evaluation and Policy Analysis*, March 2011; Philip Babcock and Julian R. Betts, "Reduced-Class Distinctions: Effort, Ability, and the Education Production Function," *Journal of Urban Economics*, May 2009; James J. Heckman and Yona Rubinstein, "The Importance of Noncognitive Skills: Lessons from the GED Testing Program," *American Economic Review* 91, no. 2 (2001).

10. Donald McLaughlin and Gili Drori, *School-Level Correlates of Academic Achievement* (Washington, D.C.: U.S. Department of Education, 2000); Sarah T. Lubienski et al., "Achievement Differences and School Type: The Role of School Climate, Teacher Certification, and Instruction," *American Journal of Education* 115 (November 2008). 中学年と高学年における少人数クラスと学業成績の改善との関係を示すさらなる研究は、以下を参照のこと。Class Size Matters fact sheet, "The Importance of Class Size in the Middle and Upper Grades," http://www.classsizematters.org/wp-content/uploads/2011/04/fact-sheet-on-upper-grades.pdf.

11. Spyros Konstatopoulos and Vicki Chun, "What Are the Long-Term Effects of Small Classes on the Achievement Gap? Evidence from the Lasting Benefits Study," *American Journal of Education* 116 (November 2009); Krueger and Whitmore, "Effect of Attending a Small Class in the Early Grades on College-Test Taking and Middle School Test Results"; 例えば、以下を参照のこと。Alan B. Krueger and Diane Whitmore, "Would Smaller Classes Help Close the Black-White Achievement Gap?," in *Bridging the Achievement Gap* (Washington, D.C.: Brookings Institution Press, 2002); Paul E. Barton and Richard A. Coley, *The Black-White Achievement Gap: When Progress Stopped* (Policy Information Report, Educational Testing Service, 2010).

12. Lawrence P. Gallagher, "Class Size Reduction and Teacher Migration: 1995-2000," in Technical Appendix of the Capstone Report, part C, 2002; Emily Pas Isenberg, "The Effect of Class Size on Teacher Attrition: Evidence from Class Size Reduction Policies in New York State," U.S. Bureau of the Census, February 2010.

【第26章 チャーター・スクールをすべての人に役立つものにしよう】

1. Matthew Di Carlo, "The Evidence on Charter Schools and Test Scores," Albert Shanker Institute, December 2011, http://shankerblog.org/wp-content/uploads/2011/12/CharterReview.pdf.
2. Emma Brown, "D.C. Charter Schools Expel Students at Far Higher Rates Than Traditional Public Schools," *Washington Post*, January 5, 2012; Ed Fuller, *Examining High-Profile Middle Schools in Texas: Characteristics of Entrants, Student Retention, and Characteristics of Leavers* (Texas Business and Education Coalition, 2012); Bruce D. Baker, "Effects of Charter Enrollment on Newark District Enrollment," http://schoolfinance101.wordpress.com/2012/08/06/effects-of-charter-enrollment-on-newark-district-enrollment/; Bruce D. Baker, "Misinformed Charter Punditry Doesn't Help Anyone (Especially Charters)," http://schoolfinance101.wordpress.com/2011/10/04/misinformed-charter-punditry-doesnt%E2%80%99t-help-anyone-especially-charters/.
3. Bruce D. Baker, Ken Libby, and Kathryn Wiley, "Spending by the Major Charter Management Organizations: Comparing Charter School and Local Public District Financial Resources in New York, Ohio, and Texas," National Education Policy Center, May 2012.

【第 27 章　包括的な支援活動が重要である】

1. Tamara Wilder, Whitney Allgood, and Richard Rothstein, *Narrowing the Achievement Gap for Low-Income Children: A 19-Year Life Cycle Approach* (2008), http://www.epi.org/page/-/pdf/wilder_allgood_rothstein-narrowing_the_achievement_gap.pdf.
2. Karl L. Alexander, Doris R. Entwisle, and Linda Steffel Olson, "Lasting Consequences of the Summer Learning Gap," *American Sociological Review* 72, no. 2 (2007): 171.
3. Ibid., 175.
4. Ibid., 171, 177.
5. National Summer Learning Association, *Summer Learning Can Help Close the Achievement Gap*, http://www.summerlearning.org/?page=TheAchievementGap; Johns Hopkins University School of Education, Center for Summer Learning, *Motivating Adolescent Readers: The Role of Summer and Afterschool Programs*, http://www.summerlearning.org/resource/resmgr/publications/2007.motivatingadolescentrea.pdf; http://breakingnewsbtc.files.wordpress.com/2010/05/summer-learning-loss-research-overview.pdf.
6. J. A. Durlak and R. P. Weissberg, "The Impact of After-School Programs That Promote Personal and Social Skills" (Chicago: Collaborative for Academic, Social, and Emotional Learning; After-School Alliance, 2007), http://www.afterschoolalliance.org/documents/2012/Essentials_4_20_12_FINAL.pdf.
7. Paul Tough, *How Children Succeed: Grit, Curiosity and the Hidden Power of Character* (Boston: Houghton Mifflin Harcourt, 2012), 105-47.（ポール・タフ、高山真由美訳『成功する子　失敗する子―何が「その後の人生を決めるのか」』栄治出版、2013 年、165-224 頁。）
8. Wilder, Allgood, and Rothstein, *Narrowing the Achievement Gap for Low-Income Children*, 25-28.

【第 28 章　知識と技能について注意深く測定しよう】

1. Pasi Sahlberg, *Finnish Lessons* (New York: Teachers College Press, 2011).
2. Bruce D. Baker, "Ed Wivers, Junk Rating Systems & Misplaced Blame: Case 1-New York State," http://schoolfinance101.wordpress.com/2012/08/31/ed-waivers-junk- rating-systems-misplaced-blame-cast-1-new-york-state/; Education Law Center, "NJDOE Intent on Closing Schools Serving Students of Color," http://www.edlawcenter,org/news/archives/other-issues/njdoe-intent-on-closing-schools-serving-students-of-color1.html; Matthew Di Carlo, "Assessing Ourselves to Death," *Shanker Blog*, Ocrober 4, 2012.
3. Todd Farley, *Making the Grades: My Misadventures in the Standardized Testing Industry* (Sausalito, Calif.: PoliPoint Press, 2009), pp. 240, 242.
4. Dan DiMaggio, "The Loneliness of the Long-Distance Test Scorer," *Monthly Review*, December 2010.
5. Heckman and Rubinstein, "Importance of Noncognitive Skills."
6. Henry M. Levin, "More Than Just Test Scores," *Prospects: Quarterly Review of Comparative Education* 42, no. 3 (2012).
7. National Research Council, *Incentives and Test-Based Accountability in Education* (Washington, D.C., 2011).
8. Sarah D. Sparks, "Panel Finds Few Learning Gains from Testing Movement," *Education Week*, May 26, 2011.
9. MCEA/MCPS, *Peer Assistance and Review Program: Teachers Guide*, http://www.mceanea.org/pdf/PAR2012-13MCEAGuide.pdf.
10. Michael Winerip, "Helping Teachers Help Themselves," *New York Times*, June 5, 2011.
11. *Educating for the 21st Century: Data Report on the New York Performance Standards Consortium*, http://www.nyclu.org/files/releases/testing_consortium_report. pdf.

【第 30 章　公立学校の民主的運営を守ろう】

1. Matt Miller, "First, Kill All the School Boards," *Atlantic*, January-February 2008.
2. データは、全米教育委員会連盟の資料調査司書のドッティ・グレイから入手した。
3. 1970 年に連邦議会は教育への連邦の統制を禁止する法律を成立させた。「適用されるプログラムの中のどのような規定であっても、合衆国の省、政府機関、役人、被雇用者が、いかなる教育機関のカリキュラム、授業計画、運営……に対しても、指示、監督、統制を行うことを承認していると解釈されてはならない。」PL 103-33 General Education Provisions Act, 432.
4. *ESEA Flexibility Request* (Washington, D.C.: U.S. Department of Education, 2012).
5. Rebecca Harris, "Voters Approve Referenda on Elected Board, Teachers Pensions," *Catalyst*, November 7, 2012; Quinnipiac University Polling Institute, April 11, 2013, http://www.quinnipiac.edu/institutes-and-centers/polling-institute/new-york-city/release-

detail?ReleaseID=1880.

【第31章　有毒な混合物】

1. National Scientific Council on the Developing Child, "Excessive Stress Disrupts the Architecture of the Developing Brain" (working paper 3, 2005), www.developingchild.harvard.edu.
2. Gary Orfield, John Kucsera, and Genevieve Siegel-Hawley, *E Pluribus...Separation: Deepening Double Segregation for More Students* (UCLA Civil Rights Project, September 19, 2012), http://civilrightsproject.ucla.edu/research/k-12-education/integration-and-diversity/mlk-national/e-pluribus...separation-deepening-double-segregation-for-more-students.
3. Ibid.; "A Portrait of Segregation in New York City," *New York Times*, May 11, 2012.
4. Institute on Race and Poverty, *Failed Promises: Assessing Charter Schools in the Twin Cities* (University of Minnesota Law School, 2008); Institute on Race and Poverty, *Update of "Failed Promises: Assessing Charter Schools in the Twin Cities"* (University of Minnesota Law School, 2012).
5. John Hechinger, "Segregated Charter Schools Evoke Separete but Equal Era in U.S.," Bloomberg.com, December 22, 2011.
6. Orfield, Kucsera, and Siegel-Hawley, *E Pluribus... Separation*, 7-8.
7. Ibid., 8
8. Rucker C. Johnson, "Long-Run Impacts of School Desegregation & School Quality on Adult Attainments" (NBER working paper 16664, January 2011), http://www.nber.org/papers/w16664.
9. Rucker C. Johnson, "The Grandchildren of Brown: The Long Legacy of School Desegregation," http://socrates.berkeley.edu/~ruckerj/RJabstract_BrownDeseg_Grand kids.pdf.
10. David L. Kirp, "Making Schools Work," *New York Times*, May 19, 2012.
11. Ibid.
12. Richard Rothstein and Mark Santow, "A Different Kind of Choice" (Washington, D.C.: Economic Policy Institute, 2012).

【第32章　公教育の民営化は間違いである】

1. Jamie Robert Vollmer, "The Blueberry Story: A Businessman Learns His Lesson," *Education Week*, March 6, 2002.
2. Steven Rattner, interview with Fareed Zakaria, CNN, July 22, 2012, http://edition.cnn.com/TRANSCRIPTS/1207/22/fzgps.01.html.
3. Tim Holt, "Education and the Business Model," http://holtthink.tumblr.com/post/25291144880/education-and-the-business-model.
4. Richard A. Oppel Jr., "Private Prisons Found to Offer Little in Savings," *New York Times*, May 18, 2011; Sam Dolnick, "As Escapees Stream Out, a Penal Business Thrives," *New York Times*, June 17, 2012; Julie Creswell and Reed Abelson, "A Giant Hospital Chain Is Blazing a Profit

Trail," *New York Times*, August 15, 2012.
5. David M. Halbfinger, "Cost of Preschool Special Education Is Soaring," *New York Times*, June 6, 2012. 以下も参照のこと。"Oversight for Preschool Special Education," *New York Times*, July 16, 2012.
6. "Course Choice Quality Control"（Louisiana Department of Education, 2012), http://boarddocs.com/la/bese/Board.nsf/files/92ETL277D2BF/$file/AG_3-2_Course_ Choice_ Attachment_B_Dec12.pdf; Valerie Strauss, "Louisiana Supreme Court Rules School Voucher Funding Unconstitutional," *Wshington Post*, May 7, 2013.
7. Jessica Williams, "BESE Approves Online Providers Despite Judge Nixing Pay Plan," *Lens*, December 4, 2012.
8. Matthew Cunningham-Cook, "Why Do Some of America's Wealthiest Individuals Have Fingers in Louisiana's Education System?," *Nation*, October 23, 2012.
9. Motoko Rich, "Charter Schools Win Support in Georgia," *New York Times*, November 7, 2012.
10. Washington State, Public Disclosure Commission, http://www.pdc.wa.gov/MvcQuerySystem/CommitteeData/contributions?param=WUVTIFdDIDUwNw====&year=2012&type=initiative.
11. Daniel Denvir, "Michelle Rhee's Right Turn," Salon.com, November 17, 2012.
12. State Impact, "Idaho Voters Resoundingly Reject Propositions 1, 2, and 3," http://stateimpact.npr.org/idaho/tag/propositions-1-2-3/; Andrew Crisp, "Luna Laws Award $180 Million Laptop Deal to HP," *Boise Weekly*, October 23, 2012; Dan Popkey, "Tom Luna's Education Reform Plan Was a Long Time in the Making," *Idaho Statesman*, February 20, 2011.
13. Santa Clara County Office of Education, "County Board Approves 20 More Rocketship Charters"（press release), http://www.sccoe.k12.ca.us/newsandfacts/newsreleases/2011-12/news121511.asp?CFID=15231363&CFTOKEN=34992529&jsessionid=843032e7a6176e9adf9a5b4a1758607767e2; Sharon Noguchi, "PAC Money Floods Local School Board Races," http://www.mercurynews.com/bay-area-news/ci_ 21896419/pac-money-floods-local-school-board-races; Sharon Noguchi, "Santa Clara County School Board: Mah Wins Seat; Song Beats Neighbors," http://www.mercurynews.com/elections/ci_21943699/santa-clara-county-school-board-has-two-seats.
14. Howard Blume, "Big Money Doesn't Buy Much in L.A. School Races," *Los Angeles Times*, March 6, 2013.
15. Jersey Jazzman, "Who Runs the Reformy Campaign Money Machine?" April 2, 2013, http://jerseyjazzman.blogspot.com/2013/04/who-runs-reformy-campaign-money-machine.html.

【第33章　結論―絨毯の模様】
1. Http://www2.ed.gov/programs/racetothetop/executive-summary.pdf.
2. John Dewey, *Democracy and Education* (New York: Macmillan, 1916), 101.（松野安男訳『民主主義と教育（上）』岩波文庫、初版は1975年、2013年（第30刷）、142頁。）

解　説

グローバル化された教育がもたらす危機と取り組むために
　―ダイアン・ラヴィッチの指摘―

福田誠治（都留文科大学長）

　ラヴィッチは、教育改革として何をしてはいけないか、どうしてはいけないか、なぜうまくいかないのか、そんなことを本書において具体的に詳しくわれわれに知らせてくれている。彼女は、米国において身を以て教育改革の中枢に座り、推進役を担ったからこそ、どのような利害がどのような人物を通してつながっていくのかという、表には見えにくい現実の世界を見せてくれる。それは、あきれるほどに教育に利害を求め群がる人々の姿である。本書は、彼女しか出来ない教育政策分析であり、極めて貴重な文献である。

　「遅きに失した」とか「いまになって」[1]とラヴィッチの行動をとらえるアメリカ教育史研究者もいる。だが、おそらく現実は、様々な利権が絡み合って、表現される論理が変質してしまうような世界なのだろう。それでもわれわれは教育改革に取り組まなくてはならない。では、どのように。日本が教訓にできることは、失敗した今だからこそ言える、また権力の中枢にあって実践過程に働く具体的な利害関係の動きを見たからこそできる、反省し批判的視点で振り返ったラビッチだからこそ指摘できるネガティブ・データの分析だろう。

出口は見えている

　ラヴィッチは 2004 年頃から「自ら支持していた考えに疑念を抱くようになった」という。筆者は「フィンランドというような国があるのなら、それを人間たちが作り上げているのなら、まだがんばれる」と考えているが、ラヴィッチもまたそれに似た思いを抱いているようだ。筆者がフィンランド教育に関わったのは 2004 年末からのことであり、北欧モデルの意義を確信したのは 2006 年のあたりである。ラヴィッチがフィンランドの教育行政を評価するのはもう少し後になるが、OECD（経済協力開発機構）の国際学力調査 PISA（ピザ）が突きつけた教育比較の視点は、大いに意義があったことになる。

　2004 年の当時、PISA の統括責任者である、OECD 教育局のシュライヒャー指標分析課長（現在は教育次長）は、PISA2000 の結果から、まず次のように、指摘していた。

　「『生徒はそれぞれ異なって生まれてくる。何人かは賢く生まれ、それ以外は生まれながらに頭が悪いのだ。生徒がどう生まれてきたかは大きく異なり、その問題と取り組むのはわれわれの責任ではない。生まれつきの問題なのだ』と考える人がいます。しかし、われわれの調査結果は、それが事実でないことをはっきりと示しています」[2]。

　高い学力は、生まれながらではなく、教育環境を整えることで保障される。PISA が明らかにしたことは、テストの得点と家庭や社会の教育環境との関係を調べたことである。社会に公的な教育環境が整っているほど、国民に高い平均学力が維持されていることがわかった。

　ダイアン・ラヴィッチは、PISA2009 の結果に際して同じようなことを言っている。

　「第一には、上海とフィンランドの二つのトップは、どちらも強力な公立学校制度を持っていることである。どちらも、学校を規制緩和したり、民間組織に権限を委譲したりしていない。両者はそれぞれ違った方法ではあるが、規制緩和や民営化ではなく、公的部門を強化することによって好成績をあげてきた」。

　「アメリカの国際学力テストの結果に関するもう一つの顕著な側面は、異常で恥ずべき子どもの貧困率である。……PISA に参加した多くの国と都市

は、子どもの貧困率がわが国よりもはるかに低い」[3]。

　PISA2000の成果を考慮しながら、それぞれの国の教育制度を比較したOECDは、次のような結論を下している。

　「フィンランドと韓国にみるように、学校教育で極めて優秀な成果が実現可能であること、それもほどよいコストでできること。カナダ、フィンランド、日本、韓国、スウェーデンの結果は、高い成績水準と学習成果の公正な分布が結びつく可能性があること。フィンランドとスウェーデンにみるように、OECD平均の10%以内という学校間格差の小さい学校で、高い成績水準が達成できること」[4]。

　また、シュライヒャーは、「分化された教育制度で対応したほとんどの国は、PISAの成績は平均より下に位置しています」[5]と分析する。そして、このような結果に対しては、PISAにかかわった300人の研究者は驚きませんでしたが、われわれ以外の多くの人を驚かせましたと、「世間常識」とは異なる結果を強調した。

　あるいはまた、彼は、こうも言っている。

　「ドイツやアメリカは国としての平均的な成績はあまり高くなく、同時に優秀な生徒と成績の悪い生徒との間の格差も非常に大きいということが分かりました。……フィンランド、スウェーデンをみてみると学校間の成績の格差が小さく、両国のPISA2000年調査における優れた成績はこのように教育システムがしっかりしているからであろうという推測が成り立ちます。このような国では、どの学校に子どもを入れても同じように高い質の教育が受けられるということが保証されているということが言えるかと思います」[6]。

　つまり、PISAの最大の功績は、平等と高学力とは矛盾しないと指摘したことである。学校や経済的背景を平等にすれば、国民の平均学力は高まるということを事実に基づくデータで証明したのである。これは、先進国の政治家や教育行政担当者たちの常識とは異なっていた。それなのに、その後の展開を見れば、この「常識」を覆した国は、ポーランド、エストニア、ハンガリーなど数少ない国しかない。逆に、スウェーデンは平等化政策を捨て学校民営化の道をひた走り、2008年からは教科枠を重視した授業に切り替えた。

新自由主義のとるべき道は数値管理などの強化ではなく、「小さな政府」にして現場に権限を委ねることだとシュライヒャーは主張するが、それはまたOECDという国際経済機構の判断を意味している。

フィンランドの大不況の中で、1994年から教育改革を指揮した当時の教育大臣、オッリペッカ・ヘイノネンは、NHKのインタビューに次のように答えている。

「教育はとても繊細で複雑なことなのです。私たちは、子どもたちにそうした本来の教育を受けさせるために、多くの権限を現場に委ねました。子どもたち、教員、校長に現場を任せたのです。国が決して阻害してはならないのです」[7]。

シュライヒャーの分析では、次のように表現されている。

「教育制度がうまく機能することを期待するのであれば、各学校に自分たちの学習環境を管理するよう適度な自由を与えることです。比較した中で最もよい成績を収めている学校には、基準を設定することをはじめ、自らの学習環境を管理するためのより大きな裁量があるという傾向がわかります。PISAにおいて良い成績を収めた多くの国々は、実際、……個々の学校に、より大きな自治権を与えています」[8]。

各学校にこのような自由度があるために、「生徒のニーズに個別に対応する」ことができるのだと彼は指摘する。

「教員は全ての問題を解決し、進路やコースに振り分けることなく、それぞれの生徒のために適切な学習環境をつくることとなります。……異なる背景、異なる能力をもち、異なる進路をめざす生徒たちに、極めて個別化した学びの機会を与えることです」[9]。

「フィンランドでは、高度に個人別指導を取り入れた学習環境を生み出すことで対応しました」[10]。

フィンランドの教育制度は非常に大まかな目標、目的があるだけで、それを実施する方法を決めるのは各学校、各教員なのだと指摘する。別の場所では、彼は次のように説明している。

「フィンランドをみてみると、権限と責任はすべて学校に与えられていて、

学校がありとあらゆることを決めることができるようになっています。それによって、成績レベルを全体的に底上げすることができていると考えられます。……トップダウン方式ではなくて、学校にやる気をおこさせることによって、成績を上げられるようにする環境にあるということです。PISA 調査の結果から、学校が自分の判断でアイディアを考え出し、それを試してみることによって良い成果を得られることが可能となることが分かりましたが、その好例がフィンランドでした。学校にやる気をおこさせる環境を作ること、これが重要だったのです」[11]。

このように、PISA 調査のもう一つの大きな功績は、中央集権的な管理制度ではなく、各学校と各教員に権限を渡すことが複雑で困難な教育への動機付けになったことをデータで示したことである。しかも、教員だけでなく、生徒への動機形成もうまくいっていることが重要であることも判明した。そして、習熟度別編成を止めて統合教育にしたフィンランドこそ、「極めて個別化した学び」を作り出しているという、全く逆説的とも思える現象を発見したのである。

「PISA の重要な成果の一つは、生徒個人の成功にとって自らのやる気と動機が極めて重要であるということです」[12]

とシュライヒャー指標分析課長は言う。

「生徒の成績が向上することに対する期待感があり、努力するための準備ができていて、学習の喜びに満ちていて、教員と生徒間の関係が良好で、教員のモラール（志気、熱意）が高いといった特徴を持つ学校では、生徒の成績が良いというということがわかりました」[13]。

あるいは、もっとストレートに、

「お金の問題ではないのです。教員は、労働条件のわりには比較的少ない給料です（基本的な初任給は年 17,000 ポンド＝340 万円、当時）。しかし、フィンランドの教員は、常に見張られたり跡を付けられたりされるわけではなく、政府の官僚グループに従う必要もありません。彼らには、自分が望む方法で教える自由が許されているのです。とくに、彼らは高く評価され、尊敬されているのです」[14]

と、フィンランドの教員に太鼓判を押している。

そのシュライヒャーは、2006年の「経済競争と社会更新に向けたリスボン会議」にて、フィンランドでは生徒の成績格差のうち学校に起因する部分は5％しかないと指摘している。教員を自由にしてそれぞれの学校、それぞれの生徒に合うように教育させたら、どの学校でも同じように学べるようになっていて、結果的に全国の平均点が高くなっていたというのである[15]。

OECDにとっては、GDPに占める公的教育費の割合に比べて学力が高いというコストパフォーマンスに注目して、フィンランドや韓国にスポットライトを当てただけのことである。しかし、アンドレア・シュライヒャーは、様々なデータを関連させて分析し、それ以上のことを指摘した。すなわち、教育において平等と質の両方が追求できること、現場に権限を与えて子どもたち一人ひとりの実情に合わせて教育をすることこそ効果が上がること、子どもたちの学びが探究的でフィンランドの授業の3～4割は活動型（アクティブ・ラーニング）でありこの効果に注目すべきこと、子どもたち自らの学ぼうとする意欲が重要であること、学びはテストのためではなく自分の人生のためにあるべきことだ。それを世界中で強調した。またOECDが採用している教育の基本的スタンスは構成主義であり、生徒本人が自ら学ぼうとして知識を探求したり技能を習得する学習を支援し、より確実なものに高めることが教育であるという立場で教職員調査などが行われている。

フィンランド教育は、2005年から日本でも大いに注目されることになる。だが、日本の教育行政は、伝達・配布型の教育を大きく変えることはなく、むしろ米英に習ってテスト体制をより強めた。唯一、日本の教育行政が変更したことは、国際化に対応して、「PISA型読解力」のみを導入して「受信型の学び」から「発信型の学び」へと日本の教育を変えることは実行した。それだけを残して、2013年、日本からフィンランドブームは去った。

2010年にOECDが米国にぶつけたのはフィンランドではなく上海だったので[16]、むしろアメリカ人の反発を買い、PISAショックは起きなかった。ラヴィッチが「ほとんどのアメリカ人にとっては、受け入れることのできないほど」（本書337ページ）と述べているように、彼女の戦いは、日本に比べ

ればずっと厳しい。

　ネオリベラルといわれる教育「改革」が失敗する原因はわかっている。一つは、経済学は利益を生むような質にしか注目しないので、経済活動を優先すればするほど教育は本来必要な質を追求できなくなることである。二つ目は、人間の精神活動を数値で評価しようとするからだ。そうすることで、極めて重要なものが見えなくなってしまう。もしテストの点がなかったら、親は我が子の長所を見つけ、日々励まそうとするだろう。

脱商品化こそ教育を救う

　問題はどこにあるかといえば、子育てや教育を含む人間のあらゆる行為を商品化してしまおうとする思想と、権利としての教育という思想の対立にある。

　福祉政策の研究者エスピン－アンデルセンは、社会主義は労働の「脱商品化」を目指したのだと指摘する。彼に習えば、社会主義は権利の視点から教育の「脱商品化」を目指したが、グローバリズムは経済の視点から教育の「商品化」を推し進めようという動きと解釈できる。

　「現代の社会政策の主な源泉は、人間のニーズや労働力が商品（commodities）化され、それゆえにわれわれの福利（well-being）が貨幣経済に依存するようになるというプロセスにある」[17]。
「脱商品化（decommodification）とはオールオアナッシングの問題ではないのである。……社会政策の歴史を振り返ってみるならば、政策をめぐる対立は、主要には、市場原理からの免責がどの程度許容されるべきかという点をめぐって生じてきた」[18]。

　北欧の福祉国家が積み上げてきた実績は、人間生活に必要なことを共通に、公的に保障し、商品化を避ける動きであった。著名なサンデル教授のことばでは、次のように表現される。

　「生きていくうえで大切なもののなかには、商品になると腐敗したり堕落したりするものがあるということだ。したがって、市場にとってふさわしい場所、一定の距離を保つべき場所はどこかを決めるには、問題となる善、すなわち健康、教育、家庭生活、自然、芸術、市民の義務などの価値をどう測

るべきかを決めなければならない。これらは道徳的・政治的な問題であり、単なる経済問題ではない。問題を解決するには、それらの善の道徳的な意味と、その価値を測るのにふさわしい方法を、問題ごとに議論する必要がある」[19]。

　経済問題は、政治、哲学と関係づけられてこそ解決の道が開かれるものである。そうなると、人間関係が、それとして意味あるものと認められる社会、その仕組みが問題となろう。

　教育の独占的国家管理を批判してきたいわゆる「教育の私事性」の論理は、地域の協同体を崩し、社会の格差構造を前提とした個人競争の論理に移っていき、さらに商品化の網に絡め取られていく。経済成長の中で、1970年代から先進諸国では新自由主義を受け入れる素地が社会的に広くできあがっていたというわけである。

　北欧諸国もその例に漏れず、1990年代初頭は、社会民主主義政党が理念を組み替え、伝統的な社会民主主義生産の要素を残すものの、対立するはずの保守の要素も混在させた。その後、このバランスがずれていくことになる。教育課題は、産業に有益で、経済利益となる「人材」「人的資本」の形成に重点が移り、スウェーデンのように「エリート教育」という概念まで提起されることになるのである。

　しかしまた、1980年代末から生じ、1990年代前半に劇的となり、そして今もなお続いている変化は、福祉理念の転換・放棄という側面だけでなく、近代化後期に生じてきた新しい課題に対処するための「社会民主主義的な進歩主義教育のリニューアル」[20] としてもとらえるべきだろう。なぜなら、北欧諸国には、国家よりも社会を重視する民主主義が依然として生きており、個々人の行為の自由、個々人の自律が重視され、強力な国民経済と知識を基盤にする福祉国家の思想はなお続いているからである。

　OECDのような国際的経済機構の中でも、新自由主義の実施形態に関して二つの流れがある。一つは、英米および英語圏諸国でとられている市場優先原理、いわゆるアングロ・サクソンモデルと、もう一つは、北欧の福祉国家でとられている市場制限原理、いわゆる北欧モデルである。EUという多様な国家連合を維持する必要性から、またドイツやフランスにおける社会主

義の伝統もあって、OECD内部では北欧モデルが持続可能な経済政策として高く評価されている。

では、日本は、どちらに向かうのか。あるいは、第三の道があるのか。

フィンランドでは、教育と名のつく行為は無償である。フィンランド社会は教育の商品化を極力避けている。義務教育段階では、授業料、教材費、給食費は無料である。以後、未成年の段階では授業料、給食費が無料になり、就学手当と、一人で住む場合には住宅費支援金が支給される。成人にも、大学を含むどの教育施設でも、授業料は無料である。

教育が無償になり、商品でなくなると、二方向から望ましい社会結合ができてくる。学習者本人にとっては、社会によって自己の学習が支えられているという意識に基づいて生活できるので、他者を信頼し協力する人間関係が作りやすく、学習や職業選択は社会に貢献する、あるいは社会に責任をもつという学習者の意識と調和するわけである。投資に見合う成果を獲得するような圧力はかからないので、学習者本人の希望する職業や人生展望に向けて学習意欲が喚起されやすいこと、自己の能力や意欲に合った職業や生活を選びやすいことになる。社会の側からすると、社会のためになる能力を必要に応じて分け隔て無く育成するという教育の論理を徹底でき、さらなる社会性の強化を図ることができる。

教育だけでなく、広い意味の子育ても、商品化を避けるように動いている。親は子どもに現金を持たせないように動き、ゲームセンターも18歳未満は立ち入り禁止である。

教育は商品でなく、学習は教育商品の消化ではない。学習は自らを意欲的に作る生産活動なのであり、教育は学習活動を支援することである。その論理をいかに徹底するか、そう知恵をしぼっている社会も地球上には今もなお存在するのである。

格差社会を前提に、教育を商品化し、利益獲得への投資として学習を定義することは、自分が「負け組」になると予想される人々、あるいは並べられた教育商品には自己の希望する人生展望と違和感を抱いてそこに価値を見いだせない人々には、学習意欲は起きてこない。このような場合、教育の商品

化は「低学力」問題を解決できない。

　学習意欲とか学習動機は、自分が社会に出たときに生きてくるはずだ、学んだことが生かされるはずだという「未来への希望」と結びつく。その希望があれば、たとえ「低学力」であっても、論理的にいえば「低学力」だからこそ、学習意欲は湧いてくるはずだ。

　最近、ラヴィッチは2冊の本に推薦文を書いて、社会活動との連帯を強めている。一つは、『点数よりももっとたくさんのことを』と題するルポルタージュに、標準テストと呼ばれるものが教育的でないと批判する前書き[21]を寄せている。この本の序文は、アメとムチによる競争的教育を批判しているアルフィ・コーン[22]が書いている。

　もう一つは、ワールドバンクで活躍するフィンランド人アナリストのパシ・サルベリが書いた『フィンランドの教訓・第2版』に前書き[23]を寄せていることだ。そこでは、フィンランドが米国と逆の教育をしたのにうまくいっていることを確認し、米国は他国とともにテストと学校選択という「グローバル教育改革運動」を展開していると非難している。この本の初版には教員養成の研究で世界的に著名なアンディ・ハーグリーヴスが前書きを寄せていて、教師の教職専門性開発の重要性を強調しながら、アングロ・サクソンの政治指導者がフィンランド教育改革の有意義な教訓を退けていると非難している[24]。

　ダイアン・ラヴィッチは、大人が教育を充実することとは社会正義を貫くことであり、それがまた次の世代の社会正義を生むと強く考えているだろう。教育が民主主義に溢れた社会を作ること、教育は社会を改造する力を発揮すべきこと、ラヴィッチはそれを期待しているだろう。

【注釈】

1: 北野秋男「アメリカ教育改革の『総括』―日本が教訓とすべきこと―」北野秋男、吉良直、大桃敏行編『アメリカ教育改革の最前線―頂点への競争』学術出版会、2012年、264ページ。
2: 日本教職員組合編集『日本の教育・第52集』アドバンテージサーバー、2003年、54ページ。

解　説　487

3： Diane Ravitch. Another Look at PISA. *Education Week*, January 4, 2011. 日本語訳は、国民教育研究所『日本の教育に対する PISA 型読解力の影響と今後』2011 年、66 ページ。
4： OECD/PISA. *What Makes School Systems Perform?: Seeing School Systems through the Prism of PISA*. Paris: OECD, 2004, 3.
5： 『日本の教育・第 52 集』前掲、63 ページ。
6： 国立教育政策研究所編『日本の教育が見える―教育インディケータ事業（INES）と生徒の学習到達度調査（PISA）2000 年調査結果から掘り下げる日本の教育の現状―アンドレア・シュライヒャーOECD 教育局指標分析課長講演より』2004 年、13 ページ。
7： クローズアップ現代『ヨーロッパからの"新しい風"④「教育で国の未来を切り開け」』（2008 年 1 月 31 日）の発言。原語は、Today's Close Up. "Education to Build a Future" on air date : 31th of January in 2008.
8： 『日本の教育・第 52 集』前掲、62 ページ。
9： 同、63 ページ。
10： 同、59 ページ。
11：『日本の教育が見える』前掲、23 ページ。
12： 同、20 ページ。
13： 同、17 ページ。
14： John Crace. Heaven and Helsinki. *Guardian*, Tuesday September 16, 2003.
15： Andreas Schleicher. *The economics of knowledge: Why education is key for Europe's success*. Lisbon Council Policy Brief, 2006, 9.
16： OECD/PISA. *Storong Performers and Successful Reformers in Education: Lessons from PISA for the United States*. Paris: 2011. 日本語訳は、経済協力開発機構（OECD）編著、渡辺良監訳『PISA から見る、できる国・頑張る国―トップを目指す国』明石書店、2011 年。
17： エスピン―アンデルセン著　岡沢憲芙、宮本太郎訳『福祉資本主義の三つの世界―比較福祉国家の理論と動態』ミネルヴァ書房、2001 年、39 ページ。Gøsta Esping-Andersen, *The Three Worlds of Welfare Capitalism*, Blackwell, 1990, 35.
18： Ibid, 37. 同、41 ページ。
19： Michael Sandel. *What Money can't Buy: The Moral Limits of Markets*. Allen Lane, 2012, 10. 日本語訳は、マイケル・サンデル著、鬼澤忍訳『それをお金で買いますか―市場主義の限界』早川書房、2012 年、22 ページ。
20： Petter Aasen. What happened to social democratic progressivism in Scandinavia? Restructuring education in Sweden and Norway in the 1990s. In M.Apple, P.Aasen, M.K.Cho, L.A.Gandin, A.Oliver, Y.-K.Sung et al.（eds.）*The State and the Politics of Knowledge*. Routledge Falmer, 2003, 145.
21： Diane Ravitch. Foreword. In Jesse Hagopian（ed）*More Than a Score*. Chicago: Haymarket Books, 2014, xi-xiii.
22： 日本語訳は、アルフィ・コーン著、山本哲、真水康樹訳『競争社会をこえて』

法政大学出版局、1994 年。アルフィ・コーン著、田中英史訳『報酬主義をこえて』法政大学出版局、2001 年。

23： Diane Ravitch. Foreword to the Second Edition: An Alternate Universe. In Pasi Sahlberg. *Finnish Lessons 2..0: What can the world learn from educational change in Finland?* New York: Teachers College, Colombia University, 2015, xi-xii.

24： Andy Hargreaves. Foreword: Unfinnished Business. In Pasi Sahlberg. *Finnish Lessons: What can the world learn from educational change in Finland?* New York: Teachers College, Colombia University, 2010, xv-xx.

訳者あとがき

　アメリカを代表する教育史家であるダイアン・ラヴィッチは、今日、現代アメリカの教育政策への痛烈な批判者として知られている。1990年代初頭、ジョージ・H・W・ブッシュ大統領のもとで教育次官補としてスタンダード運動を推進し、テスト、アカウンタビリティ、学校選択に基づく教育改革を主導してきたラヴィッチは、2004年頃から自らが支持してきた考えに疑念を抱き始め、ついにはNCLB法を厳しく批判するようになった。テストとアカウンタビリティを重視する教育政策の立案と実施に尽力してきた者が、その政策を批判するという皮肉なめぐり合わせについては、さまざまな評価があり、彼女自身もそれをよく承知している。その上で、ジョージ・W・ブッシュ大統領からバラク・オバマ大統領へと引き継がれてきた、いわゆる現代アメリカの「教育改革」の現状について、彼女は、長年にわたる教育研究の知識と経験を踏まえ、ある種の危機感を抱いて警告を発し続けている。

　2010年に公刊された *The Death and Life of the Great American School System: How Testing and Choice Are Undermining Education*（New York: Basic Books, 2010）（邦訳『偉大なるアメリカ公立学校の死と生―テストと学校選択がいかに教育をだめにしてきたのか』本図愛実監訳、協同出版、2013年）の中で、ラヴィッチは、ハイステイクスなテスト、テストに基づくアカウンタビリティ、競争、チャーターとバウチャーによる学校選択を真正面から攻撃している。この著書は、ラヴィッチの「思想の転向」としてアメリカ国内はもとより国外でも注目を集めたが、その一方で、「教育改革」や「教育改革者」への批判に終始し、解決策を提

示していないとの指摘も受けた。しかも、アメリカの公立学校が直面している脅威がますます増大してきているのに、人々はそのことにあまり大きな関心を払っていないという現実を前にして、彼女は新たな著書の執筆を思い立った。それが、2013 年に公刊された *Reign of Error: The Hoax of the Privatization Movement and the Danger to America's Public Schools* (New York: Alfred A. Knopf, 2013) である。

　ところで、ラヴィッチの言う「教育改革」とは、原書の中で Corporate Reform と呼ばれているもののことである。原書に頻出する Corporate Reform は、企業による教育改革、企業の利益になるような教育改革、企業の経営手法を取り入れた教育改革、企業エリートたちによる教育改革、政府主導ではない民間主導の教育改革といった、多様な意味合いを持っていて、まさにラヴィッチが論破しようと試みている対象である。適切な訳語を思案した末に、企業型教育改革と訳すことにした。また、Corporate Reformer については、企業型教育改革者あるいは企業型教育改革の推進者などと訳した。前ワシントン D.C. 公立学校教育総監のミッシェル・リー、前ニューヨーク市公立学校教育総監のジョエル・クライン、ビル＆メリンダ・ゲイツ財団を率いているビル・ゲイツ、ティーチ・フォー・アメリカの最高執行幹部であるウェンディ・コップ、オバマ政権の教育長官であるアーン・ダンカンなどが、企業型教育改革の推進者とみなされている。

　序文と 33 の章から成る *Reign of Error* は、以下のように構成されている。第 1 章から第 4 章では、アメリカの公立学校は今まさに「危機に瀕している」と主張する、企業型教育改革の流れが取り上げられている。続いて第 5 章から第 20 章では、そうした企業型教育改革を推し進めている人々の主張が、いかに事実に反するものであるかが明らかにされていく。第 15 章を除くすべての章の冒頭には、企業型教育改革の推進者たちの考えが「主張」として掲げられ、そのすぐ下にラヴィッチの考えが「現実」として紹介されていて、両者の違いが一目瞭然となるように併記されている。具体的には、学力格差、国際学力テスト、ハイスクールの卒業率、大学の卒業率、貧困と学力との関係、教員評価と生徒のテスト得点、メリット・ペイ、教員の終身在職権と年功序列制、ティーチ・フォー・アメリカ、チャーター・スクール、E・ラー

訳者あとがき　491

ニング、保護者が決定権を握るペアレント・トリガー、バウチャー、学校の閉校といったテーマに次々と焦点が当てられていく。これまでのラヴィッチの著作とは若干異なり、論証の過程にデータや図表が多用されている。そして第 21 章から第 32 章では、ラヴィッチにとって望ましいと思われるアメリカの教育の姿とそれを実現するための方策が紹介され、第 33 章の結論に至る。

　結論の章に付けられている「絨毯の模様」というサブタイトルには、企業型教育改革運動に対するラヴィッチの辛らつな批判が込められている。「絨毯の模様」とは、企業型教育改革者たちが「生徒を第一に」とか「子どもたちを一番に」という美辞麗句を用いて描いている改革の内実である。近くで見ると分かりづらい「絨毯の模様」も、少し離れたところからながめてみると、全体像が浮かび上がってくる。つまり、企業型教育改革運動は表からは見えにくいさまざまな事象が複雑にからみ合い、それがいつの間にか一つの大きなまとまりとなって、公立学校への脅威となり、ひいてはアメリカの民主主義への脅威となってきていると、ラヴィッチは警告を発しているのである。それゆえ、今こそ、学校を真に改善し、子どもたちの生活をより良いものとしていくためには何をなすべきかという根源的な問いに、彼女は真摯に答えていく。*Reign of Error* の冒頭にはデューイの『学校と社会』の一節が引用されており、最終章においてはデューイの『民主主義と教育』の一節が取り上げられている。ラヴィッチがアメリカの教育の望ましい姿を思い描く際に、100 年以上も前に民主主義社会における教育と学校の役割を説いたデューイの言説が拠り所とされていることがうかがえる。

　Reign of Error は出版されるや否や、いくつもの新聞や雑誌の書評欄で取り上げられた。例えば 2013 年 9 月 26 日付の『ニューヨーク・タイムズ』には、日本でも『アメリカの人種隔離の現在（いま）』（脇浜義明訳、世界人権問題叢書、明石書店、1999 年）や『非識字社会アメリカ』（脇浜義明訳、世界人権問題叢書、明石書店、1997 年）などの翻訳書が出版されている、社会活動家のジョナサン・コゾルによる書評が掲載された。コゾルは、ラヴィッチが、アメリカの教育の質の向上を目指す彼女なりの考え方を提示していること、教員を深く信頼すると同時に教職の専門性をより強固なものにしようとしていること、貧困

と人種隔離が都市部の学校の困難な状況を生み出していると認識していることなどを挙げて、Reign of Error を高く評価している。

また、2013年9月15日付の『エデュケーション・ウィーク』には、18年間、カリフォルニア州オークランドの教育困難校のミドルスクールで科学の教員を務め、その後、全米教職専門職基準委員会（National Board for Professional Teaching Standards）から優秀教員として認定され、教員の質の向上を目指した活動を続けているアンソニー・コーディが書評を寄稿している。コーディは、Reign of Error の最終章の終わりに近い箇所でラヴィッチが、真の教育改革を実現するには「生徒、保護者、教員、校長、管理職、地域のコミュニティの間の協力とチームワークを頼りにしなければならない」と述べていることに着目し、そこから教員に寄せる大きな信頼と期待を読み取り、深い共感を寄せている。

公教育こそがアメリカの民主主義を支える屋台骨であると説くラヴィッチは、アメリカの教員たちから熱い支持を得ている。2010年に彼女は、全米教育協会（NEA）から「教育の擁護者（Friend of Education）」賞を受賞している。これは公教育の改善に尽力した者に贈られる栄えある賞で、前年の2009年にはリンダ・ダーリング-ハモンドが受賞している。過去の受賞者には、リンドン・B・ジョンソン大統領、ジミー・カーター大統領、ビル・クリントン大統領、サーグッド・マーシャル連邦最高裁判事、ナンシー・ペロシ下院議長、リチャード・W・ライリー元教育長官、故エドワード・テッド・ケネディ上院議員などが名を連ねている。

最後に、ラヴィッチの「思想の転向」について私見を付け加えておきたい。彼女の主要な著書である Left Back: A Century of Battles Over School Reform（New York: Touchstone Book, 2000）（邦訳『学校改革抗争の100年―20世紀アメリカ教育史』末藤美津子・宮本健市郎・佐藤隆之訳、東信堂、2008年）ならびに The Troubled Crusade: American Education, 1945-1980（New York: Basic Books, 1983）（邦訳『教育による社会的正義の実現―アメリカの挑戦（1945～1980）』末藤美津子訳、東信堂、2011年）の2冊の翻訳に取り組んだ者にとっては、ラヴィッチの「思想の転向」はむしろ「思想の回帰」のように思われる。政権の中枢に関わり一種の高揚感を伴った状

態で執筆されたのが *Left Back* であり、それよりはるか以前に一人の教育史家として社会の平等や公正の実現を求めて執筆されたのが *The Troubled Crusade* である。今回の *Reign of Error* は *The Troubled Crusade* と極めて親和性が高い。その意味でも、今のラヴィッチは真摯な自己反省のもと、教育史家として歩み始めた頃の自らの信念に立ち戻り、真の民主主義社会の実現に向けた教育のあるべき姿を追い求め、晩年をかけて闘っているように思われる。

　原書が出版されて間もない頃に、福田誠治先生からこの本の翻訳を勧められた。アメリカの教育を専門に学んでいる者のみならず、日本の教育のゆくえに関心を持つ者にとっても貴重な示唆を与えてくれる本ではないかとのお話であった。確かに、2010 年に公刊された *The Death and Life of the Great American School System* と比較すると、章立ても細かく、論理の展開も洗練されてきている。一般読者にとっても分かりやすい内容なのではないかと思い、翻訳にとりかかることにした。こうした経緯から、福田先生には解説を執筆していただいた。

　訳者にとってラヴィッチの著書の翻訳は 3 冊目となった。今日のアメリカの教育状況を理解する上で欠くことのできないアメリカの教育の歴史を知るためにも、『学校改革抗争の 100 年―20 世紀アメリカ教育史』ならびに『教育による社会的正義の実現―アメリカの挑戦（1945～1980）』を一読されることをお勧めしたい。ラヴィッチの経歴や業績についても、『学校改革抗争の 100 年―20 世紀アメリカ教育史』の中に、訳者 3 名による詳細な解説が掲載されているので、そちらを参照していただきたい。

　今回もまた東信堂の下田勝司社長に大変にお世話になった。これで、アメリカの教育の歴史と現状を知る上で有用な手引きとなる、3 冊のラヴィッチの著書の翻訳が揃ったことになる。心から感謝申し上げたい。

2015 年 3 月
末藤　美津子

索　引

事項索引

【ア行】

アカウンタビリティ　accountability 7, 12, 19, 22, 30, 33-36, 39, 44, 49, 72, 86, 235, 275, 289, 309, 336, 337, 342, 350, 380, 388, 389, 401, 412
　テストに基づく――　test-based accountability 5, 6, 72, 124, 176, 337, 345, 410, 450, 489
アゴラ校　Agora school 244
アジア系（アメリカ人）　Asian Americans 47, 63-67, 70, 71, 96, 106, 222, 371-373, 375
アジア系・太平洋諸島先住民　Asian/Pacific Islanders 95, 97
明日の電子学級（ECOT）　Electronic Classroom of Tomorrow 249, 251
アドバンスト・プレイスメント・コース　Advanced Placement courses 41
アドバンスト・プレイスメント・テスト　Advanced Placement tests 218, 239
『アトランティック』　*Atlantic* 187
アフリカ系アメリカ人　African Americans　→黒人も参照 70, 73, 74, 92, 103, 111, 181, 225, 277-280, 295, 297, 298, 362, 378, 413
アペックス・ラーニング　Apex Learning 237
アマゾン・ドット・コム　Amazon.com 29, 302, 395
アムプリファイ部門　Amplify division 302
アメリカン・インディアン・パブリック・チャーター・スクール　American Indian Public CharterSchool 221
アメリカ企業研究所　American Enterprise Institute 28, 201
アメリカ教育調査協会（AERA）　American Educational Research Association 136
アメリカ教員連盟　American Federation of Teachers 15, 29, 187, 199, 322
アメリカ子ども連盟（AFC）　American Federation for Children 27, 270
アメリカ産婦人科会議　American Congress of Obstetricians and Gynecologists 118
アメリカ先住民　American Indians, Native American 63-65, 221, 222, 375
アメリカ先住民・アラスカ先住民　American Indians/Alaska Natives 95, 96

アメリカ調査研究所（AIR） American Institutes for Research 277, 281
アメリカ図書館協会 American Library Association 162
アメリカの教員に関するメットライフ調査 MetLife Survey of the American Teacher 276
『アメリカの反知性主義』*Anti-intellectualism in American Life* 42
アメリカ立法交換協議会（ALEC） American Legislative Exchange Council 27, 35, 39, 69, 201, 206-208
　　　　　　　　　　　　　　　　　　　　　　　　　　　　　　　　　　　213, 237, 239, 258, 270, 394
アメリカン・バーチャル・アカデミー American Virtual Academy 220
アメリコー AmeriCorps 173
『アリゾナ・リパブリック』*Arizona Republic* 219-221
アンドレ・アガシ・カレッジ・プレパラトリー・アカデミー Andre Agassi College Preparatory Academy
　...218
EB-5 ビザ EB-5 visa 206
医学研究所 Institute of Medicine 119
イベント中退率 event dropout rate 96
今こそ教育改革を Education Reform Now 27, 158
イマジン・スクールズ・インク Imagine Schools Inc. 213, 216, 217
移民 immigrants 10, 96, 142, 226, 312, 331, 410, 413
移民法 immigration laws 42
イングルウッドの奇跡 Inglewood Miracle 226
IMPACT 189, 193
インブルーム inBloom 302
『ウォールストリート・ジャーナル』*Wall Street Journal* 183
ウォールストリート占拠 Occupy Wall Street 262
ウォルドルフ・スクール・オブ・ザ・ペニンシュラ Waldorf School of the Peninsula 223
ウォルトン・ファミリー財団 Walton Family Foundation 29, 32, 173, 202, 237, 255, 406
英語学習者 English-language learners 45, 62, 137, 141, 143, 203, 205
　　　　　　　　　　　　　　　　　　　　　　　　　　　　　　　218, 279, 283, 313, 318, 349, 407
英語の能力が十分でない生徒 limited-English proficiency 13, 204, 240, 255
英語を（ほとんど）話すことのできない生徒（子ども） non-English-speaking students (children)...... 42, 312
　　385, 387, 410
ACT American College Test 342, 370
エービーシーダリアン・プロジェクト Abecedarian Project 297
『エコノミスト』*Economist* 299
エジソン・スクールズ Edison Schools 213
エジソン・プロジェクト Edison Project 214, 234
SAT Scholastic Assessment Test 342, 370
エスピリツ・チャーター・スクール Espiritu charter schools 221
エデュケーショナル・テスティング・サービス Educational Testing Service 72, 316
『エデュケーション・ウィーク』*Education Week* 284
エデュケーション・オルタナティブス・インク Education Alternatives Inc. 200, 214

NBC　National Broadcasting Company 52, 263, 406
エリ＆エディス・ブロード財団　Eli and Edythe Broad Foundation 29, 32, 33, 36, 173, 188
　　　　　　　　　　　　　　　　　　　　　　　　　　　　　　　　　　　　　202, 237, 255, 406
エル・エーズ・ベスト　LA's Best 331
エンターテイメント・プロパティーズ・トラスト　Entertainment Properties Trust........................ 206, 217
オープン・コミュニティズ　Open Communities 380
『オーランド・センティネル』Orland Sentinel..259
オハイオ・ディスタンス・アンド・エレクトロニック・ラーニング・アカデミー（OHDELA）Ohio
　　Distance and Electronic Learning Academy 251
オハイオの革新　Innovation Ohio 250, 251
オハイオ・バーチャル・アカデミー　Ohio Virtual Academy 244, 245
オバマ政権　Obama administration...................................v, 18, 19, 20, 21, 55, 77, 113, 125, 131, 193, 205
　　　　　　　　　　　　　　　　　　　　　　　　277, 283, 360, 361 206, 375, 403, 405, 409
オンライン　online 273
　　――学習　online learning 104, 112, 234, 237, 238, 245, 246, 252, 253
　　――課程　online course 99
　　――・カリキュラム　online curriculum 232
　　――教育　online education..30, 31, 235, 243
　　――授業　online instruction 231, 235, 236, 237
　　――・スクール　online schools.................................... 4, 39, 233, 236-238, 240, 243-248, 308, 324, 410
　　――大学　online universities 104, 178
　　――・チャーター・スクール　online charter schools........................ 200, 232-234, 239, 245, 249, 319
　　――・バーチャル・チャーター・スクール　online virtual charter schools..................................... 323

【カ行】

改革の構想（DFC）Designs for Change.. 278, 279, 281
改革を求める指導者たち（CC）Chiefs for Change 27, 34
外交問題評議会　Council on Foreign Relations 54, 55
改善を必要としている学校（SINI）schools in need of improvement 271
学習障害　learning disabilities..119, 120, 292, 293
学力格差　achievement gap 10, 13, 54, 69, 71-78, 91, 113, 119, 121-123, 181, 197, 290, 291, 295
　　　　　　　　　　　　　　　　299, 316, 325, 326, 328-330, 342, 375, 378, 379, 381, 390, 403, 46
　　――の解消　closing of..........................24, 30, 43, 70-72, 75, 77, 78, 114, 123, 126, 131, 134, 135, 143
　　　　　　　　　　　　　　　　　　　163, 71, 174, 186, 189, 222, 235, 245, 248, 252, 289, 342, 390
　　――の縮小　narrowing of 7, 69, 77, 197, 277, 316, 325, 330, 334, 374,379
学級規模　class size 24, 30, 45, 107, 135, 136, 159, 161, 210, 227, 234, 236
　　　　　　　　　　　　　　　　　　　　　244, 250, 298, 303, 311-314, 316, 317, 398, 415
　　――の縮小　reduction of...72, 312, 315-317, 364, 377
学校改善資金　School Improvement Grants.. 20, 405
学校選択　school choice 4, 6, 10, 12, 18, 22, 25, 26, 38, 53, 55, 176, 194, 201, 228

.... 240, 241, 250, 255, 265-267, 270, 317, 380, 398, 399, 401, 411
学校理事会（LSC） local school council 278-280, 368
カトリック系学校 Catholic schools 52, 226, 265, 412
カマー・プロセス Comer Process 77
ガリステル・ランゲッジ・アカデミー Gallistel Language Academy 279, 280
カリフォルニア大学の公民権プロジェクト Civil Rights Project (UCLA) 372, 375, 377
カリフォルニア・チャーター・スクール協会 California Charter School Association 255, 397
『危機に立つ国家』 Nation at Risk 12, 50, 54, 55, 85
起業家 entrepreneurs 5, 6, 15, 19, 20, 21, 24, 25, 31, 38, 40, 45, 47, 53, 88, 91
.... 203, 222, 224, 231, 241, 243, 249, 320, 397, 409, 411, 416
企業型教育改革 corporate reform 25, 29, 35, 45, 46, 117, 125, 134, 191
.... 224, 225, 247, 375, 406, 408, 409
　　──運動 corporate reform movement 25, 28, 30, 32, 33, 55, 62, 69, 175, 178, 185, 264
　　──者 corporate reformers 4, 31, 40, 43, 45, 78, 124, 125, 145, 156
.... 187, 221, 224, 225, 263, 276, 366, 382
「基礎」レベル "basic" level 58, 60-62
「基礎以下」レベル "below basic" level 58, 60-65, 70, 71
キップ（KIPP） Knowledge Is Power Program 211, 212
　　──・チャーター・チェーン KIPP charter chain 173
　　──・チャーター・スクール KIPP charter schools 29
　　──のネットワーク KIPP network 213
キャニオン・キャピタル・リアルティ・アドバイザーズ Canyon Capital Realty Advisors 218
教育運営機構（EMOS） educational management organizations 211, 214, 219
教育改革センター Center for Education Reform 27, 201, 267
教育改革を求める民主主義者（DFER） Democrats for Education Reform ... 27, 33, 158, 204, 258, 260
教育革新サミット Education Innovation Summit 241
『教育国家』 "Education Nation" 52, 263, 406
教育における卓越性のための財団 Foundation for Excellence in Education 27, 33, 34, 234, 238
教育論者協会 Education Writers Association 283
『教育を受けた子ども』 Educated Child 233
教員組合 teachers' unions 4, 26, 28-30, 32, 52, 61, 69, 134, 142, 145, 147, 153, 158-160, 175, 178
.... 80, 186, 194, 199-201, 210, 212, 221, 234, 263, 320, 322, 356, 395-397
教員向上プログラム Teacher Advancement Program 153
教員の学問の自由 teachers' academic freedom 28, 163, 165
教員の身分保障 teachers' job protections 4, 28, 145, 146, 156, 158, 161, 163
教員（の）評価 teacher evaluations 19, 34, 36, 37, 137, 140-142, 144, 166, 187
.... 189, 203, 347-349, 353, 362, 363, 366, 403
　　──制度 systems 131
　　テスト（得点）に基づく── based on test scores 8, 29, 33, 39, 85, 185
教員報奨金 Teacher Incentive Fund 146, 153

教（職）員の解雇 firing of teachers, staff............3, 14, 18, 22, 30, 52, 133, 137, 124, 126, 134, 141, 146

156, 159, 163, 165, 167, 187, 193, 194, 196, 198, 227, 260

261, 264, 300, 317, 348, 356, 363, 362, 376 , 377, 401

教職の自律性 professional autonomy of teachers .... vi, 45, 91, 161, 165, 167, 182, 335

競争 competition 6, 10, 15, 25, 36, 43, 44, 88, 145, 204, 268, 270, 271

274, 319, 336, 364, 380, 387, 389, 399, 400, 409

共和党 Republican Party... 19, 34, 36, 38, 132, 176, 185, 194, 195, 206, 215, 228

240, 251, 254, 259, 263, 267, 270- 273, 395, 401, 405

共和党員 Republicans 3, 28, 244, 258, 274, 395

グリーン・ドット・チャーター・スクール Green Dot charter school...255

クリントン政権 Clinton administration 13, 49, 205

グレイト・ハーツ Great Hearts 220

グレン・チャーター・スクール Gulen charter schools 212, 213, 224

グローバル・シリコン・バレー・パートナーズ Global Silicon Valley Partners 241

クロスビー・S・ノイエス・エデュケーション・キャンパス Crosby S. Noyes Education Campus 190, 191

経済協力開発機構（OECD）Organization for Economic Cooperation and Development..... 80, 98, 104, 105

経済政策研究所 Economic Policy Institute 94, 109

K12インク K12 Inc. 213, 232, 233, 237-241, 243-246, 394

公共政策分析運営協会 Association for Public Policy Analysis and Management 122

公共放送サービス（PBS）Public Broadcasting Service 191, 197, 222

―――・『ニュースアワー』 NewsHour..51

高所得層 high-income 74, 107, 174, 196, 327, 329, 330, 371

公民権 civil rights.................. 4, 28, 30, 32, 43, 49, 53, 69, 170, 171, 194, 224, 357, 364, 368, 375, 417

公民権法 Civil Rights Act... 358

公立チャーター・スクールのためのノース・カロライナ同盟 NC Alliance for Public Charter Schools

.... 208

国際学力調査 international assessments................................... 54, 80, 81, 83, 85, 89, 122, 336

国際学力テスト international tests...12, 79, 82, 85, 88, 130, 293, 342, 370

国際数学・理科教育動向調査（TIMSS）Trends in International Mathematics and Science Study...... 83, 84

国際読解力調査（PIRLS）Progress in International Reading Literacy Study... 84

国際バカロレア・プログラム International Baccalaureate programs... 41

黒人 blacks.......................................35, 47, 63-67, 69-76, 84, 96, 97, 100, 119, 120, 126, 183, 185, 186, 189

196, 212, 247, 248, 266, 268, 270, 291, 316, 325, 337, 342, 371-379

国家安全保障 national security... 3, 43, 54, 55, 79

子どもたちの味方 Stand for Children..27, 158

コネクションズ・アカデミー Connections Academy 213, 233, 237, 239

コミュニティ再生のための税額控除法 Community Renewal Tax Relief Act.. 205

コモン・コア（・ステート）・スタンダード Common Core State Standards ... 18-20, 22, 30, 54, 55, 232

360, 361, 380, 403

コモン・スクール common schools 412

コロラド・バーチャル・アカデミー　Colorado Virtual Academy 243, 245
コン・キャン　ConnCan 27

【サ行】

再出発　restart 276
再生　turnaroud 38, 276, 277, 278, 279, 280, 281, 282, 283, 284, 286, 287, 405
『採点をすること』　Making the Grades 339
サイバー・スクール　cyber-schools 238, 242, 245, 246, 248, 249-251
サイバー・チャーター・スクール　cyber-charter schools 34, 35, 213, 235, 242, 247, 248, 249-251, 253
サイバー・チャーター・チェーン　cyber-charter chains 213
サクセス・アカデミー・チャーター・スクールズ　Success Academy Charter Schools 219
『些細なことにこだわること』　Sweating the Small Stuff 221
サンディ・フック・エレメンタリースクール　Sandy Hook Elementary School 407
シカゴ学校調査協会　Consortium on Chicago School Research 277, 281
シカゴ教員組合（CTU）　Chicago Teachers Union 367, 407, 408
シカゴ数学科学アカデミー　Chicago Math and Science Academy 210
市場　market 224, 231, 232, 233, 235, 236, 241, 274, 387
　　──原理　market-based 5, 25, 181, 406
次世代チャーター・スクール法　Next Generation Charter Schools Act 206
市長による統制　mayoral control 366, 367
疾患統制センター　Centers for Disease Control 118
シッドウェル・フレンズ　Sidwell Friends 303
「質の高いデジタル学習のための10項目」　10 Elements of High Quality Digital Learning 234-237, 248
ジャーナリスト協会　Society of Professional Journalists 273
シャーマン・スクール・オブ・エクセレンス　Sherman School of Excellence 280, 281
尺度得点　scale scores 57, 58, 63
就学前教育　preschool education 106, 297- 299, 333, 381
就学前プログラム　preschool program 329, 358, 391
宗教系学校　religious schools 25, 69, 116, 257, 265, 266, 268, 273, 274, 411, 412
自由市場　free market 35, 116, 204, 207, 234, 257, 258, 267, 273, 274
　　　　　　　　　　　　　　　　　　　　　　　　　　291, 389, 394, 398, 405, 406, 411, 415, 416
習熟（NCLB法）　proficient 13, 14, 22, 203, 218, 255, 276, 300, 360, 401, 403, 404
習熟率　proficiency rates 191, 218
「習熟」レベル（NAEP）　"proficient" level 57, 59, 60-64, 269
終身在職権　tenure 30, 35, 145, 156-166, 175, 185, 189, 194, 383
州のテスト　state tests 13, 16, 17, 129, 140, 180, 195, 218, 257, 268
　　　　　　　　　　　　　　　　　　　　　　　　　　270, 303, 339, 341, 342, 370, 398, 403
自由論者　libertarians 55, 206, 263
障害　disabilities 129, 270, 292, 293, 294, 301, 321
　　──障害のある生徒（子ども）　students (children) with disabilities 14, 42, 43, 45, 62, 125

　　　　　　　　　　　　　　137, 141, 143, 203-205, 224, 228, 271, 272, 283, 312, 313
　　　　　　　　　　　　　　318, 337, 349, 353, 358, 391, 392, 398, 410 387, 407, 413
　　——障害の状態 disability status 13, 223, 302, 410, 414
「上級」レベル "advanced" level 57, 60, 63, 64
小児麻痺救済募金運動（MOD）March of Dimes.. 292, 293
少人数学級 small classes 8, 10, 46, 47, 74, 276, 287, 301-303, 311
　　　　　　　　　　　　　　314-317, 327, 358, 376, 381, 387, 400, 416
消費者主義 consumerism 399, 400, 409
女性有権者同盟 League of Women Voters... 395
初等中等教育法（ESEA）Elementary and Secondary Education Act........................ 358, 360
ジョンズ・ホプキンズ大学の研究 Johns Hopkins study...328-330
人種 race 13, 71, 73, 96, 222, 228, 266, 312, 320, 325, 358, 364
　　　　　　　　　　　　　　372-375, 377, 379, 381, 389, 400, 410, 414, 415
人種隔離 segregation................................... 4, 7, 9, 11, 28, 42, 43, 45, 69, 73, 92, 100, 103, 181, 265, 267
　　　　　　　　　　　　　　288, 312, 358, 370, 372-376, 379, 380, 381, 408, 413, 415, 416
　　——された segregated...374, 375, 377, 378 389
　　——主義者 segregationists... 26
　　——廃止 desegregation............................22, 26, 46, 49, 53, 72, 100, 267, 290, 358, 372-378, 380, 413
人種差別 racism 73, 87, 380
人種統合 integration 267, 374, 375, 376, 378-380
人種と貧困に関する研究所（IRP）Institute on Race and Poverty......................................374
人種分離 racial isolation 76, 77, 91, 158, 382
　　——された 100, 206
シンプソンのパラドックス Simpson's paradox 63, 65
進歩主義 progressive 5, 28, 203, 257
　　——運動 progressive movement 306
　　——主義者 progressives.. 5, 48
『「スーパーマン」を待っている』 Waiting for "Superman" 52, 60, 127, 130, 187, 192, 263
スカラスティック社・ゲイツ財団の調査 Scholastic-Gates survey 276, 311, 313, 314
スタンダード standards... 6, 13, 41, 42, 48, 49, 54, 58, 59, 72, 280, 281
　　　　　　　　　　　　　　286, 342, 357, 361, 368, 380, 388, 403
スタンフォード大学の教育成果調査センター（CREDO）Center for Research on Education.........247, 248
スチューデンツファースト StudentsFirst................................... 27, 61, 129, 157, 185, 194, 195, 395, 396
ステータス中退率 status dropout rate 96, 97
スプートニクの危機 Sputnik moment 80
スラント（SLANT）Sit up, Listen, Ask questions, Nod, and Track the speaker with your eyes 212
生活適応教育 life-adjustment education 48
セレリティ・チャーター・チェーン Celerity charter chain 256
選択 choice 4, 5, 26, 36, 46, 53, 256, 261, 265, 273, 289, 336
　　　　　　　　　　　　　　374, 378, 379, 389, 398-400, 405, 406, 411

索　引　501

──肢 choices, option 257, 264, 374, 410
全米学力調査（NAEP）National Assessment of Educational Progress 46, 54, 56,57, 60-65, 67, 70, 71
　　　　　　　　　　　　　　　　　　　　　　　　　　　　　　　　　　　73, 82, 122, 158, 195-197, 268
　　　　　　　　　　　　　　　　　　　　　　　　　　　　　　　336, 358, 338, 339, 342, 359, 370
　　──「主調査」main NAEP 65, 66
　　──「動向調査」long-term trend NAEP 65, 67
全米教育アカデミー（NAE）National Academy of Education 136
全米教育協会（NEA）National Education Association 29, 359
全米教育政策センター National Education Policy Center 238, 245
全米州知事協会とアチーブ社 National Governors Association and Archive 403
全米青年管理局 National Youth Administration 48, 357
全米達成動機センター National Center on Performance Incentives 152
全米調査諮問委員会 National Research Council 345
全米デジタル・ラーニング・デイ National Digital Learning Day 239
全米都市連盟 National Urban League 114
全米評価運営委員会（NAGB）National Assessment Governing Board 56, 60, 82
全米有色人地位向上協会（NAACP）National Association for the Advancement of Colored People 395
全米労働関係委員会（NLRB）National Labor Relations Board 209-211
早期幼児教育 early childhood education 72, 111, 295-297, 299, 327, 364, 416
創造論 creationism 27, 201, 273, 405

【タ行】

第一回国際数学教育調査 First International Mathematics Study 81, 89
第一回国際理科教育調査 First International Science Study 82
大学入学試験委員会 College Board 106, 107, 239
大恐慌 Great Depression 48, 288, 306, 342, 357
『タイム』 Time 50, 52, 169, 187, 292
卓越した教育に関する全米諮問委員会 National Commission on Excellence in Education 12, 49
卓越した教育のための同盟 Alliance for Excellent Education 234
多肢選択式 multiple-choice 386
　　──テスト multiple-choice tests 140, 143, 309, 338, 339, 341
達成度レベル achievement levels 57, 58, 60
『他人の子どもについての学習』 Learning on Other People's Kids 181
デュアン・テクノロジー・アカデミー Duane Technology Academy 279
『ちびっこ機関車だいじょうぶ』 Little Engine That Could 343
チャーター charters ... 6, 176, 194, 201, 202, 206, 215, 219, 224, 225, 228, 232, 235, 249, 264, 319, 380
チャーター・スクール charter schools 4, 6, 14-18, 20-25, 29-36, 38, 39, 44, 45, 48, 52, 53, 55, 61
　　　　　　　　　　　　　　　　　　　　　　69, 73, 85, 114, 116, 175, 177, 178, 180, 181, 185, 197-228
　　　　　　　　　　　　　　　　　　　　　232, 238, 242, 244, 247, 248, 254-260, 262, 264, 266, 268
　　　　　　　　　　　　　　　　　　　　　　270, 275, 282, 289, 318-320, 322-324, 336, 356, 360, 366

　　　　　　　　　　　　　　　372-376, 379, 380, 385, 392-396, 398, 405, 407-410, 412, 416
　──運営機構（CMOS）charter management organizations 211
　──・チェーン charter (school) chain 34, 175, 202, 211- 213, 215, 216, 219, 220
　　　　　　　　　　　　　　　232, 251, 254, 262, 318- 320, 323, 411
中間所得層 middle-income 267, 327, 337, 371
中産階級 middle class 109, 120, 328, 330, 342, 379, 413, 415
「注目」校 "focus" schools 361, 409
頂点への競争 Race to the Top 10, 17-19, 21, 22, 36-39, 55, 77, 88, 124, 131, 146, 193, 202
　　　　　　　　　　　　　　　231, 275, 302, 337, 348, 359-362, 364, 376, 380, 402-406
ディアフィールド・アカデミー Deerfield Academy 303
ティーチ・フォー・アメリカ（TFA）Teach for America 27, 29, 33, 113, 168-183, 186
　　　　　　　　　　　　　　　189, 192, 211, 222, 394, 396
低所得層 low-income 13, 75, 107, 111, 114, 120, 136, 172, 174, 196, 267, 270, 278-280
　　　　　　　　　　　　　　　316, 326, 328-330, 334, 348, 371, 373, 374, 379, 380
ディスカバリー・インスティチュート Discovery Institute 263
テキサスの奇跡 Texas miracle 13, 17
適正な手続き due process 31, 61, 160, 161, 356
出来高払い制 piece-rate compensation system 147, 148, 149, 152
デザート・トレイルズ・エレメンタリースクール Desert Trails Elementary School 256
デジタル学習政策宣言 digital learning policy statement 29
テスト準備教育 teaching to the test 17, 28, 37, 140, 158, 166, 348
『撤回しない』 *Won't Back Down* 263
『デンバー・ポスト』 *Denver Post* 247
同僚による支援と評価（PAR）Peer Assistance and Review 348, 349
同僚の評価 peer review 166
トーマス・B・フォーダム研究所 Thomas B. Fordham Institute 28, 201
特別支援教育 special education 165, 182, 218, 224, 242, 248, 272, 294, 298, 314, 315, 326
特別な配慮を必要とする生徒 special needs students 41, 179, 314, 324, 407, 410
都市の学校を指導する学院（AUSL）Academy for Urban School Leadership 280, 281
ドッジ・エレメンタリー Dodge Elementary 286
ドッジ・ルネサンス・アカデミー Dodge Renaissance Academy 286, 287
『どのようにしたら子どもたちは成功するのか』 *How Children Succeed* 331, 344
『トレド・ブレード』 *Toledo Blade* 215

【ナ行】

ナース・ファミリー・パートナーシップ Nurse-Family Partnership 333, 334
　　──・プログラム（NFPP）Nurse-Family Partnership Program 297
ナショナル・スタンダード national stadards 13, 20, 201, 232, 356
ナショナル・テスト national tests 13, 356
ナショナル・ヘリテッジ・アカデミーズ（NHA）National Heritage Academies 213, 217

索　引　503

2010年のルネサンス　Renaissance 2010 ....2010 277, 286
2000年のアメリカ　America 2000 13
2000年の目標　Goals 2000 13
『ニューズウィーク』Newsweek 50, 126, 169
ニュー・スクールズ・ベンチャー財団　New Schools Venture Fund 21, 27, 254
ニューズ・コーポレーション　News Corporation 29, 30, 234, 242
『ニューズ・センチネル』News Sentinel 237
ニュー・ティーチャー・プロジェクト　New Teacher Project 186, 194
ニューディール政策　New Deal 48
ニュー・メディア・テクノロジー・チャーター・スクール　New Media Technology Charter School ... 209
『ニューヨーカー』New Yorker vi
『ニューヨーク・タイムズ』New York Times 80, 83, 132, 169, 181, 200, 212, 216
　　　　　　　　　　　　　　　　　　　　　　　　　 233, 243, 244, 391, 392, 395
ニューヨーク・チャーター・スクール協会　New York Charter Schools Association 209
ニューヨーク・パフォーマンス・スタンダード協会　New York Performance Standards Consortium 349
『ニューヨーク・ポスト』New York Post 142
『ネイション』Nation 241
年功序列制　seniority 30, 35, 145, 156, 157, 163-165, 185
ノア・ウェブスター・アカデミー　Noah Webster Academy 201
能力給　pay-for-performance 192

【ハ行】

バーチャル公立学校法　Virtual Public Schools Act 237
バーチャル・スクーリング　virtual schooling 4, 238
バーチャル・スクール　virtual schools 25, 34, 39, 176, 213, 230, 234-240, 245, 246, 405
バーチャル・チャーター・スクール　virtual charter schools 29, 233, 234, 237, 238, 240, 245, 246, 324
ハートランド研究所　Heartland Institute 28, 201, 257, 258, 267
『ハーバード・マガジン』Harvard Magazine 171
ハーレム・チルドレンズ・ゾーン　Harlrm Children's Zone 115
　　──のプロミス・アカデミーズ　Promise Academies 213
ハーレム・パーク・コミュニティ・スクール　Harlem Park Community School 192
ハイスクール修了認定（GED）　General Educational Development 94, 95
バイリンガル教育　bilingual education 165
バウチャー　vouchers 4, 6, 20, 25, 26, 29, 33, 35, 38, 48, 55, 61, 69, 85, 116, 176, 185, 194
　　　　　　　　　　　　　　　 201, 210, 232, 257, 265-270, 272-274, 336, 380, 393, 395, 398, 405
　　──・スクール　voucher schools 268, 269, 270, 273, 289
発達段階にある子どもに関する全米科学諮問委員会　National Scientific Council on the Developing Child
　　... 371
パフォーマンス評価　performance assessment 349
ハリーポッター本　Harry Potter books 162

索　引　505

繁栄のためのアメリカ人　Americans for Prosperity 395
反進歩主義者　anti-progressives 48
ピアソン　Pearson 30, 213, 233, 237
PISA　Program for International Student Assessment 80, 81
ヒスパニック　Hispanics 47, 63-71, 74-76, 92, 95-97, 100, 106, 111, 126, 196, 197
　　　　　　　　　　　　　　　　　　　　248, 270, 277, 295, 325, 337, 342, 362, 371-373, 375, 376
ひとりも落ちこぼれを出さない法（NCLB法）No Child Left Behind 6, 7, 13-19, 22, 35, 36, 49
　　　　　　　　　　　　　　　　　　　　59, 63, 71-73, 77, 88, 124, 129, 146, 164, 167, 202-204, 228
　　　　　　　　　　　　　　　　　　　　231, 255, 275, 277, 285, 289, 297, 300, 302, 309, 337, 341
　　　　　　　　　　　　　　　　　　　　345-347, 359, 360-362, 376, 379, 380, 401-404, 409
非認知的技能　noncognitive skills 296, 297, 315, 331, 343-345
標準テスト　standardized tests 9, 18, 22, 24, 36, 37, 44-46, 86-88, 125, 126, 139, 143
　　　　　　　　　　　　　　　　　　　　144, 146, 148, 149, 152, 164, 188, 190, 192, 276, 308,
　　　　　　　　　　　　　　　　　　　　309, 335-337, 338, 339, 341-344, 346, 348-352, 366, 370
　　　　　　　　　　　　　　　　　　　　　　　　　　　　　　　　377, 389, 400, 404
平等な教育の機会　equality of educational opportunity 5, 19, 288, 290, 304, 324
　　　　　　　　　　　　　　　　　　　　　　　　　　　　　　　　364, 389, 397, 398, 417
ビル＆メリンダ・ゲイツ財団　Bill & Melinda Gates Foundation 19, 29, 30, 32, 36, 51, 52, 113
　　　　　　　　　　　　　　　　　　　　　　　　　　　　　　　　130, 157, 188, 202, 237, 255, 277
　　　　　　　　　　　　　　　　　　　　　　　　　　　　　　　　　　　　302, 311, 361, 403
貧困　poverty 4, 7, 9, 11, 28, 30, 39, 47, 73, 76-78, 81, 87, 91, 100, 113-119
　　　　　　　　　　　　　　　　　　　　121-123, 125, 129, 132, 137, 158, 170-172, 181, 182, 197, 198
　　　　　　　　　　　　　　　　　　　　226, 240, 277-279, 281, 284, 285, 288, 289, 290, 297, 313, 318
　　　　　　　　　　　　　　　　　　　　325, 330, 336, 342, 362, 370-373, 377, 379-382, 398, 416
ファミリーズ・ザット・キャン　Families That Can 255
『ファンタスティックス』Fantastiks 138
フィッシャー財団　Fisher Foundation 29, 202
フィリップス・アカデミー　Phillips Academy 303
フーバー研究所　Hoover Institution 28, 131, 201, 248
『フォーブス』Forbes 215
付加価値　value-added 126, 137, 142
　　――評価　value-added assessments (ratings) 133, 135-141, 143, 314, 403
　　――評価制度　value-added rating systems 133
復員兵援護法　GI Bill of Rights 103
ブッシュ政権（最初の）Bush administration 12, 49
ブッシュ政権（二番目の）Bush administration .... v, 49, 54, 205, 221, 361, 375
ブラウン（対教育委員会）判決　Brown v. Board of Education 26, 73, 265, 306, 372, 413
ブラッドリー財団　Bradley Foundation 29
フリードマン財団　Friedman Foundation 28, 267
『ブルームバーグ・ビジネスウィーク』Bloomberg Businessweek 242

ブルッキングス研究所 Brookings Institution 27, 54
ブルックリン・エクセルシオール・チャーター・スクール Brooklyn Excelsior Charter School 217
『ブルックリン・キャッスル』 Brooklyn Castle 331
ブルックリン・ドリームズ・チャーター・スクール Brooklyn Dreams Charter School................217
ブロード・スーパーインテンデンツ・アカデミー Broad Superintendents Academy 32, 176
分離すれども平等 separate but equal...266, 375
ペアレンツ・アクロス・アメリカ（PAA）Parents Across America.................................258, 264
ペアレント・トリガー parent trigger.................................... 29, 35, 206, 255, 256, 259, 260, 263, 264, 278
　　──の構想 idea..258, 262
　　──法 parent trigger law..257-259
ペアレント・レボリューション Parent Revolution 27, 29, 255-257, 262
閉校 closure ....vii, 14, 18-20, 22, 31, 34, 39, 45, 47, 117, 124, 137, 177, 185, 187, 188, 197, 203
　　　　　　　　　217, 225, 226, 227, 248, 252, 257, 264, 275-277, 278, 281-283, 286, 287, 350
　　　　　　　　　　　　356, 362, 366, 376, 377, 379, 390, 393, 401, 402, 405, 408, 410
ベイシス・チャーター・スクール Basis chater schools 220
平和部隊 Peace Corps 169, 170
ヘッジ・ファンド hedge fund 40
　　──運用者 hedge fund managers..................... 24, 31, 33, 69, 204, 205, 219, 241, 258, 260, 385
ヘッド・スタート Head Start 299, 358
ベネット－キュー・エレメンタリースクール Bennett-Kew Elementary School..................................226
ペリー・エレメンタリースクール Perry Elementary School..297, 298
ペリー就学前プロジェクト Perry Preschool Project 297, 298
ヘリテージ財団 Heritage Foundation...28, 226, 267
ヘルス・フォー・アメリカ（HFA）Health for America...183
弁解無用 no excuses...44, 114, 193, 212, 221, 226, 228
変革 transformation...276
ペンシルベニア・サイバー・チャーター・スクール Pennsylvania Cyber Charter School 248
放課後活動 after-school services (activities) 114, 120, 121, 212, 231, 234, 301, 331
放課後プログラム after-school programs 9, 74, 330-332, 381
「報奨」校 "reward" schools 361, 362
ホウトン・ミフリン・ハーコート Houghton Mifflin Harcourt 237
『暴力教室』 Blackboard Jungle... 41
ホームスクーリング homeschooling 233, 238, 245, 252
ホームスクール homeschool 201, 412
ボストン・コンサルティング・グループ Boston Consulting Group 225
ホワイト・ハット・マネージメント White Hat Management..215, 216
本質主義者 essentialists 48

【マ行】

マイアミ・セントラル・ハイスクール Miami Central High School..38, 39

索引　507

『マイアミ・ニュー・タイムズ』 *Miami New Times* 272
『マイアミ・ヘラルド』 *Miami Herald* 259
マイケル＆スーザン・デル財団　Michael & Susan Dell Foundation 29, 202
マインド・トラスト　Mind Trust 225
マウミー・バレー・カントリー・デイ・スクール　Maumee Valley Country Day School 303
マサチューセッツ・バーチャル・アカデミー　Massachusetts Virtual Academy 240
マッキンレー・エレメンタリースクール　McKinley Elementary School 256
マックグロウ・ヒル　McGraw-Hill 237
マッケイ奨学金　McKay Scholarships 271, 272
ミルウォーキー公立学校制度（MPS）Milwaukee Public Schools 269
民営化　privatization .... v, vii, 7, 11, 14, 22, 24, 28, 34, 35, 38-40, 44-47, 53, 62, 69
　　　　　　　　　　　　　　　　　70, 173, 175, 176, 178, 181, 185, 186, 198, 200, 201, 206, 207
　　　　　　　　　　　　　　　　　211, 225, 227, 237, 241, 258, 259, 261, 264, 274, 278, 322, 336
　　　　　　　　　　　　　　　　　366, 380, 382, 391-395, 397, 398, 401, 402, 405-409, 411, 417
民間植林治水隊　Civilian Conservation Corps 48, 357
民主主義　democracy 11, 31, 46, 50, 89, 103, 229, 266, 278, 304
　　　　　　　　　　　　　　　　　　　　　　306, 340, 367-369, 382, 400, 410, 413-417
　　──社会　democratic society 23, 305, 308, 310, 389
民主党　Democratic Party 13, 19, 36, 132, 185, 195, 206, 228, 259, 263, 359, 407
民主党員　Democrats 3, 28, 39, 55, 194, 240
民族　ethnicity 13, 71, 96, 159, 266, 325, 375, 389, 410, 414
『メーン・サンデイ・テレグラム』 *Main Sunday Telegram* 238
メリット・ペイ　merit pay 18, 22, 29, 39, 145-147, 149-155, 276, 336, 380

【ヤ行】

『USA トゥデイ』 *USA Today* 190
「優先」校 "priority" schools 361, 362, 409
ユニセフ　UNICEF 117

【ラ行】

ラティーノ　Latinos →ヒスパニックも参照 278, 279, 291, 372, 373
ラ・ティジェラ・K-8・スクール　La Tijera K-8 school 227
ランド株式会社　Rand Corporation 153
リベラリズム　liberalism 5
リベラル派　liberals 5, 28, 411
ルナ法　Luna laws 396
レイクサイド・スクール　Lakeside School 303
冷戦　Cold War 43, 55, 306
『歴史をつくる機会』 *Chance to Make History* 115, 171, 172
連邦教育省教育調査改善局　Office of Educational Research and Improvement 6

連邦教育省の教育科学研究所 Institute of Education Sciences 315
連邦主義 federalism 357, 360, 361, 402
ローラ＆ジョン・アーノルド財団 Laura & John Arnold Foundation... 29
ロケットシップ・チャーター・スクール Rocketship charter schools 396
ロケットシップ・チャーター・チェーン Rocketship charter chain 222
『ロサンゼルス・タイムズ』 *Los Angeles Times* 142, 256, 262, 263

【ワ行】
ワイアレス・ジェネレーション Wireless Generation... 30, 234
ワシントン教員組合 Washington Teachers Union... 187, 189
『ワシントン・ポスト』 *Washington Post*.. 83, 191, 192, 193, 239, 240
ワシントン夢の奨学金プログラム（OSP） D.C. Opportunity Scholarship Program............270, 271, 274
私の学校、私の選択 My School, My Choice 244
ワルデン・メディア Walden Media.. 263

人名索引

【ア行】

アガシ, アンドレ　Agassi, Andre 21, 217, 218
アダムズ, ジェーン　Addams, Jane 331
アリーリィ, ダン　Ariely, Dan 345, 346
アレクサンダー, カール・L　Alexander, Karl L. 328
アンシャッツ, フィリップ　Anschutz, Philip 263
ウイットマン, デービッド　Whitman, David 221
ウィルダー, タマラ　Wilder, Tamara 326, 334
ウィンフレイ, オプラ　Winfrey, Oprah 52
ウェイカート, デービッド　Weikart, David 297, 298
ウォーカー, スコット　Walker, Scott 38, 132, 269, 270
ウォルトン, アリス　Walton, Alice 395
ウォルトン, サム　Walton, Sam 395
ウォルトン・ファミリー　Walton family 207, 394
ウッダード, コリン　Woodard, Colin 239
エマニュエル, ラーム　Emanuel, Rahm 225, 280, 282, 407, 408
エントウィール, ドリス・R　Entwisle, Doris R. 328
オースティン, ベン　Austin, Ben 254, 255
オールグッド, ホイットニー　Allgood, Whitney 326, 334
オバマ, バラク　Obama, Barack .... vi, 17, 28, 33, 35-39, 80, 105, 106, 124, 125, 128
　　　　　　　　　　　　　　　　　　　　　　　　　129, 132, 146, 187, 202, 275, 286, 359, 406, 408
オルソン, リンダ・ステッフェル　Olson, Linda Steffel 328

【カ行】

カーター, ジミー　Carter, Jimmy 359
カーノイ, マーティン　Carnoy, Martin 81
カープ, デービッド・L　Kirp, David L. 378, 379
カッシ, ジョン　Kasich, John 132, 195, 250, 251, 273
カナダ, ジェフリー　Canada, Geoffrey 115
カマー, ジェイムズ　Comer, James 77
ガルシア-ロバーツ, ガス　Garcia-Roberts, Gus 272
キング, マーティン・ルーサー・ジュニア　King, Martin Luther, Jr. 69
ギンズバーグ, アラン　Ginsburg, Alan 195, 196
クオモ, アンドリュー　Cuomo, Andrew 132
グッゲンハイム, デービス　Guggenheim, Davis 60, 61
クライン, ジョエル・I　Klein, Joel I. 54, 113, 114, 127, 128, 157, 186, 234, 242, 408
クリスティ, クリス　Christie, Chris 132, 195, 207
クリントン, ビル　Clinton, Bill 56

クルーグマン，ポール　Krugman, Paul 108, 109
グレイ，ビンセント　Gray, Vincent 189
グレン，フェシュラー　Gulen, Fethullah 212
ゲイツ，ビル　Gates, Bill 19, 51, 52, 113, 114, 157, 395, 406
ゲイツ，メリンダ　Gates, Melinda 51, 130
ケイン，エリック　Kain, Erik 215
ゲーバー，アンドレア　Gabor, Andrea 154
コウリイ，リチャード　Coley, Richard 72
コーク兄弟　Koch brothers 395
コーディ，アンソニー　Cody, Anthony 37, 183, 284-286
ゴードン，ロバート　Gordon, Robert 163
コーヘン，デービッド・K　Cohen, David K. 147, 148, 149, 151, 152
コップ，ウェンディ　Kopp, Wendy 113, 115, 168, 169, 171-174, 180
コルベット，トム　Corbett, Tom 249

【サ行】

ザッカリア，ファリード　Zakaria, Fareed 387
サルベリ，パシ　Sahlberg, Pasi 336
サンダース，ウィリアム　Sanders, William 126
シェイファー，ブランドン　Shaffer, Brandon 247
ジェズ，スー・ジン　Jez, Su Jin 174
ジェニー，クリッフォード　Janey, Clifford 195
ジマー，スティーブ　Zimmer, Steve 396, 397
ジャクソン，ジョン　Jackson, John 166
シャンカー，アルバート　Shanker, Albert 15, 152, 199, 200, 21, 203, 227, 320, 322
シュミット，ハービー　Schmidt, Harvey 138
シュワルツェネッガー，アーノルド　Schwarzenegger, Arnold 221, 254
ジョーンズ，トム　Jones, Tom 138
ジョンストン，マイケル　Johnston, Michael 176
ジョンソン，ケビン　Johnson, Kevin 260
ジョンソン，ラッカー　Johnson, Rucker 377, 378
ジョンソン，リンドン・B　Johnson, Lyndon B. 358
ジンダル，ボビー　Jindal, Bobby 27, 34, 116, 176, 273, 393, 394
スコット，リック　Scott, Rick 132, 195
スタインベック，ジョン　Steinbeck, John 162
スナイダー，リック　Snyder, Rick 27, 34
ソング，アンナ　Song, Anna 396

【タ行】

ダーリング - ハモンド，リンダ　Darling-Hammond, Linda 33, 36, 141, 290, 291

ダーレイ，リチャード・M Daley, Richard M. 277, 286, 280
タイマー，トーマス・B Timar, Thomas B. 75-77
ダイヤー，スティーブン Dyer, Stephen 244
ダイヤー夫人 Dyer, Mrs.Stephen 244
タッカー，ソフィー Tucker, Sophie 120
ダニエルズ，ミッチ Daniels, Mitch 34, 132, 195, 273
タフ，ポール Tough, Paul 331, 344
ダンカン，アーン Duncan, Arne 18, 20, 28, 33, 36-38, 80, 113, 125, 127, 206
                                                           221, 277, 282, 286, 287, 360, 361, 404, 408
チェイビス，ベン Chavis, Ben 221, 222
チェッティ，ラジ Chetty, Raj 132
チャーチル，ウィンストン Churchill, Sir Winston 86
チャッブ，ジョン Chubb, John 234, 266
ディ・カルロ，マッシュー Di Carlo, Matthew 134
ディマッジオ，ダン DiMaggio, Dan 340
テイラー，フレデリック・ウィンスロー Taylor, Frederick Winslow 388
デボス，ベッチィ DeVos, Betsy 270
デミング，W・エドワーズ Deming, W. Edwards 154
デューイ，ジョン Dewey, John 413, 414
デュボイス，W・E・B DuBois, W.E.B. 288, 289
デンビー，デービッド Denvi, David vi
トウェイン，マーク Twain, Mark 162
トロムベッタ，ニック Trombetta, Nick 248

【ナ行】
ニクソン，リチャード・M Nixon, Richard M. 379, 380

【ハ行】
バース，リチャード Barth, Richard 173
ハーディング，ヘザー Harding, Heather 183
バートン，ポール Barton, Paul 72, 316
バウエン，ステフェン Bowen, Stephen 238, 239
ハスティングス，リード Hastings, Reed 29
ハスラム，ビル Haslam, Bill 237
パッカード，ロン Packard, Ron 232, 233, 243
ハックスレー、オルダス Huxley, Aldous 162
ハヌシェック，エリック Hanushek, Eric 52, 127, 130-132, 163
バン，ギムン Ban, Ki-moon 292
バンス，ポール Vance, Paul 195, 196
ハンフリー，トム Humphrey, Tom 237

ビラレイゴザ，アントニオ Villaraigosa, Antonio 260, 396
ファン，リー Fang, Lee 241
フィン，チェスター・E・ジュニア Finn, Chester E., Jr. 58
フェアリー，トッド Farly, Todd 339
フェンティ，アドリアン Fenty, Adrian 185-187, 189, 242, 366
ブッカー，コリー Booker, Corey 260
ブッシュ，ジェブ Bush, Jeb 29, 33, 34, 38, 39, 116, 132, 234, 238, 248, 252, 258
ブッシュ，ジョージ・H・W Bush, George H. W. 6, 13
ブッシュ，ジョージ・W Bush, George W. 7, 13, 36, 72, 226, 275
ブッデ，レイ Budde, Ray 15, 200, 320, 321
ブランデンバーグ，G・F Brandenburg, G. F. 192, 193
フリードマン，ジョン・N Friedman, John N. 132
フリードマン，ミルトン Friedman, Milton 25, 26, 265
ブルームバーグ，マイケル Bloomberg, Michael 142, 153, 157, 312, 314, 366, 394, 397
ブルックス，ハリー Brooks, Harry 237
ブレイン，デービッド Brain, David 206
ブレンナン，デービッド Brennan, David 215, 216, 251
ブロード，エリ Broad, Eli 394, 396
ブロック，オルガ Block, Olga 220
ブロック，マイケル Block, Michael 220
ベイカー，ブルース Baker, Bruce 133, 210
ヘイリッグ，ジュリアン・バスケス Heilig, Julian Vasquez 174
ベーカー，キース Baker, Keith 88-90
ベゾス・ファミリー Bezos family 395
ヘックマン，ジェイムズ Heckman, James 29, 296, 297, 315, 343, 344
ヘッチンガー，ジョン Hechinger, John 242, 375
ベゾス・ファミリー 29, 395
ベネット，トニー Bennett, Tony 395
ベネット，ビル Bennett, Bill 233, 245
ベル，テレル・H Bell, Terrel H. 12
ベルトリ，バーバラ・トーレ Veltri, Barbara Torre 181
ヘンダーソン，カヤ Henderson, Kaya 181, 189, 191, 197
ホイットミア，リチャード Whitmire, Richard 187
ホフスタッター，リチャード Hofstadter, Richard 42
ホフマン，ケビン Huffman, Kevin 176
ボルスック，アラン・J Borsuk, Alan J. 269
ボルマー，ジェミー Vollmer, Jamie 383-386
ホワイト，ジョン White, John 176

【マ行】

マーティン, トレイボン Martin, Trayvon 35
マードック, ルパート Murdoch, Rupert 29, 30, 142, 234, 302, 397
マーネイン, リチャード・J Murnane, Richard J. 147-149, 151, 152
マイナー, バーバラ Miner, Barbara 181
マクドネル, ロバート・F McDonnell, Robert F. 240
マケイン, ジョン McCain, John 187
マシューズ, ジェイ Matthews, Jay 191, 192
マロイ, ダニエル Malloy, Daniel 132
ミッシェル, ローレンス Mishel, Lawrence 94
ミッチェル, テッド Mitchell, Ted 254
ミラー, マット Miller, Matt 356
ミルケン, マイケル Milken, Michael 232, 242
ミルケン, ローウェル Milken, Lowell 232
ミロン, ガーリー Miron, Gary 246
メロウ, ジョン Merrow, John 191, 197, 222
モー, テリー Moe, Terry 234, 266
モー, マイケル Moe, Michael 241
モスコビッツ, エバ Moskowitz, Eva 219

【ヤ行】

ヨン, ザオ Yong, Zhao 80, 85, 86-88, 91

【ラ行】

ラージャー, ウィリアム Lager, William 251
ライアン, ウェイン Ryan, Wayne 190, 191
ライス, コンドリーザ Rice, Condoleezza 54
ラッド, ヘレン・F Ladd, Helen F. 122
ラットナー, スティーブン Rattner, Steven 387
ラブレス, トム Loveless, Tom 54
ラング, ケビン Lang, Kevin 345
ランバーガー, ラッセル・W Rumberger, Russel W. 99, 100
リアドン, シーン Reardon, Sean 74, 75
リー, ミッシェル Rhee, Michelle 52, 61, 62, 113, 126-130, 157, 175, 176, 180
185-198, 200, 258, 260, 263, 395, 396, 408
リッツ, グレンダ Ritz, Glenda 395
リンカーン, エイブラハム Lincoln, Abraham 414
ルイーズ, アルマンド Ruiz, Armando 221
ルナ, トム Luna, Tom 396
ルビンシュタイン, ゲリー Rubinstein, Gary 177

ルページ, ポール LePage, Paul 239
レーガン, ロナルド Reagan, Ronald 12, 26, 359
レビイ, メアリー Levy, Mary 194
レビン, ヘンリー・M Levin, Henry M. 344
レブスキー, パトリシア Levesque, Patricia 238, 239
レブノー, ミッキー Revenaugh, Mickey 237
レンデル, エド Rendell, Ed 249
ロイ, ジョイディープ Roy, Joydeep 94
ロザーハム, アンドリュー Rotherham, Andrew 188
ロスティン, リチャード Rothstein, Richard 81, 119, 128, 326, 334, 379
ロックオフ, ジョン・E Rockoff, John E. 132
ロムニー, ジョージ Romney, George 379, 380
ロムニー, ミット Romney, Mitt 39
ロメロ, グロリア Romero, Gloria 255, 258

【ワ行】

ワイス, ジョアン Weiss, Joanne 21
ワイズ, ボブ Wise, Bob 29, 234, 248, 252
ワインガルテン, ランディ Weingarten, Randi 187
ワダワ, ビベック Wadhwa, Vivek 88

【著者略歴】
Diane Ravitch（ダイアン・ラヴィッチ）
1938 年　テキサス州ヒューストン生まれ。
1975 年　コロンビア大学ティーチャーズ・カレッジにおいて、ニューヨーク市の公立学校史に関する研究で博士号取得。その後、コロンビア大学ティーチャーズ・カレッジ准教授。
1991 年～ 1993 年　連邦教育局教育次官補。
1997 年～ 2004 年　全米評価運営委員会委員。
1995 年～ 2005 年　ブルッキングズ研究所客員上級研究員。
現在は、ニューヨーク大学特任教授。
主要著書は、*The Great School Wars: New York City, 1805–1973* (New York: Basic Books, 1974), *The Troubled Crusade: American Education, 1945–1980* (New York: Basic Books, 1983), *National Standards in American Education: A Citizen's Guide* (Washington D.C.: Brookings Institution Press, 1995), *Left Back: A Century of Battles Over School Reform* (New York: A Touchstone Book, 2000), *The Death and Life of the Great American School System: How Testing and Choice Are Undermining Education* (New York: Basic Books, 2010) など。

【訳者略歴】
末藤　美津子（すえふじ　みつこ）
1977 年　東京大学教育学部教育学科卒業。
1986 年　東京大学大学院教育学研究科博士課程単位取得退学。
2007 年　東京未来大学こども心理学部准教授。
2009 年　東京未来大学こども心理学部教授。
2013 年　東洋学園大学グローバル・コミュニケーション学部教授、現在に至る。
専門は、教育学、比較・国際教育、多言語・多文化教育。博士（教育学）。
主要著書は、『アメリカのバイリンガル教育―新しい社会の構築をめざして』（東信堂、2002 年）、『世界の外国人学校』（共編著、東信堂、2005 年）、『学校改革抗争の 100 年―20 世紀アメリカ教育史』（共訳書、東信堂、2008 年）、『教育による社会的正義の実現―アメリカの挑戦（1945 ～ 1980）』（訳書、東信堂、2011 年）、『ことばのスペクトル―「場」のコスモロジー』（共著、双文社、2015 年）など。

アメリカ　間違いがまかり通っている時代──公立学校の企業型改革への批判と解決法

2015 年 6 月 15 日　初版第 1 刷発行

〔検印省略〕
定価はカバーに表示してあります。

印刷・製本／中央精版印刷株式会社
組版・装丁／有限会社ホワイトポイント

訳者Ⓒ末藤美津子　発行者　下田勝司

発行所　株式会社 東信堂

東京都文京区向丘 1-20-6　郵便振替 00110-6-37828
〒 113-0023　TEL (03) 3818-5521　FAX (03) 3818-5514
Published by TOSHINDO PUBLISHING CO., LTD.
1-20-6, Mukougaoka, Bunkyo-ku, Tokyo, 113-0023, Japan
E-mail：tk203444@fsinet.or.jp　http://www.toshindo-pub.com

ISBN978-4-7989-1305-6 C3037　Ⓒ Suefuji Mitsuko

東信堂

現代アメリカの教育アセスメント行政の展開──マサチューセッツ州（MCASテスト）を中心に	北野秋男編	四八〇〇円
アメリカ公民教育におけるサービス・ラーニング	唐木清志	四六〇〇円
現代アメリカにおける学力形成論の展開──スタンダードに基づくカリキュラムの設計	石井英真	四二〇〇円
ハーバード・プロジェクト・ゼロの芸術認知理論とその実践──内なる知性とクリエティビティを育むハワード・ガードナーの教育戦略	池内慈朗	六五〇〇円
アメリカにおける学校認証評価の現代的展開	浜田博文編	二八〇〇円
アメリカにおける多文化的歴史カリキュラム	桐谷正信	三六〇〇円
EUにおける中国系移民の教育エスノグラフィ	山本須美子	四五〇〇円
社会形成力育成カリキュラムの研究	西村公孝	六五〇〇円
現代ドイツ政治・社会学習論──「事実教授」の展開過程の分析	大友秀明	五二〇〇円
現代教育制度改革への提言 上・下	日本教育制度学会編	各二八〇〇円
現代日本の教育課題──二一世紀の方向性を探る	山口満編著	二八〇〇円
バイリンガルテキスト現代日本の教育	村田翼夫編著	三八〇〇円
日本の教育経験──途上国の教育開発を考える	国際協力機構編著	二八〇〇円
君は自分と通話できるケータイを持っているか──「現代の諸課題と学校教育」講義	小西正雄	二〇〇〇円
教育文化人間論──知の逍遥／論の越境	小西正雄	二四〇〇円
グローバルな学びへ──協同と刷新の教育	田中智志編著	二〇〇〇円
学びを支える活動へ──存在論の深みから	田中智志編著	二〇〇〇円
教育の共生体へ──ボディ・エデュケーショナルの思想圏	田中智志編	三五〇〇円
人格形成概念の誕生──近代アメリカの教育概念史	田中智志	三六〇〇円
社会性概念の構築──アメリカ進歩主義教育概念史	田中智志	三八〇〇円
アメリカ 間違いがまかり通っている時代──公立学校の企業型改革への批判と解決法	D・ラヴィッチ著 末藤美津子訳	三八〇〇円
教育による社会的正義の実現──アメリカの挑戦〈1945-1980〉	D・ラヴィッチ著 末藤美津子訳	五六〇〇円
学校改革抗争の100年──20世紀アメリカ教育史	末藤・宮本・佐藤訳 D・ラヴィッチ著	六四〇〇円

〒113-0023 東京都文京区向丘1-20-6
TEL 03-3818-5521　FAX 03-3818-5514　振替 00110-6-37828
Email tk203444@fsinet.or.jp　URL:http://www.toshindo-pub.com/

※定価：表示価格（本体）＋税

東信堂

比較教育学事典	日本比較教育学会編	一二〇〇〇円
比較教育学の地平を拓く	森山田下肖稔子編著	四六〇〇円
比較教育学——越境のレッスン	馬越徹	三六〇〇円
比較教育学——伝統・挑戦・新しいパラダイムを求めて	M・ブレイ編 馬越徹・大塚豊監訳	三八〇〇円
国際教育開発の研究射程——比較教育学の最前線	北村友人著	二八〇〇円
国際教育開発の再検討——途上国の基礎教育 普及に向けて	小川啓一・西村幹子・北村友人編著	二四〇〇円
トランスナショナル高等教育の国際比較——留学概念の転換	杉本均編著	三八〇〇円
中国教育の文化的基盤	浜野隆著	三八〇〇円
中国大学入試研究——変貌する国家の人材選抜	大塚豊監訳	三六〇〇円
中国高等教育独学試験制度の展開	大塚豊	二九〇〇円
中国の職業教育拡大政策——背景・実現過程・帰結	顧明遠	三六〇〇円
中国高等教育の拡大と教育機会の変容	南部広孝	三二〇〇円
現代中国初中等教育の多様化と教育改革	劉文君	五〇四八円
文革後中国基礎教育における「主体性」の育成	王傑	三九〇〇円
「郷土」としての台湾——郷土教育の展開にみるアイデンティティの変容	李霞	三六〇〇円
戦後台湾教育とナショナル・アイデンティティ	林初梅	二八〇〇円
ドイツ統一・EU統合とグローバリズム——教育の視点からみたその軌跡と課題	山崎直也	四六〇〇円
教育における国家原理と市場原理——チリ現代教育史に関する研究	木戸裕	六〇〇〇円
中央アジアの教育とグローバリズム	斉藤泰雄	三八〇〇円
インドの無認可学校研究——公教育を支える「影の制度」	川嶺井敏明編著	三二〇〇円
バングラデシュ農村の初等教育制度受容	小原優貴	三六〇〇円
オーストラリアのグローバル教育の理論と実践	日下部達哉	三六〇〇円
開発教育研究の継承と新たな展開	木村裕	三六〇〇円
オーストラリアの教員養成とグローバリズム	本柳とみ子	三六〇〇円
多様性と公平性の保証に向けて		
[新版]オーストラリア・ニュージーランドの教育——グローバル社会を生き抜く力の育成に向けて	佐藤博志編著	二〇〇〇円
オーストラリアの言語教育政策——多文化主義における「多様性」と「統一性」の揺らぎと共存	青木麻衣子	三八〇〇円
マレーシア青年期女性の進路形成	鴨川明子	四七〇〇円

〒113-0023 東京都文京区向丘1-20-6
TEL 03-3818-5521 FAX 03-3818-5514 振替 00110-6-37828
Email tk203444@fsinet.or.jp URL:http://www.toshindo-pub.com/

※定価：表示価格（本体）+税

東信堂

転換期を読み解く——潮木守一時評・書評集	潮木守一	二六〇〇円
大学再生への具体像（第2版）	潮木守一	二四〇〇円
フンボルト理念の終焉？——現代大学の新次元	潮木守一	二五〇〇円
いくさの響きを聞きながら——横須賀そしてベルリン	潮木守一	二四〇〇円
「大学の死」、そして復活	絹川正吉	二八〇〇円
大学教育の思想——学士課程教育のデザイン	絹川正吉	二八〇〇円
国立大学法人の形成	大崎仁	二六〇〇円
国立大学・法人化の行方——自立と格差のはざまで	天野郁夫	三六〇〇円
大学は社会の希望か——大学改革の実態からその先を読む	江原武一	二〇〇〇円
転換期日本の大学改革——アメリカと日本	江原武一	三六〇〇円
大学の管理運営改革——日本の行方と諸外国の動向	江原武一編著	三六〇〇円
新自由主義大学改革——国際機関と各国の動向	杉本均編著	三六〇〇円
新興国家の世界水準大学戦略——世界水準をめざすアジア・中南米と日本	細井克彦編集代表	三八〇〇円
東京帝国大学の真実	米澤彰純監訳	四八〇〇円
日本近代大学形成の検証と洞察	舘昭	四六〇〇円
原理・原則を踏まえた大学改革を	舘昭	二〇〇〇円
改めて「大学制度とは何か」を問う	舘昭	一〇〇〇円
原点に立ち返っての大学改革——場当たり策からの脱却こそグローバル化の条件	舘昭	三八〇〇円
大学の責務	D・ケネディ 井上比呂子訳	三三〇〇円
大学の財政と経営	丸山文裕	四七〇〇円
私立大学マネジメント	両角亜希子	四二〇〇円
私立大学の経営と拡大・再編——一九八〇年代後半以降の動態	両角亜希子	三八〇〇円
大学事務職員のための高等教育システム論〔新版〕——より良い大学経営専門職となるために	山本眞一	一六〇〇円
高等教育における質保証制度の研究 認証評価制度のルーツを探る視学委員制度の研究	林透	五四〇〇円
戦後日本産業界の大学教育要求——経済団体の教育言説と現代の教養論	立川明・坂本辰朗 (社)私立大学連盟編	
イギリスの大学——対位線の転移による質的転換	秦由美子	五八〇〇円

〒113-0023 東京都文京区向丘1-20-6　TEL 03-3818-5521　FAX 03-3818-5514　振替 00110-6-37828
Email tk203444@fsinet.or.jp　URL:http://www.toshindo-pub.com/

※定価：表示価格（本体）＋税

東信堂

大学の自己変革とオートノミー ―点検から創造へ	寺﨑昌男	二五〇〇円
大学教育の創造 ―歴史・システム・カリキュラム	寺﨑昌男	二五〇〇円
大学教育の可能性 ―教養教育・評価・実践・FD	寺﨑昌男	二五〇〇円
大学は歴史の思想で変わる ―FD・評価・私学	寺﨑昌男	二八〇〇円
大学改革 その先を読む	寺﨑昌男	一三〇〇円
大学自らの総合力 ―理念とFD そしてSD	寺﨑昌男	二〇〇〇円
高等教育質保証の国際比較	杉本和弘・米澤彰純・羽田貴史 編	三六〇〇円
主体的学び 創刊号	主体的学び研究所編	一八〇〇円
主体的学び 2号	主体的学び研究所編	一六〇〇円
主体的学び 3号	主体的学び研究所編	一六〇〇円
「主体的学び」につなげる評価と学習方法 ―カナダで実践されるCEモデル	Sヤング&R.ウィルソン著／土持ゲーリー法一訳	一〇〇〇円
ポートフォリオが日本の大学を変える ―ティーチング／ラーニング／アカデミック・ポートフォリオの活用	土持ゲーリー法一	二五〇〇円
ティーチング・ポートフォリオ 授業改善の秘訣	土持ゲーリー法一	二五〇〇円
ラーニング・ポートフォリオ 学習改善の秘訣	土持ゲーリー法一	二八〇〇円
学生支援に求められる条件 ―学生支援GPの実践と新しい学びのかたち	大島弥生・溝上慎一・清野雄多人	二五〇〇円
学士課程教育の質保証へむけて ―学生調査と初年次教育からみえてきたもの	山田礼子	三二〇〇円
大学教育を科学する ―学生の教育評価の国際比較	山田礼子 編著	三六〇〇円
アクティブラーニングと教授学習パラダイムの転換	溝上慎一	二四〇〇円
大学生の学習ダイナミクス ―授業内外のラーニング・ブリッジング	河井亨	四五〇〇円
「学び」の質を保証するアクティブラーニング ―3年間の全国大学調査から	河合塾編著	二〇〇〇円
「深い学び」につながるアクティブラーニング ―全国大学の学科調査報告とカリキュラム設計の課題	河合塾編著	二八〇〇円
アクティブラーニングでなぜ学生が成長するのか ―経済系・工学系の全国大学調査からみえてきたこと	河合塾編著	二八〇〇円
初年次教育でなぜ学生が成長するのか ―全国大学調査からみえてきたこと	河合塾編著	二八〇〇円

〒113-0023 東京都文京区向丘1-20-6　TEL 03-3818-5521　FAX 03-3818-5514　振替 00110-6-37828
Email tk203444@fsinet.or.jp　URL:http://www.toshindo-pub.com/

※定価：表示価格（本体）＋税

東信堂

マナーと作法の社会学	加野芳正編著	二四〇〇円
マナーと作法の人間学	矢野智司編著	二〇〇〇円
子ども・若者の自己形成空間――教育人間学の視線から	高橋勝編著	二七〇〇円
文化変容のなかの子ども――経験・他者・関係性	高橋勝	二三〇〇円
「再」取得学歴を問う――専門職大学院の教育と学習	吉田文編著	二八〇〇円
航行を始めた専門職大学院	橋本鉱市	二六〇〇円
学級規模と指導方法の社会学――実態と教育効果	山崎博敏	三二〇〇円
「学校協議会」の教育効果――「開かれた学校づくり」のエスノグラフィー	平田淳	五六〇〇円
夢追い形進路形成の功罪――高校改革の社会学	荒川葉	二八〇〇円
進路形成に対する「在り方生き方指導」の功罪――高校進路指導の社会学	望月由起	三六〇〇円
教育から職業へのトランジション――若者の就労と進路職業選択の社会学	山内乾史編著	二六〇〇円
階級・ジェンダー・再生産――現代資本主義社会の存続メカニズム	橋本健二	三二〇〇円
教育と不平等の社会理論――再生産論をこえて	小内透	三三〇〇円
〈シリーズ 日本の教育を問いなおす〉		
拡大する社会格差に挑む教育	倉元直樹・木村拓也編	二四〇〇円
混迷する評価の時代――教育評価を根底から問う	西村和雄・大森不二雄・倉元直樹・木村拓也編	二四〇〇円
教育における評価とモラル	西村和雄・大森不二雄編	二四〇〇円
《大転換期と教育社会構造：地域社会変革の社会論的考察》	西村俊之編	
第1巻 教育社会史――日本とイタリアと生活者生涯学習の地域的展開	小林甫	七八〇〇円
第2巻 現代的教養I――技術者生涯学習の生成と展望	小林甫	六八〇〇円
現代的教養II――生成と展望	小林甫	六八〇〇円
第3巻 学習力変革――社会自治と社会構築	小林甫	近刊
第4巻 社会共生力――東アジアと成人学習	小林甫	近刊

〒113-0023 東京都文京区向丘1-20-6　TEL 03-3818-5521　FAX 03-3818-5514　振替 00110-6-37828
Email tk203444@fsinet.or.jp　URL:http://www.toshindo-pub.com/

※定価：表示価格（本体）＋税

東信堂

ハンス・ヨナス「回想記」——科学技術文明のため	盛永・木下・馬渕・山本訳 H・ヨナス	四八〇〇円
責任という原理——の倫理学の試み〈新装版〉	加藤尚武監訳 H・ヨナス	四八〇〇円
原子力と倫理——原子力時代の自己理解	笠井尚武監訳 Th・リット	一八〇〇円
生命科学とバイオセキュリティ デュアルユース・ジレンマとその対応	四ノ宮成祥編著	三八〇〇円
バイオエシックス入門〔第3版〕	小野谷直人編著	二四〇〇円
バイオエシックスの展望	河田直也編	二八〇〇円
医学の歴史	坂井昭宏訳	三二〇〇円
死の質——エンド・オブ・ライフケア世界ランキング	松井昭和・香川知子訳	三六〇〇円
生命の神聖性説批判	今井道夫監訳 H・クーゼ著・飯田・小野谷・片桐・水野訳 石川・小野・片桐・飯田訳	四六〇〇円
医療・看護倫理の要点	加奈惠・渡井・隆・小司夫訳	一二〇〇円
概念と個別性——スピノザ哲学研究	水野俊誠	二〇〇〇円
〈現われ〉とその秩序——メーヌ・ド・ビラン研究	朝倉友海	四六四〇円
省みることの哲学——ジャン・ナベール研究	村松正隆	三八〇〇円
ミシェル・フーコー——批判的実証主義と主体性の哲学	越門勝彦	三二〇〇円
カンデライオ（ブルーノ著作集 1巻）	手塚博	三二〇〇円
原因・原理・一者について（ブルーノ著作集 3巻）	加藤守通訳	三二〇〇円
傲れる野獣の追放（ブルーノ著作集 5巻）	加藤守通訳	四八〇〇円
英雄的狂気（ブルーノ著作集 7巻）	加藤守通訳	三六〇〇円
自己【哲学への誘い——新しい形を求めて 全5巻】	加藤守通訳	三二〇〇円
哲学の立ち位置	松永澄夫編	三二〇〇円
哲学の振る舞い	松永澄夫編	三二〇〇円
社会の中の哲学	松永澄夫編	三二〇〇円
世界経験の枠組み	松永澄夫編	三八〇〇円
価値・意味・秩序——もう一つの哲学概論：哲学が考えるべきこと	松永澄夫	三九〇〇円
哲学史を読むI・II	松永澄夫	各三八〇〇円
言葉は社会を動かすか	松永澄夫編	二三〇〇円
言葉の働く場所	松永澄夫編	二三〇〇円
食を料理する——哲学的考察	松永澄夫	二五〇〇円
言葉の力（音の経験・言葉の力第I部）	松永澄夫	二〇〇〇円
音の経験（音の経験・言葉の力第II部）——言葉はどのようにして可能となるのか	松永澄夫	二八〇〇円

〒113-0023 東京都文京区向丘1-20-6　TEL 03-3818-5521　FAX 03-3818-5514　振替 00110-6-37828
Email tk203444@fsinet.or.jp　URL:http://www.toshindo-pub.com/

※定価：表示価格（本体）＋税

東信堂

オックスフォード キリスト教美術・建築事典	P&L・マレー著 中森義宗監訳	三〇〇〇〇円
イタリア・ルネサンス事典	J・R・ヘイル編 中森義宗監訳	七八〇〇円
美術史の辞典	中森義宗・P・デューロ・清水忠他訳	三六〇〇円
書に想い 時代を讀む	河田 悌一	一八〇〇円
日本人画工 牧野義雄―平治ロンドン日記	ますこ ひろしげ	五四〇〇円
〈芸術学叢書〉		
芸術理論の現在——モダニズムから	江藤光紀 藤枝晃雄編著	三八〇〇円
絵画論を超えて	荻野厚志編著	四六〇〇円
美を究め美に遊ぶ——芸術と社会のあわい	尾崎信一郎	三八〇〇円
バロックの魅力	谷川渥	三八〇〇円
新版 ジャクソン・ポロック	田中佳編	二六〇〇円
美学と現代美術の距離——アメリカにおけるその乖離と接近をめぐって	小穴晶子編	二六〇〇円
ロジャー・フライの批評理論——知性と感受性の間で	藤枝晃雄	二六〇〇円
レオノール・フィニ——新しい種 境界を侵犯する	金 悠美	三八〇〇円
いま蘇るブリア=サヴァランの美味学	尾形希和子	四二〇〇円
	要 真理子	
	川端晶子	三八〇〇円
〈世界美術双書〉		
画家とふるさと	井出洋一郎	二六〇〇円
バルビゾン派	中森義宗	二三〇〇円
キリスト教シンボル図典	関 隆志	二三〇〇円
パルテノンとギリシア陶器	小林宏光	二三〇〇円
中国の版画——唐代から清代まで	中村隆夫	二三〇〇円
象徴主義——モダニズムへの警鐘	久野美樹	二三〇〇円
中国の仏教美術——後漢代から元代まで	浅野春男	二三〇〇円
セザンヌとその時代	武田光一	二三〇〇円
日本の南画	小林 忠	二三〇〇円
ドイツの国民記念碑―一八一三年	大原まゆみ	二三〇〇円
日本・アジア美術探索	永井信一	二三〇〇円
インド、チョーラ朝の美術	袋井由布子	二三〇〇円
古代ギリシアのブロンズ彫刻	羽田康一	二三〇〇円

〒113-0023 東京都文京区向丘 1-20-6
TEL 03-3818-5521　FAX 03-3818-5514　振替 00110-6-37828
Email tk203444@fsinet.or.jp　URL:http://www.toshindo-pub.com/

※定価：表示価格（本体）＋税